理學叢書

楊時集

一

〔宋〕楊時 撰
林海權 校理

中華書局

承改造了許多舊有的哲學範疇和命題，也提出了不少新的範疇和命題，進行了細緻的推究。「牛毛繭絲，無不辨晰」（黄宗羲明儒學案凡例），雖有煩瑣的一面，也有精密的一面。就理論思維的精密程度而論，確有度越前代之處。在我國哲學思想發展史上起過重大的作用，在國際上也有影響。作爲民族哲學遺産的一部分，我們没有理由無視它的歷史存在。

建國以來，學術界對理學的研究取得了很大成績。但在一段時間内，由於「左」的思想影響，妨礙了對理學進行實事求是、全面系統的研究，相關古籍資料的整理也未能很好地開展。近幾年情況有了很大變化，有關的論文、專著多起來了，有關的學術討論會也不斷召開。爲配合研究需要，國務院古籍整理出版規劃小組制訂的一九八二至一九九〇年的古籍整理出版規劃中列入了理學叢書，並開列了選目。這套叢書將由中華書局陸續出版。

理學著作極爲繁富，有大量經注、語録、講義和文集。私人撰述之外，又有官修的讀物，如性理大全、性理精義；也有較通俗的以至訓蒙的作品，使理學得以向下層傳播。本叢書只收其中較有代表性的著作。凡收入的書，一般只做點校，個别重要而難懂的可加注釋，或選擇較有參考價值的舊注本進行點校。熱切期望學術界關心和大力支持這項工作。

中華書局編輯部　一九八三年五月

目録

楊時集卷三……五三

表……五三

楊時集卷六……一〇四

楊時集卷七……一四三

楊時集卷八……一六一

楊時集卷二十一……五六二

楊時集卷二十二……五九二

書 七……五九二

楊時集卷二十三……六一九

楊時集卷二十六……六八九

題　跋……六八九

楊時集卷二十七……七一九

楊時集卷三十九……九五七

詩二　七言古風……九五七

楊時集卷四十……九七七

楊時集卷四十一……九九七

楊時集卷四十二……一〇二三

詩五　七言絶句……一〇二三

附録一　楊時著作序跋

附録二　傳記　墓誌銘　行狀　年譜

附録六　歷代名人論楊時……一二五九

附録七　雜録 …… 一三一三

附録八　楊時佚詩佚文 …… 一三二六

前言

楊時（1053—1135）字中立，宋南劍州（治所在今福建南平市）將樂縣人。以始祖所居將樂縣北之地與三世祖所遷龍湖之地（今明溪縣）皆有龜山，遂以「龜山」自號。神宗熙寧九年（1076）進士。調汀州司户，不赴。往洛陽師程顥。顥死，復師于程頤。曾任徐州、虔州司法，荆州府教授，瀏陽、餘杭、蕭山知縣等。時安於州縣，未嘗求聞達，而饜飫經史，德望日重，所在講學，四方之士不遠千里從之遊，人稱龜山先生。時天下多故，國勢危殆，有言于時相蔡京者，以爲事至此必敗，亟引舊德老成置諸左右，庶幾猶及。時宰是之。徽宗時，以薦召爲秘書郎。遷著作郎，除邇英殿説書。欽宗時，除右諫議大夫兼侍講，又兼國子監祭酒。尋改給事中，除徽猷閣直學士。高宗時官至工部侍郎，除龍圖閣直學士。致仕歸，以著作講學爲事。卒謚文靖。著作有書義、周易解義、禮記解義、春秋義、中庸解義、論語解義、孟子解義、列子解、莊子解、經筵講義、神宗日録辨、字説辨、三經義辨等。而龜山集（今改稱楊時集）則是其詩文代表作。

一

楊時是我國歷史上著名的理學家，與游酢、謝良佐、吕大臨並稱程門四大弟子。清黄百家說：「二程得孟子不傳之秘於遺經，以倡天下，而升堂睹奥者，游、楊、謝、尹（焞）、吕其最也。」（黄宗羲宋元學案卷二十五龜山學案）清張伯行也說：「先生爲程門高弟，游、楊、尹、謝四先生中，獨推先生之學最純，先生之道最篤。」（楊龜山先生全集序）他上承洛學之傳，下開閩學之緒，朱熹正是其三傳門人。南宋禮部尚書馮夢得在奏立龜山書院疏中說：「臣某竊見龜山先生楊文靖公立雪程門，載道而南，一傳而羅（即羅從彦，沙縣人），再傳而延平（即李侗，延平人），又再傳而爲朱晦庵，理學大明，有功德至今。」宋史楊時傳說：「朱熹、張栻之學，得程氏之正宗，其原委脈絡皆出於時。」

楊時一生講學不輟。在蕭山，「四方之士聞時名，不遠千里來從遊。」（民國十四年蕭山縣志卷十二）從徽宗政和四年起，楊時寓毗陵（今江蘇無錫、常州、鎮江一帶，郡治在武進）前後達十八年。他在東林書院（故址在今無錫市）講學，宣揚洛學，「弟子千餘人」，稱爲「南渡洛學大宗」（宋元學案卷二十五龜山學案全祖望按語）。楊時弟子著名的有王蘋、呂本中、關治、羅從彦、張九成、胡珵、俞樗、周孚先、胡寅、胡宏（傳張栻）、劉勉之等，被東南學者奉爲「程氏正宗」。其聲名遠播高麗。史載，宣和五年，給事中路允迪、中書舍人傅國華使高麗，高麗王問：「龜山先生今在何處？」國華還，以聞，召爲秘書郎（宋元學案卷二十五龜山學案文靖楊龜山先生時）。

楊時在理學史上的貢獻主要表現在如下幾個方面。

首先，他對「理一分殊」這個理學範疇的提出有著特別重要的作用，而且在闡釋「理一分殊」與體用的關係方面有創造性的發揮。「理一分殊」始見於程頤答覆楊時關於張載西銘主旨的通信。西銘提出：「民吾同胞，物吾與也」，「尊高年，所以長其長，慈孤幼，所以幼其幼。聖其合德，賢其秀也。凡天下疲癃殘疾，煢獨鰥寡，皆吾兄弟之顛連而無告者也。」楊時懷疑這種觀點有類於墨子愛無差等的「兼愛」學説，所以寫信向程頤請教（楊時集卷十六寄伊川先生書）。程頤在答楊時論西銘書中指出，西銘是「明理一而分殊」（二程集卷九，中華書局1981年版），而非墨氏兼愛之説，從而首次把「理一而分殊」作爲一個哲學範疇提了出來。但程頤並没有進一步展開論述。第一個對「理一分殊」進行論述的是楊時。他説：「用未嘗離體也。且以一身觀之，四體百骸皆具，所謂體也。至於用處，則履不可加之於首，冠不可納之於足，則即體而言，分在其中矣。」（楊時集卷十一京師所聞）楊時認爲，「理一」是體，「分殊」是用，二者不同，但又是不可分割地緊密聯繫在一起的。楊時把「理一分殊」運用到社會生活中去，曾説：「天下之物，理一而分殊。知其理一，所以爲仁；知其分殊，所以爲義。權其分之輕重，無銖分之差，則精矣。」（同上卷二十答胡康侯其一）楊時不但闡述了仁與義是理一分殊的關係，而且提出了「分殊」不明，則「理一」不精的重要思想，强調分殊，即强調「用」及其等差。他説：「河南先生『理一而分殊』……所謂分殊，即孟子言『親親而仁民，仁民而愛物』。其分不同，故分不能無等差。」（同上卷十一京師所聞）他在答伊川先生中説：「理一而分殊，故聖人稱物而平施之。……何謂稱物？親疏遠近各當其分。」（同上卷十六）這就是爲儒家愛有差等作了理論性的説明，從而論證了親疏尊卑封建等級制度的合理性。楊時從體用關係出發對「理一分殊」説所作的創造性發揮，爲爾後的理學發展提供了新思維，開闢了新道路。後來羅從彦把「理一分殊」的思想傳授給李侗，李侗又把它傳授給朱熹。朱熹對楊時龜山語録「理一分殊」的闡釋有積極的評價，他在論西銘中説：「此論分别異同，各有歸趣，大非答書（指答伊川先生）之比，豈其年高德盛所見始益精與？」在楊時的啓發下，朱熹提出理一用異説。他説：「萬物皆有此理，理皆同出一源，但所居之位不同，則其理之用不一。如爲君須仁，爲臣須敬，爲子須孝，爲父須慈。物物各具此理，而物物各異其用，然莫非一理之流行也。」（朱子語類卷十八，中華書局 1981 年版）朱熹又用「月印萬川」來比喻説明「理一分殊」的道理。明程敏政指出：「朱子於理一分殊之論，稱其年高德盛，所見益精，於是爲西銘之跋。要之，無龜山則無朱子。」（清楊起佐編楊龜山先生通紀卷一）由此可見楊時對「理一分殊」創造性的闡釋對理學發展作出的貢獻。

第二，二程學説以理（天理）爲本源，對易經中「太極」這個基本問題未作更多的論述。楊時講學時把易經「太極」的觀點引入，而説「太極本無定位，當處即太極」。他把「太極」稱爲「理」，説「既有太極，便有上下，有上下，便有左右前後，有左右前後四方，便有四維：皆自然之理也。」（楊時集卷十三南都所聞三）以此來豐富二程的理學思想。後來朱熹有「一物各具一太極」之説，朱熹之婿黄榦也有「一物一太極」之説，不知是否受到楊時「當處即是太極」之説的影響和啓發（朱子語類卷九十四，黄勉齋先生文集卷三復葉味道）。

第三，楊時繼承二程「理氣」的觀點，説：「夫通天下一氣耳，合而生，盡而死，凡有心知血氣之類，無物不然也。」（楊時集卷二十四踵息庵記）他對氣的作用加以發揮説：「陰陽之氣，有動静屈伸爾。一動一静，或屈或伸，闔辟之象也。……夫氣之闔辟往來，豈有窮哉？有闔有辟，變由是生。其變無常，非易而何？某舊作明道哀辭云：『通闔辟於一息兮，屍者其誰？』蓋言易之在我也。人人有易，不知自求，只于文字上用功，要作何用？」（同上卷十三南都所聞二）楊時就是這樣具體地描述了氣的作用，堅持了二程「理」一元論，從而融合貫通地繼承並發展了二程「理氣」思想。另外，他吸收了張載「氣質之性」的思想，並進一步闡釋説：「横渠説氣質之性，亦云人之性有剛柔、緩急、强弱、昏明而已，非謂天地之性然也。今夫水，清者其常然也，至於汩濁，則沙泥混之矣。沙泥既去，其清者自若也。是故君子于氣質之性，必有以變之，其澄濁求清之義歟？」（同上卷十二餘杭所聞二三十七）

第四，楊時在格物致知問題上繼承和發展二程的思想。二程認爲心本善，但心發於思慮後便有善與不善之分。心有道心與人心之别。道心是天理，人心是人欲，故必須明天理去人欲。「格物致知」就是爲了認識天理，爲了治心，找回善心。（二程集遺書卷十五）楊時把「格物致知」與「明善」聯繫起來，説：「古之欲明明德於天下者，必先於致知，致知所以明善也。」（楊時集卷五經筵講義尚書古人爲善節）又説：「人各有勝心（按，指人欲）。

勝心去盡，而惟天理之循，則機巧變詐不作。」（同上卷十二餘杭所聞二三十三）至於如何格物致知，楊時注意融合貫通二程的觀點。程顥講學重融通合一，主張守約内求，説：「學者不必遠求，近取諸身，只明天理，敬而已矣，便是約處，只心便是天，盡之便知性，知性便知天。」程頤講學强調向外索求，説：「格猶窮也，物猶理也，猶曰窮其理而已。」又説：「讀詩書，考古今，察物情，揆人事，反復研究而思索之，求止於至善，蓋非一端而已也。」（同上卷二十五）楊時對程顥守約内求與程頤的向外索求的這兩種格物致知的方法融合貫通，形成自己的格物致知方法。他説：「六經之微言，天下之至賾存焉。古人多識鳥獸草木之名，豈徒識其名哉？深探而力求之，皆『格物』之道也。夫學者必以孔、孟爲師，學而不求諸孔、孟之言則末矣。易曰：『君子多識前言往行，以畜其德。』孟子曰：『博學而詳説之，將以反説約也。』」（同上卷二十一答吕居仁其三）又説：「號物之多至於萬，則物蓋有不可勝窮者。反身而誠，則舉天下之物在我矣。詩曰：『天生烝民，有物有則。』凡形色具於吾身者，無非物也，而各有則焉，反而求之，則天下之理得矣。由是而通天下之志，類萬物之情，參天地之化，其則不遠矣。」（同上卷十八答李杭）朱熹對楊時格物致知這一方法給予充分的肯定：「龜山説『反身而誠』卻大段好，須是反身，乃見得道理分明。如孝如弟，我元

有在這裏。若能反身，争多少事。」（朱子語類卷十八大學五傳五章近世大儒有爲格物致知之説一段，第417頁）

第五，楊時遵從二程師訓，高度重視四書，開創了以義理注釋四書以達六經的學術新流派，成爲閩學的開創者和奠基人。他曾説：「余竊謂大學者，其學者之門乎，不由其門而欲望其堂奥者，非余所知也。」（楊時集卷二十六題蕭欲仁大學篇後）又説：「論語之書，孔子所以告其門人，群弟子所以學于孔子者也。聖學之傳，其不在茲乎？」（同上卷二十五論語義序）對孟子也説：「孟子以睿知剛明之材，出於道學陵夷之後，非堯、舜之道不陳于王前，非孔子之行不行於事，思以道援天下，紹復先王之令緒，其自任可謂至矣。……世之學者，因言以求其理，由行以觀其言，則聖人之庭户，可漸而進矣！」（同上卷二十五孟子義序）對中庸，則説：「中庸之書，蓋聖學之淵源，入德之大方也。……道學之傳，有是書而已。」（同上卷二十五中庸義序）早在徽宗宣和元年之前，楊時就寫有論語解義、孟子義、中庸解義，並分别寫有論語義序、孟子義序、中庸義序和題蕭欲仁大學篇後。在講學和答友人問學的通信中，也經常把大學、中庸和論語、孟子融會貫通起來闡釋二程的理學觀點。徽宗大觀元年餘杭所聞一第八條載，楊時云：「大學一篇，聖學之門户。其取道至徑，故二程多令初學者讀之。蓋大學自正心誠意至治國平天下只一理，此中庸所謂『合内外之道也』。若内外之道不合，則所守與所行自判爲二矣。孔子曰：『子帥以正，孰敢不正？』子思曰：『君子篤恭而天下平。』孟子曰：『其身正而天下歸之。』皆明此也。」楊時的四書注解、釋義，其中既有詞的義理的闡釋，也有篇章結構、全書主旨、理學道統的闡述。此外，還有「解經大抵須理會而語簡」（同上卷十三南都所聞八）的要求和「繫辭中語言，自有難理會處，今人注解，只是亂説」（同上）的告誡以及對「吕晦叔（吕公著字）真大人，其言簡而意足」（楊時集卷十荆州所聞五十六）的讚揚。這些都爲朱熹的四書章句集注開了先路，起了示範作用。

第六，楊時在保存整理二程文獻方面有功於洛學。二程死後，楊時以「先生之門餘無人，某當任其責」的精神（同上卷十九與游定夫其六），以文言改寫二程語録而成二程粹言，并校正伊川易傳，大有功於洛學。與游定夫其六説：「先生語録，傳之浸廣，其間記録頗有失真者。某欲收聚，删去重複與可疑者。」（同上卷十九）其校正伊川易傳後序説：「伊川先生著易傳，方草具，未及成書而先生得疾。將啓手足，以其書授門人張繹。未幾而繹卒，故其書散亡，學者所傳無善本。政和之初，予友謝顯道得其書於京師，示予，而錯亂重復，幾不可讀。東歸，待次毗陵，乃始校定，去其重複，逾年而始完。」（同上卷二十五）楊時校定態度謹慎，曾説：「先生道學足爲世師，而於易尤盡心焉。其微辭妙旨，蓋有書不能傳者。恨得其書晚，不及親受旨訓，其謬誤有疑而未達者，姑存以俟知者，不敢輒加損也。」（同上）伊川易傳首創闡釋義理的體例，在洛學中占有重要地位。朱熹曾説：「已前解易，多只説象數，自程門以後，人方都作道理説了。」（朱子語類卷六十七程子易傳）明顧炎武曾説：「昔之説易者，無慮數千百家……然未見有過程易者。」（顧亭林詩文集卷三與友人論易書一）後來朱熹著周易本義，大旨在推本象占，闡發義理，進一步發揮程易觀點。明洪武三年、十七年科舉規定易主程、朱傳義。這些與楊時在校正伊川易傳上所起的作用是分不開的。

二

楊時主張學以致用，注重踐履。曾説：「説經義至不可踐履處，便非經義。」（卷十一京師所聞）楊時爲官清正廉潔，以六經爲準繩，以仁政爲信條，身體力行，所到之處，都有能聲。據宋史本傳載：「歷瀏陽、餘杭、蕭山三縣，皆有惠政，民思之不忘。」他在瀏陽，曾因不催積逋而被劾免官，在餘杭「於水利尤盡心力」，在蕭山「開築湘湖，灌溉九鄉」（同治十二年瀏陽縣志卷十五、嘉慶十三年餘杭縣志卷二十一、民國十四年蕭山縣志卷十二）。作爲一個理學官員，楊時關心社會變化的動向，曾對社會改革表示自己的看法，說：「聖人作處，唯求一個『是』的道理。若果是，雖紂之政有所不革；果非，文王之政有所不因。聖人何所用心？因時乘理，欲天下國家安利而已。」（楊時集卷十一餘杭所聞二）又説：「太祖、太宗順人心，定天下，傳數世而無變，此豈常人做得？然而法度不免有弊者，時使之然爾。若謂時使之然，則神考之法，豈容能無弊？補偏救弊，乃是神考所以望乎後世也，何害於繼述，而顧以爲不孝乎？今之所患，但人自不敢以正論陳之於上，恐有滯礙妨嫌。若吾輩在朝，須是如此説始得，其聽不聽，則有去就之義焉。」（同上）楊時的政治態度突出表現在以下三個方面：

一是關心國運民瘼，對暴政亂政時加揭露和批判。

在蔡京、童貫集團當政期間，朝廷享樂，吏治腐敗，暴政虐民，社會動盪不安。楊時在講學中，在與師友的交往中，時加揭露和批判。他曾說：「何嘗見百姓不畏官人，但見官人多虐百姓耳。」（同上卷十二餘杭所聞二）「今天下上自朝廷大臣，下至州縣官吏，莫不以欺誕爲事，而未有以救之！」（同上）「今天下非徒不從上令，而有司亦不自守成法。……其如法何？」（同上）「錢塘内造物，守臣不知其數，恣宦官所爲，至數年未已，傷財害民，莫此爲甚。」（同上卷十荆州所聞）他同情人民，分析農民群起爲「盗」的原因時説：「人不堪命，皆昔所未見而今見之也。故細民荷戈持戟，群起而爲盗，動以萬計，皆平時負耒力耕之農……非有他也，特爲艱食所迫，姑免死而已。」（同上卷二十二與執政）他反對人君濫用特旨，曾説：「今也法不應誅而人主必以特旨誅之，是有司之法不必守，而使人主失仁心矣。」（同上荆州所聞）論特旨，曰：「此非先王之道。……且法者，天下之公，豈宜徇一人之意？」（同上卷十三餘杭所聞三）

二是力主抗金，具有崇高的民族氣節和愛國精神。

楊時晚年立朝，正值北宋危亡之秋。他對挽救危局，屢提積極建議。如徽宗宣和七年十二月，聞金人南侵，楊時連上論金人入寇二疏，提出「嚴爲守備」和「收人心爲先」兩項積極建議，説：「今日之事，當以收人心爲先。人心不附，雖有高城深池，堅甲利兵，不足恃也。」（同上卷二）並尖鋭指出：「邊事之興，免夫之役，毒被海内，人怨神怒，馴致今日，誤國之罪，宜有歸矣。小人剥民希寵，其事不一，而西城聚斂，東南花石，其害尤甚。聞有旨一切罷去。……然前此蓋嘗罷之，詔墨未乾，而花石應奉之舟已銜尾至矣。今雖復中前令，而禍根不去，人誰信之？……欲致人和，去此三者，正今日之先務也。」(同上)直接把矛頭指向蔡京權奸集團。欽宗靖康元年正月，金人包圍汴京，楊時時任著作郎兼經筵侍講，上書力主抗金，提出立統帥、肅軍政、責宰臣不忠、罷庵寺防城、謹號令等七項建議，並直斥三路統帥童貫棄軍而歸，致使金騎得以長驅而前的誤國之罪(同上卷一上欽宗皇帝其一)，表現了非凡的見識和勇氣。二月，負責首都防務的主戰派人物李綱被罷，激起開封軍民的極大憤慨，太學生陳東率領諸生到宣德門前上書請願，朝廷慮其鼓亂，準備鎮壓。楊時時任右諫議大夫兼侍講，挺身而出，爲太學生辯護，避免了一場流血事件。當時各路勤王兵馬趕到，但欽宗一意求和，依金人條件，割讓太原、中山、河間三鎮。楊時上疏極論三鎮決不可棄，朝廷不可專守和議，提出宜召用種師道、劉光世問以方略的積極主張。之後，他又上書乞誅擁重兵卻坐視太原危急而不救的姚古(見上欽宗皇帝書其五)，但均未被採納。對此，胡安國指出：「當時若能聽用，須救得一半。」(宋元學案卷二十五龜山學案附録)

三是直揭徽宗朝朝廷享樂、吏治腐敗的學術根源，上疏批判王安石新學，其言曰：「蔡京用事二十餘年，蠹國害民，幾危宗社，人所切齒，而論其罪者，莫知其所本也。蓋京以繼述神宗皇帝爲名，實挾王安石以圖身利，故推尊安石，加以王爵，配享孔子廟庭。今日之禍，實安石有以啓之。謹按安石挾管、商之術，飭六藝以文姦言，幾亂祖宗法度。當時司馬光已言其害當見於數十年之後，今日之事，若合符契。其著爲邪説，以塗學者耳目，而敗壞其心術，不可縷數，姑即一二明之：昔神宗皇帝稱美漢文惜百金以罷露臺之費，安石乃言：『陛下若能行堯、舜之道治天下，雖竭天下以自奉不爲過，守財之言非正理。』曾不知堯、舜茅茨土階，禹曰『克儉於家』，則竭天下以自奉者，必非堯、舜之道。其後王黼以應奉花石之事，竭天下之力號爲享上，實安石有以倡之也。其釋鳧鷖守成之詩，于末章則謂『以道守成者，役使群衆，泰而不爲驕，宰制萬物，費而不爲侈，孰弊弊然以愛爲事？』詩之所言，正謂能持盈則神祇祖考安樂之，而無後艱爾。自古釋之者，未有『泰而不爲驕，費而不爲侈』之説也。安石獨倡爲此説，以啓人主之侈心。後蔡京輩輕費妄用，以侈靡爲事，安石邪説之害如此！伏望追奪王爵，明詔中外，毁去配享之像，使邪説淫辭不爲學者之惑。」疏上，安石遂降從祀之列（宋史本傳）。

像其他歷史人物一樣，楊時也有其局限性。他維護君主至高無上的地位，對農民起義雖表示一定程度的同情，但仍稱爲「盜寇」，主張鎮壓。這些問題，我們都應當從當時的歷史條件去分析，不能苛求古人。

楊時對宋代理學的發展有重要貢獻，他倡道東南，批判王安石新學，在傳播理學入閩中有倡始之功和捍衛之勞，楊學被認爲是「真大儒之學」、「真有用之學」（清陳延統語），成爲宋代理學的一個重要組成部分。連反對假道學的明代進步思想家李贄也稱讚楊時「大才卓識，有用之道學也」（李贄藏書卷三十二德業儒臣楊時傳論）。南宋以後，楊學即逐漸被統治階級所重視，楊時在儒學中的地位也越來越高。宋高宗紹興十二年（1142）追封楊時爲吴國公，宋度宗咸淳三年（1267）立龜山書院，並御書匾額，賜給祭田，春秋致祭。明憲宗成化元年（1465）敕建延平道南祠，明孝宗弘治八年（1495）追封將樂伯，從祀孔廟。清康熙四十五年（1706）聖祖玄燁御書「程氏正宗」四字加以褒揚。清福建巡撫張伯行稱讚楊時是「道學、經濟、文章、氣節四者合而爲一者也」，並説：「而余獨歎先生之經濟之宏，先生之氣節、文章之爲不可及也。」（楊龜山先生文集序）清福建學政楊篤生指出，楊時「本理學爲經濟，抒經濟爲文章」（宋龜山楊文靖先生文集序）。

三

楊時的文集版本很多，名稱不一，内容多寡亦不盡相同：宋有館閣刊本龜山先生文集三十五卷本（已佚），有孝宗隆興年間汪應辰在三山刻行的龜山集（全稱、卷數不詳，已佚），有楊時五子楊安止於隆興、乾道年間在延平刻行的文靖集（全稱、卷數不詳，已佚）；明有弘治八年新安程敏政抄録的龜山先生集十六卷本（已佚），有弘治十五年壬戌（1502）將樂縣令李熙根據程敏政抄本刊刻的文靖龜山楊先生文集十六卷本（僅包括詩文、雜著），有常州東林書院刊本三十六卷本（已佚），有正德十二年丁丑（1517）南京工部右侍郎沈暉據宋館閣本翻刻的宜興本重刊的龜山先生文靖楊公全集三十五卷本（無語録），有萬曆十九年辛卯（1591）將樂知縣林熙春重刊的龜山先生文集四十二卷本；清有順治七年庚寅（1615）楊時裔孫楊令聞重刊的龜山先生文集四十二卷本，有康熙四十六年丁亥（1707）楊時裔孫楊繩祖重刊的楊龜山先生全集四十二卷本，有康熙四十八年己丑（1709）福建巡撫張伯行刊刻的楊龜山集六卷本（即正誼堂本），有乾隆四十三年戊戌（1778）四庫全書據令聞本謄抄的龜山集四十二卷本，有同治五年丙寅（1866）福州正誼堂書局重校開雕的楊龜山集六卷本，有光緒五年己卯(1879)將樂縣令江陰夏子鎔據康熙四十六年楊繩祖刊本重修的楊龜山先生全集四十二卷本，有光緒五年己卯、光緒七年辛巳(1881)將樂令夏子鎔、固始汪保駒先後同楊時裔孫楊緍廷修補校刊的楊文靖公全集(板藏將樂縣道南祠玉華山館，簡稱道南祠重補修本)，有光緒九年癸未(1883)延平守古燕張國正重刊的楊文靖公全集四十二卷本(板藏郡署)；民國有民國十年(1921)重校將樂道南祠玉華山館藏板刊刻的楊龜山先生集四十二卷本，有叢書集成文學類的楊龜山先生集六卷本。而龜山先生語録四卷、後録二卷，則有宋福建漕治刊本、續古逸叢書本與四部叢刊續編本三種。另正德十二年刻本重刊本龜山楊文靖公集收有龜山先生語録，位在第六册龜山年譜之後。

楊時的詩文著作除語録一種外，其餘都未經過校勘，在長期的流傳過程中屢經傳抄翻刻，文字訛誤甚多。清康熙四十六年楊時二十代裔孫楊繩祖在重刻楊龜山先生全集時，爲避免無妄之禍，曾對其中一些蔑稱金、遼的文字作了改動，乾隆年間編纂四庫全書時，也進行篡改，如「虜人」改爲「金人」，「虜使」改爲「北使」，「狂虜」改爲「天驕」，「二虜」改爲「西北」，「夷狄」改爲「外服」，「戎狄之心叵測」改爲「其心叵測」，「戎狄豺狼之心」改爲

「敵人間諜之謀」，「但以禽獸待之」改爲「但以前法待之」，等等。經此一改，楊時對異族入侵的憤慨之情不見了。此後各種版本文字舛誤亦極嚴重，尤以光緒五年據康熙四十六年楊繩祖刊本重修的楊文靖公全集本和道南祠重補修本爲最突出。如萬曆本卷二十五論語義序「遠近中否之」以下十五行的前五字，光緒五年重修本因原版朽爛而補作「出於道學陵」，十五行全部補錯；萬曆本卷十八上毛憲「平昔景慕」，光緒五年重刊本作「平恭京慕」；萬曆本卷一上欽宗皇帝書其五「臣竊惟太原」，道南祠重補修本作「田竊恌大原」，五字錯了三字，難以卒讀。弘治本、正德本等也有不少誤字。因此，點校龜山集，還它本來面目，就成爲研究楊時的當務之急。

四

點校本龜山集（今稱楊時集）的出版過程可謂費盡周折。

此書本是全國高等院校古籍整理研究工作委員會的規劃項目。一九八七年我接受任務，先後到過北京、武漢、將樂、廣州、莆田、上海、南京等地訪書，歷盡艱辛。經過三年多的努力，一個比較近真、可讀的楊時集終於點校完成。可惜當時經費無著，未能及時出版。一九九三年十月，將樂縣將舉辦一次「紀念楊時誕辰九四〇周年學術討論會暨旅遊觀光懇親會」，大會籌備會提出願意籌資出版此書作爲大會的禮品書。三月我與福建人民出版社簽訂合同，定于當年十月中旬出版此書。然而事後籌備會以時間緊迫爲由，要求把書稿交給他們有熟人的一家從未印過古籍的印刷廠去承印，我和出版社都不同意，他們仍以出書品質絶對有保證的旦旦誓言堅持將書稿送去。書稿打出一部分後，校字組因不識繁體字叫苦連天，籲請救援，廠領導央請我和編輯到廠隨班看所校清樣並備顧問。其後，籌備會又通知廠方要提前半個月先行印好五百册交去。此時廠方顧不得清樣必經點校者和責編審改簽字後才能付印的規定就匆匆交付印刷了。會後讀者反映書中錯字比比皆是。責編震怒了，要求重印全書，幾經協商，重印其中錯誤最嚴重的十七帖，我也一勘再勘，結果錯誤仍然不少。一個國家規劃項目落到如此境地，真是意料不到。

書出之後，我一直惴惴不安，卻又無計可想，如此一晃便是二十年。令人意想不到的是，中華書局竟在二〇一二年主動聯繫到我，提出修訂再版楊時集的計劃。我獲得一次改正和自我救贖的機會，自然十分感謝。

楊時集的修訂，就範圍而言，包括前言、點校説明、目録、正文和附録；就内容來説，不僅有初版本訛誤的訂正，也涉及到校勘體例的調整、文章的增補與序次的變更以及標題的改動等等。其中校勘體例的調整體現在點校説明中，此處不贅。

關於文章的增補與序次的變更，情況大致如下：正文卷二十九先君行狀後增二附録，一爲宋遊酢撰永謀楊公墓誌銘，一爲宋羅從彦撰龜山碑銘。附録四敕誥疏記增入徽宗皇帝詔賜楊氏祠宇匾額「篤鍾理學」的誥文一篇。卷三十八五言古風中的過漢江，是從初版本卷三十九移入的。初版本係據萬曆本次序，不妥，應以詩體爲準。附録七雜録增入賀鑄、章才邵、張栻、朱松、朱熹、黄榦等人所寫的詩文八篇；附録八係新增，收佚詩四首，佚文六篇，其中楊氏家譜叙和珠公像贊是分别從楊時集初版本卷二十五、卷二十七移入的。

此外，個别詩文標題的文字略有增改，組詩詩題的標署方式也有所改變，以歸一律。如卷二賀收復河湟，「河湟」新增；卷六王氏神宗日録辯，「王氏」新增；卷二十三代太守賀蘇左丞，「太守」新增；卷二十五孫莘老春秋序，「莘老」新增；卷三十八縣齋書事寄湘鄉令張世賢，「湘鄉令」新增；卷三十九題贈吴國華釣台，改爲題釣台贈吴國華；卷四十二登桐君山，原詩題與卷四十一重出，今據他書所引標題改。個别書信内容的分合重新做了調整。如卷二十三與劉希範部分内容與與李泰發其四文字悉同，萬曆本以爲是弘治本編書時不慎混入與劉希範之中而删去，今重新補入，以復其舊。又語録中有餘杭所聞三篇，未編序碼，而分別編入卷十一、卷十二、卷十三，讀者引用、稱舉極爲不便，今其下分別加上序碼一、二、三，就便於使用了。

所有改動均在相應位置以校記形式作出説明。

本書初版即得到許多單位和個人的幫助。我校（福建師範大學）圖書館、福建省圖書館、北京圖書館（即今國家圖書館）、湖北省圖書館、將樂縣圖書館、廣東省圖書館、莆田縣圖書館、上海圖書館、復旦大學圖書館、南京圖書館和我校科研處、中文系領導皆對我的工作給予大力支持。一九八七年夏，三明師專青年教師鄧志傑在我系進修，曾陪我到北京圖書館查書，幫我查找了弘治本全部、正德本大部的訛文和異文。一九九〇年暑夏，他又陪同我到將樂縣去查找方志、譜牒的有關資料，大大地加速了本書點校任務的完成。校記寫好後，曾請家大人毓奇先生審閲一過，提了修改意見。福建人民出版社編輯同志認真審閲了書稿，付出了辛勤的勞動，並改正了一些差訛，提高了本書初版的品質。福建師範大學古典文學專家、詩人、著名書法家陳祥耀教授爲初版題簽，將樂縣上塘村的楊佐華先生爲本書提供了其家族珍藏的光緒十年甲申重修的蛟湖楊氏族譜資料，將樂縣政協的塗娓珠先生、陳秀玲先生和張淑華先生，福州地區董楊歷史文化基金會籌備會的楊誠先生，將樂縣博物館的廖國華先生，又提供了多幅精美的圖片和畫像。

這次修訂再版，同樣得益于友人的幫助。明溪縣楊時文化研究會副會長楊友根先生提供了多幅精美圖像和明溪縣宏農楊氏房譜資料；福建師大文學院古典文學教研室徐金鳳副教授爲我審閱修訂前言，提出修改意見；福建師大文學院博士生導師林志强教授爲修訂本題簽，歷史系研究生葉建金爲我提供方志資料，福建師大圖書館古籍部、基庫和文學院圖書資料室的同志爲我查書、借書提供方便。編輯孟慶媛先生對如何修訂提了許多寶貴的積極意見，她認真審閱書稿，不厭其煩地幫助我逐一補上校勘稿中未標的書名、人名、地名的符號，改正點校中的不少差錯，如爲我改正了「枕塊」爲「枕幹」、「荀攸」爲「荀文若」（同上卷二十七雜著）這等差訛，實在難得。本人謹此表示衷心的感謝。

點校楊時集是件光榮而又艱巨的任務，由於資料缺乏和本人水準的限制，雖經修訂，點校中存在的問題一定仍然不少，敬請專家讀者批評指正。

林海權

1989年5月22日寫於福建師範大學花圃新村

1993年5月22日修改

2017年7月再次修改于福建師範大學陽光新村寓所

點校説明

一、本書依據今古籍整理通例，改稱楊時集。

二、本書點校以明萬曆十九年辛卯將樂知縣林熙春重刊的龜山先生文集四十二卷本爲底本（簡稱萬曆本），而以明弘治李熙刊本（簡稱弘治本）、正德沈暉刊本（簡稱正德本）和清順治楊令聞刊本（簡稱令聞本）、康熙楊繩祖刊本（簡稱繩祖本）、正誼堂張伯行刊本（簡稱正誼堂本）、四庫全書本（簡稱四庫本）爲主要對校本，并參考其他經書、史書、子書、文集、方志、譜牒等資料，對全書文字進行斷句標點、分段和校勘。萬曆本卷首没有畫像贊、傳記、墓誌銘、行狀、年譜（繩祖本有），卷末没有祭文、舊宅記（正德本有，正德重刊本還有謚詔），但從正文内容看，它是楊時語録和詩文的最完備的結集（僅有弘治本、正德本中個别篇章未收入），而且未經後人篡改過，文字訛誤也較少，是較理想的底本。在點校過程中，遇到萬曆本所無而弘治本、正德本所有的篇章，則依參校本原書的編次予以補入，在校記中詳記來源。

三、萬曆本文字的訛誤（包括脱、衍、訛、倒）和與諸本的異同而在正文中有改正的，都在校記中説明。但如「日曰」混舛，「己已巳」、「戊戌戍」混同，「潁昌」作「穎昌」、「毗陵」作「昆陵」之類的訛誤，只在首次出現時出校記，以後各篇如出現同樣的訛誤時，則依據文意逕改，不出校記。

在同一書中甚至同一篇中不同版本用字不一，如「劉向」亦作「鎦向」，「皋」亦作「臯」，「太公」亦作「大公」，「笑」或作「咲」、「怪」或作「恠」，等等，則依今天規範用字或通行用字，改作「劉」、「皋」、「太」、「笑」、「怪」等，以求字例的統一。

四、萬曆本文字不誤而他本（指主要參校本）誤者，只保留個别確能説明萬曆本不誤的例子，以見版本之優劣，亦略存備考之意。如卷十荆州所聞（四十）「然孟子力抵（擋，拒）之」，光緒本「抵」作「詆」（誹謗）誤，萬曆本不誤。

萬曆本文字不誤而他本（如繩祖本、四庫本）由於政治原因而被篡改者，則以校記詳載異同，以窺見本書在特定歷史時期的遭遇。

五、古代詞「某」，用來指代不明説的或失傳的人或事物，有時用於自稱，表示謙虚。楊時集中一些祭文、行狀、墓誌銘，各種版本均不出本名而用「名某」、「諱某」來代稱，造成閲讀障礙。初版本點校時曾用民間族譜資料來破解楊時先君行狀中楊時父、曾祖、祖的本名，用方志的人物傳記來破解墓誌銘中用「某」稱人，修訂本繼續此項工作。此外，還據書題、詩題、序跋稱對方的官職、謚號等，找出一些人物的本名，初版本和修訂本共查明人物本名的大約在四十人上下，但還有大量的人物本名尚不知曉，有待研究。

六、通假字，出異文校記，但不遽改正文。如萬曆本卷三十蔡奉議墓誌銘「流亡莩踣者相枕籍」，四庫本「莩」作「殍」，正德本「枕籍」作「枕藉」，這些字古常通用，雖出校記，一般不遽改正文。兩義皆通的字詞，亦只出異文校記，而不遽改正文。如萬曆本卷十七與吳國華别紙「妄以私智曲説眩瞀學者耳目」、「欲何求以開後學乎」，正德本「眩瞀」作「眩惑」、「後學」作「後進」，這些字詞意義相近，仍從萬曆本。避諱字逕改，缺筆字補足筆劃，都在校記中説明。

七、本書主要用不同版本進行對校，依據文意，擇善而從。如萬曆本卷二十八哀明道先生「斡天樞而自爾兮」，弘治本、正德本同，正誼堂本「斡」作「任」，義皆不可解。繩祖本、四庫本作「斡」，有旋轉之義，是，今據改。有時則用本書前後互證，比較其異同，斷定其謬誤。如萬曆本卷二十答胡康侯其十七：「閩中二三年來盜賊群起，上四川軍被害爲甚。」「上四川軍」不可解。同上卷二十二與廖用中云：「上四州軍殘破特甚。」正德本同。「上四州軍」指建寧、延平、邵武、汀州。此「軍」，是宋代行政區劃的一種，與府、州、監同隸屬於路。今據改。有時則依文意逕改。如萬曆本卷二十八祭陳氏十五娘子：「冀汝送吾之終，今反送汝。」各本「反」皆訛作「返」，即依文意逕改作「反」。

八、斷句標點採用新式標點符號。凡人名、地名、國名、族名、朝代名、年號均加上專名號「——」，書名、篇名均用書名號「～～」。直接引用或局部引用均用「」和『』。但古人引書，每有省改，只要能查明出處並明瞭其起訖的，一律加上引號，其中有省略的，不加省略號。有的引文尚未找到出處，則暫不加引號。

九、萬曆本卷首目録只列大類（如只寫書、銘、詩等）不列細目，查檢極爲不便。這次整理，大部分篇卷都分列細目，詳寫篇名或節名。但如卷六神宗日録辨、卷七王氏字説辨、卷十至卷十三語録、卷十四答問、卷十五策問，這些部分，内容甚多，如詳列篇名，又嫌過於瑣細，故只在目録篇節下注明條數，另在正文前標明序號，以利於閲讀和查檢。

十、本書編有八個專題性附録。這些附録的材料來源有的是楊時集初版本所有而這次整理時重加調整和補充（如附録一至附録四），有的是新增加的。這些附録，爲今後的楊時研究提供重要的參考資料，可以省去讀者的許多查找之勞。

楊時集卷一

上書

上淵聖皇帝欽宗〔一〕

臣以凡庸之才，叨被誤恩，擢寘諫垣，仍侍經幄，絲毫未有所補，而迫以桑榆晚暮，衰病日侵，不足以任職，引年之請，屢瀆天聽。伏蒙陛下眷憐，未忍擯棄，授以宫祠之禄，使畢此餘生。天地之恩，無以報稱。念將去國，恐自此遂填溝壑，無復再瞻清光，犬馬之情，不能自已〔二〕。謹竭所聞以獻，伏望陛下清閑之燕，俯賜覽觀，庶或補於萬分〔三〕，臣不勝幸甚。

臣聞古之欲明明德於天下者，先治其國；欲治其國者，先齊其家；欲齊其家者，先修其身〔四〕；欲修其身者，先正其心；欲正其心者，先誠其意；欲誠其意者，先致其知。致知在格物。物格而後知至，知至而後意誠〔五〕，意誠而後心正，心正而後身修，身修而後家齊，家齊而後國治，國治而後天下平。自一身之修，推而至於天下，無二道也，本諸誠意而已。

臣竊觀陛下育德東宮十有餘年，惟詩、書是習，玩好聲色之奉不接於耳目，雖名實未加於上下，而恭儉之德，天下已孚矣。臨御之初，東寇未平〔六〕，虜騎尋至〔七〕，城無樓櫓，士不素練，守禦之具闕如也。城中之民安恃而無恐者，惟陛下盛德耳。未平之寇，皆投戈負耒，復爲力耕之農，豈一人一日之力所能勝哉？誠意感通，而人自服從，其效可見也。自古願治之君，惟在慎一相〔八〕。蓋宰相，人主之心膂也，臺諫耳目也，百執事股肱也。心膂之謀慮不深，耳目之視聽不明，股肱之宣力不彊，而能安其身者，未之有也。臣竊謂君臣相與之際，尤當以誠意爲主，一有不誠，則任賢不能勿貳，去邪不能勿疑，忠邪不分，鮮克以濟。昔在仁祖時〔九〕，韓琦爲諫官，論四執政，一日而盡去之。有唐陳師合，言人主不可假宰相以事權，太宗曰：「是欲間吾君臣也。」遂逐之。故貞觀、嘉祐之治〔一〇〕幾至三代，此任賢去邪之效也。若仁祖而不明，則必以韓琦之言爲已甚，太宗而懷貳，則必以師合之言爲忠，豈不殆哉？近見臺諫有言宰相者，陛下兩置而不問。使言之無實而不罪，則讒邪譖愬者得以肆其姦〔一一〕；言之有實而不行，則鄙夫患失者得以安其位。如是而求治，臣知其難矣。唐中宗時，崔琬對仗彈宗楚客。故事：大臣被彈，則俯伏趨出〔一二〕，立朝堂待罪。楚客更憤怒，自陳忠鯁，爲琬所誣。中宗不窮問，命琬與楚客結爲兄弟，以和解之，故中宗卒有和事之名。和事，非人主之美稱也，可不監之哉？臣願陛下明是非，辨邪正，有罪則去，妄言必誅，則小大之臣〔一三〕，有所懲戒，咸懷忠良矣。如是而天下不治，未之有也。夫舜之命禹征苗也，禹以益贊之言而班師，二臣未嘗稟命也而安行之，舜亦誕敷文德而莫之問。以後世言之，二臣遂事之誅，宜無所逃也；非君臣相與以誠，絶無間言〔一四〕，烏有是哉？人君之任臣，當慎其始而已。苟非其人，雖一日居其位，不可也。疑而用之，其弊有不可勝言者。

初德宗在藩邸，親見代宗爲政之弊，嬖溺奄宦，爲縉紳禍。及其即位，痛懲之，省四方不急之貢，罷梨園樂工及獻珍禽奇獸怪草異木，縱馴象四十有二於荆山之陽，又出宫女數百人。中外聳觀，謂太平可以立致。淄青軍士，至投戈相顧曰：「明主出矣！吾屬猶反乎？」疏斥宦官，親任朝士，張涉、薛邕之徒，俱以儒雅入侍。已而二人繼以贓敗，於是始疑在庭之臣，無可倚信者，而宦官因得藉口〔一五〕，故近習用而朝士疏矣。蓋其任臣，其始不慎擇故也。

夫南北司相爲輕重，此重則彼輕，此輕則彼重，理之必至也。其後斂天下之財，歸之大盈，以爲私藏，借商、除陌、稅間架之令行，而天下騷然矣，其弊益甚於代宗之時。奄人用事，至持天下之柄授之，卒有「門生」、「國老」之稱，可勝痛哉！蓋其初出於一時之鋭，無至誠不已之心以持之，未有終不變者也。此前世覆車之轍，可以爲監矣。

近聞百工技巧雖盡廢罷，猶私畜於宦臣之家，覬幸異時投間而入，不可不察也。竊聞道路之言，頓異前日，雖細民無知，亦朝廷有以召之也〔一六〕。自正月以來，屢降德音，盡復祖宗之舊，賦外征斂並行蠲除，閭巷歡忻鼓舞，日需膏澤。今既數月矣，未有一事如祖宗之時者，賦外征斂，率由舊貫。自崇寧迄於宣和，寬恤之詔，歲一舉之，宣之通衢而人不聽，挂之墻壁而人不睹〔一七〕，以其文具而實不至故也。陛下嗣守神器，尤宜慎始。詔令如此，是亦文具而已，後雖有德意，人誰信之？孟子曰：「得天下有道：得其民，斯得天下矣。得其民有道：得其心，斯得民矣。」夫民者，邦本也，一失其心，則邦本摇矣，不可不慮也。然邊陲未寧，勤王之師無慮數十萬計，萃於朔方，日費不貲，而邊郡殘破，十無一二。涓流積之而尾閭泄之，臣知其不易供也。朝廷未能一如詔旨不取於民者，亦事有不可得已耳。而遠方百姓，蓋未之知也。人君高拱於一堂之上，而四方萬里之遠，欲上之德户知之，臣恐非智力所及也。周官「撢人掌誦王志〔一八〕，道國之政事，巡天下邦國而語之」，正爲此也。臣願陛下修撢人之官，每路遣使一員，慎簡忠信可任者〔一九〕，使誦上志、道國之政事，遍歷所部而語之，候邊事稍寧〔二〇〕，兵革衰息，則賦外蠲除悉如前詔，不爲虚文，使百姓曉然知息肩之有期，則人將和悦而正王面矣，此今日之急務也。仍令詢究民之利病可以興除者，吏之能否可以升黜者，弊政良法可以罷行者，條具以聞。方孌倖持權，官吏出其門者日求珍貨以媚悦之，姦贓狼藉，無敢誰何者，上下相蒙，賄以成俗，污染之久，未易遽革。臣嘗論其一二，雖蒙施行，不過放罷而已，未嘗究治也。昔成王以商之頑民封康叔，則告之曰：「敬明乃罰〔二一〕。人有小罪，非眚，乃惟終，自作不典，式爾，有厥罪小，乃不可不殺。」聖人豈樂於殺人哉？道之弗從，令之不服，非有嚴刑重誅，不能禁也。既歷三紀，世變風移，而後康王以成周之衆命畢公，則告之曰：「惟德惟義，時乃大訓。」先王之施德刑，非有異也，因時而已。凡諸路姦贓之吏，當究見情實，稽成王告康叔之意，甚者肆諸市朝，投之嶺海，庶乎人怨少伸，和氣充塞矣。

自崇寧以來，爲害之甚，無如茶、鹽二法。臣嘗論之詳矣。今復轉般而鈔法不變，未見其利也。祖宗制置發運司〔二二〕，蓋得劉晏之遺意，朝廷捐數百萬緡與爲糴本，使總六路之計，通融移用，以給中都之費。六路豐凶，更有不常。一路豐稔，則增糴以充漕計；饑凶去處，則罷糴，使輸折斛錢而已，故上下俱寬，而中都不乏，最爲良法。自胡師文以糴本爲羨餘以獻，而制置、發運司拱手無可爲者，此直達之議所從起也。今復轉般，而糴本乃取之諸路。昔在諸路，每歲一路所得鹽課，無慮數十萬緡，自鈔法行，鹽課悉歸榷貨務，諸路一無所得，漕計日已不給，今又斂取之，非出於漕臣之家，亦取諸民而已。民力困敝〔二三〕，徒爲紛紛，無補於事。臣近詢之民間，謂朝廷雖有復轉般之名，而直達之實猶在。諸路米至真揚、楚、泗〔二四〕，未嘗入敖〔二五〕，徒於文曆内爲收支〔二六〕，文具而已。此尤非更法之意也。臣竊謂鹽法與轉般相因以爲利。自行直達，而鹽法隨變，所謂相因爲利者，兩失之矣。祖宗時荆湖南北、江東西，漕米至真揚下卸，即載鹽以歸，交納有剩數，則官以時直售之。舟人皆私市附載而行，陰取厚利，故以船爲家，一有罅漏，則隨補葺之，爲經遠計。太宗嘗謂侍臣曰：「倖門如鼠穴，不可塞。篙工柂師有少販鬻〔二七〕，但無妨公，不必究問。」非洞見民隱，何以及此？自直達抄鹽之法行，而回綱無所得，沿江州縣亦無批請〔二八〕，故毀舟盜賣以充日食〔二九〕，而敗舟亡卒，處處有之，轉爲賊盜，不可勝計，其爲害非細也。

臣竊謂轉般、鹽法〔三〇〕，爲發運司職事之根本，二者不可偏舉。不捐數百萬以爲糴本，無回運以養舟人，則雖復轉般，無異直達矣。近見發運司漕米至汴中，損失者十幾五六，蓋人船皆處之非其道也。

昔劉晏於揚子置十場造舡〔三一〕，每舡給錢千緡。或言所用實不及半，虛費太多。晏曰：「不然。論大計，不計小費。凡事必爲永久之慮。今始置舡場，執事者至多，當使之私用無窮〔三二〕，則官物堅好矣。異時有患吾給錢多，減之過半，則不能運矣。」至咸通中，有司計費而給，無羨餘，舡益脆薄易壞，漕運遂廢矣。聞真揚起綱，凡治舟所須之物，調夫庸直，皆不以例給，篙工挽卒，逃亡四出，沿汴以清河兵遞行牽挽〔三三〕。清河兵素非綱官所轄，肆行盜竊，不可禁止，加之上漏下濕，非沈溺則腐敗而不可食，其損失多矣，皆惜小費不論大計之過也。臣欲乞朝廷嚴立法制，舡場不得減克工料，優給支費，庶得堅實無疏漏之虞。復運鹽之利，使篙工、柁師以舡爲家，則官物自無損折矣。自漢、唐以來，善治財賦者，必以劉晏爲稱首。晏之言曰：「理財當以養民爲先。户口衆多，賦税自廣。」此至論也。然晏專用鹽利以充軍國之用，其爲法止於出鹽鄉置官，收買鹽户所煮之鹽，轉鬻商人，任其所之，無餘事也。其始，江、淮鹽課歲不過四十萬緡，季年乃至六百餘萬緡，不啻相什百也。豈當時可行而今不可行耶？臣嘗任越州蕭山縣令，境内有錢清鹽場，亭户多竄亡，至追捕拘繫之，乃肯就役。嘗究問其故，蓋鹽之入官，一觔不過四五錢。積鹽之久，必有耗折，官吏任責，則入鹽加耗，理所不免。計其工力之費，不償其二三〔三四〕。又所至匱乏，錢不時得，此亭户所以多竄亡也〔三五〕。饑寒所迫〔三六〕，非私鬻之無以自給，故盜販十百爲群，被甲荷戈，名裹送者不下數十人。官司畏其生事，護送出境，得無侵擾已倖矣〔三七〕。夫深山窮谷，有經年不食鹽者，至附郭之民，不可一日無也。抄鹽之價高而私販賤〔三八〕，故食私鹽多而歲課所以不敷也。非抑配編户，則鹽抄無肯售者，此其弊根也。朝廷若於出鹽鄉增價售之，使其私用無窘，則亭户孰肯冒禁與鹽販者私市哉？弊根既去，則歲課自敷矣。

夫天之所生，地之所藏，昔常有餘而今不足，其弊必有自矣，朝廷蓋未之究也。建隆之初，荆湖、江浙、河東、川廣、福建，皆非朝廷有也。所有者，淮南、京東西數郡而已。承五季之亂，干戈日尋，然未嘗以用不足爲憂。今尺地莫非其有也，一民莫非其臣也，貢賦之入十倍於前時，而日以不足爲憂，何哉？處之未得其道故也。

昔皇祐嘗爲會計録，以總核天下財賦之出入，百官餼廩之奉〔三九〕，軍儲邊計，凡邦國之經用，皆有常數。元豐之備對，元祐之會計，皆放此爲之。臣伏望陛下明詔大臣，爲靖康會計録，取皇祐、元豐、元祐三書以爲式，吏員之增減，兵旅之多寡，户口之登耗，賦入之盈虛，與凡經用之數，以三書參較之，有餘不足之本，可以究見矣，然後從而救治之。宰相歲終制國用〔四〇〕，量入以爲出；而憂國用之不足，非臣所知也。

臣在闕門之外，廟堂之論，臣不得而與聞焉。然得之於道路之言，以爲執政大臣治文書，究細務〔四一〕，日不暇給，其如天下之大計何？臣竊謂今日之急務，惟政事之未修，邊陲戰守之未備，皆闕然不講，此臣之所深憂也。臣願陛下敕諭大臣，闊略細務，付之有司，專務修政事，振軍律〔四二〕，練兵選將，爲戰守之備，庶乎綱舉而萬目自張矣。臣不勝幸望之至！

校記

〔一〕「上淵聖皇帝」下，萬曆本原無「欽宗」二字。據綱鑑易知録卷十七載：欽宗二年丁未五月庚寅朔，王登壇受命畢，慟哭，遥謝帝，遂即位於府治，改元建炎，大赦，遂上靖康皇帝曰「孝慈淵聖皇帝」。今據補。

〔二〕「自已」，萬曆本「已」皆作「巳」。今悉依文意改。

〔三〕「庶或」，正德本「或」下有「有」字。

〔四〕「修」，萬曆本原作「脩」，但下句「欲修其身者」仍作「修」。「修」、「脩」古通用，今除特別説明處之外，一律用「修」。下同。

〔五〕「知至」，正德本作「知致」，誤。

〔六〕「東寇未平」四字，令聞本挖去，繩祖本亦無。

〔七〕「虜騎」，令聞本挖去「虜」字。繩祖本、正誼堂本「虜」改作「北」。

〔八〕「在慎」，正德本作「專恃」。

〔九〕「仁祖」，正德本作「仁宗」。

〔一〇〕「貞觀」，萬曆本避宋仁宗名諱（禎），改唐太宗年號「貞觀」爲「正觀」。正誼堂本作「貞觀」。今回改作「貞」。以下凡萬曆本用「正觀」者，逕改作「貞觀」，不再出校。

〔一一〕「姦邪」，萬曆本「姦」此處原作「奸」，下文又有作「姦」、「姧」者。各對校本、他校本亦混用。按，「奸」、「姦」上古音義不同。「奸」，古寒切（音干），是「犯也」、「求也」之意；「姦」，古顔切，是「私也」、「詐也」之意，俗作「姧」。後「姦」、「姧」二者與「奸」通用，「奸」始有姦邪、姦詐之義。今第一批異體字整理表定「姦」是「奸」的異體字，是不符合漢字的歷史事實的。今凡遇表「私也」、「詐也」之意時，一律改用「姦」字；凡遇表「犯也」、「求也」之意時，則一律改用「奸」字。不再一一出校。

〔一二〕「俯伏」，弘治本作「俯僂」。

〔一三〕「小大」，正德本作「大小」。

〔一四〕「絶無間言」，正德本、正誼堂本無「絶」字。

〔一五〕「因得藉口」，正德本「得」下有「以」字。

〔一六〕「亦」下，正德本有「謂」字，其餘各本無。

〔一七〕「不睹」，弘治本作「不視」。

〔一八〕「撢人」，萬曆本作「撣人」，誤。今據正德本改。下同。

〔一九〕「慎簡」，弘治本作「慎柬」。「簡」、「柬」古通用。

〔二〇〕「候」，正德本作「俟」。

〔二一〕「敬明」，各本「敬」原作「欽」，避趙匡胤祖父敬的名諱而改。今據尚書康誥原文回改。

〔二二〕「制置」，正德本作「設制」，繩祖本作「設置」。

〔二三〕「困敝」，弘治本、正德本「敝」作「弊」。

〔二四〕「真揚」，萬曆本原作「真楊」，誤。今據正德本、正誼堂本改。按，真揚在唐爲揚子縣白沙地。宋真宗大中祥符六年以鑄真宗像成，更名真州，習稱真揚，即今江蘇儀徵縣。下「真揚」同。

〔二五〕「敖」，正誼堂本作「廒」。

〔二六〕「文曆」，正誼堂本作「文歷」。

〔二七〕「柁師」，弘治本作「拖工」。「拖」爲「柁」之誤。

〔二八〕「沿」，各本皆作「沿」。今改作「沿」。「沿」、「沿」異體字。

〔二九〕「以充日食」，正誼堂本無「以」字。

〔三〇〕「竊謂」，正德本作「竊以」。

〔三一〕「揚子」，萬曆本原作「楊子」。漢書揚雄傳：「其先出自有周伯僑者，以支庶食采於晉之揚，因氏焉。」王先謙漢書補注謂雄姓本從木，不從手。民國臧勵龢中國人名大辭典附録姓氏考略云：「一説，揚爲楊之誤字。子雲好奇，特自標異。考雄自序，當爲楊食我之後。三國楊德祖云：『修家子雲，老不曉事。』則揚、楊同姓可知。」今萬曆本「楊子」、「楊雄」一律改作通行的「揚子」、「揚雄」，不再一一出校。「造舡」，弘治本、繩祖本「舡」作「船」。下同不注。按，「舡」，船也。

〔三二〕「無窮」，正德本作「無窘」。

〔三三〕「清河兵」，正德本作「河清兵」。下同。

〔三四〕「不償」，弘治本作「不過」。

〔三五〕「此」，正德本作「其」。

〔三六〕「饑」，正德本作「飢」。按，「饑」表「年成很差或顆粒無收」，「飢」表「吃不飽」、「餓」或「使人受餓」。但兩字古通用，底本及對校本、他校本即混用。今一律從底本，不再一一出校。

〔三七〕「倖」，正德本、正誼堂本作「幸」。

〔三八〕「抄鹽」，正德本作「鈔鹽」。

〔三九〕「奉」，繩祖本作「俸」。

〔四〇〕「歲終」，正德本作「終歲」。

〔四一〕「究細務」，弘治本、萬曆本、正誼堂本「究」作「寛」，正德本作「覽」。繩祖本作「究」，義較長，今從。

〔四二〕「軍律」，正德本作「軍旅」。

上欽宗皇帝

其一〔一〕

一乞立統帥〔二〕。

臣竊見虜騎駐兵城外〔三〕，須求無厭〔四〕，遲回不去，戎狄豺狼之心叵測〔五〕，請和之議未可盡信，尤當嚴爲之備。比聞勤王之師漸有至者，宜召將領一至城中，議戰守之計，恐其言或有可用者。艱難之際，謂宜廣行咨訪，庶有一得，不可忽也。諸葛亮曰：「有制之兵，無能之將，不可以敗；無制之兵，有能之將，不可以勝。」臣恐諸路烏合之衆不相統一〔六〕，非有制之兵也。臣謂當立統帥，以一號令，示之紀律，而後士卒始用命矣。昔唐九節度之師無統帥，雖李、郭之善用兵，猶不免敗衄，不可不慮也。仍乞散遣使臣〔七〕，倍道兼程，督諸路兵之未至者。有逗留不進，以軍法從事，則無敢後矣。援兵稍集，則軍聲益張，戰守惟吾所欲，而虜氣自懾矣〔八〕。臣聞湯以七十里、文王以百里而興，未聞以天下之廣而畏人也，特在處之如何耳。

一乞肅軍政，謹斥堠，明法令。

臣聞古之善言兵者，莫如孫武。武之言曰〔九〕：「將孰有能，法令孰行，賞罰孰明，以是而知勝負。」臣竊謂軍無紀律，士不用命，雖有百萬之師，無益於敗亡。童貫爲三路統帥，虜人侵疆〔一〇〕，棄軍而歸。在軍法，孥戮之有餘辜矣，朝廷置而不問，故梁方平、何灌皆相繼而遁。大河，天險也，棄而不守，使虜騎得以長驅而前〔一一〕，其誤國也甚矣。謂將之有能，可乎？朝廷置而不問。軍政如此，何以用人！書曰：「左不攻于左，汝不恭命〔一二〕；右不攻于右，汝不恭命；御非其馬之正，汝不恭命。用命，賞于祖；不用命，戮于社。予則孥戮汝！」夫左不攻左，右不攻右，不過失伍離次耳，皆以不用命戮之，况未嘗接戰而遁逃乎？此先王仁義之兵，著之於經，以爲萬世法，非臣之私言也。釋而不誅，則將士不復可用矣。周世宗征河東，斬樊愛能而下數十人，士氣始振，此前事可監也。然軍律之不嚴，非特此而已。虜騎之來，已至城下，而朝廷不知。使敵人掩其不備，乘間而入，則拱手付之矣。言之可爲寒心！今幸無事，蓋宗社之福，非人謀也。邊事之興，奏報當日至。急脚遞於法日行五百里，則千里外二日可至，豈有虜人數萬〔一三〕，行數千里，而朝廷不知乎？此斥堠不明，帥臣失職，無甚於此者，法令不行故也。近見出使城外者，未有絲毫之效，子弟進職受厚賚，尤無理也。有罪不誅，無功受賞，則賞罰可謂明乎？使敵人善規國，則勝負已决。臣願陛下嚴飭邊吏，謹斥堠，明法令，無功不賞，有罪必罰，則下有勸懲，而軍政肅矣。仍乞速詔中外，明示已罷宣撫司郎，凡事非出三省、樞密院者，皆不得承受。若猶循舊轍，則邦之安危，未可知也。

一乞責宰執不忠。

臣伏讀上皇聖詔，自崇寧以來，爲大臣所誤，凡蠹國害民之政，輕費妄用，剗革殆盡，雖成湯改過不吝，無以加此。其視天下如棄敝屣，此堯、舜之用心者，前世未之有也。君爲元首，臣爲股肱，君臣蓋一體也。上皇痛自引咎，至托以倦勤遜於位，其克己内訟，可謂至矣。人主避位，而宰臣各叙遷，安受而不辭，此何理也？自昔有旱乾、水溢之灾，宰相必引過待罪，况有此大變乎？夫外鎮撫四夷，内親附百姓，宰相之職也。以今之事觀之，其鎮撫之效可見矣。虜兵在境〔一四〕，上貽陛下宵旰之憂，竭府庫民力遺之〔一五〕，屈爲城下之盟，亦已甚矣。主憂臣辱，主辱臣死，此宰相宜任其責也，而皆謀爲竄亡自全之計〔一六〕，無一人爲社稷謀者，雖身在朝廷，而家屬已遯矣〔一七〕，獨陛下、后妃、皇子留居宫中，其徇國忘私，心果安在哉？平時以高爵厚禄尊養於廟堂之上，天步艱難之際，各爲身謀，陛下孤立何賴焉！念之至此，不覺涕泗之横流也。雖祖宗以來，未嘗戮一大臣，此陛下之家法所當守也，然亦宜稍正典刑，以爲臣子不忠之戒。詢求貞賢以居其任〔一八〕，精神之至，必有聖賢不待夢卜而至者。惟陛下早圖之，天下幸甚！

一乞罷奄寺防城。

臣竊考自古奄人用事，未有無後患者。漢之竇武、何進，以腑肺之親，因天下怨怒，收攬英豪如李膺、陳蕃諸人，共起而誅之，卒不勝，皆駢頸受戮。唐之昭宗，信狎宦者，至東宫之幽。其爲歷世之禍大矣。國家童貫握兵，爲國生事一十餘年〔一九〕，覆軍敗將，朝廷不聞。中外各竭，而貫之私藏厚積，不可以千萬計。人怨神怒，馴致今日〔二〇〕，陛下之所親見也〔二一〕。臨御之初，謂宜屏去此曹，使與輿臺皂隸服掃除之役而已，不可復近。比聞防城所仍用奄人提舉，授以兵柄。此覆車之轍，不可復蹈也。使氣焰一熾，則後不可制矣。夫恩倖持權，貪饕得志，上皇晚雖悔悟〔二二〕，而追救不及，不可不監也。

一乞謹號令。

書曰：「慎乃出令〔二三〕。令出惟行，弗惟反。」欲令之不反，當謹其始。始之不謹，而輕以示人，雖欲不反，不可得也。比見敕榜〔二四〕：索金銀於士庶之家，不納者，許人告訴。既而不行。未一二日，又復前詔。崇寧以來，令有朝下而夕改者，故寬恤之詔，年一舉之，徒掛墻壁而已，而民不信。今陛下即位之初，一言之出〔二五〕，臣下稟令，四海觀聽，尤不可不謹，不宜復蹈前轍也。其言有曰：「庶免吾民肝腦塗地。」何遽至是耶？雖事出倉卒，猶當婉其辭，少存國體。示之以怯懼之形，使狄人輕侮中國，無復忌憚，其失言甚矣。皆不謹令之過也。孔子曰：「自古皆有死，民無信不立。」夫兵、食可去，而信不可去，聖人之垂戒深矣〔二六〕。臣願陛下凡詔告中外，當詳議而後行，稽孔子「無信不立」之言，謹乃出令，以一民聽。天下幸甚！

校記

〔一〕「其一」，萬曆本與「上欽宗皇帝」接排，今改作次級標題。另正德本「皇帝」下有「書」，無「其一」二字。

〔二〕「一乞」，正德本「乞」上無「一」字。以下「一乞」悉同。

〔三〕「虜騎」，令聞本改作「虜人」，繩祖本改作「金人」，正誼堂本改作「北兵」。

〔四〕「須求」，四庫本「須」作「需」。

〔五〕「戎狄豺狼之心叵測」，令聞本無「叵測」二字，繩祖本、正誼堂本全句改作「其心叵測」，四庫本改作「有不可測之心」。

〔六〕「統一」，正德本「一」作「壹」。下「一」字同。

〔七〕「散遣」，萬曆本「遣」作「遺」，今改作通行的「遣」。

〔八〕「虜氣」，繩祖本、正誼堂本「虜」改作「敵」。

〔九〕「言」之下，萬曆本無「曰」字。今據正德本補。

〔一〇〕「虜人侵疆」，正德本、令聞本、正誼堂本同。繩祖本刪去此四字。

〔一一〕「虜騎」繩祖本、正誼堂本改作「寇騎」。下同。

〔一二〕「汝不恭命」之下，各本奪「右不攻於右，汝不恭命」九字。但奪此九字，則下文「右不攻右」之説無着落。今據尚書甘誓原文補。

〔一三〕「虜人」，繩祖本、正誼堂本改作「敵人」。

〔一四〕「虜兵」，繩祖本改作「寇兵」，正誼堂本改作「北兵」。

〔一五〕「遺之」，正德本「遺」作「貽」。

〔一六〕「謀」，正德本作「首」。

〔一七〕「遯」，正誼堂本作「遁」。「遯」、「遁」本字。下同不注。

〔一八〕「貞賢」，正德本、正誼堂本作「真賢」。

〔一九〕「一十餘年」，正德本「一」作「二」。

〔二〇〕「馴致」，萬曆本「致」作「玅」。「玅」、「勁」異體字。今據正德本改。

〔二一〕「所親見」，萬曆本無「所」字。今據弘治本補。

〔二二〕「晚」，萬曆本作「鲍」。「晚」、「鲍」異體字。今據正德本改。

〔二三〕「慎」，弘治本作「謹」。語出尚書周書，原作「慎」。弘治本誤。

〔二四〕「一言之出」，萬曆本無「之出」二字。今據正德本補。正誼堂本亦無「之出」二字，唯「一言」下有「而」字，則當與下句連讀，作「一言而臣下稟命」。

〔二五〕「垂戒」，萬曆本「垂」作「乘」，誤。今據弘治本改。

其二

疏上，欽宗大喜。二月八日，除右諫議大夫兼侍講。公具辭，不允。二月十三日，上殿進此〔一〕。

臣昨蒙賜對，妄以狂瞽之言上論宰相，陛下不加斧鉞之誅，寘之言路，臣雖糜捐〔二〕，無以報稱。比聞士民伏闕以數萬計，詬詈大臣，發其隱慝，無所不至，蓋國人之所共棄也。夫爵刑，天之所以命有德、討有罪，雖人君不得而私焉。書曰：「天聰明，自我民聰明。天明畏，自我民明威〔三〕。」則人君所以奉天者，亦因諸民而已。民之所棄，天實討之。方陛下臨御之初，適當艱難之際，宰相尤宜考擇。内修政事，外攘夷狄〔四〕，非得真賢，不足勝其任也。惟陛下早留意焉，天下幸甚！

校記

〔一〕「疏上」至「上殿進此」一段，正德本緊接其一文末「天下幸甚」之下，「上殿進此」四字作「上殿進劄子，乞擇宰相」九字。「右諫議大夫」，萬曆本原無「右」字。今據正德本及宋黄去疾所著楊龜山先生年譜（以下簡稱黄譜）補。

〔二〕「縻捐」，繩祖本「縻」作「糜」。「縻」、「糜」通用字。

〔三〕「自我民明威」，繩祖本「威」作「畏」，誤。尚書皋陶謨原作「威」。

〔四〕「外攘夷狄」，正誼堂本改作「外固封疆」。

其三

金虜初退〔一〕，主和議者欲賂以三鎮。十八日，公上殿，極論不可專守和議，急宜命將出師，并乞召用种師中、劉光世，問以方略可否〔二〕。

臣竊惟河朔爲朝廷重地，三鎮又爲河朔之要藩，自周世宗迄於藝祖、太宗，百戰而後得之，其艱難甚矣。一旦棄之虜庭〔三〕，姑以紓目前之急則可，以爲經遠之計則未也。方虜騎之來〔四〕，士不素養，欲戰則無其人；樓櫓未修，欲守則無其具；割地賜金，勢有不得已者，臣故曰以紓目前之急則可也。河朔郡縣，犬牙相錯。今以三鎮二十州之地與之，貫吾腹中，則一方邊面裂而三矣。建城壁，備器械，練兵積穀，未易以歲月計也。其距京城，無藩籬之固，虜騎疾驅，不數日而至，又非前日之比，豈不殆哉？臣故曰以爲經遠之計則未也。四方勤王之師，逾月而後集，使之無功而去，厚賜之則無名，不與則生怨，後有緩急召之，宜有不受命者，不可不慮也。姚平仲之出，殺傷相當，未爲大衄，勝負兵家之常數，未足爲深戒。傳聞三鎮之民，欲以死拒之，萬一不守，則數州之衆，肝腦塗地矣，朝廷寧忍坐視而不救乎？臣竊謂三鎮拒其前，吾以重兵躡其後，使之腹背受敵，宜若可爲也。

臣本書生，軍旅之事，未之學也，不敢自信其説。有如种師中、劉光世之徒，皆一時名將，始至而未用。臣欲乞陛下召至榻前，問以方略可否，必有定論。苟有萬全之計，不可失也。朝廷欲專守和議，以契丹百年之好猶不能保，寧能保此强虜乎〔五〕？然朝廷許與金銀以千萬計，秋高馬肥，乘間而來責其償者，彼不爲無辭矣。當是時，金銀不可復取之於民，援兵不可以卒致，其患有不可勝言者。孔子與蒲人盟，曰：「要盟，神不聽。」卒渝之，不以爲不可也。今良將勁卒，咸欲自效，失此不爲，則後將噬臍矣。惟陛下留神而審處之。

校記

〔一〕「金虜」，正德本作「虜騎」，繩祖本改作「金騎」，正誼堂本改作「北兵」。

〔二〕「可否」下，正德本有「其略曰」三字，爲各本所無。

〔三〕「虜庭」，正誼堂本改作「北庭」，繩祖本删去「虜庭」二字。

〔四〕「虜騎」，繩祖本改作「寇騎」（下同），正誼堂本改作「北兵」。

〔五〕「强虜」，繩祖本改作「强寇」，正誼堂本改作「强敵」。

其四

欽宗乃詔出師襲虜〔一〕，而議者多持兩端。公再上疏乞出師，不可專守和議。

臣竊觀自漢迄唐，待戎狄之道，無如祖宗之時者〔二〕。百年之間，民生戴白，不見兵革，姦臣要功〔三〕，爲國生事，與惡而棄好，馴致今日。方虜騎逼城〔四〕，備禦無素，卑辭厚禮以紓目前之急，蓋勢有不得已而然者；割要害之地以爲盟好，則非經遠之計也。臣固嘗論之矣〔五〕。

比聞金人駐兵磁、相，劫擄無有紀極，破大名成安一縣，驅掠子女二千餘人，殺令佐二人而去。誓書之墨未乾，而背不旋踵，吾雖欲專守和議，不可得也。昔趙割六縣之地，使趙郝約事於秦。虞卿謂趙王曰：「秦之攻王也倦而歸乎？王以其力尚能進，愛王而不攻乎？」王曰：「秦不遺餘力矣，必以倦而歸也。」虞卿曰：「秦以其力攻其所不能取，倦而歸，王又以其力之所不能取以送之，是助秦自攻也。」今日之事，正類於是。夫去其巢穴〔六〕，越數千里之遠而犯人之國都，蓋危道也。使其力能攻之，則城中之物皆其有也，尚何事求和哉〔七〕？彼見吾高城深池未易輕犯〔八〕，勤王之師四面而至，姚平仲固嘗與之交兵矣，忍而不敢怒，請和而去，則其情可見，蓋亦懼而歸，非愛我而不攻也。朝廷割三鎮二十州之地與之，是亦助寇而自攻也。聞肅王初與約「及河而返〔九〕」，今挾之而往，此敗盟之大者。臣竊謂朝廷宜以肅王爲問，責其敗盟，必得肅王而後已。三鎮之民，以死拒之於前，而吾以重兵擁其後，勢必得所欲；若猶未從，則聲言其罪而討之。夫師以直爲壯，是舉也，直在我矣。三鎮聞之，士氣必振。此萬全之計，不可失也。若三鎮窮蹙而王師不救，則其民必謂朝廷視其塗炭而莫之恤，則戴后之心懈，而大事去矣，不可不慮也。

竊聞出師之令，廟算不一，屢行而屢反，如是則士氣必懈惰，欲其成功，難矣。唐憲宗平淮西〔一〇〕，韓愈謂「凡此蔡功，惟斷乃成」，未有舉大事不斷而能成也。伏望斷自宸衷，無惑於浮議，則天下幸甚〔一一〕。

校記

〔一〕「出師襲虜」，正德本、令聞本同。繩祖本、正誼堂本刪去「襲虜」二字。按，「欽宗乃詔出師襲虜」至「不可專守和議」一段，正德本上接其三文末「惟陛下留神而審處之」之下，下接其四開篇

〔一〕「臣竊觀自漢迄唐」之上，中無「其四」二字，與各本異。

〔二〕「之時者」，萬曆本原無「者」字。今據諸臣奏議本補。

〔三〕「姦臣」，諸臣奏議本「姦」作「賊」。

〔四〕「虜騎」，繩祖本改作「寇騎」，正誼堂本改作「敵兵」。

〔五〕「臣嘗固論之矣」，萬曆本「論」下原無「之」字。今據諸臣奏議本補。

〔六〕「巢穴」，萬曆本「穴」作「冗」，誤。今據繩祖本、正誼堂本改。正德本「巢穴」二字空缺。

〔七〕「尚何事求和哉」，萬曆本「求」下原無「和」字。今據諸臣奏議本補。

〔八〕「輕犯」，正德本作「凌犯」，諸臣奏議本作「陵犯」。

〔九〕「肅王」，正德本作「肅主」，誤。下文「肅王」不誤。按，肅王趙樞爲徽宗第五子。

〔一〇〕「唐憲宗」，諸臣奏議本「唐」作「昔」。

〔一一〕「則天下幸甚」之下，諸臣奏議本有如下十四個小字注：「靖康元年二月上，時爲右諫議大夫。」

其五 乞誅姚古。〔一〕

臣竊惟：太原，天下之根本也。唐高祖起晉陽，後唐莊宗、石晉、劉智遠輩皆據有太原而取天下，自古以來，未有不以爲重地也。罕一舉而取契丹，劇賊也〔二〕。今圍太原累月，頓兵不移，包藏禍心，豈易量哉？姚古擁重兵爲援，逗留不進。萬一太原不守，其禍有不可測者。軍政如此，何以用人？昔周世宗伐李筠，諸將望風而奔〔三〕，世宗自力戰，大敗歸，卧帳中不起。太祖曰：「何不盡誅大將，以偏裨代之？」世宗大喜，起坐曰：「正合朕意。」於是斬樊愛能以下數十人，一舉而取高平，自是兵威震天下，遂以平諸國。今姚古坐視太原危急而不救，死有餘辜〔四〕，釋而不誅，則無以振國威矣。臣願陛下用太祖之言，法世宗之斷，誅姚古以肅軍政，拔偏裨之可將者代之，明示賞罰，使士各用命，庶乎太原可全也。

校記

〔一〕「乞誅姚古」四字，萬曆本無；正德本無「其五」二字，在「臣竊惟太原」前有「乞誅姚古」四字。今據正德本補此四字。

〔二〕「劇賊」，正誼堂本改作「勍敵」。

〔三〕「望風而奔」，道南祠重補修本「奔」作「奪」。

〔四〕「辜」，正德本作「責」，誤。

其　六又上疏，其畧云：〔一〕

臣嘗論姚古逗留〔二〕，當以軍法從事，未蒙施行〔三〕。今太原圍閉累月，危急甚矣。昉聞大兵尚在〔四〕，威勝軍無一人一騎入太原境者，唯范瓊不受姚古節制，獨能引兵稍前，則諸將逗留，古實爲之也。奈何惜一姚古不誅，坐視要重之地而不救乎？萬一太原之民以王師不救，必謂朝廷棄之，别生異心，則禍起肘腋，非特金人之比，不可不慮也。臣願陛下明詔大臣〔五〕，悉力措畫，速正姚古逗留之罪，誅之以肅軍政，遴柬有武略可任者代之〔六〕。偏裨猶有不用命者，一以軍法從事，庶幾士氣稍振，使敵人有所忌憚。若朝廷未欲遽誅大將，姑用前代故事，盡行削奪，使白衣從事，以責後效，猶之可也〔七〕。不爾，則秋冬之交，風勁草衰，強寇長驅而南，益無所忌憚，悔無及矣。惟陛下留神而幸聽之〔八〕。

校記

〔一〕「又上疏，其畧云」六字，萬曆本無；正德本無「其六」二字，有「又上疏，其略曰」六字。今據正德本補此六字。

〔二〕「臣嘗論姚古逗留」上，諸臣奏議本有以下一段文字爲各本所無：「臣比聞粘罕三月自太原分兵入汾州界，至四月，復還太原，往來二州之間，如在無人之境。所經縣鎮，焚劫屠戮，殆無孑遺。王師坐視不救，若非己事。至四月半，賊離汾州，還太原，統制林良器等四人方至汾州，入城十餘日，坐縻廩粟，無敢向敵者。姚古節制諸將，擁重兵，躬自逗留不進，宜諸將皆無肯用命也。」

〔三〕「未蒙」上，正德本有一「久」字。

〔四〕「昉聞」，各本「昉」作「訪」，義有未安，當是「昉」字之誤。今依文意改作「昉」。

〔五〕「臣願陛下明詔大臣」上，諸臣奏議本有以下一段文字爲各本所無：「自金人殘滅契丹，人人知其必有南窺之意。郭藥師，逆賊也，包藏禍心，亦人人知其必反。王安中見禍亂已形，覬幸脱歸，不復以告。蔡靖抗章論奏，而白時中、李邦彦、蔡攸、蔡楙等蔽蒙苟安，恬不加恤，浸成大患。今太原危急如此，朝廷當以前事爲鑑，不可緩也。一失太原，則大事去矣。」

〔六〕「遴柬」，萬曆本「柬」原作「東」，誤。今據正德本改。

〔七〕「猶之」，諸臣奏議本「猶」作「尤」。

〔八〕「而幸聽之」下，諸臣奏議本有如下十四個小字注：「靖康元年四月上，時爲右諫議大夫。」

其七　疏論王安石著爲邪説以塗學者耳目，敗壞其心術，乞追奪王爵，毁去配享之像。〔一〕

臣伏見蔡京用事二十餘年，蠹國害民，幾危宗社，人所切齒，而論其罪者，曾莫知其所本也。蓋京以繼述神宗皇帝爲名，實挾王安石以圖身利，故推尊安石，加以王爵，配享孔子廟庭。而京所爲，自謂得安石之意，使人無得而議〔二〕。其小有異者，則以不忠不孝之名目之，痛加竄黜。人皆結舌，莫敢爲言，而京得以肆意妄爲，則致今日之禍者，實安石有以啟之也。

臣謹按：安石挾管、商之術，飾六藝以文姦言，變亂祖宗法度。當時司馬光已言其爲害當見於數十年之後，今日之事，若合符契。其著爲邪説以塗學者耳目，敗壞其心術者，不可縷數。姑即其爲今日之害尤甚者一二事以明之，則其爲邪説可見矣。

昔神宗皇帝嘗稱美漢文惜百金以罷露臺，曰：「朕爲天下守財耳。」此謹乃儉德，惟懷永圖，正宜將順。安石乃言：「陛下若能以堯、舜之道治天下，雖竭天下以自奉不爲過，守財之言非正理。」曾不知堯、舜茅茨土階，未嘗竭天下以自奉。其稱禹曰〔三〕：「克儉于家。」則竭天下以自奉者，必非堯、舜之道。其後王黼以應奉花石之事竭天下之力〔四〕，號爲享上，實安石「竭天下自奉」之説有以倡之也。其釋鳧鷖守成之詩，於末章則謂：「以道守成者，役使群衆，泰而不爲驕；宰制萬物〔五〕，費而不爲侈，孰弊弊然以愛爲事？」夫鳧鷖之五章，特曰：「鳧鷖在亹，公尸來止熏熏。旨酒欣欣，燔炙芬芬。公尸燕飲，無有後艱。」詩之所言，正謂能持盈，則神祇祖考安樂之，而無後艱矣〔六〕，自古釋之者〔七〕，未有爲「泰而不爲驕，費而不爲侈」之説也。安石獨倡爲此説，以啟人主之侈心。其後蔡京輩輕費妄用，專以侈靡爲事，蓋祖此説耳。則安石邪説之害，豈不甚哉？臣伏望睿斷，正安石學術之繆，追奪王爵，明詔中外，毁去配享之像，使淫辭不爲學者之惑，實天下萬世之幸〔八〕。

校記

〔一〕「疏論」以下四句，萬曆本無。正德本無「其七」二字，但有以下一段説明文字爲其餘各本所無：「太學諸生伏闕上書，乞留李綱、种師道，軍民從之者數百人。朝廷慮其鼓亂，欲防禁之。公奏言：『士人特激於忠憤之氣，初無鼓亂之心，若得老成有德望爲人所欽服者爲長貳，即日定矣。』欽宗曰：『無逾于卿者。』有旨：『兼國子祭酒。』遂上疏論王安石著爲邪説以塗學者耳目，敗壞其心術，乞追奪王爵，毁去配享之像。於是安石遂降從祀之列。公自弱冠已知王氏學術之繆。

元祐丙寅歲，所與吴國華書論之詳矣。自蔡京用事二十餘年，推尊其道，加之王爵，配享孔子廟庭，天下學士大夫雖知其非而不能奪也。公自以身任言責，又侍經緯（按，緯乃「幄」字之誤），兼師儒之職，可以盡言，不顧怨謗，遂上疏。其略曰。」今摘「疏論」以下四句於此，作爲本文主要内容的提示。

〔二〕「使人無得而議」，萬曆本「使」下原無「人」字。今據諸臣奏議本補。

〔三〕「其後王黼」下，諸臣奏議本有「朱勔祖其説」五字。

〔四〕「宰制萬物」，正德本奪「制」字。

〔五〕「而無後艱矣」，諸臣奏議本「矣」作「耳」，是。

〔六〕「自古釋之者」，萬曆本作「自釋古云者」，語意不明。正誼堂本作「自古釋詩者」。正德本作「自古釋之者」，是。今據改。

〔七〕「萬世之幸」下，諸臣奏議本有如下十一個小字注：「靖康元年上，時爲諫議大夫。」

楊時集卷一

奏狀

辭免邇英殿説書〔一〕

右臣伏蒙聖恩，除臣充邇英殿説書者。聞命震驚，罔知所措。竊惟陛下聖學高明〔二〕，勸講之官，宜得深於經術之士以充其選。如臣淺陋，其敢冒居？伏望聖慈追還成命，以安愚分。所有敕命，未敢祇受，已送秘書寄納。

校記

〔一〕正德本卷前無「奏狀」二字，而各題下均標有「奏狀」二字，如本篇即題爲「辭免邇英殿説書奏狀」。其餘各篇同。萬曆本題後均無「奏狀」二字。

〔二〕「竊惟」，萬曆本「竊」作「切」。今據正誼堂本改。下「竊」字同，不注。

乞上殿

右臣伏睹陛下即政之初，適當國家多事之際。凡在臣子，苟有見聞，咸宜自竭，况臣備員勸講，義豈敢默？輒有所見利害，欲面奏陳。伏望聖慈特降睿旨，令臣上殿敷奏。

辭免諫議大夫

右臣二月初八日准尚書省劄子：三省、樞密院同奉聖旨，除臣右諫議大夫，日下供職者。聞命震恐，不知所措。竊惟諫諍之臣，以繩愆糾繆爲職，宜得剛明之才以充其選。顧臣何人，其敢冒處？伏望聖慈追還成命，以允公議。

舉吕好問自代〔一〕

右臣伏見朝奉大夫吕好問，勳德之後，蔚有典刑，篤實而多聞，疏通而守正，論議氣節，凛然有古諍臣之風，非特臣所不如，亦當代難得之士，舉以代臣，實允公議。

校記

〔一〕呂好問（1064—1131），字舜徒，河南壽州人，呂希哲子，以蔭補官。徽宗崇寧初，以元祐黨子弟坐廢。欽宗即位，薦擢御史中丞，彈劾蔡京過惡，乞削王安石王爵。金人立張邦昌爲帝，好問攝門下省，暗通康王趙構。高宗即位，除尚書右丞。被論罷。出知宣州。以恩封東萊郡侯。子本中。（中國歷代人名大辭典（第533頁））

辭免諫議侍講

其一 五月初十日〔一〕

右臣准開封府告示：「奉聖旨：學官等並罷。」臣自罷權祭酒。竊念臣退伏田廬，杜門待盡十有餘年，誤蒙上皇召自閒廢之中，寘之館閣〔二〕。陛下即位，復被眷知，擢居諫省，仍侍經幄，兼權祭酒。顧雖糜捐，無以報稱。而臣自供職以來，論事無補，人微望重〔三〕，學術謬悠，無以鎮服士心，自取悔吝。尚賴天度包荒，未加竄殛，私自省循，無所容措。所有諫垣、經筵之任，尤難冒居。伏望聖慈，特賜罷免，除臣福建路合入差遣〔四〕，或宫祠任便居住，以安愚分。

校記

〔一〕「其一」及小字「五月初十日」，萬曆本與「辭免諫議侍講」接排，今改作次級標題。另，正德本無「辭免諫議侍講」六字，而題爲「五月初十日乞出第一奏狀」。

〔二〕「館閣」，正德本作「儒館」。

〔三〕「人微望重」，各本同。正誼堂本「重」作「輕」。其四亦曰「德薄望輕」，辭免徽猷閣直學士其二亦曰「資淺望輕」。按，「望重」，「望」指希望；而「望輕」，「望」指名望。二者皆可解，故此姑仍其舊。

〔四〕「合」，萬曆本作「一合」。正德本、令聞本同。四庫本作「一路」。繩祖本、正誼堂本無「一」字。萬曆本其二亦無「一」字（見下）。今據删。

其二 五月十四日〔一〕

右臣誤蒙陛下擢寘諫垣，仍兼勸講，皆朝廷高選。顧臣庸虚，不足任職，加以老病交侵，目視昏眊，兩脛痹弱，行立俱艱，雖欲貪榮冒居，力所不逮。已嘗具狀，乞賜罷免，除臣福建路合入差遣〔二〕，或宫祠，任便居住，以安愚分。未蒙指揮。伏望聖慈特賜矜憫，檢會前奏施行。

校記

〔一〕正德本題爲「十四日第二奏狀」。

〔二〕「合」上，正德本有「一」字，其餘各本悉無。

其三 十六日〔一〕

右臣伏蒙陛下以臣奏乞福建路差遣，或宫觀任便居住，賜詔不允者。特恩曲被〔二〕，感激涕零。竊念臣年逾七十，疾病交侵，目昏不能遠視，足弱難於久立。近有章疏，皆封以入，不請對，亦常冒聞天聽，陛下所知之。實恐因此曠敗，旁招人言，陛下迫於公議，雖欲終始保全，不可得也。伏望聖慈，特賜矜憫，檢會前奏施行。

校　記

〔一〕正德本題爲「十六日第三奏狀」。

〔二〕「特恩」，正德本作「誤恩」。

其　四 二十四日〔一〕

右臣准尚書省今月二十四日劄子，以臣累奏，乞福建路差遣，或宮觀任便居住，奉聖旨不允者。臣不避嚴誅，再瀝血誠〔二〕，上干天聽，伏念臣陋學淺聞，論事無補，不惟德薄望輕，不足任職，而犬馬之齒已逾七十，加以疾病交攻，日虞顛仆，雖欲貪榮冒居，實所不逮〔三〕。伏望聖慈，檢會前奏施行。

校　記

〔一〕正德本題爲「二十四日第四奏狀」。

〔二〕「血誠」，正德本、正誼堂本、四庫本同。光緒本作「悃誠」。

〔三〕「實」，正德本作「力」。

乞致仕六月四日〔一〕

右臣累上封章，乞福建路合入差遣，或宫祠任便居住，伏蒙聖慈未賜俞允者。竊念臣犬馬之齒，已逾七十，禮律皆當引年辭禄。陛下聖度優容，未加廢斥，天地之恩，無以論報。近日疾病交攻〔二〕，腰膝痹疼，乘騎不便，日有顛仆之憂。在告幾月，久廢職事，坐糜饞廩〔三〕，義實難安，不敢再有陳請。乞守本官致仕，以安愚分。

校記

〔一〕正德本題爲「六月初四日乞致仕奏狀」。

〔二〕「近日」，繩祖本「日」作「於」，誤。

〔三〕「糜」，正德本、四庫本作「縻」。「糜」、「縻」皆通「靡」。本書萬曆本多用「糜」代「靡」，今從底本。

辭免給事中

其一六月九日〔一〕

右臣准尚書省劄子：伏蒙聖恩，除臣給事中者。聞命震驚，無所容措。伏念臣老病交侵，不任朝謁，方乞解官致仕，求去而獲還，是美官要職，可以要致也。豈惟於臣私義不安，實恐上累朝廷名器有濫授之失。伏望睿慈，追還成命，檢會前奏施行。

校記

〔一〕「其一」及小字「六月九日」，萬曆本與「辭免給事中」接排，今改作次級標題。另，正德本題爲「初九日辭免給事中第一奏狀」。

其二十八日〔一〕

右臣准尚書省劄子：以臣辭免給事中恩命，奉聖旨不允者。聞命惶懼，罔知攸措。不敢苟避煩瀆之誅，須至再竭悃誠，上干天聽。伏念臣年逾七十，已上封章乞解官致仕，誤蒙睿恩，除臣前件差遣。臣雖至愚，豈不知貪戀聖明〔二〕，進居要職，足爲榮耀？實以衰病交侵，不任朝謁，老不知止，貽笑縉紳〔三〕。伏望聖慈，追還成命，令臣致仕，以安愚分。

校記

〔一〕正德本題爲「十八日第二奏狀」。

〔二〕「聖明」，正德本作「聖時」。

〔三〕「縉紳」，正誼堂本「縉」作「搢」。「縉」、「搢」古通用。

其三二十八日〔一〕

右臣伏蒙聖慈，以臣辭免給事中，乞解官致仕，賜詔不允者。睿恩誤被〔二〕，蔀屋生光，寵逾分涯〔三〕，但深感涕。竊惟七十致仕，著在禮律，士夫所宜循守也。而臣犬馬之齒七十有四，背經遺律，負罪多矣。豈不知退伏田廬，躬耕食力，孰若日近清光，坐享厚禄之爲安榮也？實以衰病，筋力不支。兼臣方引年辭位，遂蒙遷擢，使臣黽勉扶病就職，必致人言。冒寵之誅，無以自逭。伏望聖慈，察臣誠懇，特降睿旨，令臣致仕，以安愚分。

校記

〔一〕正德本題爲「二十八日第三奏狀」。

〔二〕「誤被」，正德本「誤」作「與」。

〔三〕「寵逾分涯」，正德本作「省分逾涯」。

辭免徽猷閣直學士

其一 七月五日

右臣准尚書省劄子：七月四日，三省同奉聖旨，除臣徽猷閣直學士，差提舉西京嵩山崇福宫者。叨被聖恩，榮愧交集。伏念臣以衰病乞骸，特蒙睿慈曲垂矜憫，未即棄捐，尚畀宫祠之禄。天地生成之恩，無以論報。所有直學士之職，非臣凉薄所堪。伏望陛下追寢成命，乞守本官提舉崇福宫，以安愚分。

校記

〔一〕「其一」及小字「七月五日」，萬曆本與「辭免徽猷閣直學士」接排，今改作次級標題。另，正德本題爲「七月初五日辭免徽猷閣直學士第一奏狀」。

其二十七日〔一〕

右臣伏蒙聖慈，以臣辭免徽猷閣直學士恩命，賜詔不允者。祗奉宸綸，益深震懼。竊惟直學士之職，自祖宗以來，未有自諫省躐等而授者。臣雖蒙除給事中，即未曾供職〔二〕，資淺望輕，義難冒處。伏望陛下特降睿旨，追寢成命，庶協公議。

校記

〔一〕正德本題爲「十七日第二奏狀」。

〔二〕「即」，萬曆本原作「郎」。按，據宋史本傳，楊時曾任給事中，而職官從無「給事中郎」者，故知「郎」字實誤。正德本作「即」，今姑改作「即」，屬下句。

其　三二十六日〔一〕

右臣伏蒙聖慈，以臣辭免徽猷閣直學士，賜詔不允者。臣愚屢竭悃誠，上干天聽。煩瀆之罪，宜無所逃，夙夜憂惶，罔知攸措。然臣義有未安，不敢苟止。竊惟延閣之命，尤爲華選，祖宗以來，未嘗輕授。方朝廷修明百度，一循舊制，裁抑僥倖，理宜謹始。臣豈敢以螻蟻之微，首犯名分，貪榮冒居，上紊典憲？伏望陛下特降睿旨，追還成命，以寔公議〔二〕。

校記

〔一〕正德本題爲「二十六日第三奏狀」。

〔二〕「寔」，繩組本作「實」。「寔」、「實」古通用。下同不注。

辭免召赴行在七月二十一日。申省狀附後。建炎元年〔一〕

右臣准尚書省劄子：奉聖旨令臣乘遞馬，疾速發來赴行在者。竊念臣昨蒙淵聖皇帝誤恩，自諫省遷給事中。臣以衰老，久患腰膝，乘騎不便，累表懇辭補外，蒙恩得請，除待制，提舉嵩山崇福宫。未及一年，伏遇皇帝陛下嗣登寶位。在臣子之分，義當入覲，况蒙促召，敢不奔走奉命？緣臣實以痼疾如舊，乘騎未得。伏望聖慈矜察，許臣免赴行在。臣見已乘舡起發，前去楚、泗間，聽候指揮。

申省

右某先於七月二十五日准尚書省劄子：令乘騎赴行在。某昨蒙淵聖皇帝誤恩，除給事中。某以久患腰膝，乘騎不便，累表懇辭，得請，除待制，提舉西京嵩山崇福宫。主上即位，復蒙睿旨召赴行在。某爲舊疾未安，尋具前項因依，七月二十一日自常州附遞，奏聞辭免，不敢居家，坐待朝旨，仍一面乘船自去楚、泗州聽候指揮。今已到楚州日久，未蒙指揮。竊念某犬馬之齒七十有五，加以痼疾間作，拜履俱艱，不任朝謁。謹具申尚書省，伏乞檢會前奏施行〔二〕。

校記

〔一〕正德本題爲「辭免召赴行在奏狀申省狀附後」，中無「七月二十一日」六字。正德本、萬曆本、正誼堂本、四庫本無「建炎元年」四字，繩祖本有此四字。今據補。

〔二〕「前奏施行」，萬曆本原無「奏」字。正誼堂本、四庫本有「奏」字。今據補。

辭免工部侍郎十二月二十六日〔一〕

右臣今月二十五日准尚書省吏房帖子：三省同奉聖旨，除臣工部侍郎，日下供職。聞命震驚，罔知所措。伏念臣犬馬之齒七十有五，衰病筋力不支，不足以任職。伏望聖慈追還成命，除臣一在外宫觀差遣，庶沾薄禄，畢此餘生，不勝幸願之至。

校記

〔一〕正德本題爲「十二月二十六日辭免工部侍郎奏狀」。

舉曾統自代〔一〕

右臣伏見奉議郎、守尚書工部員外郎曾統，名臣之後，能世其家。舉以代臣，實允公議。

校記

〔一〕正德本題爲「舉曾統自代狀」。

乞宫祠

其一 建炎二年二月十五日〔一〕

右臣以凡庸之材，叨被誤恩，擢寘貳卿之列。顧雖糜捐，不足報稱。重念臣行年七十有六，素有足疾，拜履俱艱，日虞顛仆，觸事昏忘，難以任職。欲望聖慈矜恤，除臣一在外宫觀差遣，任便居住。

校記

〔一〕「其一」及小字注，萬曆本與「乞宫祠」接排，今改作次級標題。另，正德本題爲「建炎二年二月十五日乞出奏狀」。

其二三月二日〔一〕

右臣伏蒙陛下以臣乞宫觀差遣任便居住，賜詔不允者。伏念臣自熙寧中叨竊科第，五十餘年，晚始蒙淵聖皇帝誤知，擢居禁從。鑾輿北狩，臣以老病在外，無以自效，偷生忍死，負罪宜無所逃。陛下嗣位，特蒙矜貸，召寘貳卿之列，受恩逾分，雖糜捐未足以報稱萬一。臣雖至愚，豈敢飾辭避事，以求便安？重念臣犬馬之齒七十有六，筋骸衰瘁，心志眊昏，兩脛痹攣，日虞顛仆，故不避煩瀆之誅，再干天聽。伏望聖慈察臣誠懇，除臣一宫觀差遣，任便居住，庶沾薄禄，使垂盡之年，不至失所。

校記

〔一〕正德本題爲「三月初二日再乞宫祠奏狀」。

其三兼辭免侍講〔一〕

右臣以老病，上干天聽，乞一宫祠差遣，未賜俞允。方欲再具陳情，伏蒙聖恩除臣兼侍講。聞命驚惶，無所容措。伏念臣逮事淵聖皇帝，復侍經席。臣以衰病，目昬不能遠視〔二〕，足弱不能久立，辭免職任，蒙淵聖皇帝矜憫，除臣提舉西京嵩山崇福宫，任便居住。今已逾三年，精神昬眊，手足攣痹，又甚於前日，豈敢貪冒寵榮〔三〕，復居此職？伏望聖慈察臣誠懇，追還成命，除臣一宫觀差遣，以安愚分。

校記

〔一〕「兼辭免侍講」，正誼堂本、四庫本同。正德本作「辭免兼侍講」，誤。

〔二〕「目昬」，正誼堂本「昬」作「昏」，下「昬眊」仍作「昬」。「昬」，古同「昏」。今一律改作通行的「昏」。下同不注。

〔三〕「貪冒」，四庫本同。繩祖本作「冒貪」。

其四 四月六日〔一〕

右臣伏蒙陛下擢寘貳卿，仍侍經幄，皆一時高選。豈惟陋學淺聞，不足以任職，而臣犬馬之齒七十有六，衰病日增，雖欲貪榮冒居，精力不逮。伏望聖慈矜察，除臣一宫觀差遺，任便居住，庶沾薄禄，畢此餘生。

校記

〔一〕正德本題爲「四月初六日乞宫祠第三奏狀」。

其五十五日〔一〕

右臣今月十三日准尚書省劄子：以臣乞宫觀差遣，奉聖旨不允者。臣以凡庸之才，誤蒙睿恩，擢侍經幄，遂獲日近清光。臣非土木，豈不知幸？重念臣年齡遲暮，精力衰殘，舊學荒蕪，十忘八九。仰見聖德日躋，非陋識淺聞足以上裨萬一，懼旁招人言〔二〕，自貽悔吝〔三〕。加之目視昏花，兩脛痹弱，晨趨殿陛，每虞顛仆，徒以食貧指衆，仰禄爲生，未能引年辭仕，冒寵僥求，負罪多矣。恭惟皇帝陛下，天度並容，無物不覆，察臣誠懇，除臣一宫觀差遣，任便居住，庶沾厚禄，以盡餘年。

校記

〔一〕正德本題爲「十五日第四奏狀」。

〔二〕「懼」上，正德本衍一「日」字。

〔三〕「悔吝」，萬曆本原作「悔咎」，誤。按「悔吝」猶言悔恨。本卷辭免諫議侍講其一即作「自取悔吝」。易繫辭上：「悔吝者，憂虞之象也。」今據改。

辭免龍圖閣直學士

右臣伏准尚書省劄子：奉聖旨除臣龍圖閣直學士，提舉杭州洞霄宫者。叨被誤恩，榮愧交集。所有直學士之職，朝廷清選，如臣衰朽，豈敢冒居？伏望聖慈追還成命，庶安愚分。

乞致仕建炎庚戌〔一〕

右臣昨蒙誤恩，擢寘貳卿之列。老病不足以任職，冒聞天聽。竊冀祠宫之禄，畢此餘生。伏望陛下睿慈矜憫，俞其所請，仍加延閣之命。顧臣何人，有此遭遇，捐軀未足報稱。坐糜餼廩，已逾二年。方時艱難，而薾然衰瘠，力不能自效，疚心靦顔，無所容措。伏乞守本官致仕，以安愚分。

校記

〔一〕正德本題爲「建炎庚戌乞致仕奏狀」。

〔二〕「薾然」，正德本、正誼堂本作「苶然」。

代虔守薦楊孝本〔一〕

右臣猥以非才，謬當郡寄。竊惟事君之義，莫尚以人，而不祥之實，蔽賢爲大。苟有所知，臣敢不勉？伏見虔州進士楊孝本，學富行純，爲輿論信服。曩游京師，一時忠義之士多從之學。裋褐不完〔二〕，飯疏飲水〔三〕，而束脩之饋，悉以市書，捆載而歸。自晦巖穴，不求仕進。鄉閭故舊憐其貧，協力周之，非其義不受也。此雖古人操履〔四〕，無以過之。當路柄臣，亦嘗論薦，然久未蒙旌擢。伏望聖慈不以臣言之輕，特加收采，錫之一命，以稱朝廷尊德勵善之實。

校記

〔一〕正德本題爲「代虔守薦楊孝本狀」。

〔二〕「裋褐」，繩祖本作「短褐」。

〔三〕「飯疏」，正德本「疏」作「蔬」。

〔四〕「操履」，萬曆本「操」作「搡」，誤。今據繩祖本改。

楊時集卷三

表

謝除邇英殿説書〔一〕

臣某言：伏蒙聖恩，除臣充邇英殿説書，尋具狀辭免，奉聖旨不允者。備員東觀，曾未逾時，講經宸庭，薦膺異數〔二〕。懇辭上瀆，成命弗渝，省分非宜，以榮爲懼。中謝〔三〕。伏念臣仕惟爲禄，學不知方。自憐挾筴以亡羊，奚殊博簺；幾類晝墁而志食，有愧輪輿。拓落一官〔四〕，踐更三世。偶以桑榆之晚景，親逢睿聖之誤知，擢寘書林，復陪經幄。嗟伏生之已老，徒誦遺編；顧申公之無文，寧堪待問？此蓋伏遇皇帝陛下至仁天覆，盛德日新，雖小善而不遺，無一夫之弗獲，致兹庸陋，亦預甄收。非堯、舜之道不陳，敢忘訓獎？惟虞、夏之書具在，益懋前聞。期自竭於埃涓，庶或逃於尸素。

校記

〔一〕「説書」下，正德本有「表」字。

〔二〕「薦」，四庫本作「洊」。下同不注。

〔三〕「謝」，萬曆本原作「謝」，「謝」是「謝」的古字。今一律改爲通用的「謝」。「中謝」，正德本此二字用小字。萬曆本、令聞本、繩祖本、正誼堂本等不用小字。今據正德本改。以下各篇同。

〔四〕「拓落」，四庫本作「落拓」。

謝除諫議大夫兼侍講〔一〕

臣某言：伏奉制命，除臣右諫議大夫兼侍講，仍賜紫章服者。擢居諫省，叨被誤恩，進侍經筵，尤慚非據。寵榮過分，循省若驚。中謝。

竊以懷經世之志者〔二〕，常患無其時；有適時之才者，常患無其位。况值離明之繼照，仍丁泰吉之大來。周道砥平，舜聰四達，寘在七人之列，是爲千載之逢。如臣者，識昧趨今，學惟泥古，獐頭鼠目，何意求官，馬勃牛溲〔三〕，寧堪待用？顧天下之事，惟諫臣得以盡言。遭聖人之時，非賢者曷勝其任？此蓋伏遇皇帝陛下涓流必受，大瓮益深，端一德以當天，奉三無而撫世。故兹庸妄，獲與選掄，敢不勉勵前修，仰酧洪造〔四〕？居官任職，自知無以逾人。補過盡忠，庶勉全於晚節〔五〕。

校記

〔一〕正德本題中「謝」下脱「除」字，「侍講」下有「表」字。「兼」，萬曆本作「㨨」。「㨨」是「兼」的古字。今據正德本改爲「兼」。

〔二〕「經世之志」，萬曆本「志」作「忠」，正德本作「志」，是。今據改。

〔三〕「馬勃」，繩祖本、正誼堂本「勃」作「渤」。

〔四〕「酧」，正德本、正誼堂本作「酬」。「酧」、「酬」異體字。下同不注。

謝賜詔乞致仕不允〔一〕

臣某言：伏蒙聖慈，以臣辭免給事中，乞致仕，賜詔不允者。異恩俯及，省分非宜，祗服訓辭，惟知感涕。中謝。

伏念臣賦材譾薄〔二〕，稟命奇窮，遭時清明，誤被掄選。空坐糜於餼廩，訖無補於絲毫。老病交侵，神志俱耗，筋骸痹弱，屣履如遺，頭目眩昏，看朱成碧，日懷丘首之念，亟圖曳尾之安。屢竭悃誠，未回天聽。此蓋皇帝陛下舉無棄物，常善救人〔三〕，凡在鈞陶之中，不遺瓦甓之賤，致兹庸陋，亦未棄捐。雖老馬已疲，尚羈於伏櫪，而敝帷之賜，終冀於深仁。

校記

〔一〕「不允」下，正德本有「表」字。

〔二〕「譾薄」，正誼堂本「譾」作「譾」。「譾」、「譾」異體字。

〔三〕「常」，四庫本作「嘗」。「常」、「嘗」古通用。下同不注。

謝除待制〔一〕

效職無聞，自宜力去。賜恩甚寵，尤在牢辭。尚叨延閣之華，仍竊直祠之廩。拊存備至，感激難言。中謝。

伏念臣材不適時，學惟泥古。久安朴野〔二〕，已難彊於筋骸；晚際休明，固願張其肝膽。既不能媚俗以同衆，又無以揚己而取名。顧蒲柳之已衰，亦風波之足畏。加之疾疢，重積凌兢。念公朝當責實之時，而諫省非養閒之地，粗知出處進退之節，敢不乞身？豈圖終始憫憐之私，未令失禄。曁丐還於秘職〔三〕，遂冒貢以忱辭。雖盡力於循墻，猶添榮於持槖。向非全度，何以曲成？兹蓋伏遇皇帝陛下，盛德溥臨，大明旁燭，欲招徠於忠直，庶興起於治功。故於諫諍之官，務盡優容之禮，倘不能而知止，亦終惠之有加。致此摧頹，薦膺眷渥。臣謹當祗承大賜，欽頌至言。景迫桑榆，勉報丘山之重；心傾葵藿，敢忘雨露之施？

校記

〔一〕正德本「謝」下無「除」字，「制」下有「表」字。

〔二〕「朴野」，正誼堂本「朴」作「樸」。「樸」、「朴」通假字。

〔三〕「丐」，正誼堂本作「匄」。「丐」、「匄」異體字。下同不注。

賀皇帝即位〔一〕

胡寇逆天〔二〕，痛二聖之播越；民心戴后，幸九廟之再安。中賀。恭惟皇帝陛下體舜聰明，躬湯勇智，憂勤孚於内外，孝弟通乎神明，踐寶位於艱難之中，安神器於傾側之際。臣叨塵法從，莫效微勞。願思高祖之好謀，仍奮文皇之英武，兩宫返國，徐當責效於侯公；醜虜成擒〔三〕，終見收功於李靖。

校記

〔一〕正德本題爲「皇帝即位賀表」。

〔二〕「胡寇逆天」，繩祖本改作「寇氛逆天」，四庫本改作「邊烽照天」。

〔三〕「醜虜成擒」，繩祖本改作「巨醜成擒」，四庫本改作「强敵沮謀」。

賀復辟〔一〕

元凶肆逆，寰宇震驚；妖氛廓清，宸居復正。中賀。

恭惟皇帝陛下膺圖御極，經德體元，信順式孚，天人協助。雖有去豳之意，難逃如市之歸。大明既升，輿情共慶。總師入覲，率多方叔之壯猷；遺澤在民，行遂先王之復古。

校記

〔一〕正德本題爲「賀復辟表」。宋史卷二十五高宗建炎三年云：「夏四月戊申朔，太后下詔還政，皇帝復大位。」復辟，即恢復君位。

謝除工部侍郎〔一〕

臣某言：准告除臣試尚書工部侍郎，仍賜對衣金帶者。賜環薦至，方力疾以造朝；出綍遽膺，敢辭難於就職？甄收甚渥，刻厲無窮。中謝。

伏念臣智不競時，學惟泥古，素行貧賤。付憂患之熏心，備歷險艱，見盛衰之反掌，豈圖遲暮，獲預選掄？荷二聖之深知，當一時之大變，擢綠學省，置在諫垣。念當效命之秋，何暇多言之恤？乞身去國，凝睇圜城。空懷天地之恩，無從報塞；已迫桑榆之景，徒極殞傷。賴神聖之有臨，致邦家之再造。眷惟銷患，無競得人。招徠下及於衰殘，奔赴莫先於艱厄。屬有負薪之疾，阻於叱馭之驅。仰被寬隆，載加超越。未及瞻光於黼陛，已令貳事於官曹。雖主憂臣辱之時，不求營繕；而內修外攘之際，專賴謀猷。弗許牢辭，曷勝重拜？兹蓋伏遇皇帝陛下憂勞圖治，剛健繼明。深懷播越之勤，克篤孝恭之實。凡側身而修行，皆應天而順人。期瞻見於兩宫，庶肅清於四海。廣收群策，用翊丕基。有如疲曳之餘〔二〕，亦在簡求之末。臣敢不追惟舊學，佩服至仁？持槖奉身，益盡論思之職；枕戈勵志，更輸憂憤之心。

校記

〔一〕正德本「謝」下無「除」字，「侍郎」下有「表」字。

〔二〕「疲曳」，四庫本作「跛曳」。按，當以「疲曳」爲是。後漢書馮衍傳：「年雖疲曳，猶庶幾名賢之風。」

謝賜詔乞出不允〔一〕

臣某言：伏蒙聖慈以臣乞除一在外宫官，賜詔不允者。綸言俯及，朽質生光。祗荷寵靈，惟深感涕。中謝。

伏念臣親逢聖旦，叨被誤恩。耄無能爲，寖隳職業〔二〕。老不知止，有靦面顔。以居有食指之繁，而退無周身之策，尚資薄禄，以畢餘生。恃君父之眷知，披腹心而上瀆。愚衷已竭，天聽未俞。此蓋伏遇皇帝陛下端一德以當天，奉三無而撫世，神威不怒，聖武布昭，擴大度以並容，耻一夫而不獲，致兹庸妄，亦未棄捐。荷天地之至仁，宜思論報；迫桑榆之晚景，徒積兢慙〔三〕，敢不勉服訓辭，益堅素守，庶幾晚節，無忝前修。

校記

〔一〕正德本「不允」下有「表」字。

〔二〕「寖隳」，正誼堂本作「寖墮」。另，正德本「寖」作「浸」。「寖」、「浸」古今字。下同不注。

〔三〕「慙」，四庫本作「慚」。「慙」、「慚」異體字。

謝除侍講〔一〕

臣某言：准告除臣兼侍講者。叨奉宸綸，進陪經幄，寵榮過分，愧懼交并。中謝。

伏念臣以垂盡之年，適多艱之際，濫竊不虞之譽。初非有用之材，疾病交攻，神志俱耗，日懷丘首之念，亟圖曳尾之安。自分奇窮，已絶榮望。眷恩俯逮，奚殊罔象之得珠；天禄坐糜，幾類支離而受粟。此蓋伏遇皇帝陛下舜聰四達，湯德日新。雖大明之昇，容光必照；而清問所及，下民不遺。致兹妄庸，亦與掄選。涓流何有，無裨溟、渤之深；老馬已疲，終冀敝帷之賜。

校記

〔一〕正德本題爲「謝侍講表」，「謝」下無「除」字，誤。

謝除龍圖閣直學士〔一〕

臣某言：伏奉告命，除臣龍圖閣直學士，依前朝散大夫、提舉杭州洞霄宫，仍賜對衣金帶者。綸言下逮，朽質生光。誤膺華衮之褒，濫厠昔賢之列；寵恩逾厚，榮懼交并。中謝。

伏念臣才不適時，學惟泥古；投身世網，流落半生。擢寘經幄〔二〕，歷侍三聖。顧桑榆之已晚，驚歲月之屢遷。神志俱昏，筋骸難彊。罄愚衷而上訴，荷天聽之俯從。冒延閣之清資，竊琳宫之榮禄，錫之顯服，束以精鏐。夫何妄庸，有此遭遇！此蓋皇帝陛下〔三〕，體乾坤之博施，推日月之至明，成物不遺，均涵動植，容光必照，無間隱微，致兹衰殘，亦未捐棄。敢不益堅晚節，上副深仁？雖餘齡無路以效勤〔四〕，而圖報尚期於結草。

校記

〔一〕正德本「謝」下無「除」字，「學士」下有「表」字。

〔二〕「經幄」，萬曆本原作「經帷」。今據本書卷二辭免諫議大夫其一「仍侍經幄」、乞宫祠其五「擢侍經幄」、卷三謝除侍講「進陪經幄」諸用例改。

〔三〕「此蓋皇帝陛下」，四庫本「蓋」下有「伏遇」二字，爲其他各本所無。

〔四〕「效勤」，四庫本作「效芹」。

謝轉官致仕〔一〕

引年辭禄，已愧後期；進秩叨榮，益慙非據。恩逾始望，感極涕零。中謝。伏念臣家世羈窮，性姿凡陋，獐頭鼠目，何意求官，馬勃牛溲〔二〕，寧堪待用？偶值離明之繼照，薦膺列聖之誤知。爰自書林，入侍經幄，擢置七人之列〔三〕，復玷貳卿之聯〔四〕。無補毫分，空糜餼廩。寖以年齡晚暮，衰病交侵，竊食祠宫，踐更歲律，姑遂投閒之請，苟逃寵冒之羞。誠意上通，俞音下逮，退伏田廬之陋處，猶兼延閣之清名。顧臣何人，辱茲異數？此蓋皇帝陛下〔五〕，體乾坤之覆幬，擴日月之照臨，大德並容，神功不宰，凡厥稟生之類，一陶化育之仁，致茲駑乘之已疲，亦獲敝帷而不棄。雖謳吟藪澤，阻陪獸舞於虞庭；涵泳恩波，奚異魚潛於文沼？容身有地，圖報無階。

校記

〔一〕「致仕」下，正德本有「表」字。

〔二〕「馬勃」，繩祖本作「馬渤」。

〔三〕「擢置」，四庫本「置」作「寘」。「置」、「寘」古通用。下同不注。

〔四〕「貳卿」，正德本作「二卿」，誤。其餘各本不誤。

〔五〕「此蓋皇帝陛下」，四庫本「蓋」下有「伏遇」二字。

賀正旦代虔守作〔一〕

陳輅鳴鑾，揭示漢儀之盛；獻琛效職，允懷舜德之敷。中謝。恭惟皇帝陛下聖敬日新，勇智天錫。大明繼照，御六氣以乘乾；百辟在庭，共衆星而環極。修禮文之廣備〔二〕，表聖日之光華。顧惟履地而戴天，孰不咏仁而蹈德〔三〕？臣叨兹眷命，附以名藩。玉陛稱觴，莫側鵷鷺之侶；虎城向日，但傾葵藿之誠。

校記

〔一〕正德本題作「代虔守賀正表」。

〔二〕「廣備」，正誼堂本作「廣被」。

〔三〕「蹈德」，繩祖本作「蹈得」。「德」與「仁」相對，當以「蹈德」爲是。

賀坤成節代作〔一〕

唐興帝業，天開潤石之祥；周兆王基，詩咏生民之什。斯人神之協應，罄夷夏以交欣。

恭惟太皇太后坤德含洪，離明旁燭，正始有光於京室，代終益裕於孫謀。萬國承規，普被關雎之化；群黎偏德，一趨麟趾之風。臣備位藩臣，馳心魏闕。一人有慶，均涵天地之仁；萬壽無疆〔二〕，願效崗陵之祝。

校記

〔一〕正德本作「代賀坤成節表」。據宋史禮志載：「哲宗即位，詔以太皇太后七月十六日爲坤成節。」黄譜繫本文于哲宗元祐五年，時在虔州。

〔二〕「無疆」，萬曆本「疆」作「彊」，「疆」、「彊」古常混用，今隨文改正，不再一一出校。

貢物代作〔一〕

分職任民，不遺於嬪婦；因土制貢，敢廢於玄纖〔二〕？前件。經緯有常，質文中理。用參庭實，愧非前列之寶龜；庶廣至仁，惟作萬夫之衣被。

校記

〔一〕正德本題爲「代貢物表」。

〔二〕「玄纁」，各本作「玄纖」，疑爲「玄纁」之誤。今改。玄纁，後世帝王用作延聘賢士的禮品。

賀收復河湟代漕臣作〔一〕

虎士鷹揚，屈人於不戰；羌戎鳥竄，交臂而來臣。遐荒震驚，四國交慶。蠢爾吐蕃之種，世爲西夏之雄。螳怒當前，鴟張弗茹；豢成封豕之惡，久逃京觀之誅。迨兹舜德之誕敷，始效苗頑而來格。連雲蔽野，千里桑麻。被髪遺黎，一日冠帶。此蓋皇帝陛下〔二〕淵泉溥博〔三〕，聖武布昭。莫敢不來，繼湯孫之遺緒；無思不服，廣文考之休聲。臣叨被明恩，謬持使節，悵捧觴之無路，徒向日以傾葵。盡復故封，行謝玉關之質；告成清廟，徯聞天馬之歌〔四〕。

校記

〔一〕正德本題爲「代漕臣賀收復表」。黄譜題作「代運使賀收復河湟表」，今據補「河湟」二字。河湟指黄河、湟水（即西寧水）流域地。

〔二〕「此蓋皇帝陛下」，正德本、四庫本「蓋」下有「伏遇」二字。「皇帝」，四庫本作「皇上」。

〔三〕「溥博」，今閩本作「溥溥」，誤。按，「溥博」，周遍廣遠之意。禮記中庸：「溥博淵泉，時而出之。」

〔四〕「徯聞天馬之歌」，「徯」（等待），各本原作「傒」（煩惱，焦躁），聲同形近之誤。今依文意改。本句語出尚書五子之歌：「徯于洛之汭。」

楊時集卷四

劄子

論時事徽宗宣和七年三月[一]

某衰晚退伏田廬，杜門待盡，無復餘念。今兹誤辱世論[二]，被旨召對，疏遠賤吏，得一見君父，臣子之榮願畢矣。而到闕累月，未得對班。私自念言，陋儒陳腐之學，不足爲世用[三]；加之衰病薾然，無以自效。日想東歸，爲首丘計。惟是憂國愛君之心，不能忘也。

今士大夫不敢盡言天下之事，不過爲保身之謀耳。不知所以謀國，乃所以謀身。天下不寧而保其身者，未之有也。某以疏遠，雖欲有言，無由上達，輒條具十數事，皆今日之急務。儻可少裨國論，望閣下爲朝廷留念，幸甚！

一慎令。

書曰：「令出惟行，弗惟反。」欲令之不反，當慎其始。始之不慎，而輕以示人，雖欲不反，不可得也。近睹榜示：「宣和六年未納税賦、租賦、沿納、和買、預買，並放免。」又曰：「今年放免租税等，尚慮監司州縣別作名目科納，致民人不被實惠，仰所屬監司具放免過實數聞奏。」當議朝廷支降錢物應副〔四〕，即不聲説，只爲流移及盜賊人户方免。今廣濟軍以放税降官衝替，則前日詔令，皆爲虚文耳。夫安土服業之民不爲盜賊，皆不被惠澤。惟流亡轉爲盜賊者，獨免租賦，則百姓何憚不流亡而爲盜賊乎？是朝廷以詔令誘致之也，其爲患豈小哉！孔子曰：「自古皆有死，民無信不立。」以今日之事視之，兵與食皆不可去，獨以信爲可去，不亦異乎？以孔子言爲不可用則已，如以爲可用，則存信尤當謹也。今撫諭之使方行，而失信如此，雖有至意，人誰信之？則使者徒爲此行耳。某竊謂其失未遠，尚可追改。宜如前詔，一切放免，竭取中都所有，支降應副，庶幾民信而從之，則流亡盜賊，亦有衰息之期矣。不爾，恐四方聞之，冀免租賦，皆相率爲盜賊，不可不慮也。

二茶法。

榷茶自唐末始有〔五〕，祖宗蓋嘗行之矣。而官自鬻之，積年之久，流弊滋甚。仁祖令有司會榷茶，净利均爲茶租，而户輸之，弛其禁，使自興販，縣官坐收榷茶之利，而民得自便，無冒禁之患，可謂公私兩利也。故當時詔書有曰：「民被誅求之困，日惟咨嗟；官受濫惡之入，歲以陳腐。私藏盜販，犯者實繁，嚴刑重誅，情所不忍，是於江湖數千里，設陷阱以害吾民也。間遣使者往就問之，而皆歡然願弛榷法，歲入之課少。時上官歷世之弊，一旦以除，著爲經常，不復更制。尚慮喜於立異之人，緣而爲姦之黨，妄陳奏議，以惑官司，必寘明刑，以戒狂謬。」其訓告可謂至矣，後世所宜守也。今茶租錢輸之如故，而榷法愈密〔六〕，是榷之又榷也〔七〕。趨今之變，若未能盡弛其禁，猶當少寬之也。二浙窮荒之民，有經歲不食鹽者，茶則不可一日無也，一日無之則病矣。昔時晚春采造，謂之黄茶，每觔不過三二十錢，故細民得以厭食。今買引之值已過數倍矣，未有茶也，民間例食貴茶，而細民均受其害。

行法之初，裒刻之吏以配買引數多爲功，苟冒恩賞。今以歲課最高爲額，上户有敷及十數引者。一引陪費無慮十數千，則人不易供矣。諸犯榷貨，不得根究來歷，違者以故入人罪論，自祖宗至於熙、豐，未之有改也。今茶法獨許根究來歷。盜販者皆無賴小民，一爲捕獲，則妄引來歷以報私怨。官司不敢沮抑，追呼蔓延，狴犴充斥，經時不能决，良可憫也。

某竊謂宜革去「根究來歷」之法，無追呼之擾，蠲最高之額，以平歲課，罷增羨之賞，懲貪吏希功厲民之虐，庶乎民少安其生矣。

三鹽法。

榷鹽自漢有之，非一日也。周世宗征河東，河朔之民遮道訴鹽法之不便。世宗會所得鹽法息均之，人户歲輸之，從民願也。熙寧間，有獻議再榷者。方神考大有爲之時，凡可以益國而利民者，知無不爲，以是爲不可，沮其議而不行，是終不可行也。河朔與遼爲鄰，祖宗優恤之，特異於他路。蓋養之於無事之時，以備緩急也；困之於無事之時，則於有事之際何賴焉？今日之寇盜是也。鹽息之敷在人户者，亦輸之如故，而又設官置司與他路等，恐非祖宗優恤之意也。

江、浙有蠶鹽〔八〕，於春初均與之爲蠶繅之用。蠶熟，以絹償之，不爲厲民也。今蠶鹽不支，而償絹不免〔九〕，則鹽之利入官已多矣。山谷之民，食鹽之家十無二三，而州縣均敷鹽鈔，民間陪費與茶引等。官吏迫於殿最之嚴〔一〇〕，往往計口授之，以充歲額，人何以堪？今朝廷不立歲額，免比較，其裕民之意厚矣。然不比較，使民得自便，則鹽課必虧。朝廷不資鹽息之用則可，若猶未免，則鹽事司安得坐視其虧欠而恬不加察乎？前此方賊之後，二浙蓋嘗不立額比較矣，而歲額大虧。鹽事司切責州縣不覺察私販，致有虧欠。州縣苟逭譴責，亦不免敷派取辦〔二〕，雖名不比較，而比較之實仍在也。

某竊謂宜酌中立額，使州縣易辦，則民亦少紓矣。若不立額，則鹽司督責必以舊額爲責，哀刻之吏，務以應辦爲功，則所取無有限度，其爲害益深矣。征入之課，以五年酌中數爲額。祖宗以來，自有常法，不可改也。

四轉般。

轉般蓋得劉晏之遺意，朝廷捐數百萬緡與爲糴本，使總六路之計，通融移用，以給中都之費。六路豐凶，更有不常。一路豐稔，則增糴以充漕計；饑凶去處，則使之輸折斛錢而已。故公私俱寬而中都不乏，最爲良法也。

自胡師文以糴本爲羨餘以獻，而制置司拱手無可爲者，直達之議所從起也。今欲復轉般，而糴本取之諸路，漕計猶且不足，而又斂取之，非天降地出，又非出於漕臣之家，取於民而已。二浙兵火夷傷之餘，瘡痍未合，民窮無告，則其患有不可測者，前日之事是也，安可不爲之慮哉？欲復轉般，宜遵舊制，捐數百萬緡與爲糴本，則其事濟矣。不然，徒爲紛紛，無益於國也。

五糴買。

糴買之名不一，非特均糴、結糴之類而已。取之雖多，而州郡無一月之積。祖宗時預買紬絹，每疋支錢一千，限正月十五日以前支訖。方春匱乏之時，民間得錢，頗以爲便。是時浙絹至中都，每疋之值千二三百錢，預支一千，於人户無所虧損矣。

今江、浙雖云預買，而錢不時得，郡縣蓋有白取之者。産絹縣分，每疋不下二千三四百足錢，而上户有敷及百餘疋者，民力固未易辦矣〔一二〕。又有非時拋買，如燕山絲絹之類，所須不一。秋成，穀未上場，而催科之吏已及門矣。力耕之民，日食糠秕，而輸官常恐不足，欲民之不流亡不可得也。昔熙寧中，三司與發運司相爲表裏。三司有餘粟，則以粟轉爲錢、爲銀絹以充上供之數。他物亦然。故有無相資，無偏重之弊。而發運司常爲邦用之根本。今預買實得一千，民間陪費已多〔一三〕，况又未必得也！若今發運司通融六路之計，有無相補，於出絹州郡用常法，依在市中價，於人户量行折科，減預買之數，亦足以少寬民力。尋常折變，多爲民害。蓋州郡不依時值，高估常賦合納之物，低估絹價，故受其弊。若嚴約束穀價，惟依發運司和糴之例，不得故爲低昂，比之預買一千，又未必得錢，則利害亦相遠矣。今浙絹兩貫三四百足錢一疋方可。中官縱胥吏爲姦，只與時值之半，所省亦多矣。

六坑冶。

坑冶，利之所在。有礦苗去處，不待勸率而人自尋逐矣。凡坑户皆四方游手，未有賫錢本而往者，全藉官中應副，令烹煉到銀銅入官。而錢不時得，則坑户無以自給，散而之他，此歲課所從耗失也。取礦皆穴地而入，有深及五七里處，僅能容身，一有摧陷，則無遺類矣。非有厚利，人誰爲之？縱大興發，亦民間私自貨易，官中亦無所得。雖有重法，不能禁也。若以數千萬緡分在諸場中，使以時給與，則坑冶自興，不須他求也。泉布所以權物重輕，通有無，其利柄當操之在上。禁私鑄，非以取利也。今錢一千，重六觔。銅每觔，官買其直百錢，又須白鑞和之[一四]，乃能成錢。除火耗剉磨損折，須六七觔物料乃得一千。銅自涔水、永興數千里運致，其脚乘又在百錢之外。薪炭之費，官兵廪給，工匠率分，其支用不貲一二。細計千四五百錢本方得一千，何利之有？方財用匱乏之時，欲興鼓鑄取利，以紓目前之急，非長策也。然比年鼓鑄，歲額不敷，非特官吏弛慢所致，無銅故也。但取會諸監虧欠因依，其説自見。

今遣使諸路，未必有新坑可採，鼓鑄亦未必有銅。使者持節而往，必不肯坐視不爲之計也，不過督責州縣，認定歲額，取諸民而已。一不應辦，則以不職罷之，誰敢不從？銅非民間所有，督迫之嚴，不免毁錢爲銅以輸官，更舊爲新，徒費工力，所損多矣。元符中，亦嘗遣使踏逐坑冶，姦吏詭妄百出，乃以新坑銅量增價市之，歲終與舊坑銅通融以充歲額。監官無虧課之責，不復檢束；而坑户得以自便，以舊爲新，冒取善價，而新坑實無有也。其欺罔，莫此爲甚。或恐諸路引此例施行，不可不察也。宜令諸路，如坑冶不至興發，或無銅鼓鑄，不得令諸郡虚認歲額，州郡亦不得依隨虚認數目，庶幾不至大段騷擾，而民不受弊矣。

七邊事。

今日之事，無急於邊事、盜賊者。然二者蓋相因而至。居者困於調斂，壯者疲於饋輓，財力俱弊，則流亡轉而盜賊，理勢然也。既往無可咎，而來者猶可圖。竊謂燕、雲之師宜退守内地，以受饋餉之入。使燕軍更番請給於此，庶幾出納自我，無大入折欠之虞。征夫免稱貸備償之擾，則民力不至大困矣。今雲中得百里之地，則增百里轉輸之費，徒敝吾民。出倍稱之息以資黠虜〔一五〕，其害非小也。夫軍以常勝名之則驕其心，糧以計口授之則滋其欲。狄人何厭之有〔一六〕？

比聞道路言云：朝廷授與之田，鮮有肯耕者。雖流言未盡可信，以理推之，恐或有之也。夫力田與安坐而食，其勞佚相反矣，其不耕固不足怪者。縱能使之力耕，不知遂能罷計口之食乎？若未能罷，是徒富之，資其桀驁也〔一七〕。又聞燕地尚多閑田〔一八〕，不若募邊民爲弓箭手，如陝西例，蠲其租賦，使習騎射，亦足殺常勝軍之勢。仍立定額，無使增置，不三五年，可漸消矣。

近見端門外優戲百技〔一九〕，卒多燕人。異時歸附在州郡者，皆譏察。其出入，自有常法；其周防，非無爲也。不知今燕人在中都，知其數否？寧知無姦細混處其中乎？譏察之法，不可廢也。戎狄，豺狼之心〔二〇〕，未可盡信。昔唐太宗從温彦博之議，處降虜於河南〔二一〕，魏鄭公以爲不可，力争之，不能得。不二三年，卒爲亂，如鄭公之議。此前事可監也。

八盗賊。

聞楚、泗有兵，爲東寇捍禦。然淮南州郡，如通、泰、漣水之類，皆與東州鄰，宜皆有備，不獨楚、泗也。若通、泰有警，則維揚逼矣〔二二〕。揚、楚、泗〔二三〕，皆當湖南北、江東西，二浙餉道之衝，中都所仰。一犯其境，則餉道難矣，不可不爲之深慮也！

比聞東寇數萬欲就降者。古之受降如受敵，未可輕也。不知數萬之衆，欲處之何地？必使之有可歸之業得以温飽，然後無事。處之失當，則其患有甚於不降矣。此尤當審處也。

今山東之兵不立統帥，討蕩與招安者各自爲計，盜賊安所適從乎？昔唐以九節度之師不立統帥，雖李、郭之善兵，猶不免敗衄，况餘人乎？某竊謂宜立統帥，使一路之兵咸受節制。可招則招，可討則討，庶乎措置歸一，則事克有濟矣。

九擇將。

將帥尤難其人〔二四〕。本兵之地，當預養之，非一旦倉卒可得也。昔侯君集學兵於李靖，靖曰：「中原無事，吾教君集禦戎狄而已。」則用兵中原與禦戎狄異矣。今東北之寇，用兵於中原也。燕、雲之帥，禦戎狄者〔二五〕，不識知其説者今有其人否？宜令兩制而上，各舉所知堪爲將帥者。有智勇足以敵愾待暴，久沉下僚未爲世用者，令監司郡守皆得以名聞。或自負材武不爲人知者，亦使得自陳，詢事考言有可採者，不次用之，則鼓刀販繒之傑，必有爲時而出者。未嘗求之，不可謂天下之廣，咸無其人焉。此尤宜留意也。

十軍制。

都城居四達之衝，無高山巨浸以爲阻固，所恃者兵而已。凡衛士，皆天子之爪牙，不宜有間也。近見駕前有常入祗候者，巾服稍異，又聞有御前備緩急者，是衛士分爲二三矣。名號既殊，則待之必異；待之有異，則人懷異心，不可用也。承平之久，亦何緩急之有？而兵之彊弱，在統之得其人而已。昔李光弼於軍中無所更置，一號令之，氣色爲之精明，則兵之彊弱，豈不以其人哉？祖宗以來，軍制最爲詳密，不可增損也。

校記

〔一〕萬曆本標題小字原無「徽宗」二字，係點校者所補。又，正德本原題爲「論時事劄子宣和七年三月」。

〔二〕「誤辱世論」，萬曆本「辱」字之下漫漶不清，今據正德本補一「世」字。

〔三〕「不足」，正德本作「不得」。

〔四〕「應副」，四庫本作「應付」。下同。

〔五〕「唐末始有」，萬曆本「末」作「未」。按，「末」、「未」刻本常混，以下隨文改正，不再出校記。據舊唐書食貨志下載，唐德宗時開征茶稅，穆宗時置榷茶使。文宗大和九年令狐楚奏罷之。可見「未」爲「末」字之誤。今據史實改。

〔六〕「而榷法愈密」，宋元學案卷二十五文靖楊龜山先生時「密」作「急」。

〔七〕「榷之又榷」，萬曆本「榷」作「摧」，誤。今據正德本、繩祖本改。下同不注。

〔八〕「江、浙有蠶鹽」，萬曆本原無「有」字，據正德本補。

〔九〕「不支」，繩祖本作「不立」。「儥絹」，繩祖本作「蠶絹」。

〔一〇〕「官吏迫于」，萬曆本原無「官吏」二字，則本句缺主語。今據宋名臣奏議卷六三乞罷茶鹽榷法疏補。

〔一一〕「敷派」，正德本作「敷配」。

〔一二〕「未易辨」，萬曆本「辨」原作「辨」。今據四庫本改。

〔一三〕「陪費」，四庫本作「賠費」。

〔一四〕「白鑞」，四庫本「鑞」作「鉛」，誤。

〔一五〕「黠虜」，繩祖本改作「黠寇」，四庫本改作「强敵」。

〔一六〕「狄人」，四庫本改作「彼則」。

〔一七〕「桀鶩」，「鶩」各本作「鶩」，誤。今依文意改。

〔一八〕「又聞」，各本「又」作「如」，當是行草書的形近之誤。今依文意改作「又」。下文「比聞東寇」，各本「比」亦誤作「如」，亦當是行草書的形近之誤，今依文意改作「比」。

〔一九〕「百技」，四庫本「技」作「伎」。

〔二〇〕「戎狄豺狼之心」，四庫本改作「敵人間諜之謀」。

〔二一〕「降虜」，繩祖本改作「降寇」，四庫本改作「降敵」。

〔二二〕「維揚」，萬曆本原作「維楊」。尚書禹貢有「淮海惟揚州」，尚書「惟」字毛詩皆作「維」。後人摘取「維揚」作爲揚州的别稱。即今江蘇揚州市。正德本、四庫本作「維揚」。今據改。

〔二三〕「揚、楚、泗」，萬曆本「揚」原作「楊」。今據正德本、四庫本改。

〔二四〕「尤難其人」，各本「尤」作「猶」。光緒本作「尤」，是。今據改。

〔二五〕「禦戎狄者」，四庫本改作「禦外侮者」。

論金人入寇

其一　十二月二十六日〔一〕

竊謂今日事勢，如卧之積薪之上，火已燃矣〔二〕，安危之機，間不容息〔三〕。度事之可爲者，宜速爲之，不可緩也；緩之則必有後時之悔〔四〕。時方艱危，當自奮勵，進賢退姦，竦動觀聽，庶或可爲。若示之以怯懼之形，委靡不振，則事去矣。不可不勉也！

山有虎，藜藿爲之不採。故汲黯在朝，淮南寢謀，視公孫弘輩如發蒙耳。論黯經世之才，未必能過弘輩也，特其直氣足以鎮壓姦雄之心耳。朝廷威望弗振，使姦雄一以弘輩視之，則無復可爲也。如某人某人，若置之言路，必有可觀。如某人某人，雖一時忤旨得罪，而節義素爲中外所矚，召還則足以收人望也。

天下有道，守在四夷。今縱未能如是，當於要害處嚴爲守備。比至都城之下，尚何及哉！無徒紛紛，動摇人心，無益於事也。

校記

〔一〕「其一」及小字注，萬曆本與「論金人入寇」接排，今改作次級標題。另，正德本題下有「劄子十二月二十六日」等字。四庫本題作「論金人侵邊」，下所署時間同。

〔二〕「已燃」，正德本「燃」作「然」。「然」、「燃」古今字。

〔三〕「容息」，繩祖本作「容發」。

〔四〕「悔」，萬曆本原作「晦」，形近之誤。今據繩祖本、四庫本改。

其二

某竊計：虜人倏往倏來如禽獸〔一〕，然必不能具糗糧越數千里而窺我也。近邊州軍，宜堅壁清野，勿與之戰，使抄略無所得，則當自困矣。若攻城略地，本路帥司當遣援兵策應，必未能朝夕下也。若虜人不爲攻城之計〔二〕，俟其過，則附近城寨連兵以躡其後，如中山、真定之類。有堅城重兵，然後出與之戰，使之腹背受敵，則可以制勝矣。要之，彼必不能持久也〔三〕。

然今日之事，當以收人心爲先。人心不附，雖有高城深池、堅甲利兵，不足恃也。邊事之興，免夫之役，毒被海内〔四〕，人怨神怒，馴致今日，誤國之罪，宜有歸矣。小人剥民希寵，其事不一，而西城聚斂，東南花石，其害尤甚。聞有旨一切罷去，此甚盛舉也。然前此蓋嘗罷之，詔墨未乾，而花石應奉之舟已啣尾至矣。今雖復申前令，而禍根不去，人誰信之？欲去禍根，恐大臣難言，但言路得人，必有爲朝廷出力者。宿姦巨蠹〔五〕借應奉之名，豪奪民財，蓋不可以數計。天下之人含怒積忿，鬱而不得發幾二十年矣。欲致人和，去此三者，正今日之先務也。

夫天地之藏，取之不竭，實在山澤。摘山煮海之利，天下財計所從出也。今榷貨所入〔六〕，歲以千萬計，皆諸路昔日之經費也。收之中都，諸路一毫不可得〔七〕，則歲用安得不窘耶？凡上供之所須，與一路之經費，非出於漕臣之家，取諸民而已。此民力所由弊也。今雖蠲免歲額，罷比較，漕計無與焉，終無益也。不若一循舊制，歸之漕司，則歲用足而民力自紓矣。論者必謂舍此，朝廷必至於乏用。某竊以謂不然。若臺諫有人，必能爲朝廷謀之，則財貨可不求而自足。然此事須得人而後見，非毫楮可以預言也。祖宗之時，轉般與鹽法相因以爲利，若盡復祖宗之法，則天下事思過半矣。今河北、山東，民之凋弊已甚，雖欲取之，無所取也，所仰者東南而已。二浙夷傷之餘，瘡痍未合，更誅求不已，則前日方臘之事，可以爲監者。

昔唐方用兵之時，裴度復相，則先以延見士夫爲急，故能有成功。夫稽於衆，舍己從人，舜之爲舜，以此而已，況其下者乎？蓋天下之事〔八〕，非廟堂之心可以獨運，合天下之智，則事無不濟矣。

唐元和以後，數用兵，宰相不休沐，或繼火乃得罷。李德裕在位，雖遽書警奏，皆從容裁決，卒午漏下還第休沐如平時。德裕寧任獨智自運，訖然不以軍務爲念哉？蓋鎮安人心，不得不如是耳。此皆前事，可驗也。今一有警，則修城池，試掛搭，得無動摇人心乎？兼燕人之走中都者，填溢衢巷，漫不知其數，雖夷夏有異〔九〕，而念墳墓、懷廬井，其心則同也。豈無姦細伺隙於其間乎？人心一摇，則其禍有不可測者。

昔唐太宗寘降虜於内地〔一〇〕，仍擇酋長備官京師，正與今日之事類。不數年，卒爲亂，然後驅之塞外，則已晚矣。此已事之驗，不可不監也。當今則不可遽爲之，當徐爲之謀，庶無後患也。

校記

〔一〕「虜人」，繩祖本改作「金人」，四庫本改作「北兵」。「如禽獸」，四庫本改作「極不測」。

〔二〕「虜人」，繩祖本、四庫本改作「彼」。

〔三〕「彼必不能」上，四庫本有一「在」字。各本無。

〔四〕「毒被海内」，萬曆本「毒」原作「均」。各本同。宋史楊時傳及宋元學案卷二十五文靖楊龜山先生時「均」作「毒」。今據改。

〔五〕「宿姦巨蠹」，宋元學案卷二十五文靖楊龜山先生時「蠹」作「猾」。

〔六〕「榷貨」，萬曆本「榷」作「摧」，字之誤。今據正德本改。

〔七〕「一毫」，正德本「毫」作「豪」。「豪」、「毫」古通用。

〔八〕「天下之事」，正德本無「之」字。

〔九〕「夷夏」，四庫本改作「中外」。

〔一〇〕「降虜」，繩祖本「虜」改作「寇」。

乞宫觀〔一〕

某叨被詔恩，擢侍經幄，遂獲切近清光〔二〕。某雖至愚，豈不知幸？特以衰病侵凌，兩脛痹弱，跪拜俱艱，不任朝謁。年逾七十，旦暮人也，食貧累重，未能引年辭位，忍恥僥求，冀得宫祠之禄，盡此餘年，負罪多矣。伏望均慈察其誠懇，特爲奏除一宫觀差遣，任便居住，使垂盡之年，不至失所，不勝幸甚！

校記

〔一〕正德本「乞宫觀」題下有「劄子」二字。按，宫觀，官名，本爲崇奉道教而設，有提點、主管、判官、都監等名稱，都用來安置罷職閒散官員，令管理道教宫觀，以示優禮，無職事，但借名食俸，亦謂之祠禄。

〔二〕「切近」，正德本作「已近」。

楊時集卷五

經筵講義

尚書

吉人爲善節〔一〕

「德惟一，動罔不吉；德二三，動罔不凶。」所謂吉人者，以其德惟一也；所謂凶人者，以其德二三也。蓋誠則一，不誠則矯誣妄作，故二三。此吉凶所由分也。舜鷄鳴而起，舜思日孜孜，寸陰是惜，爲善惟日不足也。丹朱惟慢游是好，傲虐是作，罔晝夜頟頟，爲不善惟日不足也。舜爲法於天下，可傳於後世，孔子於禹無間然。人君所當法者，舜、禹而已。

夫世之亂亡之君，非盡無欲善之心，而天下卒至於不治者，以其見善不明，而所謂善者，未必善故也。古之欲明明德於天下者，必先於致知，致知所以明善也。欲致其知，非學不能，故傳説之告其君曰「念終始，典于學」以此。

校記

〔一〕弘治本題下無「節」字。以下各篇同。

播棄犂老節

犂老宜親而播棄之，罪人宜遠而昵比之。冒色而至於淫，沉湎而至於溺，敢行暴虐而至於肆，則益甚矣，罔有悛心故也〔一〕。

夫下之化上，猶影之隨形也。「播棄犂老，昵比罪人」，故臣下化而爲朋；淫湎肆虐，故臣下化而相滅。上下相比爲惡，則無辜陷刑者無所赴愬，籲天而已。夫淫湎肆虐行之於身，則流毒未遠；至於臣下化之，則害之加乎人者廣矣。此穢德所以彰聞也。

校記

〔一〕「罔有」，萬曆本「罔」原作「网」（「網」異體字），今依文意改作「罔」。「悛」，「悔改」之義。弘治本、正德本作「悛」。「悛」、「悛」通用字。

惟天惠民節

惟天地萬物之母，惟人萬物之靈，亶聰明作元后，元后作民父母。夫盈天地之間，皆物也，而人居一焉。人者，物之靈而已。天地子萬物，其生養之具，皆天之所以惠民也。元后繼天而爲之子，其聰明足以乂民〔一〕，民之父母也。其子民也，授之常産，使寒而衣，饑而食，蓋天而惠民者也。

夏王弗克若天，流毒下國，則自絶於天矣。天所以佑命成湯，降黜夏命也。然湯放桀，封其後於杞，非剿絶之，降黜而已。

校記

〔一〕「乂」，弘治本、正德本、四庫本同。繩祖本、正誼堂本作「教」。

惟受罪浮于桀節

「剥喪元良，賊虐諫輔。」非特敷虐于萬方百姓而已，謂己有天命，謂敬不足行，謂祭無益，謂暴無傷。其慢神虐民，非特矯誣上天、布命于下而已。此紂之罪，所以浮于桀也。天之降黜夏命如是，則厥監不遠，在彼夏王而已。

夫人君昵比小人，則讒諛日進。而法家拂士，衆所共嫉也，分而爲朋〔一〕，則其禍必至于相滅。願治之君，可不戒之哉！

校記

〔一〕「朋」，萬曆本原作「用」，形近之誤。今據弘治本、正德本改。

論語

巧言令色章

「剛毅木訥」，不爲儀容辭令以外鶩，故「近仁」。「巧言」非訥也，「令色」非木也，故「鮮仁」。記曰：「服其服，則文之以君子之容；有其容，則文之以君子之辭。」容辭以文之，則非木訥也。文之而實其德，則雖或巧令，未爲過矣。故記曰：「辭欲巧。」

爲甚。詩仲山甫則以「令儀令色」稱之，則巧令非盡無仁也，鮮而已矣。然二者之不仁，巧言類，以蔽惑主人之聽，不可不察也。故巧言之詩，爲傷於讒而作也。蓋讒人之言常巧矣，故能變亂是非之實，中傷善

吾日三省吾身章〔一〕

仁之於人，無彼己之異。謀之在人，猶在我也。謀而不忠，違仁遠矣。朋友之交，與君臣、父子、夫婦、兄弟同，謂之達道，蓋人之大倫也。交而不信，違道遠矣。傳而不習，非尊其所聞也。口耳之學，難與進德矣。君子進德以忠信爲主，故曾子之省其身以此。

夫民生之初，無相生養之道，寒而求衣，飢而求食，不能自爲之謀。謀之其在人君乎？先王爲之正經界而授之田，制里廬而與之居，植桑麻於墻下，蓄鷄彘於其間，使之衣帛食肉，養生送死而無憾。凡此，皆爲人謀也。若夫征求無藝，擅天下之利而有之以爲己私，坐視民之流亡凍餒而莫之恤，非爲人謀而忠者也。伐木之詩曰：「自天子至於庶人，未有不須友以成者。親親以睦，友賢不棄。」此交友之道也。苟無尊德義之誠心，使賢者不獲自進，雖有輔仁之友，無益矣。

人君能以是省其身，而患德之不修、天下之不洽，未之有也。

校記

〔一〕弘治本無標題，但前引論語原文：「曾子曰：『吾日三省吾身：爲人謀而不忠乎？與朋友交而不信乎？傳不習乎？』」然後低一字另起一段寫講義内容。以後各篇體例同，不復詳引。

道千乘之國章

滕文公問爲國。孟子曰：「民事不可緩也。」故道千乘之國以敬事而信爲先〔一〕。蓋不敬則下慢，不信則下無適從，而事卒不立矣。崇寧大臣，輕變祖宗故事，而不能朞月守〔二〕，如抄引之法是也〔三〕。其害有不可勝言者。故寬恤之詔，年一舉之〔四〕，徒掛之墻壁，而民不聽，以其易爲而無信故也。此前日之覆轍，可不監之哉！

易曰：「節以制度，不傷財，不害民。」蓋用不節，則必至於傷財，傷財必至於害人。故思愛人，必先節用。節用而不以制度，則儉而或至於廢禮〔五〕，非所以爲節也。

夫先王所謂理財者，非盡籠天下之利而有之。其取之有道，用之有節，而各當於義之謂也。取之不以其道，用之不以其節，而不當於義，則非理矣。故周官以九職任民〔六〕，而後以九賦斂之。九賦之入，各有所待，不相侵紊，而太宰又以九式均節之，下至公事芻秣之微，匪頒好用，咸有式焉，雖人主不得而逾也。歲終制國用，則量入而爲出，此之謂制度。有不如式，則太宰得以均節之，所謂王及后、世子不會者，特有司之事耳。蓋有司當稟令而已，不可得而會也。崇寧以來，污吏持不會之説以濟其姦，私竊橫斂，而莫之禁。故費出無經，而上下困矣，尚何愛人之有？

古之於民，春析，夏因，秋夷，冬隩，各以其時。其使之也，家無過一人，歲無過三日，則數口之家常有餘力矣。既蜡，則休老勞農，君子不興功，此愛人之道也。用之或違其時，使力本者不獲自盡，雖有愛人之心，而民不被澤矣。故言節用愛人，而繼之以此也。

校記

〔一〕「敬事」，萬曆本「敬」原作「欽」，爲避宋太祖趙匡胤祖之名敬而改作「欽」。四庫本「欽」亦「敬」。今「欽」回改作「敬」。下「不欽」亦回改作「不敬」。

〔二〕「朞月」，繩祖本「朞」作「期」。下同不注。

〔三〕「抄引」，正德本、四庫本作「鈔引」。

〔四〕「年」，萬曆本原作「季」。弘治本、令聞本、四庫本亦作「季」，殆爲「季」之誤。今據正德本改作「年」。

〔五〕「廢禮」，正德本脱「禮」字。

〔六〕「以九職任民」，萬曆本「九」字缺。今據弘治本、正德本及周禮天官大宰本文補。

君子不重則不威章

正其衣冠，尊其瞻視，儼然人望而畏之，則重而有威矣。不重則易爲物遷，故學則不固。主忠信，求諸己也。尚友，取諸人也。取諸人以爲善，而友非其人，則淪胥而敗矣。故無友不如己者〔一〕。合志同方，營道同術，所謂如己者也。聞善則相告，見不善則相戒，故能相觀而善也。過憚改，亦不足以成德矣。

夫古之聖人，前旒蔽明，非禮勿視；黈纊塞聰，非禮勿聽。升車則有和鸞之音〔二〕，行步則有佩玉之聲。出入起居，容節必比於禮樂。人君所以自重其身也，故能不怒而民威於鈇鉞。如是而物能遷之，無有也。

中庸曰：「天之所以爲天，文王之所以爲文，純亦不已。」老子曰：「公乃王，王乃天。」蓋王之與天，無二道也，一於誠而已。誠者，忠信之成名也。言而天下則之，動而天下道之。由是道也，可不主忠信乎？一失之，則天下相率而爲僞矣，其禍有不可勝言者〔三〕！有天下者，其可忽之哉？

舜曰：「臣作朕股肱耳目。」蓋與之爲一體也，則其友賢〔四〕，無不如己者。又曰：「予違汝弼，汝無面從。」有違而臣得以弼之，則過宜不憚改矣，故能亮天功而成帝業。此人君所宜法也。末世之君，好臣其所教，而不好臣其所受教，則所友不如己者耳。故法家拂士遠，而讒諂面諛之人至，所以不聞其過，而天下日入於亂也。可不戒哉！

校記

〔一〕「無友」，弘治本「友」作「交」，誤。「無友」句，語出論語學而。

〔二〕「升車」，萬曆本「升」原作「行」，蒙下文「行步」而致誤。四庫本作「升車」。「升車則有鸞和之音」，語出禮記經解。今據改。

〔三〕「其禍有不可勝言者」之下，正德本有如下二十一字：「周衰，諸侯背叛，至於王師傷敗，失信故也。然則主忠信。」下接「有天下者，其可忽之哉」，爲各本所無。

〔四〕「友賢」，萬曆本「友」原作「有」，聲同形近之誤。今據正德本改。

慎終追遠章

曾子者，孔子弟子曾參也。孟子曰：「養生不足以當大事，惟送死足以當大事。」則大事，人子所宜慎也。故三日而殯，凡附於身者，必誠必信，勿之有悔焉耳矣。三月而葬，凡附於棺者，必誠必信，勿之有悔焉耳矣。夫一物不具，皆悔也。雖有悔焉，無及矣。此不可不慎也。春秋祭祀，以時思之，所以追遠也。齋之日，思其居處，思其笑語，思其志意，思其所樂，思其所嗜。齋三日，乃見其所爲齋者，則孝子所以盡其心者至矣〔一〕。

今夫孩提之童，無不知愛其親也，則其生厚矣。有妻子則慕妻子，知好色則慕少艾，仕則慕君，而不能終身慕父母者，因物有遷也。至於追遠，猶且慎之而不忘，則終身慕可知矣。以是而帥之，民德其有不歸厚乎？歸者，反其生之謂也。

孟子曰：「大孝終身慕父母。五十而慕者，予於大舜見之矣。」蓋舜自三十登庸，至於五十，則備此三者，而未足以解憂〔二〕，惟順父母爲足以解憂。故五十而慕，孟子獨於舜見之矣〔三〕。舜之爲法於天下，可傳於後世者，無盛於此也！人君所宜取法者，舍舜何以哉？

校記

〔一〕「盡」之上，正德本有「自」字。

〔二〕「未足」，正德本作「不足」。

〔三〕「孟子」，繩祖本作「孔子」，誤。上文述孟子之言，故知作「孟子」是。弘治本、正德本、令聞本等亦作「孟子」。

夫子至於是邦也章

子禽，弟子陳亢也，字子禽；子貢，弟子端木賜，字子貢也。

「温」也者〔一〕，暴慢之氣不設於身體也。「良」者善也，生而有之，不假於外也，與良知良能之良同，惟君子爲能有之。「恭」則不侮，「儉」則不奪，「讓」則不争〔二〕。五者之德，夫豈聲音笑貌可爲哉？和順積中而英華發外，睟然可見〔三〕，而人樂與之也。以是而求，求在我也，所以「異乎人之求之與」。

夫「温、良、恭、儉、讓」，蓋常德也，非有甚高難行之事。仲尼不爲已甚者，如是而已。世之人厭常不爲，而不知常德之爲貴。故賢知者過之，而道終不明不行矣。爲天下國家者，欲與之共政，舍常德宜無足與也。故書曰：「彰厥有常，吉哉！」此之謂也。

校記

〔一〕「温也者」，正德本作「温煦也」。

〔二〕「讓則不争」，萬曆本「讓」作「遜」，本當作「讓」，避宋英宗父允讓的名諱而改。四庫本「遜」作「讓」，係據論語學而篇原文改。今回改作「讓」。下「温良恭儉遜」，「遜」亦回改作「讓」。

〔三〕「睟然」，潤澤貌。弘治本、正德本作「晬然」，誤。晬，嬰兒滿百日或周歲之稱；睟，潤澤貌。孟子盡心上：「君子所性……其生色也，睟然見於面，盎於背，施於體。」下同不注。

君子食無求飽章

「君子無終食之間違仁〔一〕」，則是心不可須臾離也。食而飽，居而安，亦人情之所同欲者，君子豈獨異於人哉〔二〕？ 蓋有求焉，則違是遠矣，故不爲也。夫敏事則有功，慎言則無口過。又能就有道而正焉，則其自視常若不及矣，斯其所以爲好學也與？夫「食無求飽，居無求安」，非志於道者不能也。

古之聖人以天下爲心，其於居食之際，非徒若是而已。食而飽，必思天下之有未飽者；居而安，必思天下之有未安者。當禹之時，烝民未粒，故菲飲食，雖欲求飽，有未暇也。民未得平土而居，故卑宫室，過門不入，雖欲求安，有不可得也。聖人之以天下爲心者蓋如此。後之爲天下者，可不監之哉！

校記

〔一〕「終食」，四庫本作「終日」，誤。

〔二〕「人哉」，正德本作「人乎哉」。

貧而無諂章

「貧而無諂」，則貧不至於濫；「富而無驕」，則富不至於淫。與夫貧而諂、富而驕，蓋有間矣。然孔子可之而未善也，故又以「貧而樂、富而好禮」告之。

夫貧而樂〔一〕，非有道學者不能也；富而好禮，非自修者不能也。故子貢以切磋琢磨言之。治骨曰切，治角曰磋。切磋者，資利器而爲之者也。孔子曰：「工欲善其事，必先利其器。」「居是邦也，事其大夫之賢者，友其士之仁者。」仁賢，所謂利器也。故道學如之。治玉曰琢，治石曰磨。琢磨用石以爲錯，則以石治石也。故自修者如之。夫善教人者使人繼其志。孔子以貧而樂、富而好禮告之，而子貢於切磋琢磨之義，自得於言意之表，可謂能繼其志也。其知來矣。其聞一以知其二，於斯見之也。夫人君舉天下之富而有之〔二〕，凡海含地負之珍，畢陳於前，流辟之音，靡曼之色，日接乎耳目。苟無禮以節之，則徇物而忘返，雖竭天下之奉，不足以厭其欲矣。傷財害民，其弊有不可勝言者。富而好禮，其可忽諸？惟古之聖人爲能反求之於身，則無倫之富，萬物備焉，無待於外也，而禮在其中矣，尚何好之足云乎〔三〕？

人君唯能以徇物爲戒，以古聖人爲法，動容周旋，無非禮者，則上下辨而民志定，而憂天下之不治，未之有也。

校記

〔一〕「貧而樂」，萬曆本原作「貧樂」，與「富而好禮」不相應，知「貧」下脱一「而」字。正德本有「而」字，今據補。

〔二〕「舉」，正德本作「擅」。

〔三〕「尚何好」，萬曆本「尚」原作「而」，與上句「而」重出，語氣較弱。當是形近致誤。正德本作「尚」，義較長。今據改。

不患人之不己知章

君子求爲可知而已。人雖不知，而吾之可知者固自若也，無加損焉，何患之有？不知人，則仁賢不肖混淆，而不知所以親遠之，則爲患也孰甚焉？然不知人，自天子至於庶人，其患一也，而天子爲尤甚。蓋君子小人之用舍，治亂之所由分也。故臯陶爲帝陳謨曰：「在知人，在安民。」則安民之道，以知人爲先故也。四凶之不誅，十六相之不舉，雖欲安民，其可得乎？

然心有偏係〔一〕，則不得其正。不得其正，則便嬖寵昵之私得以自近，而正士遠矣。夫公則明，私則敝〔二〕。公天下之善惡而無容心焉，則君子小人之情得矣，亦何患之有？

校記

〔一〕「偏係」，正誼堂本「係」作「繫」。

〔二〕「敝」，繩祖本、正誼堂本作「弊」，誤。

楊時集卷六

辨一

王氏神宗日録辨〔一〕

一

上問：「唐太宗何如主？」對曰：「陛下當以堯、舜爲法。唐太宗所爲，不盡合法度。末世學士大夫不能通知聖人之道〔二〕，故常以堯、舜爲高而不可及，不知聖人經世立法，常以中人爲制也。」

夫道止於中而已矣。聖人經世立法，非固貶損，以中人爲制，道固然也。故堯、舜、禹三聖相授，皆曰「允執厥中」而已。蓋立法失中，其過與不及，皆非聖人之道也。

校記

〔一〕萬曆本卷六總標題作「辨一」，卷内低二格段落係引用王安石神宗日録，頂格段落係楊時之辨。各段無小標題。且首段首句原作「上問唐神宗日録辨太宗如何主」，意不可解。而四庫本卷六「辨一」總標題之下，另有次一級標題，題作「神宗日録辨」，首段首句作「上問唐太宗何如主」。由此可見，萬曆本應是將次級標題「神宗日録辨」竄入正文；且「何如」顛倒作「如何」。另，弘治本錯誤與萬曆本相同；繩祖本雖將「神宗日録辨」五字置於「上問唐太宗何如主」之上，但均以正文格式連書，亦爲不妥。今據四庫本改正，並以一段神宗日録連同一段相應之辨作爲一章，將本卷分作三十二章，以序號標出。且依卷七王氏字説辨例，在標題「神宗日録辨」中補出「王氏」二字，各條文意始顯。

〔二〕「末世」，萬曆本作「未世」，誤。今據繩祖本改。

二

上問：「周公用天子禮樂，有之乎？」對曰：「於傳有之。」「然則人臣固可僭天子？」曰：「周公之功，衆人之所不能爲；天子禮樂，衆人所不得用。若衆人不能爲之功，報之衆人所不得用之禮樂，此所以爲稱也。然周用騂，而祭周公以白牡。雖用天子禮樂，亦不嫌於無别。」

周公之所爲，皆人臣之所當爲也。爲人臣之所當爲，是盡其職而已。若人臣所不當爲而爲之，是過也，豈足爲周公哉？使人臣皆能爲衆人之所不能，即報之以衆人所不得用之禮樂，則朝廷無復有等威矣。故記曰：「魯之郊也，周公其衰矣。」又曰：「周用騂。」周公白牡，雖用天子之禮樂，不嫌於無别，是猶放飯流歠而問無齒，決爲有禮，非通論也。然周公用白牡，見於明堂位所載。凡四代之服器，魯兼用之。别白牡，商禮也。夏尚黑，周尚騂〔一〕，則魯兼用也，以是爲有别，亦疏矣。

校記

〔一〕「周尚騂」，萬曆本原無「尚」字。今據弘治本補。騂，赤色馬，亦赤色牛。此泛指赤色。

三

上問張端河北鹽議。對曰：「亦恐未可爲。」上言韓琦亦有文字。曰：「此事恐須少待。今且當以變通財利爲先。」上曰：「但理財節用，亦足以富。如此事，不爲可也。」曰：「今諸路皆用刑辟榷鹽〔一〕。今北雖榷，似未有妨。」因言：「理財，誠方今所先，然人主當以禮義成廉恥之俗爲急。凡利者陰也，陰當隱伏；義者陽也，陽當宣著。此天地之道，陰陽之理也。若宣著爲利之實，而禮義廉恥之俗壞，則天下不勝其弊〔二〕，恐陛下不能得終於逸樂無爲而治也。」

取之有藝，用之有節，先王所以理財也。故什一，天下之中制，自堯、舜以來，未之有改也。取其所當取，則利即義矣。故曰：「國不以利爲利，以義爲利。」則義、利初無二致焉，何宣著隱伏之有？

若夫宣著爲善之名而陰收爲利之實，此五霸假仁義之術，王者不爲也。故青苗意在於取息，而以「補助」爲名；市易欲盡籠商賈之利，而以「均濟貧苦」爲說，皆此意也。昔哀公問「年饑〔三〕，用不足」，而有若對曰：「盍徹乎？」孔子之徒，其理財蓋如此。使後世之士言之，人必以爲迂也。非深知先王之道者，何足以語此？

校記

〔一〕「榷」，萬曆本作「搉」。「扌」、「木」刻本常混用，以下「榷」、「搉」在「專賣」、「專利」或「商討」意義上通用者，統改爲「榷」，不一一出校。

〔二〕「弊」，繩祖本作「獘」。「弊」、「獘」義近，常通用。此「弊」爲害處、毛病。以下凡遇萬曆本用「獘」者，逕改爲「弊」，不再出校。

〔三〕「年饑」，「饑」，萬曆作「飢」。今據四庫本及論語顏淵原文改。

四

上問：「如何得陝西錢重，可積邊穀？」對曰：「欲錢重，當修天下開闔、斂散之法〔一〕。」因爲言泉府一官，先王所以摧制兼并、均濟貧弱、變通天下之財而使利出於一孔者，以有此也。其言曰：「國事之財用取具焉。蓋經費，則有常賦以待之；至於國有事，則財用取具於泉府。後世桑弘羊、劉晏粗合此意。自秦、漢以來，學者不能推明其法，以爲人主不當與百姓争利，又因請内藏可出幾何以爲均輸之本。」上曰：

「三二百萬或三五百萬可出也。」

桑弘羊爲均輸之法，置大司農丞數十人分主郡國，令遠方各以其物如異時商賈所轉販者爲賦，而相灌輸。盡籠天下之貨，物貴則賣之，賤則買之。是將擅天下商賈之利而取之也。先王以九職任萬民。阜通貨財〔二〕，商賈之職也。今爲法盡籠天下之貨而居之，商賈豈不失職乎？余嘗考泉府之官，以市之征布，斂市之不售。貨之滯於民用，以其價買之〔三〕。物揭而書之，以待不時而買者。夫物貨之有無，民用之羸乏〔四〕，常相因而至也。不售者，有以斂之，蓋將使行者無滯貨，非以其賤故買之也。不時買者，有以待之，蓋將使居者無乏用，非以其貴故賣之也。此商賈所以願藏於王之市，而有無羸乏皆濟矣。其法豈與桑弘羊同日議哉？然泉府所以斂貨者，以市之征布而已。市之征布，廛人所斂者是也，其斂能幾何？以市之征布，與市人交易，乃其宜耳。今乃欲借内藏之錢，何也？夫關市之賦，以待王之膳服，此經費也。邦之大用，内府待之；小用，外府待之。大用謂大故大事也。泉府所謂國事之待用者〔五〕，特内外府之所待與夫經費之外者耳。其所用而取具，蓋亦可知矣。而謂以是通變天下之用，皆飾説也。

校記

〔一〕「斂散」，萬曆本「斂」原作「歛」。按，「歛」，呼談切，義爲欲；「斂」，良冉切，義爲聚。本爲二字，古籍多誤用「歛」作「斂」，萬曆本亦如是。今正。以下各篇同。

〔二〕「阜通」，繩祖本、四庫本作「與通」。

〔三〕「以其價」，弘治本「價」作「賈」。

〔四〕「嬴乏」，四庫本「嬴」作「贏」。「嬴」、「贏」古通用。

〔五〕「待用」，弘治本作「財用」。

五

王氏云：「陛下誠能慎察義理所在〔一〕，而左右不循理之人，敢爲妄言以沮亂政事，誠宜示之以好惡。經或言知仁勇，或言仁知勇〔二〕，未有先言勇者，獨稱湯曰『天乃錫王勇知』者，何也？書曰：『肇我邦于有夏，若苗之有莠，若粟之有秕，小大戰戰，罔不懼于非辜，矧予之德言足聽聞？』湯以七十里起於衰亂之中，其初爲流俗小人不悦，艱難如此，若非勇知，何能自濟？所以能自濟，尤在於勇。陛下救今日之弊，誠患不可以不勇。今朝廷異議紛紛，小有才而不便於朝廷任事之人者不過數人，亦不必人人有意。但如今朝士不識理者衆，合爲異論，則舉朝爲所惑。」爲湯之克寬克仁，彰信兆民，故能東征西夷怨，南征北狄怨，非有流俗小人不悦也。其一怒安天下之民，故以勇知言之。「小大戰戰，罔不懼于非辜，矧予之德言足聽聞？」蓋言肇邦於有夏如此。若夫立法造事，不爲衆論所與，一以力勝之，而能成天下之務，未之有也。

校記

〔一〕「義理」之下，萬曆本原無「所在」二字。今據弘治本補。

〔二〕「仁知勇」，繩祖本、四庫本「知」作「智」。

六

上問：「程顥言不可賣祠部添常平本錢事，如何？」余曰：「顥所言，以爲王道之正。臣以爲顥所言，未達王道之權。『男女授受不親〔一〕，禮也。嫂溺，援之以手，權也。嫂溺不援，是豺狼也。』今祠部所可致粟四五十萬。若凶年，人貸三石，可全十五萬性命。今欲爲凶年計，當以豐歲爲之〔二〕，而國用有所不暇，故賣祠部。所剃三千人頭，而所可救活者十五萬人性命。若以爲不可，是不知權也。」

鬻祠部三千，蓋六十餘萬緡，固非三千人所能自具也，取之於力本之民而已。由是得以不蠶而衣，不耕而食，亦取貲於力本之民而已〔三〕。故其徒益繁，則其害益甚。是未及賑饑〔四〕，而先困吾民以資游手也。

先王之時，三年耕必有一年之積，故凶年饑歲，民免於死亡，以其豫備故也。不知爲政，乃欲髡其人而取其貲，以爲賑饑之術，正孟子所謂「雖得禽若丘陵，弗爲也」，以是爲王道之權，豈不謬哉？詩云：「誰生厲階？至今爲梗。」

校記

〔一〕「授受」，萬曆本原作「受受」，誤。今據弘治本及孟子離婁上原文改。

〔二〕「當以豐歲爲之」，萬曆本「豐歲」原作「凶歲」，誤。弘治本作「豐歲」，是。今據改。

〔三〕「取貲」，弘治本作「取資」。下「其貲」，弘治本亦作「其資」。

〔四〕「賑饑」，弘治本「賑」作「振」。「賑」、「振」古通用。下同不注。

七

上因問：「誠則明矣，明則誠矣，何謂也？」

余曰：「能不以外物累其心者，誠也。誠則於物無所蔽；於物無所蔽，則明矣。能學先王之道以解其心之蔽者，明也。明則外物不能累其心；外物不能累其心，則誠矣。人之所以不明者，以其有利欲以昏之。如能不爲利欲所昏，則未有不明也。明者，性之所有也。」

誠者，天之道也，非外物不能累其心者所能盡也。告子之不動心，豈利欲能昏之哉？然而未嘗知義也。未嘗知義，非明也。然則所謂明者，非物格知至，烏足與此哉？荆公自謂能不以外物累其心，故其言每以是爲至。蓋以其未嘗知天道故也。

八

前一日，陳升之言：「制置三司條例司，升之難爲更簽書，只總領商量。」余曰：

曰：「參知政事，恐非參知宰相政事，參知天子政事。」

「如此則合令誰簽書？」升之曰：「只諫議與押。」余不答。既起，與之同行歸廳。余曰：「相公不欲簽書制置司文字，何意？」升之曰：「體不便。」余曰：「參知政事，恐非參知宰相政事，參知天子政事。」

於是升之欲令孫莘老、吕吉甫領局，余與升之提舉。余曰：「臣熟思之，此事但可如故。向時陛下使輔臣領此局，今亦只是輔臣領局，有何不可？」升之曰：「臣待罪宰相，無所不統，所領職事難稱司。」余曰：「於文：反后爲司。后者，君道也。司者，臣道也。人臣稱司，何害於理？」

升之曰：「今之有司、曹司，皆領一職之名，非執政所稱。」余曰：「古六卿，即今執政。故有司徒、司馬、司空，各名一職，何害於理？」曾公曰：「今執政，古三公；六卿，只是今六尚書。」余曰：「三公無官，只以六卿爲官。如周公，只以三公爲冢宰，蓋其它三公〔一〕，或爲司馬，或爲司徒，或爲司空。古之三公，猶今之三師；古之六卿，猶今兩府也。宰相雖無不統，然亦不過如古冢宰，只掌邦治，即不掌邦教、邦政、邦禮、邦刑、邦事，則雖冢宰，亦有所分掌。今制置三司條例，豈是卑者之事？掌之，有何不可？」

又云：「制置條例，是人主職業，所謂制度也。禮記曰：『非天子不制度。』臣不知制置條例，使宰相領之，有何不可？」

周官六卿，皆以上大夫爲之，而冢宰掌邦之六典。雖掌邦治，實兼總六職，蓋教、禮、政、刑、事，皆治之具故也。故冢宰施法於官府，而小宰以六職辨邦治，則其兼總可知矣。故周公以三公爲之，蓋宰相之任也，未聞有三公爲司徒、司馬、司寇、司空者。舜曰：「疇咨若予采。」蓋天下之事，無非王事也。故舜自謂「予采」，則凡所以成天下之事，皆天子之職業矣。今之敕令，所以誅賞廢置，人主之大柄也，亦以有司爲之，何止三司一司條例獨爲天子職業，而使宰相專領之乎？以宰相爲有司，於體誠非宜，此但以口給禦人，取勝同列，非篤論也。一云：於理誠非宜。曾子曰：「出納之吝，謂之有司。」則有司非所以處宰相也。

校記

〔一〕「其它」，繩祖本、四庫本「它」作「他」。

九

凡興事造業，振救衰弊，誠須臨事而懼。若顧恤流俗人情，畏其不安，即不能爲周公所爲：商人與三監畔，征之三年。若畏人情不安，則必大赦以安之。及事平，乃更遷其世族庶士，居之洛邑，彰善癉惡，以教訓之。初無畏衆之意，此所以能制禮樂而成周之太平也〔一〕。柴世宗一日斬大將樊愛能以下二十七人，以能者代之。當時人情豈得帖然無不安者？古之有爲者，上如周公，下如柴世宗，皆不苟畏人情而但務因循，所以能各隨其材分，興起功業。

周公東征三年，而東人欲其留，西人欲其歸。遷其世族庶士，居之洛邑，使密邇王室〔二〕，以教訓之，非厲之也，人情何爲而有不安者？柴世宗方用兵討伐，斬二十七人以正軍律，故能有功，非安平無事之時可爲也。夫興造事業，不稽乎衆，而欲以辨給勝之，一有異己，則指爲流俗，而妄引周公、世宗之事以惑聖聽，不亦異乎？

校記

〔一〕「而成周之太平也」，弘治本作「而用致太平也」。

〔二〕「密邇」，萬曆本「密」作「蜜」，誤。今據弘治本、繩祖本改。

十

上患内藏三司見錢少。余曰：「納絹差多而不知變轉見錢，則積日月至於不可勝多。去年三司以斛斗合納見錢，乃令變轉金銀疋帛上京。在京已患金銀疋帛多於見錢，乃更令送金銀疋帛外方。既折納到見錢，却須要金銀疋帛，諸路不免科買。民被科買，至買銀一兩用錢千七八，此皆有司不知開闔、斂散、輕重之權所致。魯公曰：只爲人人皆言諸路若般却見錢，則錢荒不便。」

又曰：「王安石常以爲今錢不少，然人皆患錢少。」余曰：「假令錢少，亦無可患。在唐貞觀中，米斗數錢，可謂錢少。然其時更爲樂歲，人無所苦。唯唐中世用兩税法，令百姓以錢爲税，然後人始苦錢少。此由責人必變粟帛爲錢輸官，則人人皆當以粟帛易錢，則不得不以錢少爲患。此乃上設法爲患，非錢少爲患也。今二税令人輸粟帛，至今令輸錢則取情願，何由能致人患？」陽叔曰：「於古輸誠然。今如官中給賜，用錢不少。若斗米五錢，則斗米可折得五錢〔一〕。官中合用錢，何由辦給？則錢少亦不得不以爲患。」余曰：「今官司用錢爲多者，莫如糧草。若錢少而重，則糧草更不費錢。今近邊百萬貫，不能糴得百萬石米。若斗米五錢，則五萬貫足致百萬石。至於其他用見錢，亦豈能多於糧草？就令用見錢處多，若錢重自可。如今合賜錢處折以他物，此乃人主輕重之權，何至更以錢少爲患？」

二税用錢，故民間以錢少爲患。三司以斛斗折錢，何異一税〔二〕？而不以錢少爲患，此何理也？今兩税輸粟帛皆有常數，若輸錢，取其情願，則斗米五錢，所輸無幾矣，官司豈得不以錢少爲患乎？若必令輸粟，則是不取情願，非法也。若不以時直輸錢，則民受弊矣，皆不可也。

夫錢重則物輕。若用處折以他物，則用物亦多矣。用物多，則他物亦恐不足以給也。民之所有，粟帛而已；而錢者，官中所積也。終歲勤動，而斗粟尺帛，不過數錢。雖邊儲百萬石可致，其傷農甚矣。而謂錢少不足患，尤非理也。

校記

〔一〕「可折」，弘治本作「五折」，涉下文「五錢」而誤。

〔二〕「二稅」，弘治本、四庫本同。繩祖本作「二稅」，蓋涉上文「今二稅令人輸粟帛」、「二稅用錢」而致誤。

十一

呈程顥奏：「王廣淵不當妄意迎合俵粟、乞俵絲錢及折絹作納錢」云云。呈孫覺劄子：「至周公時天下已無兼并，又公私富實，故爲此法陰相之，不專用此爲治。」余曰：「無兼并，又公私富實，尚須此相？民兼并多，民乏絶者衆，則此法豈可少？且覺言周公不專用此爲治，今豈全廢餘事專行此法？」又讀至「周公所以取息者，欲民勤生節用，不妄稱貸故也」。余曰：「覺言今法，則以爲掊利；言周公之法，則以爲欲民勤生節用，不妄稱貸。若説今法之意如説周法，則今法何由致人異論？」又至「象箸玉杯」及「作俑」之説，以爲今法雖未有害，及至後世，必有「剥膚椎髓」者〔一〕。

余曰：「此周公所不以爲慮，而孫覺慮後世乃過於周公，此可謂私憂過計也。」覺所言無理至多，讀不至終止。

周官：「平頒其興積。」新義曰：「無問其欲否，概與之也，故謂之平。」則俵粟不取情願，蓋其本旨也。故臺諫言廣淵，不惟不以廣淵爲罪，乃更以爲盡力。夫周官所謂「平」者，豈「概與」之謂哉？謂無偏陂而已。爲是説者，特矯誣先王之法以爲己資耳。

泉府，凡民之貸者，與其有司辨而授之，以國服爲之息〔二〕。蓋貸民，所以助不給。田不耕，宅不毛，猶使之出屋粟里布〔三〕，則游惰之民自致困乏，與夫實非不給而妄冒稱貸者，有司辨之，宜若弗授也。又以國服爲之息，則民不輕貸矣。莘老所謂「欲民勤生節用，不妄稱貸」，未爲過論也。

今兼并之家能以其資困細民者，初非能抑勒使之稱貸也，皆其自願耳。然而其求之艱，其出息重，非迫於其急不得已，則人孰肯貸也？今比户之民概與之，豈盡迫於其急不得已哉？細民無遠慮，率多願貸者，以其易得而息輕故也。以易貸之金資不急之用，至期而無以償，則荷校束手爲囚虜矣。乃復舉貸於兼并之家，出倍稱之息以償官逋〔四〕，明年復貸於官以還私債，歲歲轉易無窮已也。欲摧兼并，其實助之。興利之源，蓋自兹始。

而莘老之比「作俑」者〔五〕，亦不爲過論也。余以謂青苗利害〔六〕，不在願與不願；正在官司以輕息誘致之也。孟子曰：「徒善不足以爲政，徒法不能以自行。」青苗其意乃在取息而已。行周公之法而無仁心仁聞，是謂「徒法」。然則周公法、今法，安得不爲異？

校記

〔一〕「椎髓」，繩祖本「椎」作「推」，誤。椎義爲用椎打。

〔二〕「以國服爲之息」，道南祠重補修本「國服」作「國法」，誤。按，「國服」，指國事。周禮地官泉府：「以國服爲之息。」鄭注：「國服，國事也。」

〔三〕「屋粟」，繩祖本作「農粟」。

〔四〕「償」，四庫本作「還」。

〔五〕「莘老」，萬曆本原作「衰老」，誤。「莘老」是孫覺的字。弘治本亦誤。今據繩祖本、四庫本改。「俑者」，萬曆本原作「福者」，誤。弘治本亦誤。今據四庫本改。

〔六〕「余以謂」，四庫本「謂」作「爲」。下同不注。

十二

呈朱越乞小郡。上問朱越，余取實對〔一〕。又問：「越何處人？因甚人説它？」余曰：「朱越是江寧人，臣久居江寧，與之相識。言者或以爲臣欲差此人知建州。建州地遠事繁，無職田，無錫賜，無酬獎。朱越素廉潔有行，居官無敗事。又是大卿，比鞏申、王秉彝輩，只有過之，即無不及。理須與一郡如建州者。」上曰：「聞亦廉介，可惜年老〔二〕。」余言其不老。上曰：「若在京，好一見之。」余曰：「雖在京，陛下亦何須見？建州知州，自來只是中書差，何足掛聖念！如臣者忠信誕謾之實，陛下乃當審察。若臣誕謾不足信任，便改命忠信之人，付之政事，以天下之大，豈無忠信可任以差除建州知州者〔三〕？」上曰：「非爲如此，只是人言，欲考實。」余曰：「陛下每事欲考實，甚善。然所當考實，乃有急於建州者。」又曰：「人主防人臣爲姦，當博見人、窮理道、考事實。窮理道、考事實，則雖見姦人，無害；博見人，則人臣不能爲朋黨蔽欺。人臣爲姦，尤惡人主博見人。故李逢吉之黨相與謀，以爲人主即位，當深防次對官。」上説。

荆公每言人主博見人，則人臣不能爲朋黨蔽欺。至除朱越建州，則固拒人主，使不得見。此何意也？朱越果材耶，見之何害？果不材，則固拒人主不得見，非蔽欺而何？觀其言之彊悖〔四〕，雖同列不可堪也，况君臣乎？夫君子和順積中，而英華發外，故暴慢之氣不設於身體。於君臣之間，狠愎如此，其所養蓋可知矣。

校記

〔一〕「余」，萬曆本原作「僉」，形近致誤。今據繩祖本、四庫本改。下「余言」同。

〔二〕「可惜」，萬曆本作「可殺」，誤。今據繩祖本改。

〔三〕「可任」，萬曆本作「何任」，誤。今據正德本改。

〔四〕「彊悖」，四庫本「彊」作「强」。「彊」、「强」異體字。

十三

上論不尚賢。余曰：「尊尊親親賢賢並用，先王之政事也。老子不尚賢，是道德之言。」

書曰：「德惟善政。」孔子曰：「爲政以德。」離道德而爲政事，非先王之政事也。

十四

上曰：「用兵須有名，如何？」余以爲無名則不可用兵。上曰：「恐但顧力如何，不計有名無名。」余曰：「苟可以用兵，不患無名。非兼弱攻昧，則取亂侮亡。欲加兵於弱昧亂亡之國，豈患無名？但患德與力不足耳。」弱昧亂亡之國，不足以有其民。而上無政刑，廢誅不加焉，而後兼取之，則有名矣。此書稱湯於桀之時爲然也。乃曰「用兵不患無名」，此乃管仲責包茅不入之説耳。王佐不爲也。

十五

上曰：「使釋、老之説行，則人不務爲功名，一切偷惰，則天下何由治？」余曰：「如老子言道德，乃人主所以運天下。但中人以下不明其旨，則相率亂俗，陷爲偷惰，如西晉是也。」上曰：「乃人主所以運天下，非所以訓示衆人者也。」余曰：「誠如此。

若夫功名爵禄，乃先王所以役使群衆。使人人薄功名爵禄，上何以使下？故先王所以運天下，必有出於功名爵禄之外者，而未嘗示人以薄功名爵禄也。」

「聖人，人倫之至也。」於君臣、父子、夫婦、兄弟、朋友之間，各盡其道，所謂至也。至以其身爲天下用，豈爲功名爵禄哉？蓋君臣者，人倫之大，爲臣義當如此也。故三代之學，皆所以明人倫。人倫明於上，則人知自盡。雖有高明超卓之士出於功名爵禄之外者，亦孰敢不爲用也哉？先王所以運天下，用此道而已。外是，皆謬悠荒唐之説也。夫名位爵禄，天之所以待有德，人主不得而私焉者也。故書曰：「天命有德，五服五章哉！」五服五章不以命有德，乃欲以是役使群衆，非所以奉天也。蓋其學不足以知天，故其論每如此〔一〕。

校記

〔一〕「故其論」，繩組本無「故」字。

十六

上曰：「商鞅何嘗變詐？」余曰：「鞅爲國，不失於變詐，失於不能以禮義廉恥成民而已。」

商鞅挾持浮説〔一〕，以帝王之道干孝公〔二〕，其術蓋本於變詐，尚何禮義廉恥成民之有哉？謂其失不在於變詐，蓋亦不究其本矣。故其操術，每以鞅爲是。

校記

〔一〕「挾持」，萬曆本「挾」作「狹」，誤。今據正德本改。

〔二〕「干孝公」，萬曆本「干」原作「于」，誤。今據繩祖本改。

十七

上聞酸棗有升下户入上户，手敕：「如此，則是有免第四等役錢之名，而無其實」云云。於是司農有狀，乞約束升降，並須約見今等第物力。如或敢將物力不及今下等第之人升作上等，務要足約定之數，則官吏並科違制，不在去官赦降原減之限〔一〕。上以爲然，從司農所奏。

余曰：「治百姓當知其情僞利害，不可示以姑息。若驕之，使紛紛妄經中書御史臺，或打鼓截駕，恃衆爲僥倖，則亦非所以爲政。天下事大計已定，其餘責之有司。有不當，則罪有司而已。今每一小事，陛下輒再三敕質問臣，恐此體傷於叢脞，則股肱倚辦於上〔二〕，不得不惰也。」

升降等第，最爲役法利害之要。平時差役不到下户，今升下户爲上户，使之輸錢，則貧弱受弊，而上户免役，爲法之害，孰大於此？而人主不得質問，質問則以爲「叢脞」，此何理也？

堯之時，天下大計已定矣，然而設謗木，詢芻蕘，豈固示之姑息耶？蓋上下之情不通，而能審知其情僞利害者，未之有也。必使斯民無所赴愬而後可以爲政，則誤國多矣。

校記

〔一〕「原」，萬曆本作「原」。「原」、「原」古今字。今一律改作通行的「原」字。

〔二〕「倚辦」，萬曆本「辦」原作「辨」。今依文意改。

十八

呂公著正所謂「静言庸違，象恭滔天」。又云：「如陳襄姦邪，附下罔上，雖放流竄殛，自其常分。」又云：「歐陽永叔乞致仕，馮固留之。上弗許。余論永叔以韓琦爲社稷臣，則修爲忠良，否則修不免爲附麗邪人。故如修輩，尤惡綱紀立、風俗變。」又云：「如此人，與一州即壞一州，留在朝廷則專附流俗，壞朝廷政令，留之何所用！」又云：「鯀以方命殛，共公以象恭流。富弼兼此二罪，止奪使相，誠爲未盡法。」自韓、富而下，皆元勳世臣，名儒碩德，天下仰之如泰山北斗。一有異己，則指爲姦邪，待以四凶，詆誣大臣，顛倒邪正，蓋自此始也。作俑之禍，抑又甚焉！

十九

保甲

先王爲比、閭、族、黨、州、鄉，以立軍政，居則爲力耕之農，出則爲敵愾之士。蓋當是時，天下無不受田之夫，故均無貧焉，而人知食力而已。游惰姦凶不軌之民，無所容於其間也。自井田之法廢，民無常産久矣。富者饜膏粱〔一〕，被文綉，酣豢逸樂，未嘗知有服勞也。貧者終歲勤動，僅能餬其口〔二〕，一有失職，則饑殍隨之。游惰之民，往往應募而爲兵。一繫軍籍，則上下臨制如束濕薪，雖有姦凶，無所逞也。自祖宗以來，討平禍亂，兼制夷狄，用此而已，未聞有他虞也。今欲什伍其民以代募兵，則富者安於逸樂，脆軟而不可用；貧者更番月閲，則老弱無所賴，轉爲溝中瘠矣。游惰姦凶無所拘係〔三〕，則散而爲盗賊，皆理之必至也。比户之民，既已輸賦租以充軍食矣，而身又不免焉，豈不重困民乎？若以賦租可減，則自熙寧至元豐十有餘年，未聞有減也。予以謂井田既不可復，而欲一兵農，未見其可也。

校記

〔一〕「膏粱」，萬曆本「粱」原作「梁」，誤。弘治本、令聞本、繩祖本亦誤作「梁」。今據四庫本改。

〔二〕「餬其口」，萬曆本「餬」作「糊」，誤。今據四庫本改。

〔三〕「拘係」，弘治本作「收係」。

二十

三司節略却呂嘉問起請儀鸞司供內中綵帛文字，却奏請〔一〕，爲擬「呂嘉問起請乞指揮，其意欲以內東門要綵供上元禁中用，而嘉問起請致妨闕，中傷嘉問，又歸咎於中書立法」云云。余曰：「如此等事，非陛下躬儉，即人臣豈敢如此立法？臣見陛下於殿檻上蓋氊，尚御批減省，以此知不肯用上等匹帛糜費於結絡。」上曰：「本朝祖宗皆愛惜天物，不忍横費，如此糜費，圖作甚！漢文帝曰：『朕爲天下守財耳〔二〕』。」余曰：「人主若能以堯、舜之政澤天下之民，雖竭天下之力以充奉乘輿，不爲過當。『守財』之言，非天下之正理。」

舜作漆器，群臣咸諫，況竭天下之力以自奉乎？雖庸人知其不可爲也。荆公以師臣自任，爲天下儒宗，而所以導其君如此。百世而下，諛臣得以藉口爲天下禍，庸非斯言乎？

校記

〔一〕「却」，萬曆本原作「郄」。今據四庫本改作通行的「却」字。下「却」字同。

〔二〕「天下」，萬曆本原作「天子」，誤。各本同。卷一上欽宗皇帝其七亦作「朕爲天下守財耳」，可以爲證。今據改。

二十一

余奏既立結，吴延征即須處分。王韶招捉木征，然後蕃部無向背，專附延征云云。潞曰：「夷狄自是夷狄，略近勤遠非義，即自己深入險阻，費運饋，不可不計下梢。」曰：「秦、漢以後，事不足論。如詩稱高宗『奮伐荆、楚，深入其阻』，『如火烈烈，則莫我敢遏』。非是不攻夷狄。如火烈烈，其師必衆。師衆，必用糧食，非是不費運饋。如鎮、洮，更自是中國地，久爲夷狄所陷。今來經略，亦不至勞費。」先王之於夷狄，至於不得已而用兵，蓋有之矣。争城争地而戰，則孟子所謂服上刑者，而引詩以爲證，不亦異乎？

二十二

上曰：「市易賣果子，煩細，且令罷却，如何？」余曰：「市易司但以細民爲官科買所困，下爲兼并取息所困，故自投狀。經市易司乞借官錢出息，行倉法，供納官果子。自立法以來，販者比舊皆便得見錢，無留滯云云。陛下爲其煩細〔一〕，以爲有傷國體。臣愚，竊謂不然。今設官監酒，一升亦沽，設官監税，一錢亦税，豈非細碎？人不以爲非，習見故也。臣以爲酒、税如此，不爲非義，何則？自三代之法，固已如此，周官固已征商。然不云幾錢以上乃征之。泉府之法：物貨之不售，貨之滯於民用者，以其價買之，以待不時。而買者亦不言幾錢以上乃買賣。周公制法如此。不以煩細爲耻者，細大并舉，乃爲政體。尊者任其大，卑者務其細，此先王之法，乃天地自然之理。如陛下朝夕檢察市易務事，乃似煩細，非帝王大體。此乃書所謂『元首叢脞』也。」古之爲市也，以其所有易其所無者，有司者治之耳。征商，古無有也，蓋自賤丈夫始，恐無一錢亦税也。先王之時，惟祀兹酒，故曰：「群飲，汝勿佚。盡執拘以歸於周，予其殺。」雖紂爲人君，數其罪，亦不過沉湎於酒耳。必不設法招致，使民酣醟，而日較其增虧也。榷酤之法，自桑弘羊爲之。當時以謂「烹弘羊乃雨」，則人情可知矣。以爲因襲之久，國計賴之，未能遽已可也；以爲三代之法已如此，其欺我哉！周官泉府斂市之不售，貨之滯於民用，以其價買之，以待不時之買者，所以阜通貨賄也〔二〕。若果子，非有不售而滯於民用者，而官皆斂之，此與賤丈夫登龍斷而罔市利者何異哉？以是爲政體，不亦謬乎？

夫柄臣受命於人主，議法度而授之有司。有司不奉法，柄臣察之可也；柄臣議法失其旨，其誰當正之？固人主所當察也。故上無壅蔽，而下情得以上通，而民被其澤矣。論道之官，議法罔利，煩細如此，實傷國體。而人主不得問，問之則以爲「叢脞」，果何理哉？

校記

〔一〕「爲其」，四庫本作「謂其」。

〔二〕「阜通」，繩祖本、四庫本作「與通」。

二十三

余曰：「陛下正當爲天之所爲。知天之所爲，然後能爲天之所爲。爲天之所爲者，樂天也。樂天者，然後能保天下。不知天之所爲，則當畏天。畏天者，不足以保天下，故戰戰兢兢，如臨深淵，如履薄冰者，爲諸侯之孝而已。所謂天之所爲者，如河決是也。天地之大德曰生。然河決以壞民屋，而天不恤者，任理而無情故也。故祁寒暑雨，人以爲怨，而天不爲之變，以爲非祁寒暑雨不能成歲功故也。『惟天爲大，惟堯則之。』堯使鯀治水，汩陳其五行九載。以陛下憂恤百姓之心，宜其寢食不甘，而堯晏然不以爲慮。此能爲天之所爲，任理而無情故也。」

堯之時，天下猶未平，洪水横流，汎濫於中國，孟子謂「堯獨憂之，舉舜而敷治焉」。而安石乃曰「堯晏然不以爲慮」，不知何所據而然也？以憂恤百姓爲不知天之所爲，則文王視民如傷，其不知天甚矣。夫民窮而主不恤，下怨而上不知，蓋土潰之勢也。保丁賣襖以置弓箭，甚者斷指以免丁，其致怨可知矣。而導其君以爲不必恤，不亦誤乎？

二十四

余曰：「如今要作事，何能免人紛紜？三代以前，盛王未有無征誅而治也。文王『侵阮徂共〔一〕』，以至伐崇，乃能成王業。用凶器，行危事，尚不得已，何況流俗議論！」

周之王業，肇基太王。然太王避狄去豳，未聞有征誅也。先王用凶器，行危事，蓋有不得已也。若以謂必有征誅乃能成王業，此何理？必使後世希功要利之臣，藉斯言爲興王之本以欺其君，其禍天下，豈淺哉！

校記

〔一〕「文王」，萬曆本「王」原作「曰」，誤。今據四庫本改。

二十五

呈内藏庫紬絹，許人户情願納見錢事。因曰：上今歲兩浙被三司令，人户情願納見錢，折税紬絹。薛向近奏，添俵預買紬絹錢，乃得平準輕重之意。

預買紬絹，每疋俵錢一千。三司以納絹折納見錢，必高其估。此與王廣淵俵絲錢折納税紬絹一體。聚斂之臣，罔民取利以欺朝廷，故民間常以折變爲患。今乃以折納見錢、添俵預買爲得平準輕重之意，恐非先王裕民之道也。

二十六

魯公曰：「議者以爲提舉官將先催常平，如王廣淵義倉事。」余曰：「先催常平，物固無害，與義倉事不同。義倉是朝廷令勸誘，豈可先以百姓税物充？常平是出官本貸與，先催有何不可？若不許先催，則是令税足之後，方以枷棒催常平貸物，則自然致人議論。」

又云：「枷棒亦不可廢。今和買紬絹，若不納，可不決否？今民間賒貸，亦須以枷棒理之。若明示百姓不可以枷棒理，即一散之後，何由可斂？既情願貸官物，又收息少，縱使枷棒催之，亦何所妨？」

先催足常平，而後催税，則税必欠。雖不用枷棒催貸物，必用枷棒催税矣。此乃朝三暮四之説，而民受其弊則一也。私債於法不受理，而兼并之家初非有枷棒催貸物也，已足以困細民，則此固可知矣。

夫和買用枷棒，蓋州縣之過，非法意也。常平斂散，自謂先王補助之法，竊意先王補助，必無取息用枷棒追索之理。不務出此，乃引州縣之過以自況，不亦異乎？

二十七

論常平。陳曰：「此只是財利事，不行得，有何所妨？臣在政府，日夕紛紛校計財利，臣實耻之。」余曰：「理財用者，乃所謂政事，真宰相之職也，何可以爲耻？若爲大臣而畏流俗浮沉，不能爲人主守法者，臣亦耻之。」

周官太宰以九賦斂財用，以九式疏節財用，以九貢致邦國之用，則理財真宰相之職也。蓋古之制國用者，量入以爲出，故以九賦斂之，而後以九式均節之，使用財無偏重不足之處，所謂均節也。取之有藝，用之有節，然後足以服邦國，以致其用。「致」猶「致人」之致，使其自至也。若天王求車，則非致也。然則先王所謂理財者，亦均節之，使當理而已。徒紛紛較其嬴餘〔一〕以爲宰相之職，則非其義也。

校記

〔一〕「嬴餘」，弘治本「嬴」作「贏」。二者古義通。

二十八

濮王不稱皇，乃御史之力。上曰：「稱皇是不得耶〔一〕？」余曰：「無臣而爲有臣，孔子以爲欺天。濮王以人臣終而稱皇，是無臣而爲有臣之類。且孝子慈孫，事死如事生，事亡如事存。推濮王之心，豈敢當褒崇？然則如此褒崇，非事死亡如生存之道也。」

濮廟非帝業所基，與太王、王季異，故褒崇之禮不宜稱皇，得禮之正也。荆公謂「濮王以人臣終而稱皇，是無臣而爲有臣」之類，蓋未嘗深知周公追王之意也。周公豈欺天乎？

校記

〔一〕「是」，四庫本作「使」。

二十九

陝西諸帥稍探得西人欲作過〔一〕，即勾下番兵馬。余以爲當約束，勿使其然。慶曆中，西事所陷殺，不過十萬人。計天下一歲饑饉疾疫所死，何啻十萬人，於天下未覺有損也；而天下以西事故大困窮者，妄費糧餉，最方今所宜戒。邊吏不能捍敵，致陷殺無辜之民，而以饑饉疾疫死亡者爲比，又以一路殺傷之數〔二〕與合天下較其多寡，此尤爲無理。夫以十萬之衆，合天下之廣言之，宜未覺有損也；以陜西一路言之，安得不以爲多乎？昔者太王之避狄也，以爲君子不以其所以養人者害人，故去之。今乃以妄費糧餉爲宜戒，而十萬無辜之民肝腦塗地爲無所損，非謀國者之所宜言也。

校記

〔一〕「稍探」，四庫本作「哨探」。

〔二〕「一路」，弘治本作「一番」，誤。下文「一路」，弘治本不誤。

三十

上召兩府對資政殿，出慶州軍變文字。潞言：「朝廷多所變更，人不安」云云。馮言：「府界淤田，又修差役，又作保甲，人極勞弊，不易」云云。余曰：「云云。更張事，誠非得已。但更張去人害，則爲之；更張而更害人，則不可爲。又有事誠可爲，而時勢之宜未可以爲者，亦未可以爲。如討夷狄，招邊境，於今時事之宜，是未可爲者。禮記以爲『事前定，則不跲〔一〕』。今天下事要須前定，不臨時爲人議論所移。」用王韶，日以開邊招生羌團結蕃户爲功，乃曰「討夷狄，招邊境，於今時事之宜，是未可爲者」。此言果何爲也〔二〕？方子華之西也，荆公嘗自請往，未嘗一言及此。因一敗衄，輒出此言以自蓋。然則咎將焉歸乎？是欲以人主自任也。平時與同列争議，雖小事必勝而後已。興師動衆，安危所繫，心知未可爲而不言，尤非理也。

校記

〔一〕「不跲」，繩祖本作「不給」，誤。按，本句語出禮記中庸：「言前定則不跲，事前定則不困。」跲，躓也，窒礙。

〔二〕「何爲」，四庫本「爲」作「謂」。

三十一

潞言："人多言仁義，鮮能行。"上曰："實能言仁義者不爲多，仁義之實，亦自難知。"余曰："楊朱不知義，墨翟不知仁，惟孟子乃能知仁義。"

楊氏爲我，不知仁也；墨氏兼愛，不知義也。至於無父無君，乃其末流耳，非其本也。仁義之實難知，其信矣乎！

三十二

上曰："朝廷亦無阿蔽，但外方亦未免有用意不均事，如何上勘河事官員，乃獨遺却程昉"云云。余曰："云云。今秉常幼，國人饑饉，困弱已甚，陛下不能使之即叙，陛下不可不思其所以。此非不察於小事，乃不明於帝王之大略故也。陛下以今日所爲，不知終能調一天下、兼制夷狄否？臣愚竊恐終不能也。陛下若謂方今人材不足，臣又以爲不然。臣蒙陛下知獎，拔擢在群臣之右，臣但敢言不欺陛下，若言爲陛下自竭，臣實未敢。"

荆公行一事立一法，朝廷必從乃肯已，於君臣之際，殆不可磯也。至或比神考爲元帝，爲桓、靈，論二程昉用意不均事，則以爲不明帝王之大略，終不能調一天下，兼制夷狄，亦可謂盡言矣。其言之悖，雖敵己以下有不能堪者，猶以爲未敢自竭，不知何如乃可以自竭也？蓋其得君如彼其專，行乎國政如彼其久，而功烈乃無足稱者，故增爲此言以自蓋耳，恐非當時之言也。

楊時集卷七

辨二

王氏字説辨〔一〕

一

空：無土以爲穴，則空無相。無工以穴之〔二〕，則空無作。無相無作，則空名不立〔三〕。

「作」、「相」之説出於佛氏，吾儒無有也。佛之言曰：「空即無相，無相即無作。」則空之名不爲作相而立也。工穴之爲空，是滅色明空〔四〕。佛氏以爲斷空，非真空也。太空之空〔五〕，豈工能穴之耶？色空，吾儒本無此説，其義於儒、佛，兩失之矣。

校記

〔一〕萬曆本卷七低三格段落係引用王安石王氏字説，頂格段落係楊時之辨，各段無小標題。今以一段王氏字説連同一段相應之辨作爲一章，將本卷分作二十八章，並以序號標出。又，萬曆本「辨」作「辦」，誤。今據繩祖本、四庫本改。

〔二〕「穴之」，繩祖本「穴」作「空」，誤。

〔三〕「不立」，弘治本作「不空」，誤。

〔四〕「明空」，弘治本作「閑空」。

〔五〕「太空」，萬曆本、弘治本、正德本皆作「大空」。「大」、「太」刻本不分，今隨文改正，下同不注。

二

倥侗：真空者，離人焉，「倥」異於是，特中無所有耳。大同者，離人焉，「侗」異於是，特不能爲異耳。

「真空者，離人焉」，是離色則空〔一〕，非即空也。「大同者〔二〕，離人焉」，有離則非大同也。列子曰：「和者大同於物。」夫五味，非一也，相得而後和；有離焉，則非和也。萬物固非一類也，各於類而同之，則所同不廣矣。合而和之，然後爲大同〔三〕。

校記

〔一〕「則空」，弘治本、正德本作「明空」。

〔二〕「大同」，弘治本作「大侗」，誤。

〔三〕「然後」，弘治本無「後」字，誤。

三

同：彼亦一是非也，此亦一是非也，物之所以不同。冂一口〔一〕，則是非同矣。此亦一是非，彼亦一是非，非冂其一口所能同也。防民之口，甚於防川，川壅必潰矣，何同之有？唯君子爲能通天下之志，乃能同也。同異之名，不爲是非而有也。如樂統同，禮辨異，同姓異姓之類，何是非之有？

校記

〔一〕「冂一口」，弘治本「冂」作「同」，誤。下「非冂其一口」，弘治本「冂」亦誤作「同」。

四

金銅：金，正西也，土於此終，水於此始。銅，赤金也，爲火所勝，而不自守，反同乎火。月令於金、木、水、火，皆以成數言之，惟土曰「其數五」而已，蓋五行皆主土而後成〔一〕。故土王於四季〔二〕，無終於正西之理。水土俱生於申，則正西亦非水土始終之所也。五金皆爲火所勝而不能自守，反同於火，非特銅而已。然謂之銅者，蓋五金皆金，正謂黄金爲金，銅亦黄也，同於金而已。

校記

〔一〕「主土」，弘治本、正德本作「資土」。

〔二〕「故土王於四季」，正德本「故」作「蓋」。「王」，弘治本、令聞本同。正德本、繩祖本、四庫本「王」作「主」，誤。班固白虎通德論卷三五行云：「土王四季各十八日。……土所以王四季何？」可爲佐證。

理也。

五

童：始生而蒙，信本立矣；方起而穉，仁端見矣。

四端皆根於人心，與生俱生也，非特信仁而已。以「蒙」爲信本，「穉」爲仁端，皆無是理也。

六

中：中通上下，得中則制命焉。

中者天下之大本，非特通上下而已。是未知中之爲中也。

七

忠：有中心，有外心。所謂忠者，中心也。

心無中外，以忠爲中心，無是理也。禮器曰：禮，「以多爲貴者」，以其外心也；「以少爲貴者」，以其内心也。蓋用心之有内外耳，非心有内外也。

八

洪：洪則水共而大。洪範所謂洪者，五行也，亦共而大。

「洪範所謂洪者，五行也，亦共而大。」夫五行，有休囚廢王〔一〕，無共大之理。

校記

〔一〕「休囚廢王」，弘治本同。正德本、繩祖本、四庫本「王」作「主」，疑誤。班固白虎通德論卷三五行云：「木生火，火生土，土生金，金生水，水生木。是以木王，火相，土死，金囚，水休。王所勝老死，囚故王者休，見王火相。」揚雄太玄卷八玄數：「五行用事者王，王所生相，故王廢，勝王囚，王所勝死。」

九

鴻：大曰鴻，小曰鴈，所居未嘗有正，可謂反矣〔一〕。然而大夫贄此者，以知去就爲義。小者隨時，如此而已。乃若大者，隨時則能以其智興事造業矣。鴻從水，言智，工言業，故又訓大。易曰：「隨時之義大矣哉！」若大夫者，不能充此〔二〕。鴻鴈一物也，有大小之異。鴻亦無興事造業之理。「若大夫者，不能充此。」周官大宰「卿一人」，卿即上大夫也。故王制曰「上大夫卿」。而周官有「中大夫」而已，則上大夫，卿是也。太宰所謂一相也，不能充此，其孰能充之？

校記

〔一〕「反」，弘治本作「仄」。

〔二〕「充此」，萬曆本「此」原作「也」。正德本作「充此」，是。今據改。

十

公：公雖尊位，亦事人，亦事事。

三公論道經邦，燮理陰陽，非事事故也。

十一

松柏：松華猶槐也，而實亦玄。然華以春，非公所以事上之道。柏視松也，猶伯視公。伯用詘〔一〕，所執躬圭者以此；公用直，所執桓圭者以此〔二〕。

「松華猶槐也，而實亦玄。然華以春，非公所以事上之道」，不知孰爲事上之道耶？「柏視松也，猶伯視公」，伯執躬圭，公執桓圭，無取諸松柏之義，皆私意之鑿也。

校記

〔一〕「伯用詘」，弘治本「詘」作「誰」。按，「詘」與「直」相對，作「誰」誤。

〔二〕「執」，弘治本作「報」，誤。「桓圭」，萬曆本「桓」誤作「栢」。今正。下「桓圭」同。

十二

籠：從竹從龍。内虚而有節，所以籠物。雖若龍者，亦可籠焉。

龍非可籠之物也。

十三

冬：春徂夏爲天，出而之人；秋徂冬爲人，反而之天。四時之運，終則有始，天行也。無「之天」、「之人」之異。

十四

天示[一]：一而大者天也，二而小者示也。又曰[二]：天得一而大，地得一而小。「一而大者天也，二而小者示也」，又曰「地得一而小」，何也？夫域中有四大[三]，而地居一焉，何小之有？

校記

[一]「天示」，正德本作「天示不」。

[二]「又曰」，弘治本作「又示」，正德本作「又不」，誤。

[三]「四大」，弘治本作「四天」，誤。老子：「道大，天大，地大，王亦大。域中有四大，而王居其一

焉。」知當以「四大」爲是。

十五

義和〔一〕：斂仁氣以爲義，散義氣以爲和。

犧牲：殘而殺之，和所以制物；完而生之，義所以始物。

「斂仁氣以爲義〔二〕」，又曰「殘而殺之，和所以制物」；「散義氣以爲和〔三〕」，又曰「完而生之，義所以始物」，殊無理也。

校記

〔一〕「義和」，弘治本無「和」字，令聞本、繩祖本有「和」字。按，下文釋「義」、釋「和」，故當以有「和」字爲是。

〔二〕「斂仁氣以爲義」，萬曆本「仁氣」原作「仁義」，「義」原作「咊」（「和」的異體字），誤。正德本、四庫本不誤。今據改。

〔三〕「散義氣以爲和」，萬曆本「和」原作「義」，誤。正德本、四庫本不誤。今據改。

十六

戲：自人言之[一]，交則用豆，辨則用戈[二]。慮而後動，不可戲也。戲實生患。自道言之，無人焉用豆？無我焉用戈？無我無人，何慮之有？用戈用豆，以一致爲百慮。特戲事耳。戲非正事，故又爲「於戲」、「傾戲」之字。

自人言之，君臣之義，夫婦有別，皆辨也，何用戈之有？禮之用豆，無非道也。以用豆、用戈爲戲事[三]，則先王所以交神人、討有罪，皆戲耳。此何理也？

校記

〔一〕「自人言之」，萬曆本「人」下有「道」字，衍。今據楊時辨文删。

〔二〕「辨」，弘治本作「辧」，其他各本作「辨」。下同。

〔三〕「戲事」，萬曆本原作「虚事」，正德本「虚」作「戲」。今據改。

十七

置罷：上取數備，有以冂下〔一〕，則直者可置，使無貳適，惟我所措而已。能者可罷，使無妄作，惟我所爲而已。

孔子曰：「舉直錯諸枉，能使枉者直。」未聞直者可置，使無貳適，惟我所措而已〔二〕。孟子曰：「尊賢使能，俊傑在位，則天下之士願立於其朝矣。」未聞能者可罷，使無妄作，惟我所爲而已。

熙寧之初，賢能不容於朝，紛更祖宗之法，惟我所爲而已，用此説也。其爲害豈淺哉！使其説行，則其禍天下後世，商君之法，不如是烈矣。

校記

〔一〕「冂下」，弘治本「冂」作「門」。

〔二〕「措」，正德本作「錯」。「錯」、「措」通用字。

十八

終：無時也，無物也，則無終始。

終則有始，天行也。時、物由是有焉。天行非有時、物也。中庸曰：「誠者天之道也。」又曰：「誠者物之終始。」蓋惟無息故爾，又奚時、物之有？

十九

聰：於事則聽思聰，於道則聰忽矣〔一〕。

事、道初無二也。故孔子之相師，亦道也。聖人憲天之聰，天非有事也，何多事而聽之有？

校記

〔一〕「忽」，正德本作「忽」。

二十

思：出思不思，則思出於不思。若是者，其心未嘗動。出也，故心在内。誠者，天之道；思誠者，人之道。思之至於無思〔一〕，則天之道也。故「思則得之，不思則不得」。「出思不思，則思出於不思」，無是理也，與所謂「出怒不怒」，異矣。

校記

〔一〕「思之」，弘治本「之」作「如」。

二十一

蒁荎藸：蒁，一草而五味具焉〔一〕。即一即五，非一非五，故謂之荎。衆而出乎一，亦反乎一，故謂之藸。

未有一物而具五味者。「即一即五，非一非五」，皆謬悠之辭也。

校記

〔一〕「草」，萬曆本作「艸」。今據正德本、繩祖本改作通行的「草」。

二十二

之：有所之者，皆出乎一。或反隱以之顯，或戾静以之動，中而卜者〔一〕，所之正也。

「莫見乎隱，莫顯乎微」，則隱顯一理也，非「反隱以之顯」也。「寂然不動，感而遂通天下之故」，則動静一體也，非「戾静以之動」也。非夫通幽明之故，知神之所爲，孰能與於此？

校記

〔一〕「卜者」，正德本「卜」作「丨」。按，「丨」，集韵：「古本切，讀若袞。」説文：「上下通也。引而上行，讀若『囟』；引而下行，讀若『逻』(退)。」

二十三

懿徽：壹而恣之者懿也，俊德之美也。微而糾之者徽也，玄德之美也。俊德非恣之所能，玄德非糾之所及。

二十四

除：有陰有陽，新故相除者天也。有處有辨〔一〕，新故相除者人也。一日之頃，一身之中，而有陰中之陽，陽中之陰，新新不窮，未嘗相除也〔二〕。有處有辨，與陰陽異矣。

校記

〔一〕「辨」，弘治本作「辦」。下「辨」字同。

〔二〕「相除」，弘治本作「相陰」，誤。

二十五

蟋蟀：蟋蟀陰陽，帥萬物以出入，至於蟋；蟀，其率之爲悉〔一〕。蟋蟀能帥陰陽之悉者也，故詩每況焉。

陰陽之運，萬物由之而生成焉，非帥萬物以出入也，陰陽亦非蟋蟀所能帥也。

校記

〔一〕「其率之」，繩祖本「其」作「共」。

二十六

紅紫：紅，以白入赤也。火革金，以工，器成焉〔一〕。凡色，以系染也。紫，以赤入黑也。赤與萬物相見，黑復而辨於物，爲此而已。夫有彼也，乃有此也。道所貴，故在系上。工者事也，此者德也。

白受采。五采皆以白爲質，非特火革金爲紅也。「赤與萬物相見，黑復而辨於物，爲此而已」，不知「爲此」者何義也？

校記

〔一〕「以」，正德本作「從」。

二十七

豐：豐者用豆之時。

「祭用數之仂〔一〕，豐年不奢，凶年不儉。」用豆，非特豐之時而已。

校記

〔一〕「仂」，正德本作「仞」，光緒本作「物」，皆誤。文引自禮記王制，作「仂」（餘數）是。萬曆本不誤。

二十八

崇高：高言事，崇指物。陰陽之義〔一〕。

崇高無陰陽之義。

楊時集卷八

經解

春秋義

始隱

孟子曰：「王者之迹熄而詩亡，詩亡然後春秋作〔一〕。」春秋之時，詩非盡亡。黍離降而爲國風，則雅之詩亡矣。雅亡而無政，春秋所以作也。故曰：「春秋，天子之事。」詩亡適在平王之終，而隱公之初，春秋所以始隱。

校記

〔一〕「秋」，萬曆本原作「烁」。各篇同。「秋」、「烁」異體字。

不書即位

天子崩，嗣子爲君，則朝諸侯，布命於明堂。此即位之禮也，康王之誥是已。天子有天下，諸侯有一國，小大雖殊，其所以承宗廟之重則同耳〔一〕。以天子之事考之，則諸侯繼世爲君者，其亦若此歟？故春秋於諸公所以書「即位」也。

然隱、莊、閔、僖不書「即位」，何也？穀梁曰：「繼弑君不書即位，正也。」繼弑君而行即位，是與聞乎弑也。此説是已。蓋寢苫枕干〔二〕，終身不仕，而耻讎之不復者，人子之志也，況先君不以其道終，而嗣子遽可以行即位乎？此不書「即位」，所以爲正也。

然隱非繼弑君而亦不書，何也？以三傳考之，皆謂有讓桓之志，則不書「即位」者，蓋所以成公志也。古者君薨而世子生，則百官總己以聽冢宰。隱之不敢爲公也，蓋亦有冢宰之事乎〔三〕？奚必踐南面而稱公也？不知出此，而徒謂「有讓桓之志」，則其貽禍也，不亦宜乎？

夫禮，諸侯一娶而九女。元妃卒，則次妃攝行内事而已，未聞有再娶之禮也。用是言之，則仲子非夫人，桓公非嫡子，隱何爲而不敢爲公也？然則蔿氏之禍，隱實爲之也。隱之不即位，其失遠矣。故春秋著之，其有旨哉！

校記

〔一〕「所以」，正德本作「所爲」。

〔二〕「枕干」，萬曆本原作「枕塊」，誤。今據弘治本、正德本改。按，「枕塊」用於居父母之喪，「枕干」用於居父母之仇。據下文「終身不仕，而耻讎之不復者」可知，「枕干」爲是。

〔三〕「蓋」，正德本作「盍」，誤。

鄭伯克段于鄢

「不勝其母，以害其弟，弟叔失道，而公弗制。」比其得衆也，雖欲制之，反畏人之多言，則克段非國人之志也，故不稱國討，而書「鄭伯」以譏之。夫爲人君不能明義以善俗，使不義者得衆，則鄭伯之過大矣。孔子曰：「我戰則克。」克者，勝敵之辭也。書「克」，以見段之盛彊也。「段不弟，故不言弟」，所以參譏之也。

秋七月，天王使宰咺來歸惠公仲子之賵

惠公仲子喪，不見於春秋。於此始賵，不及事也。

九月及宋人盟于宿

及者，内爲主也。宋人，外之微者也。屈千乘之尊而與微者盟，故不書「公」，蓋諱也。

冬十有二月祭伯來

祭伯來，不稱「使」，非王命也，私來也。書之者，惡其外交也。

二年春公會戎于潛

戎狄之道，徑情而直行，非可以禮信結也。與之會盟，失之矣。蓋中國微，然後戎狄始與諸侯抗。與之會盟，非得已也。至是，而王綱可知也。

夏五月莒人入向

入者，以兵入也，公羊謂「得而不居」〔一〕，是也。

校記

〔一〕「謂」，萬曆本原作「論」。今據正德本改。

九月紀裂繻來逆女

譏不親迎也。以文王親迎於渭，諸侯不親迎，非禮也。

三年春王二月己巳，日有食之

日之盈虧，有數存焉。此巧曆者所知也，何與於人事？而先王爲之恐懼修省者，謹天戒而已。蓋於其常也，賓餞出納，欽致其至〔一〕，所以若天道、秩民事，尤重於此。則其有變也，可不爲之警戒乎？故春秋日食必書之，所以重其變也。然或言「朔」，或言「日」，或不言「朔日」，或「朔日」並書之，史失之，詳略異也。

校記

〔一〕「欽致其至」，弘治本「欽」作「斂」。

三月庚戌天王崩

王崩，國之大事，故書之。不書葬，魯不會葬故也。新王即位不書，魯不朝也。蓋以書考之，則王既尸天子，二伯各帥諸侯入，應門左右，禮也。魯之不朝，則諸侯之不臣可知矣。

夏四月辛卯尹氏卒

外卒皆名，而此言尹氏者，譏世爵也。古者爲臣不敢貳其君，故非銜君命，則束修之問不出境，所以致臣節也。生無相問，則其死也，何訃告之有乎？不書可也。後世國亂君昏，而爲大夫者交政於中國，故生或同盟，死或相訃，非禮也。故春秋於其訃告而書之，所以正臣子之分。

秋武氏子來求賻

武氏子者，未命也。父死，子將襲爵，故稱「武氏子」以譏之。不稱「使」，王有喪，未出命故也。夫邦有大事，而魯不賻，雖問罪可也。德不足以致之，反求焉，則天子微，魯之跋扈不臣，可知矣。求者，穀梁謂「得不得，未可知之辭」是也。

莊元年三月夫人孫於齊

奔謂之「孫」，内諱也。文姜之於齊，父母之國也。雖父母亡，無歸寧之義，猶不當以「奔」志之也。蓋文姜通於齊侯而殺其夫，則於義有可絶，而兄弟之倫喪矣。故不書姜氏，而以「奔」志之，明其義當與齊絶也。

姜氏齊姓也。獨此不書姜氏者，於其始奔正之也。

夏單伯逆王姬

天子嫁女於諸侯，必使諸侯同姓者主之，禮也。單伯，大夫之命乎天子者也。魯君弑於齊，而使之主婚姻，與齊爲禮，則天子固失義矣。仇讎之人，非所以接婚姻；衰麻，非所以接冕弁。則魯之臣子，亦不當受也。故書曰「單伯逆王姬」，以罪魯之臣子不辭而往逆也。

秋築王姬之館于外

王姬之館，於廟則已尊，於寢則嫌，於群公子之舍則已卑，爲之改築，禮也。主王姬者，必自公門出，則築于外，非禮也。魯之主王姬，違義悖禮，其惡大矣。

王使榮叔來錫桓公命

桓公在所誅絶，而反追錫之，則王綱之紊甚矣。

紀侯大去其國

「大去」者，舉國而去之之辭也。紀季以酅入於齊，事之以土地也，猶不免焉，故舉國以違其難。此智者之事，畏天者所爲也。春秋善之，書曰「大去」，與夫書「奔」者異矣。

或曰：「世守也，非身之所能爲也，故國君死社稷，義之不得避也。然則紀侯之去國，無亦傷世守之義乎？」曰：「昔者太王避狄而去邠〔一〕，非擇而取之，不得已也。孟子所以教滕文公者，亦如是而已。此古人皆然，何獨至於紀侯而疑之乎？」

校記

〔一〕「太王」，各本作「大王」。而卷六神宗日録辨第二十四、二十八、二十九各篇均作「太王」。刻本「太」、「大」不分，今一律改作「太王」。下同不注。

詩義

將仲子

孟子曰：「取之而燕民悦則取之。古人之有行之者，武王是也。取之而燕民不悦，則勿取。古之人有行之者，文王是也。」文王之所爲，不違民而已。「夫共叔段繕甲治兵，國人説而歸之，而詩人以刺莊公，何也？」曰：「叔段以不義得衆，其失在莊公之不制其早也〔一〕。君明義以正衆，使衆知義，則雖有不義者，莫之與也，雖有僭竊者，莫之助也，尚何使人説而歸之哉？民説而歸之，則其取之也，固不説矣。故莊公雖以仲叔爲可懷，而終畏人之多言也。夫取之而燕民不悦則勿取，文王固嘗行之矣。」「叔段得衆而民説，則勿取，不亦可乎？」曰：「彼其得衆以不義也，則民化而爲不義。不義則後其君矣，勿取則危亡之本也。」

校　記

〔一〕「其早」，正德本「早」作「蚤」。「蚤」、「早」通用字。下同不注。

叔于田

「仁且有禮矣，而又有武焉。固宜國人之所説而歸之也。雖使之一天下，朝諸侯，無不可矣，而詩猶以爲不義得衆，何也？」

曰：「先王之迹微，而禮義消亡，政教不明，而國俗傷敗。故人之好惡，不足以當是非；而毁譽，不足以公善惡。則其所譽而好之者，未必誠善也；所毁而惡之者，未必誠惡也。叔段不義而爲衆所説者，亦以衰俗好惡、毁譽不當其實故也。然則所謂仁者，豈誠有仁哉？所謂禮者，豈誠有禮哉？所謂武者，亦若此而已。孟子曰：『未有仁而遺其親者也，未有義而後其君者也。』而禮者節文，斯二者而已。莊公之於叔段，以仁言之則兄也，以義言之則君也。彼誠仁且有禮矣，則孰肯遺而後之哉？以是觀之，則俗之所好惡可知矣。」

狡童

「不與我言兮」，是弗與治天職也；「不與我食兮」，是弗與食天禄也。爲人臣，任君之事，然後食君之禄者，義也。故弗與治天職，則其憂至於「不能餐」，弗與食天禄，則不與賢人國事，又甚矣。故其憂又至於「不能息」也。

孟子解

梁惠王問利國

君子以義爲利，不以利爲利。使其民不後其君親，則國治矣。利孰大焉？故曰：「亦有仁義而已，何必曰利？」

賢者亦樂此乎

人君當樂民之樂。臺池鳥獸，豈足樂哉？

移民移粟

移民轉粟，荒政之所不廢也。不行先王之道，而徒以是爲盡心，宜孟子之不與也。夫有仁心仁聞，而民不被其澤者，不行先王之道故也。自「不違農時」而下「使民養生送死無憾」者，仁心仁聞而已，未及爲政也，故爲「王道之始」。自「五畝之宅」而下至「黎民不饑不寒」，此制民之産，先王之政也，如是而後王道成矣。故曰：「不王者，未之有也。」

夫有仁心仁聞而不行先王之道，是謂「徒善」，徒善不足以爲政。行先王之政而無仁心仁聞，是謂「徒法」，徒法不能以自行。二者不可偏舉也。故曰：「堯、舜之道，不以仁政，不能平治天下。」其斯之謂也。

仁者無敵

一視而同仁，夫誰與爲敵？

無道桓、文之事

齊宣王見孟子於雪宫〔一〕，曰：「賢者亦樂此乎？」而孟子對以晏子之言，則霸者之事，非無傳也。君子務引其君於當道，則桓、文之事，不足爲也已。蓋大匠不爲拙工改其繩墨，故曰：「無以，則王乎？」

校記

〔一〕「齊宣王」，弘治本作「齊先王」。

是心足以王矣

爲天下，舉斯心加諸彼而已。其王也，孰禦焉？然雖有仁心仁聞而民不被其澤者，不行先王之道故也。故又以制民之産告之，使民不飢不寒，而後曰：「不王者，未之有也。」

今樂猶古樂

魏文侯曰：「端冕而聽古樂，則唯恐卧；聽鄭、衛之音，則不知倦。」則今樂與古樂固異矣。而孟子之言如此者，蓋樂者，天地之和也。而樂以和爲主。人和則氣和，氣和則天地之和應之矣。使人聞鐘鼓管絃之音〔一〕，舉疾首蹙頞，則雖奏以咸英、韶濩，無補於治也。故孟子告之以此，姑正其本而已。

校記

〔一〕「鐘鼓」，弘治本「鐘」作「鍾」。「鐘」、「鍾」古義二者有别，又常通用，此作「鐘」是。

憂以天下，樂以天下〔一〕

「憂民之憂，民亦憂其憂；樂民之樂，民亦樂其樂〔二〕。」出乎爾者，必反之，理之固然也。

校記

〔一〕孟子梁惠王下原作：「樂以天下，憂以天下。」
〔二〕孟子梁惠王下原作：「樂民之樂者，民亦樂其樂；憂民之憂者，民亦憂其憂。」

徵招、角招

角爲民，徵爲事。巡所守，述所職，省耕斂，皆民事也。故齊景公作君臣相説之樂，曰徵招、角招是也。

王欲行王政，則勿毁之矣

世儒或以孟子教齊宣王行王政，爲臣不忠，與孔子尊王之意異，蓋未嘗論世故也。春秋之時，名位未亡，天下猶以爲君也，故孔子曰：「如有用我者，吾其爲東周乎？」至孟子時，諸侯皆稱王，則天下不復有周也。分爲東西君之位，號亦亡矣〔一〕，雖欲尊之，尚可得乎？聖賢之趨時合變，各有所當也。世儒不論其世，而謬爲之説，失其旨矣！

校記

〔一〕「分爲東西君之位，號亦亡矣」，正德本作：「分爲東西君，則位號亦亡矣。」

好色好貨

知、仁、勇，天下之達德也。知知之，仁守之，勇行之。三者闕一焉，非達德也，則人君固不可無勇矣。而齊王以是爲有疾，故孟子告以文、武之事，使廓而大之，則安天下無足爲者矣。若夫好貨好色，則生於人君之邪心，不可爲也〔一〕。然而孟子不以爲不可者，蓋譬之水逆行，中流而遏之，其患必至於決溢，因其勢而利道之，則庶乎其通諸海也。故以公劉、太王之事告之，陳古之善而生其邪心，引之於當道也。其自謂「齊人莫如我敬王」者以此。易之睽曰〔二〕：「遇主於巷。」其斯之謂也。

校記

〔一〕「不可爲也」，四庫本作「不可爲訓也」。

〔二〕「易之睽」，萬曆本「睽」原作「暌」，誤。四庫本不誤。今據周易本文改。

聞誅一夫

三仁未去，紂非獨夫也。三仁去，則天下不以爲君矣。是誅一夫也，何弑君之有？世儒有謂湯、武非聖人也。有南史之筆，則鳴條、牧野之事，當書曰「篡弑」。蓋其智不足以知聖人，而妄論之矣。

姑舍女所學而從我

此皆好臣其所教，而不好臣其所受教，故其言如此。

亦運而已矣

民之去燕，猶避水火也，故簞食壺漿以迎王師。齊王又殺其父兄，係累其子弟，是水益深、火益熱矣，民將復避之也，故曰「亦運而已」。運者，反覆運轉之謂也。

君請擇於斯二者

國君死社稷，故告之以效死勿去，正也。至其甚恐，則以太王去邠之事告之，非得已也。然君子創業垂統，爲可繼，亦在彊爲善而已。故太王去邠，民從之如歸市。不知爲善而去國，則民將適彼樂土矣，尚誰從之哉？然滕文公未必能如太王也。使其去國而遂亡，則不若效死勿去之爲愈也，故又請擇於斯二者。

不遇魯侯天也

孟子之遇不遇，治亂興衰之所繫，天實爲之，非人所能也。夫何怨尤之有？

爾何曾比予於管仲

孔子謂：「由也，千乘之國，可使治其賦。」稱管仲曰：「九合諸侯，一匡天下，民到於今受其賜。」則管仲之功，非子路所能也。而曾西謂子路孰賢？則曰：「吾先子之所畏也」；問管仲，則艴然不説曰：「爾何曾比予於是〔一〕！」何也？

曰：昔者王良與嬖奚乘，爲之範我馳驅〔二〕，終日而不獲一；爲之詭遇〔三〕，一朝而獲十。若子路者，爲之範也，雖不獲一而不爲歉。管仲詭遇也，雖得禽若丘陵，射者弗爲也〔四〕。仲尼之門，羞稱管、晏，亦猶是耳。

校記

〔一〕「於是」，萬曆本原作「如是」。正德本作「於是」，與孟子公孫丑上原文合。今據改。

〔二〕「爲之範我馳驅」，萬曆本脱一「我」字。孟子滕文公下原文「範」下有「我」字，今據補。

〔三〕「爲之詭遇」，萬曆本脱「之」字。孟子滕文公下原文「爲」下有「之」字。今據補。

〔四〕「弗爲」，繩祖本、四庫本「弗」作「不」。

不得於言勿求於心不可

所謂不得於言也不求其心，則齊王誠爲愛其財而易之矣。齊王不忍牛之觳觫，而易之以羊，非愛其財而易之也。而百姓謂王爲愛，無以自解。故不得於言，勿求於心，不可。夫志者，心之所之也，而志爲氣之帥，則氣從之矣。故不得於心，勿求於氣，可。

夫志，氣之帥也；氣，體之充也。夫志至焉，氣次焉

志，氣之帥，則氣從志而已。故曰：「志至焉，氣次焉。」氣之從志，則「持其志」可也。又曰「無暴其氣」者，蓋蹶者趨者是氣也，而反動其心。氣一，亦能動志故也。

其爲氣也至大至剛

通天下一氣耳，天地其體也。氣，體之充也。人受天地之中以生，均一氣耳，故「至大」；集義所生，故「至剛」。氣之剛大，以直養而無害，則塞於天地之間，蓋氣之本體也。氣無形聲之可名，故難言也。而以道義配之，所以著名之也。

勿忘勿助長

必有事焉勿忘也，勿正勿助長也。助長，老子所謂益生也。益生不祥。忘與助長，所趨雖異，而其爲害則同矣。循其自然而順養之〔二〕，無加損焉，則無二者之害矣。

校記

〔一〕「循其自然」，正德本「自然」作「固然」。

伯夷、柳下惠

伯夷、柳下惠之風，聞之者莫不興起，故可爲百世師。至其流風之弊，隘與不恭，則君子不由也。

孟子將朝王

齊王欲見孟子，孟子辭以疾。明日，出弔於東郭氏。公孫丑曰：「昔者辭以病，今日弔，或者不可乎？」夫孟子將朝王，則見王固所欲也；爲其召之，故不往。明日出弔，蓋取瑟而歌之，意欲其知之也。雖公孫丑猶不諭其旨，况餘人乎？此景丑氏所以問也。

夫天下有大戒二：臣之事君，義也。無適而非君也，無所逃於天地之間，是之爲大戒。先王之時，天下定於一，尺地莫非其有也，一民莫非其臣也。則士於其時，無適非君也，無所逃於天地之間，則君命召，不俟駕行矣，禮也。周衰，諸侯各擅其土地，士不遇於齊，則之楚、之魏，無不可者，非一國所能專制也。故士於斯時，有不爲臣之義。時君苟無尊德樂道之誠心，不足與有爲，則雖欲亟見之，且不可得，況得而召之乎？

請野九一而助，國中什一使自賦

夏后氏五十而貢，殷人七十而助，周人百畝而徹。徹者徹也，蓋兼貢、助而通用也。故孟子請野九一而助，國中什一使自賦〔一〕。方里爲井，井九百畝，八家皆私百畝，其中爲公田，所謂九一而助也。國中什一使自賦，則用貢法矣。此周人所以爲徹也。鄭氏謂周制，畿内用貢法，邦國用助法，有得於此歟？

校記

〔一〕「什一」，萬曆本原作「十一」，下「什一」同，與標題用字不一。正德本、四庫本作「什一」。今據改。

舜使益掌火，益烈山澤而焚之

舜之臣子十有二人，而孔子曰：「舜有臣五人而天下治。」所謂五人者，孟子所言者是也〔一〕。夫洪水横流，草木暢茂，禽獸逼人，則禹雖欲施功，未可也。故孟子論五人者，命益使烈山澤而焚之，在禹之先。天下既平，則命益若鳥獸草木，乃在皋陶之後。蓋治人與若鳥獸草木，其先後之常叙宜如此也〔二〕。不同，亦時焉而已矣。

校記

〔一〕「所言」，弘治本作「所稱」。

〔二〕「常叙」，繩祖本、四庫本作「常序」。

予天民之先覺者也

道一而已矣，人心之所同然，無二致也。聖人，先得人心之所同然者。故伊尹曰：「予，天民之先覺者也。」衆人特夢而未始覺耳。而伊尹以斯道覺斯民，非外襲而取之以與民也，特覺之而已矣。

百世而下聞者莫不興起

伯夷、柳下惠，道不行於天下，而流風足以澤世起後而已，故百世而下有聞風而起者。伊尹德被生民，功施後世。夫子自生民以來，未之有也。門人謂賢於堯、舜，則其流風不足道也。

遲遲吾行也

孔子之去魯，曰：「遲遲吾行也。」去父母國之道也。然燔肉不至，不税冕而行，何遲遲之有？

曰：孔子之欲去魯也久矣，欲以微罪行，不欲爲苟去，故遲遲其行也。燔肉不至，則得以微罪行矣。過此，復無辭以去，故不税冕而行，非速也。

惟義所在

孔子曰：「言必信，行必果，硜硜然小人哉！」故孟子曰：「大人言不必信，行不必果，惟義所在」，以發明孔子之意。

不失赤子之心

赤子之心，發而未離夫本也。故言大人，以此而已。語化之，則未也。

薛居州善士也

政不足與間也，人不足與適也。惟大人爲能格君心之非，則雖一人，可與王爲善矣。薛居州善士而已，不足以與此。故「一薛居州，其如宋王何？」

是皆已甚

段干木踰垣而辟之〔一〕，泄柳閉門而不内，皆已甚也。孔子不爲已甚者，故陽貨先，不得不見。然陽貨矙孔子之亡而饋蒸豚，孔子亦矙其亡而往拜之，夫是之謂稱。揚子謂「詘身以伸道」〔二〕，非也。

校記

〔一〕「辟之」，四庫本「辟」作「避」。「辟」、「避」是古今字。

〔二〕「揚子」，指揚雄。朱熹四書章句集注：「楊氏曰：揚雄謂孔子於陽貨也，敬所不敬，爲詘身以信道。非知孔子者。」

若合符節

舜之事瞽叟，與文王之事紂，其揆一也。易地則皆然。故曰：「若合符節。」

君之視臣如犬馬

臣之視君如國人，若鄭以忽爲狂狡之童是也；視君如寇讎，若子胥之於楚平是也。世之爲臣，蓋有如此者。孟子爲齊宣王言之〔一〕，使知爲君而遇其臣，不可不以其道也。若夫君子，於君臣之際，無是理也〔二〕。

校記

〔一〕「齊宣王」，萬曆本作「齊先王」，弘治本作「齊先生」，皆誤。今據繩祖本及孟子離婁下原文改。

〔二〕「無是理也」，弘治本無「也」字。

天下之言性

天下之言性，則故而已矣。告子曰「生之謂性」是也。列子曰：「生於陵而安於陵故也。」生之謂性，氣質之性也。君子不謂之性，則故而已矣。故者，以利爲本。如禹之治水，因其勢而利道之，行其所無事是也。不知行其所無事，而用私智之鑿，是以故滅命也。所謂命者，列子謂「不知吾所以然而然」是也。苟求其以利爲本，則雖天之高，星辰之遠，千歲之日至，可坐而致也。

孔子作春秋

「王者之迹熄而詩亡，詩亡然後春秋作。」春秋之時，詩非盡亡也。黍離降而爲國風，則雅之詩亡矣。雅亡則無政，春秋所以作也〔一〕。然孔子曰「述而不作，竊比於我老彭」，而孟子曰孔子「作春秋」，何也？蓋當是時，周雖未亡，所存者名位而已，慶賞刑威不行焉。孔子以一字爲褒貶〔二〕，以代刑賞，前此未有也。故曰「春秋，天子之事也」，故謂之「作」。然其事，則齊桓、晉文，其文則史，其義則竊取之，是亦述之而已。

校記

〔一〕「所以」，正德本作「所爲」。

〔二〕「一字」，弘治本作「二字」，誤。

堯舜之道孝弟而已

堯、舜之道，豈遠乎哉？孝弟而已矣。弟不弟，乃在乎行止疾徐之間，人病不求耳。

伊尹樂堯、舜之道，即耕於有莘之野是已。寒而衣，饑而食，日出而作，晦而息，無非道也。孔子之相師，亦道也。百姓日用而不知耳，知之，則無適而非道也。

盡　心

盡其心然後能存心，知其性然後能養性，知天然後能事天。此其序也。世儒謂知我則敵，事我則卑，失其旨矣。

執中無權，猶執一也

禹思天下之溺猶己溺之，稷思天下之饑猶己饑之，至於股無胈〔一〕，脛無毛，不當其可，與墨子摩頂放踵，無以異也。顔子在陋巷，人不堪其憂，回也不改其樂，未嘗仕也。苟不當其可，則與楊氏之爲我，亦無以異也。子莫執中，執爲我，兼愛之中也。執中而無權，猶執一也。鄉人有鬥而不知閉户，室中有鬥而不知救，是亦猶執一耳。故孟子以爲賊道。禹、稷、顔回，易地則皆然，以其有權也。權猶權衡之權，量輕重而取中也。不能易地則皆然，是亦楊、墨而已矣。

校記

〔一〕「股無胈」，萬曆本「胈」（音拔，大腿上的毛）作「肱」，誤。正德本「胈」作「肱」，亦誤。今據孟子盡心上原文改。

柳下惠

不惡污君，不辭小官，可謂和矣。而不以三公易其介，則雖和而不流，此所以爲柳下惠也。

同道不同道

禹、稷、顔回、曾子、子思，易地則皆然，故曰同道。三聖人其行不同，不可以易地，故曰不同道〔一〕。雖不同其趨，則同歸於仁而已。與商之三仁，或去或不去，同謂之仁，其揆一也。

校記

〔一〕「不同道」，弘治本無「同」字。

五十而慕

舜其至孝矣，五十而慕。蓋人少則慕父母，而鮮能終身慕，因物有遷也。故知好色則慕少艾，有妻子則慕妻子，仕則慕君。舜生三十徵庸，至五十，則是數者具有之矣〔一〕，而不足以解憂，惟順父母爲足以解憂，則終身慕可知矣。言五十而慕，蓋以此也。

校記

〔一〕「具」，正德本作「俱」。

五霸假之

堯、舜，性之由而行者也；湯、武，身之體之者也。五霸則假之而已，非己有也。若管仲責包茅不入，王祭不供，昭王南征不反，非謀伐之本意，假此爲説耳。

形色天性

形色即天性也，則踐形斯盡性矣，故惟聖人爲能，與釋氏色空之論，一也。吾聖人以爲天下自然之理〔一〕，而以常事言之，故言近，而聞者無懼焉。異端之學，自以爲精微之論，其徒累千百言不能竟其義，故學者莫知適從，而去道益遠矣。此儒、佛之辨也。

校記

〔一〕「自然」，正德本作「固然」，後注「一作自」。

楊時集卷九

史論

藺相如

周室之季，天下分裂爲戰國。游談之士，出於其間，各挾術以干時君，視其喜怒悲懼而捭闔之，徼名射利，固無足道者。間有感憤激昂以就一時之功，其材力有足過人而鮮克自重其身者，何多耶！予讀藺相如傳，未嘗不壯其爲人，而惜其如此也。

夫秦藉累世之資，肆虎狼之暴，搏噬天下，有并吞諸侯之心，非可與禮義接而論曲直也。相如區區掉三寸舌，入睚眦不測之秦〔一〕，卒能以完璧歸，亦足壯哉！然當其捧璧睨柱，示以必死，蓋亦摩虎牙矣。夫死非難，死不失義不傷勇，君子所難也。且秦、趙之不敵，蓋雄雌之國也。身之存亡，非特一璧之重；而社稷安危之機，亦不在夫璧之存亡也。然則趙之有璧，存可也，亡可也。初，相如捧璧入秦，趙之君臣計議，非有親秦之心，特迫其威彊耳。夫以小事大，古之人有以皮幣、犬馬、珠玉而不得免者，至棄國而逃，况一璧乎？雖與之可也。相如計不出此，迺以孤單之使，逞螳怒之威，抗臂秦庭，當車轍之勢，其危如一髮引千鈞，豈不殆哉？當是時，使秦知趙璧終不可得〔二〕，則欲徼幸不死，難矣。若是，則尚安得爲不失義、不傷勇乎？不三數年，趙卒有覆軍陷城之禍者〔三〕，徒以璧爲之祟也。然則全璧歸趙，何益哉！

至於澠池之會，則其危又甚矣。方趙王之西也，廉頗約以一月不返，則立太子以絶秦望，則是行也，非有萬全之計矣，雖無往可也。傳曰：「智者慮，義者行，仁者守，然後可以會。」三者一闕焉，則危事矣。挾萬乘之君，蹈危事，非得計也。相如爲趙卿相，其智勇不足重趙，使秦不敢惴焉，乃欲以頸血濺之，豈孔子所謂「暴虎憑河，死而無悔」者歟？

嗚呼！周道衰，士無中行久矣。區區戰國之際，尚足追議其失哉！予於相如，惜其雄傑俊偉，於戰國士有足稱者，而其失如此，故特爲論著云。

校記

〔一〕「睚眦」，萬曆本原作「眦睚」。古書僅見「睚眦」，字亦作「睚眥」、「厓眥」。史記范睢傳：「一飯之德必償，睚眥之怨必報。」正德本作「睚眦」。今據改。

〔二〕「使秦知」，繩祖本「秦」上無「使」字。

〔三〕「禍」，四庫本作「戹」。

項羽

予讀漢紀，至高祖謂項王「有一范增不能用，故爲我擒」，常以爲信然。及讀項羽傳，觀范增所以佐羽者，然後知羽雖用增，無益於敗亡也。

夫秦人齮齕其民，天下背而去之，莫肯反顧。當是時，民之就有道，正猶饑者之嗜食，不必芻豢稻粱而皆可於口也〔一〕。項籍以閭閻匹夫之資，首天下豪傑西向而並爭，視秦車之覆，曾不知戒〔二〕，猶蹈其故轍，欲以力制天下，所過燒夷殘滅，是以秦攻秦也。范增曾無一言及此，乃區區欲立楚後，爲足以懷民望，何其謬哉！其後項王卒有弑義帝之名，爲敵國之資，增實兆之也。增之得計，不過數欲害沛公耳。使項王不改其轍，則前日之亡秦是也。借令沛公死，天下其無沛公乎？

校記

〔一〕「芻豢」，萬曆本脱「芻」字，今據正德本補。「稻粱」，萬曆本「粱」原作「梁」，誤。今據弘治本、正德本改。

〔二〕「曾不知戒」，弘治本「戒」作「滅」，誤。

張良

子房起布衣徒步，以三寸舌爲帝者師，其奇謀秘計，轉敗爲成，出於困急之中者數矣。故高祖稱之，配蕭、韓爲三傑。

天下既平，功高者往往以才見忌。疑釁一開，雖韓信有解衣推食之誠，猶不克終，竟以菹醢；蕭何雖能以功名自全，而見疑亦屢矣。是三人者，惟子房功成智隱，不邇權勢，視夫權利如脱敝屣〔一〕，雖寄身朝市，而翛然如江湖萬里之遠，鴻冥鳳舉，矰繳不及，方諸范蠡，其優矣哉！

夫漢興，將相於去就之際皆中機會而不違理義者，吾獨於子房得之矣。

校記

〔一〕「視夫權利」，弘治本、正德本「夫」作「去」。

蕭何

高皇帝收民於暴秦傷殘之餘，而何秉國鈞，盡革秦苛法，與之更始，天下宜之，作「畫一」之歌。其法令終漢世守之，莫能損益也。班固謂爲「一代宗臣」〔一〕，豈虚語哉？然高皇帝既平天下，於功臣尤多忌刻。何爲宰輔，至出私財以助軍，買田宅以自污，以是媚上，僅能免其身〔二〕，至於械繫之，猶不知引去，豈工於爲天下，而拙於謀身耶？蓋不學無聞，暗於功成身退之義，貪冒榮寵，惴惴然如持重寶，惟恐一跌然而幾踣者，亦屢矣。

蓋高皇帝慢而侮人，而輕與人爵邑，故不能得廉節之士，而一時頑鈍嗜利無耻者多歸之。以何之賢，猶不免是，惜夫！

校記

〔一〕「班固謂爲」，正德本無「謂」字，誤。

〔二〕「僅能免其身」，萬曆本「其身」作「其甚」（屬下句）。今聞本、繩祖本同。四庫本作「僅能免矣」。今據正德本改。

曹參

曹參從高帝起豐、沛間，與之並驅者，皆一時熊羆之士。而陷敵攻堅，必以參爲首，宜其勇悍彊鷙，果於擊斷。天下已定，參爲齊相，乃退然不自用，盡召長老諸先生，問所以安集百姓者。既得蓋公，避正堂舍之，尊用其言，而齊大治。其後爲漢相，亦以治齊者治天下，故其效如之。

觀參所爲，其始以戰鬥爲功，而終則以清净無爲自守，何其不相侔也？非其資務學問，樂用人言，而勇於自克，其何能爾？若參者，可不謂賢矣？

夫初參與蕭何有隙，何且死，所推賢唯參。參代何爲相國，舉事無所變更，一遵用何法。二人者，苟無體國之誠心，忘一己之私忿，則排陷紛更，將無所不至。推之以爲賢，守之而勿失，尚何有哉？其卒爲一代宗臣，蓋有以也。

陳平

吕后問宰相，高祖曰：「陳平智有餘，難以獨任。王陵少戇，可以佐之。」則高祖固有疑平之心矣。然終其世，不見其隙。蓋天下初定，國家多故，諸侯内叛，夷狄外陵，平爲護軍，常從征伐，不擄重兵，不親國柄，故能免也。

然高祖謂平難獨任，王陵可以佐之，而陵以戇見疏，無益於國。其後平專爲丞相，天下無間言，卒以功名終，不其反歟？知人惟帝，難之信矣夫！

周勃

將視軍如臂指然，唯所用耳。以義驅之，雖赴水火可也。絳侯之入北軍也，乃令之曰：「爲劉氏者左袒，爲吕氏者右袒。」使吕氏能得士心，軍皆右袒，則斯言豈不召亂乎？蓋不學無術，居其位而不知其任，皆此類也。

至其以列侯就國也〔一〕，嘗自畏恐誅，每河東郡守尉行縣至絳，必被甲，令家人持兵以見，是果欲何爲耶？使天子欲誅之也，則被甲持兵，將拒之耶？其後，人有上書告勃欲反者，乃其自召也。以文帝之寬仁，故卒能全宥。使在高帝、吕氏之時，而所爲若是，猶欲以功名自全，難矣。

校記

〔一〕「至其以列侯就國」，正德本「其以」作「以其」，誤。

張耳　陳餘

遷、固謂耳、餘爲勢利之交〔一〕，非也。張耳鉅鹿之圍，責餘以俱死。饜、澤没於秦軍〔二〕，耳大不信，以爲殺之，二人所以相失也，是豈有勢利之交耶〔三〕？

予謂耳、餘之交〔四〕，蓋失於相結之深而相知淺也。使其相知如管、鮑，寧有是耶？

校記

〔一〕「勢利之交」，正德本「之交」作「之争」，誤。

〔二〕「黶、澤没」，弘治本、四庫本作「黶、釋没」，正德本作「黶、釋波」，皆誤。按，「黶」爲張黶，「澤」爲陳澤，皆張耳部下，故以「黶、澤没」爲是。

〔三〕「是豈有勢利之交耶」，正德本「之交」作「之争」，亦誤。

〔四〕「之交」，萬曆本作「之友」。今據正德本改。

韓信

韓信以機變之才，因思歸之衆，以臨關東，而燕、代、趙、齊之間，無堅城彊敵矣。其用奇無窮，所向風靡。自漢興名將，未有倫擬也。至其軍修武也，又輔以張耳，二人皆勇略蓋世。

余竊怪漢王自稱漢使〔一〕，晨馳入壁，即卧内奪其印符，麾召諸將易置之，而耳、信未之知也。此其禁防闊疏，與棘門、霸上之軍何異耶！使敵人投間竊發，則二人者可得而虜也，豈古所謂有制之兵者？信亦有未逮歟？

校記

〔一〕「怪」，萬曆本原作「恠」。「怪」、「恠」異體字。今改用通行的「怪」字。下同不注。

彭越

天下之禍，莫大乎不明分。分之不明，由較材程力之過也。余觀韓、彭之亡，皆以此歟？若西漢之初〔一〕，高皇帝以匹夫起阡陌之中，一時名將，非屠販亡命輕猾之徒，則里巷齠齔布衣之交也〔二〕。其平居握手，素非有君臣等威也，論其材力，亦豈足相過哉？天下未平，而大者已王，小者已侯，皆連城數郡，一摇足則秦、項之争復搆矣〔三〕。漢方收民於百戰凋瘵之餘，而臨諸侯王之上，凛乎其猶蹈春冰，而常恐其潰也。故疑隙一開，則菹醢隨之矣。嗚呼！是豈知先王所以維持天下者哉？雖朝委裘植遺腹而不亂者，亦有名義以正其分耳〔四〕。

故君君臣臣而天下治。如將較材程力以彊弱勝負爲君臣，則天下之禍何時已哉？漢之君臣不知出此，卒至相夷而不悟，悲矣！

校記

〔一〕「若」，四庫本作「蓋」。

〔二〕「齠齔」，繩祖本作「齠齕」，誤。按，「齠」、「齔」，均指兒童換齒；「齠齔」，指童年。「齕」爲咬，於義不合。

〔三〕「搆」，弘治本作「構」，正德本作「起」。

〔四〕「名義」，弘治本、正德本、四庫本作「明義」。

季布

桓公殺公子糾，召忽死之，管仲不死，孔子稱其仁。管仲之不死，繩以春秋之法，則其義固有在矣，世莫有能窺之者。

方季布髡鉗，奴辱於朱家，非有深計遠慮也，期以免死而已。班固謂賢者誠重其死。

夫死非其所，固賢者所重也；然君子固有舍生而取義者。固之爲此説，豈非以管仲之事與之乎？是皆未明春秋之義者。揚子曰：「明哲不終事項。」其義得之矣。

趙堯　周昌

余讀漢史，至呂戚之事，未嘗不爲之廢卷太息也。以高皇之明〔一〕，惓惓於趙王，其念深矣。然卒用趙堯之策，可謂以金注也。且呂后以堅忍之資，濟之深怨積怒，其於趙王也，欲得而甘心焉久矣。雖韓、彭之强，有弗利於己，去之猶發蒙耳。一貴强相，何足以重趙哉！

善爲高皇計者，蓋亦反諸己而已。不以衽席燕好之私，亂嫡妾之分。使貴者不陵，賤者不逼，夫夫婦婦，而家道正矣。是將化天下以婦道如關雎之時，豈特無毋禍而已哉？

校　記

〔一〕「高皇」，正德本作「高帝」，而下文仍作「高皇」。

叔孫通

叔孫通欲徵諸生共起朝儀，而魯有兩生不從。夫叔係通量君之能以爲禮，阿世苟合，其道不足尚也，不從誠宜。

然天下新出於戰爭之餘，朝廷之間，皆武夫壯士，非復有禮文相際也。以至醉或妄呼，拔劍擊柱，其漸烏可久哉？故叔孫通所欲起者，朝儀而已，非如先王之制作也。二生拒之如此，失其旨矣。

揚雄謂魯有大臣，豈其然乎？

張蒼

斗綱之端，連貫營室。織女之紀，指斗牛之初。其次爲星紀。五星起其初，日月起其中，其時爲冬至，其辰居丑。故子丑可以爲正者，以日月五星所從起也。子爲正者得天統，以時言也；丑爲正者得地統，以辰言也。

孔子曰：「行夏之時。」蓋三代之時，惟夏時爲正，而人取則焉，故得人統也。三正之相循，猶忠、質、文之尚，不可增易也。至秦以十月爲正，失其旨矣。張蒼吹律調樂，定律令，若百工作程品，其有意乎？推本之也。當是時，漢廷公卿皆武夫、軍吏，無能知書者，唯蒼自秦時爲柱下史，明習天下圖書，尤邃於律曆，有所建明，宜無不從也。然其術學疏陋，猶以漢當水德之盛，正朔宜因秦弗革，卒以此絀。惜夫！

酈寄

諸呂之王，非漢約，天下莫與也。産、禄擅兵，欲危劉氏，忠臣所共切齒，而酈寄固與之交善〔一〕，而商亦莫之禁，何也？其謀吕禄也，劫之而後從，則商、寄之罪均矣。雖絳侯賴之以入北軍，功不足以贖其罪也。使商不執劫而吕氏得志，則寄之父子，得無非望乎？其賣友，非其本心也。

校記

〔一〕「交善」，弘治本作「友善」。

朱虛侯

予讀高五王傳〔一〕，至劉章言田事及誅諸呂一人亡酒者，未嘗不爲之寒心也。方高后欲强諸呂，雖大臣平、勃等，皆俯首取容而已，其志非忘漢也。觀王陵之事，則可監矣。使章以才見忌，不得宿衛禁中，則後雖欲有爲也，尚何及哉？然章之獲全於呂后之時，而卒能成功，亦幸而已。

校記

〔一〕「高五王傳」，萬曆本、令聞本、繩祖本、四庫本皆作「高后五王傳」，衍一「后」字。正德本作「高五王傳」，是。按，高五王傳在漢書卷三十八。今據删。

田叔

班固謂田叔隨張敖赴死如歸，彼誠知所處。余謂田叔之隨王，雖身死之〔一〕，何益於趙？此與婢妾賤人感慨自殺者，何以異哉？烏在其爲知所處？

孟舒爲雲中守，而士争臨城死敵，此誠長者。而田叔乃以隨張王事首稱之。斯言豈特爲舒而發？抑亦自賢耳。夫譽人以自賢，是豈長者之言乎？

校記

〔一〕「雖身死之」，正德本「身」上有「以」字。

婁敬

婁敬建和親之策，欲以嫡長公主妻單于，且謂〔一〕：「冒頓在，固爲子婿。子婿死，外孫爲單于，豈聞孫敢與大父亢禮哉？可毋戰以漸臣也。」其説何謬哉！且子婿與外孫孰與父子親也〔二〕？彼且殺父以代立，况妻之父乎〔三〕？其何足恃哉！然屬人主厭兵，故以一言之謬而遂成千載之患。惜夫！

校記

〔一〕「且謂」，弘治本、正德本作「以謂」。

〔二〕「且子婿與外孫」，弘治本、正德本「與」上有「之」字。

〔三〕「况妻之父乎」，弘治本「乎」作「子」，誤。

賈誼

賈誼以少年英鋭之資，抱負其器，頗見識拔，慨然遂以身任天下。而絳、灌之徒出於織薄販繒之武夫〔二〕，先王之典章文物，彼烏足與議哉？高皇帝所以平天下定法令〔三〕，又皆其身親見之也。誼以疏逖晚進之人，欲一日悉更易之〔三〕，彼其心豈能恝然耶？此讒釁之所由起也。

古之君子自重其身，常若不得已而後進，非固要君也。蓋天下重器，不可易爲之；王業之大，必遲久而後成。故人君非有至誠不倦之心，則不足與有爲也。其尊德樂義，一有不至，則引而去之，萬鍾於我何加焉？非忘天下，道固然也。

誼之草具儀法，與夫三表、五餌〔四〕，其術固疏矣。當是時，人君方且謙讓未遑也。誼身非宰輔，乃汲汲然自進其説，蓋亦不自重矣。在我者不重，故人聽之也輕。及夫以才見忌，不容於朝，出爲王傅，其論國事，猶曰「陛下曾不與如臣者議之」，則是欲嬰撫在庭之臣而出其上也，豈不召禍與？

孔子曰：「爲國以禮，其言不讓。」於誼有之矣。

校記

〔一〕「織薄販繒」，萬曆本「薄」原作「簿」，誤。「薄」指簾子。四庫本作「薄」，不誤。今據改。

〔二〕「所以」，正德本作「所與」，義較長。

〔三〕「悉更易之」，弘治本、正德本「易」作「奏」。

〔四〕「三表五餌」，萬曆本「三表」作「二表」，誤。弘治本、正德本、四庫本不誤。今據改。按，漢書賈誼傳云：「施五餌三表以係單于。」可證。

賈山

孝文之恭儉慈仁，而賈山乃借秦爲喻，盛言其侈靡貪狼暴虐，宜若過矣。然君臣儆戒，正在無虞之時，故舜之臣猶以丹朱戒其君，則山之借秦不爲過也。後世驕君諛臣，恃天下無虞而不知儆戒。有聞斯言，必以爲訕矣。其取禍敗，不亦宜乎？

申屠嘉

文帝以竇廣國有賢行，欲相之，恐天下以爲私，不用，用申屠嘉。此乃文帝以私意自嫌，而不以至公處己也。廣國果賢耶，雖親不可廢；果不賢耶，雖疏不可用。吾何容心哉？當是時，承平日久，英材間出，擇可用者用之可也。必曰高帝舊臣，過矣。

馮唐

馮唐謂文帝不能用頗、牧，其言雖有激，然亦深中其病也。夫李牧之爲趙將也，軍市之租皆自用，賞賜皆決於外，不從中覆，故能有成功。魏尚守雲中，上功首虜差六級，文吏即以法繩之。以是較之，文帝不能用李牧，信矣。揚雄謂文帝親詘帝尊以信亞夫之軍，曷爲不能用頗、牧？夫孫武斬吴王之寵姬，穰苴斬齊君之寵臣與其使者僕車之左駙、馬之左驂，皆在軍，不受君令也。古之爲將者皆然，豈獨亞夫乎？然則文帝未嘗詘，而亞夫之軍未嘗信也。謂之有激云爾，則得矣。

張釋之

君子欲訥於言而敏於行，利口捷給，古人賤之。若上林尉，居其位不知其任，至十餘問不能對，是謂不任職，非訥於言者也。釋之以絳侯、張相如方之，過矣。文帝問絳侯天下一歲決獄幾何，絳侯不能對；又問天下錢穀一歲出入幾何，又不能對。帝以問陳平，平條析甚辨〔一〕，文帝善之。絳侯愧汗洽背〔二〕，自以其能不及平遠甚。若是以絳侯爲賢，平爲喋喋，可乎？

余謂上林尉真亡賴，而虎圈嗇夫，雖口對響應亡窮〔三〕，然上所問，乃其職事，非利口捷給也，豈足深過之歟？

校記

〔一〕「條析甚辨」，四庫本「條析」作「剖析」。

〔二〕「洽背」，四庫本作「浹背」。

〔三〕「亡窮」，正德本「亡」作「無」。

袁盎

淮南王之驕恣，其萿禍久矣。然徵之即至，則反形未具，以檻車遷之，是將置之必死也。不早辨之，養成其禍，卒至乎敗國亡身，文帝不無罪也。鄭共叔不義得衆，詩人以刺莊公，而春秋交譏之，正謂此也。

然則人君不幸有弟如淮南者，宜奈何？若舜之於象，放之有庳可也。盎不能明義以正其君，乃以無稽之言謂之，不亦過乎？

若七國之反，聞晁錯之欲治己也，反以奇禍中之，此戰國策士之常也。然二人之相賊，其志一也，特繫其發之先後耳。不忘國家之大計，乃欲因禍以釋一己之私怨，若二人，又何足誅哉？而班固謂盎仁心爲質，誤矣。

晁錯

晁錯曰：「人君必知術數。」又曰：「五帝神聖，其臣莫能及。」而自親事操是説，蓋未嘗知治體也。夫天下大器，非智力所能勝也。舜之惇五典、庸五體、用五刑，皆因天而已，未嘗自爲也〔一〕。雖股肱耳目，付之臣而不自用，況以術數而自親事乎？使後世懷諂者誤其君，挾術以自用，必質是言也，其爲禍豈淺哉！

若吴、楚之反，不在錯，天下已知之矣。景帝用讒邪之謀以誅錯，其失計不已甚乎？當是時，兵之勝負，國之安危，未可知也，而誅其謀首，豈不殆哉？而在庭之臣，無一人爲錯言者，蓋變起倉卒，各欲僥倖於無事，而莫敢以身任之也。然而錯亦有以取之矣。

夫漢之有七國，未若魯之三家也。孔子墮三都之城，而三家無敢不受命者，則其處之必有道矣。孟子曰：「子以爲有王者作，則魯在所損乎？在所益乎？」使孟子而得志〔二〕，固將損之也。錯無碩德重望以鎮服其心，而强爲之謀，其召亂而取禍，蓋無足怪者。武帝時淮南王欲反，獨畏汲黯之節義，視公孫弘輩如發蒙耳，則天下果非智力可爲也。以一汲黯，猶足以寢淮南之謀，況不爲黯者乎？

校記

〔一〕「未嘗自爲」，弘治本、正德本、萬曆本皆無「自」字。當以有「自」爲是。今據四庫本補。

〔二〕「使孟子而得志」，萬曆本「孟子」上原無「使」字，弘治本、正德本「孟」上有「使」字，表假設，是。今據補。

鄒陽　枚乘

吴王怨望，陰有邪謀。鄒陽、枚乘之徒，不能明義以導其君，而區區以利説之，宜乎其無益也。及吴兵西向，而枚乘猶以民之輕重、國之大小爲言，則是使吴重大而漢輕小，則吴兵可得而進也。

吴亡乘不及禍，而卒以取重於世，幸矣夫！

竇嬰　灌夫　田蚡

景帝燕兄弟，欲以天位傳梁王，竇嬰以漢約阻之，忤太后旨，可謂不阿矣。及爲丞相，推轂士類，專用儒術〔一〕，雖籍福之辨，不能遷惑其所守，直己以往，不撓權貴，其節義有足稱者。至晚節末路〔二〕，失位不得志，而與灌夫相爲引重。二人者，並位公侯，顯名當世，其平生意氣，何其壯哉！田蚡以外戚進顯，淫奢無度，尊己以下人。壯夫義士，宜耻出其門。而二人者，乃幸其臨況以爲名高，其志慕又何其污也！蓋鷙勢榮者〔三〕，勢窮則辱，而氣隨以奪，其理然矣。

若灌夫者，勇悍不遜，有死之道焉，終以一朝之忿亡其身，非自取與？竇嬰區區，復銳於爲救，果何益哉？故卒與俱滅，是亦不知量也。田蚡規利賣國，其不族，幸矣。

校記

〔一〕「專用」，弘治本作「尊用」。

〔二〕「至晚節」，正德本「至」下有「其」字。

〔三〕「蓋鷙」之上，正德本有「是」字。

劉向

初，孝宣循武帝故事，招置名儒，而更生以通達善屬文與選中，可謂遇主矣。其後上復興神仙方術之事〔一〕，而更生得淮南枕中鴻寶苑秘書獻之〔二〕，言黄金可成，其所爲，未免長君之過也，豈其逢世希合而爲之歟？抑年少學猶未能無惑於異端歟？其後與望之、堪猛輩並立於朝，爲群小側目。更生乃令外親上變事，其義安在哉？

夫君子小人，相爲盛衰，蓋天地之大義也。消息盈虛，天地且不能不以其漸，況於人乎？且許史、恭顯之於漢也，憑籍私昵寵嬖之恩非一日矣，其培根深，其滋蔓廣，非所以朝升而暮罷。而君子之去小人，又非智謀之足恃也，亦有吾之仁義而已。彼方欲肆欺以罔吾之信，爲數以敗吾之義，而吾且欲決而去之，而自爲不信，其見棄也，不亦宜乎？

予讀更生傳，見其惓惓於其君，未嘗不爲之嘆息也。惜其不知義命之歸，故一蹶而不振，悲夫！

校記

〔一〕「興神仙方術之事」，各本「事」作「士」，誤。漢書劉向傳作「事」。今據改。

〔二〕「枕中鴻寶苑秘書」，各本無「苑」字，誤。弘治本「寶」作「實」，亦誤。今據漢書卷三六楚元王傳附劉向補「苑」字。

朱穆

蔡邕謂朱穆貞而孤，有羔羊之節。觀其立朝論議，有足稱者；然乃從梁冀之辟，何也？孟子曰：「觀近臣以其所爲主，觀遠臣以其所主。」以穆之賢而主梁冀，烏在其爲貞孤哉？然邕之從董卓，無棄於梁冀，宜其不以朱穆爲過也。

臧洪

臧洪初爲張超功曹，後遇袁紹，以爲青州刺史。二人之遇洪，其義均矣，而洪之報二人者，何其異哉！方曹公圍超於雍丘也，洪欲赴難，而請兵於紹。袁、曹方睦〔一〕，而紹之與超〔二〕，素無一日之歡，則雍丘之圍，非切於己也。欲其背好用師以濟不切之難，則紹之不聽，未爲過，而洪之絶紹，豈亦不量彼己歟？其不屈而死也，蓋亦匹夫匹婦之爲諒也已。

校記

〔一〕「方睦」，弘治本、正德本作「方穆」。「穆」、「睦」通用字。

〔二〕「而紹之與超」，四庫本「而」作「夫」。

竇武　何進

桓、靈之間，昏弱相仍，女后臨朝，權移近習久矣。王甫、曹節以臺廝之賤，便嬖寵昵之私，竊弄神器，固天下之所同疾也。

竇武倚元舅之親，操國重柄，招集天下名儒碩德，布在王庭，相與仗義協謀，剿絶凶類，正猶因迅風之勢以揚稃秕耳〔一〕，豈不易哉？然而身敗功頹，貽國後患者，幾事不密〔二〕，而禍成於猶豫也〔三〕。方武之不受詔，馳入步軍營，召會北軍五校士數千人，勢猶足以有爲也。張奂北州之人豪，素非中人之黨可以義動也，不能乘機決策，收爲己用，而乃遲回達旦，使逆賊得與奂等合，豈不惜哉？

何進親見竇氏之敗，而不用陳琳、鄭公業之諫，躬蹈覆轍，引姦凶而授之柄，卒成移鼎之禍，進實兆之也。范曄乃引「天廢商」之言，豈不謬哉？

校記

〔一〕「稃秕」，繩祖本作「糠秕」。

〔二〕「幾事不密」，萬曆本「密」作「蜜」，誤。今據弘治本、正德本改。

〔三〕「猶豫」，弘治本「猶」作「尤」，誤。

荀彧

厲王流彘，周、召二公共和爲政，廷及宣王，卒有中興之功。天下之存亡，豈不以其人哉？當桓、靈之衰，其禍未甚於流彘也。董卓之亂，天之未厭漢德，豈有棄於共和之時乎？而議者謂曹公非取天下於漢，其說非也。

方曹公以强忍之資因亂假義〔一〕，挾主威以令諸侯，其包藏禍心，天下庸人知之矣。而荀彧間關河、冀，擇其所歸，卒從曹氏，志欲扶義奮謀，以舒倒懸之急。迹其行事，可謂勇智兼人矣，乃獨不知曹氏之無君乎？其拒董昭之議，何也？夫豈誠有忠貞之節歟？抑欲以晚節蓋之歟〔二〕？由前則不智，由後則不忠。不智不忠，而求免於亂臣，宜乎其難矣！

嗚呼！荀彧安得無罪歟？觀其臨大謀〔三〕，操弄强敵於股掌之間，輔成曹氏霸業；至其威加海内，下陵上逼，乃欲潛杜其不軌，是猶狂瀾潰堤以成滔天之勢〔四〕，而後徐以一葦障之，尚可得乎？而范曄猶謂彧有殺身成仁之美，吾不知其說也。

校記

〔一〕「强忍之資」，四庫本「資」作「姿」。

〔二〕「抑欲以」，萬曆本作「抑以」。正德本「抑」下有「欲」字，是。今據補。

〔三〕「臨大謀」，正德本作「臨大義，斷大謀」。

〔四〕「狂瀾」，萬曆本原作「汪瀾」。弘治本作「揚瀾」。四庫本作「狂瀾」，是。今據改。

郊祀

漢武元鼎、元封之間，燕、齊之士爭言神仙祭祀致福之術者以萬數，故淫祠於漢世爲多。雖當時名儒碩德繼登宰輔，莫有能定正之者。元、成之際，衡、譚用事，始奮然欲盡去淫祠，正以古義，又幸世主從之，其志行矣。未幾，以劉向一言而廢祠復興，豈不惜哉？蓋人情狃於禍福而易動，鬼神隱於無形而難知。以易動之情稽難知之理，而欲正百年之謬，宜乎其難矣！以劉向之賢，猶溺於習見，況餘人乎？

汲黯

周勃起布衣，蓋椎朴鄙人，以其重厚故，可屬大事。則天下重任，固非狷忿褊迫者所能勝也。武帝時，淮南王欲反，獨畏汲黯之節義。至論公孫弘輩〔一〕，若發蒙爾。夫汲黯之直，爲天下敬憚如此。予獨疑其狷忿褊迫，臨大事不能無輕動。輕動則失事機，難與成功。故武帝謂古有社稷臣，黯近之矣，其有得於此乎？

校記

〔一〕「公孫弘」，弘治本「弘」作「洪」，誤。光緒本「弘」作「宏」，避清高宗弘曆名諱改。

周世宗家人傳

予讀周世宗家人傳，至守禮殺人，世宗不問，史氏以爲知權。予竊思之：以謂父子者，一人之私恩，法者天下之公義，二者相爲輕重，不可偏舉也。故恩勝義，則詘法以伸恩；義勝恩，則掩恩以從法。恩義輕重不足以相勝，則兩盡其道而已。舜爲天子，瞽瞍殺人，皋陶執之而不釋。爲舜者，豈不能赦其父哉？蓋殺人而釋之則廢法，誅其父則傷恩。其意若曰天下不可一日而無法，人子亦不可一日而亡其父，民則不患乎無君也。故與其執之以正天下之公義，寧竊負而逃以伸己之私恩〔一〕，此舜所以兩全其道也。

方守禮殺人，有司不能執之，而徒以聞，故世宗得而不問也〔二〕。有如皋陶者執之而不釋，則雖欲不問〔三〕，得乎哉？然世宗取天下於百戰之餘，未易以舜之事望之者，然則宜奈何？亦寘諸法而已矣。法有八議，而貴居一焉。爲天子父，可謂貴矣，此禮律之通議也。一寘諸法，而兩不傷焉，何爲不可哉？

校記

〔一〕「故與其執之以正天下之公義，寧竊負而逃以伸己之私恩」，萬曆本原作「故寧與其執之以正天下之公義，竊負而逃以伸己之私恩」。按，「與其……寧……」句式表取捨，今依文意正。

〔二〕「故世宗得而不問也」，正德本無「世宗」二字。

〔三〕「則雖欲不問」，萬曆本無「欲」字。今據弘治本、正德本補。

楊時集卷十

語録一

荆州所聞徽宗崇寧三年甲申(1104)四月至四年乙酉(1105)十一月，八十九條〔一〕

一

先生曰：「自堯、舜以前，載籍未具，世所有者，獨宓犧所畫八卦耳。當是之時，聖賢如彼其多也。自孔子删定繫作之後〔二〕，更秦歷漢以迄於今，其書至不可勝記，人之所資以爲學者，宜易於古。然其間千數百年，求一人如古之聖賢，卒不易得，何哉？豈道之所傳，固不在於文字之多寡乎？夫堯、舜、禹、皋陶，皆稱「曰若稽古〔三〕」，非無待於學也。其學果何以乎？由是觀之，聖賢之所以爲聖賢，其用心必有在矣。學者不可不察之也。」

校記

〔一〕萬曆本小字注僅作「甲申四月至乙酉十一月」，帝王年號及公元紀年是點校者所加。另，萬曆本卷内僅分段，小字注的條數及正文各段序號亦爲點校者所加。卷十一至十三同，不一一注明。按，此荆州所聞八十九條，爲楊時之婿陳淵所録。陳淵，字知默，初名漸，字幾叟，沙縣人，忠肅公陳瓘之侄，楊時之婿。有默堂集五十卷。徽宗崇寧元年壬午（1102）楊時赴荆州府授任，陳淵隨侍從學。崇寧五年丙戌（1106）二月楊時離荆州如京師，陳淵南歸。楊時有送陳幾叟南歸三首丙戌年，其三末句云「春風無負舞雩歸」。（楊時集卷四十二，黄譜）。

〔二〕「繫作」，四庫本作「作繫」。

〔三〕「曰若稽古」，各本脱「曰」字。今據尚書堯典、舜典、皋陶謨等篇原文補。

二

觀孔門弟子之徒，其事師雖至於流離困餓濱於死而不去〔一〕，非要譽而規利也，所以甘心焉者，其所求也大矣。流離困餓，且濱於死，有不足道者。學者知此，然後知學之不可已矣。

校記

〔一〕「濱」，正誼堂本作「瀕」，但下一「濱」字仍作「濱」。「瀕」、「濱」通用字。

三

古之學者以聖人爲師，其學有不至，故其德有差焉。人見聖人之難爲也，故凡學者以聖人爲可至，則必以爲狂而竊笑之。夫聖人固未易至，若舍聖人而學，是將何所取則乎？以聖人爲師，猶學射而立的然。的立於彼，然後射者可視之而求中。若其中不中，則在人而已。不立之的，以何爲準？

四

問：「曾西不爲管仲，而於子路則曰：『吾先子之所畏。』或曰：『羞管仲之所已爲，慕子路之所未就。』此説是否？」曰：「孔子曰：『由也千乘之國，可使治其賦也。』使其見於施爲，如是而已。其於九合諸侯，一匡天下〔一〕，固有所不逮也。」

「然則如之何？」曰：「管仲之功，子路未必能之。然子路，譬之御者，則範我馳驅者也。若管仲，蓋詭遇耳。曾西，仲尼之徒也，蓋不道管仲之事。」

校記

〔一〕「二匡」，萬曆本「匡」末缺一筆，避宋朝皇帝趙匡胤名諱。今正。

五

六經不言無心，惟佛氏言之；亦不言修性，惟揚雄言之。心不可無，性不假修。故易止言「洗心」、「盡性」。記言正行佛氏之言〔一〕。記言「正心尊德性」，孟子言「存心養性」。佛氏和順於道德之意〔二〕，蓋有之理，於義則未也〔三〕。

校記

〔一〕「記言正行佛氏之言」，宋本、四庫本無此八字。萬曆本則脱「行佛氏之言」五字。今據繩祖本及四部叢刊續編本楊龜山先生語録補。

〔二〕「心養性佛氏」五字，萬曆本脱，今據繩祖本及四部叢刊續編本楊龜山先生語録補。

〔三〕「蓋有之理，於義則未也」，四庫本作「蓋有之，於理義則未也」，「於理」二字詞序與萬曆本適相反。

六

聖人以爲尋常事者，莊周則夸言之〔一〕。莊周之博，乃禪家呵佛罵祖之類是也。如逍遥游、養生主，曲譬廣喻，張大其説。論其要，則逍遥游一篇，乃子思所謂無入而不自得；而養生主一篇，乃孟子所謂行其所無事而已。

校記

〔一〕「莊周則夸言之」，萬曆本「言」之下無「之」字。弘治本、正德本、令聞本、繩祖本、四庫本亦無「之」字。四部叢刊續編本楊龜山先生語録校勘記云：「宋本『則夸言之』。」今據補。

七

問：「孔子曰：『中庸之爲德，其至矣乎！』何也？」曰：「至所謂極也。極猶屋之極〔一〕，所處則至矣。下是爲不及，上焉則爲過。」

或者曰：「『高明所以處己，中庸所以處人。』如此，則是聖賢所以自待者常過，而以其所賤者事君親也，而可乎？然則如之何？」曰：「高明即中庸也。高明者，中庸之體；中庸者，高明之用耳。高明，亦猶所謂至也。」

校記

〔一〕「極猶屋之極」，萬曆本「屋」作「室」。各本同。四部叢刊續編本楊龜山先生語録校勘記云：「宋本『極猶屋之極』，時本『屋』作『室』。」今據改。

八

問：「或曰：中所以立常，權所以盡變。不知權，則不足以應物；知權，則中有時乎不必用矣。是否？」

曰：「知中則知權。不知權，是不知中也。」

曰：「既謂之中，斯有定所，必有權焉，是中與權固異矣？」

曰：「猶坐於此室，室自有中。移而坐於堂，則向之所謂中者，今不中矣，堂固自有中。合堂室而觀之，蓋又有堂室之中焉。若居今之所，守向之中，是不知權，豈非不知中乎？又如以一尺之物，約五寸而執之〔一〕，中也。一尺而厚薄小大之體殊，則所執者輕重不等矣；猶執五寸以爲中，是無權也。蓋五寸之執，長短多寡之中，而非厚薄小大之中也。欲求厚薄小大之中，則釋五寸之約，唯輕重之知，而其中得矣。故權以中行，中因權立。中庸之書不言權，其曰『君子而時中』，蓋所謂權也。」

校記

〔一〕「約五寸而執中」，萬曆本「五寸」原作「一寸」，誤。今聞本、繩祖本亦誤。四庫本作「五寸」。下文「猶執五寸以爲中」，亦作「五寸」，是。今據改。

九

舜、跖之分，利與善之間也。利善之間，相去甚微，學者不可不知。

十

爲文要有温柔敦厚之氣。對人主語言及章疏文字，温柔敦厚尤不可無。如子瞻詩，多於譏玩，殊無惻怛愛君之意。荆公在朝，論事多不循理，惟是争氣而已，何以事君？君子之所養，要令暴慢邪僻之氣不設於身體。

十一

陶淵明詩所不可及者，沖澹深粹出於自然。若曾用力學，然後知淵明詩，非著力之所能成。

十二

私意去盡，然後可以應世。老子曰：「公乃王。」

十三

儒、佛深處，所差杪忽耳〔一〕。見儒者之道分明，則佛在其下矣。今學之徒，曰儒者之道在其下，是不見吾道之大也。爲佛者既不讀儒書，或讀之而不深究其義，爲儒者又自小也，然則道何由明哉？

校記

〔一〕「秒忽」，四庫本作「杪忽」，誤。漢書叙傳下：「造計秒忽。」

十四

「君子無終食之間違仁。」說者曰：「飲食必有祭是也。」曰：「如是則造次顛沛之際，遑遽急迫甚矣，欲不離仁，仁之道安在？且飲食必有祭，小人亦然，豈能仁乎〔一〕？」

校記

〔一〕「豈能仁乎」，萬曆本「乎」作「哉」。四部叢刊續編本楊龜山先生語録校勘記云：「宋本『豈能仁乎』，時本『乎』作『哉』。」今據改。

十五

孔子以其子妻公冶長，以其兄之子妻南容。説者曰：「君子之處其子與處其兄之子，固不同也。」曰：「兄弟之子，子也〔一〕，何擇乎？」「誠如所言，是聖人猶有私意也。」「聖人不容有私意。若二女之少長美惡，必求其對，所妻之先後，未必同時，安在其厚於兄而薄於己耶？記此者，特言如是二人，可托以女子之終身。且聖人爲子擇配，不求其他，故可法也。」

校記

〔一〕「兄弟之子子也」，四庫本作「兄弟之子猶子也」。

十六

或謂：「孔子登東山而小魯，登泰山而小天下。此言勝物而小之。」曰：「使聖人以勝物爲心，是將自小，安能小物？聖人本無勝物之心，身之所處者高，則物自不得不下耳。」

十七

葉公以證父之攘羊爲直，而孔子以爲「吾黨之直者，父爲子隱，子爲父隱」。夫父子之真情，豈欲相暴其惡哉？行其真情，乃所謂直。反情以爲直，則失其所以直矣。乞醯之不得爲直，亦猶是也。

十八

「周禮：王燕，則以膳夫爲獻主。說者曰：『君臣之義，不可以燕廢。』」曰：「是不然。此孟子所謂養君子之道也。禮，受爵於君前，則降而再拜。燕，所以待群臣嘉賓也，而使之有升降拜揖之勞，是以犬馬畜之矣。故以膳夫爲獻主，而主不自獻酧焉。是乃所以爲養君子之道，而廩人繼粟、庖人繼肉之義也。」

十九

「周禮：凡用皆會，唯王及后不會。說者曰：『不得以有司之法制之。』」曰：「有司之不能制天子也固矣，然而九式之職，冢宰任之，王恣其費用。有司雖不會，冢宰得以九式論於王矣。故王后不會，非蕩然無以禁止之也〔一〕。制之有冢宰之義，而非以有司之法故也。」

校記

〔一〕「禁止之也」，光緒本「之」作「何」，四部叢刊續編本楊龜山先生語録校勘記云：「宋本『禁止之也』，時本作『何之也』。」

二十

或曰：「書之終秦誓，以見聖人之樂人悔過也。故凡遇而能悔者，取其悔而不追其過可也。今有殺人而被刑者，臨刑而曰：『吾惟殺人，以至此也！』仁者於此，亦必哀而舍之？」

曰：「書之有秦、費二誓，以誌帝王之誥命於是絶故也。其大意則言：有國者不可廢誓。於誓之中，其事又有可取者，則如秦之罪已而不責人是也。若曰取其悔而已，不咎其過，其既悔而有過也，亦不當罪乎？聖人以恕待人，於人之悔也嘉之可也。如以悔爲是而不問其改與不改，則改過者尠矣[一]。故君子之取人也，取其改不取其悔。且殺人至於被刑，而自狀其過，蓋傷其死之不善也。使殺人而不必死，其肯悔乎[二]？崤之戰不敗，則秦自以爲功矣，何以知之？以濟河之師知之也。濟河之師何義哉？」

校記

〔一〕「尠」（音鮮），繩祖本作「少」。下同不注。

〔二〕「肯」，萬曆本原作「肎」。「肎」是「肯」的古字。今改用通行的「肯」字。以下各篇同。

二十一

君子務本。言凡所務者，惟本而已。若仁之於孝悌，其本之一端耳。蓋爲仁必自孝悌推之，然後能爲仁也。

其曰爲仁，與體仁者異矣。體仁則無本末之别矣。孔子曰：「老者安之，朋友信之，少者懷之。」此無待乎推之也。孟子曰：「老吾老，以及人之老；幼吾幼，以及人之幼。」此推之也。推之，所謂爲仁。

二十二

問：「子貢貨殖，誠如史遷之言否？」曰：「孔門所謂貨殖者，但其中未能忘利耳，豈若商賈之爲哉？」

曰：「樊遲請學稼學圃，如何？」曰：「此亦非爲利也。其所願學，正許子並耕之意。而命之爲『小人』者，蓋稼圃乃小人之事，而非君子之所當務也。君子勞心，小人勞力。」

二十三

先生嘗夜夢人問：「王由足用爲善，何以見？」語之曰：「齊王只是樸實，故足以爲善。如好貨、好色、好勇與夫好世俗之樂，皆以直告而不隱於孟子，其樸實可知。若乃其心不然，而謬爲大言以欺人，是人終不可與入堯、舜之道矣，何善之能爲？」

二十四

狼跋之詩曰：「公孫碩膚，赤舄几几」。周公之遇謗，何其安閒而不迫也？學詩者不在語言文字，當想其氣味，則詩之意得矣。

二十五

孟子言：「説大人，則藐之〔一〕。」至於以己之長方人之短，猶有此等氣象在。若孔子，則無此矣。觀鄉黨一篇，「與上大夫言，誾誾如也；與下大夫言，侃侃如也。」以至見冕者與瞽者，雖褻必以貌。如此，何暇藐人？禮曰：「貴貴，爲其近於君也；敬長，爲其近於親也。」故孔子謂君子畏大人。

校記

〔一〕「藐之」，萬曆本「藐」原作「藐」。「藐」、「藐」異體字。今據四庫本及孟子盡心下原文改。

二十六

孔子言由、求爲具臣，曰：「『弑父與君，亦不從也。』由、求如是而已乎？」曰：「『弑父與君』，言其大者，蓋小者，不能不從故也。若季氏旅泰山、伐顓臾而不能救之之事是已。」「然則或許其升堂，且皆在政事之科，何也？」曰：「小事之失，亦未必皆從。但自弑父與君而下或從一事，則不得爲不從。若弑父與君，則决不從矣。進此一等，便爲大臣，如孔、孟之事君是也。故孔、孟雖當亂世而遇庸暗之主，一毫亦不放過。」

二十七

事道與禄仕不同。常夷甫家貧，召入朝。神宗欲優厚之，令兼數局，如登聞鼓、染院之類，庶幾俸給可贍其家，夷甫一切受之不辭。及正叔以白衣擢爲勸講之官，朝廷亦使之兼它職，則固辭。蓋前日所以不仕者，爲道也，則今日之仕，須是官足以行道乃可受。不然，是苟禄也。然後世道學不明，君子之辭受取舍，人尠能知之。故常公之不辭，人不以爲非；而程公之辭，人亦不以爲是〔一〕。

校記

〔一〕「人亦不以爲是」，萬曆本「亦」字下空一字，後接「以爲是」。四部叢刊續編本楊龜山先生語録校勘記云：「宋本『人亦不以爲是』，時本無『不』字」。今據補。

二十八

王逢原才高識遠，未必見道。觀其所著，乃高論怨誹之流。假使用之，亦何能爲〔一〕？

校記

〔一〕四庫本「王逢原才高識遠」至「亦何能爲」爲一篇，以下二十九「春秋昭如日星」另提一行，爲另一篇。今萬曆本、繩祖本等皆混而不分。此從四庫本。

二十九

春秋昭如日星，但説者斷以己意，故有異同之論。若義理已明，春秋不難知也。春秋始於隱，其説紛紛無定論。孟子有言：「王者之迹熄而詩亡，詩亡然後春秋作。」據平王之崩，在隱公之三年也，則隱公即位，實在平王之時〔一〕。自幽王爲犬戎所滅〔二〕，而平王立於東遷，當是時，黍離降而爲國風，則王者之詩亡矣，此春秋所以作也。

校記

〔一〕「之時」，萬曆本「時」作「旹」。「旹」是「時」的古字。今改用通行的「時」字。

〔二〕「戎」，萬曆本作「戎」。「戎」是「戎」的本字。今改用通行的「戎」字。

三十

易於咸卦初六，言「咸其拇」，六二，言「咸其腓」，九三，言「咸其股」，九五，言「咸其脢」，上六，言「咸其輔頰舌」；至於九四一爻，由一身觀之，則心是也。獨不言心，其説以謂有心以感物，則其應必狹矣；唯忘心而待物之感，故能無所不應。其繇辭曰：「貞吉，悔亡；憧憧往來，朋從爾思。」夫思，皆緣其類而已，不能周也。所謂「朋從」者，以類而應故也。故孔子繫辭曰：「天下何思何慮？天下同歸而殊塗，一致而百慮。天下何思何慮？」夫心猶鏡也，居其所，而物自以形來，則所鑒者廣矣；若執鏡隨物，以度其形，其照幾何？

或曰：「思造形之上極，過是，非思之所能及，故唯天下之至神則無思也。無思所以體道，有思所以應世。」此爲不知易之義也。易所謂無思者，以謂無所事乎思云耳，故其於天下之故，感而通之而已。今而曰不可以有思，又曰不能無思，此何理哉？

三十一

或曰：「聖人所以大過人者，蓋能以身救天下之弊耳。昔伊尹之任，其弊多進而寡退，苟得而害義，故伯夷出而救之。伯夷之清，其弊多退而寡進，過廉而復刻，故柳下惠出而救之。柳下惠之和，其弊多洿而寡潔，惡異而尚同，故孔子出而救之。是故伯夷不清，不足以救伊尹之任；柳下惠不和，不足以救伯夷之清。此三人者，因時之偏而救之，非天下之中道也，故久必弊。至孔子之時，三聖人之弊，各極於天下，故孔子集其行而大成萬世之法，然後聖人之道無弊。其所以無弊者，豈孔子一人之力哉？四人者相爲終始也。使三聖人者當孔子之時，皆足以爲孔子矣。」

曰：「何不思之甚也？由湯至於文王之時，五百有餘歲。其間聖賢之君六七作，其成就人才之衆，至其衰世，尤有存者。使伊尹有弊，當時更世之久，上之爲君，下之爲臣，皆足以有爲，獨無以革之乎？由周至於戰國之際，又五百有餘歲，文、武、周公之化，不爲不深，使伯夷之弊至是猶在，則周之聖人所謂一道德以同風俗者，殆無補於世，而獨俟一柳下惠耶？況孔子去柳下惠未遠。若柳下惠能矯伯夷之清，使天下從之，其弊不應繼踵而作。而孔子救之，又何其遽也？且孔子之時，荷蕢、荷蓧、接輿、沮、溺之流，必退者尚多也，則柳下惠之所爲，是果何益乎？故爲聖人救弊之説者，是亦不思而已矣。夫伊尹，固聖人之任者，然以爲必於進，則不可也。湯三使往聘之，然後幡然以就湯，不然將不從其聘矣〔一〕，則伊尹之不必進可見。伯夷，固聖人之清者，然以爲必於退，則不可也。方其辟紂居諸海濱以待天下清，聞西伯善養老者則歸之，則伯夷之不必退亦可見。若柳下惠，孔子蓋以謂『直道而事人』，孟子亦稱其『不以三公易其介』矣，夫亦豈以同爲和乎〔二〕？由是觀之，其弊果何自而得之耶？若曰孔子之道所以無弊者，四人者相爲終始。使三聖人當孔子之時，亦皆足以爲孔子。此尤不可。孟子曰：『伯夷、伊尹不同道。』又曰：『自生民以來，未有盛於孔子。』而伯夷、伊尹不足以班之。而其所謂同者，得百里之地而君之，皆能以朝諸侯、有天下，行一不義，殺一不辜，而得天下，皆不爲而已。彼爲任、爲清、爲和一節之至於聖人者也，其可以爲孔子乎？夫以三人爲聖者，孟子發之也，而孟子之言，其辨如彼〔三〕。今釋孟子之言，安得彊爲之説乎？雖然，此孟子之言也。學者於聖人，又當自有所見；自無所見，縱得孟子之旨，何與吾事？」

校記

〔一〕「矣」，四部叢刊續編本楊龜山先生語録校勘記云：「宋本『將不從其聘耶』，時本『耶』作『矣』。」今不從。

〔二〕「孟子亦稱其『不以三公易其介』矣，夫亦豈以同爲和乎」，四部叢刊續編本楊龜山先生語録校勘記云：「宋本『不以三公易其介，夫亦豈以同爲和乎』，時本『夫』作『矣』。」

〔三〕「其辨如彼」，萬曆本「辨」作「辦」。今據繩祖本、四庫本改。

三十二

問：「伊尹五就湯五就桀，何也？」曰：「其就湯也，以三聘之勤也；其就桀也，湯進之也。」「然則何爲事桀？」曰：「既就湯，則當以湯之心爲心，湯豈有伐桀之意哉？其不得已而伐之也。人歸之，天命之耳。方其進伊尹以事桀也，蓋欲其悔過遷善而已；苟悔過遷善，則吾北面而臣之，固所願也。若湯初求伊尹即有伐桀之意，而伊尹遂相之，是以取天下爲心也。以取天下爲心，豈聖人之心哉？」

三十三

問：「伯夷、伊尹、柳下惠之行，固不同矣。使伯夷居湯之世，就湯之聘乎？」曰：「安得而不就？」「然則湯使之就桀，則就之乎？」曰：「否。」「何以知其然？」曰：「伯夷聞文王作興則歸之，宜其就湯之聘，然而横政之所出，横民之所止，不忍居也。使之事桀，蓋有所不屑矣。」「然則其果相湯也，肯伐桀乎〔一〕？」曰：「至天下共叛之，桀爲獨夫，伯夷伐之，亦何恤哉？」

校記

〔一〕四部叢刊續編本楊龜山先生語録校勘記云：「宋本『然則其果相湯也，肯伐桀乎』，時本『肯』作『宜』。」按，今時參校本未見「肯」作「宜」者。

三十四

或曰：「湯之伐桀也，衆以爲我后不恤我衆，舍我穡事而割正夏，而湯告以必往，是聖人之任者也。文王三分天下有其二以服事商，是聖之清者也。」曰：「非也。湯伐桀，雖其衆有不悦之言，憚勞而已。若夏之人則不然，曰：『時日曷喪？予及汝皆亡！』故攸徂之民，室家相慶，簞食壺漿以迎王師。湯雖不往，不可得矣。文王之時，紂猶有天下三分之一，民猶以爲君，則文王安得而不事之？至於武王，而受罔有悛心，賢人君子不爲所殺，則或爲囚奴，或去國。紂之在天下，爲一夫矣。故武王誅之，亦不得已也。孟子不云：『取之而燕民不悦，則勿取。古之人有行之者，文王是也。取之而燕民悦，則取之。古之人有行之者，武王是也。』由此觀之，湯非樂爲任，而文王非樂爲清也，會逢其適而已。」

三十五

孟子與人君言，皆所以擴其善心而革其非，不止就事論事。如論齊王之愛牛，而曰「是心足以王」；論王之好樂，而使之「與百姓同樂」；論王之好貨、好色、好勇，而陳周之先王之事。若使爲人臣者論事每如此，而其君肯聽，豈不能堯、舜其君？

三十六

又曰：「孟子對人君論事，句句未嘗離仁，此所謂王道也？」曰：「安得句句不離乎仁？」

曰：「須是知『一以貫之』之理。」曰：「一以貫之，仁足以盡之否？」曰：「孟子固曰：『一者何？曰：仁也。』仁之用大矣。今之學者，仁之體亦不曾體究得。」

三十七

梁王顧鴻雁麋鹿以問孟子〔一〕，孟子因以爲賢者而後樂此。至其論文王、夏桀之所以異，則獨樂不可也。世之君子，其賢者乎，則必語王以憂民而勿爲臺沼苑囿之觀，是拂其欲也；其佞者乎，則必語王以自樂而廣其侈心，是縱其欲也。二者皆非能引君以當道。唯孟子之言，常於毫髮之間，剖析利害之所在，使人君化焉而不自知。夫如是，其在朝廷，則可以格君心之非，而其君易行也〔二〕。

校記

〔一〕「梁王」，萬曆本作「齊王」，弘治本、正德本、繩祖本同，誤。今據孟子梁惠王上原文改。「麋鹿」，萬曆本「麋」原作「麛」，弘治本、正德本、繩祖本同。今據四庫本、四部叢刊續編本及孟子梁惠王上原文改。

〔二〕「而其君易行也」，萬曆本「君」作「言」。四部叢刊續編本楊龜山先生語録校勘記云：「宋本『而其君易行也』，時本『君』作『言』。」今據改。

三十八

或曰：「居今之世，去就之際，不必一一中節，欲其皆中節，則道不得行矣。」曰：「何其不自重也！枉己者其能直人乎？古之人寧道之不行，而不輕其去就。如孔、孟雖在戰國之時，其進必以正，以至終於不得行而死是矣。顧今之世，獨不如戰國之時乎？使不恤其去就可以行道，孔、孟當先爲之矣，孔、孟豈不欲道之行哉？」

三十九

或曰：「以術行道而心正，如何？」曰：「謂之君子，豈有心不正者？當論其所行之是否爾。且以術行道，未免枉己。與其自枉，不若不得行之愈也。」

四十

宋牼以利説秦、楚，使之罷兵，以息兩國之争，其心未爲過也，然孟子力抵之〔一〕。蓋君子之事君，其説不可惟利之從；苟唯利之從，則人君所見者利而已。彼有軋吾謀者，其説又利於我，吾説必見屈矣，故不若與之談道理；道理既明，人自不能勝也。所謂道理之談，孟子之仁義是也。王、霸之佐，其義、利之間乎〔二〕？一毫爲利，則不足爲王矣。後世道學不明，人以顔子、伯夷只作一節之士。若孟子之論，則是兩人者，豈清修介潔者耶？如伯夷直許之以朝諸侯、一天下，顔子直許之以禹、稷之事。

校記

〔一〕「抵」，光緒本作「詆」，誤。

〔二〕「其義利之間乎」，萬曆本「義利」作「利義」。四部叢刊續編本楊龜山先生語録校勘記云：「宋本『其義利之間乎』，時本作『利義』。」今據改。

四十一

方太公釣於渭，不遇文王，特一老漁父耳；及一朝用之，乃有鷹揚之勇。非文王有獨見之明，誰能知之？學者須體此意，然後進退隱顯，各得其當。

四十二

或曰：「德而已矣，奚取於聰明？」曰：「徒取其德，或有有德而不聰明者。如此，則人得以欺罔之〔一〕，何以濟務？故書稱堯、舜、禹、湯、文、武，皆言其聰明，爲是故也。」

校記

〔一〕「如此，則人得以欺罔之」，繩祖本、正誼堂本、四庫本作「此則其人得以欺罔之」。

四十三

黄叔度學充其德，雖顔子可至矣。

四十四

一介之與萬鍾，若論利，則有多寡；若論義，其理一也。伊尹能一介知所取與，故能禄之以天下弗顧，繫馬千駟弗視〔一〕。自後世觀之，則一介不以予人爲太吝，一介不以取諸人爲太潔。然君子之取予，適於義而已。予之嗇，取之微，雖若不足道矣，然苟害於義，又何多寡之間乎？

孔子於西赤之富，不恤其請；於原憲之貧，不許其辭。此知所予者也。孟子言非其道，則一簞食不可受於人；如其道，則舜受堯之天下，不以爲泰。此知所取者也。

校　記

〔一〕「視」，萬曆本原作「眎」，今據繩祖本、四庫本改作「視」。「眎」、「視」古今字。下同不注。

四十五

孟子稱舜「象憂亦憂，象喜亦喜」，此語最宜味之。夫舜之意，唯恐不獲於象也，則象喜舜自喜。夫豈有僞乎？是之謂不藏怒，不宿怨。

四十六

問：「象日以殺舜爲事，而舜終不爲所殺，何也？」曰：「堯在上，天下豈容有殺兄者乎？此語自是萬章所傳之謬。據所載，但云象傲而已。觀萬章之言，傲何足以盡之？其言殺舜之時，堯已妻之二女，又使其子九男百官皆事舜於畎畝之中，象必不敢。但萬章所問，其大意不在此，故孟子當時亦不暇辨〔一〕。」

校記

〔一〕「亦不暇辨」，萬曆本「辨」原作「辦」，誤。今據繩祖本改。

四十七

孟子言舜之怨慕，非深知舜之心不能及此。據舜惟患不順於父母，不謂其盡孝也。凱風之詩曰：「母氏聖善，我無令人。」孝子之事親如此。此孔子所以取之也。孔子曰：「君子之道四，丘未能一焉。」若乃自以爲能，則失之矣。

四十八

顔子所學，學舜而已。蓋舜於人倫，無所不盡也：以爲父子，盡父子之道；以爲君臣，盡君臣之道，以爲夫，盡夫道；以爲兄，盡兄道。此孟子所謂「舜爲法於天下，可傳於後世」者也。孟子所憂，亦憂不如舜耳。人能以舜爲心，其學不患不進。

四十九

問：「『將順其美。』後世之説，或成阿諛，恐是引其君以當道？」曰：「然。此正如孟子所謂『是心足以王』。若曰『以小易大』，則非其情。以謂見牛未見羊，而欲以羊易牛，乃所以爲仁，引之使知王政之可爲，是謂『將順』。」又曰：「詳味此一章，可見古人事君之心。」

五十

韓信用兵，在楚、漢之間則爲善矣；方之五霸，已自不及，以無節制故也。如信之軍修武，高祖即其卧内奪之印，易置諸將，信尚未知。此與棘門、霸上之軍何異〔一〕！但信用兵，能以術驅人，使自爲戰。當時亦無有以節制之兵當之者，故信數得以取勝也。王者之兵，未嘗以術勝人，然亦不可以計敗。後世唯諸葛亮、李靖爲知兵。如諸葛亮已死，司馬仲達觀其行營軍壘，不覺嘆服。而李靖惟以正出奇，此爲得法制之意而不務僥倖者也。

古人未嘗不知兵，如周官之法，雖坐作進退之末，莫不有節。若平時不學，一旦緩急，何以應敵？如此，則學者於行師御衆戰陣營壘之事，不可不講。

校記

〔一〕「霸上」，萬曆本原作「壩上」。今據四庫本改。

五十一

史言成安君儒者，故爲韓信所勝。成安君豈真儒者哉？若真儒，必不爲韓信所詐〔一〕。如曰「吾行仁義」云耳。人得而罔之，是木偶人也。夫兵雖不貴詐，亦人所不得而詐，然後爲善。觀戰國用兵，中原之戰也。若今之用兵，禦夷狄耳〔二〕：力可以戰則戰，勢利於守則守，來則拒之，去則勿追，則邊鄙自然無事。今乃反挑之，且侵其地，已非理矣。其決勝必取，而至於用狙詐也〔三〕，又何足怪？若賢將，必不以窮鬥遠討爲事，何用狙詐？蓋夷狄之戰與中原之戰異〔四〕。夷狄難與較曲直是非，惟恃力耳，但以禽獸待之可也〔五〕。以禽獸待之，如前所爲是矣〔六〕。

校記

〔一〕「所詐」，繩祖本「詐」改作「擒」。

〔二〕「禦夷狄耳」，四庫本改作「禦邊塞耳」。

〔三〕「狙詐」，繩祖本作「徂詐」，誤。下「狙詐」亦誤。狙詐，言如獼猴之詐。

〔四〕「蓋夷狄之戰」，四庫本改作「蓋邊人之戰」。下句「夷狄」，四庫本亦改作「邊人」。

〔五〕「但以禽獸待之可也」，四部叢刊續編本同。繩祖本「禽獸」改作「前法」，四庫本「禽獸」改作「邊人」。

〔六〕「以禽獸待之，如前所爲是矣」，四部叢刊續編本楊龜山先生語録校勘記所載宋本同。四庫本亦有此二句，唯「禽獸」改作「邊人」，「所爲」作「所謂」。其餘各本無此十二個字。

五十二

問：「今之爲將帥者，不必用狙詐固是，奈兵官武人之有智略者，莫非狙詐之流。若無狙詐，如何使人？」曰：「君子無所往而不以誠，但至誠惻怛，則人自感動。」曰：「至誠惻怛可也。然今之置帥，朝除暮易。若以至誠爲務，須是積久上下相諳，其效方見；卒然施之，未必有補。」曰：「誠動於此，物應於彼，速於影響，豈必在久？如郭子儀守河陽，李光弼代之，一號令而金鼓旗幟爲之上明[一]，此特其號令各有體耳。推誠亦猶是也。」

校記

〔一〕「金鼓」，萬曆本「鼓」原作「皷」。「皷」、「鼓」異體字，今據正誼堂本、四庫本改作通行的「鼓」。

五十三

正叔先生過范堯夫治所，謂堯夫曰：「聞公有言：作帥當使三軍愛之如父母。是否？」曰：「然。非歟？」曰：「公第能言之耳，未必能行也。」曰：「何以言之？」曰：「聞舊帥方卒，公始代之，便設筵張樂犒軍，此所以知公之必不能使三軍愛之如父母也。」曰：「當時自合打散，設筵張樂却是錯？」曰：「打散亦不可。彼卒伍之所利者財食也。使其不得財食，則知新帥之所以不給賜財食者，爲舊帥之亡也。夫舊帥，亦父母也。今其亡未久，而給賜如常，卒伍之愚，忘其上以此耳。然則不能使之視舊帥如父母[一]，則必不能使之以我爲父母矣。」堯夫是日追送正叔曰：「若不遠出，不聞此言。」

校記

〔一〕「視舊帥如父母」，各本「視」作「觀」，形近之誤。今依文意改作「視」。

五十四

祖宗能用人命，故太祖嘗曰：「我以一縑易一胡人首〔一〕，不過十萬，匈奴之衆可盡。唯能如此，此所以能取天下。」今獲一劫盜，亦須以數十千賞之。若只使一縑欲易一胡人首，人必不爲用。唯不能用人命，此所以必至於厚賞也。觀祖宗時江南擅强，河東未服，兩浙、川、廣尚守巢穴。方是時，所有財賦，特中原之地耳。其聚斂科派，蓋不若今之悉也。其後祖宗削平僭亂，只用所有，不患乏財。使如今日厚賞，安能取天下？

校記

〔一〕「易一胡人首」，四庫本「胡人」改作「敵人」。下「胡人」同。

五十五

陸宣公當擾攘之際，説其君未嘗用數，觀其奏議可見，欲論天下事，當以此爲法。宣公在朝，自以不恤其身，知無不言，言無不盡。至於遷貶，唯杜門集古方書而已，可謂知進退者。

五十六

吕晦叔真大人，其言簡而意足。孫莘老嘗與晦叔言裕陵好問〔一〕，且曰：「好問則裕。」晦叔曰：「好問而裕，不若聽德而聰。」人有非劉向强聒而不舍者〔二〕，吕晦叔曰：「劉向貴戚之卿。」此語可謂忠厚。然向之眷眷於漢室而不忍去，則是也，至於上變論事，亦可謂不知命矣。

校記

〔一〕「孫莘老」，繩祖本作「孫蘋老」，誤。按莘老，孫覺字，宋高郵人。「與晦叔」三字，萬曆本原作

「言」，今據繩祖本改。按吕公著字晦叔，宋壽州人。

〔二〕「劉向」，萬曆本「劉」原作「鎦」。玉篇謂「鎦」爲古文「劉」字。説文解字有「鎦」無「劉」，訓「鎦」爲殺。陸宗達認爲「劉」本義爲殺，是個凶義，許慎不便直言，故改正篆「劉」爲「鎦」。見古漢語答問。四庫本作「劉」。今據改。下「劉向」同，不注。

五十七

問：「以匹夫一日而見天子，天子問焉，盡所懷而陳之，則事必有窒礙者，不盡則爲不忠，如何？」曰：「事亦須量深淺。孔子曰：『信而後諫。未信，則以爲謗己也。』易之恒曰：『浚恒凶。』此恒之初也。故當以漸而不可以浚，浚則凶矣。假如問人臣之忠邪，其親信者誰歟？遽與之辨别是非，則有失身之悔。君子於此，但不可以忠爲邪，以邪爲忠。語言之間，故不無委曲也。至於論理則不然。如惠王問孟子『何以利吾國』，則當言『何必曰利』。宣王問孟子卿不同，則當以正對，蓋不直則道不見故也。世之君子，其平居談道甚明，論議可聽，至其出立朝廷之上，則其行事多與所言相戾，至有圖王而實霸，行義而規利者。蓋以其學得之文字之中，而未嘗以心驗之故也。若心之所得，則曰吾所以爲己而已。

是故心迹常判而爲二。心迹既判而爲二，故事事違其所學。」

五十八

人臣之事君，豈可佐以刑名之説？如此，是使人主失仁心也。人主無仁心，則不足以得人。故人臣能使其君視民如傷，則王道行矣。

五十九

或曰：「特旨，乃人君威福之權，不可無也。」曰：「不然。古者用刑，王三宥之。若案法定罪而不敢赦，則在有司。夫法不應誅，而人主必以特旨誅之，是有司之法不必守，而使人主失仁心矣。」

六十

荆公在上前争論，或爲上所疑，則曰：「臣之素行，似不至無廉耻，如何不足信？」且論事當問事之是非利害如何，豈可以素有廉耻劫人使信己也？

夫廉耻，在常人足道，若君子，更自矜其廉耻，亦淺矣。蓋廉耻，自君子所當爲者。如人守官，曰：「我固不受贜。」不受贜，豈分外事乎？

六十一

理財、作人兩事，其説非不善。然世儒所謂理財者，務爲聚斂；而所謂作人者，起其奔競好進之心而已。易之言「理財」，詩之言「作人」，似不如此。

六十二

周官：「平頒其興積。」説者曰：「無問其欲否，概與之也。」故假此爲青苗之法：當春則平頒，秋成則入之，又加息焉。以謂不取息，則舟車之費，鼠雀之耗，官吏之俸給，無所從出，故不得不然。此爲之辭耳。

先王省耕斂而爲之補助，以救民急而已。方其出也，未嘗望入，豈復求息？取其息而曰非漁利也，其可乎？孟子論法，以謂凶年糞其田而不足，則必取盈焉。使民終歲勤動，不得以養其父母，又稱貸而益之，是爲不善。今也無問其欲否而頒之，亦無問年之豐凶而必取其息；不然，則以刑法加焉。周官之意，果如是乎？

六十三

朝廷設法賣酒，所在官吏遂張樂集妓女以來小民。此最爲害教，而必爲之辭曰「與民同樂」，豈不誣哉？

夫誘引無知之民以漁其財，是在百姓爲之，理亦當禁，而官吏爲之，上下不以爲怪，不知爲政之過也。且民之有財，亦須上之人與之愛惜，不與之愛惜而巧求暗取之，雖無鞭笞以强民，其所爲有甚於鞭笞矣。

余在潭州瀏陽，方官散青苗時，凡酒肆、食店與夫俳優、戲劇之罔民財者，悉有以禁之。散錢已，然後令如故。官賣酒，舊嘗至是時，亦必以妓樂隨處張設，頗得民利。或以請，不許。往往民間得錢，遂用之有方。

六十四

常平法：州縣寺舍歲用有餘，則以歸官賑民之窮餓者。余爲瀏陽日，方爲立法，使行旅之疾病飢踣於道者，隨所在申縣，縣令寺舍飲食之。欲人之入吾境者，無不得其所也。其事未及行，而余以罪去官，至今以爲恨。

六十五

錢塘内造什物〔一〕，守臣不知其數，恣宦官所爲，至數年未已，傷財害民，莫此爲甚。使其器用一一得以奉御，兹固無嫌。其實公得其一，私得其十；其十者非以自奉，則過爲奇技淫巧〔二〕，以自獻於上與夫宫嬪之貴幸者。此弊尤不可言！使予守錢塘，必先奏上，乞降所造之數，付有司爲之以進，庶幾宦官不得容其姦。是雖於事未有大補，亦守臣安百姓、節國用之一端也。如此而得罪，則有名矣。

校記

〔一〕本篇萬曆本與上篇相連爲一，四庫本單獨立篇，四部叢刊續編本同。四部叢刊續編本楊龜山先生語録校勘記云：「宋本『錢塘内造什物』，時本不另行。」今據改。

〔二〕「則過爲奇技淫巧」，萬曆本「過」下無「爲」字。四部叢刊續編本楊龜山先生語録校勘記云：「宋本『則過爲奇技淫巧』，時本脱『爲』字。」今據補。又本句四庫本作「則逞其技」。

六十六

或勸先生解經。曰：「不敢易也。曾子曰：『吾日三省吾身，爲人謀而不忠乎？與朋友交而不信乎？傳不習乎？』夫傳而不習，以處己則不信，以待人則不忠，三者胥失也。昔有勸正叔先生出易傳示人者，正叔曰：『獨不望學之進乎？姑遲之，覺耄即傳矣。』蓋已耄，則學不復進故也。學不復進，若猶不可傳，是其言不足以垂後矣。六經之義，驗之於心而然，施之於行事而順，然後爲得。驗之於心而不然，施之於行事而不順，則非所謂經義。今之治經者，爲無用之文，徼幸科第而已，果何益哉！」

六十七

今所謂博學者，特通歷代之故事而已。必欲取堯、舜、三代之法，兼明而默識之，以斷後世所爲之中否而去取焉，蓋未能也。孟子之學，蓋有以爲不足學而不學者矣〔一〕。余觀熙寧、元豐之君子，皆通曉世務，而所取以爲證者，秦、漢以下之事而已。故有爲秦、漢以上之説者與之争，輒不勝。若今之論事者，多以三代爲言，其實未必曉。有能以三代之法一一與之剖析是非，有不戰而自屈者。然此須深知三代致治之意方可。若周官之書，先王經世之務也，不可不講。若有意於世，須是事事明了，胸中無疑，方能濟務。如馬周以一介草茅〔二〕，言天下事若素宦於朝，若非嘗學來，安得生知？因論馬周言事，每事須開人主一綫路，終是不如魏徵之正〔三〕，如諫太宗避暑事親之道甚善，然又曰：「鑾輿之出有日，不可遽止，願示還期。」若事非是，即從而止之，何用如此？此正孟子所謂「月攘一鷄」者〔四〕，豈是以堯、舜望其君乎？

校記

〔一〕「而不學者矣」，萬曆本「矣」原作「也」。四部叢刊續編本楊龜山先生語録校勘記云：「宋本『而不學者矣』，時本『矣』作『也』。」今據改。

〔二〕「如馬周以一介草茅」，繩祖本「如」作「而」。四部叢刊續編本楊龜山先生語録校勘記云：「宋本『如馬周以一介草茅』，時本『如』作『而』。」萬曆本不誤。

〔三〕「魏徵」，宋本「徵」作「證」，誤。萬曆本不誤。參見楊龜山先生語録校勘記。

〔四〕「此正孟子所謂」，萬曆本無「此」字。四部叢刊續編本楊龜山先生語録校勘記云：「宋本『何用如此，此正孟子所謂』，時本脱一『此』字。」今據補。

六十八

褚遂良修起居注，唐太宗曰：「朕有不善，亦當記之乎？」或爲之言曰：「借使遂良不記，天下亦當記之。」曰：「此語亦善。但人主好名，則可以此動之耳，未盡也。夫君子居其室，出其言善，則千里之外應之；出其言不善，則千里之外違之。故言行，君子之樞機，不可不慎。縱使史官不記，而民之應違如此，雖欲自掩其不善，其可得乎？」

六十九

試教授宏辭科，乃是以文字自售。古人行己，似不如此。今之進士，使豪傑者出，必不肯就。然以謂捨此則仕進無路，故爲不得已之計。或是爲貧，或欲緣是少試其才。既得官矣，又以僥求榮達，此何義哉？

七十

朝廷立法：臺察不許言天下利害，諫官不許論人才。命爲臺諫，是使之言也，而又禁之，何理哉？如命以中書舍人，或升黜不當，繳還詞頭，則更屬他中書舍人爲之。命以給事中，或有必行之事，則不復過門下。而所謂中書舍人、給事中者，亦更不整理。且如此，是不得其職矣；不得其職則當去。而今之君子安爲之，其義焉在？

常平司有支用，雖是敕取，法當執奏。近又免執奏之法。關防甚密，何可免也？使吾輩得爲常平官，如此等事，亦當辨明。則知今之要路，大抵難處也。先王之時，「工執藝事以諫」。自此推之，則當是時，凡有職者，皆得執其事以諫矣。若人人有職事，皆能思其利害以諫，法度何憂不完？政事何憂不成？且古者百工猶能信度以申其説，而今之侍從監司，蓋内外之達官，人主所親信者，反未嘗知諫，此又何理也？

七十一

天生聰明，時乂。所謂天生者，因其固然而無作之謂也。無所作聰明，是謂憲天聰明。憲天云者，任理而已矣。故伊尹曰：「視遠惟明，聽德惟聰。」知此然後可與論人君之聰明矣。

或曰：「爲人君，須聰明有以勝人，然後可以制人而止其亂。」曰：「天聰明，期於勝人，非也。如人聽訟，必欲即揣知其情狀是非，亦或屢中，若不任理，只是億度而已，非所謂聰明。故孔子曰：『聽訟，吾猶人也。必也使無訟乎！』人君如不聽德，每事即揣知情狀是非，所中雖多，失人君之道矣，謂之不聰明可也。」

七十二

作詩不知風、雅之意，不可以作詩。詩尚譎諫〔一〕，唯言之者無罪，聞之者足以戒，乃爲有補。若諫而涉於毁謗，聞者怒之，何補之有？觀蘇東坡詩，只是譏誚朝廷，殊無温柔敦厚之氣，以此人故得而罪之。若是伯淳詩，則聞之者自然感動矣。因舉伯淳和温公諸人禊飲〔二〕詩云：「未須愁日暮，天際乍輕陰。」〔三〕又泛舟詩云「只恐風花一片飛。」何其温厚也！

校記

〔一〕「詩尚譎諫」，四部叢刊續編本楊龜山先生語録校勘記云：「宋本『不可以作詩，詩尚譎諫』，時本脱一『詩』字。」

〔二〕「褉飲」，萬曆本「褉」作「稧」，誤。今據繩祖本改。

〔三〕「乍」，二程集卷三原作「是」。

七十三

考槃之詩言：「永矢弗過。」説者曰：「誓不過君之朝。」非也。矢，陳也。亦曰：「永，言其不得過耳。」昔者有以是問常夷甫之子立，立對曰：「古之人蓋有視其君如寇讎者。」此尤害理，何則？孟子所謂「君之睠臣如犬馬，則臣視君如寇讎」，以爲君言之也。爲君言，則施報之道，此固有之。若君子之自處，豈處其薄乎？孟子曰：「王庶幾改之，予日望之。」君子之心蓋如此。考槃之詩，雖其時君使賢者退而窮處爲可罪，夫苟一日有悔過遷善之心，復以用我，我必復立其朝，何終「不過」之有？

大抵今之説詩者，多以文害辭。非徒以文害辭也，又有甚者，分析字之偏旁以取義理，如此豈復有詩？孟子引「天生烝民，有物有則；民之秉彝，好是懿德」，「故有物必有則〔一〕，民之秉彝也，故好是懿德」。其釋詩也，於其本文加四字而已，而語自分明矣。今之説詩者，殊不知此。

校記

〔一〕「故有物」，萬曆本原作「故有有物」，衍一「有」字。今據四庫本删。

七十四

郭汾陽不問發墓之人，雖古之齊物我者不能過。問：「謝安屐齒折事，識者不信，是否？」曰：「此事未必無，但史於此亦失之億度，安知其非偶然乎？若破賊而喜，在謝安固不足怪，然屐齒必不爲一時遑遽而致折也。」

七十五

或謂：「人當無利心，然後爲君子。」曰：「以此自爲可也；以此責人，恐不勝責矣。人但能於得處知辨義理，亦自難得。故孔子以見利思義稱成人，而以見得思義稱士焉。此其辨也。」

七十六

物有圭角，多刺人眼目，亦易玷闕。故君子處世，當渾然天成，則人不厭棄矣。

七十七

溝洫之量，不可以容江河；江河之量，不可以容滄海，有所局故也。若君子則以天地爲量，何所不容？有能捐一金而不顧者，未必能捐十金；能捐十金而不顧者，未必能捐百金。此由所見之熟與不熟，非能真知其義之當與否也。若得其義矣，雖一介不妄予〔一〕，亦不妄取。

校記

〔一〕「一介」，四部叢刊續編本楊龜山先生語録校勘記云：「宋本『雖一介不妄予』，時本『介』作『分』。」

七十八

世之事鬼神所以陷於淫諂者，皆其不知鬼神之情狀、祭祀之深意也。學者當求知之。漢儒言「祖有功、宗有德，不毁，所以勸也」。曰：非也。子孫之祭其親，豈有功德而後祭之乎？若以爲有功德然後祭〔一〕，是子孫得揀擇其祖宗而尊之也，豈事親之道哉？秦少游以韋元成爲腐儒，惡其建毁廟之議。其説曰：「君子將營宫室，宗廟爲先，廄庫爲次〔二〕，居室爲後。夫營之先親而後身，則毁之先身而後親可知矣。」漢之離宫别館長楊、五柞，已大侈靡，未聞其毁，乃取韋元成毁廟之説亟行之，此元帝寢疾所以夢祖譴責也。其後又復，豈終可改乎？曰：審宗廟也，則不容以所未嘗毁者而毁之矣。先王之禮：天子祭天地，諸侯祭社稷。父爲士，子爲大夫，葬以士，祭以大夫；父爲大夫，子爲士，葬以大夫，祭以士。支子不祭，有事則祭於宗廟之家，明非繼體也。如是，則祭與不祭，皆不可苟矣。漢之廟在郡國，蓋以千數，歲時皆諸侯王主祭，豈古禮哉？使漢祖宗有靈，當不享矣。立無度之廟，致不享之祭，以此事神，尚不欲毀耶？以夢寐而復，既未知鬼神之情狀，引之爲證，其説陋矣。且誠如所論，先王當行之矣，先王豈不敬神哉？

校記

〔一〕「若以爲有功德然後祭」，四庫本「然後」作「而後」。

〔二〕「厩庫」，四庫本「厩」作「廐」。「厩」、「廐」異體字。

七十九

耳、餘之交，相責之深，相知之淺耳，故不終。

八十

知合内外之道，則顔子、禹、稷之所同可見。蓋自誠意、正心推之，至於可以平天下，此内外之道所以合也。故觀其意誠心正，則知天下由是而平；觀其天下平，則知非意誠心正不能也。兹乃禹、稷、顔回之所以同也。

八十一

問：「『師也辟』，何以見？」曰：「語云：『堂堂乎張也，難與竝爲仁矣。』蓋幾於辟。然此其初也。學於孔門者，皆終有進焉。若子張，後來論交曰：『我之大賢歟〔一〕，於人何所不容？』此豈介僻之流？」

校記

〔一〕「歟」，論語子張原作「與」。

八十二

孟子曰：「人之有四端，猶其有四體也。」夫四體與生俱生，身體不備，謂之不成人，闕一不可，亦無先後之次。老子言：「失道而後德，失德而後仁，失仁而後義，失義而後禮，禮者忠信之薄。」是特見後世爲禮者之弊耳。先王之禮，本諸人心，所以節文仁義是也，顧所用如何，豈有先後？雖然，老子之薄而末之者，其意欲民還淳反樸，以救一時之弊而已。夫果能使民還淳反樸，不亦善乎？然天下豈有此理？夫禮，文其質而已，非能有所增益也。故禮行而君臣父子之道得。使一日去禮，則天下亂矣。若去禮，是去君臣父子之道也，而可乎？唯不可去，此四端所以猶人之有四體也。

八十三

今學者將仁小却，故不知求仁。孔子曰：「若聖與仁，則吾豈敢？」孔子尚不敢當，且罕言之，則仁之道，不亦大乎？然則所謂「合而言之道也」，何也？曰：由仁義則行仁義，所謂合也。

八十四

洪範傳曰〔一〕：「道萬物而無所由，命萬物而無所聽。」唯天下至神爲能與於此，此爲不知道與命也。孔子之言道曰：「誰能出不由户？何莫由斯道也？」其言命曰：「道將行也歟，命也；道之將廢也歟，命也。」夫道非能使人由之，命非能使人聽之，人自不能違耳。聖人雖至神，以謂體道而至於命則可也。若曰「無所由，無所聽」，將焉之乎？且聖人未嘗不欲道之興，以無可奈何，故委之於命。如使孔子必可以爲周公之事，其不爲之乎？可爲而不爲，則是欲道之廢矣，豈孔子之心哉？故曰「道萬物而無所由，命萬物而無所聽」者，不知道與命之言也。

校記

〔一〕「洪範傳曰」，萬曆本合八十三「今學者將仁小却」爲一篇，四庫本「洪範傳曰」另起一行，爲另一篇。今從之。

八十五

「洪範傳論水、火、金、木、土自然之數，配諸人之一身，皆有先後之序。此有序乎？」「夫五行在天地之間，有則俱有，故曰闕一不可。今曰有水然後有火，有火然後有木，有木然後有金，有金然後有土，雖常人皆知其不然矣。然則謂精、神、魂、魄、意爲有序，失之矣。」

八十六

或問：「臺諫官如何作？」曰：「剥之彖曰〔一〕：『不利有攸往，小人長也。順而止之，觀象也。君子尚消息盈虚，天行也。』夫君子之於小人，方其進也，不可以驟去。觀剥之象，斯可見矣。剥，坤下而艮上。坤順也，艮止也，此天理之不可易者也。順而止之，其漸而非暴之謂乎？陰陽之氣，消息盈虚，必以其漸。君子所尚，蓋在於此。」

校記

〔一〕「剥之彖曰」，萬曆本「彖」作「象」，誤。四部叢刊續編本楊龜山先生語録校勘記云：「宋本『曰剥之彖』，時本『彖』作『象』。」今據改。

八十七

君子之治心養氣，接物應事，唯直而已，直則無所事矣。康子饋藥，孔子既拜而受之矣，乃曰：「丘未達，不敢嘗。」此疑於拂人情。然聖人慎疾，豈敢嘗未達之藥？既不敢嘗，則直言之，何用委曲？微生高乞鄰醯以與人，是在今之君子蓋常事耳，顧亦何害？然孔子不以爲直，以所以辭康子之言觀之，信乎其不直也。維摩經云：「直心是道場。」儒、佛至此，實無二理。

學者必欲進德，則行己不可不直。蓋孔子之門人皆於其師無隱情者，知直故也，如宰我短喪之問之類。

八十八

范濟美問〔一〕：「讀論語，以何爲要？」曰：「要在知仁。孔子説仁處最宜玩味。」曰：「孔子説處甚多，尤的當是何語？」曰：「皆的當。但其門人所至有不同，故其答之亦異。只如言『剛毅木訥近仁』，自此而求之，仁之道亦自可知。」

蓋嘗謂曾子在孔門，當時以爲魯。魯者學道，尤宜難於它人。然子思之中庸，聖學所賴以傳者也，考其淵源，乃自曾子。則傳孔子之道者，曾子而已矣，豈非魯得之乎？由此觀之，聰明辨智，未必不害道，而剛毅木訥，信乎於仁爲近矣。

校記

〔一〕「濟美」，范舜舉字，宋建州建陽人。請參看本書卷三十七范君墓碣。按，宋元學案卷二十五龜山學案檢討范先生濟美云：「范濟美，佚其名，建陽人。」此可證濟美之本名未佚。

八十九

吕吉甫解孝經義首章云：「是曾子力所不能問，故孔子以其未曉而盡告之〔一〕。」曰：

「豈有人未之曉而可以盡告之乎？觀孔子門人問「爲邦」者，惟顔子一人，其它敢爲國者尚少。今孝經所論，上自天子，下至庶人，無不及者。若其力有未至而盡告之，在孔子爲失言，於曾子爲無益，豈聖賢教與學之道哉？孔子云『參也魯』，蓋其初時；而後語之以『一以貫之』，曾子於此默喻，則其所得深矣，猶以爲魯，是學於孔門者獨無所進乎？觀論語所載曾子將死之言，孟子推明不事有若之意，又詳考子思、孟子傳道之所自，是特以魯終其身者耶？學有所患，在守陳編而不能斷以獨見之明，此其於古人是非所以多失之也。」

校　記

〔一〕「未曉」，正誼堂本、四庫本同。四部叢刊續編本楊龜山先生語録校勘記云：「宋本『故孔子以其□而盡告之』，時本空格作『未曉』。」

理學叢書

楊時集

二

〔宋〕楊時 撰
林海權 校理

中華書局

校記

〔一〕「李似祖、曹令德」，宋元學案卷二十五龜山學案李先生似祖曹先生令德合傳：「李似祖、曹令德，皆龜山弟子。祖望謹案：『李似祖當是光祖之弟。光祖兄弟皆從龜山遊。』」（中華書局 1986 年版，第 973 頁）又機宜李西山先生郁：「李郁，字光祖，邵武人，元祐黨人深之子，龜山之婿也。……紹興初，以遺逸召對，除敕令所删定官。秦檜用事，遂遁跡西山。著有易傳、參同契、論孟遺稿及詩文稿。」（見同上，第 972 頁）此京師所聞三十五條爲李郁所録。

二

問：「論語言仁處何語最爲親切？」曰：「皆仁之方也。若正所謂仁，則未之嘗言也，故曰『子罕言利與命與仁。』要道得親切，唯孟子言『仁，人心也』，最爲親切。」

三

豐尚書稷嘗言：「少時見雪竇，教人惜福云：『人無壽夭，禄盡則死。昔元厚之死而復生，於陰府見主吏，謂之曰：『君禄未盡，它時官至兩府。然須惜福，乃可延年。』厚之一生，雖一栖飯亦必先減而後食，其餘奉養皆不敢過〔一〕。故身爲執政，壽逾七十。雪竇之言，於是可驗。今日貴人相高以侈，視其費用，皆是無益，畢竟何補？」公聞之，曰：「此猶以利言也。若以義言之，則簞食萬鍾，顧吾所得爲者如何耳。」

校記

〔一〕「奉養」，萬曆本原作「其養」。今據四庫本、四部叢刊續編本改。

四

吴審律儀勸解易。曰：「易難解。」曰：「及今可以致力，若後力衰却難。」曰：「某嘗觀聖人言易，便覺措辭不得。只如乾、坤兩卦，聖人嘗釋其義於後，是則解易之法也。乾之初九：『潛龍勿用。』釋云：『陽在下也。』又曰『龍德而隱者也』，又曰『下也』，又曰『陽氣潛藏』，又曰『隱而未見，行而未成』。此一爻耳，反覆推明，至五變其説然後已。今之釋者，其於他卦能如是推明乎？若不能爾，則一爻之義只可用之一事。易三百八十四爻，爻指一事，則是其用止於三百八十四事而已。如易所該，其果極於此乎？若三百八十四事不足以盡之，則一爻之用，不止於一事亦明矣。觀聖人於繫辭發明卦義，尚多其説，果如今之解易者乎？故某嘗謂説易須髣髴聖人之意，然後可以下筆，此其所以未敢苟也。」

五

問：「邵堯夫云：『誰信畫前元有易，自從删後更無詩。』畫前有易，何以見？」曰：「畫前有易，其理甚微。然即用孔子之已發明者言之，未有畫前蓋可見也。如云神農氏之耒耜，蓋取諸益；日中爲市，蓋取諸噬嗑；黄帝、堯、舜之舟楫，蓋取諸渙；服牛乘馬，蓋取諸隨。益、噬嗑、渙、隨，重卦也。當神農、黄帝、堯、舜之時，重卦未畫此理真。聖人有以見天下之賾，故通變以宜民，而易之道得矣。然則非畫前元有易乎？」

六

問：「墻有茨之詩，若以爲勸戒，似不必存。」曰：「著此者欲知此惡不可爲耳。所以不可爲，以行無隱而不彰，雖幽闇深僻之中，人亦可以知其詳也。人之爲惡，多以人莫之知而密爲之，然終不能掩。密爲之者，其初心也，至於不能掩，蓋已無如之何耳，豈其所欲哉？此君子所以戒慎乎其所不睹，恐懼乎其所不聞也〔一〕。」

校記

〔一〕「懼」，萬曆本原作「愳」。「懼」、「愳」異體字。今據四庫本改用通行的「懼」字。

七

自非狙詐之徒，皆知義足以勝利，然不爲利疚而遷者幾希。如管仲亦知義，故其所爲多假義而行。自王者之迹熄，天下以詐力相高，故常溺於利而不知反。由孔子而後，爲天下國家不以利言者，唯孟子一人守得定。

八

「九月丁卯，子同生。」曰「子同」者，正名其爲桓公之子也。猗嗟之詩序曰：「人以爲齊侯之子。」其詩曰：「展我甥兮。」則明莊公非齊侯之子矣。以經考之，莊公之生，桓公之六年也，至十八年始書「夫人姜氏遂如齊」。而左傳因載申繻之諫與桓公適齊之事，則前此文姜蓋未嘗如齊也。未嘗如齊，而人以莊公爲齊侯之子，春秋安得而不辨乎？此春秋所以爲別嫌明微也。

九

閔二年書「鄭棄其師」，觀清人之詩序可見矣。文公惡高克，使之將兵禦狄，久而不召，遂使衆散而歸，豈非棄其師乎？蓋惡其人而使之將兵以外之。兵何罪，故止罪鄭。

十

「齊桓公攘戎狄而封衛，未嘗請命於天子而專封之也。故春秋書『城楚丘』而不言其封衛，蓋無取焉。然則木瓜美桓公，孔子何以取之？」曰：「木瓜之詩，衛人之詩也。衛爲狄所滅，桓公救而封之，其恩豈可忘也？欲厚報之，不亦宜乎？在衛人之義，不得不以爲美，其取之也，以衛人之義而已。若春秋褒貶，示天下之公，故無取。」

十一

鄭季常作太學博士，言：「養士之道，當先善其心。今殊失此意，未知所以善之之方。」曰：「由今之道，雖賢者爲教官，必不能善人心。」曰：「使荆公當此職，不知如何？」曰：「荆公爲相，其道蓋行乎當年。今日學法，荆公之法也，已不能善之矣。」季常良久曰：「如是如是。」

十二

與季常言：「學者當有所疑，乃能進德，然亦須著力深，方有疑。今之士讀書爲學，蓋自以爲無可疑者，故其學莫能相當。如孔子門人所疑，皆後世所謂不必疑者也。子貢問政，子曰：『足食足兵，民信之矣。』子貢疑所可去，答之以『去兵』。於食與信猶有疑焉，故能發孔子『民無信不立』之説。若今之人問政，使之足食與兵，何疑之有？樊遲問仁，子曰『愛人』，問智，子曰『知人』。是蓋甚明白，而遲又曰『未達』，故孔子以『舉直錯諸枉，能使枉者直』教之。由是而行之，於智之道，不其庶矣乎？然遲退而見子夏，猶申問『舉直錯諸枉』之義，於是又得舜舉皋陶、湯舉伊尹爲證，故仁智兼盡其説。子夏問『巧笑倩兮，美目盼兮〔一〕』，直推至於『曰禮後乎』然後已。如使今之學者方得其初問之答，便不復疑矣。蓋嘗謂古人以爲疑者，今人不知疑也，學何以進？」季常曰：「某平生爲學，亦常自謂無疑，今觀所言，方知古之學者善學。」

校記

〔一〕「美目盼兮」，繩祖本「盼」作「眄」，誤。按，「盼」，眼睛白黑分明。

十三

問：「中庸只論誠，而論語曾不一及誠，何也？」曰：「論語之教人，凡言恭敬忠信，所以求仁而進德之事，莫非誠也。論語示人以其入之之方，中庸言其至也。蓋中庸，子思傳道之書，不正言其至，則道不明。孔子所罕言，孟子常言之，亦猶是矣。」

十四

易曰：「君子敬以直内，義以方外。」夫盡其誠心而無僞焉，所謂直也。若施之於事，則厚薄隆殺，一定而不可易，爲有方矣。「敬」與「義」本無二。所主者敬，而義則自此出焉，故有内外之辨。其實，義亦敬也。故孟子之言義，曰「行吾敬」而已。

十五

問：「孔子許子路升堂，其品第甚高，何以見？」曰：「觀其死猶不忘結纓，非其所養素定，何能爾耶？苟非其人，則遑遽急迫之際，方寸亂矣。」

十六

問：「宰我於三年之喪猶有疑問，何也？」曰：「此其所以爲宰我也。凡學於孔子者，皆欲窮究到無疑處方已。三年之喪，在它人於此不敢發之。宰我疑以朞斷，故必求質於聖人，雖被深責所不辭也。」

十七

四科之目，不盡孔門弟子之賢，非可指爲定論。

十八

揚雄作太玄〔一〕，準易，此最爲誑後學。後之人徒見其言艱深〔二〕，其數汗漫，遂謂雄真有得於易，故不敢輕議，其實雄未嘗知易。

校記

〔一〕「太玄」，四部叢刊續編本、光緒本作「太元」。避清聖祖玄燁名諱改。

〔二〕「艱深」，萬曆本「艱」原作「囏」。「囏」、「艱」異體字。今據四庫本改用通行的「艱」字。

十九

問：「『必有事焉而勿正，心勿忘，勿助長。』既不可忘，又不可助長，當如何著力？」

曰：「孟子固曰：『至大至剛，以直養而無害。』則雖未嘗忘，亦不助長。」

二十

「温、良、恭、儉、讓」，此五者，非足以盡孔子。然必聞其政者，以此耳。

二十一

「毋意」云者，謂無私意耳。若誠意，則不可無也。

二十二

所謂「時習」者，如嬰兒之習書，點畫固求其似也。若習之而不似，亦何用習？學者學聖人，亦當如此。大概必踐履聖人之事，方名爲學習。又不可不察。習而不察，與不習同。若今之學者，固未嘗習，而况於察？

二十三

問：「何謂『屢空』？」曰：「此顔子所以殆庶幾也。學至於聖人，則一物不留於胸次，乃其常也。回未至此，屢空而已。謂之屢空，則有時乎不空。」

二十四

「億則屢中」，非至誠前知也，故不足取。

二十五

問：「『操則存』，如何？」曰：「古之學者，視聽言動無非禮，所以操心也。至於無故不徹琴瑟，行則聞佩玉，登車則聞和鸞，蓋皆欲收其放心，不使惰慢邪僻之氣得而入焉。故曰『不有博弈者乎〔一〕？爲之猶賢乎已』。夫博弈，非君子所爲。而云爾者，以是可以收其放心爾。

「説經義至不可踐履處，便非經義。若聖人之言，豈有人做不得處？學者所以不免求之釋、老，爲其有高明處。如六經中自有妙理〔二〕，却不深思，只於平易中認了，曾不知聖人將妙理只於尋常事說了。」

校記

〔一〕「博弈」，萬曆本作「博奕」，誤。今據四庫本改。下「弈」字同。

〔二〕「妙理」，萬曆本「妙」原作「玅」。「玅」、「妙」異體字。今據四庫本改用通行的「妙」字。下「妙」字同。

二十六

曾子曰：「士不可以不弘毅。」人須能弘，然後有容。因言陳述古先生云：「丈夫當容人，勿爲人所容。」

二十七

「旁招俊乂，列於庶位」，宰相之任也。今宰相欲擢任一人，必令登對，然後取旨用之。

夫人之賢不肖，一見之頃，安能盡知？此蓋起於後世宰相不堪委任之過。

二十八

荆公云：「利者陰也，陰當隱伏；義者陽也，陽當宣著。」此説源流發於董仲舒。然此正王氏心術之蔽。觀其所爲，雖名爲義，其實爲利。

二十九

春秋正是聖人處置事處，它經言其理〔一〕，此明其用。理既明，則其用不難知也。

校記

〔一〕「它經言其理」，四部叢刊續編本楊龜山先生語録校勘記云：「宋本『他經言其理』，時本『他』作『宜』。」四庫本、四部叢刊續編本同宋本。

三十

聖人作處，本分之外不加毫末。故以孔子之聖，孟子止言其「不爲已甚」而已。

三十一

或問「操心」。曰：「書云『以禮制心』，所謂操也。如顔子『克己復禮』，最學者之要。若學至聖人，則不必操而常存。揚雄言：『能常操而存者，其唯聖人乎？』此爲不知聖人。」論及莊周言天人處，曰：「絡馬首，穿牛鼻，是謂人。」曰：「是亦天也〔一〕。若絡牛首穿馬鼻，則不可謂之天。」

論西銘，曰：「河南先生言『理一而分殊』，知其『理一』，所以爲仁；知其『分殊』，所以爲義。所謂『分殊』，猶孟子言『親親而仁民，仁民而愛物』。其分不同，故所施不能無差等。」或曰：「如是，則體用果離而爲二矣。」曰：「用未嘗離體也。且以一身觀之，四體百骸皆具，所謂體也。至其用處，則履不可加之於首〔二〕，冠不可納之於足，則即體而言，分在其中矣。」

校記

〔一〕「是亦天也」，四庫本作「是夫天也」。按莊子秋水原作「是謂天也」。

〔二〕「履」，四庫本作「屨」。

三十二

「吾從周」，非從其文也，從其損益之義而已。

三十三

易言「利見」、「利用」，終不言所以利，故孔子罕言利。或謂死與鬼神，子路所不得而問。蓋不曉一致之理，故錯認聖人之言。

三十四

宰我問三年之喪，非不知其爲薄也，只爲有疑，故不敢隱於孔子。只此無隱，便是聖人作處。

三十五

問：「伯夷聖人，猶有隘，何也？」曰：「此自氣禀不同耳。若觀其百世之下，聞其風者，頑夫廉，懦夫有立志〔一〕，此是甚力量！」

校記

〔一〕「懦夫」，萬曆本原作「偄夫」。繩祖本、正誼堂本、四庫本作「懦夫」，與孟子盡心下原文同。今據改。

餘杭所聞一 徽宗大觀元年丁亥（1007）三月，二十二條〔一〕

一

周公東征，邦君御事，皆以爲不可。周公徒得十夫之助，決意征之。禹征有苗，會群后，誓之。既已出師，朝廷上下宜無不以爲當者。而益以一言贊之，禹遂振旅而還，而苗亦隨格，豈周公之德不逮禹乎？蓋舜之時，在廷莫非君子，而天下已大治矣，其敢逆命者，獨有苗而已。縱而不治，未足爲害。如必欲誅之，則太平之民自受其病矣。故與其勤師遠伐，不若修德以待其來之爲愈也。若夫三監之叛，其變起王室，非可以夷狄待之也。況又成王幼沖，莅政之初，君子之道不勝，小人不誅而縱之，其禍將不勝救矣。當是之時，雖無十夫之助，周公亦不可已，此所以必征之也。易曰：「莧陸夬夬，中行無咎。」其舜之事乎？如往年靖州之師，其出固有名。若以舜之事言之，其孰爲得？自靖爲郡，荆湖至今被其害。

校記

〔一〕此部分亦爲李郁所録。

二

問：「『帝乃誕敷文德』。則自班師之後，然後敷之也。敷文德之事何以見？」曰：「舞干羽是也。古之時，文武一道。故干戈，兵器也，用之於戰陣則爲武，用之於舞蹈則爲文。曰『敷文德』云者，已不爲武備矣。」

三

「『人之生也直』，是以君子無所往而不用直。直則心得其正矣。以乞醯證父爲直，不得其正者也。古之於幼子，常示毋誑〔一〕，所以養其直也。其養之也有素如此。以怨報怨，以德報怨，皆非直也。所謂直者，公天下之好惡而不爲私焉耳〔二〕。」

曰：「如是，則以德報德，何以辨之？」曰：「所謂德，非姑息之謂也，亦盡其道而不爲私焉耳〔三〕。若姑息，則不能無私矣。」

曰：「人有德於我，不幸而適遇所當施之者，非吾意之所欲，能不少有委曲，如庾公之斯之於子濯孺子，不亦可乎？」曰：「然。」

校記

〔一〕「毋誑」，萬曆本「毋」作「母」，誤。今據四庫本改。

〔二〕「好惡」，萬曆本「好」原作「玫」。康熙字典：「玫，古文好字。」四庫本作「好」。今據改。四部叢刊續編本「好惡」作「巨惡」，誤。

〔三〕「而不爲私」，令聞本、四庫本、四部叢刊續編本同。繩祖本「私」作「利」。四部叢刊續編本楊龜山先生語録校勘記云：「宋本『而不爲私焉耳』，時本『私』作『利』。」

四

問：「舜之時，在廷之臣多矣。至傳禹以天下，而禹獨推皋陶，何也？」曰：「舜徒得此兩人而天下已治故也。禹總百揆，而皋陶施刑，内外之治舉矣。古者兵刑之官合爲一，觀舜之命皋陶，蠻夷猾夏，是其責也。則皋陶之職，所施於外者爲詳。故皋陶雖不可以無禹，而禹亦不可以無皋陶〔一〕。是以當舜之欲傳位，禹獨推之，餘人不與焉。孟子曰：『舜以不得禹、皋陶爲己憂。』而子夏亦言：『舜有天下，選於衆，舉皋陶，不仁者遠矣。』蓋有見乎此。」

校記

〔一〕「而禹亦不可以無皋陶」，萬曆本無「而」、「亦」兩字。今據四部叢刊續編本楊龜山先生語録校勘記補。

五

忠信乃爲進德之基本。無忠信，則如在虛空中行，德何以進？

六

問：「孔子於舊館人之喪，遇於一哀而出涕，遂説驂以賻之〔一〕，曰：『吾惡夫涕之無從也〔二〕！』而顏淵死，子哭之慟。顏路請子之車以爲之椁而不與，何也？」曰：「遇於一哀而出涕者，不期然而然也。然哀有餘也，故必有以文之。此説驂之禮所由起乎？顏淵死，子曰：『天喪予！天喪予！』則其存亡與之爲一矣。故其哭之也，不自知其慟也。其於此奚以文爲？文非所以施於顏淵，則車之與不與也，唯義所在而已。」

校記

〔一〕「説驂」，萬曆本原作「脱驂」。四庫本作「説驂」，與禮記檀弓上原文合。萬曆本下文亦作「説驂」。今據改。按，王力古漢語字典云：「説」通「脱」。解脱，脱下。易蒙：「利用刑人，用説桎梏。」

〔二〕「吾惡夫涕之無從也」，禮記檀弓上原文「吾」作「予」。

七

「獲乎上有道，不信乎朋友，弗獲乎上矣。信乎朋友有道，不順乎親，弗信乎朋友矣。順乎親有道，反身不誠，不説於親矣。」〔一〕

今之君子欲行道以成天下之務，反不知誠其身。豈知一不誠，它日舟中之人盡爲敵國乎？故曰不誠，未有能動者也。夫以事上則上疑，以交朋友則朋友疑，至於無往而不爲人所疑，道何可行哉？蓋忘機，則非其類可親；機心一萌，鷗鳥舞而不下矣〔二〕，則其所能所爲可謂高矣〔三〕。

校記

〔一〕此段引自禮記中庸，文字略有出入：「弗獲」原文作「不獲」，「反身」原文作「反諸身」，「不説於」

原文作「不順乎」。

〔二〕「鷗鳥舞而不下矣」，繩祖本作「驅鳥獸而不下矣」，誤。

〔三〕「則其所能所爲可謂高矣」，萬曆本無此一語。四部叢刊續編本楊龜山先生語録校勘記云：「宋本『鷗鳥舞而不下矣，則其所能所爲可謂高矣』，時本作『驅鳥獸而不下矣』，『所爲』作『者亦』。」今據補。

八

大學一篇，聖學之門户。其取道至徑，故二程多令初學者讀之。蓋大學自正心誠意至治國平天下只一理，此中庸所謂「合内外之道也」。若内外之道不合，則所守與所行自判而爲二矣。孔子曰：「子帥以正，孰敢不正？」子思曰：「君子篤恭而天下平。」孟子曰：「其身正而天下歸之。」皆明此也。

九

伊尹所以事君，更無回互，唯知忠而已，所以能爲放太甲之事。然如此而天下不疑者，誠意素著故也。

因問：「孟子云：『有伊尹之志則可。』後世之爲人臣者不幸而適遇此事而有伊尹之志，不知行得否？若行不得，是伊尹之事不可法於後也。」曰：「若有伊尹之志，其素行足信，何爲不可？但觀蜀先主當時以其子屬諸葛孔明曰：『嗣子可輔，輔之；如不可輔，君自取之。』備死，孔明操一國之權。當時軍國大務，人材進退，唯孔明是聽，而蜀之人亦莫之疑也。蓋孔明自非篡弒之人，其素行足信也。若如司馬懿，其誰信之？伊尹之事，自後世觀之以爲異，其實亦所謂中道。」

十

問：「成湯放桀，惟有慚德，何也？」曰：「横渠嘗言，湯、武之功，聖人之不幸也。若論君臣之義，則爲臣而事其君，當使其君如堯、舜乃是；既不能使其君如堯、舜，至其君得罪於天下而放之，豈其所欲哉？成湯之事以言，順乎天而應乎人，何慚之有？然自人情觀之，既以堯、舜之禪爲盡善，則征誅而有天下，安能無愧乎？」

十一

問："文姜與齊侯淫，詩人以不能防閑其母刺莊公〔一〕。莊公固當深罪乎？"曰："固可罪也。觀載驅之詩，言『魯道有蕩』，則魯之君臣蕩然無以禁止之也。夫君夫人之出入，其威儀物數甚備，其曰『齊子發夕〔二〕』，又何其易乎？禮：婦人幼從父兄，嫁從夫，夫死從子。既曰『從子』，子乃不能防閑之，恣其淫亂，於誰責而可乎？許穆夫人思歸唁其兄，而義不得，其賦載馳之詩曰：『大夫君子，無我有尤。』是雖欲歸，不可得也。"

曰："凱風何以美孝子？"曰："『不能安其室』，是求嫁也。嫁猶以正，非如姜氏之淫於齊也。又此詩之所取，特美其負罪引慝而已。若叔于田之詩，序所謂『不勝其母，以害其弟』，其刺之蓋，與猗嗟之刺莊公同意。"

校記

〔一〕"刺"，萬曆本原作"剌"，誤。今據四庫本改。

〔二〕"齊子發夕"，萬曆本"發夕"原作"夕發"，誤。詩經齊風載驅原文作"發夕"。今據改。

十二

或曰：「吕吉甫云：管仲，今人未可輕議之。如列子所載，仲論隰朋之爲人，上忘而下不叛，愧不若黄帝而哀不己若者。又如論語稱管仲『奪伯氏駢邑三百，飲疏食，没齒無怨言』，則其所能者，亦可謂高矣。如仲者，但不如孔子耳，何可輕議！」曰：「此未見『仲小器』之實也。若管仲只不如孔子，曾西何以不爲？」

十三

「艮止也」，止其所也。故繫辭曰：「止萬物者，莫善乎艮。」又曰：「成言乎艮。」艮者，萬物之所成終，而所成始也。止於此矣，復出乎震，不終止也。故艮卦曰：「時止則止，時行則行。」

十四

「觀盥而不薦，有孚顒若。」誠意所寓故也。古人修身齊家治國平天下，本於誠吾意而已。詩、書所言，莫非明此者。但人自信不及，故無其效。聖人知其效必本於此，是以必由也。

或曰：「正心於此，安得天下便平治？」曰：「正心一事，自是人未嘗深知之，若深知而體之，自有其效。觀後世治天下，皆未嘗識此。然此亦惟聖人力做得徹，蓋心有所忿懥恐懼好樂憂患，一毫少差，即不得其正。自非聖人，必須有不正處。然有意乎此者，隨其淺深，必有見效，但不如聖人之效著矣。觀王氏之學，蓋未造乎此，其治天下，專講求法度。如彼修身之潔，宜足以化民矣，然卒不逮王文正、吕晦叔、司馬君實諸人者〔一〕，以其所爲無誠意故也。明道常曰：『有關雎、麟趾之意，然後可以行周官之法度。』蓋深達乎此。」因問〔二〕：「顔子『克己』，欲正心耶？」曰：「然。」

校記

〔一〕「不逮」，萬曆本原作「未逮」，四部叢刊續編本楊龜山先生語録校勘記云：「宋本『然卒不逮王文正』，時本『不』作『未』。」今據改。

〔二〕「因問」，萬曆本「因」原作「囚」，誤。今據四庫本改。

十五

或問：「經綸天下，須有方法，亦須才氣運轉得行。」曰：「天保以上治内，采薇以下治外，先王經綸之迹也，其效博矣。然觀其作處，豈嘗費力？本之誠意而已。今鹿鳴、四牡諸詩皆在，先王所歌以燕群臣、勞使臣者也。若徒取而歌之，其有效乎？然則先王之用心，蓋有在矣。如書堯典序言『克明俊德』〔一〕，以至『親睦九族，平章百姓，協和萬邦』，法度蓋未及也，而其效已臻。『黎民於變時雍』〔二〕，然後『乃命羲、和，欽若昊天』之事。然則法度雖不可廢，豈所宜先？」

校記

〔一〕「俊德」，繩祖本「俊」作「峻」，誤。

〔二〕「時雍」，萬曆本「雍」原作「雝」。「雝」、「雍」異體字。繩祖本、四庫本作「雍」，與尚書堯典文合。今據改。

談耳。

十六

未見易而玩易之文以言易〔一〕，若説得深，即不是聖人作用處；若説得淺，常人之

校記

〔一〕「未見易」，令聞本、繩祖本同。四部叢刊續編本作「未易見」。四部叢刊續編本楊龜山先生語録校勘記云：「宋本『未易見而玩易之文』，時本作『未見易』。」今從時本。

十七

因言秦、漢以下事，曰：「亦須是一一識別得過。欲識別得過，須用著意六經。六經不可容易看了。今人多言要作事須看史。史固不可不看，然六經先王之迹在焉，是亦足用矣。必待觀史，未有史書以前，人何以爲據？蓋孔子不存史而作春秋，春秋所以正史之失得也〔一〕。今人自是不留意六經，故就史求道理，是以學愈博，而道愈遠。若經術明，自

無工夫及之；使有工夫及之，則取次提起一事，便須斷遣，處置得行，何患不能識別？」

校記

〔一〕「失得」，正誼堂本作「得失」。

十八

「盥而不薦」，初未嘗致物也。威儀度數，亦皆未舉，而已「有孚顒若」。其所以交於神明者，蓋有在矣。又云：「禮莫重於祭，祭莫重於灌。蓋求鬼神於幽陰之時，未致其文。於此而能致誠以格鬼神，則自灌而往，其威儀度數足觀矣。若不究其實而徒以繁文從事〔一〕，何足觀乎？故孔子嘗曰：「禘自既灌而往者，吾不欲觀之矣。」蓋嘆時也。易曰：「東鄰殺牛，不如西鄰之禴祭。」又曰：「二簋可用享〔二〕。」其不貴物而貴誠如此。又云：古人所以交神而接人，其道一主於誠，初無二也。故曰：「明則有禮樂，幽則有鬼神。」幽明本一理，故所以感之者，亦以一理。「聖人以神道設教而天下服。」所謂神道，誠意而已。誠意，天德也。

校記

〔一〕「若不究其實而徒以繁文從事」，四部叢刊續編本楊龜山先生語録校勘記云：「宋本『若不既其實而徒以繁文從事』，時本『既』作『究』、『繁』作『虚』。」按，繩祖本「繁」作「虚」。

〔二〕「用享」，萬曆本「享」原作「亯」。「亯」，「享」的古字。今據繩祖本、四庫本改用通行的「享」。

十九

又云：無誠意以用禮，則所爲繁文末節者〔一〕，僞而已。故老子絶滅禮學，而曰「忠信之薄，亂之首」也。

校記

〔一〕「繁文」，四部叢刊續編本楊龜山先生語録校勘記云：「所謂繁文末節者，時本『繁』作『虚』。」按，繩祖本「繁」作「虚」。

二十

「予欲觀古人之象。」「汝明」，非謂明其禮意也。衣服所以章有德。五服五章，或非其稱，不明孰甚焉？

二十一

棠棣之言，朋友不可相責望，蓋君子恕以處朋友也。若爲人朋友，所以自處則不可爾。周官以孝友睦婣任恤，考人之行。若不可責人，聖人何以制法？夫鄰里鄉黨，力足以相助相持，猶不敢不勉，而況於朋友乎？

二十二

問：「所解論語『犯而不校』處，云視天下無一物，非仁也，故雖犯而不校。此如四海皆兄弟之義看否？」曰：「然。仁者與物無對〔一〕，自不見其有犯我者，更與誰校？如孟子言『仁者無敵』，亦是此理。」

校記

〔一〕「無懟」，萬曆本作「無對」。四庫本作「無懟」。説文：「懟，怨也。」今據改。

楊時集卷十二

語録三

餘杭所聞二〔一〕五十三條

一

揚雄云：「多聞，守之以約；多見，守之以卓。」其言終有病，不如孟子言「博學而詳説之，將以反説約也」爲無病。蓋博學詳説，所以趨約；至於約，則其道得矣。謂之守以「約」、「卓」於多聞多見之中，將何守？見此理分明，然後知孟子之後其道不傳，知孟子所謂「天下可運於掌」爲不妄。

校記

〔一〕此卷羅從彦行實説是羅從彦所記，但豫章先生文集有按語，曰：「沙陽志：先生（按，指羅從彦）所輯，有楊文靖公語録一卷。今考之龜山語録，凡四卷，未知所録何卷。行實云：『第三卷先生所録。』然卷中所明，每稱『仲素』，疑書於他人之筆，或者但見此卷記先生所問爲多，遂以爲先生所録耳。又第四卷毗陵所聞注云：『辛卯（1111年）七月自沙縣來，至十月去。』蕭山所聞注云：『壬辰（1112年）五月又自沙縣來，至八月去。』或疑此卷先生所録。然先生受學龜山，在政和二年壬辰，則辛卯所聞亦非先生筆意者。陳默堂所録亦未可知。今既不知所録，姑存其概於此，似俟知者。」（四庫全書集部别集類）清毛念恃撰羅豫章先生年譜譜文前，收有前人所編的豫章羅先生事實，文曰：「及歸，於是盡心力以事龜山，摳衣侍席二十餘年，盡得不傳之秘，爲編龜山語録三卷。」此「三卷」與豫章先生文集中按語所説的「一卷」不合，但卻與毗陵所聞、蕭山所聞及本卷的餘杭所聞正好相符。由此可見，羅從彦初見楊時並非如黄譜所記的是徽宗政和二年壬辰（1112）楊時任蕭山知縣那年，而是更早。本卷餘杭所聞有數條「語仲素」、「仲素問」就是明證。請參看本書附録六歷代名人論楊時中宋史羅從彦傳條的校記中。關於羅從彦初見龜山的時間考證，知羅初見楊時當在徽宗大觀元年丁亥（1107）九月程頤卒之當年或前數年。

二

正心到寂然不動處方是極致。以此感而遂通天下之故，其於平天下也何有？

三

曾子開不以顔色語言假借人，其慎重爲得大臣之體。於今可以庶幾前輩風流者，惟此一人耳。

四

「齊戰，在聖人何以慎？」曰：「齊所以事神，戰所以用民命，固當慎也。」曰：「孔子云『我戰則克，祭則受福』，何也？」曰：「此非聖人之言。王者之兵，有征無戰。『必也臨事而懼，好謀而成』，又敢自謂其能克乎？夫祭之爲道，初不爲致福，故祭祀不祈。君子於其親，春秋祭祀，以時思之。其它所祭，報本反始而已，何求福之有？」又曰：「武王三分天下有其二，度德量力，皆足以勝受而無疑焉，而曰：『受克予，非朕文考有罪，惟予小子無良。』是不敢必其戰之勝也。而記稱孔子之言曰『我戰則克』，必不然矣。」

五

問：「或謂人主之權當自主持，是否？」曰：「不爲臣下奪其威柄〔一〕，此固是也。書稱湯曰：『用人惟己。』而孟子亦曰：『見賢焉，然後用之。』則人君之權，豈可爲人所分？然孟子之論用人、去人、殺人，雖不聽左右、諸大夫之毁譽，亦不聽國人之公是非。因國人之公是非，吾從而察之，必有見焉而後行，如此則權常在我矣。若初無所見，姑信己意爲之，亦必終爲人所惑，不能固執矣。」

校記

〔一〕「奪其」，萬曆本「奪」原作「敓」。「敓」、「奪」異體字。今從四庫本改用通行的「奪」。下同不注。

六

問：「或謂衛於王室爲近，懿公爲狄所滅，齊桓公攘戎狄而封之。當是時，夷狄横而中國微，桓公獨能如此，故孔子曰：『微管仲，吾其被髮左衽矣。』爲其功如此也。觀晉室之亂，胡羯猖獗於中原〔一〕。當是時，只爲無一管仲，故顛沛如此。然而管仲之功，後世信難及也。」

曰：「若以後世論之，其功不可謂不大；自王道觀之，則不可以爲大也。今人只爲見管仲有此，故莫敢輕議，不知孔、孟有爲，規模自别。見得孔、孟作處，則管仲自小。」

曰：「孔、孟如何？」曰：「必也以天保以上治内，以采薇以下治外，雖有夷狄，安得遽至中原乎？如小雅盡廢，則政事所以自治者俱亡，四夷安得而不交侵，中國安得而不微？方是時，縱能救之於已亂，雖使中國之人不至被髮左衽，蓋猶賢乎周衰之列國耳，何足道哉？如孟子所以敢輕鄙之者，蓋以非王道不行故也。」

曰：「然則孔子何爲深取之？」曰：「聖人之於人，雖有毫末之善必録之〔二〕，而况於管仲〔三〕？若使孔子得君如管仲，則管仲之事，蓋不暇爲矣。」

校記

〔一〕「胡羯」，四庫本改作「外夷」。

〔二〕「毫末」，萬曆本「末」原作「未」，誤。今據繩祖本、四庫本改。

〔三〕「管仲」，四庫本、四部叢刊續編本無「管」字。依本篇用詞，當以有「管」字爲是。今補。

七

或問：「謂今世直道難行，必有術焉。若事事要是自立不任道，如何行得？觀周勃、狄仁傑之在漢、唐，必須優柔浸灌，蒙耻忍垢〔一〕，俟時而後發，故功成事遂。如必危言極論，則速禍無補矣。」曰：「學者當以聖王爲師，如周勃何人而可取法？勃之不爲禄、産戮也，幸矣。觀其提北軍而入也，號於衆曰：『爲劉氏者左袒。』此最爲無謀。設使當時吕氏之黨先有以固結衆心，皆爲之右袒，何以處之？非唯皆右袒，只使左右袒者相半，亦不能決勝矣〔二〕，豈不危乎？」曰：「勃須知衆皆爲劉氏〔三〕，故爲此説。」曰：「既知其皆爲劉氏〔四〕，則此説尤爲贅語。爲勃之計，但當問義之所在，以義驅之可也。如當時平、勃兩人俛首以事吕后，其在平則或有謀，在勃驅之爲亂，亦固從之矣，此何可保？觀勃初無學術，亦無智略，庸謬人耳。方文帝諭之就國，畏帝以事誅之，至使人以兵甲左右爲衛。若果君命見誅，勃殆將以所自衛者叛乎？此尤可笑也。後之人多以成敗論人物，故如勃者得與忠賢之列，亦可謂幸矣。狄仁傑在武后時，能撥亂反正，謂之社稷臣可也。然亦何嘗挾數任術？觀史氏所載，其議論未嘗不以正。當時但以母子天性之説告武后，其濱於死者亦屢矣。卒至武后怒而言曰：『還汝太子！』夫豈嘗姑務柔從，以陰幸事之成乎？孟子曰：『君子創業垂統〔五〕，爲可繼也。若夫成功，則天也。』人臣之事君，或遠或近，或去或不去，歸潔其身而已可也，豈可枉己以求難必之功乎？」

又言西漢之士多尚權謀，戰國餘俗也。觀高祖時，只有一張子房乃君子人，其它少有可取者。

又言班固稱高祖謂王陵少戇，可以佐陳平，然安劉氏者必勃，此語蓋未驗也。陳平獨任事甚久，王陵一言而免，終不曾佐得陳平。平獨任，亦無變。

校記

〔一〕「忍垢」，萬曆本「垢」作「后」，因書版朽蠹而致誤。今據四庫本改。

〔二〕「泱勝」，繩祖本「泱」作「全」。

〔三〕「衆皆爲劉氏」，萬曆本原無「劉」字。今據四庫本補。

〔四〕「其皆爲劉氏」，萬曆本無「劉」字，繩祖本無「爲」字，皆誤。今據四庫本補「劉」字。

〔五〕「創業」，萬曆本「創」作「刱」。「刱」，「創」的本字。今據四庫本改作通行的「創」。

八

孟子言：「人不足與適也，政不足與間也。惟大人爲能格君心之非。」蓋人與政俱不足道，則須使人君心術開悟，然後天下事可循序整頓。然格君心之非，須要有大人之德。大人過人處，只是正己。正己，則上可以正君，下可以正人。

今之賢者多尚權智，不把正己爲先，縱得好時節，終是做不徹。或謂權智之人，亦可以救時。據某所見，正不欲得，如此人在人君左右，壞人君心術。

九

因言：「人君喻臺諫言事，若事當言，可以言否？」曰：「英宗朝，傅欽之奏劄子，上不從，因言臺諫有合理會事却不理會。欽之曰：『不知方今合理會者是何事？』上曰：『何不言蔡襄？』欽之云：『若襄有罪，陛下何不自朝廷竟正典刑責之？安用臣等言？』上曰：『欲使臺諫言其罪，以公議出之。』欽之云：『若付之公議，臣但見蔡襄辨山陵事有功，不見其罪。臣身爲諫官，使臣受旨言事，臣不敢。』」

十

因言特旨及御筆行遣事，曰：「仁宗時，或勸云：『陛下當收攬權柄，勿令人臣弄威福。』仁宗曰：『如何收攬權柄？』或曰：『凡事須當自中出，則福威歸陛下矣。』仁宗曰：『此固是。然措置天下事，正不欲自朕出。若自朕出，皆是則可；如有不是，難於更改。不如付之公議，令宰相行之。行之而天下以爲不便，則臺諫得言其失，於是改之爲易矣。』據仁宗識慮如此，天下安得不治？人君無心如天，仁宗是也。」

十一

曾子開端嚴可畏，有大臣之風。若其輩流，雖位崇望重，少不以言語禮貌牢籠人者，殊爲失體。

十二

章郇公在私第，子弟有夜扣門禀事者，公曰：「若是公事，明早來待漏院理會；若是私事，即於堂前夫人處禀覆。」在中書，一日坐處地陷，徐起，使人填之，不以爲怪。家人聞之，甚憂。及公還家，亦不言。至晚，公與弟虞部者對飲，虞部問公：「今日聞中書地陷，是否？」曰：「中書地何干汝事？」竟不言。前輩大抵有此氣象，卒乍摇撼不動。

十三

爲政要得厲威嚴，使事事齊整甚易，但失於不寬，便不是古人作處。孔子言：「居上不寬，吾何以觀之哉？」又曰：「寬則得衆。」若使寬非常道，聖人不只如此説了。今人只要事事如意，故覺見寬政悶人。不知權柄在手，不是使性氣處。何嘗見百姓不畏官人？但見官人多虐百姓耳。然寬亦須有制始得，若百事不管，唯務寬大，則胥吏舞文弄法，不成官府。須要權常在己，操縱予奪，總不由人，儘寬不妨。伯淳作縣〔一〕，常於坐右書「視民如傷」四字，云「某每日常有愧於此」。觀其用心，應是不錯決撻了人。

古人於民，若保赤子。爲其無知也，常以無知恕之，則雖有可怒之事，亦無所施其怒。無知則固不察利害所在，教之趣利避害，全在保者。今赤子若無人保，則雖有坑阱在前，蹈之而不知。故凡事疑有後害，而民所見未到者〔二〕，當與它做主始得。州縣近來勸誘富民買鹽，勸誘即須有買者。但異時令百姓買鹽，其初亦令勸誘，百姓名一入官以後〔三〕，便不可脱。爲民父母，豈可暫時罔之，使之終身受其害？

校記

〔一〕「伯淳」，正誼堂本「淳」作「湻」。「湻」、「淳」異體字。下同不注。

〔二〕「而民所見未到者」，萬曆本、繩祖本、四庫本「而」作「於」。四部叢刊續編本楊龜山先生語録校勘記云：「宋本『而民所見未到者』，時本『而』作『於』。」今據改。

〔三〕「名一入官」，繩祖本、正誼堂本「一」作「目」。四部叢刊續編本楊龜山先生語録校勘記云：「宋本『百姓名一入官』後，時本『一』作『目』。」

十四

孟子一部書，只是要正人心，教人存心養性，收其放心。至論仁、義、禮、智，則以惻隱、羞惡、辭讓、是非之心爲之端。論邪説之害，則曰「生於其心，害於其政」。論事君，則欲格君心之非，正君而國定。千變萬化，只説從心上來。人能正心，則事無足爲者矣。大學之修身、齊家、治國、平天下，其本只是正心誠意而已。心得其正，然後知性之善。孟子遇人，便道性善。永叔却言聖人之教人，性非所先。永叔論列是非利害，文字上儘去得，但於性分之内全無見處，更説不行。人性上不可添一物。堯、舜所以爲萬世法，亦只是「率性」而已。所謂「率性」，循天理是也。外邊用計用數，假饒立得功業，只是人欲之私，與聖賢作處，天地懸隔。

十五

問：「如管仲之才，使孔子得志，行乎天下，還用之否？」曰：「管仲高才，自不應廢，但紀綱法度，不出自它，儘有用處。」曰：「若不使它自爲，或不肯退聽時，如何？」曰：「如此則聖人廢之，不問其才。」因言王道本於誠意。觀管仲亦有是處，但其意別耳。如伐楚事，責之以包茅不貢，其言則是；若其意，豈爲楚不勤王然後加兵，但欲楚尊齊耳。尊齊而不尊周，管仲亦莫之詰也。若實尊周，專封之事，仲豈宜爲之？故孟子曰：「五霸假之也。」蓋言其不以誠爲之也。

今蘇州朱沖，施貧度僧，置安樂院，給病者醫藥，人賴以活甚衆。其置物業，則厚其直；及其收息，則視衆人所取而輕之。此皆是好事，只爲其意正在於規利而竊譽於人，故人終不以好人許之。仲尼之門，無道桓、文之事，而孟子直截不比數之，其意亦猶此也。

又言自孟子後，人不敢小管仲，只爲見它不破。近世儒者如荆公，雖知卑管仲，其實亦識它未盡，况於餘人？人若知王良羞與嬖奚比，而得禽獸雖若丘陵弗爲之意，則管仲自然不足道。又言管仲只爲行詐，故與王者别。若王者，純用公道而已。

又言「霸者之民，驩虞如也」，治民使之驩樂，有甚不得？但如所謂皞皞如也，則氣象便與霸者之世不同。蓋彼所以致人驩虞，必有違道干譽之事。若王者則如天，亦不教人喜，亦不教人怒。

十六

瑩中言乘舟事最好。然元祐舟不知爲甚椿得太重〔一〕。及紹聖時，不知却如何亦偏多載了。據此，兩舟所載者，因何物得重，今當減去何物則適平，若被人問到此，須有處置始得。如是本分處置得事之人，必須有規矩繩墨，一一調和得是，不令錯了〔二〕。若只説得總腦便休，亦不濟事。孟子言「天下可運於掌」，如彼所言，天下誠可運於掌也。

校記

〔一〕「然元祐舟不知爲甚椿得太重」，繩祖本「舟」作「再」，「椿」作「椿」，誤。萬曆本不誤。四部叢刊續編本楊龜山先生語録校勘記云：「宋本『然元佑舟不知爲甚椿得太重』，時本『舟』作『再』。」

〔二〕「不令」，四庫本同。繩祖本、光緒本「令」作「合」，誤。

十七

謂曾見志完云〔一〕上合下，便執得「繼述」兩字牢，更不可易。因言「繼述」兩字自好，但今用之非是。當時自合説與真個道理。且「好貨好色」，孟子猶不鄙其説而推明之，而況上有繼述之意，豈容無所開道，而使小人乘間謬爲邪説以進？則其末流激成今日之弊，不足怪矣。

夫繼述之説始於記所稱武王、周公。今且舉周公一二事明之：文王耕者九一，至周公則更而爲徹。文王關市譏而不征，至周公則征之。武王克商，乃反商政，政由舊。逮周公七年，制禮作樂。昔者文、武所由之政安在〔二〕？聖人作處，唯求一個「是」底道理。若果是，雖紂之政有所不革；果非，雖文、武之政有所不因。聖人何所容心，因時乘理，欲天下國家安利而已。且如神考，十九年間，艱難勤苦，制爲法度，蓋欲以救時弊、便百姓也。便百姓則其志，救時弊則其事，此獨不當繼述乎？今繼述足以救時弊、便百姓也，是亦神考而已。釋此不務，乃欲一二以循熙、豐之述，不然則爲不孝。此何理也？且如祖宗有天下百有餘年，海内安樂，其法度豈皆不善？神考一起而更之，神考亦謂之不孝可乎？自唐末至五代，禍亂極矣。太祖、太宗順人心，定天下，傳數世而無變，此豈常人做得？然而法度不免有弊者，時使之然爾。若謂時使之然，則神考之法，豈容獨能無弊？補偏救弊，乃是神考所以望乎後世也，何害於繼述，而顧以爲不孝乎？今之所患，但人自不敢以正論陳之於上，恐有滯礙妨嫌。若吾輩在朝廷，須是如此説始得。其聽不聽，則有去就之義焉。議論不知道理所在，徒有口辯〔三〕，即勝他識道理人不過。如戰國説士，遇孟子便無開口處。

校記

〔一〕「志完」，萬曆本作「志宣」，誤。四部叢刊續編本楊龜山先生語録校勘記云：「宋本『謂曾見志完云』，時本『完』作『宣』。」按，本書卷十九書四有與鄒至完。今據改。

〔二〕「文、武」，繩祖本作「文王」，誤。按，下文語意相承有「文、武之政」一語，亦可爲證。

〔三〕「口辯」，萬曆本「辯」作「辨」，誤。繩祖本「辯」作「辨」，亦誤。今據四庫本、四部叢刊續編本改。

十八

問：「或謂荆公晚年詩，多有譏誚神宗處，若下注脚，儘做得謗訕宗廟，它日亦拈得出。」曰：「君子作事，只是循一個道理不成。荆公之徒箋注人詩文，陷人以謗訕宗廟之罪，吾輩也便學它？」

「昔王文正在中書，寇萊公在密院。中書偶倒用了印，萊公須勾吏人行遣。它日，密院亦倒用了印，中書吏人呈覆，亦欲行遣。文正問吏人：『汝等且道密院當初行遣倒用印者〔一〕，是否？』曰：『不是。』文正曰：『既是不是，不可學它不是。』更不問。如今日所罪謗訕宗廟毁謗朝政者，自是不是。

「先王之時，惟恐不聞其過，故許人規諫。至於舜求言，乃立謗木，是真欲人之謗己也。書曰：『小人怨汝詈汝，則皇自敬德。』蓋聖人之於天下，常懼夫在己者有所未至，故雖小人怨詈，亦使人主自反。詩三百篇，經聖人删過，皆可以爲後王法。今其所言，譏刺時君者幾半，不知當時遭謗訕之罪者幾人。夫禁止謗訕，自出於後世無道之君，不是美事，何足爲法？若祖宗功德，自有天下後世公議在，豈容小民有所抑揚〔二〕？名之曰『幽』、『厲』，雖孝子慈孫，百世不能改。夫爲人子孫，豈不欲聖賢其祖考？但公議以惡名歸之，則雖欲改之，不能得也。其曰名之曰『幽』、『厲』，當時誰實名之？兹豈獨其子孫之不孝乎？如此在人主前開陳，乃是正理。

「今之君子，但見人言繼述，亦言繼述，見人罪謗訕，亦欲求人謗訕之迹罪之。如此只是相把持，正理安在？如元祐臣寮章疏論事，今乃以爲謗訕，此理尤非。使君子得志，須當理會令分明。今反謂他門亦嘗謗訕，不唯效尤，兼是使元祐賢人君子愈出脱不得，濟甚事？」

校記

〔一〕「倒用印者」，萬曆本「者」作「有」。今閩本、繩祖本同。四部叢刊續編本楊龜山先生語録校勘記云：「宋本『當初行遣倒用印者』，時本『者』作『有』。」今據改。

〔二〕「小民」，四部叢刊續編本楊龜山先生語録校勘記云：「宋本『豈容小己有所抑揚』，時本『己作民』」。疑宋本非是。

十九

言季常在京時，嘗問「正心」「誠意」如何便可以平天下。與之言：後世自是無人正心。若正得心，其效自然如此。此心一念之間，毫髮有差〔一〕，便是不正。要得常正，除非聖人始得。且如吾輩，還敢便道自己心得其正否？此須是於喜怒哀樂未發之際能體所謂「中」，於喜怒哀樂之後能得所謂「和」。致中和，則天地可位，萬物可育，其於平天下何有？因論孟子直以禹、稷比方顏子，只顏子在陋巷時如禹、稷事業，便可爲之無難。若正心誠意不足以平天下，則禹、稷功巍巍如此，如顏子者，如何做得。

校記

〔一〕「毫髮」，萬曆本「毫」原作「豪」。今據四部叢刊續編本改。下同不注。

二十

問：「伯夷、柳下惠如何見得能朝諸侯、一天下？」曰：「只看顏子在陋巷〔一〕，便做得禹、稷事業，則夷、惠之能朝諸侯、一天下可知。聖人之得邦家，綏之斯來，動之斯和，自是力量不同。如夷、惠之風，能使頑夫廉，懦夫有立志，鄙夫寬，薄夫敦，奮乎百世之上，百世之下聞者，莫不興起。則其未有爲之時，人固已心説而誠服之矣〔二〕，使得百里之地而君之，其效宜何如〔三〕！」

校記

〔一〕「只看」，萬曆本「看」原作「翰」。「看」、「翰」異體字。繩祖本、正誼堂本作「看」，今據改。下同不注。四庫本作「只說」。

〔二〕「心說」，四部叢刊續編本「說」作「悅」。

〔三〕「何如」，宋本作「如何」（見四部叢刊續編本楊龜山先生語録校勘記）。按，「如何」條下，四部叢刊續編本另出校勘記云：「宋本『毋意』一節，注『重見』，時本全删去。」知此處各本删去宋本「毋意」一節。

二十一

叔孫通作原廟，是不使人主改過，而教之耻過作非也，此爲萬世之害。今太廟却閑了〔一〕，只嚴奉景靈宫，是舍先王之禮，而從一謬妄之叔孫通也，豈不過乎？

校記

〔一〕「閑了」，萬曆本「閑」原作「間」，誤。今據四庫本改。繩祖本「閑」作「荒」。

二十二

因讀東坡和淵明形、影、神詩，其影答形云：「君如烟上火〔一〕，火盡君乃别。我如鏡中像，鏡壞我不滅。」曰：「影因形而有無，是生滅相。故佛嘗云：『一切有爲法，如夢幻泡影。』正言其非實有也，何謂不滅？」他日，亦嘗讀九成臺銘，云：「此説得之莊周。然而以江山吞吐、草木俯仰、衆竅呼吸、鳥獸號鳴爲天籟，此乃周所謂地籟也，但其文精妙，讀之者或不之察耳。」

校　記

〔一〕「君如烟上火」，蘇軾詩集卷四十二詩原作「君如火上烟」。（見中華書局 1982 年 2 月第一版，第七册第 2307 頁。）

二十三

言荆公云：「『天使我有是之謂命，命之在我之謂性。』是未知性命之理。其曰『使我』，正所謂使然也。然使者可以爲命乎？以命在我爲性，則命自一物。若中庸言『天命之謂性』，性即天命也，又豈二物哉？如云在天爲命，在人爲性，此語似無病，然亦不須如此説。性命初無二理，第所由之者異耳。『率性之謂道』，如易所謂『聖人之作易，將以順性命之理』是也。」

二十四

謂常問志寧云：「至道無難，惟嫌揀擇，其理是否？」志寧曰：「是。」曰：「若爾，公何不殺人放火？」志寧無語。

二十五

揚雄云：「學所以修性〔一〕。」夫物有變壞，然後可修；性無變壞，豈可修乎？性不假修。故中庸但言「率性」、「尊德性」，孟子但言「養性」，孔子但言「盡性」。

校記

〔一〕揚雄原文「學」下有「者」字。

二十六

因論荆公法云：青苗、免役亦是法，然非藏於民之道。如青苗取息雖不多，然歲散萬緡，則奪民二千緡入官。既入官，則民間不復可得矣。免役法取民間錢，雇人役於官，其得此錢用者，蓋皆州縣市井之人，不及鄉民。鄉民惟知輸而已，而不得用，故今鄉民多乏於財也。

青苗二分之息，可謂輕矣，而不見有利於百姓，何也？今民間舉債，其息少者亦須五七分，多者或倍，而亦不覺其爲害。曰：惟其利輕，且官中易得，人徒知目前之利，而不顧後患，是以樂請。若民間舉債則利重，又百端要勒，得之極難，故人得已且已。又青苗雖名取二分之息，其實亦與民間無異。蓋小民既有非不得已而請者，又有非不得已用之。且如請錢千，或遇親舊於州縣間，須有酒食之費，不然，亦須置小小不急之物。只使二百錢，已可比民間四分之息。又請納時往來之用〔一〕，與官中門户之賂遺，至少亦不下百錢，况又有胥吏追呼之煩，非貨不行〔二〕。而公家期限又與私家不同，而民之畏法者，至舉債以輸官，往往沿此遂破蕩産業者固多矣，此所以有害而無利也。

或云：官中息輕，民得之，可以自爲經營，歲豈無二分之息乎？蓋未之思也。若用之商販，則錢散而難集，至公家期逼〔三〕，卒收不聚，失所指準，其患不細。往年富家知此患也，官中派之請〔四〕，不得已請而藏之；比及期，出私錢爲息，輸之官，乃無患。然使民如此，是無事而侵擾之也，何名補助之政乎？

校記

〔一〕「請納」，光緒本作「請錢」。

〔二〕「非貨不行」，道南祠重補修本「貨」作「貸」，誤。四部叢刊續編本楊龜山先生語録校勘記云：「宋本『非貨不行』，時本『貨』作『貲』。」時本亦誤。

〔三〕「至公家」，萬曆本「至」作「正」，誤。今據四庫本改。

〔四〕「派之請」，四部叢刊續編本「派」作「配」。

二十七

翟霖送正叔先生西遷，道宿僧舍，坐處皆塑像。先生令轉倚勿背，霖問曰：「豈以其徒敬之，故亦當敬耶？」正叔曰：「但俱人形貌，便不當慢。」因賞此語，曰：「孔子云：『始作俑者，其無後乎？爲其象人而用之也。』蓋象人而用之，其流必至於用人。君子無所不用其敬，見似人者不忽，於人可知矣。若於似人者而生慢易之心，其流必至於輕忽人。」

二十八

孟子言「仁者如射」，蓋生於子思「射有似乎君子」之説。言「大人者，言不必信，行不必果，惟義所在」，蓋生於孔子以「言必信，行必果」，爲「硜硜然小人」之説。

二十九

學校養士，反不如居養安濟所費之多。如餘杭學今止有三十人，而居養安濟乃共有百餘人。居養安濟，人給米二升、錢二十，爲士者所給如其數，加四錢耳。而士未必常在學也，則其所費固寡於彼矣。若其所養，實是窮民疾病者誠善，然所養止浮浪游手之徒耳。夫厲良民而養游手，是何政事？近詔又收養年五十者。自此往往來者益多，所費當益廣。夫年五十則子自可昏，女自可嫁，安得爲無告之窮民乎？又其所養多聚異鄉之人，不許根問來處，則雖有父子、夫婦，官吏何緣得知？故其弊爲甚。若只許土著人就本貫收養〔一〕，亦易爲檢察，而其弊滅矣〔二〕。

校記

〔一〕「土著」，萬曆本「著」原作「着」，據正誼堂本、四庫本改。

〔二〕「滅」，四庫本作「減」。

三十

因看合浦論無爲軍役法，曰：「天下役法多有不同處。如所論，與潭州處置全別。潭州紹聖間所定，皆出公之手。」

又言：吏有禄，本要養其廉恥，及不廉，故可從而責之，此爲待之盡。然亦須養得過方得，若養他不過，不如勿給，徒費財耳。何則？彼爲吏於此，蓋欲以活父母妻子，故爲之。今也養之不過，雖有刑戮在前，寧免其受賕乎〔一〕？如法曹之俸月十千，而法司乃十二千，則法吏之禄，爲過於法官。又常平吏人月給六千，此乃可責之以不受賕。其餘千錢，或二三千而已，給紙札尚不足，安能活其家？則其勢須至乞覓。如必若法司、常平吏人，重其禄，則財用之費無所從出。兼是吏禄亦有不用多給者，如學士、茶鹽司吏人，近制禄皆不減十千。彼有何事繁難，作何情弊，而可以當此禄乎？若此，雖謂之妄費可也。

校記

〔一〕「寧免其受賕乎」，繩祖本「賕」（賄賂）作「財」。四部叢刊續編本楊龜山先生語録校勘記云：「宋本『寧免其受賕乎』，時本『賕』作『財』。」下文「此乃可責之以不受賕」，繩祖本「賕」亦作「財」。

三十一

民之於上，不從其令，而朝廷惟以言諭之，宜其以爲虚文而莫之聽也。今天下非徒不從上令，而有司亦不自守成法。觀官吏所奉行，惟奉行朝廷之意而已。若皆守法，則法亦自足以致治。且如役法，耆長許募而不許差，輒差者徒二年。然法當募上户，其傭二千。錢逐州縣定。此餘杭所定。豈有上户肯利若干錢而願役於官乎？上户不願，則其勢須至彊使爲之，是名募而實差也，其如法何？

又如近日買翎毛〔一〕，郡不敷，令諸縣和買者〔二〕，以於法不許抑派故也。然翎毛非人所常有，而郡中文移督責諸縣，但使之催人以其所收藏翎毛輸之官。若縣中只依法行遣，安得辦集？其勢亦須至抑派。是名「和買」，而實「抑派」也。如此者，皆法之不可行者也。法至於不可行，則人惟意之從而已〔三〕。

校記

〔一〕「近日」，宋本作「日近」。四部叢刊續編本楊龜山先生語録校勘記云：「宋本『又如日近買翎毛』，時本『日近』二字乙轉。」

〔二〕「令諸縣和買」，萬曆本原作「諸縣令買者」，義不可曉。今據四庫本改。

〔三〕「惟意之從」，光緒本「之」作「是」。四部叢刊續編本楊龜山先生語録校勘記云：「宋本『則人惟意之從而已』，時本『之』作『是』。」

三十二

立法要使人易避而難犯，則必行而無赦，此法之所以行也。今法太嚴密，直使人於其間轉側不得，故易犯。是以犯法之人，官吏多不忍行法〔一〕，必宛轉爲犯者之地，法如何行得？

校記

〔一〕「不忍行法」，萬曆本「忍」原作「必」。今據四部叢刊續編本改。

三十三

人各有勝心。勝心去盡，而惟天理之循，則機巧變詐不作。若懷其勝心，施之於事，必以一己之是非爲正，其間不能無窒礙處。又固執之不移，此機巧變詐之所由生也。孔子曰：「不知命，無以爲君子。」知命，只是事事循天理而已。循天理，則於事無固必。無固必，則計較無所用。

三十四

神考問伯淳〔一〕：「王安石如何人〔二〕？」伯淳云：「安石博學多聞則有之，守約則未也。」又嘗問：「是聖人否？」伯淳云：「詩稱周公『公孫碩膚，赤舄几几』。聖人蓋如是。若安石，剛褊自任，恐聖人不然。」

校記

〔一〕「神宗」，繩祖本作「神考」。

〔二〕「何如」，繩祖本作「如何」。

三十五

問：「子思之不使白也喪出母也，是乎？」曰：「禮：適子不爲出母服。」曰：「何也？」「繼體也。」

三十六

問：「陳莊子死，訃於魯。縣子謂繆公哭之，而曰：『有愛而哭之，有畏而哭之。』夫哭之也以畏，何也？」曰：「以言世有然也，非古之禮也。若古之大夫，則束修之問不出竟〔一〕，故生無相問，其死也，何訃告之有哉？後世國亂而君昏，爲臣者交政於中國，故生則同盟，死則訃告，非禮也。故春秋因其卒而書之，所以著其罪也。」

校記

〔一〕「束修之問不出竟」，繩祖本「竟」作「境」。「竟」、「境」古今字。

三十七

仲素問：「横渠云『氣質之性』，如何？」曰：「人所資稟固有不同者，若論其本，則無不善。蓋『一陰一陽之謂道〔一〕』。陰陽無不善，而人則受之，以生故也。然而善者其常也，亦有時而惡矣。猶人之生也，氣得其和，則爲安樂人；及其有疾也，以氣不和，則反常矣〔二〕。其常者性也。此孟子所以言性善也。横渠説氣質之性，亦云人之性有剛柔、緩急、彊弱、昏明而已，非謂天地之性然也。今夫水，清者其常然也，至於汩濁，則沙泥混之矣。沙泥既去，其清者自若也。是故君子於氣質之性，必有以變之，其澄濁而求清之義歟〔三〕？

校記

〔一〕「一陰一陽之謂道」，繩祖本、正誼堂本「道」作「善」。四部叢刊續編本楊龜山先生語録校勘記云：「宋本『一陰一陽之謂道』，時本『道』作『善』。」按，「一陰一陽之謂道」，語出周易繫辭上，作「善」，顯誤。

〔二〕「以氣不和，則反常矣」，四部叢刊續編本楊龜山先生語録校勘記云：「宋本『以氣不和而然也，然氣不和非其常，治之而使其和則反常矣』，時本『以氣不和』下直接『則反常矣』。」今仍萬曆本之舊，不補。

〔三〕「其澄濁而求清之義歟」，繩祖本、正誼堂本「求清」作「永清」，四部叢刊續編本作「水清」，皆誤。繩祖本、正誼堂本、四庫本「之義」作「之議」，亦誤。

三十八

因見王逢原文集，曰：「此高論怨誹之人也。」它日嘗曰：「此子才則高矣，見道則未。」

三十九

中庸深處，多見於孟子之書，其所傳也歟？

四十

徐師川歸洪州〔一〕，欲不復來。先生問之曰：「公免得仕宦否？若端的有以自贍，不必復來固好，第亦須着仕宦，如何？」師川曰：「亦以免仕宦未得。」曰：「如此則當復來。供職仕宦，處處一般，既未免得，須復爲他官。逃此之彼，彼亦宜有不安處，是無地可以自容也。」師川曰：「來此復爲人所羅織，陷於禍，奈何？」曰：「顧吾所自爲者如何耳。苟自爲者皆合道理而無愧，然而不能免者，命也。不以道理爲可憑依而徒懼其不免，則無義無命矣。」師川曰：「極是。亦待來此。若做不得，去之未爲晚。」

又言：「人只爲不知命，故才有些事，便自勞攘；若知得徹，便於事無不安。孔子曰：『天生德於予，桓魋其如予何？』固嘗解云：『使孔子不免於桓魋之難，是亦天也。桓魋其如何哉？蓋聖人之於命如此。夫富貴死生，人無與焉，何尤人之有？孟子分明爲臧倉所毁，不遇於魯侯，而以爲不遇非臧倉之力，蓋知命也。列子曰：『桓公非能用讎也，不得不用；管仲非能舉賢，不得不舉。』此說得之矣。」

曰：「列子此說似知命。然至其論夷、惠，以爲矜清、貞之尤，以放於餓死、寡宗〔二〕，以公孫朝、穆之事爲得計，以堯、舜、桀、紂之事爲不足較，兹豈非其過乎？」曰：「其過也。若聖人所謂知命，義常在其中矣。」「然則彼亦豈得之而不盡者乎？」曰：「然。」

校記

〔一〕「師川」，字徐府，分寧（今江西修水縣）人。以父禧死國事，授通直郎。累官至園門郎。張邦昌篡位，遂致仕。建炎初，召爲左諫議大夫。紹興二年，賜進士出身，兼侍讀。簽樞密院事。四年，兼權參知政事。與趙鼎議事不合，出知信川。十年，卒。曾師事楊時。（宋元學案卷二十五簽樞徐師川先生俯，第970頁）

〔二〕「以放於餓死、寡宗」，令聞本、繩祖本同，四庫本「放」作「致」，古「放」可訓「致」。語録這段文字來自列子卷七楊朱。原文如下：「伯夷非亡欲，矜清之郵（通「尤」，過失），以放餓死；展禽（即柳下惠）非亡情，矜貞之郵，以放寡宗。」「以放寡宗」殆出於柳下惠「坐懷不亂」的典故。晉張湛注：「寡宗，少宗系。」不知何解。

四十一

仲素〔一〕問：「知微之顯，莫只是戒慎乎其所不睹，恐懼乎其所不聞否？」曰：「然。」因言：「有僧入僧堂，不言而出。或曰：莫道不言，其聲如雷。莊周之『尸居而龍見，淵默而雷聲』，可謂善言者也。」

校記

〔一〕「仲素」，羅從彦字，先世自豫章避地南劍，因家劍浦，後徙沙縣。幼穎悟，篤志求道，初從吴儀遊。崇寧初，見龜山於將樂，驚汗浹背曰：「不至是，幾枉過一生矣！」嘗與龜山講易，至乾九四爻，云：『伊川説甚善。』即鬻田裹糧，往洛見伊川，歸而從龜山，摳衣侍席二十餘年。政和中，傳洛學於李侗、朱松。高宗建炎四年，以特科授博羅主簿。後入羅浮山静坐，研習學問，爲朱熹所推尊。世稱豫章先生。有遵堯録，春秋、毛詩、語孟解，中庸説，議論要語，春秋歸，台衡録。淳祐七年（1180）卒，賜謚文質。（據清毛念恃豫章羅先生事實，宋元學案卷三十八豫章學案第1269頁）

四十二

孟子直是知命。滕文公以齊人築薛爲恐，問救之之術，而對以「君如彼何哉？彊爲善而已矣」，以「竭力事大國，則不得免」。問安之之道，而對以「太王居邠，不以其所養人者害人」，而繼之以「效死不去」之策。自世俗觀之，可謂無謀矣，然以理言之，只得如此説。舍此則必爲儀、秦之爲矣。凡事求可、功求成，取必於智謀之末而不循天理之正者，非聖賢之道也。天理即所謂命。

四十三

語羅仲素云：「今之學者，只爲不知爲學之方，又不知學成要何用。此事體大，須是曾着力來，方知不易。夫學者，學聖賢之所爲也，欲爲聖賢之所爲，須是聞聖賢所得之道。

若只要博通古今爲文章，作忠信愿慤，不爲非義之士而已，則古來如此等人不少，然以爲聞道則不可。且如東漢之衰，處士逸人與夫名節之士有聞當世者多矣，觀其作處，責之以古聖賢之道，則略無毫髮髣髴相似〔一〕，何也？以彼於道，初無所聞故也。今時學者，平居則曰『吾當爲古人之所爲』，才有事到手，便措置不得。蓋其所學，以博通古今爲文章，或志於忠信愿慤，不爲非義而已，而不知須是聞道故應如此。由是觀之，學而不聞道，猶不學也。」

校記

〔一〕「毫髮」，萬曆本「毫」作「豪」。今依繩祖本改。

四十四

仲素問：「詩如何看？」曰：「詩極難卒説。大抵須要人體會，不在推尋文義。在心爲志，發言爲詩。情動於中而形於言，言者情之所發也。今觀是詩之言，則必先觀是詩之情如何；不知其情，則雖精窮文義，謂之不知詩可也。子夏問：『「巧笑倩兮，美目盼兮」，何謂也？』子曰：『繪事後素。』曰：『禮後乎？』孔子以謂『可與言詩』。如此全要體會。何謂體會？且如關雎之詩，詩人以興后妃之德。蓋如此也，須當想象雎鳩爲何物。知雎鳩爲摯而有别之禽，則又想象關關爲何聲。知關關之聲爲和而適〔一〕，則又想象在河之洲是何所在。知河之洲爲幽閑遠人之地，則知如是之禽，其鳴聲如是，而又居幽閑遠人之地，則后妃之德可以意曉矣，是之謂體會。惟體會得，故看詩有味。至於有味，則詩之用在我矣。」

校記

〔一〕「和而適」，令聞本、繩祖本同。宋本「適」原作「通」。四部叢刊續編本楊龜山先生語録校勘記云：「宋本『爲和而通』，時本『通』作『適』。」按，「適」義較長，「通」不可從。

四十五

語仲素：「西銘只是發明一個事天底道理。所謂事天者，循天理而已。」

四十六

因論蘇明允權書，衡論曰：「觀其著書之名已非，豈有山林逸民立言垂世，乃汲汲於用兵如此，所見安得不爲荆公所薄？」曰：「大蘇以當時不去二虜之患〔一〕，則天下不可爲。又其審敵篇引晁錯説景帝削地之策，曰：『今日夷狄之勢〔二〕，是亦七國之勢。』其意蓋欲掃蕩二虜，然後致太平耳。」曰：「才以用兵爲事，只見搔擾，何時是天下息肩時節？以仁宗之世視二虜，豈不勝如戰國時節？然而孟子在戰國時所論〔三〕，全不以兵爲先，豈以崇虚名而受實弊乎？亦必有道矣。」

校記

〔一〕「二虜之患」，繩祖本同。四庫本「二虜」改作「西北」。下文「二虜」同。

〔二〕「今日夷狄之勢」，四庫本「夷狄」改作「西北」。萬曆本「勢」作「埶」。下「勢」字亦作「埶」。「埶」、「勢」通用字。今據繩祖本改用通行的「勢」。下同不注。

〔三〕「然而孟子」，萬曆本「而」上原無「然」字。令聞本、繩祖本同。宋本有「然」字。四部叢刊續編本楊龜山先生語録校勘記云：「宋本『然而孟子在戰國時』，時本脱『然』字。」今據補。

四十七

問：「秦少游進卷論所以禦戎，乃欲以五路之兵，歲出一路以擾夏人之耕。如此，是吾五歲一出兵，而使夏人歲歲用兵：此滅狄之道也。當時元祐間有主此議者，此果可用否？」曰：「王者之兵，有征無戰；必不得已，誅其君而吊其民可也，豈容如此？兼是亦無此理。今常以五路之師合攻夏人，尚時有不支。歲出一路，其傾國而來，攻城破邑，吾其可止以一路之衆當之乎？大抵今之士人議論，只是口頭説得，施之於事，未必有效。」

四十八

言朱公掞上殿〔一〕，神考欲再舉安南之師，公掞對：「願陛下禽獸畜之〔二〕。蓋夷狄，得其地不可居，得其民不可使，得已且已，須要廣土闢地，何益？」自紹聖、崇寧以來，所以待夏人，大是失策。有德此有人，有人此有土，有土此有財，有財此有用。今不務德以致人，徒得其空地，又運中國之財以守之，是何所見？

校記

〔一〕公掞，朱光庭字，河南偃師人，仁宗嘉祐二年進士，少從孫復學，後師事程頤，時亦洛黨之魁。神宗熙寧末，言新法不便，爲簽書河陽判官。哲宗立，司馬光薦爲左正言，首請罷提舉常平司、青苗保甲等法。劾新黨章惇、蔡確等。累官給事中。落職知亳州，徙潞州。（中國歷代人名大辭典第560頁）

〔二〕「禽獸畜之」，令聞本、繩祖本同。四庫本改作「羈縻處之」。

四十九

君臣之間，要當一德一心，方作得事。古之聖賢相與以濟大業，蓋無不然者。觀舜命禹征有苗，已誓師往伐，而益以一言贊禹，禹遂班師。舜以禹之班師，便爲之誕敷文德，而有苗格矣。

舜命禹徂征。禹既行，而益有言，宜告之舜，不告舜而告之禹；禹承命於舜，及其不遂行也，宜先稟之舜，乃擅反兵而不疑。舜於二人者，無責焉可也，乃徇其所爲，從而相之。

益之意，豈不曰禹猶舜？而禹之意，豈不曰舜猶己也歟？夫是之謂一德一心。自今觀之，則益之言，可以謂之沮壞成事；而禹之事，爲逗留君命矣〔一〕。然古之君臣各相體悉如此，古人立功所以易，而後世成事所以難也。

校記

〔一〕「逗留」，繩祖本「留」作「遛」。

五十

語仲素曰：「某嘗有數句教學者讀書之法云：『以身體之，以心驗之，從容默會於幽閑靜一之中，超然自得於書言象意之表。』此蓋某所爲者如此。」

五十一

又云：「西銘會古人用心要處爲文〔一〕，正如杜順作法界觀樣。」

校記

〔一〕「爲文」，萬曆本作「爲主」。宋本作「爲文」，見四部叢刊續編本楊龜山先生語録校勘記。今據改。

五十二

仲素問：「『盡其心者知其性』，如何是盡心底道理？」曰：「未言盡心，須先理會心是何物。」又問。曰：「心之爲物，明白洞達，廣大静一，若體會得了然分明，然後可以言盡。未理會得心，盡個甚？能盡其心，自然知性〔一〕，不用問人。太抵須先理會仁之爲道，知仁則知心，知心則知性。是三者，初無異也。横渠作西銘，亦只是要學者求仁而已。」

校記

〔一〕「自然知性」，繩祖本「知」作「之」。

五十三

論及陽城事，謂永叔不取，純夫取之。其言曰：「『陽城蓋有待而爲者也。後世猶責之無已，其不成人之美亦甚哉！』此論似近厚。」

曰：陽城固可取，然以爲法則不可。裴延齡之欲相，其來非一朝一夕，何不救之於漸乎？至於陸贄之貶，然後論延齡之姦佞，無益矣。觀古人退小人之道不然。易之姤卦曰：「女壯，勿用取女。」夫姤，一陰生未壯也。而曰壯者，生而不已，固有壯之理也。取女，則引而與之齊也。引而與之齊，則難制矣。陰者小人之象也。小人固當制之於漸也。故當陰之生，則知其有壯之理。其有壯之理，則「勿用取女」可也。是以姤之初爻曰：「繫於金柅，貞吉。有攸往，見凶。」金柅，止車之行也。陰之初動，必有以柅之，其制之於漸乎？蓋小人之惡，制之於未成則易，制之於已成則難。延齡之用事，權傾宰相，雖不正名其爲相，其惡自若也，何更云待其爲相，然後取白麻壞之耶？然城之所爲，當時所難能也，取之亦是，但不可以爲法耳。

楊時集卷十三

語録四

餘杭所聞三二十七條〔一〕

一

神宗賜金荆公，荆公即時賜蔣山僧寺爲常住。了翁云：「嘗見人説，以此爲曠古所難，其實能有多少物。人所以難之，蓋自其眼孔淺耳。」

曰：「荆公作此事，絶無義理。古者人君賜之果，尚懷其核。懷核，所以敬君賜也。所賜金，義當受則受，當辭則辭，其可名而受之而施之僧寺乎？是賤君賜也。金可賤，君賜不可賤。書曰：『人不易物，惟德其物。』若於義當受而家已足，不願藏之家，而班諸昆弟之貧者，則合禮矣。」

二

真宗問李文靖曰：「人皆有密啓而卿獨無，何也？」對曰：「臣待罪宰相，公事則公言之，何用密啓？夫人臣有密啓者，非讒即佞。臣常惡之，豈可效訧〔二〕？」曰：「祖宗時宰相如此，天下安得不治？」

校記

〔一〕本部分第二十七條「季常駭之」下有「淵因語」三字，「淵」是陳淵自稱名，可知此餘杭所聞二十七條，係楊時婿陳淵所録。

〔二〕「效訧」，正誼堂本、四庫本、四部叢刊續編本「訧」作「尤」。「尤」、「訧」通用字。

三

因説唐明皇欲取石堡城，王忠嗣不可。李光弼勸之，忠嗣曰：「石堡城非殺數萬人不可取。忠嗣今不奉詔，縱得罪天子，不過以一將軍歸宿衛，其次不過黔中上佐，忠嗣豈以一官易數萬人之命哉？」忠嗣如此，極知輕重。

曰：「忠嗣意甚善〔一〕，然不能無過。夫人臣之事君，苟利於國，死生以之，不應以官職之不足顧計爲言也。謂官職之不足道，此猶以利言，若是古之賢聖處事，只論是非而已。如以利言，則禍患有大於一將軍宿衛、黔中上佐，是將從之乎？惜乎，忠嗣之處此未盡也！」

「然則其言合如何？」曰：「當云：『今得罪主上，不過一身之利害危辱耳，豈可以一身之重而輕數萬人之命哉？』如此，則其言無病。」

校記

〔一〕「意」，萬曆本原作「之言」，四部叢刊續編本楊龜山先生語録校勘記云：「宋本『忠嗣意甚善』，時本『意』作『之言』。」按，作「意」義較長，今據改。

四

因言真宗朝有百姓爭財，以狀投匭，其語有比上德爲桀、紂者。比奏御，真宗令宮中録所訴之事付有司根治而匿其狀，曰：「百姓意在争財，其實無他。若并其狀付有司，非惟所訴之事不得其直，必須先按其指斥乘輿之罪。百姓無知，亦可憐也。」曰：「祖宗慈仁如此。書曰：『小人怨汝詈汝，則皇自敬德。』祖宗分明有此氣象，天下安得而不治？」言真宗時，監司有以羡餘進奉者議賞。内批云：「國家賦有常數，安得羡餘？果有之，若非入時大量，即是出時减刻，安可賞？」因曰：「祖宗不爲文章，然似此語言，萬世可傳誦也。」

五

謂揚子雲作太玄，只據他立名便不是。既定却三方、九州、二十七部、八十一家，不知如何相錯得？八卦所以可變而爲六十四者，只爲可相錯，故可變耳。惟相錯，則其變出於自然也。

六

問：「正叔先生云：『或説易曰：「乾天道，坤地道。」正是亂説。』」曰：「乾坤非天地之道耶？」曰：「乾豈止言天？坤豈止言地？」

又言：「問：乾坤不止言天地，而乾卦多言天，坤卦多言地，何也？」曰：「本乎天者親上，本乎地者親下，則各從其類也。乾卦言天，坤卦言地，只爲語其類耳。如說卦於乾，雖言爲天，又言爲金，爲玉，以至爲駁馬、良馬〔一〕，爲木果之類，豈盡言天？故繫辭曰：『伏羲始作八卦，以通神明之德，以類萬物之情。』若此者，所謂類萬物之情也。只如說卦所類，亦不止此。爲之每發其端，使後之學易者觸類而求之耳。蓋作易者，仰則觀象於天，俯則觀法於地〔二〕，觀鳥獸之文與地之宜，近取諸身，遠取諸物。故孔子繫辭推明之曰：此卦於天文地理則爲某物，於鳥獸草木則爲某物，於身於物則爲某物，各以例舉，不盡言也。學者觸類而求之，則思過半矣。不然，說卦所叙，何所用之？」

校記

〔一〕「駁馬」，萬曆本「駁」原作「駮」。「駮」、「駁」通用字。今據繩祖本及說卦原文改。

〔二〕「俯」，萬曆本原作「頫」。正誼堂本、四庫本作「俯」。今據改。按，「頫」爲「俯」的古字。

七

論橫渠，曰：「正叔先生亦自不許他。」曰：「先生嘗言自孟子之後無他見識，何也？」曰：「如彼見識，秦、漢以來何人到得？」論與叔，曰：「正叔先生嘗言，與叔只是守橫渠說，更不肯易，才東邊扶得起，又倒從西邊去。」此二人爲常有疑焉，故問。

八

謂孔子曰：「自古皆有死，民無信不立。」今天下上自朝廷大臣，下至州縣官吏，莫不以欺誕爲事，而未有以救之。只此風俗，怎抵當他？

九

謂學校以分數多少校士人文章，使之胸中日夕只在利害上。如此作人，要何用？

十

謂正叔云：古之學者，四十而仕。未仕以前二十餘年，得盡力於學問，無他營也，故人之成材可用。今之士，十四五以上便學綴文覓官〔一〕，豈嘗有意爲己之學？夫以不學之人，一旦授之官，而使之事君長民治事，宜事效不如古也。故今之在仕路者，人物多凡下，不足道以此。

校記

〔一〕「覓」，繩祖本作「覔」。「覔」、「覓」異體字。

十一

謂毛富陽云：「士人如張孝伯，真可謂恬於進取者。」因説張孝伯好，曰：「愿人也，然終無使他處。若據此人天資，直是美，惜其少學耳。」

問：「孝伯，樂正子之流否？」曰：「非也，彼已無進爲撫世之意。若樂正子，將爲政於魯。孟子聞之，爲之喜而不寐。孟子不徒喜也，蓋望其能有爲也。如孝伯，恐不足以當人望，只是一個愿慤可尚耳。」

問：「愿與善人，如此其異乎？」曰：「善人爲邦百年，亦可以勝殘去殺，豈愿者之事？」因又問九德。曰：「愿而恭。蓋愿必濟以恭，然後能成德也。然愿者自應恭謹。」「何謂相濟？」曰：「愿者自爲之人耳。如孟子所謂責難於君，愿做不得；責難於君，愿特貌恭而已。」

十二

謂與季常言：「王氏只是以政刑治天下，道之以德、齊之以禮之事全無。」它日，季常曰：「細思之，實如公言。但道以德、齊以禮之事，於今如何做？」曰：「須有會做。只爲而今不用着此等人〔一〕。若是他依本分會底，必有道理。」

校記

〔一〕「而今不用着」，萬曆本「而」作「如」。四部叢刊續編本楊龜山先生語録校勘記云：「宋本『只爲而今不用着此等人』，時本『而』作『如』。」今據改。

十三

君子陽陽之詩，序以謂「閔周」。蓋言君子至於相招爲禄仕，全身遠害，於周不足刺也，可閔而已。夫賢人才士，苟以得禄養父母、活妻孥爲事，而無致君行道之心，誰與爲治？此所以亂益亂也，尚足刺乎？

十四

二南爲王道之基本，只爲正家而天下定故也。

十五

問：「共姜之父母不知夫婦之義，不當責邪？」曰：「以共姜之自誓不嫁爲守義，則彼欲奪而嫁之者爲不義可知。取此則去彼矣。」

十六

作文字要只説目前話，令自然分明，不驚怛人不能得，然後知孟子所謂「言近」，非聖賢不能也。

十七

問：「父子之間不責善，固是。至於不教子，不亦過乎？」曰：「不教，不親教也。雖不責善，豈不欲其爲善？然必親教之，其勢必至於責善，故孔子所以遠其子也。」曰：「使之學詩、學禮，非教乎？」曰：「此亦非强教之也。如學詩、學禮，必欲其學有所至，則非孔子所以待其子，故告之。學則不可不告。及其不學，亦無如之何。」

十八

因論特旨，曰：「此非先王之道。先王只是好生，故書曰：『好生之德，洽于民心。』爲天子，豈應以殺人爲己任？孟子曰：『國人皆曰可殺，然後殺之，曰國人殺之也。』謂國人殺之，則殺之者，非一人之私意，不得已也。古者司寇以獄之成告於王，王命三公參聽之。三公以獄之成告於王，王三宥，然後致刑。夫宥之者，天子之德；而刑之者，有司之公。天子以『好生』爲德，有司以執法爲公，則刑不濫矣。若罪不當刑，而天子必刑之，寧免於濫乎？

「然此事其漸有因，非獨人主之過。使法官得其人，則此弊可去矣。舜爲天子，若瞽叟殺人〔一〕，皋陶得而執之，舜猶不能禁也。且法者，天下之公，豈宜徇一人之意？嘗怪張釋之謂渭橋犯蹕事宜罰金。文帝怒，釋之對曰：『法者，天子所與天下公共也。今法如是，更重之，是法不信於民也。』此説甚好。然而曰：『方其時，上使人誅之則已。』以謂爲後世人主開殺人之端者，必此言也。夫法，既曰『天子與天下公共』，則得罪者，天子必付之有司，安得擅殺？使當時可使人誅之，今雖下廷尉，越法而誅之，亦可也。」

校記

〔一〕「瞽叟」，繩祖本作「瞽瞍」。按，瞽叟，舜父之别名。尚書大禹謨作「瞽瞍」，史記五帝紀作「瞽叟」。

十九

因論爲政曰：「書云：『毋忿疾于頑〔一〕。』若忿疾于頑，便失之嚴，嚴便非居上之道。」

校記

〔一〕「毋」，尚書君陳原文作「無」。

二十

問：「有人問正叔：『周公欲以身代武王之死，其知命乎？』正叔曰：『只是要代兄死，豈更問命？』此語如何？」曰：「是也。」曰：「聖人不應不知天理。天理既不然而必行之，其誠不幾於無物否？」曰：「聖人固知天理，然只爲情切，猶於此僥倖萬一也。故至誠爲之。」又曰：「金縢之事有之。然其間亦有言語可疑者，如云『元孫不若旦多材多藝』，聖人似不應如此說。」

二十一

因言：「正叔云：『人言沛公用張良，沛公豈能用張良？張良用沛公耳。良之從沛公，以爲韓報秦也。既滅秦，於是置沛公關中，辭歸韓。而已見沛公有可以取天下之勢，故又從之。已取天下，便欲棄人間事，從赤松游。良不爲高祖之臣，可見矣。』此論甚好，以前無人及此。」

曰：「此論亦未盡。張良蓋終始爲韓者。方沛公爲漢王，之國，遣良歸韓。良因説沛公燒絶棧道，此豈復有事漢之意？及良歸至韓，聞項羽以良從漢王故，不遣韓王成之國，與俱東，至彭城，殺之。先是，良説項梁以韓諸公子横陽君成可立，梁遂使良求韓成，立爲韓王，良爲韓司徒。良以成見殺之故，於是又間行歸漢，其意蓋欲爲韓報項羽也。至漢，高祖用其謀。已破項羽，平定天下，從高祖西都關中，於是始有導引辟穀從赤松子之語〔一〕，蓋爲韓報仇之心於是方已故也。

「據良先説高祖絶棧道，然後歸韓，此亦似有意。使韓王成若在，良輔之，并天下未可知。良意以謂可與之平天下者獨高祖。高祖既祖蜀不出，其他不足慮矣。不幸韓王成爲項羽所殺，故無以自資，而卒歸漢也。如高祖，亦自用張良，不盡良之術亦不止，於此須更有事在。其臣高祖，非其心也，不得已耳。」

校記

〔一〕「始有」，四部叢刊續編本楊龜山先生語録校勘記云：「本『於是如有導引辟穀從赤松子之語』，時本『如』作『始』。」按，「始」作「如」，文義不通，今不取。

二十二

因言：「曾與季常論鑄鼎云：鼎之爲説，左傳曾道來，後之人得以藉口者，以此爾。然使如丘明之説不誣，亦不過象物之形，百物而爲之備，使民知神姦而已〔一〕。後之人主用方士厭勝祈禳之法，此何所據？丘明云：『成王定鼎於郟鄏，卜世卜年，天所命也。』然而洛誥，周公所作，當時所爲，無不載者。若鼎之爲物，乃社稷重器，當載而莫之載者，何也？鼎鑄於夏時。夏之法制，莫詳於禹貢之書，豈有九牧貢金，成此重器，欲以協上下，承天休，而禹貢曾無一語及之乎？易六十四卦，其在鼎也，取象爲備。如丘明之説，略無毫髮相類，而況於後之紛紛者乎？故凡事無徵者，皆不可爲也。」

校記

〔一〕「神姦」，萬曆本「姦」原作「姧」，「姧」是「姦」的俗字。今改作「姦」。四庫本作「奸」，誤。

二十三

後世如曹參〔一〕，可謂能克己者。攻堅陷敵，是其所長。至其治國爲天下，乃以清静無爲爲事，氣質都變了。

校記

〔一〕「後世如曹參」，萬曆本緊接上二十二「皆不可爲也」，合爲一篇。繩祖本、四庫本提行，獨立一篇。今從。

二十四

因論寒士乍得官，非不曉事，便是妄作。大抵科舉取人不得；間有得者，自是豪傑之士，因科舉以進耳。

問：「李德裕言公卿大夫家子弟可用，進士未必可用。此論不偏否？」曰：「德裕爲此論，至今人以爲偏。當時人以德裕用資蔭進身，不由科舉，故爲此論。此最無謂。以德裕之才應唐之科目極容易，自是不爲耳。且資蔭得官與進士得官，孰爲優劣？以進士爲勝，以資蔭爲慊者〔一〕，此自後世流俗之論。至使人耻受其父祖之澤而甘心工無益之習，以與孤寒之士角勝於場屋，僥倖一第以爲榮，是何見識？夫應舉，亦是寒士無禄，不得已藉此進身耳。如得已，何用應舉？范堯夫最有見識，然亦以資蔭與進士分優劣，建言於有無出身人銜位上帶『左』、『右』字，不可謂無所蔽也。其言曰：『欲使公卿家子弟讀書耳。』此意甚善。但以應舉得官者爲讀書而加獎勸，焉可也？彼讀書者，應舉得官而止耳，豈真學道之人？至如韓持國，自是經國之才，用爲執政亦了得，不可以無出身，便廢其執政之才。」

曰：「堯夫所别異者，莫非此等人否？」曰：「執政不是合下便做，亦自小官以次遷之。如後來吴坦求等，在紹聖中被駁了博士，以無出身故也。彼自布衣中，朝廷以其有學行，賜之爵命。至其宜爲博士，乃復以爲無出身奪之，此何理也？資蔭、進士中俱有人。惟其人用之加一『右』字，亦自沮人爲善。」

校記

〔一〕「慊」，正誼堂本、四庫本作「歉」。

二十五

朝廷作事，若要上下、小大同心同德〔一〕，須是道理明。蓋天下只是一理，故其所爲必同。若用智謀，則人人出其私意，私意萬人萬樣，安得同？因舉舊記正叔先生之語云：「公則一，私則萬殊。人心不同猶面，其蔽於私乎？」

校記

〔一〕「小大」，正誼堂本作「大小」。

二十六

自孟子没，王道不傳，故世無王佐之才。既無王佐之才，故其治效終不如古。若要行道，才説計較要行便不是，何故？自家先負一個「不誠」了，安得事成？劉向多少忠於漢，只爲做計較太甚，才被看破手足，俱露是甚模様。

二十七

言季常曾問揚雄來，應之曰：「不知聖人，何足道！」季常駭之。淵因語：「後世學道不明爾，被流俗之蔽。只如它取揚雄〔一〕，亦未能免流俗也。卓乎天下之習不能蔽也，程正叔一人而已。觀正叔所言，未嘗務脱流俗，只是一個是底道理，自然不墮流俗中。」先生曰：「然。觀其論婦人不再適人，以謂『寧餓死』。若不是見得道理分明，如何敢説這樣話？」

南都所聞徽宗大觀三年己丑(1109)四月自京都回至七月，十四條〔一〕

一

薛宗博請諸職事會茶，曰：「禮豈出於人心？如此事，本非意之所欲，但不得已耳。老子曰：『禮者，忠信之薄。』荀子曰：『禮起於聖人之僞。』真個是！」因問之曰：「所以召茶者何謂？」薛曰：「前後例如此。近日以事多，與此等稍疏闊，心中打不過，須一請之。」曰：「只爲前後例合如此，心中自打不過，豈自外來？如云辭讓之心〔二〕，禮之端，亦只是心有所不安，故當辭遜。只此是禮，非僞爲也。」

校記

〔一〕此十四條係羅從彦所録。南都，在河南商丘。見清張夏宋楊文靖公龜山先生年譜，以下簡稱張譜。

〔二〕「辭讓」，各本「讓」原作「遜」。此爲避宋英宗之父趙允讓的名諱而改。四庫本作「辭讓」。「辭讓之心，禮之端也」，語出孟子公孫丑上。今回改作「讓」。

二

問：「易曰：『乾坤，其易之門耶〔一〕？』所謂門，莫是學易自此入否？」曰：「不然。今人多如此説，故有喻易爲屋室，謂其入必有其門，則乾坤是也。爲此言者，只爲元不曉易。夫易與乾坤，豈有二物？孰爲内外？謂之乾坤者，因其健順而命之名耳。乾坤即易，易即乾坤，故孔子曰：『乾坤毁，則無以見易。』蓋無乾坤，則不見易，非易則無乾坤。謂乾坤爲易之門者，陰陽之氣有動静屈伸爾。一動一静，或屈或伸，闔闢之象也。故孔子又曰：『闔户謂之坤，闢户謂之乾。』所謂門者如此。老子曰：『天地之間，其猶橐籥乎？』夫氣之闔闢往來，豈有窮哉？有闔有闢，變由是生。其變無常，非易而何？小蔡云：『輕清者上爲天，神應之爲乾；重濁者下爲地，神應之爲坤。』以此解釋，夢也未夢見易。大抵看易，須先識它根本，然後有得。夫易，求之吾身，斯可見矣，豈應外求？張横渠於正蒙中曾略説破云：『乾坤之闔闢，出作入息之象也。』非見得徹，言不能及此。某舊作明道哀辭云：『通闔闢於一息兮，尸者其誰？』蓋言易之在我也。人人有易，不知自求，只於文字上用功，要作何用？此等語，若非以見問，終説不到。如某與定夫相會，亦未嘗及從問〔二〕。某常疑定夫學易，亦恐出他荆公未得。荆公於易，只是理會文義，未必心通。若非心通，縱説得分明徹了，不濟事。易不比他經，須心通始得。如龔深父説易，元無所見，可憐一生用功，都無是處。」

問：「乾坤即陰陽之氣否？」曰：「分明説乾陽物，坤陰物。」「既是陰陽，又曰乾坤，何也？」曰：「乾坤正言其健順爾。識破本根，須是知體同、名異，自然意義曉然。」又云：「『天尊地卑，乾坤定矣。』乾坤本無體，天地之位定，則乾坤斯定，不有天地，乾坤何辨？」

問：「天地即輕清重濁之氣升降否？」曰：「然。天地、乾坤，亦是異名同體，其本一物，變生則名立。『在天成象，在地成形』，亦此物也。但因變化出來，故千態萬變，各自陳露。故曰：『在天成象，在地成形，變化見矣。』變化，神之所爲也。其所以變化，孰從而見之？因其成象於天，成形於地，然後變化可得而見焉。因云舊常解此義〔三〕。云無象無形，則神之所爲隱矣；有象有形，變化於是乎著。」

因問：「乾坤毁，則無以見易。如此，則易不屬無矣？」曰：「易固非無。」

「張横渠深闢老子有無之論，莫有見於此否？」曰：「然。才説無，便成斷滅去，如釋氏説『空』，又曰『非空』，到了費力。聖人只説易，最爲的當。」因言孟子論「養氣」，到此方見有功於前聖。曰：「如孟子者，方是能曉易。如説『必有事焉』，非見得分明，此説如何撰得？」

又問：「正叔先生以『必有事焉而勿正』爲一句，某嘗疑『勿正心』似非聖賢語意。及見此，乃知正叔先生讀書有力。」曰：「事説『勿正』則可，心説『勿正』則不可。正叔讀書，直是不草草，他議論方是議論。伯思言正叔『至大至剛以直』爲一句，『養而無害』爲一句。或云：『伯淳曾言至大至剛之氣，須以直養。』正叔堅云：『先兄無此説。』『若曰「以直養而無害」，莫不妨？』曰：『嫌於將一物養一物，不如「養而無害」較渾全。』他們説話，須是與他思量體究，方見好處。」

校記

〔一〕「耶」，四庫本作「邪」。周易繫辭下原作「邪」。

〔二〕「亦未嘗及從問」，宋本作「亦未嘗及從事」（見四部叢刊續編本楊龜山先生語録校勘記），四庫本作「亦未嘗及此語」，繩祖本作「亦未嘗從問及」。

〔三〕「因云舊常解此義」，萬曆本原無「因」字。四部叢刊續編本楊龜山先生語録校勘記云：「宋本『因云舊常解此義』，時本脱『因』字。」按，有「因」字義較長，今據補。

三

問：「易有『太極』，莫便是道之所謂『中』否？」曰：「然。」「若是，則本無定位，當處即是太極耶？」曰：「然。」「兩儀、四象、八卦，如何自此生？」曰：「既有太極，便有上下；有上下，便有左右前後；有左右前後四方，便有四維。皆自然之理也。」

四

人君所以御其臣，只有一個名分不可易。名分既正，上下自定，雖有幼沖之主在上，而天下不亂。若以智籠臣下，智有時而困，則彼不爲用矣，其勢須至於誅殛之然後已。觀西漢之君臣多尚權謀，當時大臣少有能全身者，蓋以此。某舊作十論〔一〕，曾有一篇及此。朝廷上做事，須先令學術粗明，然後可以有爲。不然，人人説一般話〔二〕，如何做得事？

校記

〔一〕「十論」，萬曆本原作「中論」。今聞本、繩祖本、四庫本亦皆作「中論」。四部叢刊續編本楊龜山先生語録校勘記云：「宋本『某舊作十論』，時本『十』作『中』。」按，當以「十論」爲是，下文有「曾有一篇及此」，可證。今據改。

〔二〕「話」，萬曆本原作「譮」，用説文原字。繩祖本作「話」。今改用通行的「話」字。

五

王章論王鳳，當時人君非不悟，但以力弱，被王鳳才理會起，便推從王章身上去，章終被禍。人君如此，誰敢與他放脚手做事？

六

正叔在經筵，潞公入劄子，要宰相以下聽講。講罷，諸公皆退。晦叔云：「可謂稱職。」堯夫云：「真侍講。」又一人云：「不知古人告其君還能如此否？」只爲諸公欽服他。他又多忤人〔一〕，所以後來謗生。因説正叔經筵開陳，故及此。所論列有處記。

校記

〔一〕「忤人」，萬曆本原作「悟人」，四庫本作「悟入」。疑非是。四部叢刊續編本作「忤人」，與下文「所以後來謗生」語意相應，今從。

七

圓覺經言作、止、任、滅是四病。作即所謂「助長」，止即所謂「不芸苗」，任、滅即是「無事」。

八

解經大抵須得理會而語簡。舊嘗解「易簡而天下之理得」，云：「行其所無事，不亦易乎？一以貫之，不亦簡乎？如是則天下之理得矣。」又言：「行其所無事，一以貫之，只是一個自然之理。繫辭中語言，直有難理會處。今人注解，只是亂説。」

九

問：「正叔云：『詩非聖人所作。當時所取，只以其止於禮義。至如比其君『狡童』、『碩鼠』，則已甚。其説如何？」曰：「此理舊疑來，因學春秋，遂知其意。春秋書突之奔及其歸，皆曰『鄭伯突』。其書忽，止曰『鄭忽』，蓋不以忽爲君故也。不以爲君，故詩人目之爲『狡童』。觀褰裳之詩云：『狂童恣行，國人思大國之正己。』其詩曰：『子惠思我，褰裳涉溱。』言人心已離，若大國見正，國人必從之矣。人之視忽如此，尚誰以爲君？若猶以爲君，則比之狡童，誠不可矣。」「碩鼠如何？」曰：「魏之重斂，至使人欲適彼樂國，則人心之離，亦可見矣。」又云：「人心合而從之則爲君，離而去之則爲獨夫。」

十

學者若不以敬爲事，便無用心處。致一之謂敬，無適之謂一。

十一

人言春秋難知，其實昭如日星。孔子於五經中言其理，於春秋著其行事。學者若得五經之理，春秋誠不難知。

又云：「伯淳先生嘗有語云：『看春秋，若經不通，則當求之傳；傳不通，則當求之經。』某曾問之云：『傳不通，則當求之經，何也？』曰：『只如左氏春秋書「君氏卒」，君氏乃惠公繼室聲子也〔一〕。而公羊春秋則書曰「尹氏」，傳云「大夫也」。然聲子而書曰「君氏」〔二〕，是何義？須當以君氏爲正，此所謂『求之經』。」

校記

〔一〕「君氏卒」、「君氏乃惠公繼室聲子也」，萬曆本兩「君氏」原作「尹氏」。繩祖本、四庫本同。四部叢刊續編本楊龜山先生語録校勘記云：「宋本『春秋書君氏卒，君氏乃惠公繼室聲子也』，時本『君』作『尹』。」按，左傳隱公三年：「夏，君氏卒，聲子也。」可知萬曆本「尹氏」係「君氏」之誤。

〔二〕「然聲子而書曰君氏」，萬曆本「君氏」原作「尹氏」。四部叢刊續編本楊龜山先生語録校勘記云：「宋本『然聲子而書曰君氏』，時本『君』作『尹』。」今據改。下句中「君氏」萬曆本原亦作「尹氏」，今亦依文意逕改爲「君氏」。

十二

問：「乾、坤用九、六，荆公曰：『進君子退小人，固非自然之理。』而正叔云：『觀河圖數可見。』何也？」曰：「此多有議論，少有分明。繫辭分明説云『參天兩地而倚數』，九，參天；六，兩地也。」

十三

因言：「了翁説易，多以一字貫衆義，如何？」曰：「易卦用字有如此者，有不如此者。如云『習坎，重險也』，又言『天險』、『地險』、『王公設險』，則險爲善。睽，乖也。又言『天地睽而萬物通，男女睽而其志同』，則乖爲善。蓋一字兩用，字非此類則不可。如『師』，是師旅之師，豈可説爲師友之師？以來書云爾，故及之。」

十四

「形色，天性也。」「有物」必「有則」也。「物」即是形色，「則」即是天性〔一〕。「惟聖人然後可以踐形。」踐，履也，體性故也。蓋形色必有所以爲形色者，是聖人之所履也。謂形色爲天性，亦猶所謂「色即是空」。

校記

〔一〕「『則』即是天性」，萬曆本「即」上原無「則」字，非是。按，此解詩經大雅烝民「有物有則」與孟子盡心上「形色，天性也」的哲學命題之間的意義關係，上句舉「物」，下句舉「則」，故當以有「則」字爲是。繩祖本「即」上有「則」字，是。今據補。

毗陵所聞 徽宗政和元年辛卯（一一一一）七月十一日自沙縣來至十月去，十條〔一〕

一

劉元承言：「相之無所不用其敬，嘗掛真武畫像於於帳中，其不欺暗室可知。」曰：「相之不自欺則固可取，然以神像置帳中〔二〕，亦可謂不智。」曰：「何以言之〔三〕？」曰：「果有真武，則敬而遠之，乃所謂智。帳中卧之處，至褻之所也，何可置神像？」

校記

〔一〕此十條係羅從彦所録。見張譜。

〔二〕「以神像置帳中」，萬曆本原無「神」字。今據四庫本補。萬曆本篇末「何可置神像」，亦有「神」字可證。

〔三〕「何以言之」，萬曆本「何」下有「神」字，衍。繩祖本、四庫本無「神」字。今據删。

二

「君子喻於義，小人喻於利。」所謂「喻於義」，則唯義而已。自義之外，非君子之所當務也，夫然後所守者約。如孟施舍知守氣，可謂約矣，所以不及曾子者，以曾子唯義之從故也。

三

或曰：「文王所謂至德，以不累於高名厚利故也。所謂不累於厚利者，三分天下有其二以服事商；所謂不累於高名者，有其二而弗辭。」曰：「如是，則武王之取天下，以爲累於利而可乎？」「孟子之言曰：『取之而燕民悦則取之，古之人有行之者，武王是也。取之而燕民不悦則勿取，古之人有行之者，文王是也。』此論盡矣。蓋文王所謂至德者，三分天下有其二矣，以取天下，何難之有？而文王勿取者，視天而已，初無用心於其間也。夫是之謂至德。」

四

舜在側微，堯舉而試之。慎徽五典，則五典克從；納于百揆，則百揆時序；賓于四門，則四門穆穆，以至以天下授之而不疑。觀其所施設，舜之所以爲舜，其才其德可謂大矣，宜非深山之中所能久處。而爲舜者，當堯未之知，方且飯糗茹草，若將終身。若使今人有才氣者，雖不得時，其能自已其功名之心乎？以此見人必能不爲，然後能有爲也；非有爲之難，其不爲尤難矣。只如伊尹耕於莘，非湯三聘則必不起；諸葛亮卧草廬，非先主三顧亦必不起。非要之也，義當然也。以諸葛之智尚知如此，又况不爲諸葛者乎？然則居畎畝之中，而以天下爲己憂可也。或不知消息盈虚之運，犯分妄作，豈正理哉？

五

舜可謂無爲有天下，初無所與；其任九官去四凶，視其功罪如何。舜無毫髮之私也。

六

劉向之所謂忠，可以爲戒。不幸似之，非所以全德。大抵人能住得，然後可以有爲。才智之士，非有學力，却住不得。

七

孟子言「大人正己而物正」。荆公却云：「正己而不期於正物，則無義；正己而必期於正物，則無命。」若如所論，孟子自當言正己以正物，不應言「正己而物正」矣。物正，物自正也。大人只知正己而已。若物之正，何可必乎？惟能正己，物自然正，此乃篤恭而天下平之意。荆公之學，本不知此。

八

張茂則，宦官之賢者也。元祐間曾請諸公啜茶觀畫，惟正叔不往，辭之曰：「某素不識畫，亦不喜茶。」如正叔，真個不去得，他人到此，須容情與他去。

九

或問：「正叔先生云：『邵堯夫易數至今無傳。』當時何不問他，看如何？」先生曰：「若是公等須打不過，必問他。」

十

字説所謂「大同於物者，離人焉」。曰：揚子言「和同天人之際，使之無間」，不知是同是不同？若以爲同，未嘗離人。又所謂「性覺真空者，離人焉」。若離人而之天，正所謂頑空通〔一〕。總老言經中説十識，第八庵摩羅識，唐言白净無垢；第九阿賴耶識〔二〕，唐言善惡種子。白净無垢，即孟子之言性善是也。言性善，可謂探其本。言善惡混，乃是於善惡已萌處看。荆公蓋不知此。

校記

〔一〕「頑空」，萬曆本「空」作「空」。字之誤。今據繩祖本訂正。

〔二〕「第九阿賴耶」，四庫本「耶」作「邪」。

蕭山所聞

徽宗政和二年壬辰（1112）五月，又自沙縣來至八月去。十五條〔一〕

一

横渠言性未成則善惡混，亹亹而繼善者，斯爲善矣。惡盡去，則善因以亡。故舍曰善而曰成之者性〔二〕。伯思疑此，以問。公曰：「不知横渠因何如此説。據此説，於易之文亦自不通。」却令伯思説。

伯思言：「善與性，皆當就人言。繼之爲説，如子繼父，『成』乃無所虧之名矣；若非人，即不能繼而成之。」曰：「不獨指人言，萬物得陰陽而生，皆可言繼之。善亦有多般。如乾之四德，有仁、義、禮、智之不同。後人以配四時。若如四時，則春固不可爲秋，冬固不可爲夏，其實皆善也。元者〔二〕，特善之長也，固出於道，故曰繼之者善。性則具足圓成，本無虧欠，要成此道，除是性也。今或以萬物之性爲不足以成之，蓋不知萬物所以賦得偏者，自其氣稟之異，非性之偏也。孔子曰：『天地之性，人爲貴。』人之性特貴於萬物耳，何常與物是兩般性？」

校記

〔一〕此部分十五條，係羅從彦所録。張譜：「政和二年壬辰。四月，赴蕭山縣任。羅仲素自延平來學。五月至八月，有語録。」

〔二〕「元者」，萬曆本「元」作「先」，誤。今據繩祖本、四庫本、四部叢刊續編本并參周易乾原文改。

二

「伊川語録云：『以忠恕爲一貫，除是曾子説方可信，若它人説，則不可信。』如何？」曰：「明道説，却不如此。」問明道説。曰：「『只某所著新義，以忠恕爲曾子所以告門人。』便是明道説。」

問：「中庸發明忠恕之理，以有一貫之意，如何？」曰：「何以言之？」曰：「物我兼體。」曰：「只爲不是物我兼體，若物我兼體，則固一矣。此正孟子所謂『善推其所以爲』者，乃是參彼己爲言。若知孔子以『能近取譬爲仁之方』，不謂之仁，則知此意。」曰：「即己即物，可謂一否？」曰：「然。」

三

「孟子言孔子『集大成』，曰『始條理者，智之事；終條理者，聖之事』。夫仁且智，斯之謂聖。今以聖之事或不足於智，何也？」曰：「聖則具仁智矣。但此發明『中』處，乃智之事，聖則其所『至』也，未必皆『中』。」

曰：「孟子曰『智之於賢者』，則智但可語賢者，若乃大而化之，則雖智而忘其智矣。如所謂『從容中道』、『從心不踰矩』，智何足以名之？」曰：「如伊尹、伯夷、柳下惠只於清、任、和處『中』，其他則未必皆『中』，則其智容有所不周。」

四

「智便是用處？」曰：「用智，莫非所以言聖人。若曰『行其所無事』，則由智行，非行智者也。」曰：「觀此，却是以智爲妙？」曰：「聖人之於智，見無全牛，萬理洞開，即便是『從容』處，豈不謂之妙？若伯夷、伊尹、柳下愚，於清、任、和處已至聖人，但其他處未必皆『中』。其『至』與孔子同，而其『中』與孔子異，只爲不能無偏故也。若『隘與不恭』，其所偏歟？」

五

「充類至義之盡」，言不可以謂之盜也。「獵較猶可」，則取於民，猶禦者受其所賜，何爲不可？

六

「『柳下惠不以三公易其介』，此與聖人之和互相發耶？乃所以爲和耶？」曰：「若觀其和，疑若不介，故此特言之。」曰：「何以知其介？」曰：「只不卑小官之意，便自可見。如柳下惠之才，以爲大官，何所不可？而樂於爲小官，則其剛介可知矣。」

七

「『中心安仁者，天下一人而已。』如伯淳，莫將做天下一人看。」曰：「固是。」

八

東坡言「直方大」云：「既直且方，非大而何？」曰：「直方蓋所以爲大，然其辭却似不達。孔子云：『敬義立而德不孤。』德不孤，乃所謂大。德不孤，則四海之内皆兄弟之意。夫能使四海之内皆兄弟，此所以爲大也。」

九

東坡云：「萬物覩，乃是萬物欲見之。」言欲見之，便非。「聖人作而萬物覩」，如日在天，萬物便見。聖人唯恐不作，作則即時覩矣。作與覩，同時事也。啐啄同時〔一〕。

校記

〔一〕「啐啄同時」，四庫本無此四字。萬曆本「時」作「作」。四部叢刊續編本楊龜山先生語録校勘記云：「宋本『啐啄同時』，時本『時』作『作』。」今據改。

十

乾之九三，獨言「君子」。蓋九三，人之位也。履正居中，在此一爻。故文言於九四則曰：「上不在天，下不在田，中不在『人』。」於九三止言「上不在天，下不在田」而已。其曰「君子」，行此四德者，蓋乾之所謂「君子」也。曰：所以爲君子者，乃行此德之人耳。

上治，如所謂正己也。

十一

讀書須看古人立意所發明者何事，不可只於言上理會。如萬章問「象日以殺舜爲事」，孟子答舜所以處之之道，其意在説聖人誠信無僞。此尤不可不知。若從枝葉上理會，只如象「欲使二嫂治朕棲」之語，此豈可信？堯在上，不容有此等人；若或有之，不知則已；然堯於舜，既以女妻之，其弟如此，豈有不知？知則治之矣。

十二

若使死可以救世，則雖死不足恤。然豈有殺賢人君子之人君能使天下治〔一〕？以死救天下，乃君子分上事，不足怪，然亦須死得是。孟子曰：「可以死，可以無死，死傷勇。」如必要以死任事爲能外死生，是乃以死生爲大事者也，未必能外死生〔二〕。

十三

校記

〔一〕「然豈有殺賢人君子之人君能使天下治」，各本於後一「人君」後均衍一「子」字。中華書局點校本宋元學案卷二五斷作「然豈有殺賢人君子之人？君子能使天下治」。按，楊時上欽宗皇帝其一云：「雖祖宗以來未嘗戮一大臣，此陛下之家法所當守也，然亦宜稍正典刑，以爲臣子不忠之戒。」（楊時集卷一）知此「殺賢人君子」的主語是人君。故此，將「人君」後之「子」字依文意删去則全句文從字順了。又，「能使」，萬曆本「使」作「便」，誤。今據繩祖本改。

〔二〕「外死生」，萬曆本作「外生死」，今據宋元學案卷二五龜山學案語録改。

十四

鄭季常問：「孔子去魯，曰：『遲遲吾行也。』去父母國之道也。然而『燔肉不至，不脱冕而行』，豈得爲遲遲？」曰：「孔子欲去之意蓋久，待燔肉不至而行，不欲爲苟去，乃所謂『遲遲』。若他國，則君不用便當去，豈待燔肉之不至然後行？」曰：「何以見其去他國之速？」曰：「衛靈公問陳，一語不契，明日遂行。」

十五

孟子所言，皆精粗兼備，其言甚近，而妙義在焉。如龐居士云：「神通并妙用，運水與搬柴〔一〕。」此自得者之言，最爲達理〔二〕。若孟子之言，則無適不然，如許大堯、舜之道，只於行止疾徐之間教人做了。

校記

〔一〕「搬柴」，萬曆本「搬」作「般」。今據繩祖本改用通行的「搬」字。

〔二〕「最爲達理」，萬曆本「達」原作「適」。宋本作「達」，是。四部叢刊續編本楊龜山先生語録校勘記云：「宋本『最爲達理』，時本『達』作『適』。」今據改。

楊時集卷十四

答問

答胡德輝問名珵〔一〕

一

問：「『克、伐、怨、欲不行焉，可以爲仁矣？』子曰：『可以爲難矣，仁則吾不知也。』『克』謂其克人也。若顔子克己，然後可以不克人。『伐』謂伐其功也，伐其善也。雖大禹猶有待乎告戒，所謂『汝惟不伐』是已。『怨』必如伯夷求仁而得仁，然後可以無怨。『欲』必如公綽，然後可以謂之不欲。夫顔子亞聖者也，禹入聖域者也，伯夷聖之清者也，而公綽不欲，又爲成人之質。今欲四者不行，宜可以爲仁矣。今止謂之『可以爲難』，不已輕乎？求其説而不得。」

答：「克、伐、怨、欲，在常情易發難制，有而不行焉，可以爲難矣。若夫仁，則又何克、伐、怨、欲之有？」

校記

〔一〕題下各本原無「名理」二字，今補。各答問中的分章序號亦爲點校者所加，下同不注。胡理，宋常州晉陵（今江蘇武進縣）人，字德輝。徽宗宣和三年進士。學於楊時、劉安世。李綱爲相，理在幕中。以嘗潤色陳東所上書，貶梧州。高宗紹興初召試翰林，兼史館校勘。秦檜主和議，理與朱松抗疏極言不可，出知嚴州。有蒼梧集。（中國歷代人名大辭典第668頁）

二

問：「『思無邪』。思而後積，積而後滿，滿而後發。詩三百篇，大抵思之發也。思而無邪，詩何不然哉？或曰：有思皆邪也，無思則土木也。思無邪者，惟有思而無所思乎？佛語以迷真起妄最初一念爲念之正。此理合矣。然是説也，果聖人當時告門人之意乎？」

答：「書曰：『思曰睿，睿作聖。』孔子曰：『君子有九思。』夫思可以作聖〔一〕，而君子於貌言視聽必有思焉，而謂有思皆邪，可乎？繫辭曰：『易，無思也，無爲也，寂然不動，感而遂通天下之故，非天下之至神，其孰能與於此？』夫自『至神』而下，蓋未能無思也。惟無思爲足以感通天下之故，而謂『無思土木也』，可乎？此非窮神知化，未足與議也。詩三百出於國史，固未能不思而得，然而皆止於禮義，以其所思無邪而已。」

校記

〔一〕「夫思可以作聖」，四庫本「聖」作「聖人」。

三

問：「『夫子之言性與天道不可得而聞也。』或謂性也，天也，道也，三者同出而異名。知性之未始有物也，雖天亦然。知天之未始有物也，雖性亦然。或曰：不然。性明其理，天道明其事。明理之際，或疑其無；明事之際，或疑其有。必也理、事俱融。此其説之難聞也。故經言天道，皆以禍福善惡焉。異乎言性也！二説孰是？」

答：「『天命之謂性，率性之謂道。』性、命、道三者，一體而異名，初無二致也。故在天曰命，在人曰性，率性而行曰道，特所從言之異耳。所謂天道者，率性是也，豈遠乎哉？夫子之文章，乃所以言性與天道非有二也，聞者自異耳。子貢至是始與知焉，則將進乎此矣。」

四

問：「子曰：『回也其心三月不違仁。』心不違仁，必不待見之言行也。然非行，何自而知之？仲尼知顔子，亦有説矣。」

答：「有不善未嘗不知，知之未嘗復行，則其不違可知矣。」

五

問：「『不逆詐，不億不信，抑亦先覺者，是賢乎？』逆其詐，將有不勝其詐；億其不信，將有不勝其不信。先覺之人，所病在是。不逆詐，不億不信，此其所賢也。不然，先覺適爲智料隱匿者爾，非其賢也。或曰：不然。孔子謂先覺，君子亦以是爲賢，非獨我也。」

答：「君子一於誠而已。惟至誠爲可以前知，故不逆詐，不億不信，而常先覺也。抑亦以是爲賢乎？若夫不逆不億，而卒爲小人所欺焉，斯亦不足觀也已。」

六

問：「『回也其庶乎，屢空。』説者謂若莊周，所謂忘仁義禮樂與夫坐忘之謂也。然下文言『賜不受命，而貨殖焉』，則所謂『空』者，非忘仁義之類也。然空必謂之『屢』者，何如？」

答：「『其心三月不違仁』，則蓋有時而違也。然而其復不遠，則其空也屢矣。空也者，不以一物置其胸中也。子貢貨殖，未能無物也。孔門所謂貨殖者，豈若世之營營者耶？特於物未能忘焉耳。」

七

問：「『子見南子，子路不説。』子路平居受教孔子者也。孔子見南子，雖如子路者且有不諭，他人何自而諭哉？蓋聖人用權處，平居不以語學者，此子路所以疑而不説也。南子不可見，審矣。今見所不見，不害爲孔子者，何説？」

答：「南子，衛靈公之妾。以妾爲妻，五霸之所不容，况孔子而可以見之乎？子路所以不説也。然當是時，窮爲旅人，不得而正之者，天實厭之也。孔子而得位，固將正之也。然衛之人皆以爲小君，而謂過吾國者，必見吾寡小君，則孔子安得而不見？否之時，『包承，小人吉』。此大人處否而亨之道也。」

八

問：「『原壤夷俟。』以原壤爲賢耶？聖人固以不遜弟罪之矣；以原壤爲不賢耶？然於聖人敢以夷俟，聖人不絶之，又從而以杖叩其脛。則壤果何人者耶？或曰：聖人如此，『故者，無失其爲故也。』然則仲尼故亦多矣，何獨於壤見之？」

答：「原壤之母死，登木而歌，孔子爲弗聞也者而過之，其置之禮法之外久矣。若原壤，蓋莊生所謂游方之外者也，故敢以夷俟〔一〕，而孔子切責之〔二〕，畏其亂俗也。然謂之爲賊而叩其脛，不已甚乎？而彼皆受之而不辭，非自索於形骸之内而不以毁譽經其心，孰能如是？蓋惟原壤而後待之可以如此。」

校記

〔一〕「故敢以夷俟」之下，正德本有「孔子」二字，萬曆本無。

〔二〕「而孔子切責之」，萬曆本原無「而」字。今據正德本補。四庫本無「而孔子」三字。

九

問：「『一日克己復禮，天下歸仁焉。』孔子終身行仁者也，當時學士大夫有不知。奈何顔子一日爲仁，而使天下歸仁焉？或曰：不然。天下歸仁，猶皇極之道，天下所共由也。顔子克己太過，其末將有墨氏之弊。人之樂於爲仁者鮮矣，此仲尼所以救之。一日能然者，由一日而積也。後之知是説者，惟孟子。其然乎？」

答：「吕與叔嘗作克己復禮頌，曾見之否？其略曰：『洞然八荒，皆在我闥。孰曰天下不歸吾仁？』斯言得之。若未見，俟尋本録去〔一〕。」

校記

〔一〕「録去」之下，正德本有如下小字注：「與叔，諱大臨，明道先生之高弟，亦嘗師事伊川者。」萬曆本無此小字注。其餘各本亦無。

十

問：「『述而不作，信而好古，竊比於我老彭。』論語一書，未嘗及老氏，蓋設教不倫也。或説此所謂『老彭』，乃老氏與彭籛，非謂彭之壽而謂之老彭也。然老氏之書，果『述而不作，信而好古』者乎？」

答：「老氏以自然爲宗，謂之不作可也。」

十一

問：「『子在齊聞韶，三月不知肉味。』聞樂而至於忘味，有之矣，至於三月不知，豈近人情乎？或説『聞韶音不知肉味』耳。蓋『三月』者，『音』字之誤也。」

答：「謂『音』字誤爲『三月』，伊川之説如此。」

十二

問：「樊遲問仁。子曰：『居處恭，執事敬，與人忠，雖之夷狄，不可棄也。』子張問行。子曰：『言忠信，行篤敬，雖蠻貊之邦，行矣。』其意甚類〔一〕。或説『問仁』乃『問行』爾，亦字之誤。」

答：「學者求仁而已，行則由是而之焉者也。其語相似，無足疑者。世儒之論仁，不過乎博愛自愛之類。孔子之言則異乎此。其告諸門人可謂詳矣，然而猶曰『罕言』者，蓋其所言皆求仁之方而已，仁之體未嘗言故也。要當徧觀而熟味之，而後隱之於心而安，則庶乎有得，非言論所及也。」

校記

〔一〕「其意」，正德本「意」作「答」。

十三

問：「子曰：『參乎！吾道一以貫之。』曾子曰：『唯。』子出，門人問曰：『何謂也？』曾子曰：『夫子之道，忠恕而已。』莊子言『南郭子綦隱几而坐，仰天而嘘，嗒然似喪其耦〔一〕』。曾子明夫子之道，亦在乎一『唯』之間，蓋與『仰天而嘘』不異也。若爾，下文言『夫子之道，忠恕而已矣』，理似不然。或謂忠恕，亦自有理。」

答：「曾子未嘗問〔二〕，而夫子以是告之，蓋當其可也，故曾子曰『唯』。『子出，門人問』，此曾子之門人也，未足以語此，故告之曰『夫子之道，忠恕而已矣』。『忠恕』固不足以盡道，然其違道不遠。由是求之，則於一以貫之，其庶矣乎？」

校記

〔一〕「耦」，正德本作「偶」。「偶」、「耦」通用字。

〔二〕「未嘗」，正德本「嘗」作「曾」。

十四

問：「『中庸之爲德也，其至矣乎！民鮮久矣。』説者謂有高明之至德，有中庸之至德。君子以高明者人所難勉，中庸者人所易行，故以人所難勉者立己，而以人所易行者同民，將使人人能之。其言『民鮮久矣』，蓋上失其道非一日也。而考之中庸，則曰：『君子中庸，小人反中庸。君子之中庸也，君子而時中。』又曰：『君子依乎中庸，遯世不見知而不悔，惟聖者能之。』又曰：『舜其大知也與？執其兩端，用其中於民。』又曰：『回之爲人，擇乎中庸，得一善則拳拳服膺而弗失之矣。』夫君子得是而時中，聖人依是而遯世。進爲撫世莫如舜，退隱就閒莫如顔。然且有所執有所擇，如是果人之所可到。然聖人以『民鮮久矣』言之，則中庸者，亦人之所易行矣。願究言之，使學者有所適從。」

答：「道止於『中』而已矣。出乎『中』則過，未至則不及，故惟『中』爲至。夫『中』也者，道之至極。故『中』又謂之極。屋極亦謂之極〔一〕，蓋中而高故也。極高明而不道乎中庸，則賢智者過之也；道中庸而不極乎高明，則愚不肖者之不及也。世儒以高明、中庸析爲二致，非知中庸也。以謂聖人以高明處己，中庸待人，則聖人處己常過之，道終不明不行，與愚不肖者無以異矣。夫道若大路，行之則至。故孟子曰：『堯、舜之道，孝悌而已矣。』其爲孝悌，乃在乎行止、疾徐之間，非有甚高難行之事，皆夫婦之愚所與知者。雖舜、顔不能離此而爲聖賢也，百姓特日用而不知耳〔二〕。」

校記

〔一〕「之極」，正德本作「至極」。

〔二〕「特日用而不知耳」，萬曆本「特」作「侍」，誤。今據繩祖本、四庫本改。

十五

問：「子曰：『衣敝緼袍〔一〕，與衣狐貉者立而不耻者，其由也與？』或謂仲由服仲尼耻惡衣之戒，故至於是。方其言志，曰『衣輕裘，與朋友共，敝之而無憾』，豈能無狐貉之念哉？聖人許之，何説？」

答：「士志於道，於緼袍、狐貉何容心哉？隨所有而安之耳。衣緼袍，不以惡衣爲耻，與朋友共敝之，不以小己自私，初不相妨也。」

校記

〔一〕「衣敝」，弘治本「敝」作「弊」。

十六

問：「子曰：『語之而不惰者，其回也與？』『語之而不惰』與『子路聞斯行諸』不異，然未得爲顏子之徒，何也？」

答：「『語之而不惰』，『於吾言無所不説』是也，與『聞斯行之』異矣。子曰『吾與回言終日』，則所言非一二也。今論語所記無幾，則孔子與回言，蓋有衆人不得而聞者。聖人之教人，各當其可也。故子路雖『聞斯行之』，而孔子猶告之以『有父兄在』，則未得爲顏子徒宜矣。」

十七

問：「『毋友不如己者』〔一〕，商也日進，以其好與勝己者處也。然『我之不賢，人將拒我』，如之何其可相友也？」

答：「所謂如己者，合志同方而已，不必勝己也。」

校記

〔一〕「毋友」，萬曆本「毋」作「母」，誤。今據四庫本改。按論語子罕原文作「無」。

十八

問：「『道不同，不相爲謀。』道一而已，『不同』者何説？」

答：「『天下殊塗而同歸』，故道有不同者。途雖殊，其歸則同。道不同，其趨則一也。若伯夷、伊尹之去就，則難相爲謀矣。」

十九

問：「『君子貞而不諒』，君子不諒，可乎？」

答：「惟貞，故可以不諒。所謂貞者，惟義所在也。」

二十

問：「『君子矜而不爭。』書曰：『汝惟不矜，天下莫與汝爭能。』君子可矜乎？」

答：「『矜』者矜莊之矜，非謂矜伐也。古人用字，各有所當，難以一説該也。」

二十一

問：「『君子泰而不驕。』孟子傳食於諸侯，人或以爲泰。君子可泰乎？」

答：「非侈泰之『泰』，若心廣體胖是也。」

二十二

問：「『放鄭聲，遠佞人。』言『鄭聲』而不及於慝禮，言『佞人』而不及於讒説，何也？」

答：「『行夏之時，乘殷之輅，服周之冕』，無非禮者，則思禮自放矣。佞人禦人以口給，則讒説在其中矣。」

二十三

問：「子路問成人。子曰：『若臧武仲之知，公綽之不欲，卞莊子之勇，冉求之藝，文之以禮樂，亦可以爲成人矣。』『不欲』者，成人之質也。人而有欲，雖知如武仲，勇如卞莊，藝如冉求，蓋不足爲成人。而仲尼之言『不欲』，必先之以『知』，何也？」

答：「雖有其質，不先於致知，則無自而入德矣。」

二十四

問：「『爲仁由己，而由人乎哉？』或謂『由己』者，猶在我而已。顏子於仁，何待如是告戒？或人之説，恐不然。」

答：「一視而同仁，則天下歸仁矣，非由己而何？」

二十五

問：「祝鮀治宗廟，伯夷典天地人之三禮，聖人命之，聞其直矣。祝鮀之佞，顧足以治宗廟者，何説？」

答：「籩豆之事，則有司存。雖聖人亦有不知者，故於『入太廟，每事問』。蓋儀章器數，祝史之事，有司之職也。然禮藏於器，治之不得其人，亦不足以成禮矣。祝鮀所治，蓋有司之職，非典禮之官也，書所謂『直哉惟清』者。若大宗伯，然後可以責此。」

二十六

問：「堯曰：『咨！爾舜，天之曆數在爾躬，允執其中。』書言『天之曆數〔一〕』，而繼之以『人心惟危，道心惟微，惟精惟一』，然後至於『允執厥中』。仲尼所叙，其略如是。將所謂中者，已在乎人心道心之間，特在夫精一以執之耶？將當時之人不足語是，故略之耶？未諭其旨。」

答：「道心之微，非精一其孰能執之？惟道心之微，而驗之於喜怒哀樂未發之際，則其義自見，非言論所及也。堯咨舜，舜命禹，三聖相授，惟中而已。孔子之言，非略也。」

校記

〔一〕「天之曆數」，萬曆本「天」作「夭」，誤。上文不誤。今據繩祖本及論語堯曰原文改。

二十七

問：「沈同問：『燕可伐與？』孟子對曰：『可。』嘗觀孟子對滕文公問爲國，孟子對曰：『民事不可緩也。』又曰：『無恒産者無恒心〔一〕。苟無恒心，放僻邪侈無不爲已。及陷於罪，然後從而刑之，是罔民也。焉有仁人在位，罔民而可爲也〔二〕？』及沈同問燕可伐與，孟子曰『可』；及其敗也，則曰『爲天吏則可以伐之』。民且不可罔，而問伐國如斯，何也？」

答：「燕固可伐矣，故孟子曰『可』。使齊王因孟子之言而遂伐之，誅其君而吊其民，何不可之有？而其虐至於係累其子弟，而後燕人叛之，以是而歸罪孟子之言，非也。」

校記

〔一〕「恒産」、「恒心」，萬曆本「恒」原作「常」，係避宋真宗趙恒名諱而改。孟子滕文公上原作「恒」，今回改。其餘各篇「常産」、「常心」不在此例。

〔二〕「可爲也」，萬曆本「也」作「之」，誤。今據繩祖本、四庫本及孟子梁惠王上原文改。

二十八

問：「孟子曰：『堯、舜，性之也；湯、武，身之也；五霸，假之也。久假而不歸，烏知其非有也〔一〕？』説者以『久假而不歸，烏知其非有也』，亦若固有之也。孟子尊王而卑霸。夫仁之爲道，惟聖人然後能踐之，而謂霸者爲固有，果其然乎？意以謂外雖久假，勉而行之，非其本心，然誰知其中本無有也？願詳教之。」

答曰：「管仲伐楚，以『包茅不入』爲辭，所謂假之也。初非有勤王之誠心，卒能以正天下〔二〕，假而不歸者也，烏知其非有？故孔子以仁與之，蓋其功可録也。」

校記

〔一〕「烏知其非有也」，正德本「烏」作「惡」。下同不注。萬曆本「烏」作「鳥」，誤；「非」下無「有」字，亦誤。繩祖本不誤。今據改、據補。

〔二〕「卒能以正天下」，正德本「以」作「一」。按，「正」疑本當作「匡」，宋人爲避宋太祖趙匡胤名諱而改。

答周伯忱問名孚先〔一〕

一

問：「書曰：『惟聖罔念作狂，惟狂克念作聖。』孚先竊謂所謂聖者，謂有聖人資質，一不念，則流入於狂。狂者進取，曾晳之徒是也。借如顏子，不能拳拳服膺，亦必至於此。若是聖人，則從心所欲不逾矩，雖不念，亦無害也。」

答曰：「六德：知、仁、聖、義、中、和。聖，通明之稱。狂，狂愚之稱。」

校記

〔一〕題下各本原無「名孚先」三字，今補。周孚先，宋常州晉陵人，字伯忱。與弟恭先同學於程頤，頤稱其兄弟氣質純明，可以入道。由鄉薦入太學，曾爲臨安教官。（宋元學案卷三〇，伊洛淵源録卷一四，中國歷代人名大辭典第1543頁）

二

問：「孔子曰：『知者樂水，仁者樂山。知者動，仁者静。知者樂，仁者壽。』孚先竊謂：樂山、樂水，狀仁智之體；動與静，述仁智之用；樂與壽，明仁智之效。智則能知之，能知之則務窮物理，務窮物理則運用不息，故樂水。水謂其周流也，故動。動謂其理之無窮也，故樂。樂謂其無所疑也。仁則能體之，能體之則有得於所性，有得於所性，則循理而行之，故樂山。山謂其安止也，故静。静謂其無待於外也，故壽。壽謂其達生理也。」

答：「言意未能體仁智，且宜潛思。」

三

問：「孔子曰：『知及之，仁不能守之；雖得之，必失之。知及之，仁能守之，不莊以莅之，則民不敬。知及之，仁能守之，莊以莅之，動之不以禮，未善也。』孚先竊謂：此語是告學者，亦是入道之序。故『知及之』者，見得到也。『仁能守之』者，孳孳於此也。『莊以莅之』者，外設藩垣以遠暴慢也。動之以禮，觀時應用，皆欲中節也。或者謂此是事君。」

答：「臨政處己，莫不皆然。所謂『「仁能守之」者，孳孳於此也』，此言未能體仁，且宜致思。仁則安矣，所謂仁守也〔一〕。」

校記

〔一〕「所謂仁守也」，萬曆本「謂」下原有「云」字，四庫本無，是。今據删。

四

問：「先生舊常語門人云：『天下至忙者，無如禪客。市井之人雖曰營利，猶有休息時。禪客行、住、坐、卧，無不在道。存無不在道之心，便是常忙。』孚先竊謂：此語如孟子所謂『必有事焉〔一〕而勿正，心勿忘，勿助長也』。若正、若助長，即是忙也。或者謂此語非爲學者設，謂以聖方之，則是禪客未嘗閑。若學者，須是行、住、坐、卧在道。」

答：「存無不在道之心，便是『助長』。方其學也，固當有事，亦當知助長之非。」

校記

〔一〕「必有事焉」，萬曆本「必」下有一「先」字，衍。今據繩祖本、四庫本及孟子公孫丑上原文删。

楊時集卷十五

策問

一〔一〕

書契之興，至數千百歲，其間聖帝明王，公侯賢士大夫，暴君污吏，檮杌嵬瑣之人，賢妃淑女，艷妻嬖妾，與夫山林居窮處獨之士，隱德潛耀，見於載籍，蓋不可勝記焉〔二〕。然歷世綿遠，編脱簡去，其存而略可知者，亦未易一二數也。班固表古今人，列爲九等之序，究極經傳，旁質諸子，馳騁數千歲之中，如度量權衡之較物，銖分不遺也。抑其書有所受歟？將亦奮私智而爲之歟？何其説之詳明也！夫由千載而下而上論千載之人智愚賢否，儔列等降若親覿焉，斯亦難哉！其是非得失，亦將必有在矣。諸君試考而折衷之。

校記

〔一〕本卷内各章序號爲點校者所加。張譜：徽宗崇寧四年乙酉（1105），官荆州。七月，如武昌考試。有策問。徽宗大觀二年戊子（1108），官餘杭。正月，差出越州考試。有策問。按，古代科舉考試以政事、經義等設問，寫在簡策上，令應舉者作答，稱爲「策問」。兩場考試，共出考題十七條。自一至十二（有「荆江」一詞）各條當是陳淵幫助書策，自十二至十七條，當是李郁幫助書策。

〔二〕「勝記」，正德本「記」作「紀」。

二

孟子没，聖學失傳。六經之旨，晦蝕於異端。諸子之書，名家而傳後世者，非一人也，然而論不詭於聖人者，百無幾焉〔一〕。揚雄之太玄〔二〕，王通之續經，皆擬聖人之作也。二人者，亦以斯文爲己任，其爲書，宜有異於諸子焉。然當時之論，尚或以雄非聖人而作經，猶吴、楚之君僭號而稱王，蓋貶絶之罪也。後之論通者亦然。予以謂爲此論者，是特以名譏之〔三〕，未究其實也。使其書不謬於聖人，而有補於六經，則二子也奚罪焉？學者審其是而已，又奚以名爲？

然觀雄之書，三摹、四分、九據，極八十一首、七百二十九贊〔四〕，其用自天元推一晝一夜陰陽氣候，星日度數、律曆之紀，無不備具。其閎意妙旨，馳騁乎有無之際，可謂至矣，其於易也，何準焉？通之續經，其始終之義，四名五志，策命誥詔，贊議誡諫，斷疑褒貶之法，具載於其書，可考而知。諸君試明其所以準易之旨，與夫續經之作，是非得失，詳擇而折衷之，以釋論者之疑焉，毋或謂其僭擬而不足道也。

校記

〔一〕「百無幾焉」，萬曆本「百」作「有」，誤。繩祖本、四庫本作「無幾焉」。今據正德本改。

〔二〕「太玄」，四庫本作「太元」，避清聖祖玄燁之名諱而改。

〔三〕「譏之」，正德本作「議之」。

〔四〕「八十一首」，萬曆本無「一」字，誤。今據正德本補。

三

古者士不患無名，而患實之不至；不患無位，而患德之不孚。故公卿大夫士至於抱關擊柝〔一〕、乘田委吏之賤，皆因實與名，量能授位。其養之有素，考之有漸，而賢愚善否，不容相淆〔二〕。此三代所以直道而行，而士亦無覬覦於其間也。周衰，教養選士之法廢，而縱橫之士始相與乘時射利，觀時君之好，因其剛柔、緩急、喜怒、愛惡之變，陽開陰闔，以還惑其志，摇吻動喙，卒取卿相者，無國無之。自是朝無常度，而士亦鮮克有廉耻之行矣。漢初，剗除前弊，詔舉賢良方正，州郡察孝廉。中興以後，復增四行〔三〕，以網羅遺逸，其規範雖未足方古，其猶庶幾乎。唐以六科取士，至楊綰舉詞藻宏麗，又加詩賦，國家因之，專用聲律。熙寧更新法度，登延儒臣，講明六經之旨，盡革雕蟲之習。未十餘年間，士之應科舉者，類皆剽掠補綴，迭相祖襲，有司眩於銓擇。識者患之，欲復加詩賦，而國論未一。諸君究觀前世得失，試詳明之，無或隱焉。

校記

〔一〕「擊柝」，萬曆本「柝」作「拆」，誤。「木」、「扌」刻本常混，今據繩祖本改。

〔二〕「相淆」，弘治本、萬曆本「淆」作「殽」。「殽」、「淆」異體字。

〔三〕「復增四行」，正德本「增」下有「以」字。

四

宗廟之制尚矣。漢興至本始間，凡祖宗廟與在郡國者〔一〕，合百六十七所。其歲時祠祀與衛士、祝宰、樂人皆以鉅萬數。至元帝時，貢禹始議罷郡國廟，定迭毁之禮，未及施行而禹卒。其後天子追用其議，然而通儒或非之，異論紛如也。而班固述父彪之言，則獨稱劉歆之論博而篤〔二〕。其是非安在？幸詳明之〔三〕。

校記

〔一〕「凡祖宗廟與在郡國者」，正德本「郡國」下有「有」字。

〔二〕「論博而篤」，正德本「篤」作「當」。

〔三〕「幸詳明之」，萬曆本「幸」原作「秀」，誤。今據弘治本、正德本、繩祖本改。

五

羿，天下之善射者也〔一〕，而弓撥矢鉤，則雖羿不能取中。造父，天下之善御者也，而輿脱馬疲，雖造父不能以致遠。人主，天下之利勢也，而輔之以庸人小夫，則雖有利勢〔二〕，其能爲治乎？

予觀虞、周之間，何其盛哉！以舜、武之爲君，后稷、周、召之爲臣，而相與共成帝王之業，豈不易歟？孔子稱曰「才難」，則自古豪傑俊偉之人固不可多得，而後可以爲治也。西漢之初，承暴秦殘刻之餘，高、惠之間，卒至太平。其佐命之臣，則有若蕭、曹而已〔三〕。孝宣中興，丙、魏有聲。茲四人者，皆卓然一代之良弼也。唐興垂三百年，則亦前稱房、杜，後稱姚、宋而已。所謂豪傑俊偉之人自古不可多得者，豈不信然歟？

然漢、唐之治，號稱近古，而文采足以表見於後世者，抑亦茲數人之力也〔四〕。其致治之方，所操之術，亦必有可言者。然卒不能追復舜、武之盛，以自附於伊、周、禹、稷之列者，其故何哉？豈所操之術有未盡歟？然是數人者之器業遠近優劣，亦可以概見。諸君其悉著於篇，以觀所學。

校記

〔一〕「羿，天下之善射者也」，萬曆本、弘治本、繩祖本、四庫本均無「者」字。然觀下句「造父，天下之善御者也」，二者句式實同，「射」下似亦應有「者」字。今補。

〔二〕「則雖有利勢」，今國家圖書館藏弘治本下脱頁，而直接第十三篇「孟子没，聖人之道不傳」的後半篇「射者未知正鵠之所在」句直至終篇。但弘治本以下諸篇不缺。

〔三〕「有若」，萬曆本作「若有」，誤。今據正德本改。

〔四〕「之力也」，萬曆本無「也」字。今據正德本補。

六

傳曰「財用足故百志成，百志成故禮樂興」，自古帝王不易之道也。熙寧更新百度，無非以理財爲務，其知此乎？故謂之「青苗」以寬民之財，「免役」以寬民之力，立「市易」以權貨賄之阜通〔一〕，使兼并無所侵漁，而窮乏者安其生，農得盡力於耕，而游惰兼有所事，其施設之意厚矣。然未十有年間，羡餘之息充溢府庫，而民反有受其弊者，其故何哉？是豈立法之方有未盡與？主上鋭意於爲治，凡法有害於民者，一切蠲除之，可謂善矣。然抑兼并，振窮乏，寬民力，役游惰，其可無術乎？將欲數者之利而無其害，學者宜知其説也。幸悉陳之，以俟采擇焉。

校記

〔一〕「皁通」，繩祖本作「與通」。

七

光武不以功臣任職〔一〕，議者多非之。史氏謂「深圖遠算，將有以焉」，其説安在？

校記

〔一〕「光武」句，正德本緊接上篇六「以俟采擇焉」，二者合爲一篇。萬曆本另起一行，獨立成篇。

八

周德衰，聖王不作，寇攘争取之禍起，而名實不加於天下久矣。孔子懼而作春秋，以明先王之法。綱條大小，罔不畢舉；善善惡惡，因實稱情。而輕重長短，各中權度，無錙銖分毫之差。振幽顯微，而亂臣賊子知懼焉。孔子没，更戰國至秦，遂焚書坑學，微言中絶。

漢興，六藝殘缺，蓋久而後完。而春秋之學，列爲三家，雖異端競起，然自通才博識，未有不由此而學也。

國家崇尚經術以訓釋之，造極其精微，而於春秋獨廢而不講，是何耶？議者欲置博士，與諸經比，或者其可乎？幸明言之，將以告於有司。

九

三代之政亡〔一〕，而暴君污吏慢其經界。天下無常産，自戰國以來尚矣。民無常産則無常心，乘之以饑饉，則老弱者操瓢囊轉乎溝壑，壯者則聚而爲盜，此其常也。國家興利修廢，務以保民爲心，獨能無意於此乎？然承千載之弊〔二〕，將欲追復三代之政，使天下之人各有常産，宜何施而可？幸明言之，抑亦觀諸君之所蘊。

校記

〔一〕「三代之政亡」，本篇正德本在「孟子没，聖人之道不傳」（見後第十三篇）之前，下接「荆江合蜀衆水所委」（第十一篇）、「孟子言禹、稷、顔回同道」（第十四篇），次第與萬曆本異。

〔二〕「承」，萬曆本原作「乘」，誤。今依文意改作「承」。

十

三代教學廢，而禮義之澤竭。士無中行，非特今日也。熙寧之初，天子尤鋭意於辟雍、成均之法，以作新人材爲務，其有不在於兹乎？然士雖無卑近之習，而忠信之道微；革雕蟲之弊，而浮誕詭異之風熾。薄廉耻而敦進取，則士之失，又不特無中行也。今將欲追三代教學之法，以漸磨士類〔一〕，使無過行，宜何施而可？博古之君子，幸詳言之，毋隱。

校記

〔一〕「漸磨」，四庫本「磨」作「摩」。

十一

荆江合蜀衆水所委，源高而流下，自夷陵以東，地多沮洳陂澤，無高山大陵以爲阻固，所恃以禦水者，堤防而已。人力一不至，則靡潰千里，豬爲平流，不見涯涘。昔人有支爲九河以疏瀹之者〔一〕，而後水之爲患消，荆人利之非一日矣。瀕河之民，玩習久安，乃始盜河爲田，而河之故道湮没，無復存者。比年以來，水患浸劇，而今歲爲尤甚，意者其職此之由乎？國家修明百度，置丞以貳令，正以變移水陸爲先務。苟可以除民患者，亦無不舉也。

諸君親被其害者，知其所自矣。願詳言之，將以告於有司。

校記

〔一〕「支」，萬曆本原作「攴」誤。今據繩祖本、四庫本改。按，「支」有度量、計算之義。

十二

孔子曰：足食足兵，民信之矣。於斯三者，不得已而去之，則先兵。又不得已而去之，則先食。而信不可去。夫聖人恃民之信如此其重也。

國家遴選儒臣，鎮撫兹土，師出有名，士以義奮，投甲徒裼以趨敵也〔一〕。鴃舌之酋，係頸束手，爲地千里，紹成先志，可謂盛矣。議者猶患兵食之不足，而有戍役轉輸之勞，不可以持久。

諸君境地相鄰，宜習知其利害。而承學之久，孔子所謂去兵去食而恃民之信，亦必有説也。幸詳言之，毋隱。

校記

〔一〕「徒裼」，萬曆本、繩祖本、四庫本皆作「徒楊」，誤。正德本作「徒裼」（赤脚露體之意），是。韓非子初見秦：「聞戰，頓足徒裼。」可證。今據改。

十三

孟子没，聖人之道不傳。六經微言晦蝕於異論，士不知所以學，非一日也。自熙寧以來，訓明經術以風多士，所以迪之，可謂至矣。然大學之道，必先知所止。知所止然後能定，能定然後能應〔一〕。不知所止，而欲應酬曲當，是猶射者未知正鵠之所在，而欲取中也，其可得乎？

諸君承學之久，宜知所止矣。異時施於有政，將必有道也。願試言之，以觀攸趨〔二〕。

校記

〔一〕「能應」，四庫本作「能慮」。

〔二〕「攸趨」，四庫本作「攸趣」。「趣」、「趨」古通用。

十四

孟子言〔一〕「禹、稷、顔回同道。」夫回之在陋巷，飯蔬飲水〔二〕，終日如愚人然，邈乎其若無意於世也〔三〕。禹思天下之溺者猶己溺之也，稷思天下之饑者猶己饑之也〔四〕，其以身任天下之責，可謂重矣。則三人者，疑若内外之不相及也，而孟子曰「易地則皆然」，則古之人所以修身善世之道，蓋一而已。後世道學不明，學士大夫窮而善其身〔五〕，則進無以經世之務，汲汲於事功，則退無以處簞瓢捽茹之樂〔六〕。自漢、唐以來，往往皆是也，其失果安在哉？

國家比詔有司，推原熙、豐三舍之令，播告之修，所以迪士者至矣。蓋將養天下之成材而望之以禹、稷之事也。承學之士，宜知古人所以修身善世之道與夫後世之失〔七〕，躬蹈而力行之，以副朝廷出長入治之選。請試言之。

校記

〔一〕「孟子言」，弘治本、正德本「言」作「曰」。

〔二〕「飯蔬飲水」，繩祖本、四庫本「蔬」作「疏」。論語述而原文作「疏」。下同不注。

〔三〕「邈乎」，正德本作「邈然」。

〔四〕「猶己饑之也」，各本作「猶己之饑也」，誤。今依孟子離婁下原文改。上句作「猶己溺之也」，亦可證。

〔五〕「學士大夫」，萬曆本原無「學」字。今據正德本補。

〔六〕「處簞瓢捽茹之樂」，四庫本「捽茹」作「陋巷」。

〔七〕「宜知」，正德本「宜」下有「其」字。

十五

三代之政亡，暴君汚吏慢其經界，天下無常產，自戰國以來尚矣。民無常產則無常心。乘之以饑饉，則流亡轉徙，救死之不贍〔一〕，欲驅而之善，尚可得乎？國家修明百度，凜凜乎成周之際矣。議者欲爲限田之法，漸復古制，此三代甚盛之舉也。然豪宗大族〔二〕，富連阡陌，一旦奪其有餘以與不足，得無紛紛乎？此當今之要務。施設之方，學者宜知其説也。幸詳言之，將以獻於有司。

校記

〔一〕「不贍」，萬曆本「贍」原作「瞻」，誤。今據弘治本、正德本改。

〔二〕「大族」，正德本作「大姓」。

十六

「無君子，莫治野人；無野人，莫養君子。」此天下之常分，古今之通義也。先王度地以居民，分田以制禄，五家之比〔一〕，則以一下士長之。其治野人，可謂詳矣。自比長而上至於鄉老大夫，皆養於野人者也。一鄉之廣，又二千五百家而已。以今較之，猶非赤望縣之比也，而卿大夫士列於其間，無慮數千人，豈不冗且多乎？先王未嘗以餼廩爲憂，而野人之養君子者，亦不以爲厲。

今之郡縣，官有常員，宜其易禄矣，而議者每以冗官爲患，何也？國家修飾治具，將復三代之制。致治之原，有在於此。學者宜知其説也，幸著于篇。

校記

〔一〕「五家之比」，萬曆本「比」作「寡」，誤。弘治本作「比」，是。按，「比」是周代地方的基層組織。周禮地官大司徒：「令五家爲比，使之相保，五比爲閭，使之相受。」今據改。

十七

太極函三爲一，一而三之，歷十二辰而五數備。陰陽合德，氣鍾於子，而黄鍾之實全焉。其長爲度，其龠爲量，其重爲權，其實一也。三者立，斯民不約而信矣，故曰律爲萬事根本。而舜所以同律度量衡，而天下治也。周衰，更秦，反古是今，變亂，先王之制無復存者。魏、晋而下，因陋襲弊，律尺不同，而諸儒紛紛，無復稽正，權衡度量，至或家自爲之，莫能相一，上無以考其數度，下無以立民信，而禮樂亦或幾乎熄矣〔一〕，可勝悼哉！

國家審法度，修廢官，凡先王爲治之具，蓋無不舉矣。而舜之所以同律度量衡，與孔子所謂謹權量者，或未備也，獨何歟？豈本末先後固有序歟？諸君講明經世之務詳矣，願悉陳之。

校記

〔一〕「熄」，正德本作「息」。「息」、「熄」通用字。

楊時集卷十六

書一

見明道先生[一]

某鄙朴[二]無知，不量力之不足也。竊慕古人之學，誦其書，論其世[三]，想見其爲人而師之，有日矣。然以淺聞卑見，未能灼知古人大體，故刻意雖堅，終未有得也。嘗觀古之爲士者，所至遠近雖不同，其秉節勵行，皆有以自立於世，豈其材悉能過人耶？特以先王教學之道明[四]，而士於此時，無私習之蔽故也。

周道衰，庠序之法廢，故家遺俗，隨以熄滅。幸而有孔子出焉，振先王已墜之教，駕説於當世。而從之游者，若參之魯，師之辟，由之喭，師之過，商之不及，其材固非有大過人也[五]，然其聞所未聞，見所未見，而餘言遺行，有後世宿儒皓首而不能窮者，則士之得所依歸，豈曰小補之哉？自秦、漢迄於魏、晉、隋、唐之間，明知之士[六]見於其時，不無人矣。間有一節一義可稱於世者，概以聖人中道，非過則不及，豈其材皆不逮古耶？徒以學無師承，不知所以裁之故也。以今較古，則學之難易，又可知已。

且三代而上，道德明而異端熄，邪説詖行不作於下，士之朝夕蹈襲者，無非禮樂之間，則其學豈不易致耶？末世以來〔七〕，諸子百家，異端並起，是非紛錯，無所考正。士之始學者，如適九達之衢，從横曲折，眩然莫知所之，非有導其前，則終身未見其至也。嗚呼！師道廢久矣。後世之士，不能望見古人之萬一者，豈不以此歟？

某嘗悲夫世之人自蔽曲學〔八〕不求有道者正之〔九〕，而又自悲其欲求有道者而未之得也〔一〇〕。調官至京師，於朋游間獲聞先生之緒言，鄙俗之心固以潛釋〔一一〕，於是慨然興起曰：古之人其相去甚遠矣〔一二〕，尚或誦其詩，讀其書，論其世，想見其爲人而師之，又况親逢其人哉？其往不可復矣，此區區所以有今日之請也。先生其將哀其愚、憫其志而進之，使供灑掃於門下〔一三〕，則千萬幸甚！

校記

〔一〕弘治本、正德本題下有「書」字。令聞本、繩祖本、正誼堂本、四庫本與萬曆本同，題下無「書」

字。以下各篇體例同。

〔二〕「某鄙朴」，民國乙卯重修蛟湖楊氏族譜（以下簡稱蛟湖楊氏族譜）「某」作「時」。對長輩先生，作「時」是，但古書亦用「某」表謙稱。正誼堂本「朴」作「樸」。

〔三〕「誦其書，論其世」，蛟湖楊氏族譜作「誦其書，讀其詩，論其世」。

〔四〕「道明」，萬曆本「明」作「朋」，誤。今據弘治本、正德本改。

〔五〕「非有大過人也」，蛟湖楊氏族譜「也」作「者」。

〔六〕「明知」，正德本「知」作「智」。

〔七〕「末世」，蛟湖楊氏族譜「末世」前有「既」字。

〔八〕「某嘗悲夫」，蛟湖楊氏族譜「某嘗」作「時常」。

〔九〕「正之」，弘治本作「事之」。

〔一〇〕「未之得也」，蛟湖楊氏族譜無「也」字。

〔一一〕「固以潛釋」，正誼堂本、四庫本「固」作「因」，蛟湖楊氏族譜「以」作「已」。

〔一二〕「其相去甚遠矣」，蛟湖楊氏族譜無「矣」字。

〔一三〕「灑掃」，正誼堂本「掃」作「埽」。「埽」、「掃」古通用。今一律採用通行的「掃」字，下同不注。

寄明道先生

其一〔一〕

自奔走南歸，不聞誨言久矣。所居窮僻，賢士大夫不至其境〔二〕，每學有所疑，則中懷罔然，思所以考正，徒北向瞻望而已。

附語者以其視聽不用耳目，故能傳死者之事有人所不知者。既已聞命矣，然其所以能視聽不用耳目，則未聞其説。

古者冠婚喪祭必筮之，吉然後行事。則古之人，其動作未嘗不擇日也，其旨安在？春秋不書「即位」者四：隱、莊、閔、僖是也。諸儒之論，紛然莫知所從〔三〕。左氏謂隱公爲「攝」。以經考之，則隱非攝明矣。然三傳皆謂有「讓桓」之志〔四〕，其果何也？

先王之時，諸侯疑無相盟之事，然考之周官司盟之職曰：「掌盟載之法，凡邦國有疑，會同則掌其盟約之載。」覲禮朝諸侯於壇訖，乃加方明於壇而祀之，列諸侯於庭〔五〕，玉府「共珠盤玉敦〔六〕」，戎右「以玉敦辟盟，遂役之，贊牛耳，桃茢」，司盟北面詔告明神，諸侯以次歃血。則諸侯相盟，禮所有也。不識二禮之説，果可以爲據耶？抑亦附會之説耶？春秋之凡書「盟」者，又何謂也？

「秋七月，天王使宰咺來歸惠公仲子之賵。」以傳考之，則仲子者，惠公之妾，桓公之母也。後之説者〔七〕，皆以爲惠公之母。其曰「惠公仲子」者，以別惠公之母耳。其不同若此，何也？

春秋之學不傳久矣，每以不得從容左右，親受指誨爲恨。鄙心所疑，非止一二，但未敢縷陳，恐煩聽覽耳。惟先生不以愚鄙見棄，一一見教，幸甚！

校記

〔一〕「其一」，萬曆本與「寄明道先生」接排，今改作次級標題。

〔二〕「其境」，弘治本「境」作「竟」。

〔三〕「莫」，四庫本作「不」。

〔四〕「讓桓」，弘治本「桓」作「桓」，係避諱字。今補足筆畫。

〔五〕「列諸侯於庭」，弘治本「庭」作「次」。

〔六〕「玉敦」，萬曆本作「王敦」，誤。今據繩祖本改。下「玉敦」，弘治本作「王敦」，亦誤。按，「共珠盤玉敦」，見周禮天官玉府；「以玉敦辟盟」，見周禮夏官戎右。

〔七〕「後之説者」，萬曆本「後」原作「從」，今據正德本改。

其二

某嘗欲治春秋，讀之數卷，淺識未能窺見其門户。遠去師席，疑無質問，中欲輟之，又惜其初心之勤，惓惓不能自已。誦習之餘，每妄有所億，然未知聖人之旨果可以如此求否？謹録之，以質諸左右。儻因暇時一賜觀覽，正其非謬，以開導之，則幸甚矣〔一〕。

隱元年，「鄭伯克段于鄢」。段以不義得衆，公弗能制，終欲制之，畏人之多言，則克段者鄭伯而已，非國人所欲也。故不稱國討而書曰「鄭伯」〔二〕，蓋交譏之也。夫仁人之親愛其弟，非徒富貴之而已，亦必爲之節也。富貴而不爲之節，使之驕慢陵僭以速禍敗，則其親愛之也，適所以害之耳。故詩稱「鄭伯不勝其母，以害其弟」，而春秋書曰「鄭伯克段〔三〕」，正謂是歟？夫「克」者，勝敵之辭。以勝敵之辭加之，則段之强可知矣。段之强，由辨之不早辨也〔四〕。

「日有食之」，穀梁曰：「吐者外壤，食者内壤，闕然不見其壤，有食之者。」言有物食之也。夫日月之變，有常數焉，此巧曆所能窮也〔五〕。而春秋記以爲異者，蓋先王克謹天戒，因以正厥事，則日之有變，豈徒然哉？必有以也。故書曰「日有食之」。而其辭若有食之者，蓋所以歸咎於人事，而不以常數爲不足畏也。

桓元年，「三月，公會鄭伯於垂。鄭伯以璧假許田〔六〕」。二年，「三月，公會齊侯、陳侯、鄭伯於稷，以成宋亂。夏四月〔七〕，取郜大鼎於宋。」夫宋督殺其君，而公成其亂，取郜大鼎以歸。公弑隱公，而鄭伯會公於垂，以璧假許田，則魯之亂〔八〕，鄭伯成之也。不書，爲内諱也。夫鄭伯之假田與公之取鼎，其求賂一也，而書之異辭〔九〕，内外之分然也。

三年，「夏，齊侯、衛侯胥命於蒲」。「胥命」，蓋若葵丘之會，束牲載書而不歃血，有五命之類是也。齊、衛適國〔一〇〕，莫爲命主，故曰「胥命」也。至治之時，諸侯述職，以聽天子之命而已，何胥命之有哉？然葵丘之會，不書「命」，何也？蓋五霸，桓公爲盛，葵丘之會實爲盟主〔一一〕，故不書「命」，蓋不與其擅命也。

其他若「及宋」之類，義例甚衆，并前書所問，皆未能曉。略賜疏示，乃至願也。浼瀆左右，徒用愧畏。惟先生誨人不倦，未拒絶之，幸甚！

校記

〔一〕「則幸甚矣」，正德本無「則」字。當以有「則」字爲是。

〔二〕「稱」，萬曆本原作「偁」，弘治本作「稱」。「稱」、「偁」通用字，今一律改用通行的「稱」字。下同不注。

〔三〕「而春秋書曰」，正德本無「曰」字。

〔四〕「由辨之不早辨也」，弘治本同。繩祖本、四庫本「辨」作「辨」。

〔五〕「巧曆」，四庫本「曆」作「歷」。

〔六〕「以璧」，萬曆本「璧」作「壁」，誤。今據弘治本、正德本、四庫本改。下「璧」字同。

〔七〕「夏四月」之下，正德本無「取郜大鼎於宋。夫宋督殺其君，而公成其亂」等十七字。

〔八〕「則魯之亂」，弘治本「魯」作「曾」，誤。

〔九〕「異辭」，正德本「辭」作「詞」。

〔一〇〕「適國」，弘治本、令聞本、四庫本同。正德本、繩祖本「適」作「敵」。「適」、「敵」通用字。

〔一一〕「盟主」，正德本作「命主」。

寄伊川先生〔一〕

某竊謂道之不明，智者過之。西銘之書，其幾於此乎？昔之問仁於孔子者多矣，雖顔淵、仲弓之徒，所以告之者，不過求仁之方耳。至於仁之體，未嘗言也。孟子曰：「仁，人心也。義，人路也。」言仁之盡、最親，無如此者。然本體用兼舉兩言之〔二〕，未聞如西銘之説也。孔、孟豈有隱哉？蓋不敢過之，以起後學之弊也。且墨氏兼愛，固仁者之事也，其流卒至於無父，豈墨子之罪耶？孟子力攻之，必歸罪於墨子者，正其本也。故君子言必慮其所終，行必稽其所弊，正謂此耳。西銘之書，發明聖人微意至深，然而言體而不及用，恐其流遂至於兼愛，則後世有聖賢者出，推本而論之，未免歸罪於横渠也。

某竊謂此書，蓋西人共守而謹行之者也。願得一言，推明其用，與之並行，庶乎學者體用兼明，而不至於流蕩也。横渠之學，造極天人之藴，非後學所能窺測。然所疑如此，故輒言之，先生以爲如何？

附　伊川答論西銘〔三〕

前所寄史論十篇，其意甚正，才一觀，便爲人借去，俟更子細看。西銘之論則未然。横渠立言，誠有過者，乃在正蒙。西銘之爲書，推理以存義，擴前聖所未發，與孟子性善、養氣之論同功二者亦前聖所未發，豈墨氏之比哉？西銘明「理一而分殊」，墨氏則二本而無分。老幼及人，理一也；愛無差等，本二也。〔四〕分殊之蔽，私勝而失仁；無分之罪，兼愛而無義。分立而推理一，以止私勝之流，仁之方也；無别而迷兼愛，至於無父之極，義之賊也。子比而同之，過矣。且謂「言體而不及用」，彼則使人推而行之，本爲用也，反謂不及，不亦異乎？

校　記

〔一〕正德本題下有「論西銘」三小字。

〔二〕「然本體用兼舉」，正德本「本」作「亦」。

〔三〕弘治本無附伊川答西銘一文。正德本題爲伊川答書附。萬曆本題前無「附」字。今據繩祖本補。按二程集卷九題作答楊時論西銘書。

〔四〕「二者亦前聖所未發」和「老幼及人，理一也；愛無差等，本二也」兩句，各本字號與正文同。但二程粹言論書篇引文無此幾句，且二程文集本用小字排，可見本爲注文。今改從二程文集。

答伊川先生

示諭西銘微旨〔一〕，曉然具悉，如侍几席親承訓誘也，幸甚幸甚！

某昔從明道，即授以西銘使讀之。尋繹累日，乃若有得，始知爲學之大方，是將終身佩服，豈敢妄疑其失，比同於墨氏？前書所論，謂西銘之書〔二〕以民爲同胞，長其長，幼其幼，以鰥寡孤獨爲兄弟之無告者，所謂明「理一」也。然其弊，無親親之殺，非明者默識於言意之表，烏知所謂「理一而分殊」哉？故竊恐其流遂至於兼愛，非謂西銘之書爲兼愛而發與墨氏同也。

古之人所以大過人者無他，善推其所爲而已。「老吾老，以及人之老，幼吾幼，以及人之幼」，所謂推之也。孔子曰「老者安之，少者懷之」，則無事乎推矣。無事乎推者，理一故也。理一而分殊，故聖人稱物而平施之，茲所以爲仁之至，義之盡也。何謂稱物？親疏遠近各當其分，所謂稱也。何謂平施？所以施之，其心一焉，所謂平也。某昔者竊意西銘之書〔三〕，有平施之方，無稱物之義，故曰「言體而不及用」，蓋指仁義爲説也。故仁之過，其蔽無分，無分則妨義。義之過，其流自私，自私則害仁。害仁則楊氏之爲我也，妨義則墨氏之兼愛也。二者其失雖殊，其所以得罪於聖人則均矣。西銘之旨，隱奥難知，固前聖所未發也。前書所論，竊謂過之者，特疑其辭有未達耳。今得先生開諭〔四〕，丁寧傳之，學者自當釋然無惑也。相去阻修，未緣趨侍〔五〕，以請畢餘教，兹爲恨耳。

校記

〔一〕「示諭」，萬曆本「諭」原作「論」，弘治本、正德本作「諭」。今據改。

〔二〕「謂西銘之書」，弘治本無「謂」字。

〔三〕「某昔者」，正德本無「某」字，弘治本於「昔」前空缺一字。

〔四〕「開諭」，萬曆本原作「開論」。今閩本、繩祖本、四庫本亦作「開論」。弘治本、正德本作「開諭」，義較長。今據改。

〔五〕「趨侍」，萬曆本「趨」原作「趍」。「趍」、「趨」異體字。正德本作「趨」。今據改。下同不注。

與楊仲遠名敦仁〔一〕

其一〔二〕

得所惠書，謂能不變於俗，此固區區所望，而吾子所當勉也，甚慰甚慰！道廢千年，學士大夫溺於異端之習久矣〔三〕，天下靡然成風，莫知以爲非。士志於道者〔四〕，非見善明、用心剛，往往受變而不自知，此俗習之移人〔五〕，甚可畏也。若夫外勢利聲色，不爲流俗詭譎之行，以是爲不變於俗，則於學者未足道也。吾子勉之！先帝睿聖，方將大有爲，而遽有凶變如此〔六〕，固天下所同戚也。今天子即位，務在寬民，一時聚斂之臣，遷謫殆盡。東州民吏，如釋重負，息陰休迹，而遇清風也。幸甚幸甚！不知吾鄉亦覺如此否？司馬君實已作兩府，甚慰民望。伯淳先生近自汝召作宗丞，想已在京師。君玉或未作歸計〔七〕，早晚當勉之令就學也。

某苟禄如常，賤吏冗職，無補於萬分，而舊學日廢。以此易彼，孰得孰失？

校記

〔一〕題下原無「名敦仁」三字，今補。楊敦仁，字仲遠，楊時从弟。登哲宗元符三年李常寧榜進士，元祐初任武平知縣。曾從游酢學。（見乾隆將樂縣志卷七選舉、康熙武平縣志卷六官師，明溪縣楊石安藏明洪武十八年楊均政撰龜山公家譜序）

〔二〕「其一」，萬曆本與「寄楊仲遠」接排，今改作次級標題。

〔三〕「溺」，正德本作「汩」。

〔四〕「士志於道者」，弘治本作「害惑於道者」。

〔五〕「俗習」，弘治本作「氣習」。

〔六〕「而遽有」，弘治本作「而迺者」。

〔七〕「君玉或未作歸計」，萬曆本無「作」字。今據弘治本、正德本補。弘治本「君玉」作「吾子」，誤。本卷與楊君玉，即其人。

其二

近日不審爲學何地？向者欲往定夫處，今果然否？夫爲己之學，正猶饑渴之於飲食，非有悦乎外也。以爲弗飲弗食，則飢渴之病必至於致死。人而不學，則失其本心，不足以爲人。其病蓋無異於飢渴者，此固學之不可已也。

然古之善學者，必先知所止。知所止，然後可以漸進。倀倀然莫知所之，而欲望聖賢之域，多見其難矣。此理宜切求之，不可忽也。

某迂拙之學無以希世，而望古不及，又不自量力之不足也，猶孜孜不已，宜爲後生豪俊之所憫笑。而乃過爲吾弟之所取信，故尤區區不敢嘿也〔一〕，惟亮之！

校記

〔一〕「嘿」，正誼堂本作「默」。「默」、「嘿」異體字。下同不注。

其三

辱示高文，用意精深，益見好學之篤也。夫養氣之道如治苗然，舍之而不耘，則有稂莠之傷；助之長，則揠之而槁矣〔一〕。其説是也。然將不舍而耘之，則宜奈何？與夫助之長者，又何辨〔二〕？此近似之際，體之者尤當慎擇也。夫以天廢人，以人滅天，固不可也。然養氣者不廢人，不滅天，則天人猶兩立矣，烏睹所謂合一者哉？

「反身」者，反求諸身也。蓋萬物皆備於我，非自外得，反諸身而已。反身而至於誠，則利人者不足道也。

伯夷「求仁而得仁」。子貢以是知孔子不爲衛君，其言正爲讓國而發。至於天下視之爲去就，則夷、齊非求爲此也，烏得以此爲求仁之效哉？是猶未免以迹論也。

「生之謂性」，未有過也。告子論生之所以謂之性，則失之矣。老氏之「有無」，佛氏之「色空」，蓋將明天下至賾〔三〕，非有人物之異也。老子以有生於無，又曰「有無之相生」，是不知有無一致矣。正蒙謂萬象爲太虚中所見物，則物與虚不相資，卒陷於浮圖以山河大地爲見病之説。山河大地，正指物言之也。若謂指物言之可也，則浮圖見病之説，不足非矣。此與佛氏以心法起滅天地，更當究觀。所謂心法起滅天地之旨，未易以一言攻之也，更詳味之，如何？

或有未盡，無惜疏示。

校記

〔一〕「槁」，萬曆本作「稿」，誤。弘治本、正德本亦誤。今據繩祖本並參看孟子公孫丑上原文改。

〔二〕「辨」，萬曆本作「辦」，誤。今據弘治本、正德本改。

〔三〕「至賾」，萬曆本作「而賾」。今據弘治本、四庫本改。「賾」，深奥。

其四

寄示雜論，用意精確，益見好學之篤也。甚慰甚慰！

夫克己者，揚雄所謂勝己之私是也。反身而誠，則常體而足〔一〕，無所克也。故前書論「反身」與「克己」異意耳。更詳考之。告子知生之謂性，而不知生之所以謂之性，故失之，非「生之謂性」有二説也，特告子未達耳。

乾之六爻有臣位，而坤之六爻無君位。夫乾之九二雖曰有臣位，然君德也，故曰「學以聚之，問以辨之〔二〕，寬以居之，仁以行之」。易曰「見龍在田，利見大人」，君德也。「湯之於伊尹，學焉而後臣之」，其此之謂乎？用是求之，則乾坤君臣之位，可推而知也。

某在此雖多事，亦時得開卷。聞於經史頗有論著〔三〕，并所講乾坤義，無惜録示。冗迫，書不能究。

校記

〔一〕「常體」，弘治本、正德本作「當體」。疑是。

〔二〕「問以辨之」，弘治本、萬曆本「辨」作「辦」，誤。今據正德本及周易乾文言改。

〔三〕「聞」下，疑脱「吾子」（其一即稱對方爲「吾子」）二字。無「吾子」則本句主語殘缺，語意不明。

其五

世之學者，皆言窮達有命，特信之未篤〔一〕。某竊謂其知之未至也，知之，斯信之矣。今告人曰：「水火不可蹈。」人必信之，以其知之也。告人曰：「富貴在天，不可求。」亦必曰然；而未有信而不求者，以其知之不若蹈水火之著明也。孟子曰：「莫之爲而爲者天也，莫之致而致者命也。」又曰：「得之不得爲有命。」世之後生晚學，讀孟子者皆知之矣。孔子曰：「五十而知天命。」豈今之後學者，皆能如孔子必至五十而後知耶？蓋孔子之所知，殆不止此也。

宦學之餘，試一思之，如何？

校記

〔一〕「篤」，萬曆本作「蔦」。今據正德本改。

其六

諸子之學，折諸聖人，就望洋向若，其辨自屈也〔一〕。儒、佛之論，造其極致，則所差眇忽耳〔二〕。其義難知，而又其辭善遁，非操戈入室，未易攻也。雖橫渠之博辨精深，猶未能屈之爲城下之盟，況餘人乎？置而勿論可也。要當深造而自得之，則其辨自見矣。

近日治經讀史如何？家居既不爲外事湮汨，諒須精到也。或有論議，寄示爲幸。

先生書録去。某到此，未暇開卷。西廳稍寬曠，有園亭足以自適。旬日事漸定，計可温尋舊學也。冗迫，不能盡萬一。

校記

〔一〕「其辨」，萬曆本「辨」作「辦」，誤。下「博辨」、「其辨」同。今據正德本、繩祖本改。

〔二〕「眇忽」，疑當作「秒忽」。按「眇忽」爲微茫貌，而「秒忽」猶言絲毫，比喻細微。

寄程二十三明道先生子，汝陽簿〔一〕

其一〔二〕

自去年夏曾奉問並潁川書一角〔三〕，及得吾友遞中附到八月書，乃知未達，不審此書竟能達否？

某正月盡離鄉，四月初方到官所。敝司事稍簡，不至廢學。然彭城士類凋落，友朋絶少，索居終日，無過門者，不聞道義之益，恐遂默默，浸爲庸人，深可憂畏。追思在潁之樂，進趨文席，退講所聞，邈不可得。汝陽邇日所游從者何人？所讀者何書？因書示及。未涯良會，惟希力學慎愛。

校記

〔一〕「汝陽簿」，弘治本作「汶陽簿」，誤。正德本、令聞本、繩祖本、正誼堂本、四庫本悉作「汝陽」，本書「其二」亦作「汝陽」。

〔二〕「其一」，萬曆本與「寄程二十三」接排，今改作次級標題。

〔三〕「潁川」，萬曆本原作「穎川」，誤；下「在潁」作「在穎」，亦誤。今據正誼堂本、四庫本改。

其二

爲别倏兩年，窮居寡便郵置，安否之問，彼此曠絶。傾念之至，每形夢寐。邇日不審起居何如？

某到官逾月矣，人事稍息，過此漸可追尋舊學。汝陽亦不至多事，想不廢讀書。因風，願以所得來告，尚遠高論。

暑毒，切冀自重。

與楊君玉〔一〕

久別，不審爲況何如？比得足下書，辭旨超邁，慨然似有志者。甚慰甚慰！夫君子之學，求仁而已。孔子之徒，自子貢以下，其説有未聞者。而吾子自謂知之，其所造遠矣。然知之者，不如好之者。願加好焉，則異日所進，未易量也。某諸況如昨，無足念者〔二〕。未間〔三〕，千萬加愛。

校記

〔一〕弘治本此篇在寄程二十三之前。

〔二〕「無足念者」，四庫本作「差足爲幸」。

〔三〕「未間」，正誼堂本作「未閒」。「間」、「閒」刻本常混，下同不注。

與楊孟堅

相去之遠，不及朝夕趨侍，款奉談論，中懷歆然，每以爲恨。欽慕之至，不能去心。夏熱，伏審尊候起居萬福。

吾丈以高才盛德，宜在顯位，以澤吾民，久沉下僚，不副輿論。然清時引年，五福兼備，蟬蜕囂塵之中，俯仰泉石之下，高蹈物表，與世之酣豢富貴而不知反者有間矣。此固哲人之所榮，非常俗可到。欽羨欽羨！

詩二篇，輒浼左右，辭鄙意陋，不足以游揚盛美〔一〕，徒有累乎高明耳。慚悚慚悚！

校記

〔一〕「游揚」，萬曆本「揚」作「楊」，誤。今據繩祖本、正誼堂本改。

楊時集卷十七

書二

與鄒堯叟堯叟名夔，劉執中婿〔一〕

遞中伏辱賜教，并以詩見酧，辭精旨遠，深用欽服。非君子篤於故舊，何以及此？幸甚幸甚！伏審秋凉起居萬福〔二〕，又良慰也！

某竊居下邑，與世不相聞，出無所之，行無所從，閉門一室，聊以自娛。俯仰几席之間，游泳乎詩、書之淵，雖鄙鈍無所得，然與世之競紛華、冒聲色以昏聾其耳目者較之，其亦足樂矣。惟是不親師友之訓，於中不無歉然也。未涯趨會，切希爲國自壽。

校記

〔一〕正德本題下有「書」字，小字注無「堯叟」二字。四庫本題下無小字注。按重纂邵武府志卷十九人物志：鄒堯叟初名夔，後改作「棐」（字又作「斐」）。熙寧六年進士。本書卷三十鄒堯叟墓誌銘作「諱棐」。可參看。

〔二〕「伏審」，萬曆本原作「仍審」，疑爲「伏審」之誤。本書卷十六與楊孟堅即有「伏審尊候起居萬福」。今改。

與林志寧〔一〕

事稍息，過此漸可追尋舊學。汝陽亦不至多事，想不廢讀書。因風，願以所得見告，尚遺高論。暑毒，切冀自重。

校記

〔一〕卷十六與楊君玉書與本篇，正德本在上卷寄程二十三之前，萬曆本、四庫本移在本卷與鄒堯叟之後。繩祖本、正誼堂本無此一篇。林志寧，建州建安人。游文彥博門下。求教，彥博云：「此中無以相益。有二程先生者，可往從之。」因使人送明道處。志寧乃語游酢及楊時，二人由此遂詣程氏求教。（明黃仲昭八閩通志卷六十五人物，明嘉靖建寧府志卷十八人物文學）

與吴國華別紙，元祐丙寅〔一〕

朝廷議更科舉，遂廢王氏之學。往往前輩喜攻其非，然而真知其非者或寡矣。某嘗謂王金陵力學而不知道，妄以私智曲説眩瞀學者耳目〔二〕，天下共守之，非一日也。今將盡革前習，奪其所守，吾畏學者失其故步，將有匍匐而歸者矣。國華爲士人依歸，欲何術以開後學乎〔三〕？幸明告我，庶警不逮。

校記

〔一〕吴國華，名儀，劍浦延平人。清修力學，淡于榮利，居城東藏春峽，漁釣橘溪上，超然自適。與楊時、陳瓘、黄裳爲友，大爲楊時所重。羅從彦嘗師之。崇寧五年應詔入大晟府審驗音律，時稱審律先生。」（嘉慶南平縣志卷二十獨行傳）「別紙」，各本字號與「與吴國華」同，不妥。按，「別紙」爲「另紙」之意，宋集書信中常見。陳淵默堂集卷十六有與李叔易學士，又有與李叔易學士別紙。其與李叔易學士云：「更有臆説，具於龜山別紙。」東坡全集卷八十答范蜀公其三云：「承别紙示諭。」今改爲小字注。下同。「元祐丙寅」，萬曆本原無此四字。今據正德本補。本文首論王氏之學，寫於「元祐丙寅」。清蔡上翔云：「而首攻王氏學術者，程門弟子楊中立也。

中立與吴國華書，在元祐元年。」（見蔡撰王荆公年譜考略雜録卷一原黨，第345頁）二者説法合，亦見本文在中國學術史上的重要地位。

〔二〕「眩瞀」，正德本作「眩惑」。

〔三〕「後學」，正德本作「後進」。

答吴國華

其一〔一〕

辱賜教，伏審夏熱起居平寧，甚慰懷仰。仍蒙諄復誨諭，開其所未悟，幸甚幸甚！然其間似有未相悉者，義不可苟止。且某於程氏之門，所謂過其藩未入其域者也〔二〕，安敢自附爲黨與以攻王氏之學？夫王氏之學，其失在人耳目，誠不待攻，而攻之者，亦何罪耶？

昔人有爲神農之言者，其徒自以爲聖，而孟子鄙之曰「鴃舌之人」。仲子之廉，孟子則曰「蚓而後可〔三〕」。伯夷、柳下惠皆聖人也，至其隘與不恭，孟子則曰「君子不由」。仲尼之門，三尺童子羞稱管、晏〔四〕。人有毀仲尼者，其門弟子皆稱譽，以爲不可及。若孟子者，豈喜攻人之惡？而爲孔氏徒者，率皆不顧於義，立黨尚氣相攻耶？不然，何爲其亦紛紛譊譊也？蓋不直則道不見，我且直之，孟子所不得已也。孟子時去孔子未遠，其徒相與傳守，故其流風餘韵，猶有存者。當是時，楊、墨肆行，孟子且不能默而拒之，至不知者以爲「好辯」，况今去孟子千有餘歲，聖學失傳，異端競起，其害有過於楊、墨者！幸而有得聖人之道者，則曰吾不敢攻人之惡，姑自守而已。爲其徒者，又畏天下指爲黨人，遂皆膠口閉舌，不敢别白是非，則世之人，亦何賴乎知道者哉？某以爲如是，恐非聖賢之用心也。某自惟淺陋，不足取合於世，故未嘗敢輒出所有告語於人，以取譏訕。竊謂於國華忝爲同道，故妄肆狂瞽，瀆聞乎左右，非敢攻人之惡，蓋欲審其是非，以觀朋友之合否耳。

然前書所論，謂王氏不知道而已。語人不知道，即謂之攻人之惡，是必譽天下之人爲聖賢然後可也。自守所學以排異端，即謂之立黨尚氣相攻，是必無擇是非，一切雷同然後可也。國華謂王氏固多不中理之言，言有不中理，皆不知道者也。由漢而來〔五〕，爲傳注者多矣，其言之合道者，亦自過半，然不可果謂之知道者〔六〕，以不中理者多故也。古之言知味者稱易牙，夫豈以辛鹹酸苦，人皆不能知耶？然必以易牙爲知味者，謂淄、澠之合而不失也。如易牙，亦時有中否焉，即謂之知味，則天下皆易牙也，何足相過哉？

國華謂知道與盡道者固異，又曰知道而未盡則不能無惑，故王氏末年溺於釋、老，又爲字説，此爲大戾。夫知道者，暴且有「大戾」乎？且王氏奉佛，至舍其所居以爲佛寺。其徒有爲僧者，則作詩以獎就其志，若有羨而不及者。夫儒、佛不兩立久矣。此是則彼非，此非則彼是。又佛之去中國不知其幾千萬里，正孟子所謂「鴃舌之人」也。王氏乃不會其是非邪正〔七〕，尊其人，師其道，是與陳良之徒無以異也，而謂知道者爲之乎？夫所貴乎知道者，謂其能别是非、審邪正也。如是非邪正無所分辨〔八〕，則亦烏在其知道哉？然以其博極群書，某固謂其力學；溺於異端以從夷狄〔九〕，某固謂其不知道。國華毋謂某何以見其如此也。且古人之於道，蓋有知之未盡，行之未至者。如燕人適越，至吴而止，則可謂行之而未至。觀越之都，望其郛郭城社，而未能究知宗廟之美，則可謂知越而未盡。若夫將適越而北其轅，則不可謂行之未至也；指吴爲越，則不可謂知之未盡也。今王氏所行，皆北其轅者也。尊佛、老爲聖人，是指吴爲越也，烏得謂知之未盡、行之未至耶？昔者管仲以區區之齊，乃能九合諸侯，一匡天下〔一〇〕，曾西猶謂「其功烈如彼其卑也」，而羞比之。王氏擅天下利勢，其功烈無足稱者，非特卑而已矣。然則知道者，固無補於治亂也，而士亦烏用知道爲哉？以王氏之博物洽聞，某雖窮日夜之力以終身焉，不敢望其至也。若以知道如王氏而止，則某不敢與聞焉。

國華所論孔子之徒，皆未可以一言斷其終身也。子貢曰：性與天道不可得而聞。則其始之未聞〔二〕，何足怪哉？然其後之所進者遠矣，但學者未之考也。

國華謂詔書無廢王學之命。某觀王氏之學，其精微要妙之義，多在字説，既已禁之，則名雖未廢，而實廢之矣。雖然，廢不廢，君子何容心哉？謹守其是者而已矣。前書所以及之者，爲應科舉者言也。

人行急，辭不逮意。國華誠思之，如何？如未中理，願更疏示，當謹承教也。

校記

〔一〕萬曆本及各本均只有一篇答吴國華（即「其一」），唯正德本卷十書二答吴國華後多一篇答，亦係答吴國華之書。今據正德本增補。並將兩書合稱「答吴國華」，原萬曆本所收題作「其一」，據正德本增補之答題作「其二」。

〔二〕「其域」，正德本「域」作「閾」。

〔三〕「蚓而後可」，萬曆本「蚓」作「矧」，誤。今據弘治本改。

〔四〕「三尺童子」，正德本「三尺」作「五尺」。

〔五〕「由漢而來」，正德本「而來」作「以來」。

〔六〕「果」，正德本作「概」。

〔七〕「不會」，正德本作「不審」。

〔八〕「分辨」，萬曆本「辨」作「辦」，正德本「辨」作「辯」，皆誤。今據繩祖本改。

〔九〕「以從夷狄」，繩祖本同。正誼堂本「夷狄」改作「釋、老」。

〔一〇〕「一匡天下」，正德本「匡」作「正」，爲避趙匡胤名諱而改。

〔一一〕「未聞」，正德本「聞」下有「道」字。

其二

前書云云，初無勝慮，而長者以爲然，某復何言哉！謹當承教耳。知道之説，考繹前言，竟未能諭。道之不明久矣，是非不聞，殆非筆墨所能盡也。吾徒各當勉進所學以要其成，庶乎異日必有合矣。何由展奉，一盡所懷？

寄俞仲寬別紙，名偉〔一〕

其　一〔二〕

閩之八州，惟建、劍、汀、邵武之民，多計産育子。習之成風，雖士人間亦爲之，恬不知怪。某嘗竊悼之，恨世未有誠意足以感格流俗者與之廣諭曲譬，使少變其習。近得吉甫解惑讀之〔三〕，隱然有得於吾心，然尚恨其説似猶以利害告之也。若以利言，則「多男多憂」，蓋古語有之，非特今日也。孰若以理論之，使民曉然知有不可爲之義，則庶乎其惑可解矣。

吾郡五邑〔四〕，此風唯順昌獨甚：富民之家，不過二男一女；中下之家，大率一男而已。小人暴殄天理，侮悖人義〔五〕，至身陷大惡而不知省，且爲父而殺其子，雖豺虎猶不忍爲，孰謂人而爲之乎？某比乘舟過境，見有赤子暴尸洲渚間爲烏鳶食者〔六〕，惻然感之，有泚吾顙。竊惟仲寬仁民愛物，出於誠心，計未有以此言聞於左右者，故輒及之。莅事間有衣冠之士，儻或相接，願以至言諭之，使少變一二，莫大之福也。

狂瞽之言，何足仰裨高明萬一，徒用增愧耳。

校記

〔一〕「仲寬」下原無「名偉」二字，今補。俞偉，字仲寬，四明（今浙江鄞縣）人。熙寧六年進士。元祐初知順昌縣。初，縣民生子多不舉，偉集耆老勸諭，貧者贍以粟，歲活者千計。興學校，編舟渡衆。經兩考，民歌頌焉。（民國順昌縣志卷十六名宦傳，延祐四明志卷四人物考）

〔二〕「其一」，萬曆本與「寄俞仲寬別紙」接排，今改作次級標題。

〔三〕「近得吉甫解惑」，弘治本「得」下有「言」字，其餘各本無。

〔四〕「五邑」，萬曆本「五」原作「吾」，從下文看，顯誤。正德本作「五」，本書卷二十二與梁兼濟亦云「吾郡合五邑人户」，足見用「五」字是，今據改。按，宋南劍州屬五邑指延平、順昌、將樂、沙縣、尤溪。

〔五〕「侮悖人義」，正德本「侮悖」作「悖侮」，四庫本「人義」作「仁義」。

〔六〕「烏鷹」，正德本作「烏鳶」。

其二

某軟懦不立，迷方之學，無以趨今，而望古益遠，常懼自晝，爲士君子鄙棄。每思得朋游共學，前引後驅，以進其不及。而所寓乃在乎小州下邑，僻陋之邦，賢士大夫罕至其境。鄉黨之與居，旦暮之與游，不過田夫野老，與夫後生晚學、章句之儒，辯析聲病〔一〕，爲科舉之文耳。以是而求道，幾何不見笑於大方之家？

比因經由，得接教論，若將引至於道者，使駑鈍之質，增激懦心，慨然知聖人之可窺〔二〕，而忘其力之不足也。幸甚幸甚！

迫於之官，不得款奉，徒深歉然耳。因風，幸時見教，乃所願望。

校記

〔一〕「辯析」，萬曆本「析」原作「折」。「折」、「析」刻本常混，今逕改作「析」。

〔二〕「聖人」，正德本作「聖學」。

其三

順昌之學，久不正師席，得長者留意，學者幸幸〔一〕！好德云何？有意相從否？邑令帥諸生詣門〔二〕，嚴師之禮，自近年以來，未有如此者，固有道者之不宜辭也，某亦有書勉之矣。

校記

〔一〕「學者幸幸」，正德本「幸幸」作「幸甚」。

〔二〕「邑令帥諸生」，萬曆本「帥」作「師」，誤。弘治本、繩祖本亦誤。今據正德本、正誼堂本、四庫本改。

答吴仲敢

承示雜論，文高旨遠，玩味數日，欣然不知登涉之勞，道途之遠也，開發未聞者爲多，幸甚幸甚！然其間於鄙意猶有所疑者。

若孔子諾陽貨將仕爲無所屈，嘗面講之矣。此不復論。夫屈身以避患，君子有之。至無義而屈身，雖鄉里自好者不爲也，况於孔子乎？孟子特未嘗罹患耳，詎知其不屈耶？罹患而不屈，卒至於自陷，則非明哲也。中庸曰：「賢者過之，不肖者不及也。」以孟子爲過之，則與不肖者無以異，何以爲孟子？韓子曰：「仁與義爲定名，道與德爲虛位。」

其意蓋曰由仁義而之焉，斯謂之道，充仁義而足乎己〔一〕，斯謂之德。則所謂道德云者，仁義而已矣。故以仁義爲定名，道德爲虚位。中庸曰：「天命之謂性，率性之謂道。」仁義，性所有也，則捨仁義而言道者〔二〕，固非也；道固有仁義，而仁義不足以盡道，則以道德爲虚位者，亦非也。孔子曰：「形而上者謂之道。」又曰：「一陰一陽之謂道，繼之者善也，成之者性也。仁者見之謂之仁，知者見之謂之知。」則仁知者，乃道之一隅，果不足以盡道也。如仲敢所引「和順道德而理於義」，又引士「志於道，據於德，依於仁，游於藝」。某謂若以道德爲虚位，則士依於仁足矣，又奚必志於道，據於德？理於義足矣，又奚曰和順道德？有可以和順，有可以志據，則道德固非虚位也。

章子之不孝，孟子非取之也，特哀其志而不與之絶耳，而仲敢乃獨責其反於舜。使其行合於舜，則是聖人之徒也，孟子固當進而友之〔三〕，豈獨禮貌之而不絶歟？夫原壤登木而歌，亦可謂不孝矣，孔子猶不棄之。若章子者，不亦可乎？

文帝之去肉刑，其用志固善也。夫紂作炮烙之刑，其甚至於刳剔孕婦，則雖秦之用刑，不慘於是矣。而商之頑民，亦非素教，不聞周繼之而廢肉刑也〔四〕，豈武王、周公皆忍人哉？若文帝之承秦，蓋亦務爲厚養而素教之耳。不思所以教養之，而去肉刑，是亦圖其末也。則王通謂其傷於義，恐未爲過論。及夫廢之已久，而崔、鄭之徒，乃驟議復之，則其不知本末也甚矣。

孟子曰「易子而教」，蓋考之孔子爲然也。鯉趨而過庭，孔子問之曰：「子未學詩乎？不學詩，無以言。」他日，鯉趨而過庭，又問曰：「子未學禮乎？不學禮，無以立。」陳亢曰：「聞詩聞禮，又聞君子之遠其子也。」若孔子自教之，則鯉之所未學者，蓋亦知之矣，又奚問焉？陳亢又奚稱曰「君子之遠其子」也？書曰：「群飲汝勿佚，盡執拘以歸于周，予其殺。」以令言之，則群飲宜不至於殺也。然先王之時，處民有制〔五〕，故庶民無故不食珍，七十而後可以食肉。無故而食珍且不可，况飲酒乎？飲酒且不可，况群飲乎？書稱商其淪喪，乃在乎萬姓沉酗於酒，而武王數紂之罪，亦不過乎沉湎。則酒之流〔六〕，遂至於亡天下，其禍大矣。夫紂爲人君，猶以飲酒爲大惡，况凡民乎？雖殺之，恐未爲濫刑也。書曰：「先時者殺無赦！不及時者殺無赦！」先時不及時者，其輕重與群飲者豈相遠哉？而皆至於殺。蓋先王以爲急，而後世以爲緩者，率多此類也。

仲敢之學，發明聖賢大旨極多，固非淺識者所能窺測。然朋友講學，不可苟異，亦不可苟同，當各出所有以爲質，庶同趨於是而後止。某之所見者如此，仲敢試思之〔七〕，如何？果未中理，願詳見教，以開未悟。

校記

〔一〕「充仁義而足乎己」，萬曆本無「充」字。正德本有「充」字。從上文「由仁義」看，以有「充」字爲是。今據補。

〔二〕「捨」，繩祖本作「舍」。「舍」、「捨」古今字。下同不注。

〔三〕「而友之」，萬曆本「友」原作「反」，誤。今據弘治本、正德本改。

〔四〕「而廢肉刑也」，萬曆本無「也」字。今據正德本、繩祖本補。

〔五〕「處民有制」，萬曆本「處」作「慮」，誤。弘治本亦誤。今據正德本改。

〔六〕「則酒之流」，四庫本「流」下有「弊」字。

〔七〕「試思之」，萬曆本作「試以之」，四庫本作「試以爲」。今據弘治本、正德本、繩祖本改。

寄翁好德名郃〔一〕

其一〔二〕

前日公皂還〔三〕，倉卒奉問，不謹，深用惶愧。爲別逾月，不審孝履何如？伏惟萬福。

某愚無似，加以齒少〔四〕，視公爲前輩，每辱眷遇，進之爲執友之游，顧何足當？自惟直諒多聞之益，所得於長者多矣。然至於古人爲學之大方，則語未嘗及也。今兹經由，因得奉晤語，慨然乃自進於聖人之學，非篤信好古〔五〕，其何能爾？益使惛懦之心，思自奮勵，鋭然知聖域之可到，而不知愚鄙之不可彊也，幸甚幸甚！

方且進己之有，挹公之餘，以相扶助，屬之官有期，遽然西歸，不得從容以盡講習之樂，至今猶以爲恨。然嘗謂君子之學，求仁而已。伯夷之清，伊尹之任，柳下惠之和，皆聖人也，其道不同，而趨向則同者何〔六〕？曰：仁而已矣。故古之君子，雖相去千里，相望異世，或出或處，或默或語，未嘗同，及考其所歸，若合符契。然則吾徒所學，又奚必朝聞而暮講之歟？要同歸於仁而止。苟知此，則前日之遽然，猶不足恨也。

夫求仁之方，孔子蓋言之詳矣。然而親炙之徒，其説猶有未聞者，豈孔子有隱於彼歟？猶之大匠能誨人以規矩，不能與之巧。故言之在我，聞不聞者在彼，雖聖人亦不能進其不及也。後世之士，未嘗精思力究，妄以膚見臆度，求盡聖人之微言，分文析字〔七〕，寸量銖較，自謂得之，而不知去本益遠矣。夫至道之歸，固非筆舌史盡也，要以身體之，心驗之，雍容自盡於燕閑静一之中，默而識之，兼忘於書言、意象之表，則庶乎其至矣。反是，皆口耳誦數之學也。

嗚呼〔八〕，道無傳久矣！舉天下皆溺於末習，不有豪傑之士，孰能自拔流俗以追聖學？若某之不肖，豈敢自謂能爾。幸嘗側聞先生長者之餘論，竊有志焉。尚賴朋游共學，左右提掖，相進於此道。每得一人焉，則通夕不寐，喜見顏面。今又得吾好德，益知朋友之足望也。區區，臨紙不能盡萬一。未間，惟力學慎愛。

校記

〔一〕題下原無「名卲」二字，今補。翁卲，字好德，順昌人。博學工文。元豐八年進士。調崇安尉，遷福清縣丞。病歸。紹聖元年，以楊時敦譬，主順昌教席。官至宣教郎。（乾隆福建通志卷四十六人物）

〔二〕「其一」，萬曆本與「寄翁好德」接排，今改作次級標題。

〔三〕「公皂」，正誼堂本作「公皁」。「皁」、「皂」異體字。

〔四〕「加以」，正德本「以」作「又」。

〔五〕「篤信」，萬曆本「篤」作「蔫」，誤。今依文意改。

〔六〕「而趨向則同者何」，正德本「趨向」作「趨同」，涉下文「同」字而致誤，遂改「則」爲「所」，使句子勉强可通。但語意重複，實不可從。

〔七〕「分文析字」，萬曆本「析」作「拆」，弘治本「析」作「折」，皆誤。今據繩祖本、正誼堂本改。

〔八〕「嗚呼」，正德本作「於戲」。下同不注。

其二

明道行狀，計已讀之。惟吾先生道學行義，足以澤世垂後，進不得行其志，退未及明之書而死。使其道將遂泯滅而無傳〔一〕，則學者不忍焉。此行狀叙述所以作也。明道廢千年，士不知所止，故物我異觀，天人殊歸〔二〕。而高明、中庸之學，析爲二致〔三〕，天下泯然莫以爲非也。故行狀之末，深論吾先生之趨，以明世學之失，庶幾志道之士，有聞風而起者〔四〕，則行狀之傳，蓋將以明道，非如長者所疑也，幸亮之！

某向亦嘗作哀辭一篇，謾録去，試一觀之，如何耳？

好德閑居，與學者相聚，勢未能免。仲寬禮意勤厚，不必辭。若於僧寺中得十數人而止，如公前日之言，固善矣。但恐同邑之士，翕然從之，則公亦不得而拒也。使縣庠一空，則於邑中事有所未順。公更思之。

嘗許見過，尚能如言否？非敢望也，乃所願耳。

校記

〔一〕「泯滅」，弘治本「滅」作「烕」。「烕」、「滅」異體字。

〔二〕「天人」，萬曆本作「夭人」。今據繩祖本、正誼堂本改。

〔三〕「析爲二致」，萬曆本作「折爲一致」，誤。今據繩祖本、正誼堂本改。

〔四〕「聞風而起」，萬曆本「起」作「是」，誤。今據繩祖本、正誼堂本改。

與俞彦修名袤，仲寬子〔一〕

其一〔二〕

某昏蔽之久，無以自發。幸蒙君子不見鄙外，曲加獎引，猥賜示問，過自損抑，若將有求者，某何以當之？

所諭方寸之間，暗浪時時間作，此病豈獨公耶？蓋學者通患也。從心不踰矩，孔子至七十而後能，况餘人乎？苟未至七十，則猶須操而後存也。故孟子論不動心之道，亦曰「持其志，無暴其氣」。曰「持」之，曰「無暴」，則是雖孟子猶不敢任其能爾也〔三〕。雖然，忘之不可也，助長又不可也，其用力固有在矣。循是充之，使吾胸中浩然，則暗浪豈不自息歟？

浼瀆高明，非敢謂足以資足下之所須，姑欲取正其是非耳。言之是耶，固願與朋友共之，或未中理，幸明告我，庶警未悟。

校記

〔一〕「彦修」，正誼堂本「修」作「脩」。
〔二〕「其一」，萬曆本與「與俞彦修」接排，今改作次級標題。
〔三〕「能爾也」，繩祖本「能」作「自」。

其二

某愚無似，無過人器識，又學未優而仕，爲世累羈纏，堅白未能萬一於古人，而磨涅不已，幾何而不至於緇磷歟〔一〕？從游之徒，又無箴規磨切之益，恐遂至於目盲齒豁，老死於無聞。故每逢學士真儒，則愧汗惕息發於顏面。豈意足下收憐，猶以君子望之，幸甚幸甚！敢不刻意自勉，庶幾不負所期耶！

未涯良晤，馳想何已！

校記

〔一〕「緇磷」，萬曆本「緇」原作「淄」，誤。今據論語陽貨原文改。

答陳子安

向恃朋友之愛，不量可否，妄以書勉公爲禄仕。重承録示高文，開諭丁寧，徒用慚悚。所謂君子之爲貧，蓋多術矣，誠如所論也。然某竊謂古之爲貧者，豈特耕稼陶漁而已乎？膠鬲起於魚鹽，百里奚起於市。苟不失義，雖賈儈可爲也。然君子亦任其力之所能堪，不彊其力之所不能任。今使吾徒耕稼，能之乎？不能也。使之陶漁，能之乎？不能也。使與市人交易，逐什一於錐刀之末，能之乎？不能也。舍是數者不能，則是將坐待爲溝中瘠耳，而可乎？不然，則未免有求於人，如墦間之爲也。與其屈己以求人，孰若以義受禄於吾君爲安乎？前書詔爲禄仕者，殆爲此也。

子安之學，究極聖賢之藴，其所以自謀，必審矣。苟能任其力之所能堪，而不失理義之歸，亦何必仕哉！然君子之仕，有時而爲貧，古人有之，簡兮之詩是也。孟子豈虚語哉？若曰爲貧而仕，古人無有，則予亦未敢聞命也。

楊時集卷十八

書　三

與陸思仲

某愚不肖，嘗竊念聖人没，逮今千數百年，學士大夫皆外誘勢利，鮮克爲己者。幸吾數人稍知自立，不役志於俗，尚齊驅並逐，以相先後，庶乎異日各有所到。比聞吾友乃欲削髮爲僧，甚乖所期。中夜思之，寐不交睫，不覺起立爲之嘆息也。且佛之爲中國害久矣，士之有志於古者，力排而疾攻之，世常有焉。若唐之韓退之，今之孫明復、石守道、歐陽公之徒，皆其人也。然此數人者，其智未足以明先王之道，傳孔、孟之學，其所守不叛於道蓋寡矣，况如彼何哉？是猶以一盃水救一輿薪之火〔一〕，其不勝也宜矣。

某自抵京師，與定夫從河南二程先生游〔二〕，朝夕粗聞其緒言，雖未能窺聖學門墻，然亦不爲異端遷惑矣。今夫所謂道者，無適而非也，况君臣、父子、夫婦乎？故即君臣而有君臣之義，即父子而有父子之仁，即夫婦而有夫婦之别，此吾聖人所以無適而非道也。離此而即彼，則取舍之心多矣；以取舍之心求道，則其分於道也，不已遠乎？彼其君臣、父子、夫婦且不能容之，則其爲道也，不已隘乎？且佛之言曰：「吾之道足以斷輪回，出死生。」故溺其説者争趨之。彼以死生爲足厭苦而求免之，果足爲道耶？其信然耶？

夫古之大學之道，必先明天德。知天德，則死生之説，鬼神之情狀，當自見矣。是道也，聖人詳言於易，不必徇邪説而外求也。孟子曰：「盡其心者，知其性。知其性，則知天矣。」子姑盡心，然後儒、佛之是非較然，而信吾言之不惑也。世之爲佛之徒者，將以爲道耶？則廢人倫，逆天理，非所以爲道也。將以求福田利益，則與世之行謁公門以徼名逐利者，無以異也，尚何足道哉！左右無一可者，而且爲之，在先王之時，宜有誅焉，而謂賢者可爲乎？

吾友智明志剛，於朋游中爲可畏者，此不肖汲汲望其成而進於吾道者也。今反若是，則吾於他人復何望歟？夫道終不復於古乎？安得豪傑之士不易乎世者與之共言乎？朋友道廢久矣。某於思仲，非特一朝燕游之好也，故不敢不以所聞告。吾子其慎思之，毋以吾言爲不足聽也！

子之爲是也，内則貽吾親之憂〔三〕，外則干先王之誅〔四〕，失朋友之望，宜速反之無緩。區區，臨紙不能盡所懷，姑道此布左右。伏惟亮之，幸甚！

校　記

〔一〕「一盃」，正德本作「一杯」。「杯」、「盃」異體字。

〔二〕「定夫」之下，正德本注：「一本作子通。」其餘各本無注。

〔三〕「吾親」，弘治本、正德本作「偏親」。

〔四〕「干先王之誅」，萬曆本「干」原作「于」，誤。今據弘治本、正德本改。

謝程漕博文〔一〕

某閩陬鄙人也。在昔執事出守鄉邦，某方竄居下邑，嘗誤辱一言之譽，欲召寘學校。自惟荒薄，不敢承命，以取忝冒無實之譏。比來湖湘，始得從部吏之末，瞻望舄履，碌碌無適時才用。方愧懼，踧踖不寧，恐明知之下，無以自逭瘝曠，故不敢輒恃昔日眷遇之私，妄進一言，上浼高明。豈虞過聽，遠示教翰，見索鄙文。奉命驚惶，榮愧交集。

夫荆湖望高地重，譬之據九達之衢，舟車之會，四方百物，蓋銜尾結轍而至，明璣翡翠，夜光之璧〔二〕，照乘之珍，爲不乏矣。有人於此，持千金之資，坐市區，售奇貨，宜無不獲也。而搜羅掇拾，猶下及於三家之市，非務欲兼收盡取，不遺一物，其何爾乎？長沙蓋南北衝會之市區也，執事以清名重德，簡在君相，餘論所及，天下以爲輕重，而士之榮辱繫焉，則所持之資，非特千金也。部屬之吏，負超卓瓌異之才，抱其器，欲賈於左右者，豈一二哉？往往以疏逖無先爲容者，不能自達。顧某何人，乃獨以經術取知〔三〕，非執事敦大兼容〔四〕，欲盡取三家之市，何以得此乎？惠出非望，刻銘肺腑，不敢忘也。

某自少嘗從事於學，六經微言，雖未能究觀盡識，然嘗側聞縉紳先生諸論〔五〕，竊有意焉。夫易於六經尤難知。自漢、魏以來，以易名家者殆數十百人。觀其用力之勤，蓋自謂能窺天人之奥，著爲成書，足以師後世。然其書具在，不爲士大夫譏評訕笑用覆醬瓿者無幾矣〔六〕。然則易其可易言乎？以孔子之聖，猶曰「加我數年，五十以學易」，其玩味之久，至於韋編三絶，况其下者乎？某用是於易，雖欲自進一辭，而不能措筆於其間也。雖然，學易者貴有得於象意之表而已，區區於章句之末，又安能免於譏評訕笑乎？故承命以來，無以上副所知，愧汗惕息，若無所容措。

蒙索他文，謹録古律詩序記合一編冒獻。玷涴清視，不勝惶懼戰慄之至！

校記

〔一〕黄譜題云：「哲宗紹聖二年乙亥，公年四十三，在瀏陽，有上程漕書。」無博文二字。續資治通鑑長編卷四百六十四哲宗元祐六年八月己酉詔：「左朝請郎司農少卿程博文爲荆南路轉運副使。」可證「博文」當是人名。生平不詳。

〔二〕「夜光之璧」，萬曆本「璧」原作「壁」，誤。弘治本亦誤。今據正德本改。

〔三〕「取知」，繩祖本作「取之」。弘治本「取」下無「知」字。

〔四〕「兼容」，四庫本作「並容」。

〔五〕「縉紳」，正誼堂本「縉」作「搢」。「搢」、「縉」異體字。

〔六〕「不爲士大夫譏評訕笑用覆醬瓿者無幾矣」，正德本作「又安能免於譏評訕笑乎」，下緊接「故承命以來」至篇末「之至」，共删去九十二字。他本文字與萬曆本同。「譏」，萬曆本原作「議」，今據正德本改。

與翁子靜名谷〔一〕

可中會佛於一，蓋心傳目到之學〔二〕，其在辟廱〔三〕，學者翕然從之。其所與，獨以子静、聖任爲稱首。古人從師，必見其可師焉而後從之。既得其傳，則終身守之，不可遷惑也。某比往還京師，見凡與子静游從者，皆道子静之言，意其居之安，自信之篤，無復有疑者。前書云云乃爾，是豈真疑之耶？其過自損抑而姑爲之説耶？此區區所以欲有言而未敢也。

某竊謂學者當知聖人，知聖人然後知所以學。舜在深山中，與木石居，鹿豕游，無以異於深山之野人也，而四岳知其可以托天下。顔淵在陋巷，終日如愚，然而孟子稱其與禹、稷同道〔四〕，夫豈苟言哉？其中必有誠然不可掩者。夫舜之可以托天下，顔淵之可以爲禹、稷，其必有在矣，學者不可不知也。知此，則知所以學矣。

世之所謂善知識者，皆自謂與諸佛齊肩矣。付之以天下之任，未知果能爲禹、稷否？孔子曰："知周乎萬物而道濟天下，故不過。"苟道不足以濟天下，皆過也。子静試以其自得者隱之於心而安，推之天下而可行〔五〕，則雖聖人復起，不吾易也，夫何疑之有？

仲素行急〔六〕，作此，辭不逮意。

校記

〔一〕題下原無「名谷」二字，今補。翁谷，字子静，宋建州建安人。楊時弟子。徽宗政和二年進士。宣和三年權知崇安縣，廉介有幹才。時浙寇攻閩境，谷團練鄉兵，於分水嶺置寨控扼，寇不敢犯。與黄琮、陳麟以善治邑，號閩部三循吏。後忤提刑俞向，遠謫循州，道卒。（宋元學案卷二五，默堂文集卷三一，乾隆福建通志卷三十一職官，中國歷代人名大辭典第 1967 頁）

〔二〕「心傳目到」，萬曆本、弘治本、正德本作「自到」。繩祖本、四庫本、道南祠重補修本作「目到」，是。今據改。

〔三〕「辟廱」，萬曆本「廱」作「癰」，誤。今據弘治本改。四庫本作「辟雍」。

〔四〕「稱其與禹、稷同道」，萬曆本原無「與」字。今據弘治本、正德本補。

〔五〕「推之天下」，正德本「推」作「措」。

答李杭〔一〕

良佐足下：某愚，不知力學，未足以窺古人大體。凡平居毫聚銖積而僅有之者，皆陳腐熟爛，無以夸示流俗，故膠口自絶，不敢輒出一語與時相聞。犬馬之齒已衰矣，而碌碌猶無聞焉，蓋孔子所謂不足畏者，宜士大夫之所憫笑，背而去之也，足下乃過自貶損，若有求於不肖者，其所稱道語皆過情，雖名世有不敢當者。僬僥之童，付之以千鈞之重，非其任也，故捧讀愧汗，踧踖不寧者累日。雖然，某則陋矣，而厚意不可以虚辱。昔嘗側聞先生長者之餘論，試一言之，足下自擇焉。

夫今人與古人之學異，來書論之悉矣。此不復道。孟子曰：「鷄鳴而起，孳孳爲善者，舜之徒也；鷄鳴而起，孳孳爲利者，跖之徒也〔二〕。」舜、跖之相去遠矣，而其分乃在乎善、利之間。則爲堯、舜者，亦力於爲善而已。顏子曰：「舜何人也，有爲者亦若是。」論顏子之學，則曰：「得一善，則拳拳服膺而弗失之矣。」此古之人用力可考而知也。夫「聖人，人倫之至也」，豈有異於人乎哉？堯、舜之道曰孝弟，不過行止疾徐而已，皆人所日用，而昧者不知也。夏葛而冬裘，渴飲而饑食，日出而作，晦而息，無非道也。譬之，莫不飲食，而知味者鮮矣，推是而求之，則堯、舜與人同，其可知也已。

然而爲是道者，必先乎明善，然後知所以爲善也〔三〕。明善在致知，致知在格物。號物之多至於萬〔四〕，則物蓋有不可勝窮者。反身而誠，則舉天下之物在我矣。詩曰：「天生烝民，有物有則。」凡形色具於吾身者，無非物也，而各有則焉，反而求之，則天下之理得矣。由是而通天下之志，類萬物之情，參天地之化，其則不遠矣。

夫入德之門，有宜先傳者，有後倦者，其序不可誣也〔五〕。若洒掃應對，則門人小子所宜先傳者。苟於成人而復使爲之，則或倦矣。然聖人所謂性與天道者，亦豈嘗離夫洒掃應對之間哉？其始也，即此而爲學；其卒也，非離此以爲道。後倦焉者，皆由之而不知者也。故曰「有始有卒者，其惟聖人乎？」某之所聞如此。足下試思之，如何？老倦，艱於執筆，辭不逮意。幸亮之！

校記

〔一〕「答李杭」，令聞本、繩祖本、正誼堂本、四庫本、宋元學案卷二十五龜山學案同。弘治本「杭」作「机」，正德本作「杌」，皆形似之誤。

〔二〕「跖」，正誼堂本作「蹠」。下「跖」同。「蹠」、「跖」古通用。

〔三〕「爲善也」，四庫本作「爲道也」。

〔四〕「號物之多」，宋元學案卷二十五龜山文集「多」作「數」。

〔五〕「序」，正德本作「敘」。

答吴敦智〔一〕

某嘗謂舜、跖之分，在善、利而已。使世無科舉足以取榮利，則父不以詔其子，而士不以學也。如是而不爲跖之徒也幾希。足下乃獨切切然以明善爲急，其度越世人遠矣。勉而卒之無怠而止焉，則其終爲舜之徒也必矣。

所示問，其旨已具李君書，此不復言，取而觀之可也。幸照亮！

校記

〔一〕「吴敦智」，弘治本、令聞本、繩祖本、正誼堂本同。正德本「吴」作「吕」，恐誤。

上毛憲名漸，字正仲

某愚無似，家世業儒，而名不隸於農工商賈之籍〔一〕，惟是專篤於文學〔二〕。以天資頑鄙，不能雕繪組織，著爲文辭，以取名當世，獨好觀古人大節。

自三代以來，風聲氣俗，興衰治亂，與士之遭時遇變，出處語默，竊嘗窺較其一二。而謂先王之盛，禮義之澤，漸磨浸灌。天下亹亹，向風承德，敦厚而成俗。於斯時也，士游乎膠庠術序之間〔三〕，攬六藝之英華，而充飫乎道德之實。凡耳目之所習聞者，皆足以迪己而勵行，優游自得，不見異物而遷焉。此三代之士，所以彬彬多全德也。

夷陵至於戰國，暴君污吏，各逞其私，欲磨牙摇毒相呑噬者〔四〕，天下相環也。機會之變，間不容髮。故從人合之，以效其謀；衡人離之，以攻其後。掉三寸之舌，鬥天下之諸侯，斂爲己功。由是靡靡，日入於亂也。

漢興，襲秦遺俗。而高皇帝起於布衣户伍之中，一呼而有天下，慢而侮人，尤不喜儒士，故一時貪利頑鈍無耻者多歸之。雖秉國鈞衡爲一代宗臣者，猶且囚拘縲絏而不知去，況其餘人乎？

光武中興，尤旌節義之士，而依違附逆之徒，多見戮辱。故宏儒遠志，累行高舉，激揚風流者，方軌而出。及其衰也，懷濟時之志，則以觸權而嬰禍〔五〕；謝事丘壑，則以黨錮而陷刑。雖輿敗輻脱〔六〕，猶不忍改轍；一犯清議，則蹈鈇伏鑕而不悔。終漢之社稷，僅如垂髮而不絶者，亦衆君子之力也。

而亡。

東晉之興，士懲前軌，皆遺世絶俗，視天下治亂，愬然如秦人視越人之肥瘠也，而晉從此氣俗之不同，然亦興衰治亂之所繫也。故戰國之士，務奇謀而不徇正道；西漢之士，喜功名而不務奇節；東漢之士，貴節義而不通時變；東晉之士，樂恬曠而不乎實用：是皆爲世變所移，而昧乎中行者也〔七〕。惟古之聖賢則不然：不以世治而堅其操，世亂而改其度〔八〕；雖變故日更，而吾之所守自若也。

某竊觀仁宗皇帝承祖宗遺烈，綱紀法度，一循舊典。四十二年之間，天下熙然咏仁而蹈德。上自朝廷，下至乎郡縣，皆習爲寬大，而其卒也，縱弛而不振。迨夫神宗皇帝，勵精爲治，綜核名實，而奉承之吏，多失其旨，類皆以苛察爲明，裒斂爲功，其極也，慘覈少恩。主上即位，盡蠲前弊。而昔之慘覈者，往往變其舊習，勉爲寬厚以自媚於上者，不可勝計也。

恭惟閣下以清名重德，簡在二聖。世方慘覈，不矯激以赴功；俗尚寬厚，不矜飾以干譽。挺然中立，不爲世變所移，是真常德君子也。非夫藴道藏器、復古聖賢之軌躅者，其何能爾？

某聞海之鄙人，竊承下風之日久矣。今兹使旆按臨，某也實爲部吏，幸得摳衣歛板[九]，朝夕進趨於左右。自惟碌碌無可稱者，而遽辱一言之知，在愚賤疏逖之分，其何以當此？非中行之士，不狃於勢利者，殆無以及此也。故輒詳列古人之大節，與夫平昔景慕之意，以爲請見之資。進之退之，俯伏俟命，不勝戰悚之至[一〇]！

校記

［一］「名不隸」，四庫本「隸」作「載」。

［二］「專篤」，正德本作「篤專」。

［三］「膠庠」（周學校名），正德本作「郊庠」，誤。

［四］「搖毒」，四庫本作「搖脣」。

［五］「嬰禍」，繩祖本、四庫本「嬰」作「攖」。「攖」、「嬰」古通用。

［六］「輻脱」，正德本「輻」作「輹」。疑作「輹」是。左傳僖公十五年：「車説其輹。」

［七］「味乎」，正德本「乎」作「夫」。

［八］「改其度」，萬曆本「改」原作「敗」，形近之誤。正德本作「改」，是。今據改。

［九］「摳衣歛板」，萬曆本「板」原作「扳」，誤。正誼堂本、四庫本作「板」，疑是。今據改。按光緒本

作「版」。「版」、「板」異體字。

〔一〇〕「戰悚」，正德本作「戰慄」。

寄毛憲

始聞湖北溪洞寇邊，將臣失於制禦〔一〕，或恐使旆當有湖北之命。一方小警，固不足煩經略。然公之威德，素爲邊民信畏，旌馭一行，使朝廷無南顧之憂，亦非小補也。

某嘗謂邊事之興，多出於饕功幸利之人。媟武玩寇，不以朝廷大計爲念，視生靈荼毒若非己事，恬不以爲戚。夫蠻獠猖獗，自古然也。緩之則豺噬豨勇〔二〕，干紀而不受命；急之則鳥驚魚散，依陰以自匿。蓋其常態也。不務撫馴之，使恩威兩行，乃欲幸其有事，草薙而獸獮之，以求有功。一有失律，則敗衄不支〔三〕，上貽朝廷憂。此邊吏之大弊也。

某愚無知，不能曉時事。然自少游四方，竊觀當世公卿賢上大夫爲不少矣，然未見憂國如家，視民如赤子有如公者。此正朝廷今日寄委之意也。然溪洞之民，恃險爲姦非一日也，必欲加兵盡誅之，正猶馳韓盧搏蹇兔於穴中，雖有疾足，無所騁也。更願縻以歲月，無急近功，要足以安，馴服之而已。夫致人而不致於人，爲主而不爲客，亦兵家常勝之道也。

識淺智昏，暗於事機，何足以上裨高明〔四〕。然自以爲辱大君子之知，而意之所欲言者，不敢不自盡耳。浼瀆清視，惟仁明矜察，幸甚！

校記

〔一〕「將臣」，正德本無「臣」字。民國本作「將帥」。

〔二〕「豻噬狶勇」，四庫本「狶勇」作「豕突」。

〔三〕「敗衄不支」，正德本「衄」作「劫」，萬曆本「支」作「攴」，皆形近之誤。今據繩祖本、四庫本改。

〔四〕「上裨高明」，四庫本「裨」作「贊」。

上提舉

某聞之：「在下位不獲乎上，民不可得而治也。」獲乎上有道，其本在於明善誠身而已。某愚無似，雖未能明善誠身，竊有志焉。不幸迫於窮空，故未及信而仕，徒苟升合之禄以自活。然一邑之中，有民有社，休戚繫焉，又不得如古之抱關擊柝者之無責也。其自視欿然，懼終無以取獲乎上。方罪戾是憂，尚何望治民之效哉？

恭惟閣下以清德重望，爲時顯人。當朝廷更法造令之初，遴柬賢才〔一〕，出將使指，而閣下首被其選，則明天子所以眷倚之意何如哉！下車之初，某幸得從部吏之末，瞻望舄履，與聞謦欬之餘論。高明之見，洞照幽隱，而不以賢貴自挾。詢謀博訪，務盡下情。凡所以丁寧教戒者，無非以民爲念。非篤厚仁人，以天下之重自任，其何能爾哉？某退而私自喜幸曰：閣下之盛德兼容如此，某雖愚無似，不足以取獲乎上，亦庶乎有賴以自全也。既而寮吏相與言曰：閣下之務盡下情如此，法令有疑而未安者，可不自盡哉？疑而匿情，非所以事大君子之道也。

某私竊識之：近承州符，録準使命應舊係代名人、役未滿而募充者，例不支錢。此於法有疑而未安者，故不敢不自盡也。

某不能周知十邑之利害，寧鄉之請如此，是必寧鄉可行也。瀏陽之民未罷役以前而雇人代充者〔二〕，皆月計其直。然每有逾期不償而至於理訴者，時時有之。官既罷役矣，而彼自願充，則又安肯復與之直？推之人情，萬無此也。夫募役者，亦豈有他意哉？爲利而來耳。既不與之直，則誰復願者！若令取諸舊役者，則官既罷其役矣，而又使之出其直，則是昔之放罷，皆罔之也。使代名者不願而求去，則如之何？勢須彊之。彊之雖從，而匱乏者無資以自給，則勢不能久也，而遂至於逃亡，則如之何？必以刑加之。如是，得無駭民乎？然朝旨自有明文，特爲鄉差未滿者設耳。代名之人，法所不載，不惟於理勢未安，於前後敕旨亦自有妨，幸加明察。如寧鄉可行則行之，他邑使各陳其可否，然後徐審處之，莫大之幸也。

如郴州議保正長不支錢，此固元豐舊法，行之可也。然什伍之法，蓋兆於治古之時。而元豐保正之役，其實三大户也。既使之輸錢，又使之充役，則免役之名浮矣。元祐之間，果於罷去而不疑者，特藉此爲説耳。故朝廷更法之初，指言不得用保正長者，蓋亦懲此説也。今又議不支錢，恐非朝廷始意，且不能使元祐議法者無辭也。某竊謂不若計其歲雇之直，蠲減所出役錢爲善耳。夫建議不支錢者，其意不過欲寡取於民也。某不能周知一路，以長沙一郡計之，所敷之數，比元豐舊額，固已十蠲其六七矣。元祐差役自二百五十畝以上充弓手，大抵十年兩役也。計其雇直，則十年所出，無慮二百千。以今法言之，有田二百五十畝，十年所輸，才五十餘千耳。其爲法豈不優哉？方之元豐，所蠲如此，較之元祐，其利又如此，雖取之，何傷也？又奚必銖銖計其多寡哉！

某愚不自量，妄以狂瞽之言聞於左右。是即蓍龜之神以自取瀆耳，何足以上裨高明萬一！然惓惓之情，不敢不自盡者，蓋以爲事大君子之道義當如此也。惟仁明察其愚誠，不加妄言之誅則幸矣〔三〕。冒犯威嚴，俯伏俟命，不勝戰慄之至！

校記

〔一〕「遴柬賢材」，繩祖本「柬」作「簡」。「簡」、「柬」通用字。

〔二〕「雇人」，正德本、繩祖本「雇」作「僱」。下「雇」字亦作「僱」。「僱」、「雇」古通用。

〔三〕「不加妄言之誅」，正德本「不」作「未」。

代人上王令

某嘗謂周之士也貴，秦之士也賤。周之士非獨上之人貴之也，士亦知自貴焉；秦之士非獨上之人賤之也，士亦輕自賤焉。自秦而來，迄於今千有餘歲，士之知自貴者何其少，而輕自賤者何多耶！

蓋古之士，雖一介之賤，厠於編户齊民之間，短褐不完，食菽飲水〔一〕，裕然有餘，而不知王公之爲尊，與夫膏粱文綉之爲美也〔二〕。三公之位〔三〕，非其道也，有弗屑焉；萬金之餽，非其義也，有弗受焉。夫如是，上之人雖欲挾貴自尊，以輕天下之士，其可得乎？後世之士，顛冥利欲，而不知有貴於己者，故守道循理之志薄，而偷合苟得之行多。伺候公卿之門，奔走權勢之塗〔四〕，脅肩諂笑，以取容悦。其自處如是，而欲人貴之，其可得乎？故愚竊謂士之貴賤，雖視勢盛衰，然其所以貴賤者，皆其自取也。某誦斯言久矣，故常自屏乎窮閻陋屋，聲迹昧昧，不敢輕爲自賤之行，以求聞於人。

今兹執事來宰是邑，下車臨政，未旬浹間，民吏肅清，不敢爲姦。某私竊自幸，以謂君子之治，既有以服人，必有以養人。養人以善，當自庠術始。某幸爲士，則教之育之以成就其志者，宜在今日也。故輒隨諸生，俯伏門墻〔五〕，以俟進退之命，非敢求聞於左右也，殆以爲後日論教之資耳。

校記

〔一〕「食菽飲水」，萬曆本「食」原作「令」，誤，正德本作「含」，亦誤。今據繩祖本、正誼堂本改。

〔二〕「膏粱」，萬曆本「粱」原作「梁」，誤。正德本作「粱」。今據改。

〔三〕「三公」，正德本作「三旌」。

〔四〕「權勢」，正德本作「形勢」。

〔五〕「門墻」，萬曆本「墻」作「𨻶」，字書無此字。四庫本作「墻」。下代人上江令即作「俯伏門墻」。今據改。

代人上江令

士以贄見先達之門者三：太上爲道，其次爲禮，其下爲名。君子之居是邦也，事其大夫之賢者，資之以爲仁，此爲道者也。今之守令，實古之諸侯。爲其士民者，有古君臣之義。以臣見君，此爲禮者也。飾竿牘之勤，借齒牙之論，欲以取重於時，此爲名也。爲名者，君子耻之，而滔滔者皆是也。

某昏懦不肖，自視無以取名，然亦不願乎名之過實也。其才質之下，固不足以語道，然竊嘗有志焉。

恭惟執事高才盛名，聞於四方。某也承下風而望餘光久矣。今茲來吾邑，某幸隨諸生奔走車塵轍迹之間，得聞謦欬之音，睟面盎背〔一〕，溢於所聞多矣。下車莅政，而老姦宿吏下至編户細民，無不風動。某也托迹封域之間，日被德化，夙昔爲道之志，其庶乎得伸於今日也，故敢輒書所志，冒進於左右。然未知執事將哀其志而進之耶？將以昏愚而棄之耶？俯伏門墻，進退俟命。

校記

〔一〕「睟面」，萬曆本「睟」作「粹」，誤。今據叢書集成初編本改。

與張秀才

足下辱書勤懇〔一〕，似有求者，稱道過當，皆盛德所宜辭，非老拙者敢當也。慚悚慚悚！某齒髮向衰，自惟陳腐背馳之學，無以仰追時好，逢學士大夫，不敢輒出一語，自取譏笑。不意足下惓惓乃爾，得無過愛者妄以溢美之言欺左右乎？不敢當。

校記

〔一〕「足下」，各本皆作「某」，然下文用「某」自稱，此不當用「某」稱對方。「某」當是「足下」之誤。下文即用「足下」稱對方。今據改。

楊時集卷十九

書四

與游定夫名酢〔一〕

其一〔二〕

春初至建安，曾托志寧附書，計塵聽覽。爲别滋久，瞻系之至〔三〕，旦夜不能忘。夏熱，不審起居何如？

某自衢買舟渡江，沿淮入清河，過吕梁百步，凡五十有二日始達彭城，東南風波之險，所歷幾盡，幸而舉家幼累各安，差足爲慰。彭城古郡，僻寂，達官顯人不至其境，頗無將迎之勞，而民事又簡。雖敝司有庫務兼局之多〔四〕，然出納有時，亦不至勞力，尤稱養拙也。在鄙心爲可悔恨者，特去親遠耳，其他無足念者。

所懷千萬，臨紙不能悉布，惟冀爲道自重。

校記

〔一〕題下各本原無「名酢」二字，今補。游酢，宋建州建陽人，字定夫，一字子通，世稱廌山先生，亦稱廣平先生。游醇弟。神宗元豐五年進士。累官太子博士，擢監察御史。師事程顥、程頤，與謝良佐、吕大臨、楊時并稱程門四先生。有易説、詩二南義、中庸義、論語孟子雜解及廌山文集。（中國歷代人名大辭典第 2365 頁）

〔二〕「其一」，萬曆本與「與游定夫」接排，今改作次級標題。

〔三〕「瞻系」，繩祖本「系」作「繫」。

〔四〕「敝司」，萬曆本作「弊司」，誤。繩祖本「弊」作「敝」，是。今據改。

其二

某四月二日到官舍，初四日交承職事。彭城風物質陋，與吾鄉大異。幸有魚稻鶉雉之類，足以充食，故南人處之，差爲便耳。太守王大夫寬厚，頗有愷悌之風，屬吏之幸也。某離家將半年，思親之懷日甚一日，其情意若不可堪，不知愈久何以處之。

定夫官期猶一年，思復時常相聚〔一〕。講學之樂何可量，但欽羨耳。志寧曾來相會否？企仰高論，無日忘之。惟數以書見教，庶足少慰鄙心。暑毒，千萬珍衛。

校記

〔一〕「思復時常相聚」，四庫本「思復」作「思後」，正德本「時常」作「必常」。

其三

某窮居習閒久矣〔一〕，乍爾莅事，不無應接之煩。然義所當勉，亦不敢苟且自墮事。有間即讀易〔二〕。然無朋游共學，相與講明，每有所疑，徒切瞻企耳。去年相別時，定夫亦讀易，計須精到，有便願以所得見教，不宜有吝也。蓋吾儕所學，既與世背馳，朋友數人，又各南北，切磋之益，以待面求，亦無及矣。公宜亮之！固不敢嘿嘿，亦當有浼問以取質左右也。

吾友閑居，從游者必多，所得有人否？其質有可進者，宜切誘掖之，不當以彊聒爲耻也。

湫鄉二楊與舍弟欲親炙席下，果然否？幸加驅策。

區區，非紙可盡。

校記

〔一〕「窮居習閒」，萬曆本「閒」原作「聞」，誤。今據正德本、繩祖本改。

〔二〕「有間」，正誼堂本作「有閑」。

其四

主上睿聖，方進退大臣以興復太平之功，元豐丕績，計指日可望。政令一新，但恐疎愚無以奉承耳。學中長貳爲誰？近不聞報。蘇季明向除博士，曾到任否？

京師非食貧之地，公聚口頗衆，度其勢能久居否？趨舍之方，宜審處也。游守太學博士得此，即求補外，蓋紹聖改元也〔一〕。

校記

〔一〕「游守」至「改元也」，萬曆本作大字，與正文連在一起，誤。正德本、繩祖本皆作雙行小字，是。今據改，並統一作單行小字。

其五

易傳後序，顯道爲之，某跋尾，已削去不用。前年在京師，與顯道議云：先生亦嘗有意令門人成之，故其序述如此〔一〕。蓋舊本西人傳之已多，惟東南未有此書。欲以傳東南學者，不叙其所以，恐異時見其文有異同，不足傳信也。與顯道初議如此。恐此書方秘藏，未敢出示人，或未安，更希示諭。

序云「隨時變易以從道」。某初亦疑此語。細思之，如繫辭云：「聖人之作易也，將以順性命之理。」不可謂易與性命爲二也。乾之六爻，初則潛，二則見，三則乾乾。若此類，皆隨時變易以從道，於理似無害。更思之，如何？

校記

〔一〕「序述」，正德本作「叙述」。

其六

伊川先生在時，世人迂怪之論皆歸之，以爲訕笑。今往矣，士大夫尊信其學者漸衆，殊不可曉也。

先生語録，傳之浸廣，其間記録頗有失真者。某欲收聚，删去重複與可疑者〔二〕。公幸閑居無事，可更博爲尋訪，恐有遺失。聞朱教授在洛中〔三〕所傳頗多，康侯皆有之。候尋便以書詢求〔四〕，異時更相校對，稍加潤色，共成一書，以傳後學，不爲無補。先生之門，所存惟吾二人耳，不得不任其責也。

校記

〔二〕「重複」，正德本「複」作「復」。

〔二〕「在洛中」，弘治本無「中」字。

〔三〕「候尋便」，萬曆本「候」原作「侯」，誤。今據繩祖本改。弘治本、正德本「候」作「俟」。

與鄒至完名浩〔一〕

竊惟天子睿聖，方嗣位之始，未有左右便嬖近習之私迎意而取悦，未有姦邪讒佞欺負之徒投間而亂其聰〔二〕，聖度虚明，忠言易入。書曰：「爲上爲德。」孟子曰：「一正君而國定矣。」此正其時，不可失也。宜迪之以先王道德之要言，爲治之大方，參之以古今成敗之明效，使聖智益明，則天下之利病，左右之忠邪自判矣。舍此，宜無足爲者。

公之道學，究極天人之藴。某之所知，蓋公之所厭餘者，安能上裨高明萬一？然愚鄙嘗辱一眄之私，故輒自竭。惟寬仁不罪其狂瞽乃幸也。

校記

〔一〕題下各本原無「名浩」二字，今補。鄒浩，宋常州晉陵（今江蘇武進縣）人，字志完，一字至完，號道鄉居士。神宗元豐五年進士。哲宗朝爲右正言，削官。徽宗立，復爲右正言，累遷兵部侍

郎。兩謫嶺表，卒謚忠。有道鄉集。（中國歷代人名大辭典第 1114 頁）

〔二〕「讒佞」，萬曆本「讒」作「纔」，誤，今據弘治本、正德本改。

與劉器之名安世〔一〕

向承垂示許丞易義，其用意精深，自成一家之學。伏讀之久，開發多矣，然鄙意猶有疑者。

復卦義曰：「怒，惡之使也，東方之情也。元，善之長也，東方之德也。善惡之分，吉凶始焉。中庸曰：『喜怒哀樂之未發謂之中，發而皆中節謂之和。』四者一本於中，則怒不可獨謂惡之使也。怒而中節，是謂達道。而遂以『元』、『怒』爲善惡之分，亦恐未可也。又曰『文王一怒而安天下之民』，『武王亦一怒而安天下之民』。所謂出怒不怒，蓋以救世，非修身之道也。修身則致虚守静，不可以動，動則有怒〔二〕，有怒與仁違矣。某以謂誠者合内外之道，成己乃所以成物也，謂不可以修身而可以救世，恐無是理。修身不可與仁違，治天下獨可與仁違乎？顏子不遷怒，非無怒也，不遷而已，是謂中節。此顏子所以修身也。而孟子以禹、稷之事與之，謂之『易地則皆然』。蓋救世、修身，本無二道故也。大學論治天下國家，必始於正心誠意。孟子則曰「天下之本在國，國之本在家，家之本在身」，皆是意也。夫物我易觀，不能通天下爲一，正今日學者之失。此弊尤當救之，不可畏也。

又曰孟子「四十不動心」，顏子之年未至也，是未以不動心與顏子也。又曰「顏子復禮以存心，故其静也仁」，是以仁與之也。公孫丑問不動心，孟子曰〔三〕：「是不難，告子先我不動心。」孔子曰：「若聖與仁，則吾豈敢？」夫仁，孔子不敢居；不動心，告子之所易。以孔子不敢居者與之，而不與告子之所易者，恐似不倫也。又曰「孟子之言不動心也，曰『我知言，我善養吾浩然之氣』，此方以不動涉動者也。不動則專氣致柔，復以自知而已，動則養氣以爲馬，知言以爲途也。」孟子論知言養氣，乃不動心之道所以異告子者，恐非專爲涉動也。又曰「顏子之所養夜氣也，孟子之所養旦氣也。」夜氣不存，則於旦氣乎何有？旦晝之所爲，有以梏亡之〔四〕，則夜氣亦不存矣。但深考孟子之言，則其義可見，恐所養不須離而爲二也。

古之好學者，必就有道而正焉。某不敢自謂好學，至於就有道而正焉，心不敢忘也，故輒布所聞，取正於左右。如未中理，願詳見教。

校記

〔一〕題下各本原無「名安世」三字，今補。張譜於徽宗政和元年辛卯譜文有「見劉器之安世」語，知「器之」名「安世」。劉安世，字器之，號元城，宋大名（今河北大名縣）人。神宗熙寧六年進士。累官諫議大夫，論事剛直，號爲殿上虎。屢遭貶斥。蔡京既相，又七謫至峽州羈管。卒謚忠定。有盡言集。（中國歷代人名大辭典第676頁）

〔二〕「有怒」，弘治本作「有過」。下「有怒」亦作「有過」。

〔三〕「孟子曰」，正德本作「孔子曰」，誤。按，「是不難，告子先我不動心」，語見孟子公孫丑上。

〔四〕「有以梏亡之」，萬曆本「亡」原作「忘」，誤。今據繩祖本改。

答陳瑩中名瓘〔一〕

其一〔二〕

辱示華嚴大旨，辭義精奥，得所未聞，幸甚！

然此書昔嘗讀之，雖未盡解，要之大略可見。其論布施也，至於刳心剔髓而不吝，此其用心廣矣。來書所謂「其施也不欲狹，其濟也不欲寡」，豈不信然歟？原其心，豈有他哉！蓋亦施不欲狹，濟不欲寡而已。此與世之横日自營者，固不可同日議也。而孟子力攻之，至比禽獸，孟子豈責人已甚乎？蓋君子所以施諸身，措之天下，各欲當其可而已。禹思天下之溺猶己溺之，稷思天下之飢猶己飢之〔三〕，過門不入，弗子其子，至胼胝手足而不爲病，君子不謂之過。顔淵在陋巷，飯蔬飲水，終日如愚人，然君子不謂之不及。蓋禹、稷被髮纓冠而往救之者也，顔淵閉户者也，故孟子曰「易地則皆然」。若顔淵、禹、稷不當其可，則是楊、墨而已，君子不與也。此古人之樣轍〔四〕，章章明矣。

然某每讀孟子書，至其論墨子「苟利天下，雖摩頂放踵爲之」，未嘗不憫其爲人也。

今公卿大夫比肩在上，則天下有任其責者。自惟愚鄙，無所用於世，雖閉户可也。故不敢出位，冒天下之責而任之，以貽身憂。非忘天下也，循古樣轍而已。若謂「不辭一身之有過，願成來者之無過」，竊意賢知者過之，則道終不明不行矣，而欲來者之無過，或恐未能也。

所謂「仲尼無言，顔子有言」，考之吾儒之書，不知所自。荒蕪之學，欲質於左右者，非一二事。願無惜見教，以開未悟。

校記

〔一〕題下各本原無「名瓘」二字，今補。陳瓘，南劍州沙縣人，偁之子，字瑩中，號了翁，又號了齋。神宗元豐進士甲科第三名。爲諫官，極言蔡京不可用。屢遭竄逐。宣和中卒于楚州。有尊堯集。與鄒浩皆師事楊時。（中國歷代人名大辭典第1359頁）

〔二〕「其一」，萬曆本與「答陳瑩中」接排，今改作次級標題。

〔三〕「天下之飢，猶己飢之」，正德本「下」作「子」，誤。

〔四〕「此古人之樣轍」之下，國家圖書館藏萬曆本缺頁，脱六十三字（自「章章明矣」至「循古樣轍而已」）。弘治本、正德本不脱。今據補。

其二

康節先天之學不傳於世，非妙契天地之心，不足以知此。某蓋嘗翫之〔一〕，而陋識淺聞，未及足以叩其關鍵〔二〕。

八卦有定位，而先天以乾、巽居南，坤、震居北，離、兑居東，坎、艮居西。又以十數分配八卦，獨艮、坎同爲三數。此必有説也。以爻當期，其原出於繫辭。而以星日氣候分布諸爻，易未有也。其説詳於緯書，世傳稽覽圖是也。揚子草玄，蓋用此耳。卦氣起於中孚，冬至卦也，太玄以中準之；其次復卦，太玄以周準之；升〔三〕，大寒卦也，太玄以干準之〔四〕。今之曆書亦然〔五〕。則自漢迄今，同用此説也。而先天以復爲冬至，噬嗑爲大寒，又謂八卦與文王異。若此類，皆莫能曉也。

康節之學，究極天人之藴。玩味之久，未能窺其端倪，况敢議其是非耶？以公之精識，貫通古今，於先天必能洞見之矣，願疏示一二。

所謂康節學伏羲，温公學仲尼，某亦不知其説。夫自八卦重而爲六十四，易之大成也。孔子於易，贊之而已，竊謂無所加損焉。而分爲二説，皆深所未諭也〔六〕，併乞開示。

夫孔子之贊易，尤詳於乾、坤二卦。繫辭中論釋諸爻亦多矣，然未有及象數者，豈得意而忘象，真孔子之學耶？

無由面承。東望，徒增企仰耳。

校記

〔一〕「翫」，正德本作「玩」。

〔二〕「關鍵」，萬曆本「關」原作「開」，誤。今據弘治本改。

〔三〕「升」，弘治本無此一字。其餘各本有。

〔四〕「以干準之」，繩祖本、正誼堂本「干」作「千」。

〔五〕「曆書」，正誼堂本「曆」作「歷」。

〔六〕「皆深所未諭也」，弘治本、四庫本「深」下無「所」字。當以有「所」字爲是。

其　三

辱示法界三門大旨，引據精博，極儒、佛之奥，使蔽陋者與聞焉，幸甚幸甚！然其間鄙意有疑者，敢不以請〔一〕？

繫辭曰：「爻有等，故曰物。物相雜，故曰文。」賁之彖曰「柔來而文剛」，「分剛上而文柔」，剛柔相雜，賁之所以爲文也。白賁，受色者也。「賁無色」；色，色者也。惟有質爲能受，惟無色爲能賁。爻之辭曰「白賁」，而卒乃曰「賁無色」，斯謂之普融可也。以文會友，以友輔仁，此學者之事而已。謂之會色歸空，吾儒之書，或恐無此意也。孟子曰：「固哉，高叟之爲詩也！」則爲詩猶有得失焉〔二〕。爲之如高叟，是「固」而已，非知詩者，則「爲」之一言，恐未足以蔽二南也。孔子曰：「詩三百，一言以蔽之，曰：思無邪。」則二南固在其中矣，恐不須他求也。

顔淵三月不違仁，非由仁者，蓋有時而違也。然而其復不遠矣，故以復之初爻當之，復之未遠也〔三〕。坤之初六曰：「履霜，堅冰至。」夫坤之初，陰始凝也，未至乎堅冰矣；而卒乎堅冰者，理之必至也。辨之者不於始凝之時，而於堅冰而後辨〔四〕，則鮮不及矣，若魯昭公、高貴鄉公是也〔五〕。此二爻以禹、稷、顔淵出入往來之事當之，亦恐不相似也。

夫乾一變而爲姤，五變而爲剥；坤一變而爲復，五變而爲夬。復者陽之來，而剥者陰之極也。陽極生陰，陰極生陽，故剥窮而反，反而復陰，極故也。竊意剥者，其乾之終乎？自古亂臣賊子，其初豈有意哉？馴致其道以至於此耳。故易於小人幾微之際，每致意焉。姤之辭曰：「女壯，勿用取女。」姤之初，陰始生也。女也者，陰始生之象也。始生未至於壯也，而有壯之道焉，猶坤所謂「履霜，堅冰至」也，故曰「勿用取女」。蓋取之，則引而與之齊。引而與之齊，則終末如之何也已。

昔陽城之於唐，其任職非不久也。其初，裴延齡未用也，不於未壯之時止之，至天子將用爲相，乃欲取白麻裂之而哭於庭，豈不晚乎？夫白麻，王言也，不可裂；天子之庭，非哭所也。以是而處昏主亂相之間〔六〕，其免也，幸而已矣。故姤之初六曰：「繫于金柅〔七〕。」蓋於其未壯而止之〔八〕，使勿行也，與坤初六異矣。坤之文言曰：「『履霜，堅冰至。』蓋言順也。」而其卒也有疑陽之戰，順而無以止之故也。自姤至於剥，陰之進極矣。坤順而艮止，剥之所以成象也。觀剥之象，則知所以治剥矣。故曰：「順而止之，觀象也。君子尚消息盈虛，天行也。」消息盈虛，天且不能暴爲之，而况於人乎？然君子之尚消息盈虛，無時而不然，獨於剥言之者，蓋君子小人相爲消長，至剥而極矣。此成敗之機，而邦之興喪繫焉。雖動息語默之微，一失其機，不可復救矣，况施於事乎？東漢之衰，君子欲以力勝之，引姦凶而授之柄，卒至乎俱傷兩敗，而國隨以亡，不知此故也。後之治剥者，可不監之哉！至於夬，則陽之進極矣。君子衆而小人獨，其夬之易矣。然疾之已甚，亂也。故「莧陸夬夬」，雖「中行」，僅「無咎」而已，未光也，况過之乎？當是時，若禹之班師可也。夫亂世不能無君子，治世不能無小人，特其消長異耳。此天地之義，陰陽之理也。故治世能使小人不爲惡而已，不能絶之使無也，此處夬之道也。

承示論坤、復之義，故輒及此，以取質左右。高明以爲如何〔九〕？或未中理，幸明教我。

校記

〔一〕「敢不以請」，萬曆本無「以」字。當以有「以」爲是。今據正德本補。

〔二〕「則爲詩猶有得失焉」，弘治本「有得失焉」作「有所失焉」。按，四庫本此處脱如下二十一字：「則爲詩猶有得失焉。爲之如高叟，是固而已，非知詩者。」

〔三〕「復之未遠也」之上，弘治本有「夏之初」三字。

〔四〕「而於」，正德本作「至於」。

〔五〕「高貴鄉公」，萬曆本「鄉」原作「卿」，誤。今據正德本改。按高貴鄉公爲曹丕孫曹髦的封號。三國志魏書有傳。

〔六〕「昏主」，正德本作「昏上」。

〔七〕「金柅」，萬曆本「柅」原作「怩」，誤。今據繩祖本及周易姤原文改。

〔八〕「蓋於」，正德本無「蓋」字。

〔九〕「如何」，四庫本作「何如」。

其四

康節先生，某少嘗聞其風矣。每恨不及見，洛中諸嘗從先生游者，皆略識之。亦嘗見其子，問之，俱莫能傳其所學萬一也。前書所疑，雖蒙諄誨，愚陋，終未能曉。夫八卦有伏羲、文王之辨〔一〕，於經無見也。天下之賾存焉，豈人私智能爲哉？康節之言，必有稽也。索隱之士，宜知其所以然者，恨未得親叩之耳。

乾南而坤北，離上而坎下，位不同也。自乾左而至震，一、二、三、四；自坤右而至巽，八、七、六、五。本宮之卦，乾一、兑二、離三、震四，坤一、艮二、坎三、巽四，數不同也。以爲未嘗同，默而識之可也。位與數相爲異同者明，如此安得無説乎？

自羲、農以來，更六七聖，人所因習者，八卦而已，六十四卦之名未有也。其制器尚象，乃有取於十三卦者〔二〕，則羲、農之世，卦雖未重，而六十四卦之用已在爐錘之中矣，特其名未顯也。故曰「八卦成，列象在其中矣」。用是言之，文王之易固具於伏羲畫卦之初，文王能因而用之〔三〕，不能有所加損也。乾、坤、屯、蒙之序，意必文王爲之，孔子序卦，特釋其義而已。

乾、履、大有、大壯之序，於易不見其端倪，所謂文王闔其門而拒其出者。「文王闔之，康節闢之。」此來書中語其數其義，必有可玩而習者矣。凡此，皆某所深疑而未諭也。願略疏示，使得稽其門叩其鍵而入，則爲賜多矣。

太玄之書，昔嘗讀之，雖未竟其義，而其略可識也。子雲覃思渾天〔四〕，三摹而四分之，極於八十一首，旁則三摹九據，極之七百二十九贊。當期之日，又爲踦贏二贊〔五〕，以盡餘分之數。其用自天元推一晝一夜陰陽數度星日之紀，與泰初曆相應，其取數似與易異矣。其爲書則欲自成一家，初無意於贊易也。考諸解難之文可見矣。夫易之六十四卦，八卦相錯而成也。玄之有方、州、部、家，則各有分域矣，不可相錯也，故一而三之。自三而九，又三之，爲二十七，終於八十一，而玄之首畢矣。八十一家又離爲三，以極三玄之數。方、州、部各三之爲九，又三之爲二十七家。此一玄之數也。以次比之，不可相易。贊辭自一至九，配麗五行，而日星、節候分布其間，皆有成數，恐其書特易中之一事，與易經不盡相涉也。世之治曆者，守成法而已，非知曆也。自漢迄今，曆法之更，不知其幾，人未有不知曆理而能創法也。求玄於曆理之内，亦恐未足以盡玄之妙。更深考之，併以見教。

近得温公太玄論閱之，皆先儒所共知者。其隱賾不著之事，殆未可窺其藴也。温公之學，篤於自信，雖論語亦有未然者，非其深造自得隱之於心而不疑，不輕以爲信，真善學者，與世之耳濡目染遂以爲得者有間矣。然子雲、温公之學，與語、孟之書〔六〕，其遠近淺深，必有能辨之者，不可誣也。温公自孔子而下，獨謂揚雄爲知道〔七〕。雄之論孟子曰：「知言之要，知德之奥，非苟知之，亦允蹈之。」又曰：「諸子者，以其異於孔子也。孟子異乎不異！」夫雄之言〔八〕，以孟子不異於孔子，則其尊孟子也至矣。温公於孟子乃疑之，則雖以雄爲知道，而於雄書亦未盡信也。夫衆言殽亂〔九〕，折諸聖。自漢田、焦、費氏之學興，而三家之傳不一。後雖名儒繼出，而異説益滋。易之微言隱義〔一〇〕，學者將安折衷乎？折諸孔子而已。某嘗用是學易，以謂孔子之已言者，當詳説而謹守之；其未言而不見其兆者，雖略之可也。皇極之書，皆孔子之所未言者，然其論古今治亂成敗之變，若合符節，故不敢略之，恨未得其門而入耳。至其論易、詩、春秋，配四時之府，生、長、收、藏，與易之詩、易之書、易之春秋之類，竊恐聖人復起，未能不易其言也。譬之觀弈〔一一〕，必以李、劉爲信。法言曰：「楊、墨塞路，孟子辭而闢之，廓如也。後之塞路者有矣，竊自比於孟子。」夫孟、楊之自任重矣。由漢而來，士以李、劉望之非一日也。「李、劉」亦來書語。今其書具在，疑而未信者如此。則後之視今，又焉知不猶今之視昔乎？學者審其是而已，於疑信尤當慎擇也。然某於雄昔嘗疑之，重蒙誨諭，繼今當力求之以補前過。未由展晤，一抉蔽蒙〔一二〕。東望，徒增惓惓耳〔一六〕。

校記

〔一〕「有伏羲、文王之辨」，萬曆本「辨」作「辦」，誤。弘治本亦誤。今據繩祖本、四庫本改。

〔二〕「十三卦者」，萬曆本無「者」字。今據正德本補。

〔三〕「能因而用之」，正德本「用之」作「重之」。

〔四〕「覃思」，萬曆本「覃」原作「潭」。正德本同。今據弘治本、繩祖本改。按，覃，深也。

〔五〕「踦嬴」，正德本「嬴」作「羸」。「嬴」、「羸」古通用。

〔六〕「與語、孟之書」，萬曆本「之」原作「子」。今據正德本改。

〔七〕「獨謂」，萬曆本無「謂」字。今據弘治本、正德本補。繩祖本「謂」作「以」。

〔八〕「殽亂」，正德本「殽」作「淆」。「殽」爲「淆亂」之「淆」的本字。

〔九〕「隱義」，萬曆本「義」原作「矣」，誤。今據正德本改。

〔一〇〕「觀弈」，各本「弈」作「奕」，誤。今依文意改。

〔一一〕「一抉蔽蒙」，萬曆本「抉」作「快」。正德本作「抉」，四庫本作「決」。按，作「抉」是，今據改。抉，剜出。

〔一二〕「惓惓」，萬曆本原只有一「惓」字。今據正德本補。按，「惓惓」同「拳拳」，誠懇、深切之意。

其五

惡詩非敢自附於賢者之作〔一〕，厚意不可虛辱，故勉强繼之。重蒙稱與過當，徒用增愧。「先生」，有德齒之稱也，宜施於前輩，如某之不肖，徒有犬馬之齒耳，輒以見稱，何也？恐聞者以爲失言，使老拙者重爲世所訕笑。繼此幸削去〔二〕，至懇！

校記

〔一〕「自附」，正德本作「自諧」，不可取。

〔二〕「幸削去」，正德本無「去」字。當以有「去」字爲是。

其六

孟子之書，世儒未嘗深考之，故尊之者或過其實，疑之者或損其真，非灼知聖賢之心，未易以私意論也。世之尊孟子者多失其傳，非孟子過也，而遂疑之，亦過矣。近見一書，力詆孟子之非，恐非有所授，難遽以口舌争也。謂晁以道。

無由展奉，一盡區區。

其七

德齒之説，前書盡之，重蒙以師説見諭，三復來貺，益用慚惕。古之人其道足以師世範俗，惟孔、孟足以當之。東漢而下，師道益嚴，然稽其所知所行，皆不足以勝其任也。唐之韓愈，固嘗欲以師道自居矣，其視李翱、張籍輩〔一〕，皆謂「從吾游」。今翱、籍之文具在，考其言，未嘗以「弟子」自列，則「師」果可好爲乎？苟其道未足以達材成德，則雖欲爲之而人不與也。愈且如是，况其下者乎？

某愚陋，齒髮已衰矣，而未有聞焉，蓋孔子所謂「不足畏」者。方且拘縻升斗之禄〔二〕，未能從黑髮之士以承教左右〔三〕，而反以見諭〔四〕，是豈當然乎哉？非公樂與人爲善，務欲搜揚隱伏，何以有此？將使清和之士，不終爲西山之餓夫，東國之黜臣，蓋古聖賢之用心也。第恐設之不當〔五〕，徒有累於高明耳，幸亮之！

臨紙愧汗，言不能究。

校記

〔一〕「張籍」，萬曆本「籍」作「藉」，誤。今正。正德本、正誼堂本不誤。下「籍」字，萬曆本不誤。

〔二〕「方且」，萬曆本「方」原作「万」，誤。今據正德本、繩祖本改。

〔三〕「以承教左右」之上，正德本有「重」字，爲各本所無。

〔四〕「而反以見諭」，各本「諭」同作「謂」，字之誤。今依文意改。

〔五〕「第恐設之不當」，四庫本「設」作「説」，光緒本作「論」。當以「設」字爲是。

其八

先天圖得太極所生自然數，非人私智所能爲也。昔未嘗見，幸得一觀，此非堯夫不能知也。

蒙示法界觀〔一〕，與「相見乎離」辭異旨同，開發蔽陋多矣。幸甚！世之昧者，妄以狂瞽無稽之言眩瞀學者，方自以爲得，惡足與論此哉？然杜順集此，不涉華嚴一字，束以所謂二門〔二〕，謂足以貫六經之旨，可謂能説約矣。然不知二門者於經何施也？願更開示，以警未悟。

校記

〔一〕「蒙示法界觀」，「界」各本原作「養」，誤。本書卷十二語録三餘杭所聞三（其五）：「正如杜順作法界觀樣。」今據改。按，佛教指整個宇宙觀象界爲法界。界是分界、種類之意。華嚴宗又稱法界宗。

〔二〕「東以二門」，正德本「二門」之上有「所謂」二字。今據補。

請媒書〔一〕

言念聲猷沉寂，族系單薄。自知分止於窮閻，何意仰希於高援。然以第幾男某行當弱冠，宜有室家。伏聞某人小娘子令德中純，婉容外淑，欲求姻好，莫有夤緣。敢憑君子之重言，使遂鄙心之至願。

校記

〔一〕此篇與下篇婚書收入弘治本卷二，在答陳瑩中其五之後。萬曆本未收。今補入。

婚書

言念布策兆龜，既符於有慶；奠雁納吉，尚慚於弗堪。恭聽嗣音，辱惠嘉命。懋承先典，用伸五兩之儀；祗奉腆辭，永合二姓之好。

楊時集卷二十

書　五

答胡康侯名安國〔一〕

其　一〔二〕

辱疏示所疑，非公敦朋友之義，不以賢自挾，何能如是？以能問於不能，以多問於寡，士無此風久矣，乃今得吾康侯也。幸甚！以某之不肖，何足以知之？然不敢不盡所聞以求切磋之益。言而是耶，固願與朋友共之；言而非耶，亦願公見告，庶乎其有警也。

「致知格物」，蓋言致知當極盡物理也。理有不盡，則天下之物皆足以亂吾之知，思祈於意誠心正遠矣〔三〕。書云〔四〕：「惟精惟一，允執厥中。」執中之道，精一是也。夫中者，不偏之謂也。一物不該焉，則偏矣。中庸曰：「喜怒哀樂之未發謂之中。」但於喜怒哀樂未發之時，以心驗之，時中之義自見，非精一烏能執之？

夫盈天地之間，孰非道乎？道而可離，則道有在矣。譬之四方，有定位焉。適東則離乎西，適南則離乎北，斯則可離也〔五〕。若夫無適而非道，則烏得而離耶〔六〕？故寒而衣，饑而食，日出而作，晦而息，耳目之視聽，手足之舉履，無非道也，此百姓所以日用而不知。「伊尹耕於有莘之野，以樂堯、舜之道。」夫堯、舜之道，豈有物可玩而樂之乎？即耕於有莘之野是已。此農夫田父之所日用者，而伊尹之樂有在乎是。若伊尹，所謂知之者也。

夫「精義入神」，乃所以致用；「利用安身」，乃所以崇德，此合内外之道也。天下之物，理一而分殊。知其理一，所以爲仁；知其分殊，所以爲義。權其分之輕重，無銖分之差，則精矣。夫「爲仁由己」爾，何力不足之有？顔淵之「克己復禮」，仲弓之「出門如見大賓，使民如承大祭」，若此皆用力處也。但以身體之，當自知爾。

夫通天下一氣也。人受天地之中以生，其盈虚常與天地流通，寧非剛大乎？人惟自梏於形體，故不見其至大；不知集義所生，故不見其至剛。善養氣者，無加損焉，勿暴之而已，乃所謂直也。用意以養之，皆揠苗者也，曲孰甚焉？

某之鄙意如此。公試思之，如何？適會同官黎君到，而來僕立候，倉卒奉答，不逮意，幸亮之！

校記

〔一〕題下萬曆本原無「名安國」三字，今補。胡安國，崇安人，字康侯，紹聖四年進士。爲太學博士，提舉湖南學事。高宗時授給事中兼侍讀，專講春秋。有春秋傳。卒謚文定。世稱武夷先生。（宋元學案卷三十四武夷學案，中國歷代人名大辭典第 1697 頁）

〔二〕「其一」，萬曆本與「答胡康侯」接排，今改作次級標題。

〔三〕「思祈」，弘治本、正德本「祈」作「蘄」，四庫本作「期」。

〔四〕「書云」，正德本「云」作「曰」。

〔五〕「斯則可離也」，萬曆本無「則」字。今據弘治本、正德本補。

〔六〕「則烏得而離耶」，四庫本作「則焉所可離耶」。

其二

某辱示問，皆聖賢大致。某也何足以知？然試嘗語其所聞。

孟子曰：「鷄鳴而起，孳孳爲善，舜之徒也；孳孳爲利，跖之徒也。」舜、跖之相去遠矣，而其分乃在乎善、利之間〔一〕。故顔淵得一善，則拳拳服膺而不敢失，其學爲舜，亦曰「擇善而固執之」而已。舜、文之聖，若合符節。則潛心乎文王者，亦豈外是乎？記曰：「當其可謂之時。」孔子聖之時，一當其可之謂也。故曰「可以仕則仕，可以止則止，可以速則速，可以久則久」。是皆天下之中道，非有甚高難行之事也。故孟子曰「仲尼不爲已甚者」。非真知之，烏能以是稱孔子乎？然則所願學者，亦求所謂當其可已矣〔二〕。

夫參也魯，疑非通敏之才也。然某竊嘗謂曾子竟以魯得之。若夫便儇激厲，則其去道也遠矣。自孟子没，聖學失傳，荀卿而下，皆未得其門而入者也。七篇之書具在，始終考之，不過「道性善」而已。知此，則天下之理得，而諸子之失其傳皆可見也。夫學道者，舍先聖之書何求哉？譬之適九達之衢，未知所之，六經能指其攸趣而已。因其所指而之焉，則庶乎其有至也。徒敝精神於章句之間，則末矣。孔子「固天縱之將聖」也〔三〕，其學宜不俟十年乃一進。蓋聖人以其身爲天下法，故言之序如此。顔淵未至乎從心，故未達者一間也。夫論伯夷之清，則聖人之清也，柳下惠之和，則聖人之和也，故孟子曰「皆古聖人也」，未至乎大成，故孔子曰「賢人」而已。伊尹耕於有莘之野，湯三幣聘之，乃幡然而改。伯夷特「不事非君」爾，聞文王作興〔四〕，則曰：「盍歸乎來？」方伯夷居北海之濱，文王以三幣聘之，伊尹居有莘之野，湯致之；不以其道，二人者宜如何哉？此未可論必進必退也。伊尹利澤及天下，故孟子不言伊尹之風者，則後世又安得有弊乎？孔子之時，去柳下惠未遠〔五〕，長沮、桀溺、荷蓧、楚狂之徒，皆不進者也。柳下惠所以救其弊者，其效安在？孟子曰：「聞伯夷之風者，貪夫廉，懦夫有立志；聞柳下惠之風者，鄙夫寬，薄夫敦。」第深考此言，則二人之風，不爲進退明矣，然其風足以廉貪敦薄，故可爲百世之師。論其學，則必至於「隘與不恭」矣〔六〕。此君子所以不由也。田常爲亂於齊，齊君蓋弗勝也。宰予附田常，則誰得而殺之？使其爲齊君而死，則予何罪焉？當是時，有闞止字子我，死於田常之亂，是必傳之者誤而爲宰我也。孔子謂「於予與何誅」，豈以予無質而遂棄之乎？則人之有賴乎聖人者鮮矣。謂之不誅，乃所以切責之也。凡孔子之門人，皆未可以一言斷其終身也。後之所進者多矣，與於四科，何足怪哉？管仲爲政於齊，足以合諸侯而正天下，其功足録也。然學當爲王者事，故仲尼之徒，無道桓、文者。昔嬖奚與王良乘，王良曰：「吾爲之範我馳驅，終日不獲一；爲之詭遇，一朝而獲十。」管仲之功，曾西未必能爲之。然管仲之功，詭遇也，詭遇而得禽獸，雖若丘陵，弗爲也。曾西羞比管仲，正類是歟？

朋友道喪久矣，切磋之益，吾徒所當勉也。鄙意如此，恐未中理，願以見告。

校記

〔一〕「乃」，萬曆本作「迺」，下文又作「乃」，用字不一。今據正德本統改作「乃」。

〔二〕「已矣」，弘治本作「而已矣」。

〔三〕「固天縱之將聖」，萬曆本「固」原作「故」，與所引論語子罕原文不合。今據弘治本、繩祖本改。

〔四〕「聞文王作興」，萬曆本「文」之下無「王」字。弘治本「文王」作「父王」。今據正德本補正。

〔五〕「未遠」，萬曆本「未」上有「亦」字，「遠」下有「矣」字，文義未妥。正德本無「亦」、「矣」二字，是。今據删。

〔六〕「隘與不恭」，正德本無「隘與」二字。

其三

示諭别後持五戒，益知進學之力也，欣慰欣慰！

某竊謂古之善授戒者，莫如孔子；善持戒者，莫如顔淵。非禮勿視，勿聽，勿言，勿動，持此，則士之所以修身慎行者，無遺力矣。持之奈何？曰禮而已。此一言足以蔽之，約而易守也。不窒其源而杜其末流，雖日省之，遇事輒發矣，不可知也。

春秋義探賾精到，恨不及見全書也，玩味欽嘆！然周官有司盟之職。凡詛盟，皆天子以吏治之，諸侯不得私相盟也，一有渝盟，則刑隨之。春秋之時，諸侯不復聽命於天子，故口血未乾，而報復之兵已至其境，失政刑矣。凡書「盟」者，皆惡之也〔一〕。記言「大道既隱，天下爲家」，謂三代盛時也。商人作誓，而民始畔；周人作會，而民始疑。若湯誓、泰誓之類〔二〕，蓋湯、武之事。此數者，似非聖人之言，恐不足引以爲證。更思之，如何？

校記

〔一〕「皆惡之也」，萬曆本原無「也」字。今據弘治本、正德本補。

〔二〕「泰誓」，萬曆本原作「秦誓」，正德本作「泰誓」。按，秦誓是秦穆公誓告群臣之詞，泰誓是武王伐殷的誓師之言，下文説是「武之事」，可見作「泰誓」是。今據正德本改。

其四

正蒙之書，關中學者尊信之與論語等，其徒未嘗輕以示人，蓋恐未信者不惟無益，徒增其鄙慢爾。如西銘一篇，伊川謂與孟子「性善」、「養氣」之論同功，皆前聖所未發也。詳味之，乃見其用意之深。

性命之説，雖揚雄猶未能造其藩籬，况他人乎？而世儒易言之，多見其妄也。孔子曰：「五十而知天命。」以孔子之聖，猶待五十而後知。其所知蓋有未易言者，非止如世儒之説也。學者當求之聖人，不當徒爲空言而已。

公之篤志好學，而每蒙謙虚，不見鄙外，故輒肆言之，而不自知其愚也，惟亮之！

其五

承示及春秋事實，鄙意猶有疑者。

所論虞氏之史，直書其君之名而不避，載其父母昆弟之惡而不隱。某竊謂四岳稱舜之父頑、母嚚、象傲，乃舜在側微，未登庸之時言之，宜若無害。周人雖以諱事神，而有謚法，然且名之曰「幽」、「厲」，孝子慈孫，百歲不能改。則雖有謚，其惡猶不隱也。禮曰「臨文不諱」。故文王名昌，而雍之詩曰〔一〕「克昌厥後」，武王名發，而小宛之詩曰「明發不寐」。若此類，皆臨文不諱也。雖魯亦然〔二〕。莊公名同而書「同盟」，僖公名申而書「戊申」，不可謂從虞史之質。

將仲子、叔于田皆刺莊公也；清人刺文公也。「不勝其母而害其弟」，詩人以刺莊公而不及段；「使高克將兵，久而不召，衆散而歸」，詩人以刺文公而不及克。則莊、文之罪著矣〔三〕，不待春秋書之而後見。

鄙意如此。公更思之〔四〕，如何？

校記

〔一〕「雍」，弘治本、正德本、萬曆本原作「雝」。今據正誼堂本及詩經周頌臣工之什改。

〔二〕「雖魯亦然」，萬曆本「魯」原作「周」，與下文文義不相應。四庫本「周」作「魯」，是。今據改。

〔三〕「則莊、文之罪著矣」，萬曆本「則」原作「以」，今據弘治本、正德本改。

〔四〕「公更思之」，萬曆本無「公」字，則既缺主語，又失尊敬。今據正德本補。其三「更思之」，似亦奪一「公」字。

其六

劉質夫受經於明道、伊川之門，積有年矣。其論「元年」之義詳甚，故未敢輕議其說。

蒙録示第一段義，非高明不見鄙外，何以得此？幸甚幸甚！

公之用意精深，非淺陋所能窺其閫奥，然意有所疑，義不敢默，姑試言之：所謂「元者仁也，仁者心也，春秋深明其義，當自貴者始，故治國先正其心」，其説似太支離矣，恐改元初無此意。三代正朔，如忠、質、文之尚，循環無端，不可增損也。秦以亥爲正，失其旨矣。「斗綱之端連貫營室，織女之紀指牽牛之初，以紀日月，故曰星紀。五星起其初，日月起其中。」其時爲冬至，其辰爲丑。三代各據一統，明三統常合而迭爲首。周環〔一〕，五行之道也。周據天統，以時言也；商據地統，以辰言也；夏據人統，以人事言也。故三代之時，惟夏爲正，謂春秋以周正紀事是也。正朔必自天子出。改正朔，恐聖人不爲也。若謂以夏時冠月，如「定公元年冬十月，隕霜殺菽」，若以夏時言之，則十月隕霜，乃其時也，不足爲灾異。周十月，乃夏之八月。若以夏時冠月，當曰「秋十月」也。正朔如建子、丑是也。雖用夏時月，不可謂改正朔。

鄙意如此。公試思之，如何？如未中理，更希疏示，以開未悟。

校記

〔一〕「周環」，弘治本、正德本作「周還」。

其七

聖學不明，士志於道者往往汩於世習而不知〔一〕，雖英才異禀，卒能自拔於流俗者無幾也。某嘗私竊謂學者之視聖人，其猶射者之於正鵠乎？雖巧力所及，有遠近中否之不齊，未有不至於正鵠而可以言射也。士之去聖人或相倍蓰，或相什百，所造固不同，未有不同乎聖人而可以言學也。譬之升堂奥者，必得其門而入乃可至。過其藩，望望然去之，則終身不能至。然則至學非難，知所以學爲難。

某愚，不自量力之不足也，妄有意焉。思得朋游共學，左右提掖，覬獲一游其藩，乃今得康侯，蓋知衰老之有望也。

校記

〔一〕「汩」，萬曆本「汩」原作「泪」。今據正德本改。

其八

承示問政事先後緩急之序與夫要領所在。某自視昏耄〔一〕，何足以知之？以公積學之久，經綸之業，皆素所饜飫者〔二〕，乃下詢於陳腐陋儒，非公不以賢自挾，樂取諸人以爲善，何以有此？三復來貺，欽嘆無已。然厚意不可以虚辱。試誦其所聞，惟寬明不以僭瀆爲罪，則萬萬幸甚！

某竊觀自金人渝盟，河北、淮南諸郡皆非吾有，民物凋弊，賦入無幾，軍儲資用，十百於前日。天時地利，在今日皆不可恃也。所恃者，人和而已。方時艱難，不早爲之經畫，一日有不足，不免暴取於民。一失民心，其患有不可勝言者，不得不慮也。

某竊謂當今政事，惟理財最爲急務。考之先王，所謂理財者，非盡籠天下之利而有之也；取之有道，用之有節，各當於義之謂也。取之不以其道，用之不以其節，而不當於義，則非理矣。故周官以九職任之，而後以九賦斂之，其取之可謂有道矣。九賦之入，各有所待：如關市之賦以待王之膳服，邦中之賦以待賓客之類是也。邦之大用，内府受之，邦之小用，外府受焉，有不可得而侵紊之也。冢宰以九式均節之，下至工事芻秣之微，匪頒好用，皆有式焉，雖人主不得而逾也。所謂惟王及后、世子不會〔三〕，特膳服之類而已。有不如式，雖有司不會，冢宰得以式論之矣。世儒以謂至尊不可以法數制之，非正論也。

夫天之所生，地之所藏，今猶昔也。昔常有餘，而今不足，其弊必有在矣。朝廷蓋未之究也。建隆之初，荆湖、江浙、河東、川廣、福建皆非朝廷有也，所有者惟南京東西數郡而已。當五季之亂，干戈日尋，然未嘗以用不足爲憂。崇寧以來，承祖宗積累之厚，尺地莫非其有也，一民莫非其臣也，而日以不足爲憂，何哉？處之不得其道故也。國家景德、皇祐嘗爲會計録以總核天下財賦之出入。百官餼廪之奉，軍儲邊計，凡邦國之經用，皆有常數。如内府所藏，以待軍興、郊賞之費；茶鹽之入，以待邊儲。元豐之備對，元祐之會計，皆放此也。此祖宗之遺法，蓋得周官待用之意也。今宜爲紹興會計録，取祖宗三書參較之：凡吏員之增減，兵旅之多寡，户口之登耗，賦入之盈虚，皆可考也。知有餘不足之弊根可以究見矣。然後量入以爲出，而均節之。殘破州縣，使有無相補，庶無闕事矣。

祖宗設制置發運司，蓋始於王朴之議。其措畫可謂詳盡矣。朝廷捐數百萬緡以爲糴本，使總六路之計，通融移用，與三司相爲表裏，以給中都之費。六路豐凶，更有不常。一路歲稔，則增糴以充漕計；饑凶去處，則罷糴，使輸折斛錢而已。故上下俱寬，而中都不乏，最爲良法。

自胡師文以糴本爲羨餘以獻，發運司拱手無可爲者，此直達之議所從起也。既行直達，而鹽法隨變，其患有不可勝言者。蓋轉搬與鹽法相因以爲利，不可偏舉也。祖宗時，荆湖南北、江東西，漕米至真揚下卸〔四〕，即載鹽以歸。諸路每歲所得鹽課，無慮數十萬緡，以充經費。故漕計不乏，則横斂不加於民，而上下裕矣。自抄鹽之法行，鹽課悉歸榷貨，諸路一無所得，故漕計日以不給。而經用不可闕，非出於漕臣之家，亦取諸民而已，此上下所以俱受其弊也。閩中舊官賣鹽，每觔二十七文，今民間每觔至百二三十文。細民均被其害，而盜販所以公行也。所謂制置發運與三司相爲表裏者，蓋發運通融六路之計，錢穀銀絹之類，視三司所闕者爲之應辦〔五〕，故中都常不闕也，其爲利多矣。

自黄帝立丘乘之法以寓軍政〔六〕，歷世因之，未之有改也。至周爲尤詳：居則爲比、閭、族、黨、州、鄉，出則爲五、兩、軍、師之制，使之相保相受，刑罰慶賞相及，用一律也。天子無事，歲三田以供祭祀賓客，充君之庖而已，其事宜若緩而不切也。而王執路鼓親臨之，教以坐作進退，有不用命者，則刑戮隨之。其教習之嚴如此，故六鄉之兵出則無不勝〔七〕，以其威令素行故也。丘井之廢久矣，兵農不可以復合，而伍、兩、軍、師之制不可不講。無事之時，使之相保相受，刑罰慶賞相及。用之於有事之際，則申之以束伍之令，督之旌旗指揮之節。臨難而不相救，見敵而不用命，必戮無赦，使士卒畏我而不畏敵，然後可用。若夫伍法不修，雖有百萬之師，如養驕子，不可用也。傳曰：「秦之善士〔八〕，不可當齊、晉之節制；齊、晉之節制，不可以當湯、武之仁義。」某竊謂雖有仁義之兵，苟無節制，亦不可以取勝。甘誓曰：「左不攻于左，汝不恭命；右不攻于右，汝不恭命。弗用命，則孥戮女！」牧誓曰：「不愆于六步七步，乃止齊焉；不愆于四伐五伐，乃止齊焉。」其節制之嚴蓋如此。故聖人著之於經，以爲後世法也。故諸葛孔明曰：「有制之兵，無能之將，不可以敗；無制之兵，有能之將，不可以勝。」此之謂也。

夫軍政不修，無甚於今日。閩中盜賊初嘯聚，不過數百而已，其後猖獗如此，蓋王師養成其禍也。賊在建安幾二年，無一人一騎至賊境者。王師所過，民被其毒，有甚於盜賊。百姓至相謂曰：「寧被盜賊，不願王師入境。」軍無律，一至於此！

此二事，最今日之急務。自蔡京用事，王黼、李邦彦繼之，祖宗之法掃蕩殆盡。如尚書省戾祖宗之法者非一二事。冗官之未澄汰，與役法之弊，所當損益，未易縷數也。然今日二事，在易，蓋蠱之時也。蠱之成卦，「剛上而柔下」。剛柔不交，上下不相與，不足與有爲。巽而上無剛健之才，不能以有爲。此事之所以蠱也。左傳「皿蟲爲蠱〔九〕」。蠱者，敗壞之象也。先王之治蠱也，如治陋室然。樠櫨居楔〔一〇〕，各安所施，不易其處，則庶幾其苟完矣。物物而紛更之，腐者敗，傾者不可復支矣。夫「通變之謂事」，因其財而通變之，則蠱元亨而天下治矣，此治蠱之道也。此二事，其大略如此。其委曲措畫，在執國柄者詳視而審處之，非毫楮可盡也。

夫執中不可以無權。執中無權，猶執一也。聖人所謂權者，猶權衡之權，量輕重而取中也。用之無銖兩之差，則物得其平矣。今物有首重而末輕者，執其中而不知權，則物失其平，非所以用中也。世人以用智爲知權，誤矣。孟子曰：「所惡於智者，爲其鑿也。如智者若禹之行水〔一一〕，則無惡於智也。」蓋禹之行水，循固然之理，行其所無事而已。若用智以爲權，則皆智之鑿，孟子之所惡也，可不慎歟〔一二〕？

校記

〔一〕「自視昏耄」，四庫本「自」作「目」，「耄」作「眊」。

〔二〕「饜飫」，正德本作「饜餘」。

〔三〕「惟王及后、世子不會」，四庫本無「世子」二字。

〔四〕「真揚」，萬曆本作「真陽」，誤。今據正德本改。請參看本書卷一上淵聖皇帝校記〔二六〕。

〔五〕「爲之應辦」，萬曆本「應辦」作「應辨」。今據正德本、四庫本改。

〔六〕「丘乘」，正德本、萬曆本、四庫本皆作「兵乘」，誤。繩祖本作「丘乘」，是。「丘乘」是古代都鄙井田之法。此指井田出車徒之法。古井田制九夫爲井，十六井爲丘，四丘爲乘。禮記郊特牲：「唯社丘乘共（供）粢盛。」注：「丘，十六井也；四丘六十四井曰甸，或謂之乘。乘者，以於車賦，出長轂一乘。」道南祠重補修本、光緒本亦作「丘乘」（字又作「邱乘」）。今據改。

〔七〕「六鄉之兵」，正德本「六鄉」作「六卿」，誤。按，周制，京城外百里以内分爲六鄉，由司徒掌管政令。此當以「六鄉」爲是。

〔八〕「秦之善士」，四庫本「善」作「鋭」。按，引文語出荀子議兵，文字略有出入。

〔九〕「皿蠱爲蠱」，萬曆本「皿」作「血」，誤。弘治本、正德本、順治本、繩祖本亦誤。今據四庫本及左傳昭公元年原文改。

〔一〇〕「居楔」，萬曆本「居」作「店」，誤。弘治本、正德本、令聞本、繩祖本亦誤。今據四庫本改。

〔一一〕「如智者」，萬曆本及各本「智」下原無「者」字，今據孟子離婁下原文補。

〔一二〕「可不慎歟」，萬曆本作「不可慎與」。今據正德本、繩祖本乙正。

其九

伊川先生語録在念，未嘗忘也，但以兵火散失，收拾未聚。舊日惟羅仲素編集備甚，今仲素已死於道途，行李亦遭賊火。已托人於其家尋訪，若得五六，亦便下手矣。和卿誌文，深愧鄙拙，不足以發揚其美，蒙公見與，可以塞責矣。三經義辨已成書〔一〕，俟脱稿即附去，以求參訂也。近因傷冷，嗽大作，累日不能興。昨日方稍平，然飲食猶未復常。倦甚，作書不及一一。

校記

〔一〕「三經義辨」，正德本作「三經義」，無「辨」字，誤。按，三經義是王安石著作，指詩義、書義、周禮義。楊時此三經義辨是駁難三經義的。

其十〔一〕

荆公黜王爵，罷配享，謂其所論多邪説，取怨於其徒多矣。此三經義辨，蓋不得已也。如日録、字説亦有少論著〔二〕，然此事不易爲，更須朋友參訂之也。今粗已成書，更俟審詳脱稿，即繕寫附去也。

校記

〔一〕本文弘治本、正德本與其九連爲一篇，僅另提頭而已。

〔二〕「日録」，正德本作「目録」，誤。按，此日録指神宗日録。

其十一

某衰朽，杜門待盡，平時親故凋喪略盡，絶無過從者，惟時親書册以自適耳。家所藏書，爲賊棄毁，僅存一二。語録常在念。先生之門，餘無人，某當任其責也。蒙寄示一册，尤荷留念。然兹事體大，雖寡陋不敢不勉。近因閲三經義，見有害義理處，略爲之著論，以正王氏之失。蓋嘗論之於朝，去其王爵，罷配享，後生晚學，未必知其非也，姑欲終此一事。書成，未脱稿，款曲當録以納去取正左右，庶可傳遠也。

其十二

人至辱書〔一〕，知已離豐城，臺候動止萬福，欣慰欣慰！

明仲回，想詳知湖外事。若衡湘可居，於公私計良便。衡湘去荆門不遠，舊業可漸葺治矣。蓋遠會集，臨紙悵然，蒸暑浸劇，伏冀爲道珍衛。

承諭及江西宣諭使風采可仰，吾鄉使者甚不撓，但未見惠澤及民、污吏革面者。盜賊得韓、申二將平之，今已無事。敝鄉去歲大疫，惡少嘗常作過者死亡略盡，自此可無盜賊之虞矣。

近見報，襄陽鎮撫檄諸郡領兵收復中都屢捷，洋州亦有報殺獲金寇千餘人〔二〕。所至有捷報，中興可指日望也。可喜可喜！

和卿平生相知，第鄙文不足以發盛美爲愧耳〔四〕。浙中數事與初授恩命皆某親聞見者〔五〕，故不敢專用行狀，其他皆無更易。如宗室養他人子，初云財用不足，患之細也，養他人子，則宗枝亂矣。其建議乃云：「有父兄在，同居者減半，而養母勿給，於是其弊漸去。」則只是以財不足爲憂。凡宗室例皆裁減，與所謂亂宗枝之意不相應。公更問其詳，爲增損之，乃善。

伊川先生語録，昔嘗集諸門人所問，以類相從，編録成帙，今皆失之。羅仲素舊有一本，今仲素已死，着其婿尋之未到〔六〕。近宣幹喻子才云有本甚多〔七〕，計到浙中便付來〔八〕。

校記

〔一〕從「人至辱書」至「伏冀爲道珍衛」一段文字，不見於萬曆本，亦爲他本所無。今據正德本補。

〔二〕「金寇」，四庫本改作「金兵」。

〔三〕「第鄙文」，正德本「第」作「弟」。

〔四〕「皆某親聞見者」，繩祖本「某」作「其」。

〔五〕「着其婿尋之」，正德本「着」作「已托」。

〔六〕「子才」，萬曆本原作「子方」，四庫本同。弘治本、正德本、繩祖本作「子才」。答胡康侯其十四亦作「子才」，人同事同。今據改。按，中國人名大辭典：「喻樗，宋，其先南昌人，後徙嚴。字子才，號湍石。受業楊時。登建炎進士。」又見宋元學案卷二十五龜山學案提舉喻湍石先生樗。

〔七〕「計」，正德本作「許」。

其十三

便中辱賜教，伏審邇辰燕休，臺候萬福，欣慰欣慰！某衰朽，杜門粗適。閩中自去歲來稍安靜〔一〕。而汀、邵與江西鄰，虔州時有竊發者侵逼境上。王師往來恟恟，不能治安也〔二〕。昨日又聞建安有小警〔三〕，帥司遣兵會合，未知如何也。江北雖屢有捷報，而所傳不一，聞之憂喜相半，未能釋然不以爲慮也。世事如此，奈何奈何〔四〕！

示諭湖湘州縣皆貼然，人已歸業，殊可喜。此岳將之力也。然屯戍之多，所至艱窘，非特長沙也。閩中素貧，近降祠部一萬，道已敷配在民間，貧家所敷已二百千〔五〕，未知所從出，細民可知矣。不知湖湘有此否？事之可憂者，非毫楮可盡。

餘寒未解，惟冀爲道保重，副此頌祝。

校記

〔一〕「閩中」，萬曆本原作「閑中」，弘治本、令聞本、繩祖本、四庫本同，與謂語不相應，誤。正德本、正誼堂本作「閩中」，表處所，是。今據改。

〔二〕「不能治安也」，正德本「治安」作「無擾」。

〔三〕「小警」，萬曆本原作「此警」，文義未安。今據弘治本、正德本改。

〔四〕「奈何奈何」，正德本只有一個「奈何」。

〔五〕「已二百千」，正德本「已」作「幾」。

其十四〔一〕

語録子才所寄已到，方編集。諸公所録，以類相從，有異同，當一一考正，然後可以漸次删潤，非旬月可了也，俟書成即納去。某近著三經義辨，正王氏之學繆戾處。方就，俟脱稿，當納去取正左右〔二〕，庶可傳後學也。

曾吉甫頃在維揚〔三〕，亦嘗相聚，但初未嘗講學耳。公既稱其如此，士大夫間豈易得哉？若得其來，時親其緒論，固所幸願也。

校記

〔一〕本篇弘治本與其十三「便中辱賜教」相連，僅另提頭而已。正德本則與「便中辱賜教」合爲一篇，題爲「十二」。

〔二〕「納去」，萬曆本「納」之上無「當」字。今據弘治本、正德本補。

〔三〕「維揚」，萬曆本原作「維楊」，誤。今據正德本、四庫本改。

其十五

久不聞問，方深馳企，辱書。伏審旅寓台候萬福〔一〕，欣慰欣慰！某老拙如常。去冬松溪賊范忠大作，武尉被害，焚劫縣道略盡，首領已爲申將禽獲〔二〕，殘黨出境，勢無能爲也。又傳虔寇陳顒犯漳、汀，朝廷已遣申將往討捕。敝邑相去差遠，民間不甚驚擾，稍得安居，時親書册，聊用自適耳。餘無足道者。正遠瞻晤，惟冀對時爲道自重。

校記

〔一〕「台候」，萬曆本「候」作「侯」，誤。今據四庫本改。

〔二〕「禽獲」，繩祖本「禽」作「擒」。

其十六〔一〕

知令似龍圖，先往湖外，得近信否？長沙方易帥，勢未可往，更俟浙帥來，如何？徐行未晚也。伯紀言章醜詆之，以爲有跋扈之漸，天下知有宣撫，不知有朝廷，賴君相眷知，猶得宫祠而罷，甚幸！

浙帥尚在嶺表，不知何時可來湖中？幺賊未殄，伯紀已有罷命，新帥未到，人情不無向背，萬一有警，爲之奈何？在伯紀尤可慮也。梁參議聞已歸，未到鄉里，云徑往福唐般家〔二〕，得渠來，則湖外事可盡知也。

校記

〔一〕本篇正德本與其十五「久不聞問」合爲一篇，但另提頭。

〔二〕「般家」，繩祖本、四庫本「般」作「搬」。

其十七

某竊謂：「令出惟行，弗惟反〔一〕。」欲令之不反，當慎其始；始之不慎，雖欲不反不可得也。

閩中二三年來，盜賊群起，上四州軍被害爲甚〔二〕。夷傷之餘，民力凋敝極矣。蒙恩放免紹興二年秋夏二税及役錢一料，非朝廷勤恤民隱，何以得此？既而漕司檢准紹興令，諸赦降放及倚閣税租者，各不得過三分。行下州縣，依舊催納七分，急於星火。民被其澤，方歡欣鼓舞，未逾月，遂轉而爲怨咨。良可惜也！

朝廷既有著令不得過三分，赦書不應全放，是徒爲具文罔民耳。後雖有德意，人誰信之？恐自是民不立矣，其患有不可勝言者。赦書既已盡放，有司亦不宜沮格。二者胥失矣，皆不慎令之過也。放稅租出於一時之異恩，自當量災傷分數減放，使民受實惠，何必著爲令格不得過三分？是豫爲罔民之具以資哀刻之吏耳，非令之善也。

某衰朽，杜門不欲聞外事，因催稅者及門，見邑中行移如此，恐遠方利病，公所欲知，故輒及之。願勿以語人，恐貽不恤緯之謗，至禱！

校記

〔一〕「弗惟反」，正德本「弗」作「不」。按，尚書周官原文作「弗」。

〔二〕「上四州軍」，萬曆本原作「在四川軍」，誤。今閩本、繩祖本亦誤。正德本作「上四州軍」，是。本書卷二十二與廖用中亦有「上四州軍殘破特甚」一語（各本同），亦可爲證。今據改。按，「軍」是宋代行政區劃名，與州、府、監同隸屬於路。此「上四州軍」，指建寧、延平、邵武、汀州。

楊時集卷二十一

書　六

答曾元忠

其　一〔一〕

先公道學行義，爲世儒宗，嘉言讜議，著在天下。過蒙以行述見屬，文鄙意陋，不足以發揚盛美。方自愧恨，復承賜翰，重加獎與。伏讀汗顏，無所容措。相望南北，無由展奉。區區，書不能究。

校　記

〔一〕「其一」，萬曆本與「答曾元忠」接排，今改作次級標題。

其二

自還鄉，盜賊蜂起，兩年避地奔竄，未嘗一日安居。敝鄉今歲方稍寧息。江西山黨未有悛心，時有竊發者出没境上，居民不無驚擾。虔寇未平，而此月初間，建昌復兵叛，閉城焚劫，南豐縣官骨肉與邑人多遁至建寧縣。昨日或傳已就招安，未知是否？敝邑已遣人往探問，更數日必有的耗也。此曹非剿滅之無以懲後，若只招安，如養驕子，少不如意，則復思亂矣。世路如此，奈何？

秋暑尚熾，更切對時珍嗇。前膺召擢，慰此頌望。

其三

先公行述，寡陋不足以發揚德美，負愧多矣。遺稿爲諸子收去，今皆不在家。示諭有脱漏處〔一〕，公可自以意添入，或他有未安處，亦當以意損益之，無害，吾徒不必爲形迹之嫌也。

此文欲傳遠，不可草草，幸照亮！

校記

〔一〕「脱漏」，萬曆本原作「脱陋」，繩祖本、正誼堂本同，蓋承上文「寡陋」而誤。正德本、四庫本作「脱漏」。從下文「可自以意添入」看，當以「脱漏」爲是。今據改。

答學者

其一〔一〕

孟子曰：「天與賢則與賢，天與子則與子。」唐虞禪，夏后、商、周繼，皆天也，聖人何容心哉？奉天而已。横渠先生曰：「舜之孝，武王之武，聖人之不幸也。征伐豈其所欲哉？不得已焉耳。」故曰「未盡善」也。帝王之號，亦曰「時而已〔二〕」，皆非有心迹之異也。

中庸曰：「喜怒哀樂未發謂之中，發而皆中節謂之和。」學者當於喜怒哀樂未發之際以心體之，則中之義自見，執而勿失，無人欲之私焉，發必中節矣。發而中節，中固未嘗亡也。孔子之慟，孟子之喜，因其可慟、可喜而已，於孔、孟何有哉？其慟也，其喜也，中固自若也。

鑑之照物，因物而異形，而鑑之明，未嘗異也。莊生所謂「出怒不怒，則怒出於不怒」；「出爲無爲，則爲出於不爲」，亦此意也。若聖人而無喜怒哀樂，則天下之達道廢矣。一人横行于天下，武王亦不必耻也。故於是四者，當論其中節不中節，不當論其有無也。

夫聖人所謂「毋意」者，豈揔然若木石然哉？毋私意而已。誠意固不可毋也。若所謂示現者，則非誠意矣，聖人不爲也。故孟子論舜曰：「彼以愛兄之道來〔三〕，則誠信而喜之，奚僞焉？」毋誠意，是僞也。

武王之克商，纘文王之緒而已。故泰誓曰〔四〕：「皇天震怒，命我文考，肅將天威。」又曰：「予克受，非予武，惟朕文考無罪。」則武王雖以一戎衣而有天下，蓋不自以爲功，歸諸文王而已。則嚴父配天，蓋武王之志也，周公其得已乎？然是禮也，肇自周公，故曰周公其人也。中庸曰：「周公成文、武之德〔五〕。」正謂是歟？

道固有義，義不足以盡道。易曰：「和順道德〔六〕，而理於義。」既曰「和順道德」矣，又曰「理於義」，則道於義固非一事也〔七〕。横渠「水漚」之説，與釋氏「輪回」之説異，其詳具於答吕和叔書中。此是非異同，達者當自見之，非言論所及也。

致知必先於格物，格物而後知至，知至斯知止矣，此其序也。蓋格物所以致知，格物而至於物格，則知之者至矣。所謂止者，乃其至處也。自修身推而至於平天下，莫不有道焉，而皆以誠意爲主。苟無誠意，雖有其道，不能行也。故中庸論天下國家有九經，而卒曰「所以行之者一」。一者何？誠而已。蓋天下國家之大，未有不誠而能動者也。然而非格物致知，烏足以知其道哉？大學所謂誠意、正心、修身，治天下國家之道，其原乃在乎物格，推之而已〔八〕。若謂意誠便足以平天下，則先王之典章文物皆虛器也。故明道先生嘗謂有「關雎、麟趾之意，然後可以行周官之法度」，正謂此耳。

校記

〔一〕「其一」，萬曆本與「答學者」接排，今改作次級標題。

〔二〕「曰時」，正德本作「因時」。

〔三〕「愛兄之道」，萬曆本無「之道」二字。正德本有「之道」二字，孟子萬章上原文亦有「之道」二字。今據補。

〔四〕「故泰誓曰」，萬曆本「泰誓」作「秦誓」，誤。弘治本亦誤。今據繩祖本及尚書泰誓原文改。

〔五〕「周公成文、武之德」，萬曆本「文、武」原作「文王」。今據四庫本及禮記中庸改。

〔六〕「和順道德」，周易説卦原文「和順」之下有「於」字。

〔七〕「非一事也」，萬曆本「事」之下原無「也」字。今據正德本補。

〔八〕「推之」，正德本作「知至」。

其二〔一〕

皎在中宗時，遣嗣虢王邕等鞫問〔二〕，一意無二言，可謂忠於所事矣。其後雖位浸通顯，未嘗干紊朝政，無大過惡，特人主寵昵過分耳。

孟子曰：「左右皆曰可殺，勿聽；諸大夫皆曰可殺，勿聽；國人皆曰可殺，然後察之，見可殺焉，然後殺之。故曰，國人殺之也。」皎之流放，與其親厚者謫死，世以爲冤。源乾曜不能正，爲人所譏詆。非所謂「國人殺之也」，而欲因而乘之，連株逮黨盡誅之，不已甚乎？用刑如是，雖桀、紂之虐，不至是也。某竊謂如宋璟之論柳損之，是矣〔三〕。

校記

〔一〕弘治本、正德本本篇與其一連爲一篇，弘治本僅另提頭而已。

〔二〕「嗣虢王邕」，各本「虢」原作「號」，形近之誤。邕即李邕，虢王鳳之孫，襲封虢王，稱「嗣虢王」。舊唐書六十六列傳十四高祖二十二子：「虢王鳳，高祖第十五子也。武德六年，封豳王。……十年，徙封虢王。」同上：「神龍初，封鳳嫡孫邕爲嗣虢王。」今據改。

〔三〕「是矣」，萬曆本原作「足矣」，誤。今據四庫本改。

其　三〔一〕

直之爲義，如「必有事焉」之類，不相似。既曰未得夫直，則所養無本，則是以直爲氣本也。得夫直矣，養此可也，則養直而已。所謂「至大至剛」者，又何物也？「以直養而無害」，「以」之字又是何義？更深思之！

「屢空」，有時乎不空，「三月不違仁」，則有時乎違是也。以空爲學之始，而仁之體未見；至於不違仁，則仁之體見矣。未知仁以何爲體？不可謂有一「仁」字便謂仁之體見，則論語之言仁處多矣。以空爲學之始，而孔子獨於顏淵稱之，豈諸子皆未嘗學耶？恐「屢空」，學者亦未易到也。

校記

〔一〕本篇弘治本、正德本與其二連爲一篇。按以上三篇，弘治本、正德本實爲一篇。其他各本皆從萬曆本，均析爲三篇。

其四

辱問所疑，益見力學用意之勤也。所謂小人自以爲中庸與舜、顔，皆是也。若用中建中，皆施於民者，與所謂不可能異矣。不可能，謂體道言之。蓋有能，則有爲之者。爲之，則與道二矣〔一〕。「道不遠人，人之爲道而遠人，不可以爲道。」皆此意。但詳味之，其義自見。

詩曰：「鳶飛戾天，魚躍于淵。」言其上下察也。見其如此，即是上下察。古人引詩，皆斷章取義，不必泥全篇之意。如孔子以「戰戰兢兢，如臨深淵」爲諸侯之孝，亦猶是也。鬼神體物而不可遺，蓋其妙萬物而無不在故也。

回人立俟，匆匆，辭不逮意。

校記

〔一〕「則與道二矣」，弘治本「道」之下無「二矣」二字，誤。

其五〔一〕

承職事多暇，官長仁賢，日有相從之樂，尤用爲慰。范元長，某亦聞其賢久矣〔二〕，純夫之子，申公之甥，元明之婿，吕氏兄弟能道其詳，恨未及一見也。因見，亦煩爲道區區嚮往之意。

校記

〔一〕弘治本本篇「承職事多暇」，與其四「辱問所疑」相連合爲一篇，僅另提頭而已。正德本則不另提頭，「承職事多暇」緊接上篇「匆匆，辭不逮意」之後。

〔二〕「某亦聞」，萬曆本「亦」原作「所」。正德本作「亦」，義較長。今據改。

答呂秀才

辱問以所疑，非荒薄者所能知也。試一言之，而吾子自擇焉。

夫誠者，天之道，性之德也。故中庸言天下之至誠，其卒曰「非聰明聖知達天德者，其孰能知之？」蓋惟聖人與天同德者爲能誠焉〔一〕。忠乃士之一節，未足與此也。古之所謂忠臣者，豈盡聖人哉？

孔子曰：「君子而不仁者有矣夫！」又曰：「若聖與仁，則吾豈敢？」夫仁，孔子不敢居，而君子有不仁焉，則忠而未仁〔二〕，亦何疑之有？中庸曰：「忠恕違道不遠。」則忠非盡道也，特其違不遠耳。然曾子曰「夫子之道，忠恕而已」者〔三〕，蓋古之教者，當其可之謂時。孔子語曾子曰：「吾道一以貫之。」蓋若曾子者，所謂當其可也。曾子之門人，則未足以語此也。故告以「忠恕」，以示立德之方，使知由是而求焉，則不遠矣。

「君子道者三」，曾子所以語孟敬子者如此，故能近信遠鄙，倍暴慢而已，非其至也。自「致知」至於「慮而後得」，進德之序也。譬之適四方者未知所之，必問道所從出，所謂「致知」也。知其所之，則「知止」矣。語「至」則未也，知止而至之，在學者力行而已，非教者所及也〔四〕。吾子其審思之，以爲何如？或未中理，無惜疏示。

校記

〔一〕「爲能誠焉」，正德本「能」之上有「盡」字。

〔二〕「則忠而未仁」，正德本「忠」作「中」，恐非是。

〔三〕「忠恕而已者」，萬曆本原無「者」字。今據弘治本、正德本補。

〔四〕「非教者所及也」，萬曆本「所」原作「之」。今據正德本改。

答呂居仁名本中〔一〕

其一〔二〕

承示問學一篇，博究先儒異同之論，益知好學之力也。然其間與鄙意不合者，敢不以告？

楊子「湍水」之説〔三〕，荀子「杞柳」之説也，其論極善。孟子七篇之書，其要道「性善」而已。湍水之説，孟子固嘗辨之〔四〕，不可與性善混爲一説明矣。而論者欲一之，皆未究其所以也。

孔子曰：「性相近也，習相遠也。」「惟上智與下愚不移。」言相近則不可謂一，孟子論「白羽之白」與「白雪之白」是也。惟相近〔五〕，故以習而相遠。若叔魚之生，其母視之，知其必以賄死。若此類，是生而惡也。文王在母也，母不憂；既生也，傅不勤；既學也，師不煩。若此類，是生而善也。韓子不究其所以然，遂列爲三品，則失之矣。是數説，要之皆原於性善然後爲得。

横渠曰：「形而後有氣質之性善。反之，則天地之性存焉。故氣質之性，君子有弗性者焉。」又曰：「德不勝氣，性命於氣；德勝其氣，性命於德。」斯言盡之，更當深考之也。中庸曰：「反身不誠，不順乎親矣。誠身有道，不明乎善，不誠乎身矣。」大學曰：「欲誠其意，先致其知，致知在格物。」蓋致知乃能明善，不致其知而能明善，未之有也。此不須分爲二説。孔子曰：「學而不思則罔，思而不學則殆。」孔子論學與思如此。既曰「學以成行」，又曰「學也者，受之性而發於文字言語者也」，斯言似不相應。世儒之病，正在以言語文字爲學，不可不知也。

淺陋妄意如此，高明試一思之，如何？兩日大暑，去人候書，揮汗作此，辭不逮意，幸亮之！

校記

〔一〕題下萬曆本原無「名本中」三字，今補。吕本中，壽州（今安徽壽縣）人，好問子，字居仁，號東萊，以蔭補承務郎，遷中書舍人兼侍講、權直學士院。工詩。有東萊先生詩集、紫薇詩話。其詩得黄庭堅、陳師道句法。曾向楊時問學。（中國歷代人名大辭典第532頁）

〔二〕「其一」，萬曆本與「答吕居仁」接排，今改作次級標題。

〔三〕「楊子」，四庫本作「揚子」，誤。此楊子指楊朱。

〔四〕「辨之」，正德本「辨」作「辯」。

〔五〕「惟相近」，弘治本「惟」作「性」。

其二

辱問所疑，皆非淺陋所知也。然厚意不可虚辱，輒試言之，請自擇焉。

夫守一之謂敬，無適之謂一。敬足以直内而已，發之於外，則未能時措之宜也，故必有義以方外。毋我者，不任我也，若舜舍己從人之類是也。四者各有所施，故兼言之也。道固與我爲一也，非至於「從心所欲不逾矩」者，不足以與此。

言「志於道」、「依於仁」，固無害。中庸曰：「道不遠人。人之爲道而遠人，不可以爲道。」道固不可爲也，然不示之以入德之方，則是以聖人望人，不容進學也。故卒曰「忠恕違道不遠，施諸己而不願，亦勿施於人」。「勿施於人」，忠恕之道也。由是而求之，道不遠矣。孔子曰：「若聖與仁，則吾豈敢？」然非聖人，則不足以盡仁，而仁特未化而已。管仲之仁，蓋稱其功也。「利貞」者，言乾之性情也。易傳可以究觀之〔一〕。

夫「在心爲志，發言爲詩」。詩特發於言者，故於動天地，感鬼神，言近而已。

來人立候，書匆匆作此。

校記

〔一〕「究觀之」，四庫本「觀」作「得」。

其三

承問「格物」，向答李君書嘗道其略矣。六經之微言，天下之至賾存焉。古人多識鳥獸草木之名，豈徒識其名哉？深探而力求之，皆「格物」之道也。夫學者必以孔、孟爲師，學而不求諸孔、孟之言則末矣〔一〕。易曰：「君子多識前言往行，以畜其德。」孟子曰：「博學而詳説之，將以反説約也。」世之學者，欲以彫繪組織爲工，誇多鬥靡，以資見聞而已，故摭其華，不茹其實，未嘗畜德而反約也。彼亦焉用學爲哉〔二〕？

某老矣，雖有志焉而力不逮。區區有望於左右者，正在此而不在彼也，勉之勉之！

校記

〔一〕「則末矣」，正德本「則」作「亦」。

〔二〕「焉用」，正德本「焉」作「烏」。

其　四〔一〕

㡀居窮僻〔二〕，不聞往來之便，久失修問，第深向往。聞公職事清簡，不妨詩書之樂，殊用爲慰。

某習閑之久，老懶滋甚，飯蔬飲水，聊以度日，無餘念也。審察之命，非拙者所堪，姑以疾辭免。承見問，故及之。

承問以所疑，適以翁士特、李伯紀相繼至此，擾擾數日。又以廣伯索春秋序，稽緩之久，故且應副去。公所問事，續當奉答也。廣伯且記道意。以去人立候，書未及上問。匆匆作此，殊愧滅裂。

校　記

〔一〕本文原收入正德本龜山集卷十四書六，萬曆本未收。今補入。

〔二〕「㡀居」，「㡀」原作「弊」，今改。

與鄒德久名柄〔一〕

其一〔二〕

先公奏議序納去，鄙拙不足以發揚盛德，負愧多矣。聞令弟欲令福唐鏤板，傳之久遠，甚善。然其間有彈擊權要，今子孫恐有當路者見之，遂爲世仇，不可不慮也。如歐公有從諫，正謂此耳。若鏤板，可節去彈擊之章，未須傳也。公更思之！

校記

〔一〕題下萬曆本原無「名柄」二字，今補。鄒柄，字德久，鄒浩子。弱冠棄科舉，從楊時遊。靖康初薦除樞密院編修，權給事中。出守天台。有文集及伊川語録。（見宋元學案卷三五）

〔二〕「其一」，萬曆本與「與鄒德久」接排，今改作次級標題。

其二

相别之久，特蒙枉顧，殊慰傾企，非篤於情義，何以有此？間違忽復累月，比日不審爲況何如？伏惟燕休，德履佳勝。

江北雖屢有捷報，而所傳不一，殊令人憂疑不解。向承欲還毗陵〔一〕，果成行否？近得小子適十月書，云城中人皆竄伏鄉下，虜寇猶未退〔二〕，聽天兵往來，六飛親行，恐常、潤之人未得奠枕而居也。世事如此，奈何？

未由會集，切冀以時保嗇。

校記

〔一〕「毗陵」，萬曆本原作「昆陵」，誤。正德本作「毗陵」，是。依黄譜，楊時於「徽宗政和三年十一月由餘杭縣敕徙居毗陵」，其地屬常州。今據改。以下各篇同。

〔二〕「虜寇」，繩祖本改作「北寇」，四庫本改作「北兵」。

答胡處晦名珵〔一〕

示諭持一「忍」字，益見好學用意之篤也。三復，欽嘆！

某竊謂學者以「致知格物」爲先。知之未至，雖欲擇善而固執之，未必當於道也。夫鼎鑊陷穽之不可蹈，人皆知之也。世之人未有蹈鼎鑊陷穽者，以其知之審故也。致身下流，天下之惡皆歸焉，固無異於鼎鑊陷穽也，而士或蹈之而莫之避，以其未嘗真知之故也。使其真知爲不善如蹈鼎鑊陷穽，則人孰爲不善耶？

若夫格物而知至，則目無全牛〔二〕，游刃自有餘地矣，不待「忍」而能也。「忍」而不爲，恐物或誘之，有不可忍者，更切勉之！

校記

〔一〕「胡處晦」，各本「晦」作「梅」。陳淵默堂集卷十八有與胡處晦珵。中國人名大辭典：胡珵，宋晉陵人，字德輝，學於楊時、劉安世。登宣和進士。有蒼梧集。按，「處晦」與「德輝」相反爲義，當是胡珵的號。此「梅」當是「晦」之誤，今改。本書卷十四答胡德輝，乃答胡珵者。

〔二〕「目無全牛」，萬曆本「目」作「日」，弘治本「目」作「自」，又奪一「無」字。今據繩祖本、正誼堂本改。

答練質夫名繪〔一〕

辱書問以所疑，以某之淺陋，何足以知此？然厚意不可以虚辱。試一言之，質夫自擇焉。

孟子曰：「萬物皆備於我。反身而誠，樂莫大焉。」知萬物皆備於我，則數雖多，反而求之於吾身可也。故曰盡己之性，則能盡人之性；盡人之性，則能盡物之性。以己與人、物性無二故也。夫道，豈難知難行哉〔二〕？雖行止、疾徐之間，有堯、舜之道存焉。世之人不知自己求之，道所以難知難行也。以質夫之篤志彊學，其所進豈易量哉？勉而卒之無難矣。

屬詔使壓境，百冗併集，區區非毫楮可盡。

校記

〔一〕題下萬曆本原無「名繪」二字。今補。練繪，字質夫，建州浦城（今浦城縣）人，少與楊時游程頤之門，甚得器重。徽宗大觀三年進士。歷仕州縣令，以扶翼名教爲己任。官至奉議郎。（萬姓統譜卷一〇二，中國歷代人名大辭典第3642頁，又見光緒二十六年浦城縣志卷二十一理學）

〔二〕「難行」，萬曆本「難」原作「雖」，蒙下文「雖行止」而致誤。今據弘治本、正德本改。

與黄用和名鍰〔一〕

記曰：「三年之喪，二十五月而畢。」又曰：「禫而内無哭者，樂作矣。」又曰：「是月禫，徙月樂〔二〕。」故魯人朝祥而暮歌。孔子曰：「逾月乃其善也。」朝祥暮歌，孔子不深罪之，特未爲善耳。士虞禮曰：「中月而禫。是月也，吉祭。」鄭氏謂：「中猶間也，與大祥間一月，自喪至此，凡二十七月〔三〕。」蓋祖鄭氏説也。是月也吉祭，則無凶服可知。

大率今之士人，皆以垂脚幞頭爲居喪之服。若用此，悉與未經祥、禫者無異。若幓巾與其餘衣帶〔四〕，從其色而薄之可也。

昔至完居喪，問蘇子容，云：「衣冠皆復常，但不着公服耳。」至完用之。考之古義，既祥，固可聞樂矣。然今之二十七月之喪，著在甲令〔五〕，釋服從吉，律有明文，欲髣髴古既祥爲之〔六〕，恐不可也。衣冠復常，純用吉服，則禫制未終，無以爲别。竊謂衫用皂，以布爲之可也。

更請裁擇！

校記

〔一〕題下各本原無「名鍰」二字，今補。黄鍰，字用和，建州浦城人。嘗從楊時學，時器重之。登政和五年進士。爲工曹，調西安丞。靖康初，李綱宣撫河東，辟爲幕僚。紹興六年，以薦拜爲監察御史，首陳七事，蒙嘉納。除江西提點刑獄。求奉祠，卒。有奏議、雜著、論語類等。（明八閩通志卷二五人物，清嘉慶新修浦城縣志卷二〇理學）

〔二〕「徙月」，弘治本作「徒月」，誤。依禮記喪服大記作「徙月」，是。

〔三〕「自喪至此凡二十七月」，萬曆本無「此」字，文意不顯。今據弘治本、正德本補。按，儀禮士虞禮鄭玄注原文有「此」字。

〔四〕「若幓巾」，「幓」原作「慘」，古書未見「慘巾」的用法，「慘」當是「幓」字之誤，今改。「幓」古指旌旗的旒（即飄帶）。此「幓巾」與「衣帶」相對，當指佩戴之類的東西，但辭書亦未收「幓巾」一目，其義不詳。古有「幓頭」一詞，新辭源釋爲束髮巾。「幓巾」是否即指帶有旒的一種束髮巾呢？尚待賢能來破解。

〔五〕「甲令」，萬曆本原作「中令」，誤。弘治本作「甲令」，指朝廷所頒發的法令，是。今據改。

〔六〕「髣髴」，正德本作「彷彿」。

與許少伊〔一〕

其　一〔二〕

伏承進陟殿中，士夫交慶，非獨朋游之私喜也。積學之富，必有沃心之論，繩愆糾繆乃其餘事耳。

士氣久不振，佇聞鳳鳴，副此顒望。

校　記

〔一〕「少伊」，各本作「少尹」，誤。黄譜于徽宗宣和五年癸卯譜文題作「與許少伊殿院書」，今改。「殿院」爲崇政殿、學士院等榮銜的簡稱，直任外官常帶這種榮銜。少伊是許景衡的字，宋温州瑞安人，從程頤學，紹聖元年進士。宣和六年召監察御史，遷殿中侍御史。請削三公權，遭斥

逐。高宗建炎元年，除御史中丞，被譖罷，以資政殿學士提舉洞霄宮。卒謚忠簡。有橫塘集。（中國歷代人名大辭典第757頁）

〔三〕「其一」，萬曆本與「與許少伊」接排，今改作次級標題。

其二

荒薄誤蒙諸公論薦，皆自公揄揚之過也。審察之命，臣子不當以疾爲辭，實以衰病薾然〔一〕，力不能彊，愧懼於中，無所容措。高明必能亮之也。所懷千萬，臨紙不能悉布。希照察〔二〕。

校記

〔一〕「薾然」，萬曆本原作「爾然」。正德本作「薾然」，通「苶然」（疲倦貌），是。今據改。

〔二〕「希照察」，正德本無此三字。

其三

小子回，辱書，良荷眷勤。然稱與過當，皆非老拙所堪。伏讀，重增愧爾。過情之語，非所以施於朋友也，願簡去浮文爲幸。邇來不審爲況何如？伏惟獻替之餘，神相多福。炎暑方熾，更希以時珍嗇，以膺峻擢。

其　四

鹽法聞公屢有文字，東南夷傷之餘，非巨力幾無以自存，斯民受賜多矣，欽嘆欽嘆！毗陵苦多雨，麥頗稔，而蠶不收，高田想可望。窮居所願，惟年豐耳。飯蔬飲水，聊以卒歲，無足道也。

承書，腸血爲梗，君子神明所相，無妄之疾，當勿藥自愈。舊日志完亦聞此疾，徐典樂傳一方服之，立效。當爲就其子求此方，便附去〔一〕。

竊謂中庸二篇，聖學所傳，具在此書。不自揆其荒淺，妄爲訓義〔二〕，不敢輒以示人。方欲訓寫取正朋友，不知何緣遽徹清視？其間違義害理處必多，幸一一疏示，以警不逮。如公固所欲求教者，願勿示外人，以取嗤鄙〔三〕，區區至祝！

校記

〔一〕「便附去」，正德本「便」之上有「就」字。

〔二〕「訓義」，正德本、四庫本同。繩祖本作「訓議」。

〔三〕「嗤鄙」，各本「嗤」皆作「嗤」。「嗤」係「嗤」的俗字，今一律改作通行的「嗤」。

答蕭子莊名顗〔一〕

其一

老朽文思衰落，重蒙以殿記見屬，不欲固違厚意，辭鄙意陋，不足以傳遠，徒負愧耳。向在諫垣，嘗論王氏之失，太學諸生安於所習，閧然群起而非之，賴君相之明，卒從之。今雖有定論，學者真知其非者或寡矣。屏居投閑，因摭三經義有害理處是正之〔二〕，以示後學。文字多，未暇録去。俟小子早晚帶行過仙邑，可一覽也。

校記

〔一〕答蕭子莊，萬曆本僅有一篇（即「其一」），正德本卷十四共三篇。今據正德本增補後兩篇。並將三書合稱「答蕭子莊」，萬曆本原書題作「其一」，據正德本增補之書分別題作「其二」、「其三」。「蕭子莊」下，各本原無「名顗」二字，今補。蕭顗，字子莊。宋建寧府浦城縣人。以孝聞。與李郁、陳淵、羅從彦同授業于楊時之門。後爲清流主簿，終歲而歸。朱松嘗師之。（宋元學案卷二五）（中國歷代人名大辭典第2102頁）

〔二〕「三經義」，萬曆本「義」之下原有「辨」字，殆誤爲楊時著作。正德本無「辨」字，指王安石著作詩義、書義、周禮義，是。今據刪。請參看本書卷二十答胡康侯其九校記〔一〕。

其二

仙里之别，倏忽累年，久不聞動静，第深傾企。辱書，伏審即日德履佳勝。某老拙，幸如常。正遠會集，切希爲道慎愛。

其三

某衰朽，退伏田廬，不爲世累所攖，意謂可以杜門自適。洎還家，盜賊四起，避地流徙，無一日得安其居。今歲方少寧。近日江北復擾，六飛親行，亦不能不以爲念也。世事如此，奈何？

歲暮寒劇，更切加愛，餘不一一。

* * *

南浦劇邑，吴侯下車未數月，即留意學校，非才有餘，知所先務，何以及此？示諭殿記，第恨老病，文思衰落，不足傳遠耳。事稍定，試勉爲之，有便附去，希照悉。〔一〕

校記

〔一〕以上文字正德本合爲一篇。然細審文意，上「餘不一一」已完篇，下自「南浦劇邑」以下，實爲另一篇。今姑用「*」號隔開，以示區别。

答胡明仲名寅〔一〕

趙參還朝，聞有立嫡之命。方時艱難，仁賢彙征，中興之功，可指日而望也。既而除命不行，輿論不厭，在公未有加損，重爲朝廷惜也。公昆仲俱在侍下，想不廢講學，所得已多矣。

秋暑方劇，更希爲時自貴〔二〕，以副人望。

校記

〔一〕題下各本原無「名寅」二字，今補。胡寅，字明仲，胡安國弟淳之子。宣和三年進士。受學于楊時。遷給事中，除禮部侍郎兼侍講。有斐然集。學者稱致堂先生。（清康熙三十二年建寧府志卷二十八理學，中國歷代人名大辭典第1689頁）

〔二〕「自貴」，正德本作「自重」。

答范伯達名如圭〔一〕

某與先丈游從非一日，情義之厚，亦非他人比。誌銘之託，不敢後也。兩年避盜，狼狽奔竄無寧居，以故未及撰述。今叙其行事始終大節納上，可碣之墓上，以昭示來者。辭鄙意陋，不足以發揚盛美，負愧多矣。人回，姑此爲報。區區，書不能報。

校記

〔一〕本篇收入正德本卷十四，萬曆本未收。今補入。題下原無「名如圭」三字，今補。范如圭，字伯達，建陽縣人。父舜舉，字濟美，政和五年進士，官至從事郎。如圭少從舅氏胡安國受春秋。建炎二年進士。累遷校書郎。反對秦檜和議，以書責之曰：「公不喪心病狂，奈何爲此，遺臭萬年！」奉祠十餘年。檜死，被旨知泉州。崇祀鄉賢。（明嘉靖二十年辛丑建寧府志卷十八人物宦達，中國歷代人名大辭典第544頁，楊時集卷三十七有范君墓碣）

楊時集卷二十二

書七

答張子韶名九成〔一〕

自聞公省殿兩中魁選，爲之喜而不寐。即欲馳書爲賀，衰晚杜門却掃，不閑往來之便，故久而未能也。辱書勤勤，以諗歲寒之意，感慰感慰！比日不審起居何如？伏惟德履佳勝。廷對自更科以來未之有，非剛大之氣不爲得喪回屈不能爲也。三復，欽嘆！公之名德已簡在君相，不日當有異用，必不久淹於外。然復之時，群陰在上，而陽始復焉，陰猶盛也，非一陽在下所能勝。小人衆而君子獨，豈一人一日之力所能制哉？故必朋來而後無咎。然動而不以順行，則出入不能無疾。不能無疾，則害之者至。如是，身之不能保，尚何朋來之有？故于復，曰「動而以順行」，于剥，曰「順而止之」，其道一也。故剥之象曰：「順而止之，觀象也。」蓋艮上而坤下，剥之成象也。觀剥之象〔二〕，則知所以治剥矣。東漢之君子不知出此，欲以力勝之，卒至於俱傷兩敗，而國隨以亡，有以取之也。復之成卦，坤上而震下，動以順行，亦猶是耳。觀四時陰陽之運，寒暑之變，天下不能暴爲之，况於人乎？故豫之象曰：「豫，順以動，故天地如之。」正謂此也。

公之言，朝廷略施行矣，竊聞左右已有側目者。某自謂與公非一日燕游之好，故輒及之，欲公異時慎處之也。

校記

〔一〕題下各本原無「名九成」三字，今補。張九成，宋錢塘（今杭州）人。字子韶，號横浦。始學于楊時。紹興二年進士第一，歷著作郎，官至禮部、刑部侍郎。卒贈太師，謚文忠。有横浦集。（宋元學案卷二五龜山學案，卷四十横浦學案，中國歷代人名大辭典第1255頁）

〔二〕「觀剥之象」，弘治本、萬曆本「象」皆作「罪」，形近致誤。繩祖本、四庫本作「象」，承上文「剥之成象」爲是。今據改。

與劉希範名珏〔一〕

某竊觀車駕自建康移蹕會稽，未逾時，復有旨還浙西，鋭然有向敵之意。人情舉欣欣然謂國勢稍振，中興之業，可指日望也。未及渡江，聞建康有警，復還會稽，徑趨四明，欲乘桴爲閩之行。聞之惶駭，至寢食俱廢。

某竊觀自古興王，未有無根本之地而可以禦外者。高祖之興，蕭何守關中；光武之興，寇恂守河内，以爲根本。雖敗軍亡將，而調發兵食無缺乏之事〔二〕，以有根本之地可依故也。若車駕駐蹕閩中〔三〕，則僻在海隅，中原路斷矣。而今建康、錢塘不守，則根本去矣。諸將緩急，誰爲應援？萬一饋餉不繼，則意外之變，不可不虞也。而公秉鈞軸，今日當以虔爲根本也。任肅寇之責，非公其誰？此天下之所屬望也。江西惟廬陵富實，湖北之荆南，湖南之潭湘，所有三省，宜擇吏總領，緩急以爲應援也。昔陸贄有言：「兵以氣勢爲用者也。氣聚則盛，散則消，勢合則威，析則弱。」今日之患，正坐氣散而勢析也。樞密張公與趙觀察領兵入蜀，韓世忠、劉光世又分爲二處。兵分而勢弱，緩急首尾不相及，宜其力不足。爲今之計，莫若召還蜀兵，檄韓、劉二將協力收復建康爲急。〔四〕

某竊謂隆祐在虔，而用自適耳。既蒙見許，切不可緩也。惟希爲道自重〔五〕，慰此頌祝。

校記

〔一〕「與劉希範」，張譜於高宗建炎四年庚戌譜文作「范」。劉珏字希範，長興（今浙江長興縣）人。徽宗崇寧五年進士。建炎初，爲中書舍人。金人大侵，高宗退保臨安（今杭州），以珏爲吏部侍郎，遷尚書。隆祐太后奉神主如江西，詔珏爲端明學士從行。金人追之，珏奉太后退保虔州（今贛縣）。被劾，貶衡州。有吳興集。（中國人名大辭典）

〔二〕「無缺乏之事」，正德本無「之」字。

〔三〕「閩中」，弘治本作「關中」，涉上文「守關中」而致誤。

〔四〕「不可不虞也」之下，弘治本、正德本、四庫本有「而公秉鈞軸」至「協力收建康爲急」計一百六十四字。此段文字與本卷與李泰發其四文字同（請參看）。萬曆本認爲這是弘治本不慎混入，故删去，未免武斷。其實細審形勢，與劉希範原有此内容，其後楊時再寫一信給時任要職的李泰發時，因所述意見同，於是遂將「檄韓、劉二將協力收復建康爲急」這段文字另抄一份寄去。今據張譜所引原文重新補入，使成完璧。

〔五〕「惟希爲道自重」，弘治本、繩祖本無「希」字。

與李泰發名光〔一〕

其一〔二〕

去歲初聞被召，復在言路，喜慰無量！君子在朝，庶幾輔成中興之業，乃復補外，殊乖所望也。

聞宣城寇盜充斥，皆已撫定爲我用，邦人安堵無他虞，所補不淺矣，亦足爲慰。

春深，寒温不常，更切爲民慎衛，區區頌望！

校記

〔一〕本文黄譜繫在高宗建炎四年庚戌八月。題下各本原無「名光」二字，今補。泰發是李光的字，江西上虞人，師事劉安世。徽宗崇寧五年進士。論事切至，被貶。高宗時累擢吏部尚書，參知政事。卒謚莊簡，有莊簡集。宋史有傳。（中國歷代人名大辭典第890頁）

〔二〕「其一」，萬曆本與「與李泰發」接排，今改作次級標題。

其二

近日江、浙探報不一，喜懼相半。車駕駐永嘉，虜騎未聞退舍〔一〕，福唐日傒翠華臨幸，而閩中空空無有。前日王𤫉一軍過，只一二日，所費已七萬餘。若入閩中，則是舉中原棄之，江、湖、淮、浙運饋路絶，不知何以應副？每一念之，寢食俱廢，奈何？

近虔州又大擾，焚毁廬舍十八九，蕩然一空，不知隆祐可以安居彼否？若來閩中，日見狼狽，痛心疾首，無復生意，旦暮痴坐而已。所懷千萬，臨紙不能具布。

校記

〔一〕「虜騎」，繩祖本改作「寇騎」，四庫本改作「北兵」。

其三

某去歲夏初還至敝廬，日幸虜騎寧息〔一〕，庶幾畢此餘生。諸公但爲遁逃之計，不復爲守禦之備，以至今日！若得諸郡皆如公守宣城〔二〕，則猶或可望也。如李鄴、李棁輩身爲禁徒〔三〕，皆率先投降，他復何望耶？苦痛苦痛！閩中去歲大水，田廬漂蕩十五六，民已艱食。今復料須不一，恐别致生事，奈何奈何？

校記

〔一〕「虜騎」，繩祖本改作「寇騎」，四庫本改作「邊警」。

〔二〕「若得諸郡」，萬曆本原作「若郡」，無「得諸」二字。今據正德本補。

〔三〕「李鄴、李棁」，萬曆本無「李棁」二字。今據正德本補。「禁徒」，四庫本作「禁從」。按，以上其一、其二、其三三篇，正德本合爲與李泰發書一篇，僅另提頭。

其四

公秉鈞軸，今日當以虔爲根本也。任肅寇之責，非公其誰？此天下之所屬望也。江西惟廬陵富實，湖北之荆南，湖南之潭湘，所有三省，宜擇吏總領，緩急以爲應援也。昔陸贄有言：「兵以氣勢爲用者也。氣聚則盛，散則消，勢合則威，析則弱〔一〕。」今日之患，正坐氣散而勢析也。樞密張公與趙觀察領兵入蜀，韓世忠、劉光世又分爲二處〔二〕。兵分而勢弱，緩急首尾不相及，宜其力不支〔三〕。爲今之計，莫若召還蜀兵，檄韓、劉二將協力收建康爲急。

校記

〔一〕「析則弱」，萬曆本「析」作「柝」，形近之誤。今據四庫本改。

〔二〕「二處」，萬曆本原作「一處」，誤。弘治本、令聞本、繩祖本亦誤。今據四庫本改。

〔三〕「不支」，正德本作「不足」。

與秦丞相名檜〔一〕

便中辱賜鈞翰，良荷愛念。竊觀近世名儒〔二〕，自安定而下〔三〕，如歐公輩，無不學春秋者。熙寧更科不用，其學遂廢。六經惟此書出於聖人之筆，餘皆述之而已。微辭奥旨，爛如日星，以爲不可讀，無是理也。今得公留意於此，斯文之幸也。

某兩年避地奔竄，平時所藏書籍，爲凶寇棄毀略盡。蒙見索文字，無以應命，第深惶愧。某自還家，昔之儕流無在者，索居終日，無過門者，唯親書册，温尋舊學，聊用自適耳。方欲綴集散亡，以待後學。稍有叙，當繕寫托薛漕附達，以取正左右，伏希照亮！

校記

〔一〕題下原無「名檜」二字，今補。秦檜，字會之，江寧（今南京）人。政和五年進士。徽、欽二帝北遷，檜從至金被留。尋縱之使歸。紹興元年爲相。主和議，反對恢復，殺岳飛，竄張浚，排趙鼎，主戰之臣，誅鋤殆盡。卒謚中王，謚忠獻。寧宗朝，追奪王爵，改謚繆醜。宋史入姦臣傳。（中國歷代人名大辭典第1878頁）

〔二〕「竊觀」，萬曆本作「竊記」。今據正德本改。

〔三〕胡瑗（993—1059），字翼之，宋泰州如皋（今江蘇）人。人稱安定先生。精音律。教授蘇州、湖州，創蘇湖教法。立「經義」、「治事」二齋，教學者明聖人體用，以爲政教之本。與孫復、石介並稱「宋初三先生」。官至太子中允，天章閣侍講。卒年六十七，謚文昭。（宋元學案卷一安定學案，第24頁）

佐，嚴禁科斂，奉行朝廷法令，遵守不違。百姓始知上有天臺之尊，下有州郡之體也。初撫三路，檄鼎帥進兵討楊幺〔四〕，潭兵先入，已破數寨。吕憲書云「有破竹之勢矣」。後聞有旨，鼎不受節制，賊復熾。湖湘之民深以爲恨。

鈞旆既東還，去思日甚。功名之會，自古所難，在公爲不足道，重爲朝廷惜也。相望數舍，無由面對。區區，書不能究。

校記

〔一〕題下各本原無「名綱」二字。今補。張譜：「高宗紹興三年癸丑，公年八十一，居鄉，有與李伯紀書。」按，伯紀是李綱的字。李綱，宋邵武人。政和二年進士。靖康元年任尚書右丞，堅主抗金，被罷。高宗即位，復爲相，力圖恢復，復被罷。卒謚忠定。有梓溪集。宋史有傳。（中國歷代人名大辭典第819頁）

〔二〕「其一」，萬曆本與「與李丞相」接排，今改作次級標題。

〔三〕「税數」，正德本作「税賦」。

〔四〕「楊幺」，萬曆本原作「楊公」，形近致誤。今據正德本、繩祖本改。

其二

昔公在朝，威望隱然如長城，民恃以無恐。比年以來，世路日艱棘，流毒四方，淮、浙爲甚。延及吾閩，盜賊蜂起，無得寧息者，良可駭嘆！

鈞旆南還，士論以爲天意必有在，宇内共慶，非特小邑之私喜也。行遂參覲，他須面承乃究。

與許高老名翰〔一〕

自鈞旆西行，絶不聞耗。近親情自廬陵還，始知寄寓分寧，殊慰仰德之勤。不審比日起居如何？伏惟神明協相，福履增勝。

世路日益艱棘。去歲建康退衄，車駕移蹕，四明復不守，遂由海道至永嘉。永嘉隘陋，非萬乘可居。會稽以李鄴迎降，得免焚毁，今始駐蹕於此。又聞欲上霅上，未見報，不知如何？浙西夷傷無孑遺，而錢塘、蘇、秀爲甚〔二〕，惟霅上獨全。會稽餽運路梗，勢必不能久居也。閩中自昔兵火不到，去年苗、劉焚劫浦城、邵武，近又建陽、松溪諸蠻殺傷縣官，盜賊蜂起。王瓛下潰兵入建、劍，虜掠殆盡，屋宇無有存者，被害尤甚於他處。殘寇已從温陵路去〔三〕，未知所向。泉南今歲大歉，恐不能支。敝居將樂，在山谷中，五季避地之所，賊逼鄰境，不免亦遷避。仰禄爲生，而州縣匱乏，俸廪不可得，貧窘遭此，殊難堪也。世事如此，奈何？

某避賊回方數日，傷暑濕，偶作寒瘧，未痊，今日當發。適有人行，凌晨扶病作此，不能盡所欲言者，殊愧草率。

校記

〔一〕題下原無「名翰」二字，今補。許翰（？—1133），字崧老，開封襄邑（今河南睢縣）人。哲宗元祐進士。徽宗時爲給事中，以言事落職。欽宗初，歷翰林學士、御史中丞，同知樞密院事，以議事不合貶官。高宗拜尚書右丞兼權門下侍郎。因論李綱忠義，高宗未許，以資政殿大學士提舉洞霄宫。旋被劾斥逐。有襄陵集。（中國歷代人名大辭典第744頁）本文寫於建炎四年。

〔二〕「錢塘」，正德本作「錢唐」。

〔三〕「已從」，萬曆本「已」作「以」。正德本、四庫本作「已」，是。今從。

答傅子駿名崧卿〔一〕

姑蘇之别，倏忽餘六年。便中遠辱賜逮〔二〕。伏審邇辰，臺候動止萬福，尤爲用慰。某自還家，盜發建安，群凶響應，釋耒荷戈而起者，不可以數計。避地流徙，無一日得安其居，雖仰道之勤，日欲修問，以故久而未能。素荷愛厚，必故見諒也〔三〕。鄉邑焚劫蕩盡，所幸先廬獨存，得庇風雨。中外親族，俱無被害者。然公私所積，皆爲賊有。斗米千錢，細民艱食。殍死者相枕藉，良可憫念！賤累數十口，日食貴糴困憊，殆不可支〔四〕。去春松溪、甌寧餘黨未殄，猶有竊發者，賴申將駐兵福唐，即時討滅，方今寧息，鄉民稍稍復業。

衰朽杜門索居，一時儕流凋喪，無一存者。後生晚進〔五〕，老少異趣，絶無過從。惟時親書册，聊用自適耳。餘無足道者。

方時艱難，正賴諸賢協濟，如公豈宜置之散地？佇聞峻除，慰此頌望。

校記

〔一〕題下各本原無「名崧卿」三字，今補。「傅子駿」，各本「駿」作「駸」，誤。子駿，傅崧卿字，取義於詩經大雅崧高：「崧高維嶽，駿極天下。」中國歷代人名大辭典作「駿」，是。今據改。傅崧卿，字子駿，號樵風，傅墨卿從弟。徽宗政和五年進士。爲考功郎兼太子舍人，出爲蒲縣丞。高宗初，以直龍閣知越州，徙知婺州。召拜秘書少監。官至中書舍人、給事中。有樵風溪堂集。（中國歷代人名大辭典第2331頁）

〔二〕「賜逮」，正德本作「賜教」。

〔三〕「必故見諒也」，四庫本「故」作「固」，位在「必」字之前。正德本「故」作「蒙」。繩祖本無「故」字。

〔四〕「不可」，正德本作「不能」。

〔五〕「後生晚進」，萬曆本無「後進」二字。今據正德本補。

與傅國華〔一〕名墨卿

某竊自念衰晚，不足爲世用，杜門待盡，無復餘念。故平居不敢輒至公卿之門，雖臺旆持節往還，亦不敢通名於左右。不謂高明過聽，俯加論薦，在愚賤何以堪之？

道學不傳，士鮮知所止。某初不自量力之不足也，側聞先生長者之餘論，妄有意焉。今老矣，精力昏耗，寡陋滋甚，愧負初心，恐遂泯没，爲小人之歸，誤辱眷知，重增慚惕耳。審察之命，自度散材不中繩墨，故不敢冒進爲門下，必蒙見亮也。

末由一造台屏，姑勒此少布萬一，下情不勝惓惓之至。

校記

〔一〕題下原無「名墨卿」三字，張譜於徽宗宣和五年癸卯譜文云「有書與傅墨卿」。國華爲傅墨卿的字。傅墨卿，越州山陰（今浙江紹興）人。初補太廟齋郎。宣和五年以禮部尚書持節册立高麗國王楷有功，還賜同進士出身。建炎中致仕。（中國歷代人名大辭典第2331頁）

與執政

輒有少意，冒聞閩中地瘠人貧，天下所共知。比年建、劍、臨汀、邵武四郡，爲群凶焚劫，蕩盡無孑遺，而將樂爲尤甚。朝廷遣兵誅討，軍期所須不一，又每歲常賦之外，市銀數亦不少，皆出民力。加之饑饉，自春初至今，斗米逾千錢，人不堪命，皆昔所未聞而今見之也。故細民荷戈持戟，群起而爲盜，動以萬計，皆平時負耒力耕之農。所至屯聚，未有寧息之期。非有他也，特爲艱食所迫，姑免死而已。然闔境之内，死於兵者十已三四，所存者皆夷傷飢羸之餘，雖剥膚椎髓，無以供上之求也。

縣令不忍窮民無所赴調，已具狀申省，乞蠲免常賦之外如需須市銀之類一二年，以安集之，使復業爲平民。此良吏善意。邑人矯首西望，以需膏澤有日矣。猶未聞報，又群聚踵敝廬以告，謂某嘗游諸公之門，有一日之舊，庶幾鄙言可以上達。某以衰朽謝事里居，杜門待盡，而避地流徙半年餘，無一日得安其居，不當復干與時事，拒之至于再，至于三，去而復來，不可却。復竊自念，朝廷方尊賢使能，俊傑在位，天下大計固已畫計無遺矣〔一〕。恐僻陋之邦，去朝廷遠，民之隱微，或未盡知，亦仁人之所閔也〔二〕，故輒奉尺牘，上瀆鈞聽。若蒙矜恤，如其所請，使一方之民更生，則爲賜不淺矣。

干犯威嚴，豈勝愧懼？恭惟仁明不加譴怒，萬萬幸甚！

校記

〔一〕「大計」下，正德本有「固有畫計」四字，爲萬曆本所無。今據補。

〔二〕「所閔」，萬曆本「閔」原作「聞」，與上文「或未盡知」義相矛盾。四庫本作「閔」，通「憫」，是。今據改。

與梁兼濟

榷酒利害，獻言者蓋未嘗究知本末。榷法自祖宗以來，行之久矣。至嘉祐末年，流弊之久，民間苦官務酒惡不可飲，比户私醖，故官中每歲酒課不敷，而民間犯法者亦衆。此公私通患也。吾鄉陳氏名廣者，鄉人目爲陳萬户，經由朝廷獻利害，乞會計每歲官中所得酒課若干，數目均在，人户作酒，利錢送納。吾郡合五邑人户，裒金資以往，朝廷下有司相度，從之。迄今六十餘年，上下安便，官中無一毫之費，而坐收厚利，民間亦免冒禁抵刑之患，此公私兩利也。今若再榷，當張官置吏〔二〕，役使兵夫，禄廩所費不貲。又須折科米麥，調度紛起，仍於人户免納酒利錢乃可。如此，官中何利之有？若不與免納酒利，則是榷之又榷，非今日所宜爲也。兵戈未息，所須不一，如官告度牒，敷在民間不少，人已不堪，若更意外生事，則百姓未有向安之期也。

承示諭，欲必争其不可，甚善。然罷榷法已是六十餘年前事，恐公未盡知所罷因依，故輒及之。

校記

〔一〕「張官置吏」，四庫本「張官」作「增官」。

與廖用中名剛〔一〕

近聞朝廷詢究茶、鹽二法，某在諫省，其大概論之詳矣。問之幾叟，必能道之。然今日閩中二法與他路不同，見行鹽法，不可更革也。

本路歲額，上供銀二十餘萬兩。上供錢物與官兵俸給，皆資於鹽息。抄法若行，則利歸榷貨，漕司拱手無可爲者。歲計不貲，非出於漕臣之家，取諸民而已。兩年盜賊四起，軍須百出，取於民已多。上四州軍殘破特甚，亦不免科敷，每一錢産科借三文。福州雖不經殘破〔二〕，每一錢産科借百文，民力凋敝，與殘破處無以異。近見郡官到邑中，云自二宣撫到，郡中應副到三十一萬緡，其何以堪？上四州軍之民彊壯者率以兵死，弱者往往以餓死，存者十無二三。鄉下無牛無人，田皆荒廢，至今斗米猶不下八九百錢，若更有科敷，雖剥膚椎髓無以供也。自政和以來〔三〕，官吏以「應奉」爲名，取民無有限極，至於鹽法，猶不敢更革，豈今日可行耶？茶引抑配人户，以爲常賦。然今日又非前日之比。本路産茶，無如建安，仍多精品商販。自江、淮以北，道路不通，商販不行，歲額取足於吾閩而已，人何以堪？茶司官吏，勢不可坐視虧欠，不免督迫郡縣斂足歲額。莫若復用搭息，罷此一司良便。若見丞相，當力爲言之，則一路受賜不淺矣。

閑居杜門，嫠不恤緯，縷縷及此，惟照亮，幸甚！

校記

〔一〕題下各本原無「名剛」二字，今補。廖剛，字用中，號高峰，順昌人。少從陳瓘、楊時學。徽宗崇寧五年進士。宣和初擢監察御史。時蔡京當國，論奏無所避，出知興化。高宗紹興初任工部尚書。有高峰文集。（民國中國人名大辭典）

〔二〕「福州雖不經殘破」，各本「雖」作「爲」，疑爲「雖」字之誤。今依文意改。

〔三〕「自政和以來」，四庫本「自」作「且」。

與吴大卿

聞隆祐六宫,先往江表。自江而南,皆江表也,詔書所謂江表者,必是江州。百司官府不與軍旅之事者皆從之,則建康不復治他事,悉力戰守耳。諸公能如是,則中興之功,可指日而望,天下之幸!

昔漢高祖之興,以蕭何守關中,光武以寇恂守河内,以爲根本。故楚、漢相守滎陽〔一〕,軍無見糧,蕭何轉漕關中,給食不乏。今上供物散在數處,不知甚處爲根本?廟堂必有成筭〔二〕,非衰老所能知也。

校記

〔一〕「滎陽」,萬曆本原作「榮陽」。今據正德本、四庫本改。

〔二〕「成筭」,繩祖本「筭」作「算」。「筭」、「算」通用字。

與吴守〔一〕

其一〔二〕

杜門索居，渴仰風德，日益增劇。鄉邦雖僻左，而溪山之勝，亦吾閩佳處，當無事時亦足樂也。但世故如此，縱有樂事，寧能解體國者之憂乎？苗、劉猶未獲，聞諸將環集，人神共誅，想不能復爲孽也。又聞池、饒尚有殘寇，未免調兵防拓，不知只爲苗、劉否？前日得福州相識書，云召募海船甚急。福州二百雙，所費已不貲，不知吾郡能免否？雖有船由海道去，不知領之者爲誰？一非其人，則有害無補。今日之事，所憂非一，奈何奈何？

校記

〔一〕「與吴守」，張譜於高宗建炎三年己酉譜文作「與吴守請免科敷書」。「請免科敷書」五字爲萬曆本所無。

〔三〕「其一」，萬曆本與「與吴守」接排，今改作次級標題。

其二

累月劇暑，共審撫字之餘，臺候動止萬福。

苗、劉陷溢亭，則建城逼矣，奈何？敝鄉民兵前此效用，獲級者不賞，死事者不加恤。防拓建安者幾千人，又無故遣之，今未及一月，又召之。此曹寧肯復爲用耶？鄉中去歲洪水横流，瀕溪廬舍漂蕩殆盡，深山窮谷膏腴之地，悉變爲沙礫，農人坐視，無力修治，秋成何望焉？則今歲事又可知矣。即今斗米已百七十錢。某自省事以來，民饑未有如此者。歲凶，正宜存撫，而散利、薄征、弛力，尤荒政之不可緩也。此鄉頑民素喜爲亂，邑人日夕震懼，恐其迫窮生變。今調兵，又欲隨税錢科敷，是速其爲亂也。科敷一事，得免之乃幸。萬一緣此生事，則科敷未必有得，而其患有不可測者，不可不慮也。如聞趙觀察領兵萬餘人自福唐來，其兵勢似可恃。若此而不能禦，雖有七百人，未必有濟。聞縣中欲以百人爲一番，逐次起發，亦似無害，庶幾人少易爲制馭，不至自擾也。

某居閑，不應妄論，素恃愛厚，故輒及之，惟寬明照亮！

與李提刑

近聞使司有旨揮，會合諸處巡尉，追捕張全餘黨。足見仁人君子，以斯民爲念，臨事不苟。欽嘆無已！

然公方下車，恐僻遠郡縣，細務未及詳知。如明溪賴文幹與張全等，皆一時鄉兵同黨。其捕張全兄弟，乃是徒中自相屠滅，有罪無罪，俱未可知。事在清流，根治必見其實。所謂張全餘黨，只有張奴一人，聞已竄去。若天兵一往，恐群小驚疑，别致生事。然賴文幹等首領數人，昨李琮作過，勢已猖獗，不煩官軍〔一〕，即時撲滅，其功多矣，理當優於酬賞，未蒙保明申奏，不無觖望。若得早與保明，與一名目，則凶焰自息，庶無他虞矣。更希裁酌。

某閑居，不當僭議及此〔二〕。然明溪與敝鄉接壤，一有警，則朝發而暮至。累年避盗流徙，無一日得安其居，今方少寧，萬一或致生事，則敝鄉先被其害，故輒以浼聞，惟仁明照亮！

校記

〔一〕「官軍」，萬曆本原作「官事」，正德本作「官司」，皆誤。今據四庫本改。
〔二〕「僭議」，萬曆本原作「僭易」，誤。正德本、四庫本亦誤。今據繩祖本改。

與陳公晦

其一〔一〕

自公之東，無由通問，惟是傾念，未嘗忘也。春寒，伏惟孝履萬福〔二〕。正遠披晤，伏冀節哀慎衛。

某辱尊公眷知最厚，義雖朋友，情實兄弟。自其棄世，每一念之，肝腑摧裂。其惟至性〔三〕，萬里生還，不及一見，終天之恨，何以堪處？道路阻修，無由馳慰，臨紙悲哽，區區不能悉布。

校記

〔一〕「其一」，萬曆本與「與陳公晦」接排，今改作次級標題。

〔二〕「萬福」，萬曆本原作「支福」，誤。按，「萬福」是古代書信常用的祝頌語。如「台候萬福」（答吳康侯其十三）、「台候動止萬福」（與吳守其二）。今依文意改。

〔三〕「其惟至性」，萬曆本「其」原作「共」，誤。今據正德本改。

其二

去歲數月之間，定夫、民表相繼淪亡，朋友殆盡，無復存者，衰老殊不能堪也。念公乍還，家事能不費力否？通川僻郡，士人稀少，賴存諸任可以往還也。

寒陰未解，惟加愛是望。

楊時集卷二十三

啓

謝太守

仕禄養親，素非求進；分曹莅職，自愧無堪。方虞譴責之難逃，豈意褒稱之偶及？寵榮過分，循省若驚。竊以郡縣王室之屏藩，而守令士民之師帥，尊卑雖異，任責則同，一非其人，衆受其弊。顧兹百里之重寄，實惟萬室之具瞻。軍國調度之須，所取非一；兵民什一之會，其職非輕。嚴之以法，則衆離而不親；撫之以寬，則事弛而不集。苟非豈弟之君子，曷庇困窮之小民？古謂其難，今尤慎擇。矧夫極治之盛際，固多間出之英材。刃發新硎，莫匪庖丁之手；人胥易使，率皆言偃之風。宜得異能，稱此公舉。

如某者，駑駘下乘，樗櫟散材。自惟銜轡之難驅，敢希匠石之或顧；徒守過庭之訓，耻爲趨世之謀。一瓢屢空，方慕顏淵之好學；三釜而樂，又懷曾子之及親。雖未信辭仕，固賢者之宜；而公養爲貧，亦聖人不免。猥從科舉〔一〕，誤玷縉紳。庶乎餼廩之微，足爲晨夕之奉。伶仃一病，流落八年。氣形並衰，神志俱耗。身同野鹿，甘自屏於樵漁；衣若懸鶉，復何意於軒冕？

方將投蛙足於缺甃，寄鷦巢乎一枝。俯仰終身，優游卒歲。徜徉塵垢之外，游泳詩書之淵。與世相忘，脱桁楊之接摺；放形自適，近魚鳥之沉浮。奈何糟糠無以畜妻孥，甘旨不足事父母。年豐病乏，冬暖嗟寒。在人情難以恬安，於人子尤當隱惻。遂參選調，補吏掾曹。來游會府之英躔，輒去衡門之陋處。

惟思竊食，何路進身？欲爲轍鮒之呼，逆知無濟；忍效冶金之躍，自取不祥。故雖幸餘光之可依，莫敢飾鄙辭而上瀆。豈圖異寵，遽及非材。此蓋伏遇某官，擴大度以兼容，推至仁而博施。智雖周物，能不病人？未嘗片善之或遺，致此甚愚而不弃。受恩有地，圖報無階。敢不允蹈聖言，雅不忘於舊學，益勤職守，庶無負於己知。

校記

〔一〕「猥」，正德本作「粤」。

謝楚大夫

右某啓：伏蒙知府大人先生保舉某堪充職官任使者。被仕禄養親，素非求進；分曹莅職，自愧無堪。方虞譴責之難逃，豈意薦論之偶及？懷瑾握瑜，欲有待也。雖鼓刀自溷，猶不爲辱。尊德樂義，欲有求也。雖忘勢自竭，乃其當然。恩優渥，撫己兢惭。竊聞以身徇道者，君子之格言；事君以忠者〔一〕，上臣之明義。永惟上下之相資，莫知貴賤之有間。世道淪喪，風猷浸隳〔二〕。居下者以難仕爲迂謀，在上者以旁招爲末事。公論一廢，私謁肆行。待價而沽，顧連城而莫售。無因而至，雖照乘而難前。苟非先容，孰匪棄物？

如某者，賦材踈拙〔三〕，稟性頑愚。徒聞師友之緒言，妄窺聖賢之遺學。獐頭鼠目之賤，何意求官？牛溲馬勃之污，寧堪待用？已絶凌霄之望，方圖祭竈之安。欲爲轍鮒之呼，逆知無濟；忍效冶金之躍，自取不祥。豈謂未遑竿牘之修，遽玷齒牙之論？終懷直道，竊希東國之臣；已附青雲，不作西陵之餓。

此蓋伏遇某官，至公處己，内恕及人。以教育英材爲樂，而務在兼容；以推轂士類爲任，而常思博取。致兹庸妄，亦與甄收。敢不勉自激昂？仰懷知遇。無忘舊學，益勵前修。駑乘何能，幸嘗驂於驥尾；天池可到，終有待於鵬風。過此以還，未知所措。

校記

〔一〕「事君以忠者」，萬曆本「忠」原作「人」，誤。今據叢書集成初編本改。

〔二〕「浸隳」，正誼堂本「隳」作「墮」。

〔三〕「疎拙」，正誼堂本「疎」作「疏」。「疏」、「疎」異体字。

謝張朝散

顯膺宸命，榮領郡符。方懷慶問之未遑，豈意緘封之先辱？

恭惟某官，賦材忠實，稟器純深，更貳正於名藩，藹休聲於輿論。果兹遴柬，付以承宣。雲翼怒飛，匪泠風之能負〔一〕；霜蹄一躍，騁千里以誠宜。敢希得士之名，姑逭蔽賢之實。過蒙歸德，益用愧懷。

校記

〔一〕「泠風」，各本作「冷風」，誤。莊子齊物論：「泠風則小和。」陸德明經典釋文：「泠風，泠泠小風也。」今據改。

謝馬通直

顯奉綸言，榮升朝籍。恭惟某官，懿文外炳，碩德中純〔一〕。芝草之靈，人皆知其美端；珪璋之質，初無事於先容。未遑竿牘之修，遽辱緘題之及。褒榮過分，悚愧無涯。

校記

〔一〕「中純」，四庫本作「中含」。

賀林舍人

光膺宸綍，出總侯藩。伏惟某官，學際天人，識洞今古。摛辭禁掖，追三代之純深；懷紱故鄉，聳一時之榮觀。值此艱難之際，正須經濟之材。延閣清資，寧復彯纓於外寄〔一〕；寵章顯服，佇瞻鳴玉以西歸〔二〕。用寬北顧之憂，共濟中興之業。親仁有素，覿德未期。

校記

〔一〕「彯纓」，萬曆本作「漂纓」，誤。四庫本「漂」作「彯」，通飄。今據改。

〔二〕「佇瞻」，萬曆本「佇」原作「貯」，誤。今據正誼堂本改。

代人謝吕漕

竊食聖時，空坐縻於餼廩；課功歲杪，曾莫效於涓埃。側身方俟廢歸，絶意敢希論薦。寵榮非分，喜愧來并。

竊念某識昧趨時，仕惟爲禄。遇事直前，而動多召怨；操行彌篤，而人猶見疑。仰首一鳴，已盡黔驢之技〔一〕；窮年無補，終爲智叟之非。永惟玉瑩之無疵，或恐丹青之能變。每私循省，徒積憂虞。豈圖君子之并容，輒取衆人之共棄。

此蓋伏遇某官，至公處己，内恕及人，群言並聽〔二〕，而罔惑於讒邪。小善必録，而不遺於疏遠，致兹庸陋，亦與甄收。敢不勉蹈前修，益堅素守。鷦鷯何慕深林，不過於一枝；駑馬雖疲十駕，尚期於千里。庶從驅策，以報私恩。

校記

〔一〕「已盡」，萬曆本「已」作「三」，蓋書版朽蝕而致誤。四庫本「三」作「已」，是。今據改。

〔二〕「並」，正誼堂本作「并」。「并」、「並」古通用。

代人謝解

卞璧前陳〔一〕，顧何求於燕石；秦醫並畜，俄有取於豬苓。省分知榮，撫躬增愧。竊以難進者君子之義，易失者聖人之時。環轍載贄，將有行也。雖急仕，猶不以爲污。操築鼓刀，將有待也。雖自溷，或不以爲辱。永維出處之大致，固宜義命之兩全。貴乎中行，孰可已甚。况值離明之兩作，仍丁泰吉之大來？設科目以振拔滯淹，舉經行以網羅遺逸。朝以進賢爲急務，士知不穀爲可羞。故韜光晦迹者，棄巖穴之居；而懷瑾握瑜者，有廊廟之志。顧兹千載之興運，是爲希世之罕逢。凡有見聞，孰不奮勵？

如某者，學惟爲己，才不逮人。徒襲父兄之餘風，不墜箕裘之素業。並驅夷路，自慚跛鱉之難前；篤信所行，終類愚公而見笑。一竊鄉薦，旋黜春闈。分甘自屏於樵漁，意復何祈於軒冕？再攘之臂，忘搏虎之可虞；屢北之兵，徒聞風而猶駭。孰謂已歸之氣，俄伸久屈之中？退省厥由，所來有自。

此蓋伏遇某官，至公處己，内恕及人。以教育英材爲樂，而務在兼容；以推轂士類爲任，而常思博取。致兹庸妄，亦與甄收。敢不勉自激昂，仰懷知遇，益勤素學，愈勵前鋒？駑乘何能，幸嘗驂於驥尾。天池可到，終有待於鵬風。過此以還，未知所措。

校記

〔一〕「卞璧」，萬曆本「璧」作「壁」，誤。今據正德本、四庫本改。

代虔守謝李運使

被命吴東，幸叨聯屬。領麾江左，獲庇恩私。顧惟無堪，曷稱公舉？

伏念某蚤膺聖眷，屢握使符。才不適時，愧無實用。學雖篤志，徒守空文。誤蒙彊敏之稱，復玷該通之譽。榮逾所望，愧溢於心〔一〕。此蓋伏遇某官，大德並容，至仁博施。不忘敬故，益敦末俗之偷；于以包荒，或副中行之尚。致兹庸陋，特與甄收。敢不誓竭孤忠，永堅素守。

校記

〔一〕「於心」，正德本「心」作「中」。

代太守賀蘇左丞〔一〕

伏審光奉制書，進持綱轄。伏惟慶慰〔二〕。恭惟某官，道隆淵懿，業茂經綸。誠明自格於元龜，器識允符於三鑑。從容常伯之任，登延内相之榮。序秩群才，董正六官之治；宣明密命，追還三代之文。來膺側席之求，大慰斯民之望。皇猷帝業，允賴於遠圖；綉紱龍章，行膺於異數。顧惟庸陋，久荷知憐。空懷慶忭之私，祖覘光塵之末。瞻仰之至，敷述奚周？

校記

〔一〕「代太守賀蘇左丞」，題中原無「太守」二字，今據黄譜哲宗元祐五年庚午（1090）譜文補。蘇左丞，據吴楚材等輯綱鑑易知録卷十六載：「哲宗元祐庚午五年（1090）三月，趙瞻卒，以韓忠彦同知樞密院事，蘇頌爲尚書左丞。」知蘇左丞乃蘇頌，字子容，宋泉州同安縣（今屬厦門市）人。徙居丹陽。仁宗慶曆二年進士。知江寧。神宗時，擢知制誥。出知婺州。紹聖中致仕。有蘇魏公集、新儀像法要、本草圖經。（道鄉集卷三九行狀，中國歷代人名大辭典第804頁）

〔二〕「伏惟」，光緒本作「曷勝」。以下兩篇「伏惟」，光緒本亦作「曷勝」。

代謝筠守

伏審光膺綸命，分守侯邦，伏惟慶慰。

恭惟某官，稟器宏深，迪心明哲。屈承宣於屏寄〔一〕，行踐履於要途。未遑竿牘之修，以結鄰封之好。遽承緘貺，益佩謙沖。

校記

〔一〕「屈承宣於屏寄」，正誼堂本無「於」字。當以有「於」爲是。

代與檢法

茂膺綸命，出佐刑臺。伏惟歡慶。

恭惟某官，秉義端方，迪心明允。誠能格物，初無可擇之言；恕以及人，終見治平之效。俄聞風而增悚，慶覿德之有期。瞻咏之懷，敷宣曷究？

德秉義之士足以表世範俗者〔四〕，皆無自而至。士之欲爲君子者，何所取資耶？故後生晚學，無所窺覲，游談戲論〔五〕，不聞箴規切磨之益。同則嬉狎，異則相訾，至悖義逾禮而不悔〔六〕。雖英材異稟間時有之，亦不過誦六藝之文、百家之編，爲章句之儒，釣聲利而已。一日衒鬻而不售，則反視平昔所有，皆陳腐剽剥，無所用之，往往轉而易業者，十嘗六七。此與廛夫販父，積百貨坐市區，逐什一之利，流徙無常者，何異耶？予嘗悼之。又竊自悲其力之不足，欲逃此而未能。思得吾黨之士，柔不溺於隨，剛不僨於慾者〔七〕，相進於道，庶幾少激頽俗。今吾子乃能經營於此，以教學爲事，是真有志者哉！

然予嘗謂古之學者，求仁而已矣。傳曰：「放於利而行，多怨。」又曰：「求仁而得仁，又何怨？」夫衒鬻而不售，轉而易業者，皆放於利而怨者也。吾願以「求仁」名子之齋，庶乎求之必得而無怨也！

雖然，古之人所以求仁者，不亦難乎？夫孔子之徒，問仁者多矣，而孔子所以告之者，豈一一言歟？然而猶曰「罕言」者〔八〕，豈不以仁之道至矣，而言之不能盡歟？故凡孔子之所言者，皆求仁之方也。若夫仁，則蓋未之嘗言。是故其徒如由、賜者，雖曰「升堂」之士，至於仁則終身莫之許也〔九〕。然則所謂求之難〔一〇〕，不其然歟？

學者試以吾言思之，以究觀古之人所以求之之方，將必有得矣。

校記

〔一〕「予至自」，嘉靖延平府志卷十九藝文將樂縣求仁齋記（以下簡稱嘉靖延平府志）作「余還自」。

〔二〕「問時苦」，弘治本、嘉靖延平府志、繩祖本、正誼堂本「時苦」作「勞苦」。

〔三〕「盤屬」，各本「屬」作「厲」。今據嘉靖延平府志、四庫本改作「屬」。

〔四〕「之士」，萬曆本「士」作「主」，誤。弘治本、繩祖本亦誤。正德本、嘉靖延平府志、正誼堂本、四庫本作「士」，下文亦作「士」。今據改。

〔五〕「游談戲論」，正德本作「游於斯者」。萬曆本「戲論」作「戲諭」，四庫本作「戲豫」，光緒本作「戲渝」，誤。嘉靖延平府志作「戲論」，是。今據改。

〔六〕「悖義逾禮」，正德本作「悖義理」。

〔七〕「不僨於慾」，萬曆本「僨」作「憤」，嘉靖延平府志作「僨」，疑是。僨，覆敗之意。今據改。

〔八〕「『罕言』者」，萬曆本原無「者」字。今據弘治本補。

〔九〕「終身」，正德本無「身」字，嘉靖延平府志無「終身」二字。

〔一〇〕「求之難」，嘉靖延平府志「求」下有「仁」字。

踵息庵記

通天下一氣耳，合而生，盡而死，凡有心知血氣之類，無物不然也。知合之非來，盡之非往，則其生也漚浮，其死也冰釋，如晝夜之常，無足悦戚者。世之羡生者，吐故納新，熊經鳥伸，欲以引年。甚者鏖丹化金，餌之以祈不死，厭常爲奇，卒以喪者十常六七而不悟。

余頃自京師得元道之書閲之，喜其言無益生之祥，竊謂行之，其幾於道也。及來毗陵，聞道士嚴奉先得衛生之經，夜卧無出入息，其庶乎元道兀然自止者矣。造其室而問焉，聽其言，殆將有意乎莊生所謂息以踵者也。郡人張君諭捐金結茆於其宫東廡之隅以居之〔一〕。百須之物，無一不具。幽閑深靚，不聞足音，蓋欲使之離世絶俗，直趨乎至道之域也。

周君伯忱與余游，致奉先之意，請名於余。故以「踵息」名之，所以勵其志，卒祈於有成也。張君爲之營地〔二〕，勤劇若此，豈亦有意於斯乎？

校記

〔一〕「結茆」，弘治本、正德本「茆」作「茅」。「茆」、「茅」異體字。

〔二〕「張君」，正德本作「强君」。按，此「張君」與上文「張君」同爲一人，作「强君」誤。

沙縣陳諫議祠堂記〔一〕

建中之初，右司諫陳公瑩中論蔡氏弟兄〔二〕，忤旨，竄嶺表。公之南遷，不以其罪，舉天下憤惜之，無敢言者。名隸黨籍餘二十年，轉徙道途無寧歲，卒以窮死。初，京爲翰林學士〔三〕，承旨以辭命爲職，潛姦隱慝，未形於事，雖位通顯〔四〕，世之人蓋莫知其非也。公於是時力言京不可用〔五〕，用之必爲腹心患，宗社安危，未可知也。聞之者往往甚其言〔六〕，以爲京之惡不至是。已而陰結嬖倖，竊國柄，矯誣先烈，怙寵妄作，爲宗社禍，悉如公言。於是人始服公爲蓍龜也。

昔王文公安石以學行負時望〔七〕，神宗皇帝引參大政，士大夫相慶於朝，謂三代之治，可以立致。吕公獻可獨以爲不然，抗章論之。雖文正温公，猶以爲太遽〔八〕，欲獻可姑緩之。未幾，多變更祖宗故事，以興利開邊爲先務〔九〕，諸公雖悉力交攻之，莫能奪，其流毒至於今未殄也。故温公每謂人曰：「獻可之先見，余所不及。」心誠服之。余以謂公之於京，言之於未用之前，獻可於文公，論之於既用之後〔一〇〕，則公之先見於獻可，有光矣〔一一〕。二公之言，蓋異車而同轍也。

靖康中，朝廷欲盡復祖宗之舊，而一時故老無在者。天子念公之忠，追贈諫議大夫，官其四子，所以寵嘉之甚厚。此非私於陳氏，蓋將以風勵臣節也。而公之邑人，乃相與即縣庠爲祠堂以奉祀公〔一二〕。堂成，屬余爲記。

余曰：公之德業，足以澤世垂後，雖不用於時，而其流風餘韵，猶足以立懦夫之志。蓋天下士非一鄉可得而擅也〔一三〕。然居今之世，流離擯斥，其施不廣，而邑之士大夫，誦其言，遵其道〔一四〕，仗節秉義〔一五〕，繼其風烈，時有人焉，則功施於其鄉爲多矣。

古者有功於人則祀之。則公之祠，當載之祀典以遺來世。是宜書，乃爲之書〔一六〕。建炎四年八月四日龍圖閣直學士朝散大夫楊時記。

校記

〔一〕嘉靖延平府志卷十九藝文亦收録此文，題作「沙縣陳忠肅公祠堂記」。

〔二〕「弟兄」，正德本作「兄弟」。

〔三〕「京爲翰林學士」，嘉靖延平府志無「學士」二字。

〔四〕「雖位通顯」，嘉靖廷平府志「位」作「未」。

〔五〕「是時」，嘉靖延平府志無「是」字。

〔六〕「聞之者」，嘉靖延平府志無「之」字。

〔七〕「王文公」，嘉靖延平府志作「王荆公」。

〔八〕「以爲太遽」，嘉靖延平府志無「爲」字。

〔九〕「先務」，嘉靖延平府志無「先」字。

〔一〇〕「於文公」，嘉靖延平府志作「之於荆公」。

〔一一〕「有光矣」，萬曆本作「有先矣」，弘治本同，與上文「先見」意重。繩祖本、正誼堂本作「有光矣」，是。今據改。

〔一二〕「祠堂」，萬曆本作「祠常」。正德本、嘉靖延平府志作「祠堂」。今據改。

〔一三〕「蓋天下士」，嘉靖延平府志無此四字。

〔一四〕「誦其言，遵其道」，嘉靖延平府志「言」作「書」，「遵」作「尊」。

〔一五〕「仗節秉義」，嘉靖延平府志作「師其節義」。

〔一六〕「乃爲之書」之下，嘉靖延平府志有「建炎四年八月四日龍圖閣直學士朝散大夫楊時記」等二十一字，爲各本所無。今據補。

南劍州陳諫議祠堂記

延平舊有學，負城之隅，枕西山之巔〔一〕，士之肄業於其中者無虚室。建炎四年，爲賊所焚。知州事劉侯子翼視舊址險而隘，故遷之城南，就夷曠也。方經始，未及成而去。今太守周侯綰之來也，市材鳩工〔二〕，以終其事。教授石君公徹實董其役〔三〕。二人相與協力成之。又即其西偏立諫議陳公瑩中之祠，歲時從祀焉。堂成，屬予爲記。

余謂周侯之政，知所先務矣。謹庠序之教，追祀前哲，以矜式士類，非有尊德樂義之誠心，無以及此也。世之爲吏者，舉以治文書、理民訟爲急，而不知使無訟者有在於是也。可無述乎？乃究其本而爲之言曰：

自孟子没，聖學失傳，六經微言，晦蝕於異論〔四〕。宋興，鋤類夷荒〔五〕，養息百有餘年，名儒繼出。至嘉祐、治平間，文物之盛，未有前比也。熙寧更新法度，以經術造士。世儒妄以私智之鑿，分文析字，而枝辭蔓説亂經矣〔六〕。假六藝之文以濟其申、商之術，一有戾己，則流放竄殛之刑隨其後。雖世臣元老，概以四凶之罪目之，天下靡然無敢忤其意者。故佞諛成風，而正論熄矣，士氣不振。積至于崇、宣，述其事而流毒滋甚焉。當是時，横流稽天，而瑩中以身扞之，幾滅頂而不悔。剛大之氣，充塞宇宙。先知之明，爲時蓍龜。非命世之才而能自拔於流俗者，未之有也。寘之學校，使後生晚進日睹其遺像〔七〕，宜有嚮風而興起者。異時羽儀天朝，使姦諛屏息，將必有人矣。至是，邦人思咏周侯之遺德無窮已也。

校記

〔一〕「枕」，萬曆本作「抗」。正德本、嘉靖延平府志卷十九藝文、民國十年重修南平縣志卷三山川所收本文作「枕」，義較長。今據改。

〔二〕「市材」，正誼堂本作「庀材」。

〔三〕「公徹」，正德本作「公轍」，嘉靖延平府志、民國南平縣志作「輒」。

〔四〕「晦蝕」，民國南平縣志作「晦餂」。「餂」有擇取、誘取義。

〔五〕「鋤纇」，弘治本「纇」作「類」，誤。按，「纇」猶「戾」，義與「類」別。

〔六〕「枝辭」，正德本「枝」作「支」。「支」、「枝」古通用。

〔七〕「日睹」，正德本、民國南平縣志同。繩祖本、正誼堂本、四庫本「日」作「目」。按，作「日」義較長。

浦城縣重建文宣王殿記

周道衰，陵夷至于戰國，干戈日尋，帝王之迹熄，而典章文物淪喪無遺矣。孔子於是時窮爲旅人，無所用於世，退而刪詩、書，定禮、樂。而先王所以爲治之道，焕然著在方册，使後世有考焉。論其功，謂賢於堯、舜，豈虚語哉？故廟食百世，雖天子之尊，北面而奉之。爲道之存，非以是爲榮觀也。

國家慶曆中〔一〕，詔天下郡縣立學。是時，陳公先生襄，以經術德義爲一時儒宗，適主縣簿，孜孜以教育人才爲務。乃與其令謀，即縣之東南隅，築宫於其上，以延後學。邑人徐翹營殿於其中，不侈不陋，故三舍行，堂廡一新〔二〕，而殿得以獨存。至建炎初，爲賊火所焚，春秋無以奉祀事。〔三〕紹興三年冬，縣令吴侯來，視事之始，歷告諸神祠，獨吾聖師無瞻依所，喟然嘆曰：「今老、佛之徒，猶知嚴事其師，而吾徒獨不知之耶〔四〕？」於是慨然有建立之意。不數月，召邑之諸生劉壽、吴元賓、吴震全疇，相與董其事。經始於四年中夏，落成於秋七月。良材堅甓增於前，用人之力與夫塑繪之工，其費無慮百餘萬，人樂輸之不爲厲。

既而邑之士蕭顗，以吴侯之書走吏詣予，求文以爲記。予爲之言曰：學之廢久矣。詖淫邪遁之辭盈天下，士溺於所習，冥行而已。予嘗考之周官，司徒以知、仁、聖、義、忠、和六德教萬民。夫仁與聖，孔子不敢居，而先王以是教萬民者，蓋天地萬物一性耳，無聖賢知愚之異。故顔子曰：「舜，何人也？予，何人也？有爲者亦若是。」孟子亦曰〔五〕：「人皆可以爲堯、舜。」故學者必以聖人爲師，猶之射者棲鵠於侯以爲的，惟巧、力具然後能中。巧而不至，至而不中，蓋有之矣，然不爲之的，則莫知孰爲中否也〔六〕。司徒以仁聖教民，蓋亦棲鵠之義與之爲的耳。然仁之爲仁，聖之爲聖，必有在矣。學者未知仁聖之所以爲仁聖，雖有學，猶虚器也。世之論者，以謂仁者愛而已矣，蓋未嘗究觀孔子之言耳。知孔子之言仁，則聖亦從而可知矣。

夫浦城之爲邑，蓋東南賢士大夫之材藪，英材異禀出而擢高科，登膴仕，進秉鈞軸者，世有人焉。吴侯用心於此，非徒飾其祠以誇耀之也，蓋欲邑之士肄業於其中者，溉其文，茹其實，心得而身行之，以趨聖賢之域，然後爲學之成也。故并以告之。

校記

〔一〕「慶曆」，四庫本作「慶歷」。「歷」、「曆」古通用。下同不注。

〔二〕「堂廡」，四庫本作「堂廉」。按「堂廡」指堂下四周之屋，「堂廉」指堂基四周，當以「堂廡」爲是。

〔三〕「邑人徐翹……春秋無以奉祭祀。」不通。四庫本同。按，乾隆福建通志引本文，此段作：「邑人徐翹營殿於其中。故三舍行，堂廡一新。至建炎初爲賊火所焚，而殿得以獨存。春秋無以奉祀事。令吴侯來，視事之始。……」故疑本段應作：「邑人徐翹營殿於其中，不侈不陋。故三舍行，堂廡一新。至建炎初，爲賊火所焚，而殿得以獨存。春秋無以奉祭祀。」

〔四〕「吾徒獨不知」，四庫本「獨」作「反」。

〔五〕「孟子亦曰」，正德本「亦」作「嘗」。

〔六〕「莫知孰」，萬曆本原無「孰」字，正德本有「孰」字，是，今據補。

楊道真君洞記

縣城之北隅〔一〕，封山之麓，有洞焉，聞之長老言，以爲楊道真君之所居也。楊道真君於傳記無傳，而其洞於圖經弗載，是非真僞，莫得而考也。

元祐五年，歲大旱，鄉人詣真君，禱雨輒應〔二〕。予竊異之，欲往游焉而未暇。越二年壬申夏四月，因與二三昆弟躡履擔簦〔三〕，翛然而往。行近五里餘，而頹崖斷塹，荒翳險絶，初若不可投步。捫蘿引蔓，僅能至其上。而呀然一室，如神刓鬼刻。其中窈然，莫能窺其遠近也。洞之北户，有泉汪洋汗漫，意其能宅靈氣而興雲雨者，有在兹乎？

予彷佛久之，喟然嘆曰：今夫通邑大都，當舟輿之會。達官顯人，纓紱相屬于其間。一有異境，則登覽賦咏，朝出乎筆舌之端，而暮傳四方矣。過情之文，雕繪百態，詭異而浮實者，十常六七，故聞風者每以未至爲恨也。至于窮山絶谷僻陋之邦〔四〕，縉紳游士之所不至，雖有瓌奇絶特之觀，往往爲幽潛之士遁世而弗耀者擅而有之。是人也，雖欲窺尋其聲光且不可得，尚能顯其所寓哉？

於戲！物之顯晦，其不在人乎？雖然，顯晦者誠在人也。而天地之美，隱秀含媚於荒丘榛莽之間，常自如也，夫豈有加損哉？然則斯洞之無聞，未足以槩吾心也〔五〕。姑書其歲月，以爲記。

校記

〔一〕「北隅」，萬曆本作「地隅」，誤。今據正德本、繩祖本改。

〔二〕「禱雨」，萬曆本、繩祖本「禱」作「檮」，誤。今據正德本改。

〔三〕「躡履」，乾隆三十年將樂縣志卷二山川所收本文「履」作「屨」。按，「履」、「屨」疑皆爲「屩」字之誤。

〔四〕「絶谷」，萬曆本「谷」原作「俗」，誤。今據乾隆將樂縣志改。

〔五〕「槩吾心」，繩祖本「槩」作「概」。按，「槩」有繫念、關切之意。

樂全亭記

君子以德爲輿，以忠信爲輗軏，以志爲御，以古聖賢爲前驅，以同方合志者爲驂乘，乃相與馳騁乎仁義之途，翱翔乎詩書之府，涉獵乎百家之園囿，而後税駕乎至道之墟而止焉。此天下之至樂，而衆人不與也！

乘飛軨之車，御遺風之駟。鄭女曼姬，扶輿挾輈。發軔乎康衢，柅輪於椒丘。啣觴列鼎〔一〕，絲管間作。凡可以悦耳目而娱心意者，無不具焉。此衆人之至樂，而君子不爲也。

是二樂也，不相爲謀，各適其適焉，而醇醨異味矣。余嘗讀退之圬者傳〔二〕，見其所稱，竊謂盛衰倚伏之理宜若是。比壯，宦學游四方，究觀近世公侯戚里，割脂田沐邑，爲陂池臺榭，佳花異卉，奇禽馴獸，充牣其中，盡瓌偉絶特之觀。興廢相尋，不一二世，卒如圬者所稱，可勝計耶？於是乃知夫酣豢富貴之佚欲，而不知君子之樂者，其患必至此也！古之人以燕安爲酖毒，而謂臺池鳥獸，惟賢者然後能樂，豈虚語哉？

里人余君，作亭於其屋之東偏，種花植竹，以資歲時燕游之好；又闢其後爲堂，聚先世所藏之書，以遺其子孫，使其登是堂也〔三〕，擷六藝之英，茹道德之實，知慕夫君子之樂，而出游是亭也，能不爲玩物喪志，則内外之樂全矣。故以「樂全」名其亭。於戲！勉之哉！是將長有此樂也。

余君，予之妻黨也，屢踵吾門，求文以爲記。予嘉其志，知不獨騖乎衆人之樂也，於是乎書。

校記

〔一〕「啣觴」，正誼堂本「啣」作「銜」。「銜」、「啣」異體字。下同不注。

〔二〕「余嘗讀」，正德本無「余」字。按，無「余」字則主語殘缺，語意不明。

〔三〕「使其登是堂也」，正德本、正誼堂本「其」下有「子孫」二字，萬曆本無，是。

虎頭巖記

縣城之東南，有虎頭巖者。昔顯德間，邑人設像於其中〔一〕，冶金鏤木爲鐘鼓，以警朝昏。旁有隙地，可以種藝稼穡，僧之居此者〔二〕，足以衣食焉。自熙寧以來，旁之地爲漁利者所奪〔三〕，而僧之居是巖者，無以濟朝夕，遂棄而之他。其後亦莫有守者。故巖之左右前後，薪木者不禁剪伐陵踐，竹木無有遺蘖〔四〕。於是巖之醜形，如張口待哺，聳據於東南之隅，邑人不暇求葺〔五〕。

熙寧丁巳，封内有警，市人惶駭之〔六〕，無一日安其居。縣令吴侯來，始爲之還定安集之，而民復得其所。及賊平，閭巷父老用日者之言〔七〕，以謂是禍也，斯巖實召之〔八〕。遂聞

校　記

〔一〕「先王」，萬曆本原作「先生」，令聞本、繩祖本、正誼堂本同，誤。正德本、四庫本作「先王」，是。今據改。

歸鴻閣記

縣宇西北墉之隅，有廢址焉。久茀不治〔一〕，畜豕之所游，鼯狌狸鼠之所家，荒堙蕪没，蔚爲穢墟。予一日曳杖躡屩〔二〕，徜徉乎其下，周覽左右，洒然異之。披蓁薙蔓，而嘉木茂卉，連山窮谷，挺芳含媚，隱然四出。乃取縣廡之棄材，爲閣於其上。既成，肅賓而落之。相與揚眉拭目而望，微雲洞開，一目千里，於是以「歸鴻」名之，蓋取昔人所爲「月送歸鴻」之義也。

客有曰：「異乎哉，子之名閣也！始子以飛鷁名其亭，殆將有志乎蓬蒿之間也；今又以歸鴻名其閣，爾之中無乃觳觫而受變於物歟〔三〕？」予瞀然不答〔四〕，隱几而卧，俄而曰：「噫嘻！居，吾語汝！今人履步仞之丘〔五〕，居環堵之室，雖有離朱之明，視不過尋常，逾閾之外，則不能矚。及夫登泰山之崖，游昆侖之墟，下臨虞淵，觀日之出入，則六合爲小矣。夫閣非有加損也，而所遇不同〔六〕，見亦隨異焉。其所以見者，雖瞽矇不盲也〔七〕，物亦惡能變哉？且鴻之冥冥，乘飛雲，御泠風〔八〕，上窺青天，子其以是爲高乎〔九〕？鷃之騰躍而上，不過數仞而下，子其以是爲卑乎？是未知各適其適也。物各適其適，則天地之濱，猶蓬蒿也，惡睹其異哉？蓋天地之間，一氣而萬形，一息而成古今。達觀之士，會物於一己，通晝夜而知，則雖死生之變無怛矣，又況其凡乎？惟世之人，舞智自私，而其明不足以窺天人之蘊，故物我異觀，而肝膽之間楚、越矣，又惡足與語天理哉？子方疑我之觳觫而受變，予亦陋子之自梏於見聞也。」

客於是規規然自失，忘其所以異，唯唯而退。予顧謂二三子：「誌之，鑱諸石。」

校記

〔一〕「不治」，萬曆本「治」原作「冶」，誤。今據正德本、繩祖本改。

〔二〕「躡屨」，繩祖本、四庫本「屨」作「履」。

〔三〕「觳觫」，萬曆本「觳」作「殼」，誤。今據正德本改。

〔四〕「謷然」，四庫本作「傲然」。「傲」、「謷」古通用。

〔五〕「今人」，正德本作「今夫」。

〔六〕「所遇」，萬曆本作「所寓」。同治十二年瀏陽縣志所收本文作「所遇」，是。今據改。

〔七〕「晉矇」，萬曆本原作「晉朦」。正德本、繩祖本作「晉矇」。國語晉語四：「矇瞍不可使視。」今據改爲「晉矇」。「不亡」，同治瀏陽縣志作「不盲」，是。今據改。

〔八〕「泠風」，萬曆本作「冷風」，正德本、繩祖本亦作「冷風」，誤。四庫本作「泠風」，指小風。莊子齊物論：「泠風則小和。」陸德明經典釋文：「泠風，泠泠小風也。」今據改。

〔九〕「高乎」，同治瀏陽縣志「高」作「卑」。

乾明寺修造記

建中靖國元年，歲在辛巳，余以漕檄一令于東陽〔一〕，有大比丘惠康以書抵余曰：「乾明之爲禪寺，更四代，而康始繼之，栖佛之廬未完者十二，雨濡風剥，二閣蔽其前，尤如懸疣之在膚而翳之在目也，欲完而遷之久矣。計其瓌材堅甓之用，費累鉅萬，殆非毫聚銖積所能爲也。郡人吴某，乃捐金千緡助成吾志，竊惟用力之勤而施財之厚〔二〕，皆不可以無述也，公盍爲我記之？」

是年冬，余在東陽，罷歸，過其門，而環廡翼然，丹楹曲檻，雕欒鏤碣，渥彩焜耀，如入化人之宮。峙二閣于東西序，虚明深靚，豁如疣抉而翳去也。乃喟然嘆曰：吾州當水陸之衝，舟輿之會，四方游士，道閩中而過者，蓋艫相銜而輻相轢矣。而又山水之勝，清明偉麗，爲東南之最，宜有臺池園囿，魁殊詭異，以供賓客燕嬉之好。然而地瘠而貧，故其民勤約而敦本，嗇用而寡求，凡居室服器，趨完而已，皆不足爲美觀也。

比年以來，歲屢不登，編户齊民方且以艱食爲虞，而康師乃能於薦饑之時，導勤約之俗，厚施以成其事，其中必有足以感於人者〔三〕。是可嘆也已，乃爲之書。

校記

〔一〕「東陽」，毛譜作「建陽」。譜云：「徽宗建中靖國元年辛巳，先生四十九歲，漕檄差權建州建陽縣丞。……冬，先生還自建陽。」按，古人喜歡用「陽」字來美稱其地。如沙縣稱沙陽，邵武稱邵陽，莆田稱莆陽，臺灣稱臺陽等是。

〔二〕「竊惟」，萬曆本「竊」之下無「惟」字。今據正德本補。四庫本「惟」作「謂」。

〔三〕「有足以感於人者」，正德本「感於」作「感移」。

白雲庵記

廖君無隅一日過余而告曰：「先君得吉卜於孔山之陽，即其兆域之隅，結屋數楹，雜蒔松桂，間以奇花異卉，以爲歲時展省少休之地。未幾而先君歿。既襄事，乃因其舊而廣之〔一〕，作慕堂以奉其像，寘佛其旁，命僧正持居之，又以『春暉』名其軒，『清風』名其亭，以示報親詒謀之義，而總名之曰『白雲庵』，蓋取狄梁公『望雲思親』之意也。願得一言識之，可乎？」

予告之曰：「君方筮仕之初，而預有去親之憂，用狄梁公之言名其庵，其志遠矣。然狄公當嬖臣孽后窮凶之時，羅織之獄起，而毒流天下，亡身赤族者，背項相望矣，乃欲以一葦之微，障江河之流，魯縞之薄，當燕弧朔簳之勁〔二〕，豈易勝哉？公獨見義必爲，挺然不可回撓，其忠義貫白日矣，故雖一言之善，亦足以垂無窮。蓋其始終大節，有以聳動觀聽故也。使公之堅白不足而緇磷於世變，則雖蹞步不忘其親累千百言〔三〕，亦惡足以示後世哉？君能追用其言而思其人，慕其大節以自立，則異時有望雲而思親，將必猶今之視昔也。君其勉之！」

校記

〔一〕「而廣之」，四庫本作「而擴之」。

〔二〕「朔簳」，萬曆本「簳」原作「幹」。正德本作「簳」，乾隆將樂縣志卷四古迹引本文亦作「簳」，是。列子陽問：「乃以燕角之弧，朔蓬之簳射之，貫虱之心而懸不絕。」今據改。

〔三〕「頭步」，萬曆本作「頃步」，正德本、繩祖本、四庫本亦作「頃步」，形近而誤。今依文意改。

含雲寺真祠遺像記

師諱慶真，姓蕭氏，順興大幹人。年十四棄家爲浮屠，十九受具戒〔一〕。游江西，得法於泐潭月禪師。已而徧參諸方，而後歸老焉。建中靖國元年秋七月晦，晨興，以偈示衆，更衣坐逝。越翼日，用荼毗法〔二〕，得五色舍利。以其骨葬於其寺之東南隅北庵之原，以所得舍利爲塑像，奉事之。政和乙未，予適自毗陵歸故丘〔三〕，其徒惟覺詣予，求文爲記。

予與真師游非一日矣。是時，予尚幼，方肄業爲科舉之文，挾策讀書，窮日夜之力爲進取計，蓋未知有亡羊之憂也。師每曳錫過堂下，釋椎鑿而議之數矣，予亦莫之省也。然

校記

〔一〕「郭郛」，乾隆將樂縣志卷四寺觀所引本文作「郛郭」。

〔二〕「皇祐庚寅」，萬曆本「庚寅」原作「庚辰」，誤。仁宗皇祐共六年，無「庚辰」年。今改。

〔三〕「此人」，正德本「此」作「斯」。

養浩堂記

建城之東，有寺曰開元，負山之阿，下臨清流之淵，林壑茂密，望之隱然若鰲戴而出也。吾友翁行簡昔嘗燕休其中，而以「養浩」名其所居之堂，屬予爲記。

予嘗論養氣之道，以謂體、心、氣、神，人之所同也。四者合於無，則天地與我其一乎？夫天地，其體也；氣，體之充也，養而無害，則塞乎天地之間，理固然矣。古之人負耒鼓刀而不爲污〔一〕，任天下之重而不爲泰，臨之以斧鉞而不吾惴，豈其心獨有異於人乎哉？所養素定故耳。

行簡自少知名於時，而流落場屋，晚而後中第〔二〕。人固意其頹墮而不自振也，而其行益修，氣益完，文日益工，莅官臨政，無細大，迎刃立解。此其所養豈易量哉？吾知其才必爲世用也，今見其兆矣。異時推其所養而羽儀於朝，必有可觀者焉。故予承命不辭，而喜爲之道也。

校記

〔一〕「負耒」，光緒本「耒」作「篋」。

〔二〕「中第」，萬曆本「第」原作「弟」，誤。正德本不誤，今據改。

婺州新城記〔一〕

宣和三年，盜發幫源〔二〕，蹂數州之地，皆狼顧失守，而婺女罹害尤甚。天子惻然念之，遴簡儒臣鎮撫茲土，河南范公實被其選。

公至之日，殘孽未殄，四境之内，鉦鼓之聲相聞，環寇之師殆且數萬，而轉輸餽餉取具焉。夷傷之餘，竄伏山谷，還定安集，無一不得其所。越歲杪寇平〔三〕，百廢具興，頑凶革心，屏息聽命，無故復出爲惡者。政成治定，乃顧謂僚屬曰：「國家承五季之亂，海内分裂，擅彊兵負固而不服者，地相屬也。獨錢氏據有全吴，首效臣順，爲國屏翰，垂二百年，無東顧之憂。故城郭不修，士卒不練〔四〕，一夫跳梁，而六州爲之暴骨。蓋承平之久，吏惰而不知戒故也。則城郭之不完，共可忽諸？」於是因其舊而新之，周十里，基三丈，面廣三之一，而高倍之。浚隍而爲池，陶甓以爲堞。募七邑之夫，倍其庸直，因以濟其艱食，其費無慮數百萬，而一毫不取於民。又載食與醪，時往勞之，故人樂於趨事，而忘其勤焉。以工計之，六萬一千七百有奇。經始于九月甲戌，告成於十有二月丁酉。望之屹然山立，不可陵犯。

民吏歡忻鼓舞〔五〕，相與詣余而告曰：「昔之垝垣廢址〔六〕，踐爲通衢，故關無譏，宵行者無禁，草竊姦宄，得以自肆，而人受其弊。今吾民奠枕而居，無異時之患，寧可不知其所自耶？願紀成績，以昭示於後。」余嘗讀易至坎之彖曰：「天險不可升也，地險山川丘陵也。王公設險以守其國。」而後知先王爲城郭溝池之固，蓋本諸天地義理之不可無者。故文、武以天保以上治內，采薇以下治外，卒命南仲往城朔方。以六月之詩考之，文、武所以治內外者，其本末先後，廢一不可也。故「出車廢，則功力缺矣」。今婺女之政，綱條紀律，纖悉備具，而又完其郭郛，爲邦人無窮之賴。芳猷偉績，追配南仲，是宜有紀也。使後之人知本末先後之序，無廢前修，豈曰小補之哉？

校記

〔一〕「婺州新城記」，黄譜于徽宗宣和五年癸卯（1123）二月譜文作「婺州修城記」。婺州即今浙江金華縣。楊時時任婺州權教授，繼權通判。

〔二〕「幫源」，繩祖本「源」作「原」。

〔三〕「歲杪」，萬曆本「杪」作「抄」，形近之誤。今據正德本、四庫本改。

〔四〕「鍊」，正德本作「鍊」。

〔五〕「歡忻」，正德本「忻」作「欣」。

〔六〕「垝垣」，萬曆本「垣」作「垣」，正德本、繩祖本亦作「垣」。字書無「垣」字。四庫本作「垣」，是。今據改。

楊時集卷二十五

序

送吴子正序

六經，先聖所以明天道、正人倫、致治之成法也。其文自堯、舜歷夏、商、周之季〔一〕，興衰治亂成敗之迹，救弊通變、因時損益之理〔二〕，皆焕然可考。網羅天地之大，文理象器幽明之故，死生終始之變，莫不詳諭曲譬，較然如數一二，宜乎後世高明超卓之士，一撫卷而盡得之也。

予竊怪唐、虞之世，六籍未具，士於斯時，非有誦記操筆綴文然後爲學也，而其藴道懷德、優入聖賢之域者何多耶！其達而位乎上，則昌言嘉謨，足以亮天工而成大業；雖困窮在下，而潛德隱行，猶足以經世勵俗。其芳猷美績，又何其章章也！自秦焚詩、書，坑術士，六藝殘缺。漢儒收拾補綴，至建元、元狩之間〔三〕，文辭粲如也。若賈誼、董仲舒、司馬遷、相如、揚雄之徒，繼武而出。雄文大筆，馳騁古今，沛然如決江、漢，浩無津涯。後雖有作者，未有能涉其波流也。然賈誼明申、韓，仲舒陳灾異，馬遷之多愛，相如之浮侈，皆未足與議。惟揚雄爲庶幾於道，然尚恨其有未盡者。積至於唐，文籍之備，蓋十百前古〔四〕。元和之間，韓、柳輩出，咸以古文名天下，然其論著不詭於聖人蓋寡矣。自漢迄唐千餘歲，而士之名能文者無過是數人。及考其所至，卒未有能唱明道學〔五〕，窺聖人閫奥如古人者。然則古之時，六籍未具，不害其善學，後世文籍雖多，亡益於得也。孔子曰：「予非多學而識之，予一以貫之。」豈不信矣哉？

武陽吴子正，余之畏友也〔六〕。博聞强識，於諸子百氏之書，無所不究。循是而進，益求古人所謂卓約者而守之，庶乎其至矣。區區如漢、唐之士〔七〕，以多文自富，務爲辭章以鶩眩末俗，非善學也。

夫贈言爲别，以相規切，蓋古朋友之義也，故於子正之行，輒書以爲贈。

校記

〔一〕「歷夏、商、周」，萬曆本無「商」字，正德本「夏」之下有「商」字。今據補。

〔二〕「救弊通變」，萬曆本「救」原作「捄」，正誼堂本、繩祖本作「救」，今據改。按，「救」、「捄」古通用。又，萬曆本「弊」原作「敝」，正誼堂本作「弊」，是。今據改。

〔三〕「建元、元狩之間」，萬曆本作「建、元之間」，弘治本作「建元、元之間」，皆誤。正德本作「建元、元狩之間」，是。今據改。按，「建元」、「元狩」均爲漢武帝年號，簡縮爲「建、元」，即有被誤會的可能。

〔四〕「前古」，正德本作「於古」。

〔五〕「唱明」，繩祖本「唱」作「倡」。「倡」、「唱」古通用。

〔六〕「余」，正誼堂本作「予」。

〔七〕「區區如」，萬曆本「如」原作「於」，正德本作「如」，義較長。今據改。

與陳傳道序

予嘗謂學者視聖人，其猶射之於正鵠乎？雖巧力所及，有中否遠近之不齊，然未有不志乎正鵠而可以言射者也。士之去聖人，或相倍蓰，或相什伯〔一〕，所造固不同，然未有不志乎聖人而可以言學者也。

自孔子没，更戰國至秦〔二〕，遂焚書坑儒士，六經中絶。漢興，雖稍稍復出，然聖學之失其傳尚矣。由漢至唐千餘歲，士之博聞强識者，世豈無其人耶〔三〕？而卒未有能窺聖學之堂奥者，豈當時之士，卒無志於聖人耶？而卓然自立者，何其少也！若唐之韓愈，蓋嘗謂世無仲尼，不當在弟子之列，則亦不可謂無其志也。及觀其所學，則不過乎欲雕章鏤句，取名譽而止耳。

然則士固不患不知有志乎聖人〔四〕，而特患乎不知聖人之所以學也。且古之聖人，固宜莫如舜也。舜之在側微〔五〕，與木石居，鹿豕游，固無異於深山之野人也，是豈以文采過人耶？伏羲畫八卦，書斷自堯典。當是時，六經蓋未有也，而舜之所以聖者，果何自哉？夫舜聖人也，生而知之，無事乎學可也。自聖人而下，則未有可以不學者也。舜之臣二十有二人，相與共成帝業者，是果皆生知耶？不然，其何以學也？由是觀之，六經雖聖人微言，而道之所存，蓋有言不能傳者。則經雖具，猶不能諭人之弗達也。然則聖之所以爲聖，賢之所以爲賢，其必有在矣。雖然，士之去聖遠矣，舍六經，亦何以求聖人哉？要當精思之，力行之，超然默會於言意之表，則庶乎有得矣。若夫過其藩籬，望其門墻，足未踰閾，而輒妄意其室中之藏，則幸其中也，難哉！

嗚呼，今之士未嘗以此學也！類皆分文析字，屑屑於章句之末，甚者廣記問，工言辭，欲夸多鬥靡而已，是烏用學爲哉？

彭城陳君傳道，志學之士也。其將之官也，求予言，故因爲發之。然未知陳君果以吾言爲然耶〔六〕？其未以爲然耶？幸明告我，庶幾其有警也。

校記

〔一〕「什伯」，弘治本、正德本作「什百」。

〔二〕「戰國」，正德本作「七國」。

〔三〕「世豈無其人邪」，繩祖本「邪」作「耶」。

〔四〕「不患不知」，正德本作「不患其知」。

〔五〕「舜之在側微」，正德本無「在」字。

〔六〕「然未知陳君果以吾言爲然耶」，萬曆本「言」、「然」位置互易，今據弘治本、繩祖本乙正。

復古編後序

孔子曰：「河出圖，洛出書，聖人則之。」則圖書之文，天實兆之，非人私智所能爲也。秦人以吏爲師，嚴是古之禁，盡滅先王之籍。漢興，去秦未遠也，科斗書世已無能知者，況泯泯數千載之後乎？揚子曰：「言心聲也，書心畫也。」世傳小篆，蓋李斯、趙高之徒以反古逆亂之心爲之，其淵源可知矣。三家之學，與古文、奇字、繆蟲之書並行於時，雖去古浸遠，而「六書」僅存焉。先王之時，書必同文，故建官以達之，所以一道德之歸，立民信也。漢初猶有六體課試之科，有司舉劾之令，以同天下之習。時變事異，法亦隨廢，故事作無正，而人用其私。古書幾亡矣，可勝惜哉！

吳興張有謙中用意兹學〔一〕，著復古篇三十年餘矣，而其書始成。形聲近似而用也不同，蓋眇忽之間耳。其辨析釐正〔二〕，皆有稽據。後之有志於古者，必有取於斯也。政和之初，余居毗陵，謙中以其書示余，求文以爲序。余嘉其用力之勤，而有補於字書也，故爲之説，以附於其後。謙中善篆，用筆有古意，當與李陽冰、徐常侍並驅争先云。

校記

〔一〕「張有」，萬曆本原作「張友」，誤。正德本作「張有」，是。今據改。按，張有，字謙中，宋浙江吳興人。張先孫。出家爲道士。隱於黄冠，雅善篆書，筆法甚古。有復古編，分上、下卷，書成於宋大觀、政和之間。宋樓鑰攻媿集五三有復古編序（皇宋書録、四庫全書總目卷四一）。

〔三〕「辨析」，萬曆本「辨」作「辦」，誤。弘治本亦誤。今據正德本改。

書義序

古者左史記言，右史記事〔一〕。書者，記言之史也。上自唐、虞，下迄於周，更千有餘年，聖賢之君繼作，其流風善政，可傳於後世者，具載於百篇之書。今其存者五十有九篇，予竊以一言蔽之，曰：「中而已矣。」堯之咨舜曰：「天之曆數在爾躬，允執其中。四海困窮，天祿永終。舜亦以命禹。」夫三聖相授，蓋一道也。貴爲天子，而以天下與人，窮爲匹夫〔二〕，而受人之天下，其相與授受之際，豈不重哉？而所言止此。仲虺之誥，稱湯曰「建中于民」。箕子爲武王陳洪範，曰「皇建其有極」。然則帝之所以爲帝，王之所以爲王〔三〕，率此道也。予故以一言蔽之〔四〕，曰：「中而已矣。」

夫所謂中者，豈執一之謂哉？亦貴乎時中也〔五〕。時中者，當其可之謂也。堯授舜，舜授禹，受而不爲泰；湯放桀，武王伐紂，取而不爲貪；以至爲臣而放其君，非篡也；爲弟而誅其兄，非逆也。書之所載，大倫大要，不越是數者。以其事觀之，豈不異哉！聖人安爲之而不疑者，蓋當其可也。是堯典之書，爲讓舜而作，而其名謂之「典」，言大常也。蓋苟當其可，雖以天下與人，猶爲常而已。後世昧執中之權，而不知時措之宜，故徇名失實，流而爲子噲之讓、白公之争，自取絶滅者有之矣。至或臨之以兵而爲忠，小不可忍而爲仁，皆失是也，又烏足與論聖人之中道哉？

國家開設學校，建師儒之官，蓋將講明先王之道以善天下，非徒爲浮文以誇耀之也。以予之昏懦不肖〔六〕，豈敢自謂足以充其任哉？姑誦所聞，以行其職耳。然聖言之奥，蓋有言不能論而意不能致者也。諸君其慎思之，超然默會於言意之表，則庶乎有得矣。

校記

〔一〕「記事」，萬曆本原作「記動」，誤；弘治本亦誤。今據正德本改。

〔二〕「窮爲匹夫」，正德本「爲」作「而」，誤。

〔三〕「王之所以」上，正德本有「而」字。

〔四〕「予」，正德本作「余」。下同不注。

〔五〕「亦」，弘治本同，繩祖本作「所」。

〔六〕「昏懦」，弘治本「懦」作「儒」，誤。

論語義序

學者之視聖人，其猶射之於正鵠乎〔一〕？雖巧力所及，有遠近中否之不齊，然未有不志乎正鵠而可以言射也。士之去聖人或相倍蓰，或相什百〔二〕，所造固不同，然未有不志乎聖人而可以言學也。道廢千有餘年，百家之言盈天下，學者將安取正乎？質諸聖人而已矣。

夫論語之書，孔子所以告其門人、群弟子所以學於孔子者也。聖學之傳，其不在兹乎？然而其言近，其指遠。世儒以其近也易之，以爲童子之習，而莫之究入德之途，背而去之，如在荒墟之中，曾無蘧廬以托宿焉，况能宅天下之廣居乎？

善夫伯樂之論馬也，以爲天下馬不可以形容筋骨相，視其所視，而遺其所不視，則馬之絶塵弭轍者無遺矣。余於是得爲學之方焉。夫道之不可以言傳也審矣。士欲窺聖學淵源而區區於章句之末，是猶以形容筋骨而求天下馬也，其可得乎？余以是書也〔三〕，於牝牡有不知者蓋多矣。學者能視其所視而遺其所不視，則於余言其庶矣乎！

校記

〔一〕「之於正鵠」，正德本無「之」字。

〔二〕「什百」，正誼堂本作「什伯」。

〔三〕「余以是書也」，萬曆本「以」原作「於」，正誼堂本作「以」，是；萬曆本「也」作「已」，繩祖本作「也」，是。今據改。

孟子義序

道之不行久矣，自周衰以來，處士橫議，儒、墨異同之辯起〔一〕，而是非相勝，非一日也。孟子以睿知剛明之材，出於道學陵夷之後，非堯、舜之道不陳於王前，非孔子之行不行於身，思以道援天下，紹復先王之令緒，其自任可謂至矣。

當是之時，人不知存亡之理，恃強威弱，挾衆暴寡，以謂久安之勢在此而已。夫由其道，則七十里而興，不由其道，雖天下而亡，古今之常理也。彼方恃強挾衆，而驟以仁義之言誘之，動逆其所順，則不悟其理，是宜其以爲迂闊而不足用也〔二〕。故轍環於齊、魯、晉、宋之郊，而道終不行，亦其勢然矣。雖膏澤不下於民，其志不施於事業，而世之賴其力，亦豈鮮哉？方世衰道微，使儒、墨之辯息〔三〕，而姦言詖行不得逞其志，無君無父之教不行於天下，而民免於禽獸，則其爲功非小矣。古人謂孟子之功不在於禹下，亦足爲知言也。

今其書具存，其要皆言行之迹而已。君子之言行，無所不在道，肆諸筆舌以傳後世，皆所以明道也。發諸身，措諸用捨，皆所以行道也。世之學者，因言以求其理，由行以觀其言〔四〕，則聖人之庭户可漸而進矣。

精思之，力行之，古之好學者皆然，而亦不肖之所望於諸君也。然聖道淵懿〔五〕，非淺識所知〔六〕，姑誦所聞，未知中否？諸君其擇之，反以告焉，是亦朋友之義也。

校記

〔一〕「異同之辯起」，弘治本「異同」二字空缺，正德本、四庫本「辯」作「辨」。

〔二〕「是宜其以爲迂闊」，正誼堂本無「是」、「以爲」三字。

〔三〕「使儒、墨之辯息」，正德本、四庫本作「使楊、墨之道息」，誤。

〔四〕「由行以觀其言」，正德本作「由言以觀其行」。

〔五〕「聖道」，正德本作「聖言」。

〔六〕「淺識」，正德本作「淺陋」。

中庸義序

伊川先生有言曰：「不偏之謂中，不易之謂庸。中者，天下之正道；庸者，天下之定理〔一〕。」中庸之書，蓋聖學之淵源，入德之大方也。孔子歿〔二〕，群弟子離散，分處諸侯之國，雖各以其所聞授弟子，然得其傳者蓋寡。故子貢之後有田子方，子方之後爲莊周〔三〕，則其去本浸遠矣。獨曾子之後，子思、孟子之傳得其宗。子思之學，中庸是也。孟子之書，其源蓋出於此。則道學之傳，有是書而已。世儒之尊孟氏〔四〕，而於中庸之書，未有能盡心者，則其源流可知矣。

予昔在元豐中，嘗受學明道先生之門，得其緒言一二，未及卒業而先生歿。繼又從伊川先生。未幾，先生復以罪流竄涪陵，其立言垂訓爲世大禁，學者膠口無敢復道。政和四年夏六月，予得請祠館，退居餘杭，杜門却掃，因得温尋舊學，悼斯文之將墜，於是追述先生之遺訓〔五〕，著爲此書。以其所聞推其所未聞者，雖未足盡傳先生之奧，亦妄意其庶幾焉。學者因吾言而求之於聖學之門墻，庶乎可窺而入也〔六〕。

校記

〔一〕「定理」，正德本作「常理」。

〔二〕「歿」，正德本、正誼堂本作「没」。下同不注。

〔三〕「爲莊周」，正德本「爲」作「有」。

〔四〕「之尊」，四庫本「之」作「知」。

〔五〕「追述先生之遺訓」，弘治本「先生」作「先王」，誤。

〔六〕「可窺而入也」，弘治本、正誼堂本無「而入也」三字。

校正伊川易傳後序

伊川先生著易傳，方草具，未及成書而先生得疾。將啓手足，以其書授門人張繹〔一〕。未幾而繹卒，故其書散亡，學者所傳無善本。政和之初，予友謝顯道得其書於京師〔二〕，示予〔三〕，而錯亂重復〔四〕，幾不可讀。東歸，待次毗陵，乃始校定，去其重複，逾年而始完。

先生道學足爲世師，而於易尤盡心焉。其微辭妙旨，蓋有書不能傳者。恨得其書晚，不及親受旨訓，其謬誤有疑而未達者〔五〕，姑存之以俟知者，不敢輒加損也。然學者讀其書，得其意，忘言可也。

校記

〔一〕張繹，字思叔，宋河南壽安（今河南宜陽縣）人。貧家子。初以文聞鄉曲，以科舉之學不足爲。迨程頤歸自涪，乃往受業。時年已三十。留門下，于頤言有所省。伊川之學，得其傳者唯思叔。未及仕而卒。伊川嘗言「晚得二士」，謂思叔與和靖也。（宋元學案卷三十張思叔先生繹，第1071頁）

〔二〕謝良佐，字顯道，宋壽春上蔡（今河南上蔡縣）人，程顥弟子。神宗元豐八年進士，歷任州縣，曾宰德安之應城。建中靖國初，召對，徽宗有意用之，退而曰：「上意不誠。」乃求監局，得西京竹木場。或謂建中年號與唐德宗同，不佳，乃曰「恐亦不免一播遷！」坐語下獄，廢爲民。先生記問該贍，稱引前史，至不差一字。有論語説行世。（宋元學案卷二十三上蔡學案，第915頁）

〔三〕「示予」，正德本「示」之上有「而」字。

〔四〕「而錯亂」，正德本「錯」之上無「而」字。

〔五〕「誤」，萬曆本原作「悮」。今據正德本、正誼堂本改作「誤」。

孫覺先生春秋傳序〔一〕

孟子曰：「王者之迹熄而詩亡，詩亡然後春秋作。」春秋之時，詩非盡亡也。黍離降而爲國風，則王者之詩亡。王者之詩亡則雅不作，而天下無政矣。春秋所爲作也。故曰：「春秋，天子之事也。」孔子没，更秦燔書，微言中絶。漢興，諸儒守專門之學，互相疵病，至父子有異同之論，况餘人乎？然自昔通儒達識，未有不由此而學也。熙寧之初，崇儒尊經，訓迪多士，以謂三傳異同，無所考正，於六經尤爲難知。故春秋不列於學官〔二〕，非廢而不用也。而士方急於科舉之習，遂闕而不講，可勝惜哉！

高郵中丞孫公先生，以其饜餘，盡發聖人之藴，著爲成書，以傳後學。其微辭妙旨，多先儒之所未言者。啓其關鍵，使學者以稽其門，叩其户，以窺堂奥，豈曰小補之哉？余得而伏讀之，不能釋手，聞所未聞多矣。而其孫廣伯，乃以其書屬余爲序。以予之淺陋，使得掛名經端，自托不腐，豈不幸矣哉？然承命以來，於兹有年矣，而不敢措筆於其間。竊謂先生以宗工鉅儒，世所師仰，雖片言寸簡，皆足以垂世傳後，况其成書耶？晚學後進，妄以蕪辭污鏝之〔三〕，非惟不足以爲重，乃退之所謂言之適有累於高明也，故絶意不敢爲。

而廣伯之請益至，乃勉爲之書其後，庶乎如古之附驥尾者。後之覽者，矜其意而勿誚焉可也。

校記

〔一〕標題「孫」字下，萬曆本原無「覺」字，今補。張譜徽宗政和六年譜文：「二月作孫明復先生春秋傳序」。按，文中有「高郵中丞孫公先生」語，卷二十五書李從政墓誌有「郡守高郵孫公覺尤深器之」語，知孫先生指孫覺。中國歷代人名大辭典云：「孫覺，宋高郵（今屬江蘇）人，字莘老。少從胡瑗學。仁宗皇祐元年進士。神宗即位，歷右正言。熙寧中，因反對青苗法，謫知廣德軍。哲宗立，拜御史中丞。有春秋經解等。」（第773頁）今據補。按，孫復，字明復，宋晉州平陽（今山西臨汾縣）人。官殿中丞。有春秋尊王發微等。（同上，第772頁）

〔二〕「學官」，弘治本同。繩祖本作「學宫」。

〔三〕「污鏝」，正德本作「朽鏝」，按，朽即鏝。爾雅釋宫：「鏝，謂之朽。」一種涂飾墻壁的工具。「朽鏝」在句中用作動詞，是塗抹之意。四庫本作「污墁」。「墁」，同「鏝」，在句中用作動詞，亦是塗抹之意。此仍從萬曆本。

鄒公侍郎奏議序

道鄉鄒公〔一〕，自少以道學行義，知名於時。其爲人也，和順積中，而英華發外。望之睟然見於顔面，不問知其爲仁人君子也。其遇事接物，猶虚舟然，而堅挺之姿，如精金良玉，不可磨磷。

元符中，用侍臣之薦，擢居諫垣，從人望也。是時，哲宗皇帝厲精求治〔二〕，用賢如不及，一見即以公輔期之。嘉言入告，無不從者。適中宫虚位之久，大臣欲自結於嬖暱之私，爲保位之謀，迎意媚合，不以正。公力言之，以爲公議不允，忤上旨。姦諛之徒惡其害己，相與協力擠之於陷阱之中，又下石焉，皆是也。公之章留中不下，乃僞爲之，加以詆誣不實之語，如取他人之子而殺其母之類。〔三〕。流布中外，欲天下聞之，真若有罪者，其爲謀深矣。雖有端人正士，無敢爲公辯明者。

公既殁，迨今二十餘年。昔之姦朋凋喪略盡，而正論行焉，真僞是非，始有在矣。紹興三年，其子柄集公之奏議一編，屬余爲叙。余於公，非一朝燕游之好也，知公爲尤詳。其事之本末，皆余所親聞見者，故詳著之，以昭示來世，庶乎使小人知君子之爲善終不可誣也。

公之將亡，余適還自京師。聞公疾革，未及弛擔，即馳往省之，見其薾然僅存餘息，然語不及私，猶以國事爲問。蓋其平生，以天下之重爲己任，至垂絶而不忘也。每追念及之，愴然不能釋。

嗚呼！世道凋喪久矣，不復有斯人也！

校記

〔一〕「道鄉」，萬曆本作「道卿」，誤。弘治本、令聞本、繩祖本、正誼堂本亦誤。正德本作「道鄉」，是。按，道鄉是鄒浩的號（見本書卷十九與鄒志完校記〔一〕）。今據改。本書卷二十六跋鄒道鄉所書女誡、跋道鄉帖、跋鄒公送子詩皆誤「道鄉」爲「道卿」。

〔二〕「厲精求治」，正德本「厲」作「勵」。「勵」、「厲」古通用。下同不注。

〔三〕「如取」至「之類」，弘治本、萬曆本、繩祖本、正誼堂本，皆作雙行小字注，今統一作單行小字。正德本字體與正文同，誤。

楊仲遠字序

楊君敦仁以其名求字於予，曰：「願聞一言，以進其不及。」自惟不肖，何足以副其求？然試嘗語子以吾所聞。然義不敢默，乃告之曰：「仁之道，其至矣乎？雖孔子猶罕言也，况餘人乎？

夫忠恕者，仁之方也；寬裕温柔者，仁之質也；齊莊中正者，仁之守也；發强剛毅者，仁之用也〔一〕。無迷其方，無毁其質，慎守之，力行之，則仁其庶幾乎？曾子曰：『士不可以不弘毅，任重而道遠。仁以爲己任，不亦重乎？死而後已，不亦遠乎？』今吾子以敦仁自名，可謂知任重矣。予願以『仲遠』配子之名，蓋將期子於遠也〔二〕。

夫任重而不期於致遠，中必自畫而已，其於仁乎何有〔三〕？然古之爲此道者，果何求哉？亦曰無迷其方，無毁其質，慎守之，力行之而已。反是而求所謂仁其庶幾者，非吾所敢知也。

於戲！有名而不孚其實者，古人耻之，而今人不以爲耻也。吾子將有志乎古人，而求免於今人，則宜勉之，無忽云。

校記

〔一〕「仁之用也」，各本無「也」字。從上文「仁之方也」、「仁之質也」等看，原文當有「也」字，而爲後人刊落。今據文例補。

〔二〕「蓋」，萬曆本作「益」，誤。叢書集成初編本作「蓋」，用來説明原因。今據改。

〔三〕「何有」，四庫本作「何與」。

鄧文伯字序

武陽鄧平，更其名曰洵武。間而語予曰〔一〕：「平之名久矣，未有知其爲倒『士』也〔二〕。夢有神人告我曰：『子之名平，其字倒「士」，使子之困窮也，殆以是夫！』予覺而異之，徐而思之，意者殆天將啓予乎？吾困窮之病，將由此有瘳乎？不然，何神之告我詳而警我之至也？越明，乃以「洵武」易之。吾子姑爲我字之，以相神之惠，斯亦故舊之義也。子其無辭！」予聞而諾之，爲之言曰：

夫一體之盈虚消息，通乎天地，應於物類，則禍福之來，兆於彼而此應之，亦其理也。

然天棐諶命靡常，而古之人所以應天者，亦求諸己而已。君宜勉之！夫有「武」必濟之以「文」，請字曰「文伯」，并爲説以紀其事云。

校　記

〔一〕「間」，正誼堂本作「閑」。

〔二〕「倒士」，萬曆本、正德本作「倒土」，誤。今據正誼堂本改。下「倒士」同。

楊希旦文集序

先生諱某，字希旦，延平將樂人也。自小以文行知名，累舉不第，抱負其器，退老於家，以詩書自娱。其爲人敦樸夷易，不事表襮，睟然有長者之風，鄉黨稱其行焉。

先生既没，逾十年，其子循道始集其遺文數百篇，屬予爲序。予告之曰：士以一言輕重，足以信今傳後，惟有德者能之。予何敢當？然幼嘗得侍先生閑燕，其善言懿行，固已飫聞習見之矣。俯仰十餘年間，先生之交游親友，凋喪略盡，能知先生所爲者漸不可得，則予之素所聞見者，猶當稱述顯揚之，使後進者與聞焉，况其遺文焉？予雖不肖，其何敢辭？

先生詩文，清切平易，不以雕琢爲工。覽之者，亦足想見其風度云。

謝君咏史詩序

君子積學積文，稽諸前言往行，參以古今之變，非徒侈聞見而已，將以畜德而廣業也。昔在堯、舜之爲君，禹、稷、皋陶之爲臣，相與都俞廟堂之上，共熙帝載，亦惟稽古耳，况其下者乎？然自漢、魏而來，更五代之季，述史者皆有善善惡惡之意，然而論不詭於聖人者無幾矣。士之欲稽古者，將安取正乎？揚子曰：「好書而不要之仲尼〔一〕，書肆也。」信哉是言！古之人，度在身，操之以驗物，則審矣。鏡在心，故物來而照之，妍媸無逃焉。夫不知明善以誠身，而欲以一言訂古人之是非，未有能者也。

婁川居士謝君一日走僕致書踵吾門，以其所著咏史詩合二編，屬予爲序。予聞謝君積十年之勤，窮探博取，而成此詩，其用力多矣。夫自溷於閭閻阡陌之中，與編户齊民爲伍，乃獨超然遠覽，究知前世興衰治亂，賢人哲士之終始，與世之老師宿儒，並驅争先，豈易得哉？故予喜其爲人而樂爲之道也。其詩詞尤麗可觀，與夫是非褒貶，覽者當自有得也。

校記

〔一〕「之」，揚雄法言卷二吾子原文作「諸」。

田曹吴公文集序

吾郡審律先生集録其先君遺文數百篇，以書屬予爲序。田曹吾不及見其人，因得誦其詩，論其世，稽其行事，得其所以修之身、刑之家、施諸有政者爲詳焉。而後益知嘉祐、治平之間，澤之入人深矣。當是時，學士大夫達而位乎朝則著之事業，光明碩大，追配前哲，其不顯而在下則載之空文，猶足以私淑諸人，如公之徒是也。孟子曰：「王者之迹熄而詩亡，詩亡然後春秋作。」詩之存亡，關時之盛衰，豈不信矣哉！

公之仕，不充其志，而用不究其才，故未老而歸。其平居暇日，有動於中而形諸外者，一見於詩。其偶儷應用之文，亦皆有典則。其辭直而文，質而不俚，優游自適，有高人逸士之氣。故其流風餘韵，足以遺其子孫，化其鄉人，皆可見也。今其子弟之賢者，多隱德，不求聞達，而足以文行知名朝廷者二人焉，審律其一也。審律名儀，去年以遺逸被召，相君説之，除大成府審驗音律。已而非其好也，浩然有歸志，蓋有公之遺風也。公之詩文，足以自表於世，無待於余言。至其所以遺子孫者，世或未之知也，故詳著之，使夫樂道人之善者與聞焉。

公姓吴，諱輔，字鼎臣。

冰華先生文集序

冰華先生錢公，諱世雄，字濟明，常州晉陵人也。公年十六七時，其詩已爲名流所稱。比壯，游東坡蘇公之門。與之方軌并馳者，皆一時豪英。而東坡獨稱其「探道著書，雲升川增」，則其推與之意至矣。然公以是取重於世，亦以是得罪於權要，廢之終身，卒以窮死。

公初在平江，雖爲郡貳，而政實由公出〔一〕。老姦巨猾，屏氣惕息，摧伏不敢逞，而善良有所怙。已而爲有力者所困，不得盡其所欲爲者，士論至今惜之，而邦人之思，愈久而不能忘也。公雖退休，益自刻厲，日以詩書自娱，無窮愁懟憾之氣。遇事感發，一見於詩，故其文於詩爲多。

公既没，其子詡集其遺文，屬予爲序。余竊謂東坡文妙天下，爲時儒宗，士有得其一言者，皆足以名世，况知之之深乎？則公之文，固世所願見，不待余言而傳也。然公之平生交游執友凋喪略盡，晚學後進無能知公者。故余不辭而爲之，因以著其出處之大略云。

校記

〔一〕「而政實由公出」，萬曆本「由」原作「在」，光緒本作「由」，是。今據改。

王卿送行詩序

皇祐二年，光禄卿贈太尉王公謝事南歸。在庭公卿大夫設祖道供帳都門外，車數百輛。自祁公而下六十有六人，各賦詩以記其行。是行也，蟬蜕囂塵之中，而高蹈物表，與世之酣豢利禄而不知止者，相去遠矣。昔二疏辭位而去，都門供帳之盛則有之，至若公卿大夫播之聲詩，垂耀無窮，蓋未有之也。則公之歸，榮於二疏有光矣。

然余竊怪慶曆、皇祐間，君臣一心，收攬豪英，如建厦然，大而爲棟梁，細而爲欂櫨居楔〔一〕，無不盡其材者。究觀六十有六人，登金門，上玉堂，進居宰輔者，殆不可勝數。公以清名重德，爲時望所屬，而位止列卿，高才遠識，獨不究其用，士論所以重惜之也。

昔公之子通奉公，嘗編集諸公送行詩爲上下二卷，欲鏤板以傳，未及而没。今其孫大夫始克成先志，不遠數千里，以書屬予爲序。

夫成德之後，苟非子孫世有人焉，而能顯揚無窮之聞者，未之有也。余以晚學後進，雖不登公之門，與聞謦欬之餘音，然得諸公之詩玩味之，亦足想見其風度矣。昔韓退之以文名擅天下，猶以詞列三王之次爲榮耀。余何人哉，乃獲載名諸公之間，故承命不辭，勉爲之書。

校記

〔一〕「欂櫨居楔」，萬曆本「居」原作「居」，誤。今據正德本改。

楊時集卷二十六

題跋

跋司馬温公帖

元豐末，神考登遐，文正温公奔訃至京師，都人擁馬首環聚而觀者，填溢衢巷，願公之留者萬口一辭。方朝廷承積弊之後，正更化願治之時，太母以公宿望，擢貳左省〔一〕，慰安中外之心，其寄委不輕矣。

公以身任其責，「一夫不獲時，予之辜」，蓋公之素志也。天下大器，不可易爲之，故雖正位台鼎，不以爲榮，而以爲懼。然卒能於期月之間，政令不出房闥，而海内丕變。雖懼於前，而垂名於後〔二〕，其爲榮也遠矣。

今觀其手澤，猶想見風彩。披玩久之，不能釋手，因附其説於後。

校記

〔一〕「貳左省」，萬曆本「貳」原作「二」，誤。四庫本作「貳」（副職），是。今據改。按，宋稱門下省爲左省，其長官爲侍中，副長官爲侍郎。時司馬光任門下侍郎（見綱鑑易知録卷十六），故説「貳左省」。此當以「貳」爲是。今改。

〔二〕「於後」，正誼堂本「後」作「后」。按，「后」、「後」義異。古偶通用。今「後」簡化爲「后」。

跋富弼文彦博二公帖〔一〕

二公皆一時人傑。昔在慶曆中，虜騎叩關〔二〕，渝平〔三〕，鄭公持節兵間，以片言折之，而虜之君臣俯伏聽命，復守盟好。更百有餘年，雲、燕以南，無犬吠之驚〔四〕。二公繼登宰輔，雍容廟堂之上，而四方萬里之遠，稽顙而内〔五〕，無敢不享者。有德進則朝廷尊，豈不信矣！

夫方時艱難，覽其遺迹，想見其風采，益令人追念不能忘也。

校記

〔一〕「跋富弼文彦博二公帖」，小字「弼」、「彦博」爲原本所無，文意不顯，今補。富弼，字彦國，河南洛陽人。仁宗時舉茂材異等，兩度出使契丹，力拒割地要求。拜中書門下、平章事，與文彦博並相，天下稱富文。英宗朝，爲樞密使，封鄭國公。熙寧中致仕。卒謚文忠。文彦博，字寬夫，汾州介休（今山西介休縣）人。天聖進士。歷事仁宗、英宗、神宗、哲宗四朝，任將相近五十年。封潞國公。有潞公集。二人宋史有傳。

〔二〕「虜騎」，弘治本、正德本同。繩祖本「虜」改作「遼」。下「虜」字同。四庫本「虜騎」改作「北兵」，下「虜」字改作「金」。

〔三〕「渝平」，四庫本作「渝盟」。按，「平」，講和。「渝平」，棄怨修好之意。「渝盟」，背棄盟好之意。從本文看，「渝盟」更符合上下文意。

〔四〕「之驚」，正德本、四庫本作「之警」。

〔五〕「而内」，四庫本作「面内」。

跋趙清獻公愛直碑〔一〕

幼安，清獻公之外孫，出東坡所撰愛直碑示予。其寶藏之，殆十襲也〔二〕。公之流風，百世而下，聞者猶將興起，況其親且邇乎？吾知幼安非徒玩其辭翰而已。「高山仰止〔三〕，景行行止。」將必有得於斯文也。

校記

〔一〕「愛直碑」，繩祖本「直」作「悳」（德），正德本作「其」，皆誤。萬曆本不誤。臺灣文海出版社影印趙鐵寒主編宋史資料萃編第二輯名臣碑傳琬琰之集卷八作趙清獻公抃愛直之碑，可證。趙抃，字閱道，衢州西安（今浙江西安縣）人。仁宗景祐元年進士。官殿中侍御史，彈劾不避權貴，京師稱鐵面御史。神宗立，擢參知政事，與王安石議政不合，出知成都。卒謚清獻。宋史有傳。

〔二〕「十襲」，四庫本、光緒本作「什襲」。「十襲」、「什襲」義同。

〔三〕「仰止」，萬曆本「止」作「立」，誤。今據弘治本、正德本并依詩經小雅車舝原文改。

跋横渠先生書及康節先生人貴有精神詩

横渠之學，其源出於程氏，而關中諸生尊其書，欲自爲一家。故余録此簡以示學者，使知横渠雖細務必資於二程，則其他故可知已。

人貴有精神詩，康節作并書。康節書云：「大筆快意。」余在洛中，得其遺藳讀之〔一〕，皆大字，與此詩類，信乎其以「大筆快意」也！明道亦嘗和其詩云：「客求墨妙多携卷。」蓋康節以書自喜，而士大夫多藏之以爲勝。其字畫端麗勁正，亦可觀德也。

橫渠先生字子厚，橫渠人。康節諱雍，字堯夫，康節乃朝廷追贈先生號也。

大觀元年八月己卯，餘杭東齋書。

校記

〔一〕「遺藳」，正德本「藳」作「稿」。「稿」、「藳」通用字。

題蕭欲仁大學篇後〔一〕

學始於致知，終於知止而止焉。

致知在格物，物固不可勝窮也，反身而誠，則舉天下之物在我矣。詩曰：「天生烝民〔二〕，有物有則。」凡形色之具於吾身，無非物也，而各有則焉。目之於色，耳之於聲，口鼻之於臭味，接乎外而不得遁焉者，其必有以也。知其體物而不可遺，則天下之理得矣。

天下之理得，則物與吾一也，無有能亂吾之知思，而意其有不誠乎？由是而通天下之志，類萬物之情，贊天地之化，其則不遠矣，則其知可不謂之至矣乎〔三〕？知至矣，財宜有止也。譬之四方萬里之遠，苟無止焉，則將焉歸乎？故「見其進，未見其止」，孔子之所惜也。

古之聖人自誠意正心至於平天下，其理一而已，所以合内外之道也。世儒之論，以高明處己，中庸處人，離内外，判心迹，其失是矣。故余竊謂大學者，其學者之門乎？不由其門而欲望其堂奧，非余所知也。

蕭君欲仁，志學之士也，録示大學一篇，求余言以題其後，其意蓋非苟然者，故聊爲發之。苟於是盡心焉，則聖人之庭户，可策而進矣。欲仁其勉之哉！

校記

〔一〕毛譜徽宗政和四年甲午譜文在標題「題」字下有「蕭山」二字。知蕭欲仁爲浙江蕭山縣人。餘不詳。

〔二〕「烝民」，萬曆本「烝」原作「蒸」。今據弘治本及詩經大雅烝民原文改。

〔三〕「不謂」，正德本作「不爲」。「爲」、「謂」聲同，古多通用。但此處用「爲」代「謂」，詞義不顯，易被誤解爲介詞而無法疏通句意，實不可取。

題張公行狀後

右張公，吴時貴將，與楊行密俱起合淝，號「三十六英雄」，公其一也。方五季亂亡之時，群雄並争，公以拔山蓋世之才，躬蹈矢石，陷敵攻堅，爲一時稱首，宜其鷙悍强忍。而提師征行，乃未嘗妄戮一人，至止而人安之。則公之所以遺子孫者，其不在兹乎？同時輩流乘功名之會，鷹揚邁往之氣，舉相埒也〔一〕，今其子孫散爲編氓，湮没而無聞者，可勝計哉！公獨世有顯人，又皆以器業見稱於時，則公之所積可知矣。政和之初，予來毗陵，始得與公之諸孫游。視其壯者皆賢豪，雖童稚〔二〕亦彬彬可喜，益知公流澤未艾。公之孫牧之〔三〕，以公之行狀示予。究觀始終，慨嘆者久之，故附其説於後。

校記

〔一〕「相埒」，萬曆本原作「相將」。弘治本同，形近之誤。繩祖本、四庫本作「相埒」，是。今據改。

〔二〕「童稚」，正德本「稚」作「穉」。「穉」、「稚」異體字。下同不注。

〔三〕「牧之」，萬曆本、弘治本、繩祖本作「旼之」。正德本、四庫本作「牧之」，而本卷跋鄒道鄉所書女誡、本書卷二十七張牧之子名悉作「牧之」，其所述之地點（毗陵）、人物（張氏）悉同，當作「牧之」。宋元學案卷三十五忠公鄒道鄉先生浩附録亦作「牧之」。今據改。

跋賀仙翁親筆詩

賀仙翁詩云：「有客來相問，如何是治生？但存方寸地，留與子孫耕。」賀仙翁示人以治生之説〔一〕，旨哉，有味其言也！豈徒可以遺子孫乎？至人所以養生盡年，亦在方寸之地自耕而已。不知出此，雖巖居水飲，盡爲壽之術，必有虎食其外也。其人不可得而見〔二〕，讀其詩，觀其字畫，亦足想見其人矣。

校記

〔一〕「治生之説」，正德本「説」作「道」。

〔二〕「其人」，正德本作「異人」。

跋賀方回鑑湖集〔一〕

元豐末年，予始筮仕，與方回俱在彭城，爲同僚友。自彭城一别，聲迹不相聞蓋三十年餘矣。政和甲午秋八月，予還自京師，過平江，謁方回，披腹道舊，相視惘然如昨夢耳。方回之詩，予見之舊矣。復出鑑湖集示予〔二〕，其託物引類，辭義清遠〔三〕，不見雕繪之迹，渾然天成，殆非前日詩也。

方回自少有奇才，若儀、秦之辯，良、平之畫，皆其胸中饜飫者〔四〕，意謂其功名可必也。世變屢更，流落州郡不少振，豈詩真能窮人耶？然方回詩益工，名日益高，足以傳不朽矣〔四〕，與世之酣豢富貴與草木同腐者，豈可同日議哉？以此易彼，亦可自釋也。

是年冬十有一月癸未，自餘杭徙居毗陵〔五〕，道過吴江，舟中書。

校記

〔一〕「方回」，賀鑄（1052—1125）字，號慶湖遺老，衛州（今河南汲縣）人。曾任泗州、太平州通判，晚年退居蘇州。有賀方回詞、慶湖遺集。在彭城時與楊時同僚，有寄墨代書贈楊時詩，題下注：

「楊字中立，彭城僚友也，爲南康刑獄。庚午十二月金陵偶便，因以詩墨寄之。」（詩略）（全宋詩卷一一〇二賀一，見全宋詩第一九册第12502頁）

〔二〕「示予」，正德本「示」作「視」。「示」、「視」古通用。

〔三〕「辭義」，正德本作「其義」。

〔四〕「饜飫」，正德本作「饜餘」。

〔五〕「徙居」，萬曆本原作「徒居」，誤。今據弘治本改。

跋鄒道鄉所書女誡

古者大夫以上，子生，立三母，必求其寬裕、慈惠、温良、恭慎而寡言者爲之師〔一〕。女子十年不出，教之婉娩聽從，執麻枲，治絲繭，織紝組紃，學女事，以共衣服，觀於祭祀，納酒漿、籩豆、菹醢，禮相助奠。閨門之内，朝夕之所習聞者，惟是而已，不見異物而遷焉，故德、言、容、功不待異稟而能也。禮廢千有餘年，士且不知師，而况於女子乎？故膏粱之族〔二〕，酣豢逸放於幽閒之中，而塗歌巷語、淫褻不可讀者，日積於耳目，其不淪胥而散者，幸而已。

毗陵張氏，世有顯人。其子孫皆高才遠識，絶出倫輩，今見其人矣。牧之間出道鄉所書女誡示予，極稱其稚子之賢，益知張氏之刑家貽後者，其流未艾也。以圭璋之質〔三〕，又得良工切磨之，其成豈易量哉？

道鄉盛德之士也，言動足以經世範俗，其所書不特有補於張氏而已，後必有因斯文以興起者，其於世教，豈小補哉？

校記

〔一〕「恭慎」，正德本作「恭敬慎」，與「寬裕」、「慈惠」、「温良」不相應，「敬」字衍。四庫本作「敬慎」。

〔二〕「膏粱」，萬曆本「粱」作「梁」。今據正德本改。

〔三〕「圭璋」，正德本「圭」作「珪」。「珪」、「圭」古通用。

題了翁責沈

了翁以蓋世之才，邁往之氣，包括宇宙，宜其自視無前矣。乃退然不以賢知自居，而以不聞先生長者之名爲愧〔一〕。非有尊德樂義之誠心，而以自勝爲彊，何以及此！

高文大筆，著之簡册，使世之自廣而狹人者有所矜式〔二〕，豈曰小補之哉？

校記

〔一〕「之名」，正德本作「之言」，義較長。按，「長者之名」指沈諸梁，春秋時楚國人，字子高。沈尹戌子。楚大夫，封于葉，爲葉尹，稱葉公。楚惠王十年，諫令尹子西勿召白公勝歸，子西不從。旋白公勝爲亂，殺子西，劫惠王。乃救楚，殺白公勝，使惠王得復位。自此身兼令尹、司馬兩職。（左傳哀公十六年、十七年，中國歷代人名大辭典第 167 頁）

〔二〕「狹人」，各本同。正誼堂本作「挾人」，誤。按，「狹人」與「自廣」相對，萬曆本不誤。

跋了翁與韋深道書〔一〕

道同則相望異世，其合有若符節者。氣禀有異，雖一身之内，肝膽楚、越矣。三山在弱水之外〔二〕，舟輿不通，居之者，形影自相吊耳。深道乃眷然念之，非聲氣相求，神交於萬里之外，寧有是夫〔三〕？了翁天下士也，世以其言爲輕重，而相與如此。余雖未嘗知深道，而信其賢也無疑矣。

校記

〔一〕深道，韋許字，宋太平府蕪湖（今安徽蕪湖縣）人，號湖陰居士。不事科舉，築室榜曰「獨樂」。陳瓘爲作記。哲宗元祐黨禁，有過江者，許傾誠款接。高宗紹興初授以官，拜命而不署銜。（宋元學案卷三）（中國歷代人名大辭典第 246 頁）

〔二〕「弱水」，弘治本、繩祖本、四庫本同。正德本作「惡水」，誤。

〔三〕「有是夫」，正德本「夫」作「未」，誤。

題中庸後示陳知默〔一〕

熙寧以來，士於經蓋無所不究，獨於中庸闕而不講。余以謂聖學所傳，具在此書，學者宜盡心焉，故爲之訓傳，藏於家，初不以示人也。雖聖言淵懿，非淺識所窺，竊妄意其庶幾焉。

吾子試以予言求之〔二〕，將必有得矣。

校記

〔一〕知默，陳淵（？—1145）字，初名漸，字幾叟。沙縣陳瓘從弟，受學二程，獨早於瓘。後師楊時，時妻以女。紹興五年，以給事中廖剛和胡安國薦，充樞密院編修官。賜進士出身。除監察御史，右正言。後忤秦檜，以宗正少卿去位，卒。學者稱默堂先生。有默堂集（宋元學案卷三八默堂學案，民國中國人名大辭典）

〔二〕「予」，正德本作「今」，誤。按，此蓋先以「予」作「余」，又訛作「今」。

跋曾伯智孝行類要

曾君伯智，以所著孝行類要示余，非博極傳記百家之言，不能成此書也，其用力勤矣。然古之君子，多識前言往行，非徒資見聞而已，蓋將以畜德也。觀伯智自叙，可謂知務本矣。蓋非苟知者，又欲使覽之者因是而感化，則其志遠矣。君子之立身揚名於後世以顯父母〔一〕，將必有得於斯書也。

校記

〔一〕「君子」，萬曆本作「君」（稱曾伯智），弘治本、繩祖本、四庫本同，誤。正德本作「君子」，泛指「君子」之類的人，是。今據補。

跋公子血脉譜

右春秋公子血脉譜，得之於南康玉巖先生楊孝本〔一〕，其傳本曰「荀卿撰」。夫荀卿嘗仕於楚矣〔二〕，不用，故退死蘭陵，而史不記其歲月〔三〕。以其時考之，當在周、秦之間。而是書秦譜乃下及乎項滅子嬰之際，吾知其非荀卿氏作明矣。然自古帝王世系，與夫列國之君，得姓受氏，譜牒散亡，而史傳無所考據，於春秋之學，尤闕然也。而是書旁穿曲貫，枝分派别，較然如指諸掌，非殫見洽聞者不能爲也。然其間不無訛謬舛錯，學者其慎擇諸！

校記

〔一〕「玉巖」，弘治本、正德本、令聞本同。繩祖本作「王嚴」，誤。「楊孝本」，四庫本同。弘治本、繩祖本「楊」皆作「揚」。本書卷二代虔州守薦楊孝本一文亦作「楊」。按，「楊」、「揚」皆當作「陽」。鄒浩道鄉集卷二十五歸愚庵記云「贛州先生陽孝本行先名之曰『歸愚』」。蘇軾玉巖隱居陽行先真贊亦作「陽」。民國臧勵龢中國人名大辭典云「陽孝本，宋贛人，字行先，學博行高，隱城西通天巖十年。……蘇軾自海外歸，過而愛焉，號之曰玉巖居士。」當據改。

〔二〕「嘗仕於」，正德本無「嘗」字。

〔三〕「歲月」，正德本作「時月」。

跋三墳傳

右山墳、氣墳、形墳，謂之三墳〔一〕，世傳以爲古三皇書，非也。其辭簡而質遠，而無統，其有意於放古之爲乎？

孔子曰：「神無方，易無體。」又曰：「生生之謂易。」則易之爲易，其義深矣，殆不可以形數名也〔二〕。是書太古河圖代姓紀曰：「博厚而濁，謂之太易，太易之數三。」是以形數名易也。其言殆與孔子異乎？吾是以知其非古書也。其他不合者，非特一二而已，未敢以臆説論之〔三〕，姑俟博古而深於道者考正焉。

校記

〔一〕「右山墳、氣墳、形墳，謂之三墳」，新辭源云：「三墳，相傳爲中國最古的書籍。」引左傳昭十二年「是能讀三墳、五典、八索、九坵」爲證，下引晉杜預注：「皆古書名。」引文對書名的處理與注的説明相矛盾。新辭海釋「三墳」爲「古書名」，並説：「今存三墳書，分山墳、氣墳、形墳。」對書的總名加書名號而書的分名則不加，二者處理不一致。而山墳、氣墳、形墳既是三墳書的組成部分，自可加書名號。本句書名總稱、分稱都加書名號者以此。

〔二〕「不可以」，正德本作「不可」。

〔三〕「臆説」，正德本「臆」作「億」。「億」、「臆」通用字。

題李丞相送幾叟序

丞相李公，以英偉剛明之才，任天下之重，蓋一時人傑也。其視了翁爲前輩，雖未嘗從游，而聲氣相求，非一日也。問道之勤，見於斯文，倦倦之意厚矣。

公初自左史言事，謫居沙陽，與幾叟游，爲布衣之交，不以賢貴自挾，而以道義爲重。因其有行也，累數百言以爲别。公於上下之交，可謂無諂瀆矣〔一〕。

校記

〔一〕「諂瀆」，繩祖本「諂」作「謟」（疑也），誤。

題翁士特文編

翁君士特示余詩文一編，辭義精奥，有古作者風氣。而古風辭氣尤工，皆非常流可到也。三復，欽嘆！

然予嘗考古聖賢爲學之方，竊謂伏羲畫八卦，書斷自堯典，是時雖六經之文未有也，况他書乎？舜在深山，與木石居〔一〕，鹿豕游，無以異於深山之野人，固非有誦記操筆涉墨爲文詞也，其學果安自乎？夫舜，聖人也，生而知之，無事乎學可也。二十有二人，相與共成帝業者，豈皆生知耶？然則聖人之所以爲聖，賢人之所以爲賢，其學必有在矣。漢之諸儒，若賈誼、相如、司馬遷輩，用力亦勤矣。自書契以來，簡册所存，下至陰陽星曆、山經地志、蟲魚草木，殊名詭號，該洽無一或遺者。其文宏妙，殆非後儒能造其域〔二〕。然稽其道學淵源，論篤者終莫之與也。

士特性資英邁，絶人遠甚，如欲以文高於世，則文固已足高世矣。然如士特之才，要當以聖賢爲師，入其門，窺其室家之好，内外進矣，然後爲至。此予之所以望士特者。區區漢儒，不足學也。

校記

〔一〕「與木石居」，萬曆本「木石」原作「草木」。正德本作「木石」，與孟子盡心上原文合。今據改。

〔二〕「能造其域」，正德本「造」作「游」，文下注曰：「一作『造』。」

跋了翁書温公解禪偈

李君興祖以了翁所書温公解禪偈欲求余言，以刻諸石。温公蓋一代宗臣，了翁雖流離擯斥，不爲時用，而其流風餘韵，皆足以勵世範俗〔一〕，其辭翰宜爲士大夫之所寶翫。興祖乃能鏤石以永其傳，是宜書也。

校記

〔一〕「勵世」，各本「世」作「臣」。光緒本作「世」。「勵世」與「範俗」相對，銖兩悉稱。作「世」是。今據改。

跋諸公與徐仲車詩册〔一〕

余昔過山陽，嘗一見先生，侍坐終日，得所未聞多矣。迨今三十餘年，追念不能忘也。紹興二年，其子安道來尉吾邑。一日，踵吾門，出諸公與先生往還詩書示余，求言以刻諸石。

余謂先生之節義如大圭，不琢而其美自見，非雕繪所能增飾也。然諸公皆一時名世之士，其言足以信今傳後〔三〕，而歆慕如此。鏤之金石，使百世而下見之，必有聞風而興起者〔四〕，亦非小補也。

校記

〔一〕「詩册」，正德本作「詩簡」。「仲車」爲徐積的字。徐積，宋楚州山陽（今江蘇淮安）人。性至孝。初從胡瑗學。英宗治平四年進士。中年耳聾，竄處窮里，自少及老，日作一詩。哲宗元祐初薦爲楚州教授，轉和州防禦推官。改宣德郎，監事嶽廟。徽宗政和中，賜節孝處士。有節孝語録、節孝集。（節孝集附録，中國歷代人名大辭典第1935頁）。

〔二〕「信今傳後」，弘治本「信」下無「今」字，誤。

〔三〕「必有聞風」，萬曆本「聞」下原無「風」字。今據正德本補。

跋鄒公送子詩

「君子之澤，五世而斬。」蓋人之於親，四世而緦服窮，六世而親屬竭。服窮則遺澤浸微矣，故五世而斬，此古今之常理也。

舍人鄒公於其子筮仕之初，以詩贐行。其丁寧訓飭，不以寵禄爲榮，而以陰騭蒼生爲念，則其垂裕之意豈淺哉？積至於道鄉〔一〕，緦服已窮矣。今其元孫出其詩示余〔二〕。余得而伏讀，觀公所以訓迪其子孫與道鄉所以奉承之志，則鄒氏之流澤，豈常理之足云？

雖亘百世而益光矣〔三〕。

校記

〔一〕「道鄉」，各本作「道卿」。今改。參看本書卷二十五鄒公侍郎奏議序校記〔一〕。

〔二〕「元孫」，正德本作「玄孫」。

〔三〕「雖亘百世」，繩祖本「亘」下有「古」字。

跋司馬温公與明道先生帖〔一〕

横渠先生既没〔二〕，其門人欲謚爲「明誠」，中子以謚議質諸明道先生。先生與温公參訂之，故有是書。其辭義典奧，而引據精密，足以是正先儒之謬，故寶藏之，以傳後學。

校記

〔一〕「帖」，各本同。正德本作「書」。當以「帖」爲是。附文題下即作「帖」。

〔二〕「没」，弘治本作「殁」。

附　司馬温公與明道先生帖〔一〕温公家集中不載〔二〕，故附見於此

某昨日承問及張子厚謚〔三〕，倉卒奉對，以漢、魏以來，此例甚多，無不可者。退而思之，有所未盡。

竊惟子厚平生用心，欲率今世之人復三代之禮者也。漢、魏以下，蓋不足法。郊特牲曰：「古者生無爵，死無謚。」爵謂大夫之上也。檀弓記禮所由失〔四〕，以謂士之有誄，自縣賁父始〔五〕。子厚官比諸侯之大夫則已貴，宜有謚矣。然曾子問曰：「賤不誄貴，幼不誄長，禮也。唯天子稱天以誄之。」諸侯相誄，非禮也。諸侯相誄〔六〕，猶爲非禮，况弟子而誄其師乎？孔子之没，哀公誄之，不聞弟子復爲之謚也。子路欲使門人爲臣，孔子以爲欺天；門人厚葬顔淵，孔子嘆不得視猶子也。君子愛人以禮。今關中諸君欲謚子厚而不合於古禮〔七〕，非子厚之志。與其以陳文範、陶靖節、王文中、孟貞曜爲比，其尊之也，曷若以孔子爲比乎？

承關中諸君决疑於伯淳，而伯淳謙遜博謀〔八〕，及於淺陋，不敢不盡所聞而獻之，以備萬一。惟伯淳裁擇而折衷之。光再拜伯淳大丞座右，正月十六日。〔九〕

校記

〔一〕弘治本、正德本無「附」字。「帖」，正德本作「書」。

〔二〕「温公家集中不載」，正德本作「此書不載於温公集中」。

〔三〕「某昨日」，正德本作「光啓昨日」。

〔四〕「記禮所由失」，正德本無「所由失」三字。各本有。

〔五〕「縣賁父」，正德本作「孫賁父」，誤。按，魯莊公誄縣賁父，事見禮記檀弓上。

〔六〕「諸侯相誄」句上，正德本有「諸侯相誄，非禮也」一句。按，有此一句，上下文意始能貫通。今據補。

〔七〕「而不合」，正德本「而」作「恐」。

〔八〕「謙遜博謀」上，萬曆本原無「而伯淳」三字。按，無此三字，則本句主語殘缺，語意不明。今據弘治本、正德本補。

〔九〕「光再拜伯淳大丞座右，正月十六日」，弘治本無此十六字。正德本「座右」作「左右」。繩祖本「座右」二字作小字。

書李從政墓誌

公少時過錢塘，東平呂公惠卿得公之文，以示翰林沈公文通。二公奇其文，引爲忘年之交，謂人曰：「毗陵素多士，未有如李公者。」於是文日益有名。公於書無不讀，其心傳目到之學〔一〕，蓋非淺者所能窺較也。晚在彭城，方計司議法興利之時，百役毛起，公處之裕如，手未嘗廢卷也。

利國監有中貴人，陰以事中其同僚者，部使者付公治之甚急。已而事連中貴人，公請併治之。中貴人懼甚，部使者又欲兩釋之。公曰：「事未暴白，治不治在公而已；付之有司，則有法守。獄已具，不可易也。」使者不悦，度公不可以勢奪，卒移他司釋之。是時，顔復長道居里中，聞之，謂予曰：「奄宦恃嬖暱之私，脅持上下，雖當路要官，無敢輒忤其意者。李君一以法繩之，不少貸，非秉義不可回屈不能爲也。」郡守高郵孫公覺尤深器之，事無大小，惟公聽也。蕭縣有劇賊竹軍者〔二〕，土兵力不支，被重傷，亡其主將。通守李陶行縣，聞流言，謂土兵不戰而北凡二十有五人，欲置之極典。公曰：「有司訊治，曲折詳盡，猶恐不得其情。今以道路之言置人於死地，非審克之道也。」持之月餘不能決，後卒如公言。

微公争之力，幾爲淫刑濫誅矣。公之治獄平反類如此，其小者不能悉數也。政和之初，予待次毗陵，公之子殊以公誌銘示予，讀之蹙然。追念平昔，悼斯人之不復見也。惜其遺事可傳於後，又皆予所親見者，故序次之，以補誌文之闕。

校　記

〔一〕「心傳目到」，萬曆本「目」原作「自」，誤。正德本、令聞本、正誼堂本、四庫本同。繩祖本、道南祠重補修本、光緒本、民國本作「目」，是。今據改。請參看本書卷十八與翁子静校記〔一〕、卷三十三御史游公墓誌銘校記〔一〇〕。

〔二〕「劇賊竹軍」，四庫本「竹軍」作「行軍」。

跋道鄉帖〔一〕

士不患無名，患實之不至。道鄉天下士也，以一言忤旨，流竄嶺表，終身不復。今手澤所存，士夫寶藏之，以爲珍玩。其身雖屈於一時，而世誦其美不厭，蓋名實既孚，則清議終不可掩也。

校記

〔一〕「跋道鄉帖」，黄譜、毛譜高宗紹興元年辛亥（1131）譜文于「道鄉」下有「先生」二字。又「道鄉」，各本作「道卿」，誤。今改。請參看本書卷二十五鄒公侍郎奏議序校記〔一〕。

跋江民表與趙表之帖

民表將之官，以書抵予，告行期。未及修報而凶訃至。人生如朝露，豈不信然歟？今見其手澤，惘然不覺爲之流涕也！民表不妄許可。表之雖未及識，觀民表所與如此，則其人亦可知矣。

跋了翁祭鄧南夫文

余聞南夫平居，家人不見其喜怒。一日，因事怒甚，已而悔之，自恨其養之未至也。充是心以往，可謂知好學矣。了翁友之，其厚如此，不問可知其賢。余幸與之同鄉，未及識而南夫已逝。悲夫！不復見斯人也！因讀了翁之文，悵然久之，故姑書其所聞，附於後。

題了翁送幾叟詩

「以身教者從，以言教者訟。」了翁訓諸子侄，其辭如此，皆其平日躬自蹈者，所謂以身教也。能味其言，亦以身踐之，則其趨聖賢之域豈遠哉？若幾叟，蓋可以進斯道者，故告之如此。

題諸公邪説論後

昔王荆公以邪説暴行禍天下三十有餘年。余備位諫省，論之，去其王爵，罷配享。太學諸生薰陶王氏之學久矣，鬨然群起而非之，賴君相之明，卒從其議。今觀諸公之言，是非已有定論，則余之言，可以傳信矣。

跋彭器資送余仲勉序〔一〕

彭公以盛德重望爲時名臣，士大夫得一望舄履者如登膺門，况其厚善者乎？仲勉先生余雖不獲從之游，觀其所與，則信其賢也審矣。

校記

〔一〕器資，彭汝礪字，宋饒州鄱陽（屬江西）人。英宗治平二年進士第一。所著詩義爲王安石所重，補國子直講。爲監察御史裹行，陳時政十事，論不當以宦者主兵。哲宗元祐爲中書舍人。哲宗親政，權吏部尚書。後知江州。有鄱陽集等。（名臣碑傳琬琰集中集卷三一，中國歷代人名大辭典第 2244 頁）

跋温公與劉侍御帖

熙寧之初，吴興劉公位臺端，論事忤大臣意，謫知江州。一時清議冤之〔一〕，無敢言者，獨文公、温公抗章於廷諍之。事之本末，安撫參政張公論之詳矣。公將行，文正造門叙別，又以手翰問行期，有「道勝名立」之言，其相與之意厚矣。夫天下之善士，斯友天下之善士。二公終始一節，不約而同，其取友可知矣。

覽是遺墨，三復興嘆，乃附其説於後。

校記

〔一〕「寃之」，萬曆本作「寬之」，誤。四庫本亦誤。今據繩祖本、正誼堂本改。

楊時集卷二十七

雜　著

書　銘

含其英，茹其實。精于思，貫于一。

言默戒

鄰之人，有鷄夜鳴，惡其不祥，烹之。越數日，一鷄旦而不鳴，又烹之。已而謂予曰：「吾家之鷄，或夜鳴，或旦而不鳴，其不祥，奈何？」予告之曰：「夫鷄烏能爲不祥於人歟？其自爲不祥而已。或夜鳴，鳴之非其時也；旦而不鳴，不鳴非其時也。則自爲不祥而取烹也，人何與焉？若夫時然後鳴，則人將賴汝以時夜也，孰從而烹之乎？」

又思曰〔一〕：人之言默，何以異此？未可言而言，與可言而不言，皆足取禍也。故書之，以爲言默戒。

校記

〔一〕「又思曰」，正德本「又」作「既」。

勸學

志學之士，當知天下無不可爲之理，無不可見之道。思之宜深，無使心支而易昏；守之宜篤，無使力淺而易奪。要當以身體之，以心驗之，則天地之心，日陳露於目前，而古人之大體已在我矣。不然，是未免荀卿所謂「口耳之學」，非所望於吾友也。

雜說〔一〕

一

東坡謂荀文若其才似子房，其道似伯夷。予以謂其才似子房則有之矣，伯夷不事非君，不立於惡人之朝，寧忍事操乎？以爲其道似伯夷，吾不知其説也。

二

黄門謂藺相如非戰國之士，使居平世，可謂大臣矣。予以謂相如奉璧入秦[二]，趙之君臣計議，非有親秦之心也，特畏其威彊耳。古人以小事大，有以皮幣、犬馬、珠玉而不得免者，至棄國而去之，况於一璧乎？此知事大畏天者之所爲也。當其持璧睨柱，使秦知趙璧終不可得也，而欲徼幸於不死，難矣，豈孔子所謂「暴虎馮河，死而無悔」者歟？不一二年，卒有覆軍陷城之禍，雖完璧以歸，於趙何益哉！此其知不足稱也已。澠池之會，其危又甚矣。方趙王之西也，廉頗期以一月不反則立太子以絶秦望，則是行非有萬全之計也。相如爲國卿相，其勇略不足以重趙，使秦不敢惴焉，乃欲以頸血濺之，豈不殆哉！此特曹沫之流、戰國士之雄者耳[三]，而謂之以道事君，固如是乎？黄門以爲大臣，吾亦不知其説也。

三

哀公問社，論者以爲哀公將去三桓而不敢正言。古者戮人於社，其托於社者，有意於誅也。宰我知其意，而亦以隱答焉。其曰「使民戰栗」，以誅告也。夫魯之微，三桓之盛，而欲去之〔三〕，豈易言哉？而以隱語語於人。爲宰我者，謀人之國，亦以隱答之。一失其旨，則傾國亡身之禍隨之矣。而孔子亦以隱罪之，此何理也？夫隱語，古之滑稽者時有之，而謂聖人之徒爲之乎？

四

世儒之論曰：性之有習，習之有善惡，譬如火之能熱，與其能焚也。孟子之所謂善，得火之能熱者也，是火之得其性也。荀子之所謂惡，得火之能焚者也，火之失其性者也。夫天地之間，有夫婦而後有父子，此物之所同然也。故木以金尅之，而火生焉。木與火未嘗相離，蓋子母之道也〔四〕。火無形，麗木而有焉。非焚之，則火之用息矣，何熱之有哉？而謂熱者火之得其性，焚者火之失其性，其察物也，蓋亦不審矣。夫子思之學，惟孟子之傳得其宗。異哉，世儒之論也！以爲孟子道性善，得子思之説而漸失之，而輕爲之議，其亦不思之過歟？

五

蘇子曰：「道有不可以名言者，古之聖人命之曰「一」，寄之曰「中」。」則「一」也者，特道之有不可名言者耳。「中」亦非道也，道之寄而已。所謂道者，果何物耶？子思因其語而廣之曰：「喜怒哀樂之未發謂之中，發而皆中節謂之和。中者天下之大本也，和者天下之達道也。致中和，天地位焉，萬物育焉。」子思之説既出，而天下始知「一」與「中」在是矣。夫子思之言，「中」、「和」而已，此道之可以名言者也。所謂「一」者安在哉？孟子又推之以爲「性善」之論。「性善」之論出，而「一」與「中」始枝矣。夫「性善」之論出，而「一」與「中」何自而枝耶？是必有説也。學者更深考之，則孟子、蘇氏之學，是非得失，必有不可誣者矣〔五〕。

校記

〔一〕萬曆本此篇只分段，無段落序號。序號爲點校者所加。

〔二〕「戰國士」，萬曆本原無「士」字。正德本有，今據補。

〔三〕「三桓之盛，而欲去之」上，繩祖本删去自開頭「東坡謂荀文若者其才似子房」至本句「三」字，共四百八十八字。弘治本、正德本、萬曆本不缺。

〔四〕「子母」，正德本作「母子」。

〔五〕「不可誣」，弘治本「誣」作「無」，聲近致誤。

鄧氏真贊

婉婉夫人，夙有令儀。柔静以和，室家是宜。今其云亡，厥聲尚懿。圖形於兹，以永瞻視。

陳居士傳諸公跋附

陳選，南劍州將樂人，世以豪貲爲鄉閭大姓。其爲人忠信愿慤，不妄與人交。晨興，正冠修容，坐堂上，夫婦相對如賓。非慶吊未嘗出門，雖連墻，有經時不見其面者。間有所之，必笠而後往。家人俟其歸，其迹可數也。平居恂恂，人莫見其喜怒，閨門之内雍如也。其遇人，無長幼，必盡誠敬，雖横逆有惡聲至，如弗聞。視其容貌泊然，若無足芥蒂者，以故人亦信之。後雖有喜侵暴者，不敢犯也。卒年四十六。

龜山楊某曰：「予嘗讀沈公筆談，見其所載杜生事。沈公自謂時方有軍事，至夜半未卧，罷甚，僚屬有談杜生者，聞之，不覺肅然忘其勞。考公之所爲，於杜生幾可無悔矣。非其中有所養，詎能若是哉？惜公之亡，予尚幼，未能究知其所有，故不得而備論之也。當是時，陋郊小邑〔一〕，無縉紳先生明道德之歸以覺斯人，又無高世之士含德隱耀，相與薰陶浸灌，輔成其美。此予所深嗟而屢嘆之也。然觀其襟度夷曠，不可污撓〔二〕，蓋有非學之所能至者。世之薄夫淺子，一有戾己，僅如毛髮，則悻悻然見於顔面，必反之而後已，其視公爲如何？故特爲之論著，以示其子孫，使知先世所以遺己者，在此不在彼也。

公少時有故人將亡，子尚幼，以白金數鎰委之者。比其子壯，公召與之。其人矍然謝之，初弗知也。蓋其信義足以托孤如此。然此在公爲不足書者，而邑人以是多公。故並述之，附於其末。

一〔三〕

中立先生所撰陳居士傳，予兄孫漸得其本，自餘杭來四明，出以示予。先生言行信於天下，所以深嗟而屢嘆之者，雖晦於今，後當顯白。異時尚論之士，可不考歟？予與居士同鄉，而以不得見之爲恨。爲寫此傳以畀其子孫，使刻而藏之，以成先生論述之志。大觀二年十一月二十二日，沙縣陳瓘書。

二

居士本無求知於人，人自知之。宗子博士楊公中立又爲之傳，以行於世。所以風勸來者，蓋不但一鄉而已也。大觀四年十一月二十日，晉陵鄒浩既篆其前已，因書此以見意云。

三

昔揚子雲稱蜀人之賢，以李仲元爲畏人。想見其人，信順之氣積於中而暢於外，蓋黄叔度之流。惟以生於遠方，不聞於中原，士大夫獨因雄書而名載於後世。今陳居士含德隱厚，沉冥於七閩之下，邑未有能知之者。吾友中立爲發其藴以詔其子孫，吾知其與仲元俱不朽矣。此於名教豈小補哉？政和二年孟夏中澣〔四〕，建安游酢書。

四

予嘗愛范曄作黄叔度傳，初無言行可見之迹，後之識者想望其人如不可及〔五〕。今觀中立先生傳陳居士，其文亦然。居士處於僻遠，雖無卓然顯白於世者，既得佳傳，又得鄒、陳二公爲之書篆，且跋其後，以垂不朽。讀者想望其人，當與叔度齊驅而並駕云。宣和二年仲夏，梁谿李綱書。

五

熹少讀龜山先生文集，固已想見居士之爲人，今得鄧生淘所携墨本觀之，又見了翁、道鄉、游察院、李丞相、張侍郎諸輩稱述之盛如此，不勝慨嘆。

夫居士之爲人，蓋子夏所謂「雖曰未學，吾必謂之學者」，先生猶嘆其莫有開導而輔成之者。吾儕小人，資本薄惡，其可不汲汲於學問，以矯厲而切磋之耶？因敬書其後，既以自警，且以示諸同志者。

淳熙庚子季春，新安朱熹書於南康郡舍之拙齋。

校記

〔一〕「陋郊」，正德本、嘉靖延平府志卷十九藝文所收本文作「陋邦」。

〔二〕「污撓」，弘治本、嘉靖延平府志作「澄撓」。

〔三〕陳居士傳，各本附跋均僅四篇，第五篇宋熹跋文係據乾隆三十年將樂縣志卷八先憲陳選傳增入。又，萬曆本諸跋，僅作分段，各跋序號係點校者所加。

〔四〕「中澣」，萬曆本原作「中瀚」，誤。今據四庫本改。

〔五〕「識者」，正德本作「讀者」。

張牧之子名

張氏世有清德，由聖得子，求名於侍講呂公原明，而名之曰清孫。

夫伯夷，聖之清者也，推惡惡之心，思與鄉人立，其冠不正，望望然而去之，若將浼焉〔一〕。故其流風之弊，容德不足，而至於隘。今牧之得子而求名於予，請名曰容孫〔二〕，蓋將以濟其世德也。

校記

〔一〕「浼焉」，萬曆本「浼」作「免」，誤。正德本、繩祖本作「浼」，是。今據改。

〔二〕「請名」，萬曆本「名」原作「銘」，誤。今依文意改作「名」。

致語〔一〕

其一〔二〕

聳壑凌霄，共喜千齡之會；啣盃樂聖，仍逢四事之并。玉麈交輝，德星復聚。恭惟知府朝請，南溟異稟，宛國上才。顧千里之難羈，姑六月而一息。簡在二聖，光於四賢。行聞袞繡之歸，佇有功名之享。通判大夫職分郡貳，位列星躔。家傳清白之風，世歷要權之任。芳猷不墜，威望有加。相忘贛上之清歡，無愧山陰之盛集。偶兹勝事，敢獻鄙辭：

庭下秋風颭旆旌，使君爽氣逼人清。功名共喜千齡會，尊酒仍逢四事并。甘谷殘英留晚翠，雍門餘曲有新聲。莫辭酩酊同民樂，鳳詔行催上玉京。

校記

〔一〕「致語」，正德本作「特排口號」。「致語」是官府舉行大宴時由歌舞隊敬獻的祝頌詞。此詞文請楊時代撰。第一段爲對偶文字，稱「特排」，又稱爲「致語」或「致辭」，繼以詩一章，稱爲「口號」。詩在散場送客時吟誦。

〔二〕「其一」，萬曆本無，係點校者所加。

其二〔一〕

伏以跨鯨溟、渤，身出蓬、瀛。桴槎天潢，道逢牛斗。斯一時之盛集，罄千里以交欣。恭惟經略待制儒席至珍〔二〕，英蘧逸步。脱迹東膠之列，蚤膺宣室之求。握筆螭頭，連飛雁序。俄出分於屏寄，復承代於瓜時。豈惟聞望之隆，玆寔衣冠之盛。知府朝請天資曠達，德宇宏深。式慕子淵之用行，庶幾孔氏之毋意。思締交於大國，方講好於兩君。適茲化景之長，足爲賢者之樂。欲傳勝事，用播聲詩：

靈槎初泛斗牛間，隱隱晶光照夜寒。況是春城多樂事，果逢星節駐征鞍。

使藩暫屈留旌旆，雲路終同接羽翰。已寫風猷傳樂府，更磨琴琰一時刊〔三〕。

校記

〔一〕「其二」，萬曆本作「又其二」，爲全書體例統一故，去掉「其」字。

〔二〕「待制」，萬曆本作「侍制」，誤。正德本作「待制」，是。今據改。

〔三〕「琴琰」，四庫本「琰」作「琬」。按，尚書顧命：「琬琰在西序。」「琬」是没有稜角的圭，琰是上端鋭的圭。

楊時集卷二十八

哀辭　祭文

哀辭

哀明道先生〔一〕

元豐八年夏六月既望，河南承議先生以疾終于官〔二〕。是月晦，郵報至彭城。其門人楊某聞知，爲位慟哭於寢門，而以書訃諸嘗同學者。

嗚呼，道之無傳也久矣！孟子没千有餘歲，更漢歷唐，士之名世，揚雄氏而止耳。雄之自擇所處，於義命猶有未盡。自雄而下，其智足以窺聖學門墻者，蓋不可一二數也，况足與語道而傳之哉？宋興百年，士稍知師古。諸子百氏之籍，與夫佛、老荒唐謬悠之書，下迨戰國縱横之論，幽人逸士浮誇詭異可喜之文章，皆雜出而並傳。世之任道者，日夜憊精勞思，深探博取，可爲勤矣。然其支離蔓衍，不知慎擇而約守之，故其用志益勞，而去道彌遠。使天下學者靡然趨之，如適諸夏而棄通衢大道，犯荆棘之墟，行蒼崖之巔，眩然迷殆，而卒莫知自反者，其於世教何補哉？

先生於是時乃獨守遺經，合内外之道，默識而性成之。其學之淵源，蓋智者不能窺，而善言者所不能稱説也。自周衰以來，天下之學，其失如彼，則後之得聖人之道而傳之者，於吾先生，可不獨任其責哉？

嗚呼，道之傳亦難矣！夫由堯、舜而來，至於湯、文、孔子，率五百有餘歲而後得一人焉。孔子没，其徒環天下，然獨積百年而後孟子出。由孟子而來，迄漢、唐千有餘歲，卒未有一人傳之者〔三〕。若孔、孟，又皆窮老於衰世，其道方不得一施於天下。夫聖賢之不世出，而時之難值也如此〔四〕。今幸而有其人，又且遭時清明，朝廷方登崇俊良，而先生未及用而死，則予之慟哭，豈特以師弟子之私恩而已哉？故爲辭以泄其哀而自慰云：

余悲古人之不見兮，逢世德之險微。析道真之純美兮，肆敕歷切全體而分封〔五〕。駕異端而並逐兮，騁交轂乎多岐〔六〕。亘千歲其泯泯兮，去聖遠而真遺〔七〕。卓彼先覺兮，惟德是仔。展斯文之在兹兮，萬世之師。榛榛棘之荒穢兮〔八〕，闢正路之孔夷。伏聖賢之軌躅兮〔九〕，背世轍而疾馳。帶鈎距而負繩兮，紛萬變而莫窺。馳銜勒而弗厲兮〔一〇〕，尚回旋其中規。嗟命之縣於天兮〔一一〕，匪予敢知。畜溟、渤而載華岳兮〔一二〕，曾有塵之弗施〔一三〕。嘆道之難行兮〔一四〕，孔、孟窮老以栖栖。伊時勢則然兮，此云胡其若兹？通闢闔於一息兮，尸者其誰？斡天樞而自爾兮〔一五〕一作「諒曲任而直推兮。」〔一六〕，欲執咎其焉歸？齊死生於晝夜兮，天理之常。匪往匪來兮，雖壽夭兮何傷？想德音其未遠兮，儼若在傍。固誠之不可掩兮，何有何亡？日月逝兮形魄藏〔一七〕。嗚呼已矣兮，斯亦難忘！

校記

〔一〕「哀明道先生」，正德本題作「明道先生哀辭」，以下各篇亦均有「哀辭」二字。

〔二〕「于官」，正誼堂本「于」作「於」。

〔三〕「卒未有一人傳之者」，正德本「人」下有「而」字。

〔四〕「而時之難值」，正德本「時」下無「之」字。

〔五〕「敕歷切」，萬曆本原無「敕歷」二字，據四庫本補。

〔六〕「多岐」，正誼堂本「岐」作「歧」。「歧」、「岐」古通用。

〔七〕「去聖遠而真遺」，萬曆本於「而」下奪「真遺」二字，今據毛譜、張譜補。

〔八〕「耡」，正德本作「鋤」。「鋤」、「耡」異體字。

〔九〕「伏聖賢」，毛譜、張譜「伏」作「履」。

〔一〇〕「馳銜勒而弗厲兮」，毛譜、張譜「馳」作「弛」，「厲」作「屬」。

〔一一〕「縣」，正德本、正誼堂本作「懸」。「縣」，「懸」的古字。

〔一二〕「載華岳」，正德本「岳」作「嶽」。「嶽」、「岳」異體字。

〔一三〕「有塵」，正德本作「涓塵」。

〔一四〕「嘆道」，毛譜、張譜「嘆」作「嗟」。

〔一五〕「斡天樞」，萬曆本、弘治本「斡」作「幹」，誤。正誼堂本、叢書集成初編本作「任」，亦誤。正德本作「斡」，是。今據改。

〔一六〕「諒曲任而直推兮」，四庫本「諒」作「迴」。叢書集成初編本「任」作「在」，誤。

〔一七〕「形魄」，萬曆本「魄」原作「魂」，誤。今據毛譜、張譜改。

哀鄒堯叟

宋有君子，姓鄒名棐〔一〕，字堯叟，邵武泰寧人也。先生自少有文名〔二〕，尤工辭賦。比壯，游四方，始從中山劉公彝爲學。鐫磨浸灌，六經之旨，百氏之書，無不該洽。旁穿曲貫，各得其宗，不爲異端遷惑。汪洋大肆，發爲詞章，遂以名稱於時。嘉祐中，登進士第。其莅官，雖冗職必盡其力。凡決獄聽訟，鈎考簿書，赴期會，他人視若不勝其煩，先生處之，日未嘗廢書也。其用志益深，後之所自得者多矣。

余自垂髫誦先生之文，及長，聞其名籍甚，益歆慕之，尚恨未及見，叩其餘論。元豐初，余棄官家居，先生適丁家難，寄余里中，始獲從之游。先生不予棄，進而友之，殆一年未嘗一日相舍也〔三〕。其後，先生官於閩，余適東徐，差池南北，遂不復相值。今其已矣！於戲！先生學充其志，而用不究其才。其平昔朋友共學者，往往登顯仕，居要津，視其顛沛，忍不一引手提掖之，卒以窮死。噫！命矣，其誰尤！余獨恨相去之遠，不憑棺一慟，吊其遺孤，以盡其師友之情，故爲辭以泄其哀。其辭曰：

有美一人，聚之邪兮〔四〕。邦國之禎，應時須兮。純明篤實，允式孚兮。胸中之藏，羅瓊琚兮。位卑德尊，慘莫舒兮。汗血龍駒，縶芳嶇兮。雲帆蔽天，膠沮洳兮〔五〕。天地吸嘘，鼓洪爐兮。鑄物範形，曾莫圖兮。自爾遭之，末所如兮。既實爾德，孰云癯兮？胡嗇爾壽，忽聞徂兮。嗟余與子，阻修途兮；不得憑棺，吊遺孤兮。

飲恨於懷，曷由除兮？

校記

〔一〕「名棐」，各本作「某」。今據康熙十一年重修泰寧縣志卷九文辭所收楊時鄒棐哀辭一文改。

〔二〕「有文名」，正德本脱「名」字。

〔三〕「殆一年」，各本同。道南祠重補修本作「殆十年」，誤。

〔四〕「聚之」，萬曆本「聚」原作「衆」，疑誤，今改。萬曆「郛」下有「郭」字，與「須」、「孚」、「琚」、「舒」諸字不相叶，且與四字句式不符。按，「郭」字其初殆爲小字注，後人不察，遂摻入正文而致誤。正德本無「郭」字，是。今據删。

〔五〕「膠」之下，正德注「音較」，爲他本所無。

哀郭思道

吾友思道，諱某，姓郭氏，福唐人也。先世皆隱德不仕，其族系蓋莫得而詳焉。思道自少時尤喜黄、老之術，以求衛生之經。不利貨財，不近聲色，淡然自得，視天下之物若無足以贅其身。晚頗好浮圖氏之説。其與人交，久而愈親，與朋友言，必以忠信。

其辭氣抗直，不能與物逶迤，以苟悦世俗。

熙寧乙卯，同余游京師。余綴名秋官，思道失志，遂同入太學。今知制誥黄公見而悦之，用以爲直學。未幾，職小學教諭。其純德懿行，雖爲當路者之所知，其自處慊然，亦未嘗因之馳騁，以求見於世也。

於戲！周道衰，爲上者不孚於名實，而國論不出鄉閭州黨之間。盗名竊利之人肆行機變，以欺世罔上，貪得忘義，屈道徇物，以至昏冥顛踣而不悟。雖妾婦乞人之所悲羞而不受者，猶將泰然矜耀以自得。其辭受取捨，尚何足誅哉？

君於是時也，超然遠覽，不以貧賤富貴攖拂其志，斯亦難矣。其志行雖未能盡概於古人，其賢於衆人也亦遠矣。余從之游且十年，得其所以治身養性之實，非一二也。以余之所言，推余所不言，蓋可知也。

享年三十有八，以疾終於京師。余聞之，爲之悲慟不能自已，故爲辭以泄其哀。辭曰：

嗟乎思道，木訥而仁。内行純懿，幽無責於鬼，明無非於人。宜得其禄，何顛沛於道路，而終死於賤貧？宜享其壽，何棄世之遽，而天年不及於中身？死誰葬兮，暴骸骨於汴之濱！魂無依兮，托厲鬼以爲鄰。自古聖賢兮，自有顯榮富貴，騰聲飛譽，振耀於無垠；亦自湮淪汩没，終屈而不伸，死同腐骨兮，俱磨滅乎埃塵。壽夭窮通，子能自達，吾亦不足以傷神。重以故人之情，追思感嘆，不覺涕淚之沾巾〔二〕。

校記

〔二〕「涕淚」，正德本「淚」作「泗」。

祭文

祭楚守縣君〔一〕

於惟夫人，伊、洛右族，歸嬪睢汭，懿柔静淑。功施於内，隱行弗彰。中外式孚，允也其臧。雝雝和鳴，禕衣編飾。大邑之封，視夫之秩。謂宜百年，黄髮偕老。天胡不相，中道而夭。歸旐翩翩，江流瀰瀰。魂兮何之？與水俱逝。酒殽既馨〔二〕，用祖其行。薦以斯文，以寓哀誠。

校記

〔一〕正德本題下有「文」字。以下各篇同。「縣君」，婦女封號。唐制，五品母妻爲縣君。宋因之。

〔二〕「酒殽」，四庫本「殽」作「餚」。「殽」、「餚」古通用。

祭思睿

嗟乎思睿，命奚止於斯耶？昔始同學，君方妙年。氣呑青雲，俊譽藹然。堂堂英姿，謂宜壽考。天胡爾嗇，中道而夭！競時多艱，未充其志。身後之嗟，孀親遺稚。適子之館，升子之堂。追念平生，顧瞻彷徨。尚想音容，恍兮在傍。欲與之言，即之而亡。有肉在俎，有酒盈觴。子弗食飲，予心悲傷。長與子訣〔一〕，隔乎幽荒。寓辭以奠，涕落沾裳。於戲已焉，曷日而忘？

校記

〔一〕「訣」，正德本作「决」。「决」、「訣」古通用。

祭吕侍講

宋興百年，世秉國鈞。篤生異人，惟兹世臣。時逢清明，與國休戚。身雖竄流，心在王室。伊昔師門，實傳聖學。道隆德尊，爲時先覺。嗟予晚進，鼠目獐頭。公不鄙予，進與之儔。吾道之窮，公其已矣。河流混混，貫以清濟。胡不憖遺〔一〕，以佑斯文？下民其咨，昊天不聞。臨風一慟，心志俱摧。公乎若存，其知我哀。

校記

〔一〕「憖遺」，各本「憖」作「慭」。「慭」是「憖」的俗字，今統改作通行的「憖」。

祭陳瑩中

嗚呼〔一〕！天生我公，爲時元龜。精貫白日而無以自表，氣包宇宙而不容於時。止或尼之，非人能爲。嗟一跌而不振，卒困死於流離。賴遺言之未泯，導原委而東之〔二〕。念生死之永訣，悵南北之差池，徒反袂以長號，淚淋浪而沾衣。公乎不亡〔三〕，其知我悲。

校記

〔一〕「嗚呼」，正德本作「於戲」。

〔二〕「原委」，正德本作「源委」。

〔三〕「不亡」，正德本作「不忘」。

祭游定夫

嗚呼定夫，學通天人而時不用，道足濟天下而澤不加乎民。今其已矣，夫復何云！悵百年之永訣，猶想見其音塵。

念昔從師，同志三人，今皆淪亡，眇余獨存。雖未即死，而頭童齒豁，煢然孤立而誰憐〔一〕？嗟吾先生，微言未泯，而學者所記，多失其真。賴公相與參訂，去其訛謬，以傳後學。書往未復，而訃已及門〔二〕。嗚呼悲夫！宜任其責者復誰歟？斯言將泯滅而無傳歟？抱遺編而求之〔三〕，悼此志之不伸。重念南北相望，不得憑棺一慟，徒隕涕而馳神。余言之悲，聞乎不聞？

校記

〔一〕「而誰憐」，正德本作「而誰與鄰」。

〔二〕「而訐已及門」，萬曆本「已」原作「之」，正德本、正誼堂本、叢書集成初編本作「已」，是。今據改。

〔三〕「求之」，正德本作「永嘆」，義較長。

祭劉器之

嗚呼我公，惟德是孚〔一〕。秉義直行，與天爲徒。元祐之初，聖賢相逢。位冠七人，爲時宗工。道大不容，遷於南服。劫火洞然，不燼惟玉。時方清明，仁賢彙征。昊天弗吊，喪我正臣〔二〕。銜觴一慟，匪以其私。侑食以文，其知我悲！

校記

〔一〕「惟德是孚」，萬曆本「孚」原作「仔」，失韵，誤。正德本作「孚」，與「徒」字相叶，是。今據改。

〔二〕「正臣」，弘治本、正德本作「元臣」。

祭鄒侍郎

於戲！天爵之尊，天宜嗇之。奚爲於公，獨厚錫之？大鈞賦物，實勞以生。胡反吝茲，而弗與齡？錫予之柄，尸之其誰？杳冥茫昧，理莫可推。

公昔在庭，朝陽鳳鳴。讒波弗溺，惟帝之明。建中之初，來自南荒。人争覩之，景星煌煌。秉義不回，屹如喬嶽。黄陂萬頃，莫能清濁。至言碩畫，百未一施。流離困厄，天實爲之。

公之云亡，梁木其壞。世亡仁賢，人將焉賴？生榮死哀，身詘道信。公則無憾，實哀斯人。

嗟予與公，聲氣相求。話言之出，其同不謀。頃來視公，公疾已困。匪疾之憂，國事是問。精貫白日，神其聽之。云胡不淑，而不憖遺？死而可贖，人百其身！旻天高高，邈乎不聞。道之窮矣，慟非以私。公乎不亡〔一〕，其知我悲。

校記

〔一〕「公平不亡」，各本「不亡」皆作「不忘」。「忘」疑當作「亡」。祭陳瑩中即作「公平不亡」。「不亡」義較長。今據改。

祭陳立道

於戲！以吾外祖之德，其後未有顯者。汝幼而聰穎，篤行彊學。年纔弱冠，已策名於薦書。意其大吾外氏之門者必汝也，遽止於此？何其痛耶！又使汝雙親垂白，有傷子之戚，孀妻稚子，失所依怙，何其酷耶？於戲天乎，理不可推！其命也夫！於戲哀哉！

祭陳氏十五娘子

於戲！吾聞汝言，自謂了達生死，視死如歸。又言若數盡而終，則忽然而往，使人莫知。皆以汝爲戲語，孰謂汝之卒踐其言？暮而飲酒，笑談終席，不見其有微疾，罷而歸寢，曾席未暖，而奄然已化。豈汝真能了死生，厭斯世，而將有所歸耶？抑數盡而不得不往，舍吾而逝耶？於戲哀哉！

念汝生而聰慧，長而知學，經史百家雖未能盡通，而皆曉其大旨。吾愛汝而擇其配。既得所托矣，謂宜與之偕老；云何不淑，中道人没〔一〕？於戲哀哉！

汝之四女：一在江西，三在吾閩。在江西者，卒不得而訃，而在吾閩者，已遣人報之矣。汝其知之！

於戲！汝之面目宛若在前，而不見汝之形；汝之言猶在耳，不聞汝之聲。致此薄奠，以寫哀情。號呼痛切，汝聞不聞？

於戲！吾老矣，冀汝送吾之終，今反送汝〔二〕。使吾念之，肝肺摧裂。旻天高高，號呼不聞。余何罪辜，罹此鞠凶？死生永訣，逝不可追。汝尚有知，其知我悲！

校記

〔一〕「中道人没」，正德本「人没」作「而喪」。四庫本「人」作「夭」。

〔二〕「今反送汝」，各本「反」作「返」，誤。依文意，「返」當作「反」。今改。

楊時集卷二十九

狀述

先君行狀

先君諱埴，南劍州將樂縣人也，祖諱勝達，父諱明〔一〕。先君爲人質直而信厚。其遇事接物，初若不可忤，而胸中洞然，無含怒宿怨。其治家勤約有節，雖一介不妄以與人，亦不妄取人也。自皇祖而上，世爲農家。至先君，始勵其子以學。熙寧中，某以進士出身，而先君喜不形於言色。其後，雖屏居不仕殆十年，而先君亦莫之問也。及聞其從師友之賢，磨切以德義，則充然厭其欲。其恬於榮利而樂於義方如此，蓋天性也。元祐五年十月戊戌，以疾終於家，享年六十有三。

先君娶陳氏，再娶廖氏，先先君六年卒〔二〕。有子二人：曰時，曰度〔三〕。將以某年某月某日，葬於石龜山之陰。

嗚呼！吾先君平生爲善，惟日不足。不幸少不從宦學，不得與當世賢士大夫游，故隱行弗彰。而其嗣孤某幼不肖，懼終無以成親之名，以昭示後世子孫，乃泣而書之，求銘於有道君子，藏諸幽宫，庶足爲亡者之慰云。

校　記

〔一〕「先君行狀」，明溪縣楊石安藏同治九年宏農楊氏房譜題爲先君永謀行狀，文後落款有「不肖子時拜撰」等六字。

〔二〕「先先君六年卒」，各本作「六年卒」，原無「先先君」三字，正誼堂本、叢書集成初編本作「六月卒」，皆誤。此「六年卒」承上文「再娶廖氏」，顯誤。據黄譜載：「神宗元豐八年乙丑（1085），公年三十三，在徐州。七月，丁繼母憂。」又：「哲宗元祐五年庚午（1090），公年三十八，在虔州。十月戊戌，丁正議憂。」這説明楊時父卒距繼母廖氏卒前後「六年」，「六年卒」前顯然刊落「先先君」三字。「先某某×年卒」這種寫法，行狀、誌銘常見。如本書卷三十遊執中墓誌銘：「夫人江氏，……先先生十年卒。」（「先生」指游執中）。」今在「六年卒」前補「先先君」三字，文意就顯豁無誤了。

〔三〕「有子二人：曰時曰度」，「時」、「度」二字原均作「某」。前一「曰某」是照應上文「先君娶陳氏」

的，據明溪縣楊石安藏同治九年宏農楊氏房譜卷□載：「埴公妣陳氏生一子時。」今據改。後一「曰某」是用來諱稱廖氏所生之子即楊時的同父異母弟的名字的。楊時王母朱氏墓誌云：「楊父諱明，有子五人。曰埴曰益，夫人之出也。孫男六人：曰助、曰夢、曰時、曰度、曰州僕、曰二僕。」此未明言此六人各爲何父所生，各爲何母所出。但從文中「仲孫時」及其名字的排列次序，可以推知前二人和後二人是叔父益之子，而「度」是時之弟。今據改。

附一　永謀楊公墓誌銘〔一〕　〔宋〕游　酢

明公子諱埴公，乳名五十郎，字永謀，號誼，誥贈正議大夫。在家寢徵。承祖遺命，遇「夢三湖則止」〔二〕。歷遷三華蛟湖、池湖、龍湖，遂居焉〔三〕。妣乃居士夔公之女陳氏孺人，誥封榮德太君，夢星而孕時公。繼妣廖氏孺人，封碩人。公妣合葬龍池，金釵形。生一子：時。銘曰：

公承祖夢，柳樊村而亨。天裨其廬，三湖是營。惟忠厚以作財，獲聖子以亶明。肇萬億之麟瑞，啟千秋之佳禎。振振公姓，振振公族。爲人詠之是曩，今誦之之於公，爲然乎？以然乎〔四〕？游定夫撰〔五〕

校記

〔一〕本文萬曆本原無，據明溪縣十里鋪雪峰農場楊石安藏同治九年歸化縣楊氏修宏農楊氏房譜卷一始祖世系傳紀補。本文原是游酢所撰的墓誌銘，宏農楊氏房譜删去「銘曰」等字，或改動其他地方一些文字，把它改爲楊埴公傳，收入卷一的始祖世系傳，文後記爲「游定夫撰」。2002年明溪縣夏陽續修茂溪楊氏族譜，卷首收有弘農楊氏源流序，指出游此文是一篇墓誌銘。其言曰：「我祖埴公，勝達公之孫，明公之子也，贈正議大夫。……妣陳氏，乃居士陳夔公之女，夢星而孕文靖公。陳妣始封碩人，贈封榮德太君。繼妣廖氏，封碩人。合葬龍池，金釵形，游定夫墓誌可考也。」將樂縣吴肖在楊時——將樂之光一書中也説：「公妣合葬邑之北封出支龍池團金釵形，建安游定夫先生銘其墓。」今暫擬其題爲永謀楊埴公墓誌銘。按，古書中誌文簡練而銘文又具特色的墓誌銘，往往被後人變動幾字改寫爲傳記而收入方志的人物傳或譜牒的世紀傳。楊時爲浦城練逢所寫的墓誌銘（見附録七）和游酢爲楊埴公所寫的墓誌銘就是這樣的例子。

〔二〕本句明楊均政洪武十八年撰龜山公家譜作「子可遇三湖則止」（見同治九年歸化縣楊氏修宏農楊氏房譜卷四，明溪縣十里鋪雪峰農場楊石安藏）。今據補「遇」字。

〔三〕此數句，清毛念恃康熙二十二年癸亥宋儒龜山楊先生年譜作：「先生五世祖榮，字子江，登進士第，任南劍西鏞州司户。及解官，居州之北郊外。後遷蛟湖，再遷池湖。先生之祖明，遷龍湖。」（福建師範大學圖書館藏）

〔四〕「以然乎」，「以」前疑有缺字。

〔五〕「游定夫撰」，此四字原是同治九年歸化縣楊氏修宏農楊氏房譜所有，今照録。

附二　龜山碑文〔一〕　〔宋〕羅從彦

昔鵙夷仙，受策計研。强國富家，施有後先。維龍湖公，是以昔賢。小施之家，國則不然。大者未試，義方家傳。貽厥子孫，克光於前。成此宅兆，旺氣綿綿。刊此銘焉，垂千萬年。奉訓大夫羅豫章書〔二〕。

校記

〔一〕本文萬曆本原無，據明溪縣蓋洋鎮姜坊村謝坑楊氏藏同治九年歸化縣楊氏修宏農楊氏房譜卷一補。

〔二〕「奉訓大夫羅豫章書」，此八字原是同治九年歸化縣楊氏修宏農楊氏房譜所有。今照録。

曾文昭公行述

公諱肇，字子開，建昌軍南豐縣人。曾氏系出於鄫，少康之子曲列之始封也。更夏、商、周千有餘歲，微不見於經傳。春秋之際，爲莒所滅。其太子巫仕魯，乃去「邑」，爲曾氏。巫生阜，阜生晳，晳生參，參生元、西〔一〕，父子俱爲孔門高弟，曾氏遂有聞於世。自是復晦而不顯。又千有餘歲，至宋興，公之皇祖密公，始以文學仕太宗、真宗，爲名臣。於時薦登撫仕者，代不乏人。

至公，又以文學登進士第。調台州黄巖縣主簿。邵安簡公聞其賢，請爲州學教授。四方之士，蓋有聞風重道接踵至者〔二〕，躋門授經無虚席〔三〕。是時，上方嚮用儒臣，欲以經術造士。近臣言公經行，宜居首善之地，不宜淹留一郡〔四〕。有旨，延和殿賜對。公所陳皆上所欲聞者，酬問久之，殆將更僕矣。除崇文校書，兼國子直講。未幾，遷館閣校勘，删定九域志。改大理寺丞，同知太常禮院，權判太僕寺、殿中省。

元豐元年，除集賢校理，轉殿中丞。久之，上讀公所撰曾魯公行狀，稱善。會修仁宗、英宗兩朝正史，迺以公爲國史院編修官。中書公鞏入判太常，以親嫌罷禮官，判登聞鼓。自秦以來，禮文殘缺，先儒各以臆説，無所稽據。公在職，多所釐正。親祠皇地祇於北郊，蓋自公發之。雖衆議不同，而公獨引經辨析，詞旨精慤，故異論莫能奪。其議明堂配享，遍及五帝，初雖不合，後亦卒見施用。

官制行，除吏部郎中。每便殿引選人，上常目送之〔五〕，出殿門乃已。再遷朝奉郎。與修兩朝寶訓國史。成，錫宴。故事，非侍從官不坐殿上，特命進公。其眷遇之厚，蓋示將用公也。未幾，丁太夫人憂。居喪，哀毁瘠甚。年未四十，髭髮盡變。服除，入爲户部郎中。復還吏部，遷右司郎中，覃恩賜緋衣銀魚。

哲宗嗣位，宣仁太后垂簾聽政，用司馬温公、吕申公爲宰相，士多傅時自效，公獨挺然不爲世變所移。由是諸公益賢之，知其有常德也。以公先帝史官，故命公充神宗實録檢討官。擢起居舍人，兼權中書舍人。數月召試。即真，遷實録修撰，賜三品服。

初除，未拜命書，會除葉康直直龍圖閣，知秦州。公即上疏，論康直素不聞有可用之材，昨在陝西隨軍失亡爲多。先帝常命械繫，欲誅之，康直諂事李憲，卒賴以免，其人可知矣。正當黜退，以章先帝之明，豈可更加獎擢？執政訝不先白，言者承望，協力攻之。范公純仁在樞府，語人曰：「善人不見容，則純仁輩不可居此矣。」諸公知公議所與，咸爲之言。章請外五上，不聽，乃出視事。

門下侍郎韓公維面奏范百禄所爲不正，及有非理事十餘件。簾中怒甚，以爲輔臣奏劾臣僚，當公行具章疏，明論曲直；既無明文，何異譏毀？黜知鄧州。公不草制，兩上章論之，曰：「維執政爲朝廷別白邪正是非，真得大臣體。雖案牘不具，出於口奏，豈可便謂之欺君？大臣參與國論，臧否人物，不必一切須形文字〔六〕，顧所言當與不當，行之人心服與不服耳。今陛下責維徒口奏而已，遂謂有欺君之意。臣恐命下之日，人心眩惑，謂陛下以疑似之罪逐大臣，恐於陛下盛德不爲無損。執政大臣自此以維爲戒，無敢開口論議臧否人物，君臣上下，更爲形迹，恐非陛下推赤心待大臣之誼，亦非大臣展布四體以事陛下之道也。」竟以他舍人行下。事雖不從，士論韙之。

諫官王覿言執政，忤旨，落職知潤州。公封還詞頭，言：「覿之一身出入内外，不足爲重輕。而陛下寄腹心於大臣，寄耳目於臺諫，二者相須〔七〕，不可闕一。今覿一言論及執政，即日去之，是何異愛腹心，塗耳目，豈不殆哉？」上悟，加覿直龍圖閣。

三省議更科舉，公獨建議，以謂三代、兩漢人材之盛，風俗之美，後世莫能及者，取士以行，不專以言故也。今雖詔内外官舉經明行修之士，中第之日，優其恩典，不獨取之以言，又本其行，庶乎近古。然徒使舉之，而不由鄉里之選，又無考察之實。與斯舉者，隨衆牒試於有司，糊名謄録，校一日之長，不惟士失自重之義，且於課試之際，無以别異於衆人，則所謂本其行者，亦徒虚文而已。謂宜别立一科，稍倣三代、兩漢取士官人之法，因今之宜，斟酌損益，要之無失古意而已。至於投牒乞試，糊名謄録之數，非古制者，一切罷之。待遇恩數，盡居詞賦、經義等科之上，庶使學者尊經術，惇行義，人人篤於自修，則人材不盛，風俗不美，未之有也。」

太皇太后受册，有司檢用章獻明肅太后故事，當御文德殿。公奏疏曰〔八〕：「伏見太皇太后聽政以來，止於延和殿垂簾視事，受契丹人使朝見，亦止御崇政殿，未嘗出踐外朝。蓋外朝，天子之正宁，太皇太后崇執謙德，不欲臨御，以爲天下後世法。推此言之，受册外朝，殆非太皇太后之意，特以故事當然耳。竊詳故事，天聖二年，兩制定皇太后受册於崇仁殿。仁宗自出聖意，特詔有司改文德殿，此蓋人主一時之制，非典法也。願下明詔，屈從天聖二年兩制之義，受册於崇政殿，仰稱太皇太后克己復禮謙恭抑損之盛德。」中批：

「令學士院降詔如公所請。」

是歲坤成節，禮官建議於崇政殿上壽。其升殿賜酒，并文武百官拜表班次，並用天聖三年故事。三省、樞密院時降朝旨，不全用天聖三年故事及有司之議，乃引九年會慶殿上壽如乾元節之儀。公奏疏曰：「太皇太后昨降詔書，以謂不敢自同章獻太后。今此舉似與前後本末不相稱，殆非太皇太后之意，特執政大臣出於不思耳。」疏入，從之。

公之晝規，太母之聽言，前古靡儷焉。非主聖臣直，寧有是夫？

皇太妃親屬有韋城縣民侯偁者，負官錢，内批特與寬展納錢年限。公言：「此在縣官，事至微末，恐不足以上煩詔旨，以啓倖門。」又言：「近日頗有干求内降特與差遣者。此雖末足仰累二聖大公至正之德，竊恐僥倖之人轉相扳援，煩瀆聖聽，杜漸防微，宜自今日。」

仍録仁宗戒敕内降八條以進，乞置之座右，少助省覽。

奉使契丹回，道過雄、瀛二州，百姓各經國信使副陳述役法不便事。公言：「臣於役法本不詳知，乞明詔有司更加考察，不憚增改，歸於便民而後已。昔在熙寧中，更定役法，臣兄布實與其事。臣今言之，不爲無嫌，但承乏從官將命出使〔九〕，親見二州之民有所陳述，不敢顧避隱默爲自全計也。」

又言：「臣以使事還至河北，聞朝廷命王孝先開孫村口，回河東流，復故道。及見運使謝卿材，言河流稍入地中，無可回之理，但當閉塞支流，縱之北去，正是行其所無事。卿材嘗畫八事聞於朝〔一〇〕，簡易明白，似有可采。乞下水官及河北監司公共講求，及卿材所陳利害，孰爲得失，具奏朝廷，擇其善者，斷而行之，庶使論議早定。繼聞召都水使者王孝先、河北轉運使謝卿材、判官張景先赴三省詢究利害，而三人所論不同。朝廷未敢臆決，遣官行視。然詔書但令相度孫村口有無，未及利害〔一一〕。如孫村口不可修，即於不近界河踏逐一處。則是雖曰遣官行視，而必欲回河之意，已先定於廟堂之上矣。然則遣二近臣，從數十官吏，銜命而出，不知果何爲也？」及二近臣還奏如卿材說，遂出孝先知曹州，徙景先陜西路。公力疏其無罪〔一二〕，執政不得已，爲之改命。至紹聖初，時論益主東流，而河回輒決，公私受弊，卒如公言。

秦王後止襲公爵，詔有司議所當立。公言：諸侯有國，子孫以嫡相承，禮也，況承亮先朝所立，傳國再世，可復議移奪乎？

四年春旱甚，中丞李公常請罷春宴，執政難之。公率彭公汝礪上疏曰：「天灾方作〔一三〕，民食未充，正君臣側身畏懼憂恤百姓之時，乃相與飲食燕樂，恐無以消復天變，導迎和氣。」翼日，有旨罷宴。二公在朝議事，數與時忤，至是浸不容矣。當是時，丞相范公純仁、左丞王公存，論議多是〔一四〕，與二公合。異意者欲盡去之〔一五〕。會有以蔡丞相確安州詩上者，諫官交章以爲謗訕，謫新州。范、王二公争之不能得，同時罷去。

先是，公與彭公約：當制者必極論之。會公除給事中，未拜。彭公當制，言甚力。諫官多前日與公論異者，言彭公實公使之，誣以賣友。公不自辨，固辭新命。請外，章四上，除寶文閣待制〔一六〕，知潁州〔一七〕。明年，徙齊州。未至，改陳州。在潁，濬清河百餘里，以通東南物貨。人至今賴之。部使者議開八丈溝，疏陳、蔡積水。潁人素以爲患，公拒其議〔一八〕。使者以語訹公，公復移書折之。及徙陳，執論益堅，人於是知公非私於一州也。

越明年，移知應天府，兼南京留守司。守當東南孔道，士大夫舟車銜尾結轍而至，平時宴勞無虚日。公曰：「飾厨傳以邀往來之譽，吾不爲也。」乃積公帑之餘，大興學校，親加訓導，養成人材爲多。居數月。除中書舍人，命格不下。

七年秋還朝，守尚書禮部侍郎。是歲，哲宗初祀南郊，有詔合祭天地，如祖宗故事。

公守前議論之，語甚厲。不報，乃拜章自劾。徙刑部，不拜，請去不已。降知徐州。在徐數月，徙知江寧府，兼江南東路兵馬鈐轄。紹聖初，徙知瀛州，充高陽關路安撫使。

哲宗既親政，追用舊臣，盡復熙、豐之法，數稱公議禮有守〔一九〕。及公入對，口不及垂簾事，所陳皆國家大體。嘗謂：「人主雖有自然之聖質，必賴左右前後皆得其人，以爲立政之本。唐太宗平定四方，有志治道，時引虞世南等聚於禁中，號十八學士。退朝之暇，從容燕見，咨詢無倦，或至夜分，是以後世言治，獨稱『貞觀』〔二〇〕。臣謂宜於此時慎選忠信端良、博古多聞之士，置諸左右，以參謀議，以備顧問。與夫深處法宫之中，親近褻狎之徒，其損益相去萬萬矣。」忤貴近意，故不得留。

是時，元祐諸公皆流竄嶺表，最後謫前史官范祖禹等，以實録譏訕爲罪。初，實録成，公與陸佃、林希以嘗在屬，例轉一官。公奏：「今臣不逮成書，不可因人之功以叨賞典。」累辭不許。至是，希爲中書舍人，納所遷官，在職。公恥自陳以覬幸免，遂與佃俱奪一官，降小郡。以公知滁州。御史言希不當與公異；佃與奏書，不當與公同。仍削佃職，除公集賢殿修撰，守滁。歲滿，除知泰州。又二年，徙海州。

元符三年，上皇即位，欽聖太后權同聽斷。一日，二府奏事簾中，宣諭曰：「先帝在宫中，嘗稱曾某可用。魯公爲樞密，實與聞之。」先帝謂神宗也。召還，除中書舍人。即日請對，言：「治道在廣言路而已。祖宗以來，數詔百官〔二二〕，使以次對。神宗舉而行之於熙寧之初，以興起事功，爲後世法。願陛下迹神考之故事，修轉對之制，下不諱之令，明詔百官，下及民庶，得極言時政，無有所隱。然後擇其善者而行之，且報之以賞，大則加以爵秩，小則錫之金帛。其言不足採，若狂妄抵牾者〔二三〕，一切置之，不以爲罪，庶以鼓動天下敢言之氣。」

會日蝕四月朔，故事，當降詔求直言，特命公草詔。因具著所以言於上者，敷告中外。於是投匭者日以千數，故上得盡聞天下事。大臣有欲害公者，未有以發，乃改公所撰孔平仲復官制詞，著平仲譏訕先烈之罪，激之使自辨，因以擠之。公録二詞白上，言：「陛下既赦其罪，俱當明著聖恩叙復之意〔二三〕，不必更載前來貶謫之罪。萬一可用，用之，如不可用，則臣爲不稱職，即乞罷臣中書舍人職事〔二四〕，以允公議。」上察其非罪，促令赴省供職。及對，慰諭久之。

元祐士大夫再以赦甄叙，或復舊職，典方面。公奏：「生者蒙恩已厚矣，唯是游魂枯骴〔二五〕，未蒙聖澤，死而有知，豈得無望？請如寇準、曹利用故事，檢會臣寮昨已死被追貶或貶死未經叙復者，還其所奪官職及本蒙恩澤。」又乞如祖宗朝，每大赦後，置看詳編配罪人一司，命官典領，使流竄廢錮之人均被恩施〔二六〕。皆見納用。由是上恩溥及存没矣。

累遷朝請大夫。擢翰林學士，知制誥。又數月，兼侍讀。上嘗從容謂公曰：「卿學術在廷無過之者，非玉堂之上不可以處卿。」公頓首謝，因言：「近世帝王善爲治者莫如唐太宗，善言治者莫如唐陸贄。太宗貞觀之治，論者謂庶幾成康，史官掇其大者，别爲一書，謂之貞觀政要。陸贄事唐德宗，知無不言，言無不盡。要其歸，必本於帝王之道，必稽於六藝之文。此二書，雖一代之文章〔二七〕，實百王之龜鑒，伏願陛下退朝之暇，紬繹經史之餘，取此二書，置之坐右，留神省覽。發言行事，以此爲準，庶於盛德有補萬一。」又言：「伏睹詔書，知州軍辭見，與文臣帶一路兵鈐及監司職任者，並須上殿指揮，皆罷而不行〔二八〕。臣愚〔二九〕，竊所未諭也。今陛下初即尊位，方當厲精爲治，日接群臣以廣聰明，以通衆志之時，而遽有此變更，竊恐四方聞之，或意陛下倦於咨詢，或意陛下略於待士。而爲一監司長吏者〔三〇〕，亦將苟且因循，無自勵之志，非所以崇德美、興治功也。」給事中二人相繼封駁〔三一〕。除月，三省進呈，令中書舍人書讀行下。公言三省各有職守，不相侵逾。門下所以駁正中書違失，故中書舍人不兼給事中職事，恐因此隳壞官制〔三二〕，有損治體。

諫官陳瓘以言及東朝與政事被謫，公適館伴虜使事畢還家〔三三〕，即奏書兩宮曰：「瓘昨日所論，臣雖不知其詳，以詔旨觀之，瓘言雖狂，其意則忠。何則？瓘以疏遠小臣，妄意宮闈之事，披寫腹心，無所顧避，此臣所謂狂也。皇太后有援立明聖不世之大功，有前期歸政過人之盛德，萬一有纖毫可以指議，則於清躬不爲無累。瓘以愛君之誠，陳預防之戒〔三四〕，欲以開悟聖心，保全盛美，忘身爲國，臣子所難，此臣所謂忠也。昔東漢明德馬皇后常謂章帝曰：「吾但含飴弄孫，不復關政。」章帝亦能不顧所生，極其尊事之禮，故一時母子之賢，著之史册，爲後世法。本朝慈聖光獻皇后歸政之後，游心物外，歷英宗、神宗兩朝，功隆德盛，稱美至今。」公所以處上母子之間，委曲詳盡，有人所難言者，不可縷載也。初瓘得罪，左右無敢言者，公獨盡言，請復瓘舊職。其犯顔嬰鋒〔三五〕，率此類也。

先是，禮部議哲宗升祔，宜於太廟殿增一室。公獻議稱：「書、禮記皆云七廟。國朝自僖祖而下至仁宗始備七世。故英宗祔廟，則遷順祖，神宗祔廟，則遷翼祖，三昭三穆，合於典禮。今大行皇帝祔廟，當與神宗爲昭穆。上遷宣祖，以合禮文七世三昭三穆之誼。」時爲禮部者方執政，故公議見絀。時議者又言，上當爲哲宗服期從兄弟之服。公在邇英，讀史記至「堯崩，三年之喪畢」，因言堯、舜同出黄帝，舜且爲堯喪三年者，舜嘗臣堯故也。」侍讀温益進言曰：「史記世次不足信。若堯、舜同出，則舜娶堯女，爲娶從祖姑。」公以史記世次、禮記祭法、大傳之説質於上前，益語塞。時有陳大中至正之論者，以元祐、紹聖均爲有失。魯公稱上命，命公推此意爲詔，明諭天下。公見上，言：「陛下欲建皇極以消弭朋黨，須先分君子小人，賞善罰惡，不可偏廢。」開説甚至。已而詔自中出。

上命魯公相，公適視草禁中〔三六〕，因舉數事爲戒，所謂休息百姓，總核庶工，甄叙材良，敦奬正直，澄清風俗，振肅紀綱。退與魯公言，未嘗不丁寧反復以此也。本朝學士，弟草兄制，惟韓氏與公，無他比也。士論榮之。而公獨以滿盈爲懼，力祈補外。章三上，三請對。引祖宗朝學士許避親嫌故事，期於必得。上面諭曰：「朕初即位，首召用卿，豈可遽求出也？」除龍圖閣學士，提舉中太一宫，兼集禧觀公事，修撰哲宗實録，仍侍讀如故。懇辭逾月，不受命，請郡益確。上封還乞外奏，迺出稱謝，然猶申前請。上固彊之，故退而奏詔。

朝廷更茶法，内侍閻守懃主之。公謂與民争利，不可爲。是時守懃方用事，勢傾中外，非守義弗渝，無敢忤其意也。

元年，太史復奏四月朔太陽當蝕。公請對，言：「今連年日蝕，皆在正月歲旦之夕，赤氣亘天，變不虛生，必有所自。」因陳天人精祲之説，至誠懇激，言發涕下。退，力請外，得知陳州。徙知太原府，充河東路經略安撫使。公奏：「西事素非所習，且臣兄布嘗與措置，議論之際，不無妨嫌。」力辭不赴。改知南京。公前自陳徙宋，遺愛未遠，是行稚耋送迎，交於境上。宋人聞公再來，歡動城邑。徙知揚州，兼淮南東路兵馬鈐轄〔三七〕。到官一日，徙知定州路安撫使。會元祐士大夫再被降黜，公義不獨全，請與俱貶。言者繼之。落龍圖閣學士，謫知和州，道除舒州靈仙觀，時崇寧元年七月也。

魯公已罷政，言路率公素所不合者，未敢誦言排公，迺言元符末有外臣上書議及宫禁，因疏大臣數人嘗有是議，而竄公名其間。坐奪兩官，徙居岳州。明年秋，治上封事異趣者千餘人，因追咎公草求言詔，貶濮州團練副使，汀州安置。在汀二年，杜門不與人接，日閲書數卷而已。室内僅容一榻，坐卧其中，若將終身焉。人不堪其憂，而公處之裕如也。

手詔左遷官例許内徙，移公台州。魯公亦自衡徙舒，會於途中。未及徙所，又例還爵秩，授公散郎，與魯公還居潤州里第，戴白相從，人所歆慕。歲餘，二公同時寢疾。公遽命諸子，以生不及養太師，殁必返葬其墓下。自是旬日語不及家事。魯公薨翼日，公亦不起，實大觀元年八月丙辰，享年六十一。

累勳上護軍，封曲阜縣開國子，食邑五百户。八寶恩追復朝請郎。後再以恩復朝請大夫、集賢殿修撰。

公天資仁厚，而剛大之氣，睟然見於顔面。望之若不可犯，而即之則温然可親，不問知其爲盛德君子也。與人交，無遠近疏戚之間，不爲虚詞飾貌，一以誠意。引掖後進，惟恐不及。一經品目，人人自好。自少力學，於六經百氏之書，無所不究。含英茹實，以畜其德，非如世儒徒摭其華，雕繪組織爲辭章而已。經綸之業，蓋其素所藴積也。故其在朝，則以論思之責爲己任，出藩於外，則所至有成績。瀛州救荒之政，全活者不可以數計。至其受代，則民挽留之，圮道、闔門而不得去。更十一州，若此類不可悉數。然在公爲不足道，故略而不載。

平居於物無所嗜，惟藏書萬餘卷，手自讎校，終老不倦。窮探博取，無所遺忘。雖虜中山川道里〔三八〕，遠近夷險，無不洞悉，與虜使語〔三九〕，道其委曲，皆大驚服。及自朐山還朝，某宫某送伴虜使〔四〇〕，使者語某曰：「昨朝會日，執某事者，非曾舍人耶？吾聞其名久矣。」

其爲夷狄欽慕如此〔四一〕。

家素貧，未嘗屑意有無，而以字孤振乏爲急。由布衣以至處顯，視其居處、被服、飲食，無少異。歿之日，陳無新衣，薦無完衾，帷帳器用敝惡〔四二〕，闔門千指無所歸。聞其風者，雖庸夫賤隸，皆嘆息爲之泣下。諸孤卜以二年十一月，葬公於南豐縣世賢鄉梅潭之原，遵治命也。

曾祖諱仁旺，累贈太師、沂國公，曾祖妣陳氏，楚國太夫人。祖諱致堯，尚書户部郎中、直史館，贈太師、密國公，祖妣黄氏，趙國太夫人。考諱易占，太常博士，贈太師、魯國公，妣周氏，周國太夫人，吴氏，吴國太夫人，朱氏，魯國太夫人。娶張氏，累封和義郡君，尚書祠部郎中、二司户部判官諱至之女也〔四三〕，有賢行，能宜家。

有子八人：長曰緄，通直郎，知揚州天長縣丞事；次曰縱，承事郎，監太平州蕪湖縣酒税務；絢，宣義郎，監衮州東嶽廟；統，將仕郎，監應天府柘城縣税務；緘，將仕郎，監睦州酒税務；緯，承務郎，權知泗州招信縣丞事；續、纁舉進士。女四人：長適宜德郎王律，次適宣義郎劉佇；二尚幼。孫男二十人：悰、恪、慥、悦、懷、悟、愔、悌、恂、愖、怡、恢、恉、憚、憓、忳、惔、懍、懊、憺。孫女六人。

公以文學擅名，自結主知，朝廷每修一書，必以公爲選首。自仁宗至哲宗四朝大典，公悉與焉。有曲阜集四十卷，外集十卷，奏議十二卷，邇英殿故事一卷，元祐外制集十二卷，庚辰外制集三卷，内制集五卷，尚書講義八卷，曾氏譜圖一卷。

公殁逾二十年，今天子即位，盡還元祐貶死人官職，復公龍圖閣學士。紹興二年，賜謚文昭。公久在論思之職，參訂國論，獻替爲多。兵火之餘，朝廷載籍，焚滅殆盡。雖至言顯行著在天下，然日月逝矣，恐浸久或失其傳，故掇其大節而詳著之，以備異日史氏採録焉。

校記

〔一〕「元、西」，萬曆本「元」作「兀」，誤。今據正德本、正誼堂本改。

〔二〕「蓋有聞風重道接踵至者」，正德本「重」之下無「道接踵」三字。

〔三〕「躋門」，四庫本作「登門」。

〔四〕「淹留」，萬曆本「留」原作「溜」，誤。今據正德本改。

〔五〕「目送」，萬曆本作「自送」，誤。今據正德本、正誼堂本改。

〔六〕「一切」，正德本作「一一」。

〔七〕「二者相須」，萬曆本「二者」作「一者」，誤。今據正德本改。

〔八〕「公奏疏曰」，萬曆本原無「公」字。今據正德本補。按，下文亦有「公奏疏曰」的用法。

〔九〕「將命出使」，萬曆本「將」之下原無「命」字。今據正德本補。

〔一〇〕「嘗畫八事」，萬曆本「嘗」原作「當」，誤。正德本作「嘗」，是。今據改。

〔一一〕「未及利害」，正德本「未及」作「未盡」。

〔一二〕「公力疏其無罪」，各本「其」下脱一「無」字，疑是「公力疏其無罪」之誤。今依文意補。正誼堂本「力」作「方」，誤。

〔一三〕「天災」，萬曆本作「天菑」，此爲「菑」之誤。正誼堂本作「天災」，是。今據改。

〔一四〕「論議多是」，正德本無「多」字。

〔一五〕「異意者欲盡去之」，四庫本作「於是乃欲盡去之」。

〔一六〕「寶文閣待制」，萬曆本「待制」作「侍制」，誤。今據正德本改。

〔一七〕「潁州」，萬曆本作「頴州」，誤。下「潁」字同。按，潁州，北魏置，宋升爲順昌府。州治在今安徽阜陽縣。我國地名無「頴州」者。

〔一八〕「公拒其議」，正德本、繩祖本「拒」作「距」。「距」、「拒」通用字。

〔一九〕「議禮有守」，正誼堂本「有」作「自」，誤。

〔二〇〕「貞觀」，萬曆本原作「正觀」。此據四庫本改作「貞觀」。按，萬曆本下文「貞觀」不作「正觀」。

〔二一〕「數詔百官」，四庫本「百官」作「言事者」。

〔二二〕「抵牾者」，萬曆本「者」作「有」，誤。今據繩祖本改。

〔二三〕「明著」，正誼堂本作「著明」。

〔二四〕「即乞罷臣中書舍人職事」，萬曆本無「臣」字。今據正德本補。

〔二五〕「枯骴」，四庫本作「枯骸」。

〔二六〕「廢錮」，萬曆本「廢」作「發」，誤。正德本作「廢」。今據改。

〔二七〕「雖一代」，萬曆本無「雖」字，今據正德本補。

〔二八〕「皆罷而不行」，萬曆本「行」原作「見」。正德本作「行」，是。今據改。

〔二九〕「臣愚」，萬曆本「愚」之上無「臣」字。正德本有。當以有「臣」字爲是。今據補。

〔三〇〕「一監司」，正德本無「一」字。

〔三一〕「封駁」，正德本「駁」作「駮」。「駁」、「駮」通用字，下同不注。

〔三二〕「隳壞」，正誼堂本「隳」作「墮」。

〔三三〕「虜使」，四庫本改作「北使」。

〔三四〕「預防」，四庫本「預」作「豫」。

〔三五〕「嬰鋒」，四庫本「嬰」作「攖」，正德本無「鋒」字，誤。

〔三六〕「魯公」之下，正德本有「相公」二字。萬曆本無。今據補。按，「相」屬上句，「公」屬下句。有「相」、「公」二字，上下句意始完足。

〔三七〕「兵馬鈐轄」，萬曆本「鈐」作「鈴」，誤。正德本、正誼堂本、四庫本作「鈐」。今據改。

〔三八〕「虜中」，繩祖本、正誼堂本改作「外國」，四庫本改作「遼國」。

〔三九〕「虜使」，繩祖本改作「遼使」，四庫本改作「北使」。下「虜使」均同此例。

〔四〇〕「某宫某」，正誼堂本「宫」作「官」。

〔四一〕「其爲夷狄欽慕如此」，正誼堂本「夷狄」改作「外服」。

〔四二〕「帷帳」，萬曆本無「帳」字，正德本有。從聲音節奏看，當以有「帳」字爲是。今據補。「器用」之下，正德本有「質素」二字，爲他本所無。

〔四三〕「二司」，正德本作「三司」。

楊時集卷三十

誌銘一

王母朱氏墓誌〔一〕

王母朱氏，世家延平，居士諱某之女。楊父先娶蕭氏，夫人乃繼室也。夫人之歸，曾大父已没，獨曾大母猶存。其爲人嚴憚，不妄戲笑，躬以勤儉，畜子孫有節，專静而無嗜好，人莫測其欲。以故，左右給使鮮有中其意者。夫人事之，常得其歡心。治家事，中外輯睦。配楊父，無違德。其歲時奉祀，割牲省器，必親臨之，未嘗委諸婦，終其身不懈。生子二人。二婦皆少亡，諸孫幼失所恃。夫人朝夕撫養，必知其燠寒疾痛，綴完緝敝，悉躬爲之〔二〕。比其成人，教以義方。故諸孫卒得所恃爲成人，夫人之力也。

其天資柔静婉淑，事無小大，喜怒未嘗見於色。居常好善，惟恐有弗及，故卒受天祉，以康寧壽考終其身。逮諸孫有婦，猶執女功不替。諸子孫或止之曰：「爲母而年八十，亦可以已矣，雖不躬爲之，其憂無人乎？何自苦如是耶！」夫人從容言曰：「爲婦而執女功，乃其常也。汝何異哉？且吾雖老矣，使吾明衰而視昏，則雖欲彊爲，可得乎？吾之所以不得已者，第吾力之所能勝耳，汝何怪耶？」其後子孫雖屢止之，其志終不可奪也。

楊父諱明，有子五人。曰埴，曰益〔三〕，夫人之出也〔四〕。孫男六人：曰助，曰夢，曰時，曰度，曰州僕，曰二僕。曾孫三人：曰迪，曰迥，曰遹。女二人，皆幼。享年八十有三。熙寧十年某月某日以疾終。某年某月某日葬於白土之原。其仲孫時爲之表而告其子孫曰：

而子而孫，實繁其夥。誰其育之？王母是妥。迨其成人，棄汝而歸。寸草有心，孰報春暉？日往不復，形終此瘞。刻石墓左，以示來裔。

校記

〔一〕「王母朱氏墓誌」，萬曆本原作「楊母朱氏墓誌」，令聞本、繩祖本、四庫本「王母」亦作「楊母」。文中「王母朱氏」，繩祖本「王母」亦改作「楊母」。按，楊時自撰其祖母墓誌，當以稱「王母」爲是。爾雅釋親：「父之妣爲王母。」銘中「王母是妥」，是後人未改盡者，亦可爲證。

〔二〕「悉」，正德本作「率」。

〔三〕「曰埴曰益」，「埴」、「益」原爲避諱而寫作「某」。今查寧化延祥楊氏族譜世系傳：「楊明，字信仲，號暹公，世居龍池杉田，積德儲度，篤生賢孫。殁葬西鄉永吉都金頂山。妣蕭氏，生子三：基、誼（文字疑爲「詑」或「譎」之誤）、宣。繼妣朱氏，延平女，葬白土原。生子二：埴、益。」（轉引自將樂文史資料第三輯第3頁）今據改。

〔四〕「夫人之出也」，正德本無「之」字。

張氏墓誌銘

殿直楊君一日詣予，而告曰：「安持之皇祖考有高世之行，得無生忍法於善知識者。其事有禮部侍郎李公常、朝奉郎劉公誼之銘文可考，不誣也。二公皆當時顯人，而一言之出足以信後世，則雖没不朽矣。獨念吾母氏之賢，配先君無遺德，而其没也，不克銘以葬，使閨門隱行湮滅而無聞，將無以昭示後世子孫，用是爲大懼，欲以銘累公，不識可乎？」

予得二公銘文讀之，竊嘆楊氏世爲江西右族，貲累鉅萬，而其父子不以一毫入其胸次，飯蔬飲水，與遺世絶俗之士游，卒能坐亡立逝，無怛於死生之變，則其所養可知矣。而夫人事其舅以爲賢婦，配其夫以爲賢室，是宜銘。乃叙而銘之，使歸而揭之墓上。

夫人姓張氏，南康軍建昌人，居士諱某之室也。曾祖諱某，父諱某，皆隱德不仕。夫人資静淑，尤謹於事佛，樂善好施，姻族内外貧窶者必歸焉。元祐戊辰六月二十四日以疾終於家。越明年正月二十日葬於洪源之南。享年四十有二。

生男八人，女四人。長曰安道，安世、安止、安行、安時，皆業儒；曰正真，爲浮屠氏；曰安持，紹聖中以材武得官，今爲左班殿直，監杭州餘杭縣浣坎鎮，乃其次子也。銘曰：

蠢兹世人，徇物喪己。驕吝日滋，富不期侈。於惟楊氏，己物兩亡。家累萬金，視猶秕糠。允矣夫人，其德克配。刻銘墓傍，以詔來裔。

蔡奉議墓誌銘

安禮既没之明年，其族兄某以其弟亢踵門而告曰：「先兄疾大漸，顧而謂亢曰：『吾不幸至於不諱，宜以銘屬公。』今葬有期，敢以請。」予曰：「吾於安禮有平生之舊〔一〕，朋友之恩，非一朝燕游好也。自幼學以至成人，十餘年間，出處語默，無一不同者。而以銘屬予，予雖不能文，其何可辭？」乃叙其世族歷官行事始終之大節而銘之。曰：

君姓蔡，諱元方，安禮其字也，南劍州將樂人。曾祖諱某，祖諱某，父諱某。君世富貲，諸父皆浮侈，妄費殆盡，獨君之皇考能自力，不計有無，資君以學，君亦感激奮勵，焚膏繼晷不少懈，窮探博取，發爲辭章，卒以名聞於時。熙寧九年同進士出身，主饒州鄱陽簿，移福州懷安、惠州博羅縣令。因薦改宣德郎，知建昌軍南豐縣。以年勞改奉議郎。紹聖四年某月某日，以疾卒於官，享年四十四。

君爲人果毅明達，與朋友信，不詭合而妄隨，遇事立斷，不可回撓。初爲懷安。代有日，會更役法，君親爲按籍，一日而差畢。吏不得摇手爲姦利，用以爲怨。君去，旁邑吏舞籍爲隱漏，以贓敗，陷重辟，無一免者。吏始相慶，德君曰：「微令嚴而明，吾屬無類矣！」異時君過境上，故吏逆君拜庭下，以是爲謝。其在南豐，歲適大饑，流亡莩踣者相枕籍〔二〕。君爲法賑之，賴以全活者不可勝紀。君之爲政彊敏，與民爲條約，嚴不可犯〔三〕。然簡節而疏目，民亦易避也。其破姦剔蠹，必鋤盡根穴乃止，故所至有風績。吏畏其威，而民安樂之也。

某年某月某日，葬於下山之麓。君娶鄭氏，生二女〔四〕。再娶黄氏。無男，以其弟之子某爲後。昔君每以書抵予，未嘗不以是爲憂。今其已矣，悲夫！銘曰：

謂天爾嗇兮，胡德之純？謂天爾厚兮，後胡不蕃？憑大靈兮騎雲，款天閽而上訴兮，邈乎不聞。惟有德爲不朽兮長存。後欲有考兮，視此銘文。

校記

〔一〕「有平生之舊」，四庫本「舊」作「善」。形近之誤。

〔二〕「莩踣」，四庫本「莩」作「殍」。「殍」、「莩」古通用。「枕籍」，正德本「籍」作「藉」。

〔三〕「嚴不可犯」，正德本、繩祖本「嚴」作「而」。四庫本無「嚴」字。

〔四〕「生二女」，萬曆本原無「二」字，今據正德本補。

俞氏墓誌銘

夫人俞氏，予伯父諱基之繼室也〔一〕。曾祖諱英〔二〕，祖諱懷選，父諱守瓊，世爲南劍州人。自皇考而上，隱德不仕，以賁傑其鄉。子弟始皆業儒，爲名進士。

夫人端静嚴飭，不妄笑語。雖遇子弟，未嘗有戲慢之色。治家勤約有節。中饋之事，必身親之，至老不懈。初，伯父亡，子尚幼，夫人以孀稚自營，攻苦食淡，仰取俛拾，卒克有家。子孫賴之，不墜先業。

元符三年十有一月甲戌，以疾終，享年七十有二。伯父有子五人，其二夫人出也，曰昞，曰允蹈。崇寧元年九月丙申葬於龜山之陰。始夫人疾革，予方以漕檄竊食清流。比歸〔三〕，省之床下，已不能言，猶頷之，若有囑予者。嗚呼！意欲何言耶？於其葬，乃泣而銘之。銘曰：

陰静而嗇，兹理之常。無非無儀，婦德乃光。淵哉夫人，展也其臧。刻銘幽宫，以示不忘。

校記

〔一〕「予伯父諱基」，萬曆本「基」原作「某」，今改。按，伯父諱基，見本卷王母朱氏墓誌校記〔三〕。

〔二〕「諱英」，道南祠重補修本「英」作「央」。

〔三〕「比歸」，正德本、繩祖本作「北歸」。

游執中墓誌銘

昔吾爲太學生，吾友定夫嘗爲余言其族父執中先生之賢。余聞而心識之，願見而未之得，蓋三十年餘矣。建中之初，余被檄貳令於其鄉邑，始獲從之游。聽其言，稽其行，參之於其所學，信乎定夫之所稱，無一辭溢也〔一〕。於是相與爲忘年之交，而恨相得之晚。先生既没逾數年，而吾友定夫復狀其行，致其子處道之意，請銘於余。余何可辭？

先生諱復，字執中，姓游氏，世爲建州建陽人。曾祖諱惟真，祖諱耿，父諱仲孫，皆隱德不耀。先生資孝愛，總角已知彊學砥礪，竭力以養其親。家乏，無經月之儲，而親意未嘗一日不怡。族父元，聰明有精識，於子弟中尤器之，見謂有特操〔二〕。既壯，學益富，行益修。鄉里旁郡見者悚服，聞者悦而信之，多遣子弟從之游，遠近相屬也。其學以中庸爲宗，以誠意爲主，以閑邪寡欲爲入德之途〔三〕，常以晝驗之妻子，以觀其行之篤與否也，夜考之夢寐，以卜其志之定與未也。其與人謀，委曲周盡，不啻如在己。其教人，禁切其不善而開其善，鐫諭之詳，不少回隱，不啻如其父兄，故聽其言者，初若難入，然終察其爲愛己也。亦或以忠誨成懟憾，先生終不改，曰：「寧人負我，我無負人。」蓋直道不苟，其自信然也〔四〕。以故鄉曲之士嘗受經其門者，往往率德自好，讀書亦求心到自得以善其身。其成就人才，蓋非碌碌口耳之習也。少不事舉業，晚徇親意，一舉於有司，不第而止。以某年某月某日終於家，享年六十有五。

夫人江氏，宣德郎汝舟之女。配於君子，能致婦順，以得舅姑之懽心，先先生十年卒。子男三人：處道，舉進士，亦遵遺訓，不敢失墜。處仁、處厚早卒。女一人，既嫁未兩年而嫠，守義不改適，皆其醖藉然也〔五〕。處道以某年某月某日葬先生於歷衝之原。

先生貌温而氣和，望之如枯木槁灰，而堅挺之姿，睟然可見，不問知其爲常德君子也。道廢千有餘年，謬悠荒唐之辭盈天下。學者師其言、尊其道而侈大之，非徒雕龍炙輠而已。夷考其所知，未有能躐其樊者也。冥行之徒，猶擿埴於康莊之衢，眩然莫知其止，故物我異觀，天人殊歸，而高明、中庸之學，析爲二致。士於斯時，欲肄業考疑則無其師，資以輔仁則無其友，而枝辭蔓説亂經矣。先生德足以私淑諸人，學足以垂世傳後，而士之欲求師友者，宜莫如先生也。不幸老死於窮閻陋屋之間，而不大顯於時，可哀也。銘曰：

於戲先生，珪璋之珍。韞質不耀，器藏於身。多文之富，曷云其癯？學無欲淆，惟道之腴。以此易彼，孰云不臧？人難弗堪〔六〕，潛德愈光。歷衝之原，望之繹如。遺風若存，百世不渝。

校記

〔一〕「辭溢也」，四庫本「溢」作「虚」。
〔二〕「見謂有特操」，四庫本無「見」字，民國本「見」作「且」。
〔三〕「閑邪」，四庫本「閑」作「閉」。
〔四〕「自信」，正德本作「自性」。
〔五〕「醖藉」，繩祖本、四庫本「藉」作「籍」。
〔六〕「弗堪」，四庫本「弗」作「不」。

鄒堯叟墓誌銘

先生諱棐〔一〕，字堯叟，姓鄒氏，其先出於魯國之郰。唐季之亂，避地閩中，故今爲邵武軍泰寧人。曾祖某，祖某，父某，皆不仕。

先生自少有文名，尤工詞賦。比壯，游四方，始從中山劉公先生彝爲學。六經之旨，百氏之書，無不該洽。旁穿曲貫，各得其宗。汪洋大肆，發爲文章，遂以名聞於時。

嘉祐中，登進士第，調淮陽軍司理參軍。丁父憂。服除，再調南劍州劍浦縣主簿，監建州買納茶場。移福州閩清縣令。用薦者改宣德郎，知宣州宣城縣。元祐四年二月十八日，以疾卒於官舍之正寢，享年五十有八。

先生爲人重厚寡言，雖家人未嘗見其喜愠。貌温而氣和，遇事堅正，不可以非義回屈。初在淮陽，卒有受杖不服而肆言，守怒，欲斬之，議不決，以其事付先生。已而復欲遂前議，先生不受令，守益怒。先生以爲事在有司，則有常法，執之不移。士論韙之。其莅官臨民，雖冗職必盡力，故所至有風績。其決獄聽訟，鈎考簿書，赴期會，他人觀之若不勝其煩，先生處之裕如，手未嘗釋卷也。故其用志益深，學之所造者遠矣。

先生既没，子尚幼。大觀元年十二月十五日，始克葬於常州宜興縣善奉鄉横山村黄宗塢之原。娶劉氏，先生彝之女也。子男若干，曰某，曰某。

嗚呼！先生學充其志，而用不究其才。一時朋游共學者登顯仕，居要津，視其顛仆，忍不一引手提掖之，卒以窮死！噫，命矣！其尚誰尤？故叙而銘之。銘曰：

有美斯人，君子儒兮。純明篤實，允式孚兮。胸中之藏，羅瓊琚兮。位卑德尊，慘莫舒兮。汗血龍駒，縶荒嶇兮。雲帆蔽天，膠沮洳兮。天地吸噓，鼓洪爐兮。鑄物範形，曾莫圖兮〔二〕。自爾遭之，人莫如兮。既厚爾德，孰云癯兮？黄宗之原，安此居兮。鏤石紀辭，永不渝兮〔三〕。

校記

〔一〕「諱棐」，各本作「諱某」。康熙十一年重修寧德縣志卷八人物志云：「鄒棐，字堯叟，熙寧六年進士第。始學於劉彝。元豐初寄寓將樂，龜山楊時素慕其人，從之游。終宣城宰。有德政。楊時所作哀辭，見藝文類儒林傳。」今據改。

〔二〕「曾莫圖兮」，萬曆本「莫」作「草」，誤。四庫本作「莫」，是，今據改。本書卷二十八哀鄒堯叟作「莫」，可參看。

〔三〕「永不」，正德本「不」作「無」。

吴國華墓誌銘

延平據閩之要津，號稱多士。而以學行著聞鄉閭者，吴氏有三人焉：曰某，字及之；曰某，字季明，而審律先生其一也。當嘉祐、治平之間，士方以聲律偶儷之文争名於時，而三人者，獨相與切磋，以窮經學古爲務，不事科舉，退老於家，若將終身焉。其能自拔，賢於流俗遠矣。其後季明以經行被召，不赴，授某官，而審律先生晚亦出仕，獨及之卒於布衣。

予視三人者爲前輩，而少得從審律游最厚。先生不予鄙，進而友之。今其亡也，以銘屬。予何可辭？乃序焉銘之〔一〕。

先生諱儀，字國華，世爲延平人。曾祖諱某，贈某官，父諱某，歷任某官。先生爲人剛毅篤實，洞見城府，而善善惡惡，無所容貸。其事親以孝顯，交朋友以信義著。自少篤志彊學〔二〕，老益不懈，六經、百氏之書〔三〕，蓋無所不究。窮探博取，自信不疑，尤深於詩、易，皆有成說。晚益玩心於象數、音律之學，自爲一家。有文集若干卷。崇寧五年，詔求天下遺逸，部使者以先生應詔，辭不就。已而敦迫之，乃乘驛就道。今相太師公見而説之，授將仕郎，大晟府審驗音律。未幾府罷，先生亦浩然而歸，不復出矣。大觀元年某月某日，以疾卒於家，享年若干。某月某日葬於某所。

先生娶陳氏，某人之女。無子。有女三人：長適某，次某〔四〕，皆先卒；次適某官楊某。嗚呼！吾聞有德者必有後，而先生乃無子以奉其祀，是尤可哀也已！故爲銘詩以慰諸幽。銘曰：

人孰無宗？世久則遷。惟德與名，萬世之傳。德名之孚，先生有之。不亡者存，夫又何悲！

校記

〔一〕「乃序焉銘之」，正德本「焉」作「而」。

〔二〕「彊學」，四庫本「彊」作「强」。

〔三〕「六經、百氏之書」，各本「百氏」作「百代」，誤。本卷吴子正墓誌銘曰：「自六經、百氏、古今傳記，蓋無所不讀。」卷三十二李修撰墓誌銘亦曰：「自是六經、百氏之書…………無所不窺。」皆作「百氏」。今據改。

〔四〕「次某」，正德本作「次適某」。

吴子正墓誌銘

君諱思，字子正，姓吴氏，邵武人也。曾祖諱某，祖諱某，父諱某，累贈宣德郎。母朱氏，封蓬萊、福昌二縣太君。君之皇考以上，世有隱德。至君，始以進士起家，中元豐三年第。

授蘄州黄梅縣尉。再調處州右司理參軍。俗獷悍，喜訟鬥。吏明習法令，挾以爲姦，故獄事視他郡爲難治。君敏達彊濟，吏不能欺。事至，迎刃輒解，無留獄。會昌民有誣告毒死者，縣獄具，君爲直其冤，得不死者五人。令狠愎〔一〕，訟君不已，彌年不敢決。其後更二獄，卒如君所直也。君之全活五人，法當遷秩，任事者不以聞〔二〕，而君亦置不問也。曰：「吾爲理官獄，求生，蘄盡吾職而已，無他覬也。」聞者以君爲長者。

就移和州防禦推官，知吉州吉水縣〔三〕。有老吏舞智玩法〔四〕，爲邑巨蠹，君得其狀，繫治之。吏窮迫，欲以事污君，緩其獄，鬫君之亡，謬爲家問，置金其中，囑小吏内之〔五〕。君夫人黄氏得書，覺重，疑之，却不受。君適自外至，發書得金，詰其所自，爲誣者情得，咸伏其辜。故縉紳皆知黄氏之賢，而益奇君繩家有法也。用是當路交薦之，改宣義郎，知池州建德縣。君始至，大興學校，勸農桑，教民力本。歲餘，邑大治。迄去，獄無繫囚，民到於今頌之〔六〕。以年勞改宣德郎。

上即位，覃恩遷奉議郎，賜緋衣銀魚。辟福建路轉運司管勾文字。明年，丁太夫人憂。服除，監江州廣臨監。會更錢法，日夜鳩工，赴期會，旁視若不可堪，而君獨裕如也。未幾，以課最聞，再遷承議郎。還闕，除監大觀庫。遂以疾卒於京師，大觀元年某月某日也，享年五十三。

君娶黄氏，左中散大夫某之女，封壽安縣君，有賢行，配君無違德。男一人，曰偉明，擢崇寧五年進士第，秀州崇德縣尉。女二人，長適某，次適某〔七〕。

君爲人樂易，不事表襮，居家奉親無違。兄亡，事寡嫂盡敬，畜其孤如己子。家素貧，清約自克，而賙恤族黨無吝色。内外姻睦，人無間言。

初，與侍御鄒公某、管城尉游君某友善。二人皆蚤世〔八〕，君教育其子，恤其家，卒克有立。古之朋友視兄弟，斯道廢久矣，觀公所爲，足以激頹俗也。性嗜學，自六經、百氏、古今傳記，蓋無所不讀，下逮山經、地志、陰陽、卜筮、星曆之書，浮屠、道家之説，亦無所不究，旁穿曲貫，各得其宗。爲文長於論議，尤工於詩，辭義清遠，有作者風氣。莅官臨政，務近民，不爲進趨計。明達吏治，所至有稱。士論每以用不極其材爲恨，而君處莞庫恬然也。其自守不回蓋如此。有文集五十卷、契丹西夏録十卷，藏於家。

疾且革，爲治命數百言，惟以孝弟詔其子孫，不及其他。非守死善道，何以有此？

君既没之明年，其孤奉君之柩歸，將以某年某月某日葬君於某所。道過錢塘，以尚書户部黄公之狀來乞銘。曰：「先君之友，惟公爲最厚，宜得銘以葬。」予雖不能銘，義不得辭，乃論次其平生歷官行治之大節而銘之。銘曰：

允矣吴侯，徽德在躬。閎弗大施，而卒於窮。其施惟何？二邑之思。澤卑不流，迺止於兹。其存不朽，有曄其文。銘昭於幽，以詔後人。

校記

〔一〕「狠愎」，萬曆本作「狼愎」，誤。正德本「狠」作「很」。四庫本作「狠愎」，是。今據改。

〔二〕「任事者」之下，正德本有一「隱」字，爲各本所無。

〔三〕「知吉州吉水縣」之下，正德本有一「事」字。

〔四〕「有老吏」之上，正德本有一「縣」字。萬曆本「吏」作「父」，誤。今據正德本改。

〔五〕「囑」，四庫本作「屬」。「屬」、「囑」通用字。

〔六〕「於今」，萬曆本「於」原作「干」，與「于」形近致誤。今據正德本改。

〔七〕「次適某」之下，正德本重出「女二人」三字，顯係衍文。

〔八〕「蚤」，正德本作「早」。「早」、「蚤」古通用。

楊時集卷三十一

誌銘二

陳君玉墓誌銘

大觀三年，歲在己丑，二月乙酉，居士陳君卒。越明年，其嗣孤經德不遠數千里，狀其行，走僕來睢陽乞銘於予。予雖未嘗知君也，而與其二子游，厚善。今不遠數千里來請銘，義何可辭？乃爲之銘。

君諱某，字君玉，温州平陽人也，曾祖諱某，祖諱某，以好學篤行稱於州里，父諱某，皆隱德不仕。

君爲人剛果有遠志，迪諸子以學，資其費不吝，其遇人樂易，無疏戚之間。賓至必爲具，盡歡乃已。人有善，雖小伎，稱之若不及。周人之急不責報，務盡其義，雖轄槖掃庾，不爲後日計留也。里俗尚鬼而信巫〔一〕，有以癘疫死者，必累月乃敢發喪。君之母夫人亡，舉族獻疑，欲從俗，君獨曰：「吾寧死耳，奚忍爲是耶？」其孝誠不惑〔二〕，蓋天性也。疾已革，召諸子而戒之曰：「汝等慎無析居，爲鄙俗常態。」義方之訓，死猶不忘，非篤於爲善，何以臻此？君喜佛學，而不爲求福田利益事。將屬纊，所親有爲浮屠氏者，泣涕問所欲，對曰：「庭前柏樹子。」復問，乃曰：「已在言前。」則君於死生之際，可謂安矣。享年五十有九。

娶繆氏，先君十四年卒。子男四人〔三〕：經德、經邦、經辨，皆業儒。女四人：長適繆氏，次適季氏，次適張氏。其季皆早夭〔四〕。某月某日，葬君於樂溪大嶺之原，與其室繆氏同穴。

君既没，而經邦始以上舍賜第，人皆以君不及見爲恨。而君於死生之際，猶不累其心，况其他乎？然積善之報，其後也必大，可不占而知矣。故繫之詩曰：

天之於人不可求，服田力穡乃有秋。君乎有子皆珍璆，韞匵待價千金疇。樂溪之原蔚松楸，君其無憾安此坵〔五〕。

校記

〔一〕「尚鬼」，正德本作「明鬼」，誤。

〔二〕「孝誠」，繩祖本作「至誠」。

〔三〕「子男四人」，四庫本作「三人」。按，陳君玉生男四人，女四人，「其季皆早夭」，故男僅三人之名。民國臧勵龢中國人名大辭典陳經正條作四人。今引如下：「陳經正，宋平陽人，字貴一。與其弟經邦俱從程頤游。其二弟經德、經郛，亦私淑洛學。平陽學統，始於經正兄弟。」

〔四〕「皆早夭」，四庫本無「皆」字。

〔五〕「坵」，正德本、四庫本作「丘」。

李子約墓誌銘

公諱撰，字子約，姓李氏，本唐諸王苗裔。其先恭王明，以太宗子國於曹。有子五人俊、傑、价、備、偲，遭武氏之禍，屢更封，傳五王而絕。价生齊國公臻，無嗣。獨其季偲，官止左武衛大將軍，子孫蕃延，與唐始終，迄今班班可紀。世居陳留。至公之七世祖澄爲温州永嘉令，始遷福州之連江。國初，三從祖亞荀以進士高第起家〔一〕，至三司鹽鐵判官任。

公之祖，爲應天府法曹掾，稍遷至縣令、郡守，所至有能稱，最後以國子博士守毗陵，卒於位。柩將行，州人不忍其去，共挽留之，葬横山，泣送者填道。又圖其像，歲時祠之，至今人有疾，取墳土服之輒愈，其威惠在人，久而不忘蓋如此。國博君生五子。公之皇考，其冢嗣也。娶范氏，司封員外郎亢之女。國博之喪，諸孤無所歸，范爲營室於蘇，故今爲蘇人。

公九歲而孤，執喪奉親如禮。既冠，丁母夫人憂。窶甚，家徒四壁，惟閉門自守，雖廪食不繼，澹如也。親故高之，争持薪米以餉。服除，游太學。聞南豐曾公鞏以文名天下，公往受業其門，刻意勵行，務多識以畜德，不爲進取計。南豐器其材，謂當爲世用。會熙寧五年詔郡國貢士，乃作湖水碧詩以勉其行。六年，遂登進士第。調越州餘姚縣主簿。用舉者監揚州高郵縣酒税，移江州彭澤縣令，遷鎮安軍節度推官。知河南密縣事，除澶州州學教授。考滿，薦書應格，改左宣德郎。曾魯公布帥青社，辟置公幕府。公少從南豐游，南豐兄弟三人皆登顯仕，有重望，而公尤爲翰林公所知。及從青社辟，其兄弟至以書相賀，謂幕府得忠信之士。礙吏部，格不行。青社移河間，再辟公州學教授。歲滿，除太僕寺主簿。轉奉議郎。坐乘騎誤過欽聖太后儀衛，貶饒州德興縣監酒稅。

上即位〔二〕，覃恩轉承議郎，加武騎尉，賜緋衣銀魚，通判莫州。轉朝奉郎，加雲騎尉。堂除人例不赴吏部選。公罷選，即自陳歸部，授通判永静軍。轉朝散郎。未赴，以堂除人銜罷，改授簽書泰寧軍節度判官廳公事。八寶赦，轉朝請郎。用年勞，轉朝奉大夫，加驍騎尉。任滿，以恩例就差通判袁州。自永静改授及罷泰寧任，或勸公詣朝廷申理。公曰：「吾每以士人老不知退爲鑒，今固躬蹈之耶？」竟不往。執政大臣賢公行，就除通判保州。將引用，遽以疾終於正寢，實大觀三年七月二十日也，享年六十有七。

公初在餘姚時，有茶商夜行，遇海舶，鉦鼓偕鳴，更相疑爲盜，持短兵格鬥，殺傷十餘人，繫蕭山獄。吏求正名不得，連年不能決。清獻趙公守越，聞公名，檄公攝縣事。公至，吏前負案盈積。公一視之，即得其情，曰：「犯時不知在律，勿論。」具聞於州，杖遣之。餘悉迎刃族解無留。未幾，邑大治。清獻益知公能，薦公可任縣。

令彭澤。縣瀕江，俗窮陋喜訟，尚鬼而信巫。公一以信義道之。晨興視事，親爲決曲直，吏簪筆立庭下，屏氣惕息，受成命行文〔三〕，無敢出一語者。久而民化服，訟日益稀。使者按行見之疑公不事事，既而勾稽帳簿，皆精緻。無毫髮疵戾可指摘。引因詰吏，吏以素不深與不能對〔四〕。公徐進，具道所以曲折詳盡，卒大喜出。

朝廷下括田令，轉運使倚法務苛擾，欲多得匿户羡田爲功。公争以爲不可。使者怒，欲劾公留令，又沮格，無得申復。翌旦且行，公抱牘徑造卧内，使者驚問，公曰：「彭澤令以公事白，願起視之。」面抗論移時，且請就劾，并解印綬去。使者度不可屈，卒從之，然怒猶不置。是時，王公安禮爲部刺史。使者還金陵，盛言公抗狀，陰激怒之，覬共置公罪。刺史反壯公所爲，曰：「縣令乃敢與部使者争衡，此必介特有守士也。」亟呼書吏，對使前草奏薦公。使者意沮，猶數陰伺短失，卒無一事可得。

巫覡有前期唱言某日某所灾者，已而果然。暴桀因緣爲姦，轉以相恐。公召群巫於庭，問以火將起狀、期日、處所，令將詣伺，有不信抵罪。又卜於城隍神祠，如所問巫言，有不然者毁廟。皆曰無有。乃下令：「敢有復假神鬼造言惑衆者，坐之！」人心悉安。

朔方士鮮知學。公爲二州教授，始得名儒爲師，士向風，翕然一變。將門子弟至褫跗注、衣縫掖爲諸生者，不可勝計。

澶淵瀕大河，自元豐初决小吴，河流不復由故道。元祐三年，始議遣使修復。公作復河賦二篇，贊明禹功，究當時利害甚悉。上之，不報，大抵言河不可復。後卒如公言。又廣孟子說，著養氣論三篇傳學者。其言深切著明，皆可考而行也。

莫當虜使道〔五〕，公至，謂宜先示以文教，迺增闢學舍，益市書，日親爲講說。士皆誦其言，化其德，初歲才五六人，未朞至十倍。崇寧詔天下興學，莫遂爲邊郡第一。其在泰寧，事無小大，悉賴公爲理。雖守將屢易，幕府號爲省事。歲水災，首議賑救，民不知有饑，公之力也。

公性簡直〔六〕，不汩於私欲〔七〕。居家友順，遇妻子以禮，閨門之内雍如也。收養孀稚，均其所有，中外無間言。不事生産，約於自奉，而周人之急，惟恐不及。交朋友，尤篤於信義。莅官臨事，以理自將，澹乎若無意於仕者。至其遇事立斷，有不便於民，雖要權必争，不少回屈，率意盡誠，亦不爲矯激之行徼名於世，雖仕莞庫必盡力，故所至人安之，既去而久益思。流落州縣三十年，位不稱德，士論惜之。而公與家人言，未嘗有滯淹之嘆，其視得喪無足介其胸中者。故天下識與不識，皆知其爲鉅人長者；及其亡，亦莫不咨嗟嘆惜。

公晚尤深佛學。前數月尚無恙，居静室，燕坐終日，對家人未嘗輒語，屏絶情累，若預有知者，間惟焚香誦佛書而已。家人私竊怪之，莫敢問。手書寒山詩一首，意若示諸子者。大抵以攻人之惡伐己之善爲戒。疾革，猶怡怡自若，卒無一言及後事。公於死生之際，安之若此，則其素所養可知矣。

曾祖諱慕玢，故任秘書省著作佐郎，贈尚書工部員外郎〔八〕。國博君諱餘慶，贈屯田郎中。考諱處常，故任忠武軍節度推官，贈朝請大夫。公娶柳氏，括蒼人，朝散郎珣之女，有賢行。生子男六人：彌性、彌倫、彌大、彌遜、彌中、彌正。女二人。彌倫以公遺奏，補假將仕郎；彌大、彌遜，崇寧、大觀間連舉，登進士第；彌大登仕郎，興仁府宛亭縣主簿；彌遜，單州司户參軍〔九〕。餘皆舉進士。長女適進士張延之，次適從仕郎廬州舒城縣尉陳温舒。孫男一人，女一人，皆幼。

公喜著述，文辭簡古，有理趣。作毛詩訓解二十卷，孟子講義十四卷，文集五十卷，史贊論五卷，藏於家。其孤將以政和元年二月二十四日葬公於横山祖塋之西，狀公之行與其族系、世次來請銘。予雖未嘗知公，而與其子彌大游。考公之行與其歷官行事始終之大節，皆足以垂世傳後。是宜銘，乃叙而銘之。銘曰：

李本嬴姓〔一〇〕，爰自高陽，天祚神堯，興於有唐。本支十三，明國於曹〔一一〕，或絶或封，惟時之遭。偲實其季，爲衛將軍，位雖不充，蕃蕃子孫。世載其德，著於毗陵，疾誰與瘳，邦君之靈。公藴大器，增光於前，匪斲匪雕，矩方規圓。問學有原，左右之逢，士得其師，靡然向風。有社有民，庇之以身，義在必争，力回千鈞。畜大不施，其行則躓，寄之去來，視猶一蜕。善無不報，不於其躬，力穡之勤，後穫必豐。矧公多子，惟公是似，責報於天，如執右契。横山之陰，有墳其墟，公則無憾，永安此居。

校記

〔一〕「亞荀」，四庫本無「亞」字。正德本「荀」作「苟」。

〔二〕「上即位」，四庫本作「上皇即位」。

〔三〕「行文」之下，正德本有「書」字。

〔四〕「不能對」，正德本「能」下有「盡」字。

〔五〕「虜使」，繩祖本改作「北使」。

〔六〕「簡直」，萬曆本「簡」原作「間」，誤。今據正德本改。繩祖本「簡」作「剛」。

〔七〕「不汩」，萬曆本「汩」作「泊」，誤。今據正德本改。

〔八〕「工部」，萬曆本原作「二部」，誤。今據正德本改。

〔九〕「司户參軍」，光緒本「司户」作「司理」。

〔一〇〕「羸」，萬曆本作「羸」，誤。今據正德本改。

〔一一〕「明國」，四庫本「明」作「名」。

許德占墓誌銘

政和五年春二月戊辰，居士許君卒，越三月癸酉，葬於晉陵萬安西鄉之原，與其先夫人同域。是時予方歸省松楸，其子知微不遠數千里以書來請銘。歲十一月，予至自延平，知微復踵門而告曰：「先君潛德隱行，足以貽範後昆。諸孤奉承，罔敢失墜。惟是幽堂之銘，所以撰德紀善，發揚幽光，而無詞以刻，大懼泯没無稱，以爲親羞，重諸孤之罪。敢以是請。」予來居毗陵久，竊謂居一鄉必有一鄉之善士〔一〕。訪求之，得君之行治爲詳，又與其子知微游，其何可辭？

君諱玩〔二〕，字德占，生而有至性純行。未十歲，喪其怙恃，哀毁如成人。家素豐美，而君獨澹然，不以一毫置其胸中，其所取僅足而已，不爲多寡計也。約於自奉，而急人之急，不翅如在己者〔三〕。雖里巷疏逖之人，昏喪之不能具，疾病之無醫，必悉力周之，至倒廩傾困不吝也。

娶李氏，有賢行，作配無違德，先二十三年卒。生子四人：長曰知微，處州縉雲縣丞；

次曰知彰，太學内舍生；曰知柔，早夭；季曰知剛，處州貢士。三女：長適進士李敦復；次適承奉郎應天府中城縣丞晏躬行；次蚤卒。孫男三人：曰林〔四〕，曰棟，曰櫟；女三人，皆幼。

平居勵諸子以學，曰：「士知爲己而已，須以發策决科以夸耀流俗〔五〕，非吾志也。」初喪其夫人，年尚壯，即屏居於外，不復以世累攖拂其心，日味佛、老之書以自頤。蕭然一室，雖家人有經日不見其面者。非静定，詎能爾乎？自縉雲得疾，其子沿檄奉君以歸〔六〕。已而疾少瘳。忽一夜向晨，顧謂侍子曰：「今何時？」曰：「鷄鳴矣。」遂命扶起，正其四體，反席而没，享年五十有八。

君爲人貌温而氣和，喜怒未嘗形於色，清慎寡欲，恂恂惟謹。輯睦中外，必盡誠意。故其存也無間言，其没也吊哭盡哀焉。

惟許氏之先曰堅者有卓行，浮沉廬、阜、九華之間，初不知其何許人也。至君之高祖正顯，始自江寧徙居常州之晉陵，故今爲晉陵人。結廬東山之阿，與孫氏比居，友善。未幾，夫婦俱亡，而君之曾大父懷素尚幼，孫氏收鞠之。其後，族人自江寧來訪，堅之後者攜而往；孫氏匿不以告。比其長，以其子妻之，且告之曰：「高人之後宜蕃衍，必有大其門者。」并其資付之而去，卒莫知所之。孫氏亡其名，殆堅之徒歟？懷素生延福，延福生億，君其季子也。唐亡，更五季之亂，衣冠舊族，流離散徙，雖名卿大夫有不知其所從出者，況堅之與世相忘乎？自堅至正顯，譜系中絶，其世次莫可考也。然邦人至今以君之居爲「許堅家」云。銘曰：

堅有卓行，其存不亡。展矣斯人，於堅有光。無墜前修，必大其門。德人之言，以詔後昆。

校記

〔一〕「居一鄉」，萬曆本「居」作「君」，誤。今據正德本改。

〔二〕「玩」，萬曆本原作「玧」，各本同。字書無此字。正德本作「玩」，疑是。今據改。

〔三〕「不翅」，萬曆本及各本「翅」作「翅」、「翅」，同「翅」。

〔四〕「曰林」，正德本同。繩祖本「林」作「秝」（音歷）。未知孰是。

〔五〕「須」，四庫本作「頊」，誤。

〔六〕「沿檄」，四庫本作「解職」。

楊氏墓誌銘

陳濤子通將葬其母夫人，不遠千里以書屬予銘。子通，予之外兄弟也。吾母與其父京，皆居士諱選之子。居士，予昔爲之傳者，蓋隱德君子也。其夫婦俱蚤世，吾母與其兄少孤，友愛異甚。其爲人嚴恭儼恪，不妄嬉笑，静慎有父風。夫人尊事之，每順適其意，無少忤者。比其亡，而予尚幼，夫人撫存之，視猶子也。今欲誌其墓，舍予其誰宜？乃叙而銘之。

夫人楊氏，將樂人也。祖諱思，父諱苗，世爲田家。夫人年十六歸於陳氏。其事舅姑，以孝聞，事其夫，盡婦順。晨昏奉甘旨，必身親之，不少懈。輯睦中外，無間言。夫亡，勵其子以學，卒克有立。宣和元年六月十七日以疾終於正寢，享年八十有九。子男二人：長曰渤，次曰濤。女二人：長適進士黄寧與長子，皆先夫人卒。次適進士孫昇。孫三人：曰致柔，曰致虚，曰宗虞。女孫一人。以是年十月九日葬於城南陽坑之原。銘曰：

富而壽，福所先兮。攸好德，力足賢兮。誌諸幽，永弗諼兮。

梁明道墓誌銘

政和八年七月戊戌〔一〕，梁侯卒於其子昆山令之官舍。越明年，其孤欲扶柩歸於其鄉，將以宣和二年八月十六日葬於蛟湖山之原〔二〕，前期自青龍走毗陵乞予銘〔三〕。予梁侯同邑也，雖未之識，而聞諸鄉評，得其行熟矣。今其子又請之勤若是，義何可辭，乃爲之銘。

梁侯諱伯臣，字明道，南劍州將樂人也。曾祖龔〔四〕，祖筠，父世廣。明道資孝友，事其親能盡力，撫諸弟無間言。母夫人得末疾餘三十年，未嘗斯須去其側。晨興奉盥，饋侍湯劑，必躬服其勞，終其身不懈。親亡，哀毀幾不勝喪，逾年乃能襄事。其遇人無疏戚，必盡誠意。歲饑，有告急者，雖掃庾賑之不吝〔五〕，後雖自窶，弗顧也。人有稱貸，或負之弗償，悉焚券不問。其胸中洞然，無纖毫芥蔕，皆此類也。

其姻家官於嶺外，而夫婦俱喪，子尚幼，五女未有歸。明道曰：「吾可坐視之乎？」乃命其子迎致之别館，爲辦奩具，以次擇士族歸焉。嗚呼！末俗日益偷，雖天屬之親，迫窮禍患，蓋有不相收者，況外姻乎？聞其風，可以少激矣。

梁氏世有隱德，至明道，始勵子弟以學，而其子澤民遂中上舍第。昆山之政，有惠愛，明道陰相之力爲多，故邑人欣戴之。其病也，爲之祈禳，幾月無虚日；其没也，哭之無不盡哀焉。其得人心蓋如此。晚留心釋氏。疾且革，問棺斂之具已備，遂安寢而逝，享年五十有九。

娶蕭氏。有子男有二人：長曰澤民，宣義郎，即昆山令也；次曰俊民。女一人，先五年卒。銘曰：

積善之報，於後必蕃。蛟湖之丘，其歸永安。

校記

〔一〕「政和八年」，萬曆本「政和」原作「致和」，誤。按，下云宣和二年葬。宣和之前爲「重和」，爲「政和」，此必爲「政和」，今改。

〔二〕「將以宣和」，萬曆本原無「將」字，今據正德本補。

〔三〕「毗陵」，萬曆本作「昆陵」，誤。今據正德本改。

〔四〕「曾祖翼」，萬曆本無「祖」字。今據正德本補。

〔五〕「掃庾」，萬曆本「庾」作「瘐」，形近之誤。今據正德本改。

張進之墓誌銘

張氏諱序，字進之，常州晉陵人也。曾祖庭讚，祖延祚，不仕。父霖，以其子恩贈通直郎。進之兄弟七人，長曰巨，次曰與，俱登進士第。巨雖位不至通顯，而以學行爲歐陽文忠公所知，其所交皆一時名流，如右丞修簡胡公、樞密蔣公是也，故張氏遂爲毗陵著姓〔一〕。

進之幼孤，能自力。其爲人謹信愿慤，與人有誠意。雖喜怒遇事輒發，無所容隱，過即夷然，未嘗宿怨也。

輕財樂施，無疏戚之間，視其緩急，貸與無所吝。雖時有見負，折券不問也。親戚之貧者，月廩食之，有常數，行之十有餘年不少替。暴雨雪，鄉鄰艱食，則給薪米以振之〔二〕。市材治棺，以待貧無周身者。每千人爲一録，曰冥惠，飯于僧以薦之〔三〕。歲饑，殍死被原野，進之斂其遺骸藏之，殆不可以數計也。

俚俗信機巫，宗人得癘疾，闔户無敢往來者。進之日往省之，無難色。比其亡也，所遺一孤女爾，進之力爲經紀之，事無巨細，皆纖悉詳盡。又育其女，爲置奩具，擇良士歸之。郡寮有雅相善者，貧甚，而抱疾久不愈，進之撫其家，親爲調劑，周之無不至。將屬纊，以後事付之。又有閩士自京都還，暴卒於逆旅，煢然一小僮守之，無與語者。進之任其托，哀其無告，爲之棺斂。凡附於身者，咸使無悔焉，悉力賻之，資其柩以歸。二家存没，得以無憾。聞者義之。宣和四年二月初二日卒於正寢，享年五十有八〔四〕。

前一日，澡浴更衣，若將遠適然，家人初莫之省也。越日〔五〕，盥櫛坐堂上，有親賓，與之笑語如常時。坐頃，忽瞑目。起視，屹然已亡矣。其於死生之際，與世之所謂善知識者，庸有異乎？蓋其平生於佛事，未嘗斯須忘於心。雖在塵勞中，而能自撥，樂與方外之士游〔六〕，得其一言之善，則終身佩服而不敢失。其誠著於中，而自信其所得，故能安逝若此。爲善之效，其至矣夫！

初娶李氏，再娶孫氏。男二人：曰茹，曰蔚，皆有文行。女一人，適凌仲皋。孫二人。其孤將以是年四月二十一日葬於武進縣懷德南鄉巢野之原，以朝奉郎高元修之狀來請銘，乃爲之銘。曰：

積德以潤身，施惠以及物。慶覃後昆，其永無極。

校記

〔一〕「毗陵」，萬曆本作「昆陵」，誤，今據正德本改。

〔二〕「振之」，繩祖本「振」作「賑」。

〔三〕「飯于僧」，正德本同。繩祖本、四庫本「于」作「千」，涉上文「千」字而致誤。

〔四〕「五十有八」，萬曆本「八」原作「入」，誤。今據正德本改。

〔五〕「越日」，正德本「日」作「明」。

〔六〕「撥，樂」，正德本作「發藥」，誤。

楊時集卷三十二

誌銘三

李修撰墓誌銘

宣和三年閏五月二十有七日，中大夫右文殿修撰、隴西縣開國男食邑三百户李公，以疾終於家。歲八月二十有八日，葬於常州無錫縣開元鄉湛峴之原，與其夫人吴氏同穴。越明年，其孤以晉陵鄒柄狀來請銘。余與公俱閩人，又嘗同爲諸生，肄業於上庠，挾策考疑，時相從也。俯仰四十餘年，一時朋游凋喪略盡，與公有平生之舊，而知公之詳蓋無遺矣，宜其有請於余也。余雖不能銘，其何可辭？

公諱夔，字斯和，其先江南人。唐末避亂，徙家邵武，故今爲邵武人。曾祖諱待〔一〕，仕閩，以武力顯。閩亡，退處田野。祖諱僧護，考諱賡，皆隱德不仕。考以公貴，累贈正議大夫〔二〕。妣黄氏，資政殿大學士履之姊，累贈高平郡太君，繼妣饒氏，累贈廣平郡太君，皆改贈太碩人。

公幼孤，鞠於外家。成童猶未知書，而穎悟絶人。舅氏大資政黄公擢第歸，一見器之，使賦詩，有驚人語，因授以書。凡耳濡目染，過即成誦，至日數千言。自是於六經諸子百氏之書，下至毛鄭箋傳，朞年之間，無所不窺。學日進，文日益有名，從黄公游者，咸推先焉。是時朝廷方以經術造士，公聲聞籍甚，所至學者景從，贏糧重趼，越百舍而至者，常相躡也。逮居上庠，所交皆一時知名士。初補監生，洎選内舍〔三〕，皆第一〔四〕。龔公原得其文讀之，嘆曰：「此必山林幽栖篤學之士所爲，今之學者莫能爲也。」其後預天府薦〔五〕，及試南省，皆第二，遂中元豐三年進士第。

釋褐，調秀州華亭尉。邑令所爲多不法，公每規正之。部使者欲有所按治，聲言行邑，公迓之境上，則以温言慰薦，且詢令所爲。公力庇之，不以言。部使者不悦，正色〔六〕，復詢之丞簿。丞簿與令素不協，則互訐所短。而令初不知公庇之也，亦言公嘗以私故不過廳。於是部使者以公爲長者。已而考覈，之三人者皆以罪去，而公獨無累。人以是知公之器度爲未易量也。

丁繼母饒氏太碩人憂。服除，調建州松溪縣尉，兼主簿。秩滿，移池州軍事推官。太守羅公彥輔，性彊愎，行事或失中，公必面折之，初雖不悦，而後卒相知也。民有乙與甲爭塘水而毆甲至死者〔七〕。獄具，刑官欲寘之極典。公當書斷，建議，以爲事有所因，法不至死，爭之。得減等，公猶不已。太守怒甚，至以語詆公。公不爲屈，爭之愈力。於是命他官書斷。其後大理詳讞，以甲準盜論，乙乃止當杖。審刑書斷官以失入抵罪，衆始愧服。然公猶坐嘗簽書及用薦者改官，降次等，授宣義郎。人多勸公直其事，公卒不自明也。

差知無爲軍廬江縣，改福州懷安縣。未赴，從故龍圖閣直學士陳公軒辟，知杭州錢塘縣事。有兄弟爭財而訟者，累政不能決。公至，取案牘焚之，諭以同氣至情，財不足言。兄弟感泣，拜於庭而去。異日，公復過錢塘，二人猶求見公以謝。故觀文殿大學士呂公惠卿帥鄜延，辟充經略安撫司勾當公事。初，公之尉松溪，呂公謫居建州，得公之文奇之，一見如故，以是首辟公置幕下。至延安未逾月，適夏人傾國入寇，號百萬，人心危慄。公徐爲呂公陳方略，一路賴以完。及米脂之役，工未畢，諜言賊兵十餘萬且至，諸將棄城而遁。公曰：「彼衆我寡，去將安之？是速死爾。不若按兵勿動，城雖未完，冒以樓櫓，彼將以我爲有備，必不敢進。兵法所以使敵人疑者，正謂此也。」諸將然之，卒如所料。凡築殄羌、威羌等十餘城，未嘗不在其間。其後奉進築圖至闕下，因上五議：欲使諸路乘虛互出，以伐其併兵之謀；進取橫山，斷其右臂；參用漢、唐實邊轉輸之術；申命州郡廣招置之法，爲足食足兵之計；懲二虜輔車相依之勢〔八〕，以備不虞。識者以爲切中邊事之要。

累賞。轉奉議郎，除江、淮、荆、浙等路制置發運司勾當公事。未赴，改授簽書平江軍節度判官廳公事。嘗攝郡事，適當累政因循之後，獄繫甚衆，公命數吏分條其所犯，不日皆決遣之，遂以無事。

今上即位，覃恩轉承議郎、勳武騎尉，賜五品服，以太學博士召。道除太常博士，轉朝奉郎。遷知大宗正丞事。因職事奏疏上四事，大略以謂緦麻親宜有蔭孫之法，非袒免以下小宗有未食禄者，宜廣流澤，特官之。宗室雖得以科舉進，尚宜許之入學，以養成其材。且罷刺史以上公使，以恤非袒免無官之孤。皆當時所宜行者。有旨，送講議司。除屯田員外郎。以論鄜延進築功，特遷兩官。轉朝請郎、勳雲騎尉。

久之，遷禮部員外郎。天子視學，公以爲盛德事，獻視學頌。有旨，第其文高等，遷朝奉大夫、勳飛騎尉。時朝廷議禮考文，禮官視他部爲重，非通知古今之學不足以當其任〔九〕。公傅經稽史無留事〔一〇〕，兩以考課被賞，改司封員外郎。長貳相與舉留之，復還禮部。轉朝散大夫、勳驍騎尉。然公雅意欲就閒曠〔一一〕，力請外補。除知蔡州。朝廷惜其去，留爲宗正少卿。訓辭有曰：「非清德老儒，曷任兹選？」士論榮之。

轉朝請大夫。天子受八寶〔一二〕，覃恩特遷左朝議大夫，兼學制局參詳官，移太常少卿。時故相劉公正夫在政府。劉公，大資政黃公婿也，以公聯姻婭，亟請避嫌。上曰：「此真太常也。」因批其奏曰：「公議所在，何嫌之有？」公遂就職。官制行，換中奉大夫。未幾，復慨然語所親曰：「吾平生爲禮學，方布衣時，已預修衣冠制度。今備位卿寺，得司天子禮文，於吾足矣。士當知止，豈可冒進不已？」遂堅求退。或者勉公曰：「奉常清切，於禁、從饞一間，盍少留乎？」公笑謝之。朝廷度其不可復挽，則除公集賢殿修撰，知鄧州，兼京西南路安撫使〔一三〕。陛辭，天子勞問優渥。公建言：「先帝常命官修中書備對録〔一四〕，以知官吏流品、户口錢穀之數，以知禮法文爲軍兵名額之數，以知刑罰赦宥、工事夫役之數，蓋體周官歲終受會之意，而所以周知天下之務也。方今内外事物之要，盈虚繁簡之實，欲有所稽考，盍命左右司略倣前制爲一書上之，以資觀覽？」天子深然之。有旨，如公所請。公之意，蓋非苟然而已也。

南陽大藩，爲帥者多務大體，不親事，吏得舞文爲姦。公下車，盡革前弊，綱紀大整。與部使者議事，有所不合，公獨請於朝，事卒見聽。當路滋不悦，公弗顧也。然自是若有不釋然者，遂以疾請宫祠。朝廷意公憚安撫一路之勞，除知潁州〔一五〕。章再上，祈懇愈力。除提舉杭州洞霄宫、勳騎都尉，賜爵隴西縣開國男，食邑三百户。

公東歸，居於梁溪錫山之傍，日以文字爲娱，澹如也。子綱，爲鎮江教官。就養子舍，與賓客過從，盡登臨之適，優游自得，不復以世事介意。嘗有貴公素知公者被召，與公相遇於途，詢以所欲，公從容誦少陵「江漢垂綸」之句以答之。貴公咨美，還朝，每稱於諸公間，以爲不可及也。

及綱爲尚書郎，丐迎養京師，除公提舉醴泉。轉中大夫，改右文殿修撰。頃之，以足疾不任朝謁，請復洞霄。凡爲宫祠者逾十年。

綱自左史論事得罪，方遠謫，公誨之曰：「進退出處，士夫之常。汝勉自愛，毋以吾老爲念也！」父子之懿，聞者仰之。及歸，公喜見顔間，曰：「汝罪大謫輕。謫未久而歸，上恩厚矣，何以論報？」

時公方避寇海陵，盛夏遽促歸。既還，以微疾上章告老。命未及下，而公疾已革，顧諸子曰：「汝等皆在吾左右，吾何憂？」因不復語，怡然而逝，享年七十有五。

公天資純孝。繼母饒氏，性嚴肅，公事之盡子道，得其歡心。於兄弟間，友愛尤篤。

既除饒氏喪，盡以資産推與之，獨與季弟曼出居溮右〔一六〕，廪入之餘，一以付之，置不問。其後禋祀許及朞親，即以與其子緯。其教子以孝弟忠信爲本。聞人一善，於父子兄弟間譽之不容口，退而未嘗不以訓諸子也。

自爲小官，喜周人之急，禄雖微，不爲有無計。親族之貧不能家者，均養之。妹侄甥女無資以遣者，必擇配歸之。故鄉里語風義，以公爲稱首。

其交朋友盡信義。與人接，洞然無城府。尤喜提獎後進，孜孜不倦，門人之躋膴仕者相望也。其在朝廷，每有貢舉，公未嘗不爲考官。其所取多一時名士，人服其鑒裁。平生唯嗜書，無他好。幼學嘗苦無書，既仕，節衣貶食，而積書之富，至與巨室名家埒。

初，黄公以名儒有重望，自熙寧以來，累踐大官，被遇泰陵，進位承轄，士之出其門者衆矣。公爲兒童時，甥舅自爲知己，而退然官州縣垂二十年。逮今上纂極，黄公已均逸於外，乃始以學官召擢，蓋黄公所以期公者遠，而公亦安於義命，不汲汲於進也。晚位通顯，而恬於進取，又率常數考一遷。至一日有歸意，則慨然決去不可留，其難進勇退如此。

公貌怡而氣和，襮順而中勁。少有大志，而深自韜養，不以所長自見。至其謇然持義，無所回隱，不爲世變所移，則有人所不能者。建中靖國初，丞相范忠宣公薨，太常議行易名，公爲博士，定其議曰：「公任臺諫，當朝廷清明、民物阜安之時，而公正色立朝，力陳安危治亂之幾。至於法度之廢興，典章之施設，大臣之去留，人材之用舍，一有不當其心，則抗章論列，無所顧避，至有不得其言而去。其列侍從，居宥密，位台輔，益行所知，從容進見，有責難之恭。朝廷有大利害，與同列辨論上前，多以理勝〔一七〕。如罷大河東注之議，寢鬼章欵塞之質，下寬大之詔以安群心，釋朋黨之疑以全善類，皆自公發之。然公處心積慮，務在體國，持論平允，不以好憎易情，不以同異介意，惟其是之從也。故鄧綰移揚，公置綰前日論己之憾，而言今日指摘綰事之非。元祐紛更，公置熙寧論議不同之念，而言今日法度盡變之失。非公誠心慷慨，不爲利回，不爲義疚，孰能然哉？若夫救蔡確新州之貶，而忘高位厚禄之爲可懷，論吕大防等宜從寬宥之叙，而不知疏遠嫌疑之爲可避，此人之所尤難，而公優爲之。蓋公以謂大臣之於國，有股肱心膂之托，而迺心王室，曾無内外之間，安往而不任其責耶？」方是時，范公名在罪籍，雖門生故吏往往諱言之，而公之議挺挺不撓如此。嗚呼！斯可以觀公之心矣。故余備載其辭，以是銘之，庶其流風猶足以立懦敦薄云。

公娶吴氏，奉議郎桓之女〔一八〕，初封仁和縣君，先公二十二年卒，累贈濮陽郡君，改贈令人。子男四人：曰綱，起居郎，兼國史編修官，以論事謫監南劍州沙縣稅務。得旨，復本等差遣。曰維，承事郎，前監在京諸司糧料院。曰經，通仕郎，試補太學上舍生，未赴殿試。曰綸，通仕郎。女三人：長蚤卒；次適奉議郎、杭州司儀曹事張端禮；次適迪功郎、衢州司功曹事周琳〔一九〕。孫男六人：儀之、宗之、集之、琳之、文之、麟之。女三人。有文集二十卷，禮記義十卷，藏於家。銘曰：

目無全牛，奏刀砉然〔二〇〕，不逢其族，孰知其難？世故屢更〔二一〕，鮮不畔援。秉義弗渝，其節乃見。公於建中，士方紛如。不倚不流，介然中居。哲人之萎〔二二〕，譏波稽天。鯁議直辭，如防在川。群言不孚，咸底於罪。皇明燭幽，公獨無悔。易名之美，自公發之。世濟之榮，公與有之。我作銘詩，以示萬世，庶其流風，聞者興起。

校記

〔一〕「曾祖諱待」，正德本「待」作「侍」。

〔二〕「累贈」，四庫本，無「累」字。

〔三〕「泊」，萬曆本原作「泊」，誤。今據正德本、正誼堂本、四庫本改。

〔四〕「第一」，萬曆本「第」原作「弟」，誤。今據正德本改。

〔五〕「天府」，四庫本作「大府」。

〔六〕「正色」，萬曆本「色」作「邑」，誤。今據正德本、四庫本改。

〔七〕「毆甲」，繩祖本「毆」作「歐」，「歐」、「毆」通用字。

〔八〕「二虜」，繩祖本、正誼堂本改作「二寇」，四庫本改作「西北」。

〔九〕「古今」，正誼堂本作「今古」。

〔一〇〕「傳經」，萬曆本作「傳經」，意爲傳授經學。恐誤。正德本作「傳經」，意爲闡述經義，義較長。今據改。

〔一一〕「閒曠」，萬曆本「閒」作「間」，誤。今據正誼堂本改。

〔一二〕「天子受八寶」，萬曆本「八」作「公」，誤。今據正德本改。

〔一三〕「兼京西南路安撫使」，萬曆本無「京」字，語意不明。正德本「兼」下有「京」字，是。按，京西南路，宋神宗熙寧五年(1072)分京西路南部，設治襄州(今湖北襄樊市)，領襄陽府和鄧、隨、金、房、均、郢、唐七州及光化軍。李夔既知鄧州，故命他兼領京西南路安撫使。今據補。

〔一四〕「先帝常命官」，正德本無「常」字。

〔一五〕「潁州」，萬曆本作「頴州」，誤。今據正誼堂本、四庫本改。

〔一六〕「淛右」，正誼堂本作「制右」，誤。按，「淛」是「浙」的異體字。

〔一七〕「多」，萬曆本作「名」，誤。今據正德本改。

〔一八〕「奉議郎桓」，道南祠重補修本、光緒本、民國本「桓」作「和」，聲近致誤。「桓」、「和」雙聲，屬匣母。本卷令人吴氏墓誌銘云：「父桓，故任奉議郎。」可證萬曆本作「桓」，不誤。

〔一九〕「周琳」，各本同。正德本作「周樹」。按，令人吴氏墓誌銘，萬曆本作「周琳」，正德本亦作「周樹」。

〔二〇〕「奏刀」，萬曆本「刀」原作「力」，形近之誤。今據正德本改。

〔二一〕「世故」，萬曆本原作「亡故」，誤。今據正德本改。

〔二二〕「哲人」，萬曆本「哲」作「晢」，誤。今據正德本改。

令人吴氏墓誌銘

中大夫右文殿修撰李公諱夔之夫人吴氏，其先越州山陰人，仕唐爲諫大夫。董昌之亂，義不屈，遁居括州，故今爲括蒼劍川人。曾祖崇避哲宗諱〔一〕，贈大理評事。祖穀，贈承事郎。父桓，故任奉議郎，知湖州長興縣；母鮑氏，金華縣君。

夫人資孝謹，事父母能盡其力，飲食起居，未嘗斯須去側。省、定、温、清〔二〕，各適其節。言、德、功、容，人鮮儷焉。父母賢之，謂必得名杰乃可以爲配〔三〕。是時李公以諸生與修衣冠制度，名聞朝廷，繼而擢高科，遂以妻之。

惟吴氏世爲望族，夫人生大家，而李公起寒素。夫人事之盡婦順，能以清約自將，無驕矜氣。柔明端静，人不見其喜愠。治家有常法，遇妾媵有恩意，閨門之内，雍如也。方李公筮仕之初，官卑禄微，喜過從，賙人之急如不及。甥侄孤女未有家者，必擇對歸之。夫人躬治殽饌，必致其精旨，罄奩具資遣之，無吝容。人以爲難，而夫人安爲之。故鄉閭篤風義者必以李公爲稱首，夫人之力爲多也。

李公從辟鄜延，夫人挈諸子歸寧，而金華尚無恙，夫人事之益至。吴氏族大，間有不相能者，必迎致其家，聽其言，視其容色，而鄙倍必消矣。其懿範感人蓋如此。

建中靖國元年，李公自簽書平江軍節度判官廳公事，被召爲太學博士。既登舟，而夫人感疾，遂不起，實正月七日也。以其年三月十八日葬於常州無錫縣開元鄉歷村湛峴山之原。享年四十有四。初封仁和、仁壽二縣君。李公之舅右丞黄公，以夫人之賢，奏賜冠帔。既没，累贈永嘉濮湯郡君，改贈令人。

男四人：曰綱，起居郎，國史編修官，坐言事謫監南劍州沙縣税務，有言牽復〔四〕，未行。曰維，承事郎；曰經，曰綸，皆通仕郎。女三人：長蚤卒，次適奉議郎杭州司義曹事張端禮，次適迪功郎衢州司功曹事周琳〔五〕。宣和四年，余過錫山，以其舅從政郎爽侯彥申之狀屬余銘，且謂余曰：「吾母之亡，先子方趨朝，而諸孤皆稚弱，不克銘以葬。夫銘，所以論撰先美，而明著之後世也。無美而稱之，是誣也；有而弗知，不明也；知而弗傳，不仁也。三者有一焉，人子之罪大矣。今吾母之德善可考不誣如此，而積二十有餘年，幽堂無辭以紀，諸孤不仁之罪，宜無以自逭。願得銘以補前過，庶幾發揚幽光，爲存没之慰。」余感其言，故不辭而銘之。銘曰：

內職之修，閟而弗彰。有子之賢，其傳乃光。貽爾後人，視此銘章。

校記

〔一〕「避哲宗諱」，指避宋哲宗名諱煦而改名崇。按，此四字與下文「贈大理評事」文義不相屬，顯係小字注而混入正文者。各本皆誤。今改爲小字注。

〔二〕「温凊」，繩祖本「凊」作「清」，誤。按，「温凊」是冬温夏凊的省稱。凊，凉。

〔三〕「名杰」，正德本、繩祖本、四庫本「杰」作「士」。形近致誤。

〔四〕「有言牽復」，光緒本「言」作「旨」。

〔五〕「周琳」，正德林「琳」作「樹」。參見本卷李修撰墓誌銘校記〔一九〕。

翁行簡墓誌銘

公諱彦約，字行簡。其先京兆人。唐末避地，子孫散居七閩。公之六世祖徙家建州之崇安白水鄉，故今爲崇安人。曾祖伯珍，不仕。祖元方，以其子恩賜朝奉郎。父仲通，以文行爲東南儒宗，學者咸師尊之，仕至朝奉郎，累贈銀青光禄大夫。有子三人，公其長也。

公天資穎悟絶人，自幼學已能屬文。既冠，博總經傳，尤深於禮學。元豐末，游上庠，聲聞籍甚，一時知名士皆慕與之交。元祐二年，與國學薦，以祖母壽昌君之喪未赴禮部試。銀青外除造朝，欲候公策名而後告老〔一〕。公以謂用是緩吾親歸休計，非便也，請以世禄之恩授仲弟，銀青不許，力請而後從。已而兄弟更相推遜，聞於朝，事雖不行，縉紳義之。

公既不第，益自奮勵，術業益加進。建之舉進士者無慮五六十輩。公再舉，皆中首選。從而受業者常數十百人。

元符二年，上即位，以日食下詔求言。時公與計偕，奏格言二十篇。上篇自祇命、原化、典學、崇儉以至審治，言所以立德；下篇自擇術、因任、兼聽、務和以至審勢，言所以立政。皆陳古義以砭今非。言近而不迫，直而不忤，識者重焉。

政和三年，擢進士第，調汝州龍興尉。丞相何公素知公，謂所親曰：「翁生縱未能用，不宜辱之捶楚間也。」改常州司刑曹事。

公莅事精敏，郡治賴之爲多。惡吏屏息，有遁逃訖公在幕府不敢出者。居二年，江、淮、荆、浙制置發運使以奏計對，上問所部人材，使者與公初無雅故，以清議所在，首以公對。驛召，爲詳定九域圖誌編修官〔二〕。

政和七年，改宣教郎，除太常博士。以與修因革禮，遷奉議郎。歲餘，乞補外，除提舉河北西路學事。及陛對，建言：「朝廷更八行法，使俱試於有司，以革奔競浮濫之弊，固善矣。然八行初非以文辭選也，今限以等第，有中程而不官者，與初立法異，甚謂凡入等，無問高下，俱與廷對，以示詳行實略文華之意。」

時浙寇犯衢、處，公之弟中丞公由御史府得請鄉郡。公亟以書屬之曰：「賊方熾，勢必侵軼吾郡，自衢、信抵浦城、崇安，險阨易守，不可犯。惟處之龍泉至松溪、浦城皆蕩，野無捍蔽。龍泉破，則建危矣。龍泉之士有葉植者，其人邁往有智略，因之使拒守，宜可倚辦〔三〕。」中丞公然之。比至鎮，植已率衆拒賊，即出兵益給糧械助之，卒如公所料。朔方士大夫聞之，謂公料賊於數千里外如指諸掌，非智慮精審過人，能如是乎？

公在朔部，尤以人材爲意。有所薦拔，必擇行能卓然者先之，如解習之徒是也。學政於民事初無與焉。公所至，必諏訪民間利病，與夫實邊制勝之術，月與將士講畫，意謂異時以使事歸報面陳之，爲朝廷經遠之慮。既罷使事，不復對。除權發遣黄州，轉承議郎。宣和四年夏之官，道改高郵軍。高郵當江、淮孔道，商旅所出入，類多以貿易茶鹽爲業。姦民訐圭撮、銖兩之私，連逮抵罪者不可勝計。公下車，有告言者，隨決之無留。吏猶習故常，白於公〔四〕，欲以枝辭蔓其獄。公曰：「兩獄充斥，若等尚恨其少耶？」吏愕眙失對〔五〕。於是一郡相慶，知公以民爲念，吏不得倚法爲姦也。歲大旱，公以禱祠疲甚，既雨而公得疾〔六〕。所親以是尤公，公曰：「民蘇而吾病，無憾矣。」病浸亟，遂乞致仕。章未報，以八月丁亥卒於軍治之正寢，享年六十有二〔七〕。

公性孝友，事親盡子道，於兄弟怡怡如也。敦睦姻族，人無間言。遇人無賢否，一以誠意，人人自以爲親厚，而與之同趣蓋鮮矣。廷平陳公晚居淮南，見公喜，語人曰：「翁奉常静恪有謀，使得志，殆能濟務。」其爲名流推重如此。公爲高郵，視事才數日，屬疾，民或未識公面，及公之喪，行道之人皆出涕，曰：「失吾賢守也。」蓋誠之感人，未有不動者。

娶吴氏，奉議郎桓之女，封孺人。子男二人：曰挺，迪功郎，充兩浙轉運司管勾文字；曰抗〔八〕，未仕。女一人，適承事郎李維。内外孫男女十人。

有文集十卷。其文精正潤縟，得作者之體，尤長於詩，藏於家。

昔公在太常〔九〕，二弟俱持節還朝，列侍從，居要官。公復出使於外。建雖多士爲東南最，而兄弟俱被榮寵，未有前比。意公晚仕，積厚而源深，其發必遠，遽爾淪喪，士論惜之。

其孤將以明年六月丁酉葬公於白水之原〔一〇〕，屬余銘。余於公有朋友之義，不得辭。銘曰：

獵德之勤，名則隨之。名實既孚，君子之歸。湝深有源，渭流未施〔一一〕。百世之傳，視此銘詩。

校記

〔一〕「候」，正德本作「俟」。

〔二〕「詳定九域圖誌」，正德本「誌」作「志」。

〔三〕「倚辦」，萬曆本「辦」原作「辨」，誤。今據正德本、四庫本改。

〔四〕「白於公」，萬曆本「於」下原無「公」字。今據正德本補。

〔五〕「愕眙」，萬曆本作「睋昭」，誤。字書無「睋」字。正德本作「愕眙」，四庫本作「愕然」。光緒本「睋」作「愕」，是。今據改。

〔六〕「既雨」，萬曆本作「既爾」，誤。繩祖本作「既而」，亦誤。正德本、四庫本作「既雨」，是。今據改。

〔七〕「六十有二」，正德本、令聞本、繩祖本、四庫本同。道南祠重補修本「二」作「一」，光緒本「二」作「三」。當以萬曆本爲是。

〔八〕「曰抗」，萬曆本無「曰」字。依文例，當以有「曰」字爲是。今據正德本補。

〔九〕「在太常」，正德本「在」作「任」。

〔一〇〕「於白水之原」，萬曆本「原」作「源」。正德本作「原」，是。今據改。

〔一一〕「渭流」，正德本作「涓流」，誤。

楊時集卷三十三

誌銘四

御史游公墓誌銘

吾友定夫既没之明年，其子某自歷陽涉大江，詣予而告曰：「先君之友，惟公爲最厚。今既葬，而幽堂之銘無辭以刻，恐遂堙没無傳焉，敢以是請。」予告之曰：「知先公之名德，皎如日星，雖奴隸之賤皆知之，其流風餘韻，足以師世範俗，豈待予言而傳乎？然昔在元豐中，俱受業於明道先生兄弟之門，有友二人焉：謝良佐顯道，公其一也。三年之間，二公相繼淪亡，存者獨予而已。追念平生，觸事無一不可悲者。今吾子以銘見屬，舍予其奚之〔一〕？」

公諱酢，定夫其字也，建州建陽人。初與其兄醇俱以文行知名於時，所交皆天下豪英。公雖少，而一時老師宿儒咸推先之。伊川先生以事至京師，一見謂其資可與適道。

是時，明道先生兄弟方以倡明道學爲己任〔二〕，設庠序，聚邑人子弟教之，召公來職學事。公欣然往從之，得其微言，於是盡棄其學而學焉。其後得邑河清，予往見之。伊川謂予曰：「游君德氣粹然，問學日進，政事亦絶人遠甚。」其在師門見稱如此，則所造可知矣。公於元豐六年登進士第，調越州蕭山尉。用侍臣薦，召爲太學録。改宣德郎，除博士。公以食貧待次，奉親不便，就擬知河南府河清縣〔三〕。忠宣范公判河南，待以國士，事有疑議，必與之參訂。移守潁昌，辟公自隨，爲府學教授。未幾還朝，復秉國政〔四〕，即除公太學博士。已而忠宣罷政，公亦請外矣。除齊州簽書判官廳公事。用年勞改奉議郎。丁太中公憂。服除，再調泉州簽判。

上皇即位，覃恩改承議郎，賜緋衣銀魚袋。還，召爲監察御史。磨勘轉朝奉郎，出知和州。歲餘，管勾南京鴻慶宫，居太平州。兩乞再任，以八寶恩轉朝散郎。磨勘轉朝請郎〔五〕，知漢陽軍。磨勘轉朝奉大夫。以親老，再乞宫祠，除提點成都府長生觀。丁太碩人憂。

服除，除知舒州〔六〕。移知濠州。不數月，會從官謫守衡〔七〕，罷歸，寓歷陽，因家焉。宣和五年五月乙亥，以疾終於正寢，享年七十有一。是年十二月丙午，與夫人合葬于和州含山縣昇城鄉車轅嶺之原〔八〕，用治命也。

公自幼不群，讀書一過目輒成誦。比壯，益自力，心傳目到〔九〕，不爲世儒之習。誠於中，形諸外，儀容辭令，粲然有文，望之知其爲成德君子也。

其事親無違〔一〇〕，交朋友有信。莅官遇僚吏有恩意〔一一〕，雖人樂於自盡，而無敢慢其令者。惠政在民，戴之如父母，故去則見思，愈久而不忘〔一二〕。

筮仕之初，未更事，縣有疑獄，餘年不能決，公攝邑事，一問得其情而釋之。精練如素官者〔一三〕，人服其明。比年以來，編民困於征斂，而修奉祠館，市材調夫無虚月〔一四〕，所至騷然。公歷守四郡，處之裕如，雖時有興造，民初不知而事集。此在公特其秕糠耳，無足道者，故不復縷載。若其道學，足以覺斯人，餘潤足以澤天下。遭時清明，不及用而死，此士論共惜之，非予一己之私言也。

曾祖尚，祖禮之，不仕。父潛，贈太中大夫。娶吕氏，封宜人，有賢行，事舅姑以孝聞，友娣姒〔一五〕，睦姻族，人無間言。公素貧，不治生産。夫人攻苦食淡，能宜其家，其内助多矣，先公三年卒，享年六十有六。子男七人〔一六〕：撝，文林郎，洪州司兵曹事〔一七〕，卒於官。擬、捄、握，皆蚤世。損，迪功郎，前授歸州司兵曹事。揆，將仕郎。拂，未仕。皆業儒，世其家。女一人，歸時之子遹。孫男三人，女五人。有中庸義一卷，詩二南義一卷，論語、孟子雜解各一卷，文集十卷，藏於家。銘曰：

嗚呼天乎，故不慭遺。方時清明，哲人其萎。道雖不行，斯文未亡。百世而下，其傳有光。

校記

〔一〕「其奚之」，正德本作「其誰宜」。弘治本「奚」作「以」。

〔二〕「倡明」，弘治本「倡」作「唱」。

〔三〕「河南府河清縣」，萬曆本「河清縣」原作「清河縣」，誤。河南府無清河縣。正德本作「河清縣」，是。宋元學案卷二十六廌山學案文肅游廣平先生酢亦云：「除博士，乞外以便養，得知河清。」今據改。上文萬曆本「得邑清河」，亦據正德本改爲「得邑河清」。

〔四〕「國政」，正德本作「鈞軸」。

〔五〕「朝請郎」，正德本、令聞本、繩祖本「請」作「清」，誤。朝請郎是宋代正六品上文官散階的名稱。

〔六〕「除知舒州」，正德本作「知衡州」。據宋元學案廌山學案：「後知舒州，再知濠州。」知作「衡州」誤。

〔七〕「衡」，萬曆本作「衝」。今閩本、繩祖本同。正德本作「衡」。今從。

〔八〕「含山縣昇城鄉」，正德本作「含山大是城」。

〔九〕「心傳目到」，正德本作「自到」，誤。請參看本書卷十八與翁子静校記〔一〕、卷二十六書李從政墓誌校記〔一〕。

〔一〇〕「其事親無違」，萬曆本、正德本「無違」作「無爲」，誤。繩祖本、叢書集成本作「無僞」，亦誤。弘治本、四庫本作「無違」，是。今據改。

〔一一〕「僚吏」，萬曆本「僚」作「遼」，誤。今據正德本改。

〔一二〕「愈久」，萬曆本「久」作「多」，誤。弘治本、今閩本、繩祖本亦誤。今據正德本、四庫本改。

〔一三〕「素官」，正德本作「素宦」。二者義同，指無實權的閑官。

〔一四〕「市材調夫」，四庫本「調」作「料」。

〔一五〕「友娣姒」，萬曆本「娣」作「姊」，誤。今據弘治本、正德本、四庫本改。

〔一六〕「子男七人」，萬曆本「七人」原作「六人」。正德本作「七人」，與文中所舉「撝、擬、捄、握、損、掞、拂」七人合。今據改。

〔一七〕「司兵曹事」，正德本作「司刑曹事」。下文「司兵曹事」，正德本亦作「司刑曹事」。

莫中奉墓誌銘

公諱表深，字智行，邵武人也。曾祖宬，仕爲三班奉職。祖及，不仕。父説，當景祐、寶元間，士方以聲律決科，而君獨以窮經爲務，自閩陬數千里外，贏糧趼足至京師〔一〕，從泰山孫明復、徂徠石守道先生游，講明道術。還家杜門，不復求仕進，以公恩累贈至通議大夫。

公自幼聞過庭之訓，問學有家法。是時，安定先生居霅上，爲世儒宗。公往師焉，一見奇之，謂公有器識，異日所至未易量也。自是浸以名聞於時。

元豐二年，登進士第，調洪州豐城尉。未赴，丁通議公憂。服除，再調建州建陽縣主簿。秩滿，用薦者移撫州宜黄令。適丁母碩人憂，不赴。終喪，授鳳翔府好畤縣令。好畤在隴右爲劇邑，號難治。公至，明約信令，而人化服。終三年，無一人犯重辟者。仇齊路險絶，車輿不通，邑人病之久矣。公諭父老，鳩徒計工，治爲坦途，往來便之。侍郎張公舜民領漕事，見而謂人曰：「莫侯可謂知爲政矣。其爲利，非濟人溱、洧之比也。」率同列交薦之。

改宣德郎，知泗州昭信縣事。憲司有繫囚，事聯省曹，吏以枝辭蔓其獄，六吏推治不能決，命公往治之。一問而情得，人服其明。民有持牒棄妻屏子者。公詰其所由，曰：「以病而貧，力不足以相收，故及此，非得已也。」公惻然憫之，曰：「吾爲長民之吏，使人父子夫婦不相保，當任其咎者其誰歟？」於是出私錢賑之。里巷編氓感公之義，皆協力以周其匱急，故其室家復安如初。比公之行，是人與其妻孥攀號於道，見者咸嗟嘆之。公惠政及人，有以厚風俗，多此類也。

上皇即位，覃恩遷奉議郎，賜緋衣銀魚，除真定府路都總管司勾當公事。會中山之安撫朱公紱以公兼領帥事〔二〕，賴公頗多。秩滿，通判新安。除御史臺主行。用中司不召，赴都堂審察，除光禄寺丞。

未上，遷開封府司功曹事。朝廷更錢法命夜下〔三〕，公適直宿，陰爲處畫，人無知者。黎明揭示大悉詳〔四〕，下吏不得摇手爲姦。尹陛對被奬諭，遂以公之名聞於上。睿旨，親除左司録事。中都不治吏〔五〕，習以爲常，黠胥舞知玩上，文移鉗紙尾以進，官署唯唯惟謹。公察其尤無良者，治其一二，一府屏息，無敢習故爲傲慢者。同僚恃權倖〔六〕，雖役令悉趨之〔七〕，公爲折其短，獨未嘗少屈，乃諷言章〔八〕。政和三年，出公爲廣濟軍司録事。士論惜之，而公處之恬如也。

久之，朝廷察其非辜，起知睦州。公曰：「文正范公、清獻趙公嘗守是邦，其遺範未遠也，循而守之，則無餘事矣。」已而郡大治，民至今思之。過朝，除知饒州。東歸，待次毗陵，愛其土風〔九〕，欲營菟裘爲歸休計，於是力請宫祠。除提舉西京嵩山崇福宫。未幾告老。宣和五年六月丁未，以疾終於常州私第之正寢，享年七十有一。是年十一月壬申，葬於宜興縣清泉鄉之梅林原。

公爲人端勁有守，孝於親，友于兄弟，人不間其言。畜幼孤如己子。莅官臨政，嚴而不苛，寬而有制，故吏畏其威，民懷其德。决滯訟，去民瘼，洞然幽隱〔一〇〕，雖逢其族，迎刃立解，世之名能吏者，皆自以爲莫及也。公自奉議郎，或以年勞，或以恩典，九遷至中奉大夫，賜三品服，封文安縣開國男，食邑三百户。

娶方氏，太常少卿、贈金紫光禄大夫諱嶠之女，有賢行，能宜其家，累封至令人。男二人：曰多聞，通直郎，監鎮江府排岸司；曰多見，迪功郎，明州慈溪縣尉。女二人：長適宣教郎、知襲慶府鄒縣事朱缶；次適迪功郎、信州州學教授江文中。孫男三人：曰革，曰萃，皆登仕郎；曰蒙，將仕郎。孫女二人，尚幼。

晚自號如如居士。有文集十五卷，曰如如集。既葬，其孤請銘於予。予與公有平生之舊，知公爲詳，義不得辭。乃爲之銘曰：

獵德之勤，積之在身。府寺踐更，蔚乎有聞。出蕃於外，惠施於民。去思不忘，久而彌新。百世之傳，視此銘文。

校記

〔一〕「羸糧」，道南祠重補修本「羸」作「嬴」，通用字。

〔二〕「中山」，萬曆本原作「中宜」，誤。四庫本作「中山」。按，中山是周諸侯國國名，戰國時爲中山國，爲趙武靈王所滅。五代後唐建北都爲真定府。宋河北西路治真定府（今河北正定縣），領真定、中山、信德、慶源四府和成德等六軍，共設六十五縣。據民國福建通志朱紱傳：「朱紱，字君貺，仙游人。……崇寧元年，哲宗思其忠，進寶文閣待制，知成德軍，兼真定府路安撫使。」由此可知，本文「中山」乃真定府的古稱。故當以四庫本爲是。今據改。

〔三〕「命夜下」，四庫本作「會勑下」。

〔四〕「黎明揭示大悉詳，下吏」，四庫本作「黎明揭示，大命遽下」，「下」連上句爲讀。福建通志莫表深傳作：「及旦，揭示詳悉。」「詳悉」上無「大」字，下無「下」字。

〔五〕「中都不治吏」，各本同。福建通志莫表深傳作「舊時京官不治吏」。

〔六〕「同僚」，各本作「並僚」。「並」疑爲「同」字之誤。今依文意改。證見本文校記〔八〕。

〔七〕「雖役令」，萬曆本「役令」作「没一」，義不可解。四庫本作「役令」。今據改。

〔八〕「乃諷言章」，各本同。此處疑有脱文。福建通志莫表深傳云：「以剛正忤同僚，同僚諷言官論列。」

〔九〕「土風」，四庫本作「風土」。

〔一〇〕「洞然」，四庫本作「洞照」。

錢忠定公墓誌銘

宣和六年三月五日，龍圖閣學士正奉大夫致仕錢公以疾薨於毗陵私第之正寢，享年七十有一。訃聞，天子詔特贈光禄大夫，賻賜加等，下所屬郡佽助其葬。其家上公行事於朝，考六家書，謚曰忠定。

越明年正月壬寅，諸孤護其喪歸，葬杭州大慈山之原。既，乃詣予，泣而言曰：「先公勳德載史氏，易名議行，著於太常，褒贈崇恤，具存恩典，終始光榮，昭於一時。惟是幽堂之刻，發揚其親同爲不朽者，宜有以稱。大懼隕越，弗克以承子責，敢以是請。」予與公有同年之舊，義不得辭，乃叙而銘之。

公諱即，字中道，其先出於顓帝之後，曰陸終，封於彭城。至子孚，仕周爲錢府上士，遂以官命氏。子孫稍遷，居下邳。至漢末，遜公避亂徙烏程，又徙錢塘之臨安。忠懿以吴、越入覲，公之高祖以宗屬錫官，遂居京師，爲開封人。曾大父子節，故任右班殿直；祖昌濟，故贈朝奉大夫；父垂範，故任朝散郎，知太平州，致仕，贈銀青光禄大夫。自皇考占籍宜興，今遂爲毗陵人。

公天資雋茂，稚齒已如成人。年十三居母喪，哀慕毁瘠，見者感動。既冠，游太學，以文行知名於時。

熙寧九年，中進士第。授安州司理參軍。吏有誣服自盗，抵死。屬邑具獄上於郡，公明其冤狀。守將喜而謂曰：「劾縣獄當得賞。」答曰：「治獄得情乃其職，擠人以論功，非吾志也。」聞者嘆服。章敏滕公甫力薦之，稱有氣節，異時必爲名臣。

移博州防禦推官，知杭州臨安縣丞。異時縣民轉徙，豪右冒墾其田，官不能直者，悉奪還之，流冗復業。又除二税積弊，以蠲民瘼。至今邑人頌其遺愛。

調福州觀察推官。福唐爲七閩都會，獄訟繁夥，連帥悉以付公，府無留事。

丁銀青憂。服除，調睦州軍事推官。三衢有寃獄，久不決。屬部使者以閭里宿怨檄往按治，挾薦牘動公風，欲鍛煉以快其私。至則折獄平允〔一〕，所全活者二十三人。或問之，對曰：「吾寧老冗選中，豈忍以數十人覓一薦哉！」未幾，改宣德郎。丁文安郡夫人憂。服除，知潁昌府郾城縣〔二〕，修奉泰陵。期會嚴促，乃躬自監督，役均費省，人樂趨事，先期告具。會汜水霖潦敗橋，府亟以屬公。三日橋成，人服其敏。繼奉二后園陵，辟爲京西轉運司屬官。有不下司體究采石事，事領於内侍，使者憚不敢，乃請代往，按治不撓，收罪之，尤者寘於理。王博文帥鄜延，薦爲經撫司官。夏人有來歸者，當命以官。公察其言色有異，詰問，屈服，果所遣諜者。

崇寧中，朝廷欲撫納西羌，久而不至。主帥憂之，檄巡行塞下，宣諭德意。旬日，監軍貴酋欵塞降附者至數百人。代還，賜對稱旨，除提舉鄜延路弓箭手。蒐簡精密，占籍者皆爲戰士。盡括閑田爲將吏冒占者，以廣招募。初，塞上給田，人一頃，馬半之，牧者不足供芻秣，畜馬日少〔三〕。至是始增之，概給一頃。人獲其利，而邊騎益衆矣。

就除陝西路轉運判官。王師收復銀州，被旨專董芻糧。飛輓夙辦〔四〕，第功居最。延帥經制五路邊事，除鄜延路經略安撫判官，兼總管勾權帥事。久之，經制罷帥，復領舊職。

涇原兵失利，渭帥與總管爭訴於上，論者請付獄以正軍法。數遣官按治，觀望，奏報不直。特旨命公，遂馳至涇原，具得其實以聞。且言劉安、种師中有功邊陲，願少寬假以責來效。上從之，劉安止降秩。士論大愜。

崇寧中，陝西鐵幣日輕，視銅錢不能十一，而官俸獨給鐵錢，在職者不能贍，官曠不補，事有浸廢。因建言倍給選人之俸，凡攝事者理任受舉，許同正員。人樂就職，百廢具舉。

公自爲幕府，以方略聞。後稍權帥事，將使指，望實益孚〔五〕。上深知其才，驛召赴闕，亟命入對。上問西人兵力，公曰：「夏國本數州之地，盗據靈夏，浸以彊大。元豐中兵臨其城下，羌戎壅河決水，士馬殲殲，遂無成功。」上曰：「靈武終不可取耶？」公曰：「戎狄之民皆兵也。居不糜廩食〔六〕，動不勞轉輸，故便於用衆。雖兵之去來，飄忽如風雨，而不能持久，又其所短也。願申戒邊臣，嚴飭武備，蒐練戎士，積粟堅壘，先爲不可勝之計，以覼其釁，屈其所長，而乘其所短，則可以得志矣。」上又問：「大寨泉可取否？」奏曰：「臣聞其地逼近靈武，曩時進取，號爲得策，計慮不審，亟築亟退，反爲夏人所有。距漢界百餘里，地皆潟鹵，無水泉，古所謂瀚海也〔七〕，間有之，不可飲，馬口鼻皆裂。大兵不可往。」審問邊將，皆以爲然。上首肯之。

翼日，除直龍圖閣，知慶州，兼環慶路經略安撫使、馬步軍都總管。再入謝，上宣諭曰：「屢詔環慶進築，久而無功，今當屬卿。」乃謝而言曰：「陛下過聽以任，臣顧雖綿薄，敢不罄竭，仰承睿訓？」旬日凡三進對，所陳邊防利害、攻守計策甚衆。上深嘉納之。事多施行，削稿不言。陛辭，乃賜三品服，以寵其行。詔趣之鎮，即日就道。

初，紹聖中，城清平關。關之左右皆沃壤，地曠，絶無扞蔽，人莫敢耕牧，乃即關之東西築徐丁臺、韋章壩，賜名曰安邊城，曰歸德堡，東西相望，控制要害，包地萬餘頃，人得以縱耕其中，歲收以數萬計，公私利之。初城徐丁也，一日下令遣發，諸將愕眙〔八〕，不知所爲。公曰：「亟往即事。」比及境上，大兵已集，芻粟版築之物，無一不具，三日而城畢。夏人駭嘆，服其神速。環慶自大寨泉退衄之後，士氣沮傷，至是復大振。

逾年，移知延安府，兼鄜延路經略安撫使、馬步軍都總管。河東、陝西皆邊夏國，人使文檄往來獨由鄜延，號爲西邊門户。凡中國移檄與諸路理辨疆事，率由延帥刊定以付邊吏。夏人書檄至，密閱其當受與否，諸邊皆稟覆行。自公至鄜延〔九〕，每屈之以禮。朝廷初用八寶，夏人以所賜御寶大於曩時言於邊。公令邊吏諭以御寶度數非臣下所當議，拒却不受。自是西人畏服。使人入境，所舉小不如式，劾引伴者坐之，移檄夏國，責其失禮。其後至者，皆惕息惟謹，無敢縱以生事。

初，羌人久拒命，上許其納欵。諜者數言將進誓表，而累歲不效。公策知敵情，言羌必不來，然至與不至不足問，當嚴備以待之耳，因條上備禦之策。上以爲然，除集賢殿修撰。乃城清遠、鎮邊二寨以遏賊衝，增築龍泉、御謀二城，保聚邊民，吾圉益固。

大觀初，關輔饑民流至邊〔一〇〕。因上言常平官失職〔一一〕，使流冗就食塞下，則邊粟益貴，且非所以示夷狄〔一二〕，宜令所在資送還鄉〔一三〕，以振給之。詔從其請，民得復業。

秋大霖雨，傳言敵聞城壞，將大入寇，諸將請起卒之踐更者以益兵。朝廷下走馬章，敕諸道增嚴備禦。他路調兵騷然，獨鄜延按堵如故〔一四〕。因上言：「臣審料夏人決不寇邊。」迄冬果無警，諸老將皆服公料敵精審。詔以公守邊鎮静，備禦有倫，除徽猷閣待制〔一五〕，仍再任。

西邊恃蕃兵弓箭手爲用，異時患蕃官侵擾，莫敢繩治，乃悉爲約束，犯者無貸。自是皆獲安業，人心感服，戰守賴之。鄜延邊袤千里，而諸城疏逖，敵易乘間，乃增置杏子鎮、青盧，移萬世、屈丁堡，東接河東，西連環慶，聲援相屬，彌縫邊隙，敵不得間。除顯謨閣直學士，復再任。再上章懇辭，不允。

政和初，内侍童貫宣撫陝西，法有弛張可從，宜者得罷，行之長安，萬物騰躍，衆貨益輕，乃嚴科條，欲力平之。計司承望風旨，取市價率減什四，違者重寘於法，民至罷市。又行均糴法，賤入民粟，增估金帛以償之，下至蕃兵射士之授田者，咸被抑配。全陝騷然，幾至生變。帥臣諸司不視利病，奉承推行惟恐後。公獨以爲不可，極陳其害。章上不報。時貫方用事，權傾中外，人皆爲之危慄，而抗章繼上，言益切至。士大夫聞章中詆貫，論事多質直語，往往争傳誦之。坐是貶永州團練副使，永州安置。然平物價均糴，亦爲之罷。

在永數月，上念其忠〔一六〕，亟復徽猷閣待制，除永興軍路安撫使、馬步軍都總管，兼知永興軍府事〔一七〕。在道，改知興仁府。朝廷復行夾錫錢，乃申敕公移，一準銅錢概用無偏，府中帖然。旁郡官私與民出納，自爲輕重，民疑以撓，交易不通，始大愧服〔一八〕，乃視興仁爲法。

尋移知青州，兼京東東略安撫使。至鎮，改充河東路經略安撫使、馬步軍都總管，兼知太原府。以童貫領宣撫使，奏乞辭避。璽書褒答不允。河東諸司與被邊屬郡如代、嵐、石、麟、府，咸許以事宜聞。時傳虚聲，以勤憂顧。公曰：「閫寄當以静勝。」乃嚴戒邊吏：「凡制事必慎擇可信者，重以賞罰御之〔一九〕。」自是警奏不妄，邊鄙晏如〔二〇〕。

政和五年春，以足疾乞領宫祠。章五上，乃得請，提舉杭州洞霄宫，復徽猷閣直學士。盜發幫原，聲震東南。起知宣州，捍蔽江左。或告公曰：「宣、歙俱鄰於賊，歙破即宣危矣。公感久疾〔二一〕，可以力辭。」公曰：「方急難中，豈人臣愛身時也？」乃扶疾就任。時寇兵逼屬邑，民大振擾〔二二〕。公之威名凜然，人恃以安，郡境賴之，迄用保全。上心嘉賞，除龍圖閣學士。

賊平，以疾乞致仕。章三上，未報。特召赴闕，除河北河東宣撫司參謀〔二三〕。乃力陳老疾，不足備驅策，詞意懇至，遂得請。特授正奉大夫致仕。家居三年，以疾薨。薨之夕，有星隕於寢室之上。

公剛毅方正，見義敢爲，不可回奪，雖犯權要蹈患難不顧也。胸中無城府，推誠待人，洞見腹心。持己甚嚴，而遇下明恕。臨政愷悌，人不忍欺。久任帥閫，不爲貴倨闊略細務。聽訟折獄，纖悉得情，而歸於寬厚，民尤感服。雅以清約自將，一介不妄以取與。延帥圭田皆在極邊，將吏役所部爲之耕種，歲入千計。公至是乃捐其地，募弓箭手，絲毫無取。更兩鎮，凡十餘年，量敵制勝，動中機會。每以疆吏生事爲戒，語人曰〔二四〕：「爲國守邊，安危所繫，但當宣國威靈，嚴於自治，使夷狄不敢侵侮〔二五〕，邊鄙得以晏然，是爲稱職。

若親小利〔二六〕，召戎起釁，圖尺寸功，冀幸寵榮，吾不忍爲也。」識者以爲至論。凡所辟薦，不假人以私，必視其能。拔自部曲，多爲一時名將，號爲知人。

性誠孝，每以褒贈不逮其祖爲恨，遂以所得官奏乞回授。特旨從之。敦穆宗族，恩意滿至。常遇郊恩，舍其子孫，先官猶子。斥俸餘置義田宅，凡近族子孫〔二七〕，聚而居之，養生之用，皆取具焉。有文集三十卷，奏議七十卷〔二八〕。

娶同郡胡宗説之女，封碩人，先公十二年卒，贈淑人。子男二人：長曰耦，承議郎，真州排岸。次曰𥝢，朝奉郎，通判亳州軍州事，以學行吏能見稱於世。一女，適從政郎、江寧府溧陽縣丞胡朝。孫男九人：曰徽言，登仕郎；曰太沖，曰如愚、曰康錫，皆承務郎；曰保衡，通仕郎。餘四人并女，尚幼。銘曰：

烈烈我公，惟時干城。威加羌戎，一塵不驚。孽倖恃權，狂瀾稽天〔二九〕。

校記

〔一〕「折獄」，四庫本作「折讞」。

〔二〕「潁昌府郾城縣」，萬曆本原作「穎昌府郾城縣」，誤。今據正德本、四庫本改。

〔三〕「畜馬日少」，各本「少」作「久」，義不可解。「久」疑爲「少」字之誤。因畜馬「日少」，故增給田，人獲利而「騎益衆」。此言塞上給田政策與邊騎數量增減之間的關係。今依文意改作「少」。

〔四〕「夙辦」，萬曆本「辦」作「辨」，誤。下「理辦」，萬曆本亦誤作「辨」。今據正德本、四庫本改。

〔五〕「將使指，望實益孚」，四庫本作「指使將佐，望實益孚」。

〔六〕「縻」，繩祖本作「縻」。「縻」、「縻」通用字。

〔七〕「瀚海」，萬曆本作「澣海」，誤。今據四庫本改。

〔八〕「愕眙」，萬曆本「愕」作「腭」，誤。光緒本作「愕眙」，驚視之意，是。今據改。

〔九〕「鄜延」，萬曆本原作「烏延」（在陝西横山縣南，舊屬榆林道），正德本、繩祖本同。四庫本作「鄜延」（路名，治延安府，今陝西虞施縣治），與上文「兼鄜延路經略安撫使」説法合，疑是。今據改。

〔一〇〕「闗輔」，萬曆本「闗」作「閚」，疑爲別字。今據正德本、四庫本改。

〔一一〕「因上言」，四庫本無「因」字。

〔一二〕「示夷狄」，四庫本「夷狄」改作「外敵」。

〔一三〕「資送」，正德本作「資遣」。

〔一四〕「按堵」，四庫本作「安堵」。

〔一五〕「待制」，萬曆本作「待制」，誤。今閩本、繩祖本亦誤。今據四庫本改。下「待制」同。

〔一六〕「上念」，正德本「念」作「思」。

〔一七〕「兼知永興軍府事」，萬曆本「府」下無「事」字，各本亦無「事」字。今據正德本補。

〔一八〕「愧服」，萬曆本「愧」原作「塊」，誤。今據正德本改。

〔一九〕「賞罰」，萬曆本原作「當罰」，各本同。光緒本作「賞罰」，是。今據改。

〔二〇〕「邊郵」，四庫本作「邊陲」。下「邊郵」同。

〔二一〕「公感久疾」，萬曆本「感」原作「威」，正德本「感」作「誠」，皆誤。今據繩祖本、四庫本改。

〔二二〕「振擾」，正德本「振」作「震」。

〔二三〕「除河東宣撫司參謀」，正德本於「河東」上有「河北」二字，爲各本所無。今據補。

〔二四〕「語人曰」，繩祖本「語」上有「乃」字。

〔二五〕「使夷狄」，四庫本「夷狄」改作「敵人」。

〔二六〕「親」，正德本作「規」。

〔二七〕「凡近族子孫」，萬曆本原無「凡」字。今據正德本補。

〔二八〕「奏議」，萬曆本「奏議」上原有「提」字，正德本無，是。今據删。

〔二九〕「狂瀾稽天」之下，四庫本用小字注「以下闕」三字。其餘各本無注。

楊時集卷三十四

誌銘五

陸少卿墓誌銘

公諱愷，字疆仲[一]，姓陸氏，其先吴郡人。六世祖權，唐末爲建安縣丞，值中原亂，不克歸，因家福州之侯官[二]，故今爲侯官人。曾祖中和，贈職方員外郎。祖廣，任左侍禁[三]。父長賓，任大理寺丞，累贈通議大夫；母吴氏，贈太碩人。

公自幼穎拔不群，博覽彊記。元豐初，未冠，游太學，標望絶人，一時名儒往往忘輩行，躋門願交[四]。元祐更新學校，祭酒孔公武仲得其文，奇之，稱譽不離口，學者益歆慕之。

元符三年，登進士第，調廬州司法參軍。太守龔公原一見，待以殊禮，侍御史彭公汝霖、祭酒今丞相白公時中俱薦試學官。召檄至，公曰：「吾困科舉二十餘年，晚得一官，朝廷不吾知，欲使之裹飯復入場屋，吾不能也。」卒辭不就。崇寧大興學校，郡以公兼掌錢穀。士不之教官之廬，而公之户外屨常滿矣。執經考疑，虛往實歸。秩滿，用薦者遷通仕郎。丞相劉公正夫以給事中兼領外諸司，辟公管勾文字。閲半歲，改宣教郎。外諸司罷，公之子調官濟南〔五〕，憐其少，求與之近，乞監密州板橋鎮。鎮瀕海，舶至多異國珍貨，吏習爲姦欺以漁取。公以身先之，一毫不少黷，海商便之。以外諸司賞典，轉奉議郎。又以八寶恩轉承議郎。

逾年，御史中丞石公公弼辟爲檢法官。已而石公以罪去，坐是二歲不遷。吴公執中復以儒學薦，召至政事堂，除太府寺丞。明年，遷司農寺丞。磨勘轉朝奉郎。上方搜訪人才，劉公以中書侍郎有異眷，薦士三人，以公爲稱首。賜對稱旨，擢司勳員外郎。車駕幸尚書省，轉朝散郎。遷光禄少卿。劉公既相，除宗正少卿。方將力薦，引以自助，劉公遽以病去，故弗克。時修玉牒，公纂緝上臨御以來政事之大者十年爲一書上之，轉朝請郎。磨勘轉朝奉大夫。太常少卿缺員，有旨遴柬〔六〕。丞相鄭公居中、余公深以公啓，擬命下之。數日，侍御史張楪進對，論事畢，上忽謂楪曰：「朕用陸某奉常，識其人否？」楪對：「陸某老於儒學，有士望。」上深然之。

崇寧置議禮局，至是并歸禮寺，公於擬議參訂爲多。又修因革禮一百卷，上覽，嘉之，轉朝散大夫。磨勘轉朝請大夫，補外。乃以直徽猷閣知均州。關决庶務，無鉅細、劇易，皆親之，吏斂手不敢爲非。

先是，人惰農，不知灌溉之利。公出郊爲之勸相，人始盡力。歲大稔，父老勒石道傍，爲耕者之勸。公之愛民，出於誠心。嘗因旱禱龍祠〔七〕，三日不雨，公對神自咎，曰：「守土之不職，宜菑其身，民何辜？將不粒食矣。」因泫然，左右爲感動。未旋車，大雨。鄰郡飛蝗，蔽地千里，過境弗下。父老候公出，迎拜，以手加額曰：「微公德化所感，民其餓殍矣！」襄、鄧大饑，仰粟於我郡，人請閉糴。公曰：「今天下一家，非秦、晉比，奚此疆彼界之異？晉之不義，春秋猶譏焉。吾不忍爲也。」於是轉輸相屬於道，饑民賴之以濟，其爲德厚矣。

三舍之法罷，士不知所歸。公至，聚生徒，擇屬吏之有學行者爲之師，講肄課試，悉視成均。郡人争遣子弟，獻腴田以資其費，唯恐後，士風復振。於暇日又時往臨之，申之以孝弟之義。郡大治，士民咏歌之，爲均陽樂十篇，以頌其德。

未幾，受代到闕，除知泉州。未行得疾，終於京師，實宣和六年四月辛酉也，享年六十有五。

娶黄氏，有賢行，配公無違德。子男五人：曰震，承議郎，太學博士，以學行知名於時。曰奐，宣教郎，開封府刑曹掾。曰鼎，以疾廢不仕。曰巽，曰需，皆將仕郎。諸子俱好學有立。女適從政郎汀州司儀曹事薛鋭。孫男六人，女二人。

公少孤，事母以孝聞。其爲人敦厚篤實，一言之出，終身可復。遇人以禮，無貴賤賢愚之間。平居恂恂，似不能言者；徐而叩之，亹亹無倦。其文純深，析理論事，足見其志。其爲詩，平淡清遠，有晉人之風，雖應用辭章〔八〕，咸有典則。踐更省事殆十年，同進者衮衮登禁從，公回翔不出故列，無滯淹之嘆。嘗謂人曰：「吾學古入官，期以報國利民，顧天下事非輔相大臣不得行，非諫官御史不得言，非侍從之臣不得與國論。今久處朝行，無一毫補，殆非素志。吾老矣，得一郡爲朝廷布宣德意，牧養小民，其可也。」遂抗章力請。既得郡，治有成績如其言，士論韙之。

公在均陽，歲薦豐，築亭臨漢上。時從僚吏往游焉，與民同樂。又賦詩以廣其意，郡人悉播之樂章。至是聞公之亡，登是亭者皆爲之感涕。

諸孤將以七年十二月辛酉葬公於懷安縣之馬鞍山，以毗陵守何公兖之狀來請銘。余未暇作也。葬有期，又不遠千里走僕致書速余銘。昔余在熙寧中，與其兄忱相友善。是時公尚少，頡頏諸兄間，眉宇秀發，意其必爲令器。以詩見貽，有成人風度，已而學益進，行益修，挺然爲時聞人，則余之知公，蓋在諸公之先也。雖位不稱德，而見於事業者，亦足以垂世傳後矣，乃爲之銘曰：

昔公兄弟，聯車至止。公方妙齡，鸞鵠停峙。問學日滋，浸以文鳴。旋登於朝，爲時名卿。出藩於外，蔚有成績。飛蝗不下，神監其德。邦人之思，形於咏歌。勒銘幽宮，百世不磨。

校記

〔一〕「疆仲」，各本同。民國福建通志陸愷傳亦作「字疆仲」。光緒本「疆」作「彊」，誤。

〔二〕「侯官」，正德本、萬曆本「侯」作「候」，下「侯官」亦作「候官」。今據繩祖本改。按，古「侯官」、「候官」皆可用。

〔三〕「任左侍禁」，繩祖本「任」作「仕」。

〔四〕「躋門」，四庫本作「踵門」。

〔五〕「濟南」，萬曆本原作「齊南」，今聞本、繩祖本同。四庫本作「濟南」，是。今據改。

〔六〕「遴柬」，萬曆本「柬」作「東」，誤。今據正德本改。

〔七〕「嘗因旱禱龍祠」，萬曆本無「嘗」字。今據正德本補。

〔八〕「應用」，四庫本作「應制」。

曹子華墓誌銘

君諱璪，字子華。其先金陵人，避李氏之亂，徙居江陰，故今爲江陰人。曾祖諱某，祖諱某，皆不仕。父諱某，故贈朝議大夫；母朱氏，贈恭人。

曹氏自高祖以來無顯者，至君之世父確，始以文行知名於時。熙寧更新學校，遴柬天下名儒，訓迪多士〔一〕。公時在選中，擢爲國子直講，學者翕然師尊之，曹氏遂有聞於世。君之昆弟，幼從直講公爲學，得其緒言，紬繹不懈，故皆屹然有立。

初，朝議公場屋不偶，退屏世累，從桑門之徒游。比其亡也，清窶滋甚。君亦以累舉不售，相其兄力治生，不計有無，資其弟以學。其後家日益富，而弟璉卒以名進士登科，通金閨籍，君與有力也。其爲子而孝於親，爲弟而恭其兄，爲兄而友其弟，篤於愛欽〔二〕，中外無間言。性夷易，不爲畦畛。與人言，洞見心膂。故人有過，雖面折之，而人亦莫之憾也。遇人不以貴賤貧富爲厚薄，一於誠而已。晚益閑放，以詩酒自娱，杜門索居，終日兀如也。靖康元年四月癸亥，以疾終於家，享年五十。娶趙氏，有賢行，配君無違德。子男一人，曰嶠，舉進士。女一人，適登仕郎慕容邦弼。有孫一人，未名。以是年某月壬辰葬於縣之順化鄉黄山之原。其孤娶余之女孫。以其叔朝請公之狀來請銘，乃爲之銘。曰：

積善在躬，壽胡不多？天實爲之，命也奈何！瘞銘新阡，其永不磨。

校記

〔一〕「遴柬」，萬曆本「柬」原作「東」，誤。今據正德本改。

〔二〕「愛欽」，令聞本、繩祖本同。光緒本作「愛敬」。

向太中墓誌銘

向氏自微子封於宋，左師戍始見於春秋。秦、漢而下無顯者。至文簡公起布衣，相真宗，勳名載國史。繼以欽聖憲肅皇后配神宗，以盛德母儀天下，向氏遂爲著姓。

公諱宗琦〔一〕，字某，文簡之曾孫，欽聖憲肅之從弟也。生而有異稟，自幼不戲弄。八歲而孤，哀毁如成人。及長，挺然有立，爲衆所欽憚。用憲肅恩，補右班殿直。調曹州定陶尉，監秦州酒。用薦者移伏羌城兵馬監押。又用薦者移通遠軍管界巡檢。特旨，差熙河路計置物貨局。陝西轉運使奏辟催促錢綱。四遷至西頭供奉官，遂以太子右司禦率府率致仕。以子封遷太子右衛率。又四遷爲右驍衛將軍。官制行，四遷爲武功大夫萊州團練使、榮州防禦使。换文資，兩遷至太中大夫，致仕。靖康元年六月七日，以疾終於正寢，享年六十有八。

公雖出於貴胄，而清約如寒儒。嗇於自奉，而親族之有匱急者則周之，不爲有無計。字兄之孤與己子，人不見其異也。中外輯睦無間言。諸子游仕四方，有以鮮衣獻者，輒藏之不服，曰：「昔吾父母未嘗有也。」於人無德不酬，而有負於己者，未嘗形言色。

嘗寓居棣州之七里鎮，清河水暴泛，居人危懼，公身率千餘人負土築堤爲捍蔽。堤成，水至不爲患。鎮人德之，至今不忘。定陶素多盜，公爲尉，威望隱然，盜潛伏出境，無敢犯者。莅事所至，有能稱。年未及奉身而歸，用不究其才，論者惜之。然居都城幾三十年，優游卒歲，視天下無一物足以攖其心者，其所得多矣。

祖諱某，故任國子博士，贈開府儀同三司，守太尉；祖母二李氏，皆累封太夫人。父諱綬〔二〕，故任西京左藏庫副使；母王氏，封太康縣君。娶夏侯氏，朝奉郎某之女，有賢行，配公無違德，累封令人。子男十二人：曰某，中奉大夫，權發遣京東路計度轉運副使；某，武經郎，河間府路安撫司準備將領，爲國死事，贈武功郎。某，中奉大夫，河北、河東路宣撫司勾當公事；某，朝請郎，知虢州盧氏縣事；某，儒林郎，知太原府平晉縣事；某，通直郎，新中山府司録事；某，忠翊郎，監通天門；某，迪功郎，新滑州白馬縣丞〔三〕；餘皆早世。女九人：長適宗室右班殿直令鍾；幼適文林郎吴并；餘皆先公卒。孫男二十七人，女十六人。某女長，適進士王叔夏，餘並幼。

諸孤將以是年七月某日葬公於豐臺村，狀公之行，請銘於余。余雖未識公，而與其子游，習聞其風舊矣，乃爲之銘。銘曰：

公於軒裳，脱若蟬蜕。清約自將，其德靡悔。有子之賢，慶流必長。將大厥聲，公爲不亡。

校記

〔一〕「公諱宗琦」，「宗琦」各本作「某」，未校。宋張栻爲向子韶之四子向沈（字深之）所撰之通直郎致仕向君墓表載：「祖考宗琦，故太中大夫，贈少師」，與楊時在本誌銘中所説的「换文資，兩遷至太中大夫，致仕」之語合；又與其後文所説的「余雖未識公，而與其子游，習聞其風舊矣」之事亦合。「其子」指向子韶。楊時另寫有忠毅向公墓誌銘一文，收入楊時集卷三十五，可參看。今據改。按，張栻所撰通直郎致仕向君墓表載向子韶自其曾祖考以下相傳世系甚詳，很有文獻價值。其文收入全宋文卷五七四五張栻二五，全宋文第二五五册，第四六六頁。

〔二〕「父諱綬」，「綬」各本作「某」，未校。宋張栻爲向子韶之四子向沈（字深之）所撰之通直郎致仕向君墓表載：「君曾祖考綬，故西京左藏庫使。」與楊時在本誌銘中所説的「父諱某，故任西京左藏庫副使」的基本事實亦合。今據改。

〔三〕「滑州」，萬曆本、令聞本、繩祖本作「渭川」，正德本作「渭州」，誤。臧勵龢等編中國古今地名大辭典：「秦置白馬縣，隋置杞州，改滑州。」今據改。按，白馬縣故城在今河南滑縣東二十里。

孫龍圖墓誌銘

公諱諤，字正臣，邵武人也。崇寧中有旨改名，遂以字行。曾祖諱昌齡；祖諱文準，左宣德郎；父諱迪，太常博士，同提舉兩浙市易司，累贈通議大夫。

公幼敏慧，讀書數過輒成誦不忘。既冠，登進士第，授池州司法參軍。通議以公素謹厚，静默寡言笑，恐其不更事，而司法民命所屬，不可忽，故令就學律。明年，試大法，中第一。是時舒王用事，中書置五房檢正，遴柬天下賢才以濟。公方筮仕，而以材名在選中，除監制敕庫。制敕庫用士人自公始。未幾，除吏房習學公事，同編修中書條例。同列皆極一時之選。其後，列侍從居要津者相屬也。習學，例一考即真。公未閲歲，丁通議憂去職。復除，會罷習學官，再監制敕庫，仍多攝五房職事。因議司農法，駁其不當者，大臣力主之，公又反覆論不已，忤其意。又嘗叱堂吏，語有所侵。大臣聞而疾之，造爲訕上語以聞。賴神宗仁聖，察其無根，得不坐。會庫吏編進條目，漏常程劄子三道，公已自陳再進矣。大臣交詆之，出爲睦州司理參軍。

公兩爲宰屬，嘗與國論矣。蓋今尚書都司之任，侍臣之資也，一旦屈於偏州下吏，人意其不事事，而親吏牘，鈎獄情，委曲周盡，略不見遷謫容。爛盧酒户之僕，乘醉督逋，毆欠者至死〔一〕，引其主爲之唱，主誣服。邑上其獄爲重辟者〔二〕。公閲牘，得其情，曰：「毆之日，主適外未還，安得有唱？」即日釋之。青溪民有訴匿錙者〔三〕，詞已伏，而容色若有冤者。詰之，則曰：「托者飲我，出書，云已使人置錙於舟底。酒酣，醉歸卧舟中。比及城登岸，猶未醒。其家執書以索，而舟已出矣。僦舟非有素，莫識爲誰。」公爲緩其獄，物色之，求僦舟者甚急。而舟人負錙來，告曰：「且我聞孫檢正治獄不可欺〔四〕，故以自歸也。」睦人至畫像祠之。

元豐五年，復召爲重修編敕所删定官，書成論賞，就循一資，充詳定省曹寺監條貫删定官。三年，改宣議郎。元祐四年，監在京都進奏院。六年，遷左宣德郎，除太學博士。以大父母春秋高，乞就吏部，調通判建昌軍。將行，除太常博士，乃謁告歸省，而後就職。王文公賜謚有定，一博士有欲爲其文〔五〕，極言推尊，自結於用事者。公當筆，輒推其次，蓋事有近於追逐時好以取世資，終不屑爲也。

紹聖元年，遷秘書省正字。二年，權發遣梓州路轉運判官。八路差遣，例多狃襲拘礙，注擬不行。熙寧、元豐間，許在任官前期一年射闕，每一官闕，則徧問屬郡應入之人。

其後，前期射闕之法廢，須罷任，以到銓爲先後之次，則人人身在銓所矣。而徧問之法猶存，往復待報有彌年者。公私病之。公建明季闕牓十日，非次及過滿見闕五日，限滿，如吏部法定差。朝廷善之，仍頒其法七路行焉。

先是，瀘南羅始黨八姓生夷，自元豐中收服，團結爲義軍三千一營。歲月浸久，其數著籍者皆名存而實不足，驟覈之，必至於變故生事。公爲建言：「朝廷初以羅始黨八姓依七姓十九姓熟夷團結者，止欲羈縻遠蕃，漸令習漢化耳。今夷情已安，則八姓前闕義軍之數，可置勿問。今而後遇有闕，因犒設夷首，使轉相譯問，以本族願補者充。」從之，至今爲便。

三年，遷承議郎。四年，移成都府路轉運判官。成都爲蜀劇郡，公裁處暇裕，而事細大畢集，相度開興助正鹽井，建明差選職令條制，人情愜當，所奏皆可。至於增置武寧諸軍，般買眉戎歲米，皆長久之利也。

召爲尚書刑部員外郎，辭不拜。改吏部員外郎，復懇辭。前後章六七上〔六〕，不允。既就職，賜對從容，請儒臣討論官制而補完之，以成一代之典，追配周官〔七〕。有旨：條具以聞。會言者擿公元祐辨訴，論罷職。出知南劍州。未赴，遇上皇登極，恩遷朝奉郎，賜緋魚袋，召爲司勳員外郎。遷朝散郎，除右司員外郎。靖國初，差點檢皇太后園陵文字。還朝，除秘書少監、國子祭酒。崇寧改元，兼權秘書監。中外期公朝夕且進用，而抗章力請補外。除直龍圖閣，權發遣江、淮、荆、浙等路制置發運副使。

初蔡太師京一見公，奇之，爲户部尚書，薦以自代。及與政，欲以公爲刑部侍郎，辭免曰：「某昔嘗免刑部郎，今爲侍郎，非所安。」曰：「以爲他曹何如？」又辭曰：「異時聞從官闕，大臣有以某名進者，上未以爲然。公秉政，宜慎所引，毋以不肖累君也〔八〕。」太師意未已。會有傳公趣與新政異者，遂罷發運，知潤州。未幾，得管勾杭州洞霄宫。公曰：「吾志也。」

大觀元年，遷朝請郎。二年〔九〕，以八寶恩遷朝奉大夫，洞霄再任。用恩復請差提舉舒州靈仙觀〔一〇〕。一日，盥櫛更衣，謂家人曰：「生死去來無足深悲，惟念佛不忘，是真吾眷屬。」言訖而瞑，實三年己丑七月二十一日也，享年五十有九。是年十二月二十六日，葬於揚州江都縣善應鄉顔村青龍岡之原〔一一〕，從治命也。

母黄氏，再適游氏，封同安縣太君。公欲便親闈，故卜居高郵，盡斥先世資産與諸弟，而俸餘稍稍買田築室爲伏臘計。多病早衰，常欲謝事，自屏物外，恐傷慈懷，故不果。

公天資夷曠，貌如其心，平居恂恂似不能言者〔一二〕。一旦，坐官府，胥吏紛紛持牒互進，公各使盡其意，徐以片言折之。群吏帖耳結舌不敢出息，退而相語曰：「公神明也，不可欺。」

樂善急義，重然諾。薦士每先寒素，不可干以私。識慮精敏，多人意所未到。閑居七年，未嘗以一字至公門，兀兀自守，泊如也。妙洞心法，於佛書無所不觀，手録要義，皆成誦。其屏聲色，黜滋味，蓋篤信而然，非彊絶之也。常有疾，得異方，須鸜鵒。公素不殺，而厲物以衛生，不忍爲也，故藥久不就。忽有鷙禽擊死者墮庭中，公得而餌之，疾隨愈。此殆神相，非人力可致也。

公於刑書，中悉詳盡，世之名知法者，皆嘆莫及。而朝廷欲以刑官處之，弗居也。於陰陽、星曆之學皆精到，而未嘗一言及之。異時嘗苦天官曆火、木二星及蝕時刻多不合，與姚舜輔所撰曆互有疏密，委官考詳，前後有異，秘書不能決。有旨，命公校之，其說遂定。九宫貴神壇位失次，悉釐正之。皆因事而見。蓋公以儒學自將，該洽有文，而以法家術數名世，非其志也。有奏議、解經、雜著、文集四十卷，藏於家。

前娶劉氏，追封真定縣君。今夫人劉氏，贈太中大夫處約之女，孝謹沖淡，克配君子，封靖安縣君。男二人：長曰鉅，假將仕郎，早卒；次曰鎮，修職郎，今爲池州司兵曹事。女一人，適文林郎洪州司馬曹事游撝。

靖國郊祀，當任子，引舊比薦其弟誠〔一三〕，有司持元豐法，不報。後六年，宗祀卒以誠爲請，今爲奉議郎，知廬州慎縣事。〔一四〕公既没十有三年，其弟誠始以游公狀來請銘，乃爲之銘。曰：

一德不回，踐更三世。不附於時，其節靡悔。不殺之誠，誠通於幽。有隕其庭，疾已隨瘳。刑名星曆，詳盡精到。法家者流，非志所好。公之神明，其德可欽。百世不朽，勒歌於珉。

校記

〔一〕「毆」，萬曆本作「歐」。今據繩祖本改。下同。

〔二〕「爲重辟者」，各本「者」原作「首」，形近之誤。今依文意改作「者」。本書卷三十三莫中奉墓誌銘有「無一人犯重辟者」，亦可爲證。

〔三〕「訢」，萬曆本作「訴」，誤。正德本亦誤。今據繩祖本、四庫本改。

〔四〕「且我聞」，正德本本句無「且」字，上句「告」字上有「且」字，與各本異。

〔五〕「一博士」，正德本「一」作「二」，恐誤。

〔六〕「前後章六七上」，各本皆無「上」字，則本句謂語殘缺。今依文意補。

〔七〕「周官」，萬曆本、正德本、四庫本同。繩祖本作「周宫」，誤。

〔八〕「累君也」，正德本「君也」作「君子」。

〔九〕「二年」，正德本、繩祖本同。四庫本作「三年」。

〔一〇〕「用恩」，萬曆本原無「用」字。正德本有，義較長。今據補。

〔一一〕「揚州江都縣」，萬曆本原作「楊州縣」，誤。我國歷史上無「楊州縣」（或揚州縣）其地。四庫本作「興化縣」（清屬揚州府），而上無「揚州」二字。正德本作「揚州江都縣」。今據改。

〔一二〕「似不能言者」，萬曆本原無「者」字。按無「者」字，義不顯。古代漢語常用「似……者」結構表示比況。正德本有「者」字。今據補。

〔一三〕「引舊比」，各本同。「比」疑爲「例」字之誤。

〔一四〕「廬州愼縣」，各本「廬州」作「盧州」，誤。據元豐九域志卷五載，愼縣在安徽廬州。今改。

楊時集卷三十五

誌銘六

章端叔墓誌銘

公諱甫〔一〕，字端叔，姓章氏。八世祖及，爲康州刺史，自南康徙居建州之浦城〔二〕。其孫仔鈞仕王氏，官至太傅，仔釗爲泉州團練副使，兄弟俱有功於閩，故號仔釗爲小太傅。仔鈞之後居西村，仔釗之後居珠林，自是分爲二族。宋興幾一百年，西族世有顯人，珠林久不振。至景德中，公之大王父始以進士中甲科，而位秘書丞。公於熙寧三年繼登科第〔三〕，而後珠林之族浸顯矣。

公資穎悟，方幼學，已能屬文。年十四，即辭親求師友，薄游江、淮間殆十年，能自力，卒以名聞於時。

初調撫州臨川尉，盗有劫行商殺人者。吏以支辭蔓其獄〔四〕，連逮者以十數，累日情不得。公呼囚，令環坐，以事驗之。俄引三人出，曰：「汝實爲盜。」餘悉縱之使去。三人者，卒伏其辜無異辭〔五〕。其遇事巧發奇中類如此，人莫能測也。

就移壽州壽春令。大臣有以公孟子義進者，詔付秘書省。除應天府國子監教授。用舉者改著作佐郎。官制行，換宣德郎，知越州山陰縣事。山陰號繁劇，訟牒日紛至，公處之裕如也。巨猾陸璋輩竄易户名以避征役〔六〕。公閱籍，具得其姦狀，坐流配者數人。老姦宿贓屏迹聽命，無敢復爲欺者，邑大治。境内有海塘，潴水溉民田，歲久堙塞不治，爲旱患。公鳩徒浚之，仍爲經畫爲久計，民至今賴焉。秩滿，轉奉議郎，監左藏北庫。

哲宗即位，轉承議郎，通判宿州。先是，南京押綱侍禁史士宗侵耗官米數百石，反訟倉官交納不公，獄久不決，朝廷以委公，至即片言折之。士宗雖坐流竄，而自以爲不冤。又兩遷爲朝散郎〔七〕。繼丁親憂。去喪久之，除太府寺丞，轉朝請郎。召對稱旨，除開封府界提舉常平等事〔八〕。鄢陵舊有雙洎河，數溢爲民害〔九〕，二縣以開浚爲請。公爲親行堤上，得舊河經始之意，本欲殺惠民河水流而歸之蔡河，稍加開浚，則惠民之注流益悍，而蔡河不足以吞納，則爲害滋甚，不若增浚河外故道，雙洎雖溢，可恃以無患。是歲，河朔饑民流而入畿甸者不可以數計。公召而廩給之，因以用其力，故堤成民不告病，而饑者得以全活，公私之利，蓋兩得之也。

上皇即位，轉朝奉大夫。未幾，除知虔州。虔州爲江西劇郡〔一〇〕，俗健訟，公下車，痛治妄訴者一人。迄公去，無或干政犯令者。是時，承平日久，屢豐年，天下諱言灾傷，無以民病告者。公還朝，首言淮甸歲凶，宜加賑恤。大臣初雖不悦，而公誠意懇惻，故卒從之。翌日，遣使大發倉廩，而民賴以濟，公之力也。

崇寧初，黨論復興，義士膠口，無敢竊議者。公除郎官，得旨陛對。抗言：「元祐臣僚削秩投荒，皆緣國事。陛下即位，稍令内徙，道路交慶。今復刻名著籍，禁錮其子孫，恐非陛下本意。臣竊惑焉。」上雖優容之，然亦由是與時論不合矣。會宰相曾公布得罪，言者因以微文詆公，從坐降一官，罷。尋知泰州，遂掛冠退居吴門。未幾，上記其姓名，特旨落致仕。復知泰州。之官數月，即乞宫祠，得提舉舒州靈仙觀。

崇寧五年六月八日，以疾終於平江府之私第，享年六十二歲。以其年十二月十六日，葬於吴縣長山鄉仕墟道士塢之原〔一一〕。

公莊重簡默，而接人以和氣。行己莅官，一本於誠，不表襮以自售。其論天下事，不苟不隨，期於當理而已。方元符末議役法，請循元豐爲便，或疑其朋附。及崇寧陛對，抗言黨錮非是，聞者駭汗，乃知公之用心，合天下至公，無彼時此時之間。公以是數忤權貴，竟以不遇。公仕於朝，兄弟請別籍，公盡以己所當得田業均之，且立券與之約，毋得輒典賣。而其後兄弟之子有破其産者，卒賴此以爲生。公之惇族爲之長慮蓋如此。公平生無女妓珍奇之好，獨讀書萬卷，增校精至，手澤具在。有文集二十卷，孟子解義十四卷。

曾祖故任秘書丞，祖故不仕，父故任通直郎，贈朝奉大夫。娶沈氏，起居舍人諱季長之女也，封宜人。公襟度簡遠，未嘗問生事。然奮羈旅起家，闔門千指，有宅以居〔一二〕，有田以食，夫人之力也。其經理家事，無巨細，皆有節法。豐而不侈，儉而不陋，正睦中外，雍如也。自政和以來，四方無虞，仕進者以攀附爲榮，而夫人每戒其子曰：「宜安素分，遠權門。盗賊且起〔一三〕，無遠官以貽吾憂。」諸子仕者謹奉其戒，卒無患，聞者服其遠識。建炎二年八月二十五日，以疾終於正寢，享年七十有四。以是年十月二十二日，祔葬於公之兆。

子男八人：長愿，宣教郎，知杭州臨安縣事；次師中，早世；次慤〔一四〕，迪功郎，池州士曹掾；次愈，迪功郎，福州士曹掾；次惠，次憲，次懋，次悊，皆業儒，未仕。女四人：長適宣教郎知舒州宿松縣事孫寔；次適朝散郎、直秘閣、廣東路提舉常平等事王舜舉〔一五〕；次適奉議郎、秀州司録事邵勛；次適奉議郎、主管亳州明道宫吕弸中。孫男女二十二人。

建炎之初，其子憲不遠數舍詣毗陵踵吾門而告曰：「先君之亡二十有餘年矣，而無幽堂之銘。其盛德中行，恐遂泯没無傳焉，敢以是請。」久之，余未暇作也，又遭母夫人之喪，復以書抵余，而請之益至。余雖不及見公，而公之子憲、惁從余游，義不得辭也，乃爲銘，使歸而揭諸墓上。銘曰：

奮身羈窮，砥節不移。遵義而行，不苟不隨。黨籍之興，公獨有言。爲人不能，展也直賢。銘以昭之，庶永其傳。

校記

〔一〕「公諱甫」，各本「甫」作「某」。光緒丁酉續修浦城縣志卷二十一選舉云：「章甫，字端叔，官大府寺丞，改知泰州。有傳。」按，章甫的名與字之間有内在聯系，取義於論語先進「端章甫，願爲小相焉」。今據光緒丁酉續修浦城縣志卷二十一選舉、卷二十二政績本傳改。

〔二〕「浦城」，四庫本作「蒲城」，誤。

〔三〕「登科第」，萬曆本無「第」字。今據正德本補。

〔四〕「支辭」，正德本「支」作「枝」。

〔五〕「伏其辜」，四庫本「伏」作「服」。

〔六〕「征役」，四庫本作「徭役」。

〔七〕「兩遷」，四庫本作「兩轉」。

〔八〕「府界」之上，民國版福建通志章甫傳有「開封」二字。今據補。

〔九〕「雙洎河」，萬曆本「洎」作「泊」，誤。下「雙泊」亦誤。正德本、繩祖本同。臧勵龢等編中國古今地名大辭典云：「雙洎河在河南，上游爲溱、洧二水，合流爲雙洎河。東南流，經新鄭洧川、鄢陵、扶溝諸縣，合於賈魯河。」今據改。四庫本作「惠民河」。惠民河，三朝會要云：「惠民河與蔡河一水。建隆元年(960)導閔河自新鄭與蔡水合。開寶六年(973)始改閔河爲惠民河。」作「惠民河」非是。

〔一〇〕「除知虔州。虔州爲江西劇郡」，各本均作「除知虔州。爲江西劇郡」。「爲江西」上疑奪「虔州」二字。今依文意補。

〔一一〕「仕墟」，四庫本作「社墟」。

〔一二〕「居」，萬曆本作「凥」。「凥」爲「居」的古字。今據正德本改。

〔一三〕「且起」，四庫本「且」作「日」。

〔一四〕「慤」，四庫本作「懿」。

〔一五〕「王舜舉」，萬曆本下脱「次適奉議郎秀州司録事邵勛」等十二字。今據正德本補。

忠毅向公墓誌銘

某年月日，虜騎襲陳〔一〕。余時在行朝，得報，謂同列曰：「陳守向公必死矣！」爲之廢寢食者累日。未幾訃至。人或問曰：「方今雄藩巨鎮，擁重兵棄城而遁者踵交於道，陳無高城深池以爲阻固，以千百惰羸之卒當狂虜屢勝之兵〔二〕，雖庸人知其不敵矣。避其鋒而去，宜無不可者，何自而知其必死也？」余曰：「公之忠精貫白日〔三〕，非死生禍福能易其操者，其素行然也。余以是知之。」聞者莫不欽嘆。

其孤將以某年月日葬公於某所某原，以通判潼川府朱震之狀來請銘〔四〕。余告之曰：「公之仗節死義，有諫臣之章；議行易名，有太常之誄。褒贈之典，布在天下，其勳烈不待余言而傳也。然公自筮仕以來，所至皆有風績可書，世人或未知之也，亦不可湮没而無傳。」乃叙而銘之。

公諱子韶，字和卿，故相文簡公之曾孫，欽聖憲肅皇太后之再從侄也。世爲開封人。曾祖諱某，故任國子博士，贈開府儀同三司，守太尉；曾祖妣李氏，封太夫人。祖諱綬〔五〕，故任西京左藏庫副使；祖妣王氏，封太原縣君。考諱宗琦〔六〕，故任太中大夫，致仕，贈通奉大夫；妣夏侯氏，封碩人。

公生而有異稟，不妄嬉戲，莊重如成人。比志學，即游賢關，清約如寒士，人不知其爲相門后族之子侄也。其强學自勵，至焚膏繼晷不少懈。同舍相與語曰：「君子之於學也，息焉而後能安其學，君何自苦如是？」公愀然對曰：「家門衰替，敢不彊勉而自惰乎哉？」永嘉劉安節輩皆伊川先生之門人，有識致，訝其語，因問之曰：「公家富貴聞天下，二郡王日奉朝請，仕於中外以材望顯者甚衆，何謂家門衰替也？」公曰：「先丞相事業寂寥久矣。」安節壯其言，引爲忘年交。元符二年，與國學薦，欽聖聞之喜甚〔七〕，補假承奉郎。三年，擢進士第，唱名集英殿，欽聖登紫雲樓，密令宦者引公至樓下視之。翌日賜賚有加。注保州司法參軍。有旨，改承事郎。皆特恩也。差監在京炭場〔八〕，會有族人除太府卿，以親嫌罷，改授簽書荆南府節度判官廳公事。

是時公方冠，初未更事，而練達政體如素官者〔九〕。知荆南，馬瑊器其才〔一〇〕，府事多賴之。城去，董必代。公嘗具袍笏，而必以短帽束帶見之。必爲人簡嚴，屬吏無敢忤其意者，公移書責之不少屈。

秩滿，知蘇州吴江縣。蘇人私鑄黄錢，流布一路，諸邑聽民自便，郡守是之。公獨以爲不可，爲書極言其害〔一一〕，下令禁切之〔一二〕，一縣無敢犯者。中司論其事，詔置獄，繩故縱之吏。諸邑皆曰：「太守之命也。吴江令嘗力争，以爲不可，書具在。」公聞制使來，自謂理須被逮，即具舟束裝以俟。吏及門，即行。初，太守意公以抗論不從爲功，比公至，卒無一言及太守者。守甚德之，而後信其爲仁人君子也。獄成，自太守而下皆貶秩，公獨賞一官。其後太守孫公傑召諸邑會議，欲一大保置一鼓樓〔一三〕，保丁五人，以備巡警，盗發則鳴鼓以相聞。公曰：「一大保二十五家而已。如吴江外鎮，有合境不過五里者，無慮數百家。若二十五家置一樓，則不可勝計矣。又以數十人持梃更巡，則其間不無彊悍不逞者遞相侵陵，則鬥争自兹始矣，不可爲也。」郡守意欲必行之，不從。公持之益堅，逾月不能决。同列厭苦之，謂公曰：「不若禀令而歸，到縣則措置在我矣。」公曰：「不可。禀令歸而不行，則有司得以慢令罪我矣。」久之，卒如公議。

大觀二年〔一四〕，除開封府右曹參軍。明年，轉朝散大夫。李彪欲言蔡京擅權誤國，書草具，未上，有告其事者。丞相何公取旨，下彪開封獄。有司謂彪謗訕大臣，欲置之重典〔一五〕。公方初來，力争之〔一六〕。李孝壽尹開封，依違不斷。丞相張公用公議，薄彪罪。已而京復相。御史論彪獄不當，乃流彪海島。李孝壽已死，追所贈五官，更追三官。公時已去職，監在京進奏院，追三官，停任。

四年，叙朝散郎，監保州鹽酒税。五年，以建儲赦，復朝散大夫，提點信州太霞宫。未幾，除知虢州，不就。

六年，差主管西京外宗室財用。外宗室之法：未出仕者計口給食。至是，有養子以增數者。公與同官高大中論曰：「財用不足，患之細也。蓄養他人子，則本支亂矣。」公乃建議，爲之措畫，以去其弊。宗室財用，以黄河退灘地，淮、浙圍田及常平贍學所不取者充。案牘隔遠，吏緣爲姦，隱漏不可勝計。公手自翻閲，盡得其情，量入爲出，無匱乏之患。判外宗正趙仕晪常患不給〔一七〕，公笑而不答。它日，出其大數，沛然有餘，士晪服其明焉。

七年，移管南京外宗室財用。俄復還舊任。

宣和元年，除知虔州。又除知建昌軍。未赴，除夔州路轉運判官〔一八〕。朝廷議罷新開邊郡，公條陳利害，請罷溱、播、思、珍四州，反其縣〔一九〕。同官謂珍不可廢，公争之不能得，乃罷三州。而珍州至今以爲不便。

久之，瀘南帥劉亞夫復用夷冉萬要議〔二〇〕，請開溪州路，南通辰、沅，西抵瀘、戎，置一州二縣。詔發潼川府及夔州兩路兵輸錢糧，辟官屬瀘南，遣南騎兵至涪州責錢絹甚急。公率同官王蕃論奏其事。蕃意難之，公曰：「若有疑，某自具奏。」蕃乃同上疏曰：「頃年龐寅孫守夔，創開邊隙。是時欲建溪州，冉萬要曰：『險阻深僻，不可爲郡縣。』今萬要與冉蠻老以仇怨相攻，乃更建議開路。且路之所經者十有一族，而七族被誘，四族不出。四族者蠻老在其中，又有蠻由册一族〔二一〕，以人爲糧。彼萬要意在報仇，假官軍以殺蠻老耳。且自昔夷人納土請置州郡〔二二〕，必先通路創屋以俟王人，官司遣人相視，然後調兵儲糧，經理其地。今請吏者未集，山谿未通，遽遣王師深入不測，是委肉於餓虎之蹊也。事大不便。」奏方上而大役已興矣，郡邑騷動，蕭然煩費，人心震恐，識者危之。公又爲書上二府，申御史臺，極陳開邊徼置州縣以蠻夷弊中國之害，爭論甚力。俄得可報，亞夫削官，其役遂罷。

夔路廉訪使者曹東請築瞿唐關，乃唐夔州故基也〔二三〕。山嶺越溪谷，樓櫓城壁，費甚廣，請置兵三千屯守。公申尚書省曰〔二四〕：「世亂則守險，世治則去險而居平陸。守險者所以固强圉；居平陸者所以杜覬覦。故前代割據夔州，附瞿唐關。本朝削平僭亂，丁謂、薛顔乃移夔居魚腹以就平土。今無故勞民費財而起戰争，又屯兵於外，太阿倒持。若一夫閉關奮臂〔二五〕，則夔州無兵可抗，非長久之利。」東怒，欲以他事中公，竟不能。而瞿唐關止因其舊而增葺之，卒如公議。

六年，使還，入對延和殿，首薦寒士。上皇頷之，曰：「進賢受上賞。」當路阻格之，不報。除知蔡州。下車去貪暴，屏巨猾，寬逋負，舉下吏可任以事者，然後興學校，延見儒士。有縣令狃舊例〔二六〕，獻遺利以入公帑。公判其狀，付州學養士。前守許份議開小河〔二七〕，泄積水，功大不能就。公論其非於部使者，曰：「小河淺狹，不足容諸水之入，徒費財力，有害而無利。」乃罷其役。

八年，主管亳州明道宫。除知徐州。

靖康元年，近臣薦公材堪出使，除京東轉運副使。户部尚書聶昌以國用不足，諷諸路進羨餘。知密州郭奉世與昌有舊，進萬緡。昌薦諸朝，請賞之以勸天下。公劾奉世曰：「一路財用，有餘不足相補。設使密有餘財，當具數聞部使者，通融計會，資兵吏之費，安可不恤大計，不顧他州，進通用之財，徼非道之寵？不罰奉世，無以懲姦。而主計近臣，首開聚斂之端，浸不可長。」士論韙之。於是有旨，下京東治其事。會昌入副西樞，故事不竟，奉世罰金而已。山東久苦李彦暴虐，朝廷初罷梁山濼税、燕山夫錢，黜興利之臣，民凋瘵未復，盜賊相扇野聚〔二八〕。公條具民間利病十餘事上之。

丁通奉憂，解官，與諸弟居淮寧府。會蔡州缺守，州人邀使者馬首，願得公三年。使者上其事，而蔡已除新守矣。乃起復，就除知淮寧府。公三拜章，乞終喪，不許。公視事六月，虜兵至陳〔二九〕，公率諸弟城守，勵戰士，開諭百姓曰：「汝等墳墓之國，去此何之？吾與汝當以死守之！」虜晝夜攻城〔三〇〕，公親擐甲冑，冒矢石，遣其弟子率赴東京留守司乞援兵，未至，虜益衆〔三一〕。城陷，公猶率衆巷戰，力屈被執。虜帥坐城欲降之〔三二〕，酌酒於前，左右按令屈膝，公植力不動，戟手罵之〔三三〕，遂見害。時年五十，實二年二月二十二日也。有陳掞默記其處。

公弟中奉大夫，新知唐州事，子褒，朝請郎，子衮，迪功郎，子某，皆見害。家已破散，掞入其府，取公誥敕藏之。季子鴻六歲，乳母抱去，遇虜〔三四〕，虜奪其母〔三五〕，棄兒井中。有出之者，虜又擊之，一夕復活。他日過，復抱藏民家。後公子沈奔喪，乃得公遺骸并誥敕及鴻以歸。後二年，子率守儀真，遣人至淮寧訪尋，得公季女於民家，時年十一。

娶夏侯氏，封令人。先公八年卒。男十人，女五人。讓，將仕郎；混、汋及三女早亡。

護，將仕郎；溥，通仕郎。莅、溥、瀚及洛、汝爲虜騎所掠〔三六〕，未知所在。沈，登仕郎；鴻，以褒典補將仕郎。孫女一人。

諫官上疏曰：「臣伏聞去冬夷人入寇〔三七〕，諸路守臣或望風逃遁，傑然以忠義自奮誓以死守者，陳州之向子韶是也。至城陷，猶率衆巷戰，與介胄之士同斃於兵革之下。行道之人稱頌咨嗟，忠義之士憤發激昂。願下明詔，褒子韶忠義之節，優加爵秩，以旌顯之；搜求其後，而錫賚之。天下聞風，孰不踴躍奮厲爲陛下盡死節乎？」五月二十七日，有旨贈三官四資，本宗有服親，將仕郎。時秀州兵亂，害武功郎江東西路經制司書寫機宜文字辛安宗，有旨贈五官與六資恩澤。諫官再上疏曰：「今戎事未息，一賞之行，萬衆觀聽。朝廷出於無心，而見聞者妄意輕重。又況邇來守土之臣〔三八〕，望風奔避者不可一二數。如子韶，城陷猶能身率餘兵巷戰致死，誠可載之信史，無愧古人，以勵臣節，一時恩贈，所宜特厚，豈當更居安宗之下？」於是詔增二資恩澤，特贈通議大夫。久之，有言用兵以來仗節死義者甚少，朝廷所以風勵之有未至也。望明詔禮官，凡臨難不屈、死節昭著者，特賜之謚，使得垂名不朽，亦風勵節義之一端也。太常以公名聞。有旨：賜謚忠毅。聞者聳然以爲效忠義之勸。

公爲人端慤夷易，不事表襮〔三九〕。一言之出，洞見心膂。通奉公篤於惇族，公承其志，率諸弟分俸以均給本房之未仕及待闕者。遠方珍異，必以時至。通奉有疾，衣不解帶。與人交，主於忠信，不爲浮文末禮，以投衆人耳目。書尺不過一幅，語嚴而意盡。所至必與君子長者游〔四〇〕。暇則觀書，門無雜賓。與人議論匪一，衎衎然必反復曲折〔四一〕，歸於至當。發爲辭章，典雅温厚，有唐詞人之風。自始仕，由幕職至縣令，退爲管庫，進而處刺史二千石，一以誠意爲主，不以色辭假人，故居官可紀，去必見思。至於蹈大難〔四二〕，臨大節而不可奪，非苟然者，蓋其胸中素定也。高才遠識，未究其用，而遽至此！嗚呼命矣！

銘曰：

虜人侵疆〔四三〕，横流稽天。取義舍生，維公則然。秉節不渝，幾至覆宗。昊天不聞〔四四〕，罹此鞠凶。季子之幼，亡而復存。神實相之，將大其門。褒贈之榮，永光窀穸。忠毅之名，千古無斁。

校記

〔一〕「虜騎」，繩祖本改作「北寇」，四庫本改作「北兵」。

〔二〕「狂虜」，繩祖本改作「天驕」，四庫本改作「敵人」。

〔三〕「忠精貫白日」，萬曆本「忠」下無「精」字。今據弘治本、正德本補。

〔四〕「朱震」，正德本作「朱某」。

〔五〕「祖諱綬」，各本「綬」皆作「某」，未校，宋張栻爲向子韶之四子向沈（字深之）所撰之通直郎致仕向君墓表載：「君曾祖考綬，故西京左藏庫使。」與楊時文中所言「祖諱某，故任西京左藏庫副使」的基本事實亦合。今據改。

〔六〕「考諱宗琦」，「宗琦」各本作「某」，未校。宋張栻爲向子韶之子向沈（字深之）所撰之通直郎致仕向君墓表載：「祖考宗琦，故太中大夫，贈少師。」與楊時文中所言「考諱某，故任太中大夫，致仕，贈通奉大夫」亦合。今據改。

〔七〕「聞之」，正德本「之」作「知」。

〔八〕「差監在京炭場」，正德本「差」上有「承」字，「監」下無「在」字。

〔九〕「素官」，正德本作「素宦」。

〔一〇〕「馬城」，各本原作「馮城」，誤。今據宋史蔡京傳改。下「馬城」亦改。按，馬城於徽宗建中靖國元年知荆南。

〔一一〕「爲書」，弘治本作「騰書」。

〔一二〕「禁切」，四庫本作「切禁」。按，「禁切」是禁絶、限制之意，義較長。

〔一三〕「置一鼓樓」，四庫本「一」作「二」，誤。

〔一四〕「大觀二年」，正德本「二」作「三」。

〔一五〕「重典」，弘治本作「重法」。

〔一六〕「力争之」，弘治本「力」作「上」。正德本連在上句，作「公以未上争之」。

〔一七〕「常患不給」，萬曆本「不給」作「不及」，誤。今據正德本改。

〔一八〕「轉運判官」，萬曆本「官」作「管」，誤。今據正德本、繩祖本、四庫本改。

〔一九〕「反其縣」，弘治本、正德本「反」作「及」，疑是，則上句「四州」後不應用逗號。

〔二〇〕「冉萬要」，弘治本、萬曆本、四庫本等「要」作「要」。正德本作「要」，下文弘治本、萬曆本亦作「要」。今據改。

〔二一〕「蠻由册」，正德本「册」作「丹」，未知孰是。

〔二二〕「自昔夷人」，繩祖本「夷人」改作「蠻人」。

〔二三〕「故基」，正德本作「故土」，誤。

〔二四〕「公申尚書省」，正德本「申」作「白」。

〔二五〕「閉關」，正德本、繩祖本作「開關」。

〔二六〕「狃」，正德本作「循」。

〔二七〕「前守許份」，萬曆本「許份」原作「計份」，誤。各本同。正德本作「許份」。臧勵龢等編中國人名大辭典云：「許份，宋將子，字子大。崇寧中擢甲科。知鄧州，有惠政，民方之召父杜母。」又：「許將，宋閩縣人，字沖元。……謚文定。」中華方志叢書閩縣鄉土志耆舊録名臣傳云：「許將，字沖元，謚文定。……子份，字子大，崇寧初進士，授國史編修直學士。徽宗嘆爲能世其家。政和中簡功臣子牧郡，出知鄧州。政尚寬平，囹圄幾空。改蔡州。奉詔賑饑，……再改揚州。……」與本文所説「蔡州」合。今據改。

〔二八〕「相扇野聚」，繩祖本、四庫本「扇」作「煽」。正德本「野」作「屯」。

〔二九〕「虜兵」，繩祖本改作「北寇」，四庫本改作「北兵」。

〔三〇〕「虜晝夜攻城」，繩祖本改作「城晝夜攻急」。四庫本「虜」改成「敵」，下「虜」字亦作「敵」。

〔三一〕「虜益衆」，繩祖本、四庫本「虜」改作「寇」。

〔三二〕「虜帥」，繩祖本、四庫本「虜」改作「渠」。

〔三三〕「戟手駡之」，萬曆本無「戟」字。四庫本有，當以有「戟」字爲是。今據補。

〔三四〕「遇虜」，繩祖本「虜」作「寇」，四庫本無「虜」字。

〔三五〕「虜奪其母」，繩祖本、四庫本「虜」改作「兵」。下文「虜又擊之」，「虜」亦改作「兵」。

〔三六〕「虜騎」，繩祖本改作「寇騎」，四庫本改作「北兵」。

〔三七〕「去冬夷人入寇」，四庫本改作「去冬近邊有警」。

〔三八〕「又況」，萬曆本「況」作「向」，誤。今據弘治本、正德本改。

〔三九〕「不事表襮」，萬曆本「襮」作「暴」。正德本作「襮」，是。今據改。

〔四〇〕「必與君子長者游」，四庫本「長者」下有一「之」字。

〔四一〕「衎衎然必反復曲折」，萬曆本原無「衎衎」二字，正德本有。今據補。「衎衎然」猶「侃侃然」。

〔四二〕「蹈大難」，繩祖本「蹈」作「陷」，形近致誤。按，「蹈」表主動，是對慷慨赴難的肯定與贊揚；「陷」表被動，是對罹難的同情與憐憫。作「陷」非是。

〔四三〕「虜人」，繩祖本改作「狄人」，四庫本改作「敵人」。

〔四四〕「昊天不聞」，弘治本「昊天」作「旻天」。

楊時集卷三十六

誌銘七

周憲之墓誌銘

公諱武仲〔一〕，字憲之，姓周氏。其先本周苗裔。平王東遷，次子烈封汝墳。秦滅周，以汝墳爲郡，子孫因家焉。至十八世孫仁爲漢太中大夫，徙家陽陵，子孫咸至大官。自漢歷唐，世有顯人。其後緜遠族衆，散適他郡，有居處之遂昌者。公之遠祖避唐亂，自遂昌徙之浦城〔二〕，故今爲浦城人。

王審知據閩，其三世孫璡仕王氏，爲銀青光禄大夫，即公之七世祖也。生彦卿，爲王氏先鋒將。彦卿生文之，當閩滅入南唐，官至殿中丞。文之生隆。隆生衡，即公之曾祖也，娶黄氏、楊氏。生某，即公之祖也，累舉進士，以文學教授鄉里。祖妣李氏，用猶子禮部侍郎常陳乞推封所生，特封昌元縣太君。自高祖而下，雖隱德不仕，而皆以儒學行義稱於鄉邦。父諱某，仕至宣德郎，知廣德軍廣德縣事，卒於官，以公貴，累贈通議大夫。前母李氏，繼母郭氏，俱贈碩人。通議公以進士起家，事親以孝聞，屢爲縣令，公正豈弟，多陰德，有識之士知其慶必在後也。

公生而相貌異常。通議公嘗撫之曰：「大吾門者，必此兒也。」自爲兒童，卓犖不群，長益明敏。年十四，作進士詞賦已有可觀。乘間，更習他文，不專爲科目計。年十七補太學生，預廣文薦。會改科用經術，後進競尚浮華綴緝，公獨不追時好，必以古文爲法。時張公廷堅爲博士，少許可。公贄書見之，張展讀大驚，曰：「子妙年之詞若此，古人不難到也！」公之叔父侍郎，一日覽公所著唐贊論，持以賀通議公曰：「此已遠過於某。」其爲名公所推重如此。

紹聖四年，登進士第，授將仕郎、越州諸暨縣尉。丁通議憂，哀毁骨立。通議公仕宦二十餘年，以廉潔稱，捐館之日，家惟四壁。公扶護歸平江，竭力襄大事，安貧守分，人無間言。

服除，授青州益都縣主簿。到官之初，外邑訴水灾，州檄公檢視，通守者吝放税〔三〕，且少公，輒大言曰：「若多放一粒租税，即當奏劾！」公正色言：「惟知盡公而已，奚恤其他？」既而躬行田疇，所傷禾稼果可驗。訴者不誣，公悉准法蠲放之。通守雖極怒，然無如公何也。

秩滿，用薦者陞從事郎，知婺州金華縣丞。丁母憂。服除，授泗州録事參軍。鄧帥李夔改辟公知淅川縣事。前政以軟懦去官，公事或經歲不决。公到，迎刃而解，舊事决遣無留。凡斷獄，片言得其情僞，人人心服，老胥猾吏屏息聽命，邑以大治。士民稱頌，以爲前後所無也。州以公帑不足，委五邑賣醋，實皆抑勒所得息，以十之二啗縣官。諸邑既争奉州，且利二分，至有月輸六七百緡者。公以縣陋民貧，度不能盡免，所輸才一二而已，以其所得二分均之，僚佐未嘗受一錢。京西漕專領修治洛陽大内坑冶，使者創行鑄新鐵錢，科兩路市彩色鐵炭之屬，民不堪命。州下諸邑均出所科。公言邑有大小，難以一概，力争之鄧帥許公光凝之前，引春秋平丘之會，子産争承，以謂「鄭，伯男也，而使從公侯之貢，懼弗給也」。由是，更以諸縣户口物力差次之，淅川遂減過半。許公先以文學易公，至是益加欽嘆，以爲有古循吏風也。

初，公在任才一考，士民競於諸司投牒，願留再任，而諸司應照例薦守令〔四〕，仍以公爲首〔五〕。及公得代而歸，百姓攀戀號泣，遮道絶梁，累日不得行。乃相率畫公像於浮圖舍，歲時祠之焉。用薦者改宣教郎，授亳州司儀曹事。磨勘轉奉議郎。

政和七年，許公召還，薦公於朝，除武學博士。幾歲，擢監察御史。宣和二年，有上封事告淮南連歲荒旱，饑民相食，常平使者顧彦成坐視不救。上大怒，詔公察訪，亟行賑濟。公登對陳八事：一、乞依法放免租税。二、乞諸司錢斛並許支用。三、乞州縣倚閣催民間積欠。四、乞常平司錢斛已樁發未行者〔六〕，並截留。五、豪户有願出粟濟饑民者，許保奏推賞。六、所在官山林塘泊暫弛其禁，聽飢民採食。七、鄰路般販米斛入本路者，免收沿路力勝，庶得商旅輻輳。八、小民有無業可歸願充軍伍者，委漕司多方招徠〔七〕，以消攘奪之患。上皇一一開允，仍命行訖及奏。疏降中書，執政頗難之，所陳八事〔八〕，從其四而已。

公行，人或謂公曰：「上慈仁博施，固無不可。然執政不肯盡用公疏，其意可見矣，况淮南監司、郡守皆出權倖之門，凡財用，又多以供應御前爲名〔九〕，公其慎之！」公曰：「吾受命訪察，若趨時顧避，則兩路生靈實吾殺之也。借使獲罪，豈敢愛一御使而輕億萬之命哉？」即檄監司、州縣問百姓疾苦，悉推行所以賑濟者。

宿守吴壽寧聞公將至，令諸門毋納饑民，遂至城外僵尸縱横〔一〇〕，悉差公吏穴地藏之，乃申以無饑民，無可鈔録。真守蘇之悌夜遣兵杖逼饑民，載之江中洲上，悉皆致死。二守皆宦官腹心，專以進奉花石、珍禽爲務，旁連漕使孫點，雄視江、淮間，莫敢誰何，公並劾之。由是官吏風靡，兩路所養饑民流移僅三十萬，賑給闕食人一十七萬有奇，振糶借貸穀三十餘萬，勸誘人户出糶及借貸七十萬有奇，計其所全活不知其幾萬也〔一一〕。前所劾二守既以罪去，造爲飛語以動朝廷，遂有旨促公疾速赴闕，更不賑濟。

公既忤宦官之意，使還請對，閤門百端沮抑，公即上章丐外補。除權知常州。會常州係高麗使經由郡，守臣例賜對，上因問淮南事，公從容陳之。聖心感悟，留不行，除尚書比部員外郎。遷右司員外郎，假太常少卿，接伴大遼賀正旦使。磨勘轉承議郎。時遼使耶律懷義、留嗣卿，皆猾虜也〔一二〕。公一見即開懷待之，然與之言，未嘗少假借。舊例：國信私覿，皆售僞濫物。以其價廉，吏請循例，公不許。其所酬酢物，不較其直，物皆精好，虜甚悦服〔一三〕。及對，上喜見於色，褒賞再三，且諭公將來送伴，如有合理會事，可一一憑内侍奏來。公聞而遲疑，上即曰：「卿識鄧文誥否？」公徐奏云：「臣起自疏賤，於今内臣中無有半面之交者。」上嗟嘆良久。翌日，加賜茶錦宫花等，蓋特恩也。

使還，差殿試初考官。進士對策，間有言極切直者。有例欲指爲「謗訕」取旨，公云：

「今盜起東南，正是國家開言路之時，豈可吾儕先加以此名？」遂改「謗訕」二字爲「涉異」奏之。已而降旨，皆取於前列。宰相王黼建應奉司，公知黼不可盡言，姑欲以利害警之，造黼問焉。黼云：「此以中官領供應者不一，凡物既不可考覈，而騷擾已倍多，故總以一司。」公曰：「相公念應奉無節，不嫌以論道之任，下領有司，意則美矣，第恐外庭既行之，北司仍復干預，則用度將愈無算，而騷擾又倍前日。是使中官得以爲辭，而相公獨受其弊也。」黼變色曰：「理或如此。然掌九式九貢，正周官冢宰之職。」由是不悅公。磨勘轉朝奉郎。

是冬，復假大常少卿，充賀大遼正旦國信使。虜人聞公名〔二四〕，頗畏服，待之禮有加焉。公還，睹河朔軍政不修，將士驕慢，因使畢賜對，上疏論之，言：「兵可百世不用，不可一日弛備。兵當畜鋭以待敵，不當玩敵而自怠。」上極嘉納。以公奉使稱職，賜五品服，擢侍御史。磨勘轉朝散郎。

先是，王黼採公察訪淮南之譽，俾爲都司，意欲援之從班。其後，以公議論不附己，又難其應奉事屢奏，出公爲河朔漕使。惟天子察公忠直，故任以言責。時患法制委靡，士風奔競。公上章乞正紀綱，崇名節。又奏國朝技術雜流，命官皆從本色，遷轉有正法，比來僉緣幸會〔一五〕，或有至正任横行者，名器不重，莫此之甚〔一六〕，宜詔有司一遵舊制。又奏都水監修立大河堤岸，置文武官，以催促功料爲名，凡一百二十餘員，類皆權貴親舊，受牒家居。即日降旨，悉罷之。徽猷閣直學士應安道自宫祠起知宣州。公言安道昨知平江府，日贓污，罪惡暴著，不可爲民師帥，其命遂寢。公每對語，必欵盡。既退，上常目送之，累欲擢公諫議大夫，皆爲王黼所梗。

四年冬，金國遣泛使來〔一七〕。上以公前使遼稱職，欲俾館伴，復以爲言。黼云：「館伴見宰執議事，不可領諫職。」更除顯謨閣待制，充館伴副使，賜三品服。又差報聘充國信使。

先是，政和間遣歸朝官趙良嗣由海道使金國，約共起兵夾攻大遼〔一八〕，許其歲賂銀絹，以燕、雲地來歸。至是金人已盡併契丹故地，又西破雲中，而宣撫使童貫、蔡攸出師才至瀘溝，百萬之衆望風奔潰，金人遂據燕城，志愈驕悍，須索無厭。上既怒貫、攸，且疑良嗣，故特命公。良嗣見公專使，懼察其姦，力請偕往。乃改差公充副使，仍賜金帶。公到虜營〔一九〕，見其酋長〔二〇〕、諸貴人。議事，虜恃彊背約〔二一〕，曰：「燕山一道，全用大金兵力取到。除却平、灤等三州〔二二〕，每歲自出租税六百萬緡。若南宋於歲賂外，更增得此數，乃可商量。」公言：「本朝與貴國元約云何，今何故輒生此議？况重賦暴斂，乃契丹亡國之法，何足稽也！某受命而來，除許贈二十萬銀絹之外，一疋一兩不敢輒專〔二三〕。」虜大怒曰〔二四〕：「此事上面商量已定，使人乃如此！爭不知待望歸也無？」公答曰：「某持節出疆，以死報國，分也。若失辭而歸，將何面目以見主上！」諸虜拂袖而起〔二五〕。遂遣介冑者數十，起坐隨公，凡十有三日。聲言拘留，實欲脅公，俾許所欲。公愈不爲之屈，談笑如常，時與同行圍棊爲樂。虜日遣親信數輩覘公〔二六〕，知其終不可奪，因改館，遣其酋領來見〔二七〕，公譏之曰〔二八〕：「貴國用兵以來，雖號百戰百勝，然今侵入燕地，西有天祚，北有四軍，東有張覺，而本朝大兵又在其南，盍思早爲定計？今行人見留，大事未成。以某觀之，恐非萬全也！」虜無以應〔二九〕，但憑公再請於朝廷。

公回至雄州，童貫、蔡攸懼公見上，發其誕謾，堅留公，惟令馳驛具奏〔三〇〕，取朝廷指揮而已。公因上疏，歷言金國驕悍貪詐前後背違元約之事，本朝初用謀臣言，輕與通使，實未爲得計，但累年聘問，理難一旦拒絕。今請求無厭，傲狠自大，釁端漸起，必不能久保歡好。且詔大臣深講所以禦戎之策〔三一〕，仍敕邊將訓兵積粟，先爲堤備，庶幾緩急不失支吾〔三二〕。於是大忤宰相王黼之意。既而承朝廷指揮，前議增二十萬銀絹更不施行，今別以中國所出物計直百萬緡爲賂。報聘禮成，與其使楊璞、撒母等同至〔三三〕。進徽猷閣直學士，復差館伴。撒母好爲大言，一日出語尤不遜，曰：「若此事不了，於南宋不便也。」公正色曰：「使者勿謂本朝昨瀘溝小失利，遂有輕中原心。堂堂大國，若遇倉猝，忠臣義士不爲無人。」時同館伴盧益恐言太過，目公乃止。又與公論國書内何不便稱大金皇帝尊號，及將雲中別作一事目，欲俾公奏改之。公曰：「國書出自聖訓裁定，一字不可移易。」撒母云：「如此則將去不得。」公答：「以本朝今遣使報聘，此自是本朝使副將去，何預爾事也？」當公與虜争時〔三四〕，聲聞館外。上知之，屢降宸翰於王黼，言：「周某氣直，何不再令報聘？」黼多端沮抑，遂差盧益充國信使。上以公充送伴。

公送虜至燕山〔三五〕，當賜御筵。楊璞謂燕地是大金取得，將與貴朝少間〔三六〕，謝恩當先北向同謝大金皇帝，然後南向同拜南朝皇帝。公答云：「兩朝共取燕地。貴國依元約以地來歸〔三七〕，却受了本朝歲餉。今地已屬本朝，御筵又是本朝所賜，豈有先北向拜之理？」璞云：「如此，則御筵也赴不得。」公責之曰：「聖上優禮，使人不遠二千里遣使賜宴〔三八〕，豈可因議事待不赴？如此行事，於義理上全無一分去得。」反覆折難十次。公知其冥頑莫回，但移交照會而已。自朝廷與金人結約之後，虜勢日彊〔三九〕，肆爲驕蹇。前此，漢使例皆莫敢與之校，獨公毅然不顧，語言未嘗小假借〔四〇〕，非理之求，一切不從。虜知無以加之〔四一〕，往往辭窮而退。

使還，除尚書刑部侍郎〔四二〕。王黼既不喜公，又見雄州之疏明其失計，故當國信結局，同僚並轉三官，進職三等，而公止遷直學士而已。上素知公孤立無朋，每加任用，在刑部供職才九日，擢御史中丞，特封文安縣開國男，食邑三百户。

初對，上宣諭曰：「比來言官多捃摭瑣屑。卿，朕所選用，官爲中司，當存朝廷事體。」公見宣和間朝政極弊，邊隙已開，知國家久已失計，但欲善後而已。首章舉皋陶戒舜「屢省乃成」，大概謂有虞之時，治功至矣〔四三〕，而贊襄之臣尚以是爲戒，蓋恃其成而不加省，則其成不能保，遂至貽患有不可勝言者。上皇悟其旨，因稱公雄州所上疏。公奏曰：「今無如之何，惟當修政事以待之耳。」上深然之，諭公曰：「觀女真所爲〔四四〕，不如契丹遠甚。前此趙良嗣只與朕言此虜有威有信〔四五〕，可以永遠爲援。賴爲差得卿去，不爾，朕無緣得知也。」

公因上疏論瀘溝致敗之由，「皆童貫、蔡攸不能節制諸軍，而屬官李宗振、統制王禀其罪爲大。李宗振本曹州一胥吏也，致位承宣使，爲貫腹心，貨賂公行，由是賞罰不明，將士解體，王稟初無武略，惟善附會，瀘溝之役，其軍實先退，乞將二人重加竄責。」章凡三上，方施行。童貫歸自河朔，姦妄盡露。上務欲保全之，俾以公師致仕。貫乃怙權不舍，復用太師，除豫國公，遍檄陝西、河東經略司，告諭蕃官首領：「若所在官司騷擾，令申貫審復聞奏。」公上疏論云：「貫名爲致仕，乃預軍旅邊務。其害政侵官，莫此爲甚。乞令凡事不得干預。」上即以公疏劄示貫。

執政以簡貴自居，凡國忌行香，率多托疾不赴。公奏謂：「大臣如此，何以表率百僚，宜嚴立法繩之。」詳定敕令官，舊以二員爲額，後乃增至七員，學士待制領在京宫觀者，至有三十餘員。公奏謂：「局事不加多，而領官數倍前日，有職事侍從官才二十九員，今不任事者其數乃過之，甚失所輕重，宜加裁定。」又疏：「國家馭軍之法，至爲嚴密，承平不試，卒惰而驕。比陽武縣卒憤坐倉價錢不如所欲，乃敢群擊縣丞楊慶諒。向使慶諒殞於非命，彼知罪大無所容，則其爲患甚矣。願詔爪牙之臣，講明軍法而振起之，往者雖不復加誅，而來者必可使無犯也。」上皆行之。

觀文殿大學士林攄捽克其使臣丘大成〔四六〕，令陪過錢萬二千餘緡，致家計破蕩，無力供應，則又追捕其家屬繫獄。公奏：「攄身爲國執政大臣，而乃貪污害物如此，乞委鄰路監司盡公根治。」摭坐是降秩二等。

宦官李某之子雍，奏乞與某析居，某遂奏令雍認姓。公謂雍之悖德亂常，其罪固不容誅；而某爲近臣，聞其子妄有奏陳，不能頓首謝，乃敢肆爲忿戾，上瀆君父，故某亦降秩。

時權要親故官於外者，秩將滿，多經營再任，致使孤寒之士擬官至於三四有未霑寸禄者。公云：「公朝仕進之路，豈可使不均如此？宜一切杜絶之。」

新法茶鹽初行，凡獲私販，論賞甚重，而部使者又起請州縣推勘，盡公者許保明推賞，朝廷從其請。公言：「自古豈有決獄而立賞格者？此法若行，則希進之徒歆慕榮寵〔四七〕，馴致深刻，甚非所以示天下患厚之意。」奏罷之。

揚、洪二州闕帥，朝廷起孟揆、應安道爲之。公疏言：「揆昨任吏部侍郎，與鄧之綱有私隙，至詐傳命令，諷張樸言之，坐此貶置。安道昨知平江府，政以賄成，公納貨賂，嘗爲臣僚論列。究觀二人，固非忠實靖共廉良愷悌者，豈可驟當方面之重？」皆罷，領宫祠。

宦官李環之子純雅詐爲御書〔四八〕，夤緣敗露，詔開封府獄根治。公奏：「若天府研究純雅等罪狀明白〔四九〕，固當正典刑。然環爲之父，恬不覺察，奚可逃責？」

鄜延帥薛嗣昌輒執奏所辟司録士曹特免。河北、京東漕司輒差贓罪失官之人，俾權親民職事。昌樂等縣起免夫錢，違元降指揮，恣爲侵漁。湖北提點刑獄臧時中在任姦贓狼籍〔五〇〕。前知泗州汪希旦以失奉行常平事抵罪，後乃擢爲常平使者。都水監丞賈鎮嘗爲孟昌齡小吏，後乃擢任主客員外郎。公悉論列之，如此類甚多。上方信用公，故言無不從。磨勘轉朝請郎，差殿試詳定官，除兼侍讀。

公正色立朝，其所彈擊，皆將相權倖，或其親密。雖宸眷益厚，而怨仇多矣，乃上疏乞出，降詔不允。繼因登對面請，上曰：「朕自用卿爲耳目之官，得聞所未聞，豈可輕去？朝廷非久當別有委任。」會上復起童貫宣撫三路，貫偃蹇顧避，出不遜語。上再三敦諭，乃曰：「臣昔平燕之時，惟不能深取信於陛下，致使周某乘間攻臣。今若周某仍任言路，臣終不能成功。」上不得已，罷公御史中丞，以本官提舉亳州明道宫。其制詞云：「至使功罪不白，是非無所辨。」謂公昔言貫不當也。蓋貫總戎一十餘年，前後臺諫未嘗敢一言及之，獨公上疏廷論，故貫之怨公深入骨髓，日夜與其黨百端爲計，苟可以害公者不遺餘力。適當再用，故要上以逐公焉。

遇赦，復右文殿修撰。貫聞之愈不平，必欲致公於死地，於是親疏誣公昔使虜時與趙良嗣結爲死黨〔五一〕，及爲中司，無一言及之。上雖深知公，然重違貫意，復落公職，降授宣教郎，黃州居住。公聞命，即日就道。凡在黃州三年，日以詩酒自適，無漂泊流寓之嘆。淵聖宣皇帝登極，復朝請郎，覃恩轉朝奉大夫。

今上即位，首召還公。已而除吏部侍郎。諫官鄧肅以新進不知前朝事實，率爾論公，以謂嘗建伐燕之謀〔五二〕，乞誅殛以謝天下。賴上睿明，灼見本末，又知公嘗諫上皇飭邊備，故肅之章留不降。公至南京，賜對，上疏勸上以固結人心爲本。又言：「自古輕舉妄動未有不貽悔者，當艱難之際，尤宜慎之。」上深以爲然，因諭公曰：「卿宿德重望，當即輔朕，且宜頻對。」又宣取公雄州之疏。翌日，徧示大臣曰：「周某所言甚有理也。」

大駕南幸，公扈從至揚州。時選人赴行在磨勘者，部吏以文字不圓備，百端沮難。公建明權宜措置，舉狀不到部者，依舊例用奏檢照牒，其投下文字，並當日上簿。若有諸般違礙在上簿日後者，並依放散舉主法。及今後監司、郡守舉官，並此上印紙。自是孤寒改官，不得留滯，而亦無敢僞冒者。中外依五月一日，赦舉文武材略出倫幾數百員。而遷謫之人，刑部亦節次檢舉，朝廷例皆不行。公奏言：「感人心者，必示大信，豈可使德音既下而實惠未周乎？宜詔大臣，亟以敕令從事。」擢刑部尚書，兼侍讀。遷吏部尚書。用覃恩轉朝散大夫。

是時上初踐祚，鋭意講學，公首在經筵，獻納居多。凡至安危治亂之機，必旁搜遠紹，極其規諫。時胡寇稍息〔五三〕，而朝廷上下偷安朝夕。公請對，引孟子之言：「『國家閑暇，及是時，明其政刑。雖大國，必畏之。』今不乘時爲無窮之計，將何以善其後？願陛下深詔二府大臣，條天下之事，其大者有幾，於今者宜何先？人才如何而可得，民力如何而可紓，國用如何而可足，將帥如何而可選，兵勢如何而可彊，盜賊如何而可殄，奔競如何而可息。深謀熟講，果斷而力行之，毋以細務妨日力，毋尚因循度歲月，庶幾日積月累，以成中興之功。」又疏：「今宿將之在者無幾，而後來以武略稱者未見其人，乞詔武臣知州軍務分以上〔五四〕，各舉可以將兵者，召赴朝廷，量才授職。若有小警，付以一隊之衆，觀其臨敵果能立功，則與舉者同加褒賞。如其敗衄，責罰亦如之。」疏奏皆降付中書。

會臣僚上言三省舊未合併爲一，文書簡徑，事無留滯，詔侍從臺諫集議。公謂：「方今夷狄尚熾〔五五〕，盜賊未靖，軍防兵政，所宜討究者甚多，何暇倍費日力，講求併省條例？且門下、中書，未可併而爲一，其利害固自明白。至若尚書省六部，自更新制，其格目皆與往時不同。今若驟復其舊，則命官置吏，别案分窠，條畫纖微，其類不一。兼舊吏類多辭職，新吏懵不曉事，猝然改更，深恐紛擾，愈失其緒。言者不過欲吏無冗員，省無滯事耳。神宗皇帝分建三省之初，人吏員額皆有常數，文書行移各有日限。比年以來，吏多額外，而行移者多違日限，故中外以爲病。今若依官制元立吏額，及行遣日限，則無冗員滯事而得併省之實效矣。」

公前後爲銓曹長貳，究心吏治，多所建明。時士大夫出身告敕，或遭兵火毁失，而行在案籍又不全。凡參選注擬者，胥吏詰難，動涉歲月。公奏：「乞召官委保上簿，先次施行，續具勘當。」又奏：「前朝得罪黨人既依赦復官，所有合得恩數，宜行給還。」

公自南京賜對，上即有柄用之意。比兩府虚位，而公在病告。上亟欲用公，屢從大臣詢公動止。及敕知閤門事，韓恕曰：「如周某，下參假牓子，可先期奏聞。」虚心倚佇如此，而公已不復趨朝矣。

公初謁告且滿一月，念銓選劇部，不可曠職，上章乞罷，詔不允。更二旬，再申前請。上謂大臣曰：「當今人才如周某者，未見其比。雖病，固當留。」乃降旨賜寬假將理。而公求去益堅，復上章，詞極迫切。上仍欲留公。樞臣郭三益爲公開陳，乃除龍圖閣學士，提舉江州太平觀。公既遂所請，即欲歸吴中。已而疾亟，上章乞謝事，轉朝請大夫致仕。遂薨於揚州官舍，實建炎二年八月十六日也，享年五十有三〔五六〕。天子聞之震悼，對宰執大臣傷痛不已，特贈太中大夫，與所得恩澤。

公未薨三日前，飲食起居無異平日。一旦悉召諸子告之曰：「吾素寡病，今病至此，殆不復起。自念平生行己莅官，無甚可愧。今官爲常伯，終於牖下，尚何求哉！吾殁，棺斂皆當從儉。百日之内，即營窀穸。汝等各勉名節，視吾平時所爲，則吾無憾矣。」諸子悲不自勝，勉公以寬抱，公笑曰：「吾豈畏死者？」至疾革，神氣不亂。聞家人哭泣，則正色目之曰：「慷慨之士，豈當如此？」

公爲人剛毅端慤，粹雅疎通，而識量過人，喜怒不形於色，怡然有常，不爲事物遷動。平生無僞飾，其語言行事，一出於誠。其所施設，宏大高遠。外視雖如甚略，詳觀其中，則細故小物，莫不悉備。當時制詞稱之曰：「德本天成，渾然不見圭角；行惟言稱，考之皆有宫庭。」又曰：「險夷百爲，信厚一節。」公議不以爲過也。是以屢當國家委寄，任言責之重，使不測之虜〔五七〕，謀畫注措，沛然有餘。仕宦守節概，未嘗屈己以徇人，不爲權利所奪。宦官梁師成以待士傾一時，慕公名德，數願結交，公確然不納。梁之志愈堅，而公愈不回。梁雖甚銜之，然迫於公議，亦不敢加害也。鄭詳以公與其表兄焦公衍同僚，數憑焦以致委曲，公亦謝絶之。

平生喜薦士，得人爲多。其與人無怨惡，雖有仇怨，不務報復。公爲童貫、蔡攸所擠，謫居黄州。及攸敗，妻子過黄，中途失船，適公有一大舟，其子欲求而不敢言，公聞，即輟以與之〔五八〕。

自初仕至終，不營産業。當公爲御史時，被旨詣西京點檢諸陵，家留京師，臧獲不戒於火，生生之具一爇而盡。既歸，視之略不介意。素不與人交利，雖親故饋遺亦却之。至上有賜予，亦廉於所受。其使金國也，上遣中使黄珦賜黄金二百兩，公殿門外附珦奏辭之。上知公，特從其請。後累差館伴，例有支賜銀絹，公又以連併受賜爲辭，降旨不許乃止。

公平居，雖祁寒盛暑，對僮僕亦無怠容。待物樂易，不爲表襮。重然諾，敦篤契舊。雖貴顯，每見故交，握手道舊如平昔。其官州縣時舉將，後多尚在庶僚，公遇之，必執門生之禮。每賓客至，與之抗聲極談，簡直明辨，見者莫不愛服。

居處簡儉，無所嗜好，獨喜觀書史，日夜不倦，病甚，猶手不釋卷。於經術務究大旨，雅嫌近代僻儒鑿空臆説〔五九〕，至於諸子百家之書，莫不該洽而彊記。每語及一事，輒誦數百言。常病春秋左氏傳叙事隔涉年月，學者不得其統，於是創新，銓次其事，各列於諸國，俾易覽焉。公以文學名於世，餘暇留心翰墨，得歐陽率更筆法，所著春秋左傳編類三十卷，史贊論五卷，武學講義二卷〔六〇〕，奏議十卷，經筵講義四卷，斐然集二十卷，丹川集七卷，寧一堂雜藁十卷，齊安集五卷，其遺逸不録者尚數百篇，别爲編集而未及成。

公初娶楊氏，朝奉郎致仕訓之女，早亡；繼室張氏，朝散大夫元衡之女，前公十年卒：俱贈淑人。六男：長曰某，舉進士，早卒；次某，通仕郎；次某、次某，並承務郎；次某，通仕郎；次某，未仕。女一人，適迪功郎韓愿冑。孫男二人：曰可大、彌大。孫女一人。

先是，公二年前卜地於平江府吴縣太平鄉楞伽山妣淑人墳之右，穿爲壽藏〔六一〕，張淑人同墳。至是某等以建炎二年十二月二十二日壬寅奉公之喪而葬焉，承先志也。

昔公任中司，嘗舉余爲代，是爲知余者。及在維揚同省，又同侍經筵，故知公爲詳。今其孤不遠千里狀其行，請銘於余。余何可辭？乃掇其大概而爲之銘。銘曰：

在昔有言，達德惟三。於斯三者，公實無慚。黠虜驕悍〔六二〕，萌芽未熾。公策其終，宜飭邊備。先事而圖，惟公之知。淮南薦饑，帝聞其呻。命公出使，往撫其民。饑羸老稚，數十萬人，賴以全活，唯公之仁。閹寺之梟，貫爲擅寵。厲階是生，實微且尰。惟其凶燄，衆悚而奉。仇然廷擊，惟公之勇。雄州之言，國之蓍龜。違而莫從〔六三〕，其悔何追？上聖嗣服，惟公是思。擢長天官，天子是毗〔六四〕。方航而濟，喪其楫維。施而未光，爲世所悲。德必有後〔六五〕，天固可推〔六六〕。琢石幽宮，莫有愧辭。後欲考者，視此銘詩。

校記

〔一〕「公諱武仲」，各本「武仲」二字作「某」。民國福建通志周武仲傳：「周武仲字憲之，浦城人。紹聖四年進士。」光緒丁酉續修浦城縣志卷二十選舉云：「周武仲，字憲之。累官刑部尚書兼侍讀，遷吏部尚書，除龍圖閣學士，轉朝請大夫。有傳。」傳見該書卷二十二政績。今據改。臧勵龢等編中國人名大辭典：「周武仲，宋浦城人，字憲之。紹興中官左司員外郎。嘗使金還，言宜講求禦戎之策，童貫惡之，謫居黄州。」本文在收入文集時隱去其名及其子之名，可能是爲了使周子孫免遭不測之禍。今補出其名。

〔二〕「徙之浦城」，正德本「徙」下有「建」字。

〔三〕「各放税」，萬曆本「放」原作「於」，誤。今據繩祖本及民國福建通志周武仲傳改。下文「若多放一粒税」即用「放」字，亦可爲證。

〔四〕「照例」，萬曆本「例」作「列」，誤，今據四庫本改。

〔五〕「以公」，萬曆本倒作「公以」。今依繩祖本乙正。

〔六〕「椿發」，萬曆本「椿」原作「樁」，誤。弘治本、順治本、繩祖本亦誤。今據正德本、四庫本改。

〔七〕「招徠」，各本「徠」作「剌」，四庫本作「刺」。今依文意改。

〔八〕「所陳八事」，萬曆本「所陳」作「陳所」，誤。今聞本、繩祖本亦誤。今據四庫本乙正。

〔九〕「又多」之下，萬曆本原無「以」字，今據正德本補。

〔一〇〕「僵尸」，萬曆本「僵」作「彊」，正德本作「疆」，皆誤。四庫本「僵」作「殭」。今據繩祖本改。

〔一一〕「計其所全活」，正德本「計其」作「計共」。四庫本無「其」字。

〔一二〕「皆猾虜也」，繩祖本「猾虜」改作「猾酋」，四庫本「猾虜也」改作「叵測者」。

〔一三〕「虜甚悦服」，正德本「虜甚」作「虜人」，繩祖本改作「遼人」，四庫本改作「北使」。

〔一四〕「虜人」，繩祖本改作「遼人」，四庫本改作「北人」。

〔一五〕「比來夤緣」，繩祖本「比來」作「此來」。萬曆本「夤」作「寅」，誤。今據四庫本改。

〔一六〕「莫此之甚」，繩祖本「之」作「爲」。

〔一七〕「泛使」，四庫本作「信使」。按「泛使」，一般使者，與專使、特使相對而言。此作「泛使」是。

〔一八〕「夾攻大遼」，繩祖本「大遼」作「遼」。

〔一九〕「虜營」，繩祖本改作「敵營」，四庫本改作「金營」。

〔二〇〕「酋長」，四庫本改作「軍帥」。

〔二一〕「虜恃彊」，繩祖本「虜」改作「金」。

〔二二〕「三州」，萬曆本「州」作「洲」，誤。令聞本、繩祖本亦誤作「洲」。今據正德本、四庫本改。

〔二三〕「一疋一兩」，四庫本「疋」作「尺」。

〔二四〕「虜大怒」，繩祖本、四庫本「虜」作「金人」。

〔二五〕「諸虜」，繩祖本「虜」改作「諸酋」，四庫本改作「金帥」。

〔二六〕「虜日遣」，繩祖本「虜」改作「金」，四庫本「虜」改作「敵」。

〔二七〕「酋領」，四庫本改作「貴人」。

〔二八〕「公議之曰」，正德本「議」作「訊」。

〔二九〕「虜無以應」，繩祖本「虜」改作「金人」，四庫本改作「其人」。

〔三〇〕「馳驛」，正德本「驛」作「馹」。按，「馹」，古代驛傳專用的車。朱駿聲說文通訓定聲履部：「車曰馹、曰傳，馬曰驛、曰遽。」

〔三一〕「禦戎」，四庫本「戎」改作「敵」。

〔三二〕「支吾」，正德本作「枝梧」。

〔三三〕「撒母」，四庫本作「薩摩」。下「撒母」同。

〔三四〕「與虜争時」，繩祖本删去「虜」字，四庫本改作「與金使争」。

〔三五〕「公送虜」，繩祖本「送虜」改作「送使」，四庫本改作「送北使」。

〔三六〕「少間」，萬曆本作「少問」，四庫本作「存問」，皆誤。今據正德本改。又正德本於「少間」下，尚有「謝恩當先北向，同謝大金皇帝，然後南向同謝南朝」等二十字。萬曆本脱。其餘各本亦脱。今據補。

〔三七〕「以地來歸」，繩祖本「來」作「未」，誤。

〔三八〕「二千里」，繩祖本「二」作「三」。

〔三九〕「虜勢」，繩祖本「虜」改作「彼」，四庫本「虜」改作「敵」。

〔四〇〕「小假借」，各本同。正德本「小」作「少」，當以「少」爲是。

〔四一〕「虜知」，繩祖本「虜」改作「金」，四庫本改作「北使」。

〔四二〕「除尚書刑部侍郎」，萬曆本原無「侍郎」二字。各本亦無。今據正德本補。

〔四三〕「治功至矣」，四庫本「至」作「成」。

〔四四〕「女真」，萬曆本作「女貞」，誤。今據正德本、繩祖本改。

〔四五〕「此虜有威有信」，正德本「此虜」作「北虜」。繩祖本「此虜」改作「彼」，四庫本改作「北國」。

〔四六〕「丘大成」，正德本、令聞本、四庫本同。繩祖本「成」作「戒」。

〔四七〕「歆慕」，四庫本「歆」作「欣」。

〔四八〕「李環」，正德本作「李壤」。

〔四九〕「天府」，四庫本作「大府」。

〔五〇〕「湖北」，萬曆本作「湖比」，誤。今據正德本、繩祖本改。

〔五一〕「昔使虜」，繩祖本「使虜」改作「奉使」，四庫本改作「使北」。

〔五二〕「伐燕」，萬曆本作「代燕」，誤。今據繩祖本、四庫本改。

〔五三〕「胡寇」，繩祖本改作「北寇」，四庫本改作「邊警」。

〔五四〕「知州軍務分以上」，「分」字疑有誤。

〔五五〕「夷狄尚熾」，四庫本「夷狄」改作「邊警」。

〔五六〕「享年五十有三」，四庫本作「五十有五」。

〔五七〕「使不測之虜」，繩祖本「虜」改作「域」，四庫本改作「寇」。

〔五八〕「公聞，即輟以與之」，四庫本上句「聞」下有「之」字，下句無「即」字。「輟」疑爲「輒」字之誤。

〔五九〕「雅嫌」，四庫本「雅」作「唯」。

〔六〇〕「武學講義二卷」，繩祖本、四庫本「二卷」作「一卷」。

〔六一〕「壽藏」，四庫本「藏」作「域」。

〔六二〕「黠虜」，繩祖本改作「黠寇」，四庫本改作「彊敵」。

〔六三〕「違而莫從」，四庫本作「宵小阻從」。

〔六四〕「天子是毗」，四庫本作「身繫安危」。

〔六五〕「德必有後」，四庫本「德」作「善」。

〔六六〕「天固可推」，四庫本「天」作「理」。

楊時集卷三十七

誌銘表碣八

墓誌銘

張安時墓誌銘

公諱駕〔一〕，字安時，姓張氏。高祖照，仕南唐，攝汀州幕官，遭亂退居沙縣，故今爲南劍州沙縣人。曾祖某，祖某，不仕。父某，以公貴，累贈正奉大夫；母鄧氏，贈碩人。公自少力學有文。甫冠，中熙寧九年進士第，調興化司户參軍、福州閩縣主簿。改江州録事參軍，監湖州新市鎮、開封府東明縣酒税務。試學官，中選。除建州教授。未赴，改宣德郎，知德州德平鎮。

上皇嗣位〔二〕，賜緋衣銀魚。召赴闕，除宗子博士，通判無爲軍。除太常博士。賜對稱旨，除監察御史。遷工部員外郎。逾年，出知興化軍。還朝，除知信陽軍。入爲兵部郎中。以郊祀恩，賜三品服，知廣濟軍。

初爲御史，會四郊齋宫〔三〕以内侍董其役，畿邑騷然。公請付將作〔四〕，而後民得不擾。在京百司皆隸臺察，而閤門殿中監多嬖倖，持權者莅其職，獨不與，怙寵自肆，弊尤甚，無敢誰何者〔五〕。公請隸臺察如他司。上從之。未數月，復如舊。公由是乞罷臺職，章再上，遷郎曹。

其在信陽，朝廷下京西市金炭，淮、康鄰壤也，支邑十，義陽兩邑而已〔六〕，所敷如淮、康十之六，民以偏重訴之，而前守不加恤。公下車，曰：「守令，民之父母，民猶赤子也，其可坐視其重困乎？」即致書漕臺，辨析之甚力，卒如所請乃已。民賴之不爲横斂所困。其去，思至於今不忘。

京東歲薦饑，盜賊蜂起，民流亡相屬於道。有旨，蠲其賦租以賑恤之。公既免租，而定陶屯兵逾萬人，廩無見糧，遂奏乞支降金穀贍軍。時相怒，而以二租不當免官。言路論之爲非辜。上悟，復官，還舊治。已而遇疾，遂引年而歸。

公爲人敦樸夷易，遇物無城府，洞見心膂。一言之出，終身可復。平居卷不釋手，自六經、諸子、百氏書，一經目，輒成誦不忘，下至科舉之文，亦無所不記。每春官較藝，舉天下士，公多與焉。晚學無根，類以剽截、襲前爲工〔七〕，公一燭之，皆莫能掩也，人服其明。其後門生登膴仕居要津者不可勝計，而公不一至其門。其外勢利、恬於進取蓋如是。元祐中，禮部侍郎楊公畏以賢良方正薦公，未及召而科適罷〔八〕，士論惜之。歷仕五十餘年，以清約自將，歸無餘貲。而與兄弟同其有無，不以一毫私於己爲子孫後日計也。

初，右司諫陳公瑩中論蔡氏兄弟，忤旨，竄嶺南。方京、卞用事之時，雖親戚故舊皆諱言其名，公獨附置郵，通問不絕。人皆爲公危之，而公自若也。非篤於風義，不爲刑禍所移，寧有是夫？故孝弟著於鄉，行義信於朋友，惠澤加乎民人，無賢愚，皆知其爲君子也。

自宣德郎九遷爲朝議大夫，以疾終於正寢，實建炎二年八月念九日也〔九〕。享年七十有三。

娶鄧氏，先公卒，贈宜人。子男三人：周輔，迪功郎，亳州城父縣主簿；曰周佐，曰周俊，皆將仕郎。女三人：長適進士羅宋，次適進士陳應求，次適宣義郎直龍圖閣主管江州太平觀胡寅。孫男二人、女二人。

既卒之明年，其孤將以十一月初五日葬公於湖山之陽先塋之左，以右正言廖公剛之狀來請銘。余於公有同年之契，朋友之恩，義不得辭，乃爲之銘。銘曰：

少年逢時〔一〇〕，歷事三世。不比不隨，獨行其志。儉以持身，富以多文。瘞銘新阡，以示後昆。

校記

〔一〕「公諱駕」，各本「駕」作「某」。民國福建通志張駕傳云：「張駕，字安時，後改名咢，沙縣人。甫冠登熙寧九年進士第，調興化司户參軍、閩縣主簿。改江州録事參軍，監湖州新市鎮、開封府東明縣酒税務。試學官，中選。除建州教授。知德州德平鎮。……」所述生平事迹與本文合，今據改。

〔二〕「上皇嗣位」，各本同。民國福建通志張駕傳「上皇」作「徽宗」。

〔三〕「會四郊齋宫」，各本同。此句民國福建通志張駕傳作：「會朝廷作複道，自太廟達南郊齋宫。」按，傳與誌銘文體不同，所用語詞自異。

〔四〕「公請付」，民國福建通志張駕傳「公」作「駕」。下「公請隷」、「公下車」等處，「公」字亦作「駕」。

〔五〕「持權者莅其職，獨不與，怙寵自肆，弊尤甚，無敢誰何者」幾句，民國福建通志張駕傳作：「恃權者怙寵自肆，莫敢誰何。」

〔六〕「義陽兩邑而已」，民國福建通志張駕傳在「義陽」之上有「而本軍惟」四字。

〔七〕「襲前」，四庫本「前」作「取」。

〔八〕「未及召」，萬曆本「召」作「居」。今據正德本、繩祖本改。四庫本「召」作「對」。

〔九〕「念九日也」，正德本作「二十九日也」。

〔一〇〕「少年」，正德本作「妙年」。

樞密曹公墓誌銘〔一〕

宋興，臣一海内，養息天下，幾二百年，民生戴白不見兵革，自三代而下，承平之久，未有如是之盛也。崇寧以來，大臣肆爲蔽欺，盤游無度，侈汰日滋，諛言盈庭，而法家拂士，不容於時。故上下俱溺於燕安鴆毒〔二〕，而瞑眩之藥弗進。天下病之，無敢言者。

是時，樞密曹公爲秘書省正字，獻書盡言，犯而無隱。上皇優容之，初不加怒。有旨，赴都堂問狀。宰臣王黼詰之，意有在焉，而公語不酬。黼怒，翌日編管柳州。人皆爲公危之，公獨怡然自若。雖名隸罪籍，而清議翕然歸之，以爲公輔器也。

淵聖嗣位，召爲御史。自御史六遷爲延康殿學士，簽書樞密院事，從人望也。

公諱輔，字載德〔三〕，南劍州沙縣人。曾祖逞，贈正奉大夫，曾祖妣鄧氏，咸安郡夫人，林氏，齊安郡夫人。祖寶臣，宣德郎，致仕，贈正奉大夫；祖妣鄧氏，高平郡夫人。考孚，贈宣奉大夫；妣羅氏，咸寧郡夫人。

公幼，穎悟絶人。大父常奇之，謂：「異日大吾門者，必此兒也。」元符三年，中進士第，調福州寧德縣尉。以宣奉公卧病，乞侍養。丁母夫人憂。未除，丁宣奉公憂。服除，調壽州安豐縣主簿。改通仕郎，試中詞學兼茂科，特轉文林郎，除一月敕令所删定官。改宣教郎。乞補外，通判安肅軍。用年勞轉奉議郎。除主管南外宗室財用。未一月，除秘書省正字。磨勘轉承議郎。上書，編管柳州，坐廢。六年，量移袁州。

初，在安肅，兼権場事，得旨市北珠。公奏疏，其略曰：「以彼錙銖之物，易吾億萬之資。彼誠以此養士則士勇，以此賞戰則戰勝，是借寇兵資盜糧也。」上悟而罷。靖康初，召還〔四〕，被旨引對。論事畢〔五〕，上曰：「朕今日所慮在金虜。」公曰：「有賢相則金虜無足慮。」上曰：「朕所慮爲無將也。」公曰：「昔漢高祖得蕭何爲丞相，何進韓信爲大將軍，屬以兵柄，卒成帝業。相得人，則韓信出矣。無將亦非所慮。」

他日，又論漢用蕭何而得韓信。漢王失軍亡衆，跳身遁者數矣。何嘗從關中遣軍補其處，非上所詔令召而數萬之衆會，與楚相守滎陽數年〔六〕。軍無見糧，何嘗轉漕關中，給食不乏。夫將與兵、食，當是時無急於此三者，而何獨辦之〔七〕，則天下大計在得一相而已。今宰相縱不能如何所爲，盍亦各輸所長，兼採衆論，夙夜勤畏，協心戮力，共濟艱難，以成中興之業？乃因循苟且，日復一日，無肯以身任責者，遂至緩於事機，誤國大計。此而不懲〔八〕，後將何悔？願正其因循苟且之罪而罷黜之。」因而奏曰〔九〕：「陛下用此數人於艱難之際，敗事必矣。」上曰：「卿姑待之。」公曰：「國家存亡在此一舉，不容猶豫。」上曰：「朕已有處置。」次日奏事罷，徐進曰：「臣前論宰執，陛下語臣已有處置，未見行遣。臣言官，論列大臣，勢不兩立。以臣言爲是，乞早施行〔一〇〕。不然，臣且有罪，不復居此職。」退而居家待罪。上手詔褒諭，遣中使押令供職。

又乞以河北、河東、陝西三路，有習知山川險易出入向背者〔一一〕，繪爲三圖以進，標揭控扼形勢之地，以究知分屯戰守制敵之要。遣將出師，則按圖指縱，而廟算決矣〔一二〕。

又言：「王雲出使，遣人回奏，大金意欲得十六字故號及玉輅、衮冕、儀物之類，且云不復索三鎮。朝廷釋然解憂，欲推尊借大爲不可加之語以崇奉之〔一三〕，乘輿上服徑推挽出境，以爲屈己愛民，社稷大計當如此。臣竊以爲社稷大計，在此一舉，誠不可忽。然或者寬憂於一時〔一四〕，而不知移禍於異日，將使天地易位，神民失歸，逆行倒置，有不忍言者！

爲患爲辱，古未有也。何以言之？既與之以如是之名，彼將緣名而責實；既與之以如是之器，彼將緣器而致用。一二年間，或以觀兵較獵，或以省方巡狩爲名，悉其國衆，進壓我境，侈辭大意以號令我，自謂據域中最大，臣妾海宇。當是時，俛首而聽之乎〔一五〕？抑猶有以却之也？却之則强弱不敵，禍且甚於前〔一六〕；俛首聽從則天地安得不易位，神民安得不失歸乎？」又引魯仲連却帝秦之説以爲證，累千餘言，曲折詳盡，此其大略也。

公在試院中，聞諸奉使計議人並改爲和議，左右一二輔臣議不協，遽圖引去。公奏疏曰：「今之議者一於和，非也；一於戰，亦非也。一於和，則虜勢憑陵〔一七〕，國威沮折，三鎮之復〔一八〕，尋背前約〔一九〕；一於戰，則堂堂二百年基業，決成敗於交鋒之間，其危甚矣。臣願以和爲名以戰爲實，二者不可一廢，惟吾先後用之耳。」上深然之，即試院中除諫議大夫。

及出院，又言：「金使王汭以和爲名，朝夕到闕，恐謀國之臣便以甘言軟語爲敵真情〔二〇〕，或至緩備，墮黠虜計中〔二一〕，則前日之禍踵而至矣。」因論朝廷宜急而緩者五事以獻。如邢、洺、磁、相當虜南衝〔二二〕，而不命將分兵，團集民伍，置屯列寨之類是也，皆一時要務。

未幾，遷給事中。公言：「臣章疊疊至數百紙〔二三〕，其間施行十未二三〔二四〕。陛下雖虚心聽納，而人臣置而不用〔二五〕，諫臣失職，負不知去之罪，敢復冒榮而進乎？」懇辭，不允。

左右或爲上言：「擢曹輔寘諫垣，令論事，忽有移命，得無以爲厭聽納乎？」上曰：「曹輔遇事輒發，斂怨多矣，姑令就閑耳。」不旬浹，除御史中丞〔二六〕。是時何㮚罷中書侍郎，兼領開封府事，眷遇猶厚。公稱謝中即奏㮚輕儇不可任。及虜渡河〔二七〕，公即奏曰：「去歲虜寨城外〔二八〕，西北地勢卑下，不知決水灌，最爲失策。今分城中兵數萬出據東南，劄連珠寨以接外援。虜營西北，引水灌之，必得其利。」上以爲然。宰相唐恪曰：「水可決，城中兵留爲根本，不可出。」公曰：「兵留城中，用兵之死法。」恪堅持不出兵，先決水浸西北，東南無兵，爲虜所據〔二九〕，遂絶外援。及除僉書樞密院，而金虜犯城已三日矣〔三〇〕。何㮚以宰相領守禦，公副之，㮚忌公，奏遣報謝虜軍〔三一〕。公留虜營七日而歸〔三二〕。㮚方信妖人郭景，用六甲兵，募市井無賴數千，堅將出戰。公曰：「自古用兵未有以妖術成功者。」力争不從，以病乞解機務。凡三章，未報。

京城已失守，金人以今上領大元帥握重兵在外，不自安，欲令迎還京師。朝廷不得已，遣公往興仁府迎之。公密啓上曰：「方今外援獨康王耳，不若留在外，使虜猶有所憚。」上曰：「卿言極是。但得一公文回報足矣。」公至興仁，以其情語守，遂收公文以歸。虜欲邀鑾輿出郊〔三三〕。議未決，何㮚奏事出，云：「車駕翌日出郊。」公遽云：「虜意殆不可測，此行恐與前日不同。」㮚厲聲詆公。公又率馮澥共說之。澥與㮚同鄉齒長，冀幸一聽，㮚不從。及幸虜營至北狩〔三四〕，皆如公所料。

虜將北去〔三五〕，遣使押公還。時張邦昌僭立已二十餘日矣。既歸私室，卧病不出。邦昌屢脅公視事，卒辭之，以死自誓，潛以書遺太學生楊愿、陳抃獻今上。會上遣宣贊舍人黄永錫至京師，公因具述圍城及遭變始末附以進，遂奔濟州迎駕。從至南京，首陳五事：「一曰分屯要害，以整兵伍；二曰疆理新都，以便公私；三曰甄收人材，駕御用之〔三六〕，共圖勳烈；四曰恩威並行，叛而討之，服而舍之；五曰裂近邊之地爲數節鎮〔三七〕，以謹防狄〔三八〕。」上嘉納之。

及上即位，赴召，立行。事畢即奏言：「臣比備位樞府，以至宗社失守，乞賜誅殛。」不許，差内侍押赴都堂，依舊供職。是日得傷暑病，告假，因上章待罪。明日宣對，面諭曰：「前執政獨留卿，又以疾辭，何也？」特給假宣醫，早晚内侍存問。連上三章乞致仕，未允。以五月丙申薨於位，享年五十有九。訃聞，上爲之震悼，賜水銀龍腦以斂，仍賻恤其家，許陳乞恩例外，特與長子改京秩，敕有司擇日臨奠。夫人張氏一再辭免，從之。建炎二年十二月丙辰葬於沙縣治東崇安洲先塋之右〔三九〕。

初娶鄭氏，先公二十四年卒，追封和義郡夫人。再娶張氏，封永嘉郡夫人。長子紳，承事郎；次綸、紱、總，補承奉郎。女適承事郎羅永，二適將仕郎林次膺〔四〇〕，次適進士鄧士饒，季未笄。

公天資孝謹，仁施宗族，而義著朋友。弟軝，幼鞠於季父，後復歸，公盡以所得貲產與之，不少留。士貧歸之，解衣推食無吝色。自少刻意力學，知名於時。莅官臨政，所至有能稱，更歷縣道，救荒賑饑〔四一〕，民賴其力多矣。然在公爲不足道，故不復縷載。有籟鳴集十五卷，南行集十卷〔四二〕，奏議十卷，藏於家。

既葬，其孤不遠數舍來請銘。乃爲之銘。曰：

曹氏之先，仍世不逢。潛光於幽，公奮自躬。位卑志豪，言人所難。負罪南遷，隨遇而安。靖康之初，方時多虞。虜騎憑陵〔四三〕，庭論紛如。天子念公，邦之遺直。亟命賜還〔四四〕，薦膺顯秩。進居宥密，知無不爲。奉辭於虜〔四五〕，全璧而歸。天地易位，挺然一節。濟流貫河，在汙而潔。公之清名，宜載鼎彝。作此銘詩，用廣厥垂。

校記

〔一〕「樞密曹公」，萬曆本「曹」之下無「公」字，各本並無。弘治本有「公」字，正文亦稱「樞密曹公」。今據補。

〔二〕「鴆毒」，萬曆本「鴆」作「鴆」，誤。正德本作「酖毒」。今據繩祖本、四庫本改。

〔三〕「字載德」，萬曆本原作「戴德」。正德本作「載德」。曹載德與陳淵是好友。陳淵默堂集卷九有寄曹載德諫議二首（見四庫全書集部第七十八册别集類）。民國福建通志曹輔傳亦作「字載德」。按，從名與字意義的内在聯係看，當以作「載德」爲是。今據改。

〔四〕「召還」，正德本「還」下有一「職」字。

〔五〕「論事畢」之下，正德本有如下兩句：「上曰：『朕今日所慮在金虜。』公曰：『有賢相則金虜無足慮。』」萬曆本與其他各本皆脱。今據補。

〔六〕「滎陽」，萬曆本作「榮陽」。今據正德本、四庫本改。

〔七〕「獨辨之」，萬曆本「辨」作「辦」。今據繩祖本、四庫本改。

〔八〕「此而不懲」，萬曆本「懲」作「徵」，誤。今據繩祖本改。

〔九〕「因而」，正德本「而」作「面」，誤。

〔一〇〕「乞早施行」，正德本無「施」字。

〔一一〕「向背」之下，疑脱一「者」字。今依文意補。

〔一二〕「廟算」，正德本「算」作「筭」。

〔一三〕「欲推尊借大」，四庫本「借」作「僭」。

〔一四〕「寬憂」，光緒本「寬」作「解」。

〔一五〕「俛首而聽之乎」之上，弘治本、正德本有一「能」字，爲其餘各本所無。

〔一六〕「禍且甚於前」，正德本「禍」之上有「其」字，下無「且」字。

〔一七〕「虜勢」，繩祖本改作「敵勢」。

〔一八〕「三鎮之復」，正德本「復」之上有「求」字，爲他本所無。

〔一九〕「尋背前約」，萬曆本「尋」下無「背」字。四庫本有「背」字，是。今據補。

〔二〇〕「真情」，正德本作「真實」，繩祖本作「實情」。

〔二一〕「黠虜」，繩祖本删去「虜」字，四庫本改作「彼謀」。

〔二二〕「當虜南衝」，繩祖本「虜」改作「寇」，四庫本「虜」改作「敵」。

〔二三〕「臣章亹亹」，萬曆本、正德本、令聞本、繩祖本、四庫本「亹亹」皆作「疊疊」，誤。今據弘治本改。

〔二四〕「二二三」，正德本作「一二三」，誤。

〔二五〕「人臣」，正德本、四庫本作「大臣」。

〔二六〕「除御史中丞」之下，弘治本删去自「是時何㮚罷中書侍郎」至「卒辭之，以死自誓」共兩頁又五行半。萬曆本不删。

〔二七〕「及虜渡河」，繩祖本「虜」改作「金人」，四庫本「虜」改作「金兵」。

〔二八〕「虜寨」，繩祖本「虜」改作「賊」，四庫本「虜」改作「彼」。下「虜營」、「使虜」、「虜意」同。

〔二九〕「爲虜所據」，繩祖本「虜」改作「金」，四庫本「虜」改作「敵」。

〔三〇〕「而金虜犯城」，繩祖本「金虜」改作「金人」，四庫本「金虜」改作「金兵」。

〔三一〕「虜軍」，繩祖本改作「金營」，四庫本改作「敵軍」。

〔三二〕「公留虜營」，繩祖本删去「虜」字。四庫本「虜營」改作「敵營」。

〔三三〕「虜欲邀」，繩祖本「虜」改作「金人」，四庫本「虜」改作「敵」。

〔三四〕「及幸虜營至北狩」，繩祖本改作「及出幸至北狩」，無「虜營」二字。四庫本改作「及幸金營至北狩」。

〔三五〕「虜將北去」，繩祖本「虜」改作「金」，四庫本「虜」改作「金人」。

〔三六〕「駕御」，繩祖本「御」作「馭」。

〔三七〕「數節鎮」，萬曆本原無「節」字，今據正德本補。弘治本「數」之下有「登」字。

〔三八〕「以謹防狄」，正德本「狄」作「秋」。
〔三九〕「一再辭免」，正德本無「一」字。
〔四〇〕「葬於沙縣」，萬曆本「縣」之上空缺二字。弘治本不缺，而作「沙平」，顯係「于沙」倒置且誤「于」作「平」。今補「于沙」二字，並將「于」據本書體例統改作「於」。
〔四一〕「二適」，繩祖本「二」作「次」。
〔四二〕「賑饑」，弘治本「賑」作「糧」，誤。
〔四三〕「南行集」，弘治本作「南可集」。
〔四四〕「虜騎」，繩祖本改作「寇騎」，四庫本改作「敵騎」。
〔四五〕「亟命賜還」，四庫本「還」作「遷」。
〔四六〕「奉辭於虜」，繩祖本「於虜」改作「狡窟」，四庫本「於虜」改作「使北」。

樞密鄭公墓誌銘

建炎三年七月戊子，樞密鄭公薨於位。其子嶼將以紹興三年十一月乙巳葬公於建州城衛紫芝山，以書屬予銘。予與公昆弟游非一日也，義不得辭。乃序而銘之。

公諱瑴〔一〕，字致剛，姓鄭氏。其先光州固始人。唐僖宗時避亂，從王潮入閩，居建城南鄉之龍池，故今爲建州人。其上世皆晦迹不仕，至公之皇考宣奉公始以詞學擅名鄉邦，勵諸子以學，相繼登科，皆有聞於時。公其季子也。政和八年，以貢士第除安陸教官。待次，權尉於信陽。用捕盜功，改承務郎，監南康酒税。中司陸德先、侍御史鄭滋薦爲御史臺主簿。

金人入寇〔二〕，中都失守，上以元帥總戎於濟、濮。公挺身歸之，從至南都。上即位，除監察御史。明年，被上旨，治嘉興獄。回，稱旨，遷司諫。累章乞移蹕金陵〔三〕，控大江以爲阻。因忤大臣意。事雖不行，上深知之。遷諫議大夫。明年，金人復犯維揚〔四〕，公扈從渡江，上面諭曰：「不用卿言，以至此！」

及駐蹕錢塘，苗傅、劉正彦逆亂，以上爲睿聖皇帝，册皇太子即位。公庭立，面折之，不能奪。私竊謂逆賊凶焰熾甚，非結外援無可爲者，乃上章待罪求去。將北走平江、金陵，與吕頤浩等議興復計，太后降詔不允。遷中司。二凶竊威福之柄，肆行殺戮，日至都堂，侵秉機政。公謂：「便宜軍法，行之所部士卒可也，餘當聞諸朝廷，付之有司。都堂，國論所從出，非外廷之臣可得而與也〔五〕。」抗章力言之。乞告示傅等，宜一遵典法。章留中不下。公對：「懇請降付三省施行。亂臣雖以横逆加，臣死職，不當避也。」章下，傅等果出怨言，然亦少戢矣。

又聞以僉書樞密召吕頤浩，以禮部尚書召張浚，分張俊兵〔六〕，令以五百人歸陝西。而浚不受尚書之召〔七〕，俊不肯分所部兵，遂謫浚以散官，居郴州，擢俊以節度，知鳳翔。公知出傳等姦謀，假朝命，使外無彊兵謀臣，内生變亂，得以自肆〔八〕，遂具章乞留吕頤浩知金陵，浚不當謫降。即遣官吏姓名〔九〕、微服爲賈人，徒步如平江見張浚等，具言城中事，合嚴設兵備，張聲勢，持重緩進，使其自遁，無致城中之變驚動三宫，此爲上策。浚等聞知，皆感激奮勵爲赴難計。

又忽宣詔：以上爲皇太弟、天下兵馬大元帥；幼主爲皇太侄，監國。公震恐，不知所爲。即與大臣進議：以爲在廷公卿百司郡吏，皆昔之臣屬也，今則與之比肩事主矣，稽之於古，則無所取法，行之於今，則實逆天道。或者謂爲大元帥可以任軍旅之大事，臣竊以爲不然。昔舜之禪禹也，猶命禹徂征有苗，則禹雖受禪，而征伐之事，舜猶親之也。唐之睿宗傳位皇太子以聽小事，自尊爲太上皇以聽大事。如是無不可者，則稽之於古爲有法，行之於今爲得宜。太后依舊垂簾，同聽政，以安人心。其命遂已。既而義師西向，上復位，公之力爲多也。遂除僉書樞密院事。上降御筆手詔獎諭，有「景想節義」之言，其事可知矣。車駕既還建康，留公彈壓，謂左右曰：「鄭某兵民所信愛，故令護太后駕，須其至，將國任焉〔一〇〕。」其忠義結二聖之知蓋如此。

公自春徂夏，夙夜盡瘁，至忘寢食，因感暑濕，得腹疾。四日，上猶令赴省議事。疾甚，有旨宣醫。不效，遂不起。享年五十〔一一〕。

訃聞，上嗟惜久之。前一日，皇太子薨。上顧謂大臣曰：「朕喪元子，猶能自排遣。鄭某訃至，殆不能釋也。」褒贈之典，皆度越夷等，特賜田十頃，居室五十間〔一二〕，以撫其孤。曾大父諱仁順，大父諱嵩，以公貴，贈正奉大夫；父鎮，故任登仕郎，贈宣奉大夫，母游氏，贈普安郡夫人。娶張氏，朝奉大夫徽之女，封齊安郡夫人，有賢行，配公無違德，閨閤之內，雍如也。公將葬，夫人以九月丁卯卒於建安之私第，享年五十有五。男二人：長曰嶼，承務郎，僉書邵武軍判官廳公事；次曰珙〔一三〕，承奉郎。孫曰繼祖，承務郎，皆尚幼。

公於艱危中薦歷臺諫，章數十上，皆人所難言者。非安危所繫，皆略而不言〔一四〕，著其大節而已。事之本末，於公自叙之章可以概見。有旨，章告中外〔一五〕，不可誣也。銘曰：

烈烈鄭公，逢時多艱。徇國忘身，爲世大閑。抗言於庭，妖凶屏息。天下復常，繄公之力。守節不渝，載之宸翰。大哉王言，炳若星煥。弗磨弗切〔一六〕，惟石之堅。刻銘幽宮，萬世之傳。

校記

〔一〕「公諱毅」，正德本「毅」作「某」。

〔二〕「金人入寇」，四庫本「入寇」改作「南下」。

〔三〕「移蹕」，萬曆本「蹕」作「畢」，誤。弘治本亦誤。今據正德本、繩祖本改。下文「駐蹕」不誤。

〔四〕「犯維揚」，四庫本「犯」作「侵」。

〔五〕「非外廷之臣」，萬曆本「外廷」原作「外遷」。正德本作「外廷」，疑是。今據改。

〔六〕「分張俊兵」，萬曆本「張俊」原作「張浚」，令聞本、繩祖本同。弘治本、正德本、四庫本作「張俊」。按，苗傅矯詔以張俊爲秦鳳路總管，事在宋史張俊本傳。故此處以「張俊」爲是。下文「俊不肯分所部兵」，萬曆本原亦作「浚」，同改。

〔七〕「不受尚書之召」，弘治本「召」作「命」。

〔八〕「得以自肆」，弘治本「自肆」作「自大」。

〔九〕「即遣官更姓名」，民國福建通志鄭穀傳作「穀乃遣所親謝嚮變姓名」。

〔一〇〕「將國任焉」，正德本「國」作「圖」。

〔一一〕「享年五十」，民國福建通志鄭穀傳「五十」作「五十七」。疑是。其夫人卒年五十五。

〔一二〕「居室五十間」，民國福建通志鄭轂傳作「第一區」。

〔一三〕「珙」，繩祖本，民國福建通志鄭轂傳作「琪」。

〔一四〕「言」，正德本作「著」。

〔一五〕「章告」，正德本作「敷告」。

〔一六〕「弗切」，正德本「切」作「沏」，通「勒」，與下文「刻銘」義重，故不從。

墓表

居士余君墓表

居士余君，諱适，字永叔，南劍州將樂人也。祖諱可，父諱思，世爲田家，以貲自雄。至君，始業儒，爲鄉進士。

其爲人倜儻，喜任俠，赴人之急，惟恐不及，雖陷憲網濱死地弗顧也。四方君子過吾邑者，必歸焉。有無共之，雖倒廩傾囷弗吝也。

晚益豪放，以詩酒自娱，尤喜讀列子之書。家無留藏，悉以資宴游之費，歌呼談笑，至淋漓顛倒而不厭。其自視了然，嘗曰：「人生適意耳，何苦以廢虐之生自刑也〔一〕？」其爲詩，初若不用意，而語輒奇麗，至今儕類猶能道之。熙寧九年五月己巳，以疾終於尤川之漆坑〔二〕。其弟節以君之喪歸葬於邑之西山，是年六月壬子也，享年四十有二。君娶廖氏，後君百有二日卒。無子，女一人，予之室也。是時，予方舉進士，竊名仕籍，而君之葬，不得臨穴視窆。已而游宦四方〔三〕，必數年乃一歸，而君之墓有宿草矣。荒丘之間，馬鬣鱗比，幾不可識。予竊悲君之無後，而歲時展省，獨恃吾子孫，今其若此，可不爲之表識乎？故特叙其爲人大略，揭之墓上。雖予言不足以重君，尚庶吾後世子孫，知其爲君之墓而不忘也。

崇寧元年閏月乙卯立〔四〕。

校記

〔一〕「廢虐」，四庫本作「廢放」，義較長。

〔二〕「尤川」，四庫本作「亢川」。

〔三〕「已而游宦四方」，萬曆本「已」下無「而」字。今據正德本補。

〔四〕「崇寧元年閏月乙卯立」等九字，爲諸本所無。今據正德本補。

墓碣

范君墓碣

君諱舜舉〔一〕，字濟美，姓范氏，建州建陽人。曾祖某，祖某，父某，皆晦迹不仕。君生而有異稟，自爲提孩，識慮已有過人者。閩中地瘠而人貧，俗儉陋，常以不足爲尤，多計産育子，雖士人不免者，浸而成風，恬不以爲怪。君時五歲，聞之惻然。適諸母有妊者，乃謂之曰：「他日所生，無問男女〔二〕，願勿棄之！生子而弗舉，人理不可爲也。我長立，當鞠養之，不須以貧窶爲念。」其慈惠蓋天性也。六歲即讀書，書過目輒成誦，日記數千言。未成童，從師友肄業於郡庠，敝衣菲食，與貴游子弟居，不少屈以苟合，視膏粱文綉澹如也〔三〕。厥父聞之，喜曰：「吾有子矣，夫復何患！」既冠，入太學，與之方軌並馳者，皆一時豪士，然未能先之也。

政和五年，登進士第，授將仕郎。調河南府新安縣尉。就除宿州教授。官制行，改迪功郎。君在學，聲名籍甚，宿之士人，嚮風久矣。既莅職，學者造門受經〔四〕，朝暮踵相躡，皆虛往而實歸。秩滿，士争請留，不報。用薦者改從事郎。

初，右丞薛公某常自負學有師承，爲世儒宗。聞君名，以禮幣延置門下，命諸子從之游〔五〕。間與辨析疑義，雖逢其族，皆迎刃而解。由是薛公加敬畏焉。自符離罷還，會薛公被旨編集荆公遺文，辟爲檢討官。僅逾月，以疾終於京師甘泉坊，時宣和二年三月二十六日也。享年六十有一。

君爲人夷易，不事表襮，胸中洞然無城府。其事親無違，交朋友有信，遇人無賢愚，一以誠意，故中外無間言。

博聞彊記，諸子百氏之書無所不究，而歉然常自以爲不足。雖晚暮，而志學不衰。

初娶胡氏，故贈朝請大夫某之女。生二男，長曰如圭〔六〕，從事郎，武安軍節度推官。次某〔七〕。以下闕

校記

〔一〕「君諱舜舉」，各本「舜舉」原作「某」。民國福建通志總卷三十四儒行卷一范舜舉傳云：「范舜

舉，字濟美，建陽人。……政和五年進士，授將仕郎，調新安縣尉，就除宿州教授官。……」傳中所述生平事迹與本文符。今據改。明建寧府志卷十八人物宦達云：「范如圭，字伯達，建陽人。父舜舉，第政和中進士，終從事郎。如圭少從舅氏胡安國受春秋。」知舜舉乃胡安國之姐夫或妹夫。舜舉的字，見民國福建通志卷三十四范舜舉傳，云：「范舜舉，字濟美，建陽人。」宋元學案卷二五龜山學案檢討范先生濟美云：「范濟美，佚其名，建陽人。（薛）右丞被旨編纂王荆公遺文，辟先生爲檢討官。」知濟美名舜舉，爲龜山門人。本書卷二十一有答范伯達，可參看。

〔二〕「無問」，正德本、繩祖本作「無間」。「男女」，萬曆本原作「兒女」。今據四庫本、民國福建通志范舜舉傳改。

〔三〕「膏粱」，萬曆本「粱」原作「梁」。今據正德本改。

〔四〕「造門受經」，萬曆本「受經」原作「授經」。四庫本作「受經」，是。今據改。

〔五〕「從之游」，萬曆本原作「從游」。正德本作「從之游」。今據補。

〔六〕「長曰如圭」，萬曆本「如圭」原作「某」。今據明建寧府志卷十八人物改。見本篇校記〔一〕引。

〔七〕「次某」之下，四庫本用小字注「以下闕」三字。今據補。

楊時集卷三十八

詩一　五言古風

此日不再得示同學〔一〕

此日不再得，頹波注扶桑。躚躚黄小群，毛髮忽已蒼。願言媚學子，共惜此日光。術業貴及時，勉之在青陽。行己慎所之，戒哉畏迷方。舜、跖善利間，所差亦毫芒。富貴如浮雲，苟得非所臧。貧賤豈吾羞，逐物乃自戕。胼胝奏艱食，一瓢甘糟糠。所逢義適然，未殊行與藏。斯人已云没，簡篇有遺芳。希顔亦顔徒，要在用心剛。譬猶適千里，駕言勿徊徨。驅馬日云遠，誰謂阻且長？

末流學多岐〔二〕，倚門誦韓、莊。出入四寸間〔三〕，雕鐫事辭章。學成欲何用，奔趨利名場？挾策博塞游，異趣均亡羊。

我懶心意衰，撫事多遺忘。念子方妙齡，壯圖宜自彊。至實在高深，不憚勤梯航。茫茫定何求，所得安能常？萬物備吾身，求得舍即亡。鷄犬猶知尋，自棄良可傷。欲爲君子儒，勿謂予言狂。

校記

〔一〕嘉靖延平府志卷二藝文志（下用簡稱）題作「讀書含雲寺示學者」。毛譜於哲宗元符三年庚辰（1100年）譜文題作「勉學歌示諸生」。

〔二〕「學多岐」，光緒本「岐」作「歧」。

〔三〕「四寸間」，繩祖本、四庫本作「方寸間」。

嚴陵釣臺

漢綱久陵遲，國柄授權室。中興得英主，威明戒前失。三公經邦手，吏事困精覈。功臣欲圖全，猶不任以職。矧茲故人分，義等天倫戚。卓哉子陵心，秉哲固前識。投身豢名爵，豈但枉尋尺〔一〕？萬鍾雖云富，樊雉非予匹。石瀨清且泚，蒼崖聳而直。揭竿事幽尋，釣水鮮可食。羊裘禦冬温，衮綉未云益。三旌屠羊肆，義不在吾易。用舍各有趣，高風亘今昔。

校記

〔一〕「豈但」，令聞本、繩祖本、四庫本「但」作「得」。

冬至日聞雷

土圭日已南，百年生有期。新陽潛地脉，慘慘群陰微。尚覺雲氣昏，嚴飈弄寒威。狂雷與驟雨，奔逐如喧鼙。百蟲誤驚蟄，生理亦已虧。向晚怒聲息，霰雪交餘輝。凌寒山驛孤，持杯空自疑。

土屋

土屋枕荒陂，周回僅容席。環堵異營窟，猶遺古風質。功雖勞版築，身自有餘力。依户鑿圓竇，寒光度如璧〔一〕。夏開迎温風〔二〕，冬墐可栖息。胡爲棟宇麗？但免風雨阨。

安居自寬暇，見者徒逼仄。寄言鄰舍翁：各自適汝適。慎勿慕華屋，澆漓非至德。

校　記

〔一〕「如璧」，萬曆本「璧」原作「壁」，誤。今據正德本、四庫本改。

〔二〕「夏開」，萬曆本「夏」原作「户」，涉上文「户」字而致誤。正德本作「夏」，與下文「冬」相對爲文，是。今據改。

久不得家書

鴥彼晨風飛，日暮歸鬱林。游子尚何得，但寄千里心。庭闈斑白親〔一〕，憶念我亦深。云何彼無耗，徒役夢寐尋。有如在空谷，歲久想足音。竹篇一行書，貴可抵萬金。跼蹐步前庭，復坐口欲瘖。淚墮不自知，但覺盈衣襟。人生本無待，豈受外物侵？歸當卧牛衣，竹籜横荆簪。

校　記

〔一〕「斑白」，光緒本「斑」作「班」。「班」、「斑」通用字。

藏春峽六咏。有序〔一〕

國華先生得幽谷於劍水之東，去其所居僅一里餘。負山之巔，闢地西向爲堂，名曰咏歸堂。堂下有亭曰老圃〔二〕。亭之前有迹穿數畦，其南北有二茅亭：南植梅數株，名曰暗香；北種紫竹數竿，名曰虚心。又其南有一石竇，其下可容數人，名曰容照巖。合而名之藏春峽。其暗香亭以下四咏，見七言絶句類〔三〕

咏歸堂

結廬東山阿，屹然俯全閩〔四〕。下有蟄龍淵〔五〕，浮光抱層雲。彼美谷口翁，杖策來往頻〔六〕。明月自爲友，顧影相爲鄰。擷芷佩芳蘭，不與麋鹿群。虚堂發輝素，黄卷日相親。采薇芼晨羹，弋鳧侑清樽。曝日負岩竇，携童浴溪濆〔七〕。微吟曳雙屐，踏破青苔紋〔八〕。歸與自樂只，此意將誰論。點狂聖所與，聊欲繼餘芬。

老圃亭

昔君居隱鱗，投竿拂珊瑚。國華故居有隱鱗洞，洞前有釣臺。今來寓谷口，結亭事春鋤。亭下十餘畦，蔚蔚富嘉蔬〔九〕。野果銜朱蕤〔一〇〕，蔓實垂青桴〔一一〕。籬根有蹲鴟，晨炊勝雕胡。豈惟充君腹，鄰里亦厭餘〔一二〕。疏泉動地脉〔一三〕，磽确成膏腴。諒彼漢陰人，假修匪吾徒〔一四〕。避俗柴桑翁，不復嘆荒蕪。卷懷經綸手，治平聲此一畝居。知子非隱淪，聊以寓壯圖。人生出處分，禮義安可逾？兹謀異樊須，甘事小人儒。

校記

〔一〕「有序」，正德本作「并序」。

〔二〕「堂下有亭」，正德本無「堂」字。

〔三〕「其暗香亭以下四咏，見七言絶句類」，正德本無此十四個小字注。又按，「七言絶句類」即本書卷四十二詩五七言絶句。

〔四〕「屹然俯全閩」，嘉靖延平府志作「恍然俯城堙」。

〔五〕「蟄龍淵」，萬曆本「蟄」作「黄」，誤。今據嘉靖延平府志改。下句「抱層雲」，嘉慶南平縣志「抱」作「溥」。

〔六〕「杖策」，嘉靖延平府志作「杖屨」。

〔七〕「携童」，萬曆本「携」原作「爲」。正德本同。繩祖本、四庫本亦作「爲」，下注「誤」。嘉靖延平府志作「携」，是。今據改。

〔八〕「青苔」，嘉靖延平府志作「蒼苔」。

〔九〕「富」，嘉慶南平縣志卷二十五藝文作「有」。

〔一〇〕「銜」，嘉靖延平府志作「含」。

〔一一〕「厭餘」，嘉慶十五年南平縣志卷二十五藝文「厭」作「饜」。

〔一二〕「疏泉」，繩祖本、四庫本「疏」作「流」。

〔一三〕「假修」，嘉靖延平府志作「機械」。

送虔守楚大夫元祐戊辰

象緯辰心次，雄都水濁時。經天浮瑞彩，絶代出英姿〔一〕。厚德千金璧〔二〕，虚懷萬頃陂。霜蹄來漢苑，雲翮上天池。籍籍才猷美，皇皇使節馳。飛書騰衆吻，横阱寘通逵。剖竹章流遠，還車蜀道巇。除成都憲，以臺章罷，得虔守。秦庭徒被指，趙璧本無玼〔三〕，黄霸初勤細，裴公可範規。惠流三郡俗，名掩四賢祠。大厦資梁棟，承祧賴鼎彝。會須紆衮綉，寧久駐旌麾？畫舫行空挽〔四〕，甘棠去益思。烟波迎棹急，江柳拂墻低。賤士行藏拙，參軍秩序卑。生涯惟蠹簡，事業付毛錐。懶惰文園病，伶仃曼倩饑。自甘同跛鱉，未忍舍靈龜。朽資難雕繪，餘生辱品題。寒荄回暖律，陰壑得晴曦。終愧獐頭賤，難酬國士知。兩行淵客淚，感激自沾頤。

校記

〔一〕「絶代」，正德本作「驚代」。

〔二〕「千金璧」，萬曆本「璧」原作「壁」，誤。今據正德本改。

〔三〕「無玼」，萬曆本、正德本「玼」（通疵）作「玭」，誤。今據繩祖本改。四庫本「玼」作「虧」。

〔四〕「畫舫」，萬曆本「舫」原作「航」，誤。今據正德本、繩祖本改。

縣齋書事寄湘鄉令張世賢〔一〕

朝衙群吏集，戢戢同隊魚。暮衙群吏散，翩翩若驚凫。歸來坐虚室，開編對璠璵。啓户閴無人，清風入吾廬〔二〕。持杯邀明月，大嚼時與俱。跰躚步松陰，對影聊相娱。嗟予懶惰久，闊略與世疏。故人隔清湘，懷抱何由舒？爲問魯山翁，此意今何如〔三〕？

校記

〔一〕「湘鄉令」，萬曆本原無，據黄譜哲宗紹聖二年乙亥譜文補。

〔二〕「入吾廬」，各本「廬」作「盧」，誤。今依文意改作「廬」。

〔三〕「何如」，繩祖本作「如何」，與「魚」、「梟」、「嶼」、「廬」、「俱」、「娱」、「疏」、「舒」不協韵，誤。

黄彦昭時思閣前有連理檜

狐丘鎖千岑〔一〕，層閣跨雲起。永懷霜露思，時來薦醪醴。欽宗貴收族，蟄蟄神亦喜。故令傲霜根，駢枝復連理。黄侯渥洼種，一躍不容擬。慶源如歸墟，萬壑自奔止。終見君子鄉，乃是鳴珂里。

校記

〔一〕「狐丘」，光緒本「丘」作「邱」。以下各篇同。

江陵令張景常萬卷堂〔一〕

民生結繩初，異宇本同體。誰令四目翁，破肉作瘡痏？龍龜出河、洛，玆理固天啓。張侯瑚璉姿，高步軼前軌。買書費千金，充屋未云已。六經滀溟、渤，百家雜原委〔二〕。中流湧千波，舉體惟一水。參前有真趣，萬古一憑几。毫端吐奇芬，溢目麗紈綺。微言窺聖域，妙應期得髓〔三〕。默坐筌蹄忘，斯文亦糠秕。

校記

〔一〕正德本題作「江陵令張景常藏書」，小字注「萬卷堂」。

〔二〕「原委」，正德本「原」作「源」。

〔三〕「妙應」，弘治本、正德本作「妙意」。

送蔡安禮

眷言與君違，寤寐念往昔。結歡自童稚，分比膠投漆。乖離成參商，出没俱齊汨。

羲、和鞭日御，過眼飛鳥疾。五載一相逢，俯仰如昨日。論情方繾綣，念子又何適。行矣不可留，惝恍心若失。人生惟所遇，行止或使尼。況復各宦游，聚散何可一？嚶嚶黄鳥聲，上下求其匹。俛首聽遺音，飄零淚横臆。

題愚齋溪東黄室

結廬依林丘，回峰争盤紆。下闞清池淵，憑軒數游魚。飛閣出雲表，浮烟襲簷裾。中有傲世士，脱略自謂愚。高義輕籯金，貽謀有詩、書。青編富充宇，散秩羅瓊琚。鱗鱗壁間題，一一露珊瑚。嗟予久昏塞，荒蹊少耘鋤。昌黎已隔世，將焉問夷塗？道逢北山公，荷鍤時與俱。皎皎河曲叟，朋儕共欷歔。高齋一來游，豁然心神舒。籬東有餘址，誰能薙榛蕪？結茅可容席，一瓢來此居。寄謝陶彭澤，何必「愛吾廬」。

童氏必大亭生前作此亭

迢遥武夷翁〔一〕，霞衣爛朝日。作亭依雲根，望壙兹焉息〔二〕。仙游去不返，孤丘已陳迹。身雖隷編齊，貽謀有遺則。慶流終「必大」，名亭以爲識。伊昔晉公堂，三槐手親植。

扶疏滿庭陰，貂蟬映圭璧。默視天人際，召應齊吕律。閭門容軒車，兹理固可必。終見童氏里，嗚珂聲赫奕。

校記

〔一〕「迢遥」，萬曆本原作「超遥」，今據四庫本改。

〔二〕「望壙」，四庫本作「曠望」。

江上晚步 赴荆南詩

鏡潭磨青空，璧月浸江渌〔一〕。攬衣弄清泚，炯炯月在掬。泠然適我口，肝膈貯冰玉。流光頃百變，一玩不可復。歸來盡餘樽，醉卧媚幽獨。羲、娥偶相憐，歲往如破竹。餘生枕中付，勿問黄粱熟。

校記

〔一〕「浸」，各本同作「侵」，疑爲「浸」字之訛。今改。

荆州偶作

鄭公嵇、阮流〔一〕，野性本麋鹿。平生傲羲皇，白首就羈束。天寒客無氈〔二〕，官冷飯不足。顧予支離人，攘臂受餘粟。江魚尾盈尺，飽食勝粱肉。荆山富樵蘇，丈室有餘燠。頑疏愧前哲，所得逾往躅。談經追時好，俯仰負愧忸。流光逝不反，愁鬢日改緑。世道劫火燃，不爐乃良玉〔三〕。晚交定難恃，雲雨手翻覆。官居真蘧廬，束擔聊託宿。求田意雖鄙，此計正宜速。歸尋谷口耕，勝賣成都卜。坐想帶經鋤，倚耒聽布穀。

校記

〔一〕「嵇、阮」，萬曆本「嵇」原作「嵆」，誤。今據正德本、四庫本改。

〔二〕「天寒」，萬曆本原作「大寒」。正德本作「天寒」，與下文「官冷」相對，義較長。今據改。

〔三〕「不爐」，四庫本「爐」作「燔」。疑是。

送鄭季常赴太學正修〔一〕

驅車出西城，眷言與君違。北顧臨康衢，問子將焉之？赤驥度渥洼，終當飲瑶池。成都九軌道，一躍不可追。浮塵暗荆棘，捷徑行多迷。長風戰秋林，零露沾人衣。青松不改柯，期子清霜時。

校記

〔一〕宋元學案卷二五龜山學案提學鄭先生修云：「鄭修，字季常，不知何所人也。嘗爲太學正。」按，北窗炙輠録云：「龜山爲餘杭宰，鄭季常本路提學，常迂道見龜山，執禮甚恭。」胡鳴楊時集詩文編年考證云：「靖康要録載：鄭季常政和元年辛卯爲定王記室，政和二年四月卒。京師所聞（十三）云『鄭季常作太學博士』，當在徽宗崇寧五年丙戌。餘不詳。」（見林海權胡鳴編著楊時故里行實考第128頁）

次韵何吉老遊金鑾寺

榮名嗟何爲，病木自生癭。彭、殤一夢覺，烏用論久頃？寄身淵明廬，翛然在人境。

衛生鄙樊雉，放浪任流梗。相忘到形影，世累不須屏。刲鉞聊自營，寧復事干請？負暄有餘燠，蓬鬢亂垂頸。客來坐無氈，誰顧廣文冷！忽聞過吾門，冠屨不暇整。邀我招提游，並轡相與騁。僧關叩禪寂，未語心已領。並游皆韓徒，辭刃淬鋒穎。多聞富如坻，吾方拾遺秉。顧慚管窺陋，未睹豹文炳。謬追俊游後，如渴得甘井。願從借金篦，爲割眼中眚〔一〕。鼻端堊墁久〔二〕，妙質愧非郢。賡酬困詩律，恐坐杜陵瘠。相携上層崗，出户畏深阱。每虞「參也魯」，蹞步輒三省〔三〕。遲回月初上，雲間掛金餅。昏鴉鳴相呼〔四〕，更覺林逾静。湖光湛星漢，渺渺天水永。歸蹊暗塵土，回首失清景。角聲下譙門，歸步怯修嶺。晚市人迹稀，青燈耿疏影。金鑾有退之題名，故有「韓徒」之句。

校記

〔一〕「眼中眚」，萬曆本「眚」作「青」，誤。今據正德本、四庫本改。

〔二〕「堊墁」，萬曆本「墁」作「漫」，誤。今據四庫本改。

〔三〕「蹞步」，四庫本「蹞」作「跬」。

〔四〕「昏鴉」，正德本「鴉」作「鵶」。

送趙循道赴都講南陵人

鳳山鬱崔嵬，下有千頃陂。南陵鳳凰山大農陂，溉田千頃。峻極不可攀，浮光亘長髻。晦冥滴風雨，澄淡含瓌奇〔一〕。吸呼入君懷，萬態羅心脾。吐辭麗金雘，焕若星斗垂。揭來荆渚游，紅蕖照清漪。故宫久零落，一洒增餘輝。惇族貴老成，堯言下丹墀。浮驂駕雲帆，眷然成仳離。長裾曳王門，豈比困鹽虀？驊騮踏長坂〔二〕，萬里誰能羈？

校記

〔一〕「含瓌奇」，萬曆本「瓌」作「環」（環），誤。今據四庫本改。

〔二〕「長坂」，萬曆本「坂」原作「板」，誤。今據正德本、四庫本改。

送胡康侯使湖南

北溟有潛鱗，其廣數千里。揚鬐厲東海，汎汎等蜉蟻。百川競奔注，漫不見涯涘。寄之天地間，大澤礨空耳。胡侯荆山姿，妙質久礱砥。飛聲動旒冕，持節照湘水。功名與時會，事道從此始。驊騮駕輕車，夷路道九軌〔一〕。朝燕暮騰越，快意未爲喜。聖門學須彊，一簣虧可恥。擴之天地寬，於道乃云邇。爲士貴弘毅，無忘味斯旨。

校記

〔一〕「道九軌」，正德本「道」作「通」。

寄題趙貫道後樂亭亭在沂州新泰縣

叢祠有狐鳴，群雛滿東州。彬彬齊、魯郊，不復論軻、丘。鼓刀販繒翁，袞袞封公侯。風流日凋弊，世久俗益偷。昔時戴經人，輟耕仍佩牛。椎埋晝行盜，閭里更相讎。趙子尉平陽，始止惟民憂〔一〕。百花爛成圍，幽禽哢春柔。問子胡不樂？我心殊未休。威明揉彊梗，驕鷹化爲鳩。買犢解吴鈎，束身自鋤耰。田廬户無樞，長物棄不收。結亭自樂只，開編玩前修。誰云酸寒吏，憂樂非身謀？乃知君子懷，與世異沉浮。嗟予一漫叟，放浪猶虚舟。舞雩有清風，遺迹今在不？君乎去此矣，欲往將誰儔？寄言春服成，尚覬一來游。

校記

〔一〕「始止」，正德本「止」作「至」，疑是。

謝詹司業送酒

鄭公負才名，流落四十年。高視隘八荒，天寒坐無氈。忘形賴司業，時與送酒錢。嗟予樗櫟材，臃腫世所捐〔一〕。云何附青雲，拜賜追前賢？開壺對清樽〔二〕，内愧顔靦然。公乎廊廟姿，直幹上參天。袨服群娃宫，不虞妒争妍。驊騮誤一蹶，萬里終騰騫。朝燕暮到越〔三〕，駑馬安能先？玉瑩本無瑕，寧須事磨鐫？宣室久虚席，兹行定詳延。陋儒氣填臆，感概聊自宣〔四〕。辱惠不知報，强歌成短篇。

校記

〔一〕「臃腫」，繩祖本「臃」作「擁」。「擁」、「臃」通用字。

〔二〕「清樽」，萬曆本「清」作「青」，誤。今據正德本、繩祖本改。

〔三〕「朝燕暮到越」，各本「到」作「刷」，義不可解。「刷」當是「到」字之誤。「刷」、「到」形近，有致誤之可能。「朝燕暮越」，極言行旅之迅速。本卷送胡康侯使湖南有「朝燕暮騰越」、卷三十九送富朝奉還闕亦有「朝燕暮越應千里」的説法，均可爲證。今依文意改作「到」。

〔四〕「感概」，四庫本作「感慨」。按，「感概」同「感慨」，都指心有所感觸而慨嘆，故仍從其舊。

戲贈詹安世〔一〕喜談兵，慕耿弇之爲人，故有「虎牙」之句

彩舟駐閶門，初與子相識。長空翥秋隼，爽氣横八極。摛辭鏤圭璋，吐論森劍戟。鄧侯不願仕，志在書竹帛。長纓係單于，落落藴奇策。氣呑流沙外，意無燕然北。虎牙有餘勇，戎虜非彊敵〔二〕。會當朔風勁，仗鉞控鳴鏑。老夫慚衰謝，見子徒感激。平生謬經綸，此意已寥寂。信哉功名會，事道古難必。窮通付時命，未足爲悦戚。餘生如鼷鼠，滿腹微分畢。行矣脱簪纓，翛然適吾適。安世乃司業之子，年少未受官。

校記

〔一〕安世是詹度的字，宋處州縉雲（今浙江縉雲縣）人。徽宗政和初知真州。尋以資政殿學士、燕

山路安撫使與郭藥師同知燕山府。度告朝廷：「藥師心懷異志，與金人交結，興禍不遠，宜早爲之慮。」後藥師果叛，人服其先識。（萬姓統譜卷六七，中國歷代人名大辭典第2412頁）

〔二〕「戎虜非彊敵」，四庫本「戎虜非」改作「邊塞失」。

隱几

上天不殞霜，萬木正鮮澤。青蒿與長松，各挺歲寒節。朔風吹沙寒，高嶺凍積雪。萬木已摧落，長松獨清潔。人生無艱危，君子竟何别？隱几試澄思，行藏易差轍。

留别富宣德

富侯荆山姿，落落混燕石。鐫磨經世故，不磷乃天質。軒裳儻來寄，既去寧須戚？驊騮走長坂，一跌未爲失。秦庭謬瑕疵，睨柱終完璧。君子有遠懷，事道先器識。千鈞等鴻毛，始見烏獲力。行矣各勉旃，他時賴三益。

别西齋諸友〔一〕

浮雲如積酥，凉飇勁絃疾。溶溶渺天末，飄忽易相失。懸弧四方志，匏繫非予匹。平生結歡久，始願膠投漆。别離傷素懷，此身任萍迹。

校記

〔一〕「西齋」是楊希旦在將樂縣西門家中所設之私塾。

遣懷

君子雖自嚴，至潔宜若污。昭昭揭日月，所向將猬如。天地一阱中，逼仄身亦孤。游世在虚己，浩蕩與時俱。靈府有天游，環中真道樞。

元豐壬戌歲暮書事

閩陬地力盡，種藝被山谷。涵濡一雨潤，鬱鬱原野緑。春風忽云徂，舒景變炎燠。凉飈動地軸，揫斂何神速！坐愁林巒空，俯視萬木秃。凝霜借風力，摧折到松竹。嗟予閉門人，感此亦愁蹙。幽庭有萱草，采采不盈掬。如聞糟牀注，取醉須百斛。沉酣樂時運，天闕不須觸。萬物一芻狗，蒼蒼自蒿目〔一〕。

校記

〔一〕「自蒿目」，萬曆本、正德本、令聞本、繩祖本、四庫本「蒿目」作「高目」，誤。光緒本作「蒿目」，極目遠望之意，是。今據改。莊子駢拇：「今世之仁人，蒿目而憂世之患。」

緑漪軒

開池傍清軒，環除種蘭芷。虚明淡星漢，疏影薦舃履。君乎試憑軒，鑒此亭下水。盪風生微瀾，風定還泚泚。悠然得真趣〔一〕，吉祥來止止。

校記

〔一〕「得真趣」，正德本作「真得趣」。按，當以「得真趣」爲是。

迂疎堂

終南有捷徑，屈蠖終當伸。君獨耻不蹈，安得與世親？結廬寄人寰，獨往寧問津？

形影廢酧贈，相忘誰與鄰。寄謝漢陰叟，抱甕良非真。

鄱陽湖觀打魚小龍廟在湖上。崇寧壬午

秋高水初落，鱗介滿沙脊。浩如太倉粟，寧復數以粒？紛紛漁舟子，疑若俛可拾。橫湖沉密網，脱漏百無十。蟲蝦雜魴鯉，駢首吐微濕。小人利口實，刀杌污鱗鬛。鯤鯨亦狼狽，風雨移窟宅。玉淵有神祠，變化在嘘吸。胡寧飽羶香，忍視萬魚急？幽潛不足恃，感嘆百憂集。寄謝漆園吏，於計未爲得。

送嚴尉

世路久艱棘，青冥翳妖氛。狐鳴叢祠中〔一〕，豺虎填城闉。君能摘姦伏，竭澤無潛鱗。勿云功未酬，屈蠖終當伸。飛黄架輕車，一躍窮無垠。

校記

〔一〕「狐鳴」，萬曆本作「孤烏」，形近之誤。今據正德本、繩祖本、四庫本改。「狐鳴叢祠中」，用史記

陳涉世家「又間令吴廣之次所旁叢祠中，夜篝火，狐鳴呼曰：『大楚興，陳勝王』」的典故。今據改。

檢田

尋崙上層崗，隨衝出高原。烟火一里餘，鷄犬遥相聞。瘠壤僅容席，訟牒徒紛綸。齊、魏兩蝸角，况復三家村？舉世競豪末，薄俗寧足論！吾衰過元亮，欲辨已忘言。

送向和卿還京子韶

江湖多秋風，惝恍夜不眠。念子將北歸，起視明星懸。君平翠虬姿，聳身蒼梧淵。高步隘八區，凌風上青天。妙質藴荆璞，寧須事磨鎸？贈言以爲别，妄意追前賢。聖言乃常珍，含咀真味全。奇辭暫時好，過眼如飛烟〔一〕。潔身忌廉劌〔二〕，觸物宜虚船。吾方病羸薾〔三〕，市藥還自憐。明日隔長陂，相望空惘然。

校記

〔一〕「過眼如飛烟」，萬曆本「過」原作「遇」，誤。今據正德本、四庫本改。

〔二〕「潔身忌廉劌」，各本「廉劌」作「廉潔」，義不可解。正德本作「庸劌」，「庸」誤，「劌」可取。「廉劌」連用，見莊子在宥：「廉劌雕琢，其熱焦火。」「廉」義爲稜角鋒利，「劌」義爲刺傷。老子下：「是以聖人方而不割，廉而不劌。」今據改。本句意爲：君子潔身自愛，也應避忌稜角鋭利而傷人。

〔三〕「羸薾」，四庫本「薾」作「茶」。下同不注。

離家作二首〔一〕庚申歲作

其一

敗葉辭故枝，驚飈送微雨。田廬向收穫，城中亟完補。游子欲何之？道路修且阻。俛首謝田父，予生厭羈旅。

其二

胡雁依朔風，群飛逐南翔。游子方北征，朔風吹我裳。攬轡望雲間，夜色正蒼蒼。空羡南歸翼，幽懷增感傷。

校記

〔一〕本組詩萬曆本原在卷三十九詩二七言古風，但實爲五言古風，故移至此處。二詩原題作「離家作二首」、「又」，今依全書體例將二詩合併題作「離家作二首」，並分作「其一」、「其二」。

過漢江〔一〕

西極鰲足折，東南地維傾。衆流競趨下，汹汹歸滄溟。誰能跨明河，挽此經天行？世難乘槎翁，此意終冥冥。

校記

〔一〕本詩萬曆本原在卷三十九詩二七言古風，但實爲五言古風，故移至此處。

枕上〔一〕

小智好自私，小德常自足。自私開人賊，自足心有目。瑕瑜不相掩，君子比良玉。默默枕上思，戒之在深篤。

校記

〔一〕本詩萬曆本原在卷四十詩三五言律，但實爲五言古風，故移至此處。

新湖夜行〔一〕

平湖净無瀾，天容水中焕。浮舟跨雲行，冉冉躡星漢。烟昏山光淡，棹動林鴉散〔二〕。夜深宿荒陂，獨與雁爲伴。

校記

〔一〕本詩萬曆本在卷四十詩三五言律，但實爲五言古風，故移至此處。「新湖夜行」，正德本同。其餘各本無「行」字。

〔二〕「林鴉」，正德本「鴉」作「鵶」。異體字。

哀鴻〔一〕

哀鴻常苦飢，悲鳴垂其翼。朔漠曉霜寒，江湖晚烟幂。乾坤一網罟，高飛亦何益。日暮無與群，驚風暗沙磧。

校記

〔一〕本詩萬曆本在卷四十詩三五言律，但實爲五言古風，故移至此處。

楊時集卷三十九

詩二　七言古風附長短句

酬林志寧志寧從學河南二程先生

君不見昔時卜年公，坼龜食墨瀍、澗東〔一〕。伊流、洛水環紫宮，廣輪千里天地中。真人一往不復見，鼎湖弓劍空遺蹤。陰陽所交風雨會，和氣自古生英雄。邇來百千歲，零落多奇窮。嗚皋、少室崢嶸倚天闕，下有回淵萬仞蟠雙龍。蒸雲結雨氣濛濛，惟有蒼髯紫頷包玄珠，時發光炎凌煙虹。成周太平鬱餘策，但令洙、泗生清風。羨君妙齡有儁骨，乘槎暗與天潢通。萬里不一息，去若孤征鴻。決開銀河浪，分出一派懸秋空。顧予山野姿，未老心已慵。謬從君子游，營道術偶同。有如退之與東野，自慚青蒿倚長松。感君惠然抵山谷，開談冰雪清吾胸。高堂黑髮顏如童，未須念此心忡忡。幸有山前清泉泠〔二〕，可酌與君啜，甘茹草，忘春冬。

校記

〔一〕「坼龜食墨」，萬曆本、繩祖本「坼」作「折」，弘治本、正德本作「拆」，皆誤。四庫本作「坼」，指灼龜甲時甲殼上出現的裂紋。周禮春官占人：「史占墨，卜人占坼。」注：「坼，兆璺也。」今據改。

〔二〕「清泉泠」，弘治本、正德本同。繩祖本、四庫本「泠」作「冷」。「泠」是清涼之意，義較長。

題贈吳國華釣臺〔一〕國華自作記，不取嚴陵

君不見釣璜溪上白髮翁〔二〕，一竿西去追冥鴻。畋車同載非羆熊〔三〕，鷹揚烈氣如飄風〔四〕。又不見羊裘石瀨垂綸叟，爽概凌天動星斗〔五〕。萬乘故人親訪求，臥對鑾輿忍回首〔六〕。聖賢遇合自有時，潔身亂倫非所知。高風寥寥古已往，較然得失知者誰？君有釣臺臨橘水〔七〕，橘溪不與桐溪比。收身欲躡渭老蹤〔八〕，笑撫長髯照清泚〔九〕。澄潭夜月秋光浮，撇波短艇沿汀洲〔一〇〕。長繩巨石不能繫，飛帆片席歸蓬丘。巨鈎沉餌牽九牛，一釣直掣金鰲頭。〔一一〕

修鱗擺鬛浪山起〔一二〕，雲鵬飛翻忽千里〔一三〕。跨雲憑翼上青冥，一點孤光厠箕尾〔一四〕。

校記

〔一〕清嘉慶十五年南平縣志卷二十五藝文所收本詩題爲釣台，其餘文字全删。「嚴陵」疑是嚴陵集的簡稱。參見卷四十二登桐君山校記〔一〕。

〔二〕「釣璜」，嘉慶南平縣志作「釣磻」。未知孰是。

〔三〕「畋車」，萬曆本「畋」原作「田」，今依嘉慶南平縣志改作「畋」。

〔四〕「烈氣」，萬曆本「氣」原作「飛」，各本同。嘉靖延平府志引作「氣」，疑是。今據改。

〔五〕「爽概」，嘉靖延平府志引「概」作「氣」。

〔六〕「鸞輿」，嘉慶南平縣志作「鑾輿」。

〔七〕「橘水」，嘉靖延平府志引「橘」作「潏」。

〔八〕「躡渭老蹤」，萬曆本「躡」原作「攝」，誤。今依嘉慶南平縣志改作「躡」。漢書揚雄傳上「躡三皇之高蹤」。可以爲證。「渭老」，指周初垂釣于渭水璜溪爲文王載歸立爲師，後佐武王滅殷的吕尚，即太公望。周朝既建，封于齊，爲齊國始祖。詩首句有「釣璜溪上」之語，可知。

〔九〕「笑撫長髯」，嘉靖延平府志、嘉慶南平縣志引作「笑撚髭髯」。

〔一〇〕「短艇」，嘉靖延平府志引作「小艇」。「沿汀洲」，萬曆本「洲」原作「州」。四庫本「州」作「洲」，是。今據改。

〔一一〕「直掣」，嘉慶南平縣志「直」作「宜」。

〔一二〕「修鱗」，嘉慶南平縣志「修」作「翻」，與下句「翻」用字重複。

〔一三〕「飛翻忽」，嘉靖延平府志引作「飛動倏」。

〔一四〕「憑翼」，嘉慶南平縣志「翼」作「風」。

贈別蔡武子被誣得釋，赴泉州録參〔一〕

君不見馬伏波後車，薏苡珠璣多；又不見章臺奏璧非有疵〔二〕，相如謬使秦人疑。匡章不孝通國非，世無孟子知者誰？惜君高材兼衆美，完德從來速招毀。含沙怒欲陰中之，剛引涇流污清泚〔三〕。輕雲捲盡天日明，容光竅穴無潛形〔四〕。刮磨玉瑩冰雪凝，楚人謾費塗丹青。齊庭有鳥又不鳴〔五〕，會須一舉天衢亨，北冥欻起風雷驚。修鱗巨鬣隨波輕，不須回首顧潛鯨。好乘扶搖九萬里，奮迅六翮飛南冥。

校記

〔一〕萬曆本「蔡武子」至「録參」均爲大字標題，正德本標題自「得釋」至「録參」爲小字注。按，小字注當從「蔡武子」起。今改。

〔二〕「奏璧」，萬曆本作「秦璧」，誤。弘治本作「奏」，進獻之意，是。今據改。

〔三〕「清泚」，萬曆本「泚」原作「沘」，誤。今據弘治本、正德本改。「泚」，清澈。詩經邶風新台：「新台有泚，河水瀰瀰。」

〔四〕「竅穴」，萬曆本「穴」作「冗」，弘治本作「亢」，皆誤。今據正德本、繩祖本改。

〔五〕「齊庭」，繩祖本「庭」作「廷」。

入山行

蒼崖峭立青天涯，古徑蕪没沿清溪。深林四合晝亦暝，寂寂惟有哀猿啼。野人心形灰死如槁木，山禽見之猶驚飛。因嗟太古不可復，我無機械胡相疑？

假山

衡、湘側南二千里，清淑之氣常蜿蟺。丹沙玉石氣所感，融結萬狀非磨鎸〔一〕。窮源荒蹊異岱畎〔二〕，不途禹績經棄捐〔三〕。苔封土蝕誰復問，嶙峋偃卧當市廛。龜山老叟見之喜，鳩徒輂置羅前軒。岧嶤孤峰露仙掌有一石如掌，屹若太、華青摩天〔四〕。傾崖斷壑坐中見，葱蒨似玉生雲烟。初疑祖龍未死日〔五〕，浮梁擬跨咸池淵。神號鬼怒驅不前，捶繫刓磷成洴圈。又疑巨人出龍伯，揭竿來自昆侖顛。連鰲合負雲濤翻，蓬、壺簸蕩留平川。緊予竟日倚欄檻，矯首便欲追靈仙。尻輪神馬自足駕，已覺兩腋風泠然〔六〕。瓊臺浮游與世隔，醉傲笑拊洪崖肩。山間草木即靈餌，含英茹實資長年。悠悠廣息變今古，坐看溟、渤成桑田。

校記

〔一〕「萬狀」，各本「狀」作「伏」，疑爲「狀」字之誤。今改。

〔二〕「荒蹊」，正德本「蹊」作「溪」，誤。「岱畎」，正德本「畎」作「岳」，非是。按，畎，山谷。尚書禹貢：

「岱畎，絲、枲、鉛、松、怪石。」孔安國傳：「岱山之谷出此五物，皆貢之。」可證。

〔三〕「不途」，正德本、四庫本「途」作「逢」。

〔四〕「太、華」，正德本「太」作「泰」。

〔五〕「祖龍」，萬曆本作「祉龍」，誤。今據正德本、繩祖本、四庫本改。

〔六〕「泠然」，萬曆本「泠」作「冷」，誤。四庫本作「泠」，是。今據改。

寄練子安教授

憶昨吾子客上都，我獨奔走天南隅。各年未壯已多累，誤投世網身攣拘。飄零今日偶相值，乃復咫尺不得與子俱。人生委質金在爐，大冶鼓鑄誰號呼？惟愁踆踆走塵土，舊業已廢成荒蕪。惜君高才卓犖與世畸，雄文洒落珠陸離。雷驚電赫轉坤軸，風號浪擊飛天池。珊瑚挺榦滄海竭〔一〕，騏驎超軼不可羈〔二〕。經綸有道世莫知，櫝中良璧始自奇。君不見扶藜隘巷蓬蓽居？短褐甕牖桑爲樞。擁門軒蓋何所慕？藜羹自飽非癯如〔三〕。又不見揚雄寂寞守太玄？棄捐覆瓿真可憐。折腰小吏昔所耻，田園須賦歸來篇。終當結屋蒼厓巔，期子相與臨清泉。投簪解帶謝人世，拂塵披蠹親遺篇。松皴檜老生青烟，雨餘風弄鳴哀絃。低回野興有真意，浮名鶡雀過吾前。結歡膠漆常連連〔四〕，從遊鹿豕終長年。

校記

〔一〕「挻榦」，四庫本「榦」作「幹」。「幹」、「榦」古通用。

〔二〕「騏驎」，繩祖本作「麒麟」。按，「騏驎」良馬名，「麒麟」傳説中神獸名。這里當以「騏驎」爲是。

〔三〕「藜羹」，四庫本作「藜根」，聲近之誤。

〔四〕「連連」，光緒本作「留連」。疑是。

送富朝奉還闕 紹榮字國華

君不見慶曆承平道如砥，馳車八荒同一軌。虜人鴟張怒螳臂〔一〕，百萬雲屯若封豕。又不見朔方横流漲天起，腐麥蛾飛木生耳。扶携道路雜老幼，操瓢溝中半爲鬼。關河日夜刁斗驚，漫書乘駟來渝平。兵間持節得英傑，談笑坐使羈長纓。青社環城萬區屋，發廩分曹具饘粥。饑羸枯頰陡生光，叢冢不聞新鬼哭。臧孫有後天匪親，閭門容車何足論？

揭來灘上見猶子，雄姿宛有典刑存。騂騮已度渥洼水〔二〕，朝燕暮越應千里。行看玉勒駕鑾輿，濯足瑶池從此始。

校記

〔一〕「虜人」，四庫本改作「邊人」。

〔二〕「已度」，四庫本「度」作「渡」。「度」、「渡」古通用。

南康值雨

廬山卧龍庵有劉道人，自云百餘歲。碧眼，不粒食，惟食柏飲水，每客至必先知之。欲往見之，不果，故並記之

平沙漲雪清江濆，水花照日紅生鱗。軒然五老出城表，雕玉萬仞窺長身。雲巾星弁覆華頂，飛泉漱瀑垂天紳。平生未識廬山面，碧巘横雲望中見。江頭一夜雨銜天〔一〕，奔浪號風作悲健〔二〕。朝來淤泥没牛馬，咫尺坐論千里遠。芒鞋拄杖挂塵屋，神馬尻輪欻飛轉。卧龍庵前碧眼翁，日飲山渌飡溪松。神融氣合八荒外，此心炯炯宜先通。未須勤移却俗駕，會應一洗塵寰空〔三〕。寄言歸侍壺丘子，他日來游當御風。

校記

〔一〕「雨銜天」，正德本「銜天」作「行天」。

〔二〕「悲健」，萬曆本「健」作「徤」。正德本作「徤」。「健」、「徤」異體字，今統改作「健」。

〔三〕「塵寰」，正德本作「塵凡」。

游武夷是日泛小舟至鷄窠巖，還游沖佑觀

函關崎嶔走秦鹿，天下並逐争群雄。抉雲翻空鰲足折，黔黎竄伏如寒蛩。武夷山深水清泚，避世猶有高人蹤。龍泓東注海波涌，嶺有投龍池〔一〕，世傳與海通。玉女翠擁秋雲鬆。玉女峰。赤霄真骨寫虛壁，通泉凡筆慚非工。魏王峰前有畫鶴。藏舟浮梁跨絶壑，山間有小橋，橋西有一小舟，皆人迹不可到。隱見似與天潢通。當時鷄犬不復見，窠巖依舊烟霞籠。我來秋杪月既望，尚有幽菊埋榛叢。天容洗净雨新霽，雲幕四卷清無風。掀蓬進棹窮異境，注目想見流殘紅。回船杖屨躡幽徑，松竹窈窕環琳宫。翠琬温辭耀華衮，褒詔有石刻。金榜大字纏交龍〔二〕。自憐病骨掛塵網，幔亭高會何由逢？解衣歸卧玉瑣碎，仰看明月穿疏篷。

校　記

〔一〕「嶺有投龍池」，繩祖本、四庫本「嶺」作「巔」。

〔二〕「金榜」，正德本「榜」作「牓」。「牓」、「榜」古通用。「交龍」，正德本「交」作「蛟」。

向和卿覽余詩見贈，次韵奉酬

杜陵頭白長昏昏，海圖舊綉冬不温。更遭惡卧布衾裂，盡室受凍憂黎元。詩人窮愁自古爾，豈若種藝依青門？嗟予老懶世不用〔一〕，窮巷久雨無高軒。蟲鳴鳥噪感時節，嫠不恤緯羞前言。殘章斷簡棄不録，自愧潢潦無根源。君胡衮字富褒飾，三復妙語將誰論？知君獨負青雲器，欲使饑者名長存〔二〕。

校　記

〔一〕「老懶」，正德本「懶」作「嬾」。「懶」、「嬾」異體字。

〔二〕「饑者」，正德本「饑」作「餓」。

贈程舍人近侍入閩

路公溪上鶴髮翁〔一〕，眼光照日顔如童。龐眉垂鬢有仙骨〔二〕，駢集五福天所鍾〔三〕。螭頭暫輟三長手，杖節扶輿入閩嶠。弧南一夜晶輝浮，海隅草木俱榮耀。朱金拜後古所稀，綉紱全勝衣綵衣。玉觴薦壽須珍奇，更待蟠桃結子時〔四〕。

校記

〔一〕「鶴髮翁」，萬曆本「髮」作「法」，聲近之誤。今據弘治本、正德本、四庫本改。

〔二〕「龐眉」，四庫本「龐」作「厖」。

〔三〕「天所鍾」，弘治本「鍾」作「鐘」。按，「鐘」、「鍾」古義有别。此作「鍾」是。

〔四〕「結子時」，正德本作「子熟時」。

岳陽書事

洞庭水落洲渚出，叠翠疏峰遠烟没。重樓百尺壓高城，畫棟沉沉倚天闕。湖光上下天水融，中以日月分西東。氣凌雲夢吞八九，欲與溟、渤争雌雄。澄瀾無風雨新霽，一日萬頃磨青銅。琉璃夜影貯星漢，騎鯨已在銀河中〔一〕。湘妃帝子昔何許？但有林壑青浮空。君山世傳湘君居此，因以得名。蒼梧雲深不可見，遺恨千古嗟何窮。須臾晦冥忽異色〔二〕，風濤翻際天黑。乘陵瀨壑走魑魅，停滀百怪誰能測？忽看舟子玩行險〔三〕，更欲飛帆借風力。安得晴雲萬里開，依舊寒光浸虚碧。

校記

〔一〕「銀河中」，正德本作「銀潢中」。

〔二〕「晦冥」，萬曆本「晦」原作「悔」，聲同形近而致誤。今據繩祖本改。「忽異色」，四庫本「忽」作「各」。

〔三〕「忽看」，萬曆本「忽」作「忽」，與上「忽異色」用字重復。弘治本、正德本作「忍」，義較長。今據改。

遣興

嵩、華千仞立，不礙天地寬。涇、渭清濁流，不離海波瀾。人生過眼萬事役，記憶細故真童顔。

寄游定夫

憶昨相逢鳳山址，駒隙駸駸餘半紀。君趨烏府近清光，陸海驚濤漲天起。雲帆大舸半摧溺，艤岸得全誠偶爾。我時捧檄赴京渚〔一〕，放浪江湖一浮蟻。談書考古老無用，哺啜糟醨咀糠秕。東歸雖復有民社，爲米折腰良可耻。市朝紛紛真羿彀，朔榦燕弧不容擬〔二〕。投身中地竟誰免，未信棘端能捍矢。重樓百尺卧玄德，問舍求田不須鄙。早歲結鄰初有約，齒豁頭童今老矣。築場預想傍田廬〔三〕，負耒耦耕何日始〔四〕？

校記

〔一〕「赴京渚」，正德本作「赴荆渚」。疑作「荆渚」是。

〔二〕「朔榦」，各本「榦」作「幹」。「幹」、「榦」通用。今依文意改作「榦」。請參看本書卷二十四白雲庵記校記〔二〕。

〔三〕「築場」，萬曆本「場」原作「田」，涉下文「田廬」而致誤。今據弘治本、正德本改。

〔四〕「負耒」，萬曆本「耒」原作「來」，形近而誤。今據弘治本、正德本改。

過錢塘江迎潮

銀潢翻空際天白，鯤怒鵬騫海波擊，湧雲噫氣聲怒號，萬馬馳車隨霹靂。低昂上下如桔橰，頃刻性命輕鴻毛。賫囊負笈有夷路，一日何事常千艘。因思羊腸盤九坂，攀援蜀道愁狖猱〔一〕。人生觸處有萬險，豈必此地多風濤？願言夷險不須問，莫負對酒持霜螯。

校記

〔一〕「狖猱」，正德本作「猿猱」，四庫本「猱」作「猱」。猱，指山魈。按，「猱」與「橰、毛、艘、濤、螯」同屬豪韻，而「猱」則屬蕭韻，故當以「猱」字爲是。

觀獵

貂裘白馬誰家子，擁戟弦弧囊勁矢。褰身欲與鳥争飛，觸處塵埃雲四起。長繩驅逐狐兔驚，驕鷹擎臂流雙睛〔一〕。飛揚雲間電光閃，旋復草際無遺生。鷙腸久厭鮮肥餌，顧盼方能伺人意。但矜鼎俎有餘甘，貪饕誰憐殄生類〔二〕？安得淑氣回嚴秋，徐令困拙同鳴鳩。林間百鳥恣孳乳，雖欲擊搏知無由〔三〕。

校記

〔一〕「擎臂」，各本作「掣臂」。蘇軾江城子密州出獵：「老夫聊發少年狂，左牽黄，右擎蒼。」「擎」義爲舉。「擎臂」即擎於臂。今據改。

〔二〕「貪饕」，萬曆本「饕」作「飧」，誤。四庫本作「餐」，正德本作「飱」，亦誤，「飱」亦貪之意。按，「飧」、「飱」都是「饕」字之誤。戰國策燕策三：「今秦有貪饕之心，而慾不可足也。」今據改。

〔三〕「擊搏」，萬曆本「擊」作「繫」，形近而誤。今據正德本改。「知無由」，萬曆本原作「無知由」。今據正德本改。

寄范正甫時討西夏

羈窮莫厭如牢圈，從古功臣出屠販。男兒不負懸弧心，馬革裹尸猶足願〔一〕。君不見淮陰寄食饑貧叟，一作「竊瓜寄食淮陰叟」。胯下英風亦何有？逢時吐氣雷電奔，金印纍纍大如斗〔二〕。玉門晝夜羽檄驚，睥睨欲塹天都城。叩關虎士鬱餘怒，科頭奮戟如雕鷹。君從壯年藴奇策，未宜縮首藏柴荆。昔人投筆真豪英，慨然萬里終成名。南山白額雖欲老，百獸遭之猶裂腦。

校　記

〔一〕「馬革裹尸」，萬曆本「裹」原作「褁」。今據正德本改。

〔二〕「大如斗」，正德本「如」作「於」。

吴子正招飲，時權酒局不赴，作詩戲之

寒爐火冷浮青烟，勁風刮面如戈鋋。凝陰不動天欲雪，竟日兀兀成拘攣。廣文才名四十年，天寒坐客猶無氈。參軍官小技能薄，寂寞冷坐誠宜然。忘形杜老偶相覓，傳呼歌舞開華筵。嗟予簡書固可畏，不得對飲櫓花前。謾有糟漿逆人鼻，汝陽口角空流涎。可能更似蘇司業，只與時時送酒錢。

寄題環翠樓記云：唐君作此樓以奉親

方壺七萬神鼇連〔一〕，瓊臺縹緲居靈仙。鯨翻海運成桑田，異境誰使夸娥遷？銛鋒四面蒼圭圓，巨靈巧以青瑶鐫。揉風洗雨浄娟娟，修眉浮空秀争妍。清溪回旋瀉幽泉，下有澄瀾湛泂淵。綉楣雕欄欲飛翻〔二〕，凌切漢道摩星躔。恍如直跨須彌巔，瑠璃凝光圍四天〔三〕。喜君妙齡謝世喧，萱堂慈顔白盈顛。兒童牽衣戲蹁躚，優哉此樂誰與先？嗟予昔以三釜懸，投身世網百慮煎。今乎老矣誠可憐，狙猿何用簪纓纏？子雲終須守一廛，誅茅結屋饞數椽。薜衣雜佩紉蘭荃，手披白蟫玩青編。春暉不報常欿然，雖有至樂安能全？

校記

〔一〕「方壺」，萬曆本「壺」原作「壼」，誤。今據正德本改。按，方壺是古代傳説中的仙山，即方丈山。

〔二〕「飛翻」，正德本「翻」作「翾」。

〔三〕「瑠璃」，四庫本「瑠」作「琉」。

晚雨

斷霞明滅天日黝，雨意晴暉爭好醜。浮雲冉冉無定姿，白衣忽變如蒼狗〔一〕。悲風激烈河漢翻，雨脚如麻飛霰寒。山深氣腥豺虎亂，乾坤四合誰云寬？將溪溪上野客懶成癖，怯寒手攣面如墨。把杯强吞僵立歌，閉門獨愁天已黑。

校記

〔一〕「白衣忽變如蒼狗」下，正德本有小字注「語見老杜詩」。其餘各本無注。

贈醫者鄧獻臣

天地一氣猶冶甄，埏埴萬彙隨方圓。神形九藏通九野，八風中物如戈鋋。天元玉册有遺義，探索始自三皇前。桑君、越人不世出，鑱石鍼灸誰能傳？賤工增餘損不足，往往横夭殘天年。羡君妙齡踵其學，至理隱賾常精研。聞陰得陽以神遇，反視方術猶蹄筌。道隅蛘蠆即爲餌〔一〕，車上已有長蛇懸。嗟予羸薾苦多病〔二〕，維摩丈室方蕭然。願君速已天下疾，爲予一洗沉痾痊。

校記

〔一〕「蓱蘁」，萬曆本「蓱」原作「荓」，字書無此字。今據正德本改。蓱，同萍。

與將樂令會飲揖仙亭〔一〕

灘流斗落惟璠璵，雕欄照水光如濡。層巒疊巘争蟠紆，翠岩百尺蹲於菟。何年巨人出歸墟，揭竿合負神鰲趨。飄流人間峙蓬、壺，至今猶爲仙聖居。飛軿往來誰與俱？下有馴雉隨雙鳧。英風爽氣凌清虚，楣間新詩露珊瑚。顧余老懶與世疏，欲往勾漏嗟無徒。會須策轡追雲車，無使吃口嗤癯儒。

校記

〔一〕揖仙亭在將樂縣玉華洞外。

理學叢書

楊時集

四

〔宋〕楊時 撰
林海權 校理

中華書局

楊時集卷四十

詩三　五言律

别游定夫

黽勉吾將仕，謀身力已分。漆雕慚未信，子夏又離群。慘淡交情重，間關道路勤。至言宜遠寄，孤陋願頻聞。

過金山

環望荆、吴坼〔一〕，清江日夜流。飛騰潮汐浪，漂泊利名舟。山湧鰲番出〔二〕，樓噓蜃氣浮。僧窗千古意，出没看輕漚。

校記

〔一〕「環望荆、吴」，萬曆本「環望」原作「澴望」，「荆、吴」原作「荆、吾」，「坼」原作「折」，均誤。今據弘治本、正德本改。按，詩此二句係仿杜甫登岳陽樓首聯「吴、楚東南坼，乾坤日夜浮」詩句寫成，又本書卷四十一送王充道游三茅廬阜詩也有「荆、吴相望」的用法。

〔二〕「鰲番出」，正德本「番」作「蟠」（盤曲而伏），誤。列子湯問：「帝恐流於西極……乃命禺彊使巨鰲十五舉首而戴之，迭爲三番，六萬歲一交焉。」此「番出」用法與此同，義爲更番。

雨寒

天幕陰雲積，蕭蕭雨正霪。泥污闤市寂，水入御溝深。破屋寒侵骨，哀絃凍絶音。更愁風力健，瘦怯不能禁。

歸雁

天末驚風急，江湖夜思長。悲鳴愁絶塞，接翼冒清霜。澤岸多矰弋，雲間乏稻粱〔一〕。

茫然栖息地，飲啄欲何鄉〔二〕？

校記

〔一〕「稻粱」，萬曆本「粱」原作「梁」，誤。今據正德本、四庫本改。

〔二〕「何鄉」，萬曆本原作「何傷」。正德本「傷」作「鄉」，疑是。今改。

感事

世事浮雲薄，勞生一夢長。散材依櫟社，幽意慕濠梁。風激鷹鸇迅，霜殘草木黄。投閑如有約，早晚問耕桑。

過關山二首〔一〕

其一

牢落關山路，年來倦往還。長隨流梗泛，有愧白雲閑。親遠江天外，魂勞夢想間。泫然遊子淚，挹盡復汍瀾。

其　二

歲律行將暮，飈風凌九垓。山深人寂寞，路遠馬虺隤。幽意從誰展？愁懷殢酒開。衰遲仍惜日，投晚獨徘徊。

校　記

〔一〕萬曆本此二詩原無小標題，僅各另提行。今依全書體例分别題作「其一」、「其二」。又，關山在湖南湘陰縣東北百十里，道連岳陽、平江二縣。

晚泊遇雪二首〔一〕

其　一

向曉驚風急，飄零雪滿坰。氣升雲冪冪，天遠月溟溟。寒色終無賴，豐年謾寄聲〔二〕。

舖糟吾不慣，彊醉復還醒。

其二

寒逼歸鴻急，悲鳴聲更哀。舞風斜翳日，帶月暗欺梅。平野光初合，陰雲凍不開。無聊還殢酒，顛倒盡餘杯。

校記

〔一〕萬曆本此二詩原分别題作「晚泊遇雪」、「又」。今依全書體例合併題作「晚泊遇雪二首」，並分作「其一」、「其二」。

〔二〕「謾」，四庫本作「漫」。下同不注。

偶成

天遠何須問，勞生聽若何。犁鋤三畝足，棲息一枝多。白雪寧堪冒，清時只浪過。好尋明月影，醉舞自婆娑。

臨川驛偶成

冉冉朝仍暮，蕭條官舍幽。閉門三尺雪，觸物一虚舟。蟲蠹生涯盡，萍漂世事浮。尚思方技學，多病未能休。

除夜感懷二首〔一〕臨川驛

其一

歲律已云盡，思家日日深。二年爲客恨，千里倚門心。節物羅樽俎，兒童學語音。眩然如在目，恍惚夢難尋。

其二

愛日乖予願，親顔長在心。遠游仍换歲，華髮想盈簪。永夜誰同席？殘杯憶共斟。相思空有淚，揮洒滿衣襟。

校記

〔一〕萬曆本此二詩原分别題作「除夜感懷」、「又」。今依全書體例合併題作「除夜感懷二首」，並分作「其一」、「其二」。

臨川道上

風雨離山驛，斷橋危欲顛。去心奔逸驥，行路上青天。雁序江湖樂，雲歸島嶼連。悠悠遠征客，千里獨茫然。

旅舍書事

懶拙乖時尚，支離與世殊。饋漿驚御寇，避席愧陽居。觸事紛難解，忘形色易鋤〔一〕。不須修混沌，機械本來無。

校記

〔一〕「鋤」，正德本作「耡」。

過清溪渡〔一〕

天闊江銜雨，冥冥上客衣。潭清魚可數，沙晚雁争飛。川谷留雲氣，鵜鶘傍釣磯。飄零滄海客，期到一帆歸〔二〕。

校記

〔一〕本詩嘉慶南平縣志卷二十五題作「清溪」，無「過」、「渡」二字，不妥。

〔二〕「期到」，萬曆本原作「欺到」，義不可解。正德本「欺」作「倣」，意爲傾側狀。四庫本「欺」作「期」，是。今據改。

泛江至土坊

萬頃江湖遠，孤乘一葉船。雁飛雲外字，篷掩水中天。波静櫓聲息，風微帆影偏。回環聊注目，浩蕩接清烟〔一〕。

校記

〔一〕「清烟」，正德本「清」作「青」。他本皆作「清」。

秋日有懷寄從弟表民丁伯父憂〔一〕

羈旅吾方困，哀思汝正煩。望雲愁雁序，回首憶鴒原。北圃蔬還盛，東軒菊想繁。飄零不相見，沾灑獨忘言。

校記

〔一〕「從弟表民」，正德本、四庫本同。繩祖本「表」之下無「民」字，誤。伯父名基。參見卷三十王母朱氏墓誌銘校記〔三〕。

和潭倅張朝請行縣言懷〔一〕

夾道旌麾動，陰霾萬里開。霜迎威令肅，春逐馬蹄來。幽壑光初滿，寒荄暖自回。仰窺嵩、華質，曾未施纖埃。

校記

〔一〕「潭倅張朝請」，指張舜民。胡安國楊文靖公墓誌銘：「知潭州瀏陽縣，安撫使張公舜民以客禮待之。張公入長諫垣，薦之，除荆南教授。」「倅」，副職；「朝請」是朝請大夫的簡稱，本詩和又用前韻和早梅二首，黄譜繫在哲宗紹聖二年乙亥（1095）。其不直言安撫使張舜民，大概是爲了避免直接捲入黨争的漩渦。張舜民，宋州（陝西縣）人，字芸叟。英宗治平二年進士。爲襄樂令，嘗上書反對王安石新法。哲宗元祐初，以司馬光薦召爲監察御史，進秘書少監。使遼，加直秘閣、陝西轉運使，知陝、潭、青三州。商州安置。後復集賢殿修撰。性慷慨，以敢言稱。嗜畫，長於詩，有畫墁集等。（中國歷代人名大辭典第1297頁）按，今傳張舜民詞有賣花聲（木葉下君山，空水漫漫）等四首。本書卷二十三謝張朝散與卷四十一和張倅行縣中的張朝散和張倅應該都是指張舜民。

又用前韵和早梅二首〔一〕

其一

楚國春歸早，寒梅處處開。月和清艷冷，天與靚粧來。東閣詩魂動，南枝歲律回。蕭然冰雪態，無處覓輕埃。

其二

星騎經行處〔二〕，梅花忽已開。只疑春信早，先擁使旌來。嫩蕚紅初破，寒柯緑未回。凌霜半含月，皎皎絶纖埃。

校記

〔一〕萬曆本此二詩原分别題作「又用前韵和早梅二首」、「又」。今依全書體例將二詩合併題作「又用前韵和早梅二首」，並分作「其一」、「其二」。

〔二〕「星騎」，萬曆本「騎」原作「馳」，與五律平仄不符。正德本、四庫本作「馭」。繩祖本作「騎」，是「星騎」指天子的使者。今據改。

感事二首〔一〕

其一

邊徼無虞日，王師討弗庭。收功誇廟算，行政毒生靈〔二〕。川谷旌麾暗，風塵戰血腥。寂寥歸馬日，目斷華陽坰。

其二

虎士冰河側，日聞刁斗驚。氣吞沙漠盡，風蕩賊巢傾。關塞長年戍，邊城幾日清〔三〕？太平陳朽富，一旅百夫耕。

校記

〔一〕萬曆本此二詩原題作「感事」、「又」。今依全書體例將二詩合併題作「感事」，並分作「其一」、

「其二」。又，弘治本、正德本題作「感事三首」，其實僅收二首。

〔二〕「行政」，弘治本、正德本、四庫本「政」作「險」。

〔三〕「邊城」，弘治本、正德本同。令聞本、繩祖本、四庫本作「邊塵」，義較長。

泗上三首〔一〕聞將閉汴口

其一

淮口平沙漲，檣烏向日斜。微雲變蒼狗，輕浪蹙浮花。風勁回飛雁，林喧集暝鴉。河流應未閉，遲我到京華。

其二

鬢蓬凋欲盡，岸幘任欹斜〔二〕。瘦怯寒裘重〔三〕，慵看細字花。凍雲穿曉日，晴樹繞飛鴉。老大驚遲暮，飄零惜歲華。

其三

聞道河流閉，逢人每問津〔四〕。天高雲冪冪，風細水鱗鱗。未種江陵橘，空思千里蓴。且邀明月伴，相對解綸巾。

校記

〔一〕萬曆本此三詩原題作「泗上」、「又」、「又」。今依全書體例將三詩合併題作「泗上三首」，並分作「其一」、「其二」、「其三」。

〔二〕「欹斜」，萬曆本「欹」作「歌」，形近致誤。今據繩祖本、四庫本改。

〔三〕「瘦怯」，四庫本作「病覺」。「寒衾重」，萬曆本「寒衾」原作「重衾」，「重」與下文意義重複，顯係涉下文「重」字而致誤。四庫本作「寒衾」，是。今據改。

〔四〕「問津」，萬曆本「津」原作「律」，與「鱗、蓴、巾」不相協韵，亦形近而致誤。正德本、繩祖本作「津」，是。今據改。

出　京己卯歲九月

旅泊驚秋意，塵沙變客衣。明星爛河漢，殘月暗簾帷。風柳斜斜轉，雲帆片片飛。窮愁添別病，衰晚意多違。

吉溪早起〔一〕

短日催征轡，聽鷄踏曉霜。遠山頻入望，薄酒謾搜腸。湘浦蓴絲滑，吴淞鱠縷長〔二〕。何時一疏放，把釣卧滄浪。

校　記

〔一〕「吉溪」，各本作「言溪」，正德本作「吉溪」，黄譜亦作「吉溪」，是。據大清一統志卷三百三十延平府志山川載：「南平吉溪，在南平縣東南，自邵武縣界東南流入，經順昌西南，與將樂之大溪合流至南平縣西南，又南與沙溪水合，又過府城東南而注於建溪。」民國十年重修南平縣志卷十八藝文收有宋羅從彦挽吉溪助教二首、明游居敬有吉溪山亭二首，亦可爲證。

〔三〕「吴淞」，萬曆本原作「吴松」，各本同。四庫本作「吴淞」，是。今據改。

漢坂舟行

曲岸通幽徑，疏籬映竹斜。塢深藏吠犬，林薄露人家。石瀨魚偏美，鄰村酒易賒。秖應雲水富〔一〕，自是一生涯。

校記

〔一〕「秖」，萬曆本原作「秪」，誤。今據正德本改。

席太君挽辭二首〔一〕

其一

賢配無前古，傳家有子賢。四靈來薦瑞，一鶚已摩天。蒿里迷長夜，悲笳慘暮烟。蕭蕭原上路，猶想駕雲軿。

其二

稟粹猗蘭秀，來嬪洛水濱。一窺識公輔，三徙得儒真。晝翣流雲氣，松阡卧石麟。哀榮今日事，誰復繼前塵？

校記

〔一〕萬曆本此二詩原分别題作「席太君挽辭二首」、「又」。今依全書體例將二詩合併題作「席太君挽辭二首」，並分作「其一」、「其二」。

湘君祠

鳥鼠荒庭暮，秋花覆短墻。蒼梧雲不斷，湘水意何長。澤岸蒹葭緑，籬根草樹黄。蕭蕭竹間淚，千古一悲傷。

鄒公挽辭二首〔一〕

其一

一伏青蒲上，三年瘴海濱。泉甘不出户，公謫南方〔二〕，所居無水〔三〕，庭中忽涌甘泉。客醉豈無神？公在謫所，有醉客言公將歸，翌日赦至〔四〕，果得歸。報國心長在，知恩志未伸。公所居堂名知恩。追懷垂絶語，空有淚盈巾。

其二

舊德今誰在？雕零已不多。雲天開日月，陸海自風波。空嘆與齡夢，難留曳杖歌。生平濟川意，無處問施羅。公嘗有與齡之夢。

校記

〔一〕萬曆本此二詩原分别題作「鄒公挽辭二首」、「又」。今依全書體例將二詩合併題作「鄒公挽辭二首」，並分作「其一」、「其二」。又，鄒公挽辭二首前，萬曆本原有新湖夜行、哀鴻二詩，但此二首係五言古詩。道南祠重補修本改入卷三十八「五言古風」中是正確的。今從。鄒公指鄒浩，常州晉陵人。

〔二〕「謫南方」，萬曆本「謫」原作「譎」，誤。今據正德本改。

〔三〕「所居無水」，正德本「居」之下有「苦」字。

〔四〕「翌日」，四庫本「翌」作「翼」。「翼」、「翌」通用字。

冬曉

着瓦霜華冷，暝空曉霧均。氣昏難見日，風過易生塵。洗硯冰紋破，憑爐火色春。莫嫌寒尚薄，雨雪更愁人。

憑高〔一〕

觸目心如醉，憑高仍倚樓。目隨流水遠，事托片雲浮。戎虜川原赤，邊儲戍役愁。投戈知幾日，定遠未封侯。

校記

〔一〕本詩萬曆本未收。今據正德本卷四補入。

楊時集卷四十一

詩四　七言律

登桐君祠堂〔一〕昔有隱者結廬於此。人問其姓，指桐樹示之，故號桐君

霜染溪楓葉葉丹，翠鱗浮動汐波閑〔二〕。盤盤路轉千峰表，冉冉雲扶兩腋間。掠水輕鷗晴自戲，凌風飛雁暮争還。結廬姓字無人會，静對庭陰一解顔。

校記

〔一〕萬曆本僅此一首。正德本有兩首，其中一首爲七絶，今另録入本書卷四十二偶成之後，題作登桐君山。請參看。

〔二〕「閑」，四庫本作「閒」。「閒」、「閑」異體字。

巖松

婆娑千尺倚巖巔，隱隱虬姿拂遠煙。尤喜地靈泉脉潤，獨愁天闊晝陰偏。孤根礙石盤彌固，直幹凌霜老益堅。臃腫不須逢匠伯，散材終得盡天年。

和鄭商老下第〔一〕

雨餘新惹一番愁，展轉衾寒客思悠。獻璞又添今日恨，登科空負昔人羞。林泉水石君先到，京國風塵我尚留。若爲浮名苦憔悴，前春行釣巨鰲頭。

校記

〔一〕「下第」，萬曆本「第」作「弟」，誤。今據正德本改。

潁昌西湖泛舟二首[一]游賈丞相諱宜曲水園[二]

其一

扁舟乘興謾追尋，路轉河回入柳陰。拂面落花春意盡[三]，避人幽鳥野情深。慚無健思供吟筆，賴有寒光映客心。日暮倚風歸棹急，一鈎新月掛遥岑[四]。

其二

春過鶯花無處尋[五]，移舟行近古城陰。褰衣水上收殘片，傾耳枝間覓好音。山隔曲堤迷遠近，魚跳文藻亂浮沉。飄然自得江湖趣[六]，陡起歸與萬里心。

校記

〔一〕萬曆本此二詩原合併題作「潁昌西湖泛舟」，各詩僅另提行，無小標題。今依全書體例改題作「潁昌西湖泛舟二首」，並以「其一」、「其二」分别標出。

〔二〕「潁昌」，各本皆作「顯昌」，誤。今逕改。「諱宜」，萬曆本原無此二字。今據繩祖本補。

〔三〕「春意」，四庫本作「春事」。

〔四〕「遥岑」，萬曆本「遥」原作「瑶」，誤。今據正德本改。

〔五〕「鶯花」，正德本「鶯」作「鸎」。「鸎」、「鶯」異體字。

〔六〕「自得」，正德本「自」作「似」。

送丁季深

煙含疏柳緑蒙茸，杏頰桃英入眼紅。邂逅與君逢臘雪，飄零獨我過春風。空愁轉轂音塵遠，且寄離懷笑語中。後夜月明人寂寂，相思那復一樽同？

蘄州早起

城頭雷動角聲哀，似共行人怨落梅。欲報晨炊粱未熟，喚回殘夢眼驚開。霜清暗覺貂裘冷，月淡空令邑犬猜。倚杖起看風正慘〔一〕，紫微繚繞俯三台。

校記

〔一〕「起看」，萬曆本「看」原作「肩」，誤。今據正德本、四庫本改。

合江亭晚眺

倚杖鈎簾兩水間，晴光飛影上雕欄。帆催晝鷁摶風去〔一〕，雪吐銛鋒作劍攢。平野煙浮迷遠目，晚溪潮漲失前灘。騎鯨一往扶桑近，休問人間行路難。

校記

〔一〕「摶風」，萬曆本原作「搏風」，誤。今據弘治本、正德本改。按，「摶風」典出莊子，喻乘風前進。王禹偁謫居感事詩：「澤霧寧慚豹，摶風背伏雌。」此處用「摶」字，符合律詩的平仄格式，用「搏」則不合律。

含雲晚歸寄真師

每扣禪關即晚歸，塵中回首萬緣非。不愁幻翳迷心地，且聽潮音振祖衣。歸路往來無別徑，夜光清澈有餘輝〔一〕。虎溪舊社知重約，陶令如今已息機。

校記

〔一〕「清澈」，繩祖本「澈」作「徹」。

游玉華洞 洞在將樂縣東南天階山下〔一〕

蒼藤秀木遶空庭，叠石層巒擁畫屏。混沌鑿開幽竅遠，巨靈分破兩峰青。雲藏野色春長在，風入衣襟酒易醒。採玉遺踪無處問〔二〕，擬投簪紱學僊經。

校記

〔一〕標題下十一個小字注，萬曆本原無。今據玉華洞志補。楊時詩鐫在洞口巖壁上，至今摩崖石刻尚存。按，玉華洞現爲我國四大名洞之一。

〔二〕「無處問」，玉華洞志「無」作「何」。

次韻思睿見寄

聖賢千古愧難攀，力學方憂敢自閑？顧我久抛聲迹外，慚君猶掛齒牙間。平生拙計心長在，解帶高風志未還。捧檄於今非得已，謾勞魂夢遶溪山。

次韻蔡武子書懷

放形鋤色恐成光，斵堊能令鼻不傷。自信放魚真得計，却憐挾策亦亡羊。刃投有間多餘地，語到無言輒自忘。擾擾世紛何足問，松窗終日獨徊徨〔一〕。

校記

〔一〕「徊徨」，四庫本作「彷徨」。

感懷寄鄉友時在虔州〔一〕

漫浪人間已十年，簿書擾擾日羈纏。朱公謾有千金璧，季子初無二頃田。籬下蹲鴟餘晚實，雲根紫鱉奮新拳〔二〕。淹留寸禄空回首，一望鄉關一悵然。

校記

〔一〕「虔州」，萬曆本作「處州」，誤。今聞本、繩祖本、四庫本亦誤。正德本作「虔州」。虔州，今江西贛縣，是。今據改。按，據黄譜載，楊時於哲宗元祐三年調虔州司法，四年赴任，五年丁憂解官在制。未聞在處州。「虔」、「處」形近而誤。

〔二〕「雲根」，萬曆本原作「雲間」，誤。今聞本、繩祖本亦誤。正德本作「雲根」，是。今據改。按，「雲根」指深山高遠雲起之處。紫鱉，草名，又名紫蕨，初生莖紫色，似鱉脚，故稱。生在深山高遠之處，故説「雲根紫鱉」。而「雲間」，則指雲之間，與「紫鱉」義不相屬。「雲根紫鱉」與「籬下蹲鴟」（大芋）相對爲文，「雲根」與「籬下」都是指植物生長的處所。

贈致政楊孟堅宣德二首〔一〕孟堅歷三世不改官，而諸子各有第宅，故以楊、陸爲比〔二〕

其一

子雲論薦有王音，孟堅累爲達官所薦，陸賈年來老境侵。自守一官歷三世，退令諸子分千金。平生器業成幽夢，白首功名負壯心。賴有新詩輕萬户，未須投紱嘆堙沉。

其二

廣文官冷竟誰憐，空負才名四十年。孟堅及第已四十年。蕭散欲尋濠上侣，飛揚還作酒中仙〔三〕。龍章綉紱榮何在？鶴氅綸巾静自便。遥憶瀨溪風物好，勝游應不愧斜川。

校記

〔一〕萬曆本此二詩原題作「贈致政楊孟堅宣德」，且二詩連寫。今依本書體例將二詩分寫，合併題作「贈致政楊孟堅宣德二首」，並以「其一」、「其二」分别標出。

〔二〕「爲比」，萬曆本「比」作「此」，誤。今據繩祖本、四庫本改。

〔三〕「還作」，正德本「還」之下有小字注「一作『聊』」三字，爲各本所無。

寄湘鄉令張世賢

身游羿彀偶相逢，安得初終若駏蛩？道學未容窺閫奧，吏師應許叩鄰封。蕭條此意君誰問？落托微官我更慵〔一〕。盧白回旋真戲事，傍觀無用氣填胸。

校記

〔一〕「落托」，四庫本作「落拓」。「落托」意爲放浪不羈，「落拓」意爲寂寞冷落。從上下文看，當以「落托」爲是。

縣齋書事〔一〕

朱顔凋盡鬢藍鬖，世路低回老益慚。偶影獨游聊自適，談書不輟竟何堪？神爐默默金徒踊一作「天君默默情何在」，螘蛭紛紛夢正酣。誤把此身攖世網，自纏徽纆信如蠶〔二〕。

校記

〔一〕萬曆本卷四十一詩四七言律縣齋書事僅此一首，另卷四十二詩五七言絶句中收有同題縣齋書事絶句三首。正德本卷二有「縣齋書事四首」，然僅第一首是七律，下三首乃絶句。

〔二〕「徽纆」，萬曆本「纆」作「纏」，誤。按，「徽纆」爲捆綁俘虜或罪犯的繩索。周易坎：「上六，係用徽纆，置於叢棘。」今據正德本、四庫本改。

次韵錢帳計

騕褭羲馭定難羈，過隙跳丸日夜馳。但見光陰如掣電，却尋稽覽已當朞。飛黄汗血宜千里，秋鶚乘風此一時。芝草鳳凰真美瑞，清名應有退之知。

和張倅行縣

江浮叠巘弄清輝，雲外冥鴻江上歸。擊目自多幽興在，揮毫時見彩箋飛。應愁零雨侵星駕，好爲援戈却晚暉。帝室正須調鼎鼐，動移寄語不須譏。

沿幹游光大示犀老〔一〕

山横杳靄有無中，叠觀層臺一梵宫。萬軸琅函方一作「聊」杜口〔二〕，數聲啼鳥正談空。溪雲抱影侵行屐，香篆飛烟襲晚風。薄宦羈人如椄槢，自慚來往苦匆匆〔三〕。

校記

〔一〕四庫本無「沿幹」二字。

〔二〕「方」之下，四庫本無小字注「一作『聊』」三字。各本有。

〔三〕「匆匆」，正德本作「怱怱」。「怱怱」、「匆匆」異體字。

王簿清輝亭

黛染烟螺拂檻低，抱城流水緑逶迤。澄瀾碎影摇青鏡，斜日流峰隱半規〔一〕。坐上盈樽無俗客，壁間照夜有新詩。登臨已動忘歸興，况復清談足解頤。

校記

〔一〕「流峰」，萬曆本「峰」原作「蜂」，誤。今據正德本、繩祖本改。按，「日」疑爲「月」之誤字。

寄長沙簿孫昭遠時以不催積欠被劾〔一〕

陽城衰晚拙催科，闔寢空慚罪亦多〔二〕。祭竈請憐君自適〔三〕，載醪祛惑我誰過？猗猗庭有蘭堪佩，寂寂門無雀可羅。歸去好尋溪上侶，爲投纓紱换漁蓑。

校記

〔一〕孫昭遠，宋眉州眉山（屬四川）人，初名大年，字顯叔。哲宗元祐間進士。調長沙尉。累遷河北燕山府轉運使。高宗建炎元年，遷河南尹、西京留守，西道都總管。至洛招散工萬餘。金兵來犯，爲叛兵所殺。謚忠愍。（周文公集卷二九行狀）（中國歷代人名大辭典第790頁）。

〔二〕「罪亦多」，正德本「亦」作「已」。

〔三〕「請憐」，正德本、四庫本「憐」作「鄰」。

安禮以宏詞見勉奉寄〔一〕

吏部文章世所珍，終慚「無補費精神」。浮名膚外增餘贅，薄宦戈頭寄此身。養志吾方同邴曼，談書誰復問山賓？自憐坐頃三遺矢，衰晚那能用楚人？

校記

〔一〕萬曆本卷四十一詩四七言律安禮以宏詞見勉奉寄僅此一首，另卷四十二詩五七言絶句有安禮以宏詞見勉因成絶句奉寄絶句一首。弘治本卷十六於「見勉」下有「因成二首」四字，但亦僅收此七律一首。正德本卷三於「見勉」下有「因成二篇奉寄」，其一七律，其二乃絶句。其二即上述萬曆本卷四十二絶句。本詩黄譜于「安禮」上有「蔡」字。

秋晚偶成二首〔一〕

其一

纖纖晚雨洗秋容，庭樹蕭然策策風。萬籟自鳴群物外，四時長在不言中。坐臨流水襟懷冷，卧對浮雲世慮空。寂寞一廛吾自適，客嘲從更議揚雄。

其二

風瓢淅瀝鬧諸鄰〔二〕，却掃衡門溷世塵。天氣清明秋意態，夜光浮動月精神。流年漸覺侵雙鬢，生理從來付大鈞。臨水便同濠、濮趣，翛然魚鳥自親人。

校記

〔一〕萬曆本此二詩原合併題作「秋晚偶成二首」，各詩僅另提行。今依全書體例以「其一」、「其二」分别標出。

〔二〕「風瓢」，正德本、四庫本「瓢」作「飄」。「淅瀝」，萬曆本「淅」作「浙」，誤。今據四庫本改。

席上别蔡安禮予方赴調，安禮赴博羅任

故里相看眼暫明，一樽聊此話平生。杜陵蚤被微官縛，元亮今爲世網攖。長路關山吾北去，春風梅嶺子南征。結鄰一作廬莫負當時約，早晚滄浪共濯纓。

次韵安禮見寄

末俗相看老尚新，交游千里更誰親？蕭條身世聊安分，迂闊行藏懶徇人。宦路競羞關柝吏，勞生誰息利名身？我慚抱甕無機械，幽興惟思水石濱。

冬寒，兩齒忽覺動摇，因成書懷

未年三十髮先雕，歲晚俄驚兩齒摇。都爲疎慵成計拙，直緣衰病覺形焦。連經宿雨重裘冷，旋煮藜羹野興饒。擺脱塵樊猶未得，不堪回首問漁樵。

書懷

騣騣塵土久方還，直道謀身力愈難。靖節每嗟嬰世網，曼郎何意出人間〔一〕。風驚駭浪潛鱗伏，竹隱灣磯翠羽閑。好去杖藜穿蠟屐，伴雲隨月弄潺湲。

校記

〔一〕「曼郎」，四庫本「曼」作「漫」。按，曼郎指西漢文學家東方朔，朔字曼倩，人稱曼郎。漫郎則指唐詩人元結。顔真卿元次山表墓碑銘序：「將家瀼濱，乃自稱浪士。及爲郎，時人以浪者漫爲官乎，遂見呼爲漫郎。」未知孰是，今從其舊。

汴上聞開月堤

天上行雲曳白衣，半銜晴日在林扉。盤花落雁驚還起，啄食飢烏趁不飛。榆莢青錢飄已盡，月堤流水漭相圍。征途處處塵隨眼，多病長年與世違。

陳留書事

烏檣風纜欲飛翾〔一〕，拍岸驚濤挽不前。曲浦漲沙仍積凍，疏林斜日自生烟。崎嶔道路真堪笑，放浪江湖已判年。一枕晝眠無好夢，空慚邊老腹便便〔二〕。

校記

〔一〕「烏檣」，繩祖本「烏」作「鳥」，誤。按，「烏檣」亦作「檣烏」（見卷四十泗上）。

〔二〕「邊老」，繩祖本作「邊讓」。誤。此「邊老」指「邊韶」，非「邊讓」。二人都是東漢陳留浚儀人。韶字孝光，才思敏捷，曾晝日假寐。弟子私嘲之曰：「邊孝先，腹便便。懶讀書，但欲眠。」（見後漢書卷八十上）邊讓字文禮，是文學家（見後漢書卷一百）。

予自長沙還，植蘭竹於東西軒。調官京師，逾年而歸，蘭竹皆衰悴，感而成詩己卯

柴桑衰晚愛吾廬，三徑歸來手自鋤。但得叔卿長飽飯，不妨孝若老談書。蘭因采佩枝先瘁，竹爲凌霜葉自疏。留骨廟堂寧曳尾，魯門無用祀爰居。

和李倅游武夷

濃淡烟鬟半雨一作雨半晴，溪光初借晚霞明。鰲頭湧出三峰秀，三層峰最爲秀拔。天漢融成一鑑清。魏王峰頂有天鑒池。枌社有誰藏舊牒〔一〕？賓雲無處問遺聲。幔亭寂寞仙何在？勾漏丹砂早晚成。

校記

〔一〕「舊牒」，萬曆本「牒」原作「諜」，誤。今據正德本、繩祖本改。

荆州書事二首〔一〕

其一

江湖泛泛一虚舟，去作人間浪漫游〔二〕。歲晚光陰雲冉冉，畏途風雨日浮浮。萬鍾信是樊中雉，一棹聊同水上鷗。投老虀鹽一作簿書成底事，憑誰爲種橘千頭？

其二

千里瀕江地可毛，結廬何必故山椒。載醪不過斜川路，飲水誰同陋巷瓢？勿問鷄蟲閑得失，但知鵬鷃各逍遥。黄塵滿眼僧窗静，坐對風花意已消。

校記

〔一〕萬曆本此二詩合併題作「荆州書事二首」，各詩僅另提行。今依全書體例以「其一」、「其二」分别標出。又，「浪漫游」，正德本作「漫浪游」。

天寧節

祥開若木射瑶光〔一〕，淑氣先春景自長。玉陛風閑飛綵綬，獸爐烟暖襲珠囊。千秋節賜綵綬珠囊，民間以此相饋遺〔二〕。雲門羽鶴儀仙仗〔三〕，天上蟠桃薦壽觴。已見晶輝環帝座，定應長照鼎宫傍。鼎宫傍一星，人主壽星也。

校記

〔一〕「若木」，萬曆本作「若水」。今聞本、繩祖本同。「若水」，水名，即今四川省的雅礱江。四庫本作「若木」，神話中謂長在日入處的一種樹木。從詩意看，當以「若木」爲是。今據改。

〔二〕「饋遺」，萬曆本「遺」原作「違」，誤。今據正德本、繩祖本改。

〔三〕「雲門」，正德本作「雲間」。

閑居書事

虚庭幽草翠相環，默坐頹然草色間。玩意詩書千古近，放懷天地一身閑。疏窗風度聊欹枕，永巷人稀獨掩關。誰信紅塵隨處凈，不論城郭與青山？

直舍大風，書事寄循道

枕書無寐首空搔，萬竅噓風正怒號。雪意浮空迷遠目，月林梳影見秋毫〔一〕。幽庭所藉惟荒草，妙理應須付濁醪。誰念維舟江上客，落帆千里壓雲濤。

校記

〔一〕「梳影」，四庫本「梳」作「疏」。按，作「疏」似可通，但從上句「浮空」看，當以「梳」爲是。「梳」與「浮」相對爲文。「梳影」與「浮空」都是動賓結構，如作「疏」，則是偏正結構，與「浮空」不相應，故作「疏」不可取。

和席季成游金鑾寺

朱甍碧瓦照孤城，杖屨翛然野色清。縠捲水風輕蕩漾，珠翻荷雨自虧盈。勝游已覺非人境，妙語寧須味玉英。願借金篦聊刮目，不容幻翳有纖萌。

送王充道游三茅廬阜

荆、吴相望各天涯[一]，千里柴車鹿自隨。解轡定應春盡日，及歸宜待鶴來時。三茅中峰每歲八月十七日群鶴至，充道當候見物乃可回。聖賢莫負樽中渌，日月長爲物外遲。若過匡廬訪真隱，卧龍庵下有期頤。卧龍庵有劉道人，人言百歲壽[二]。

校記

〔一〕「荆、吴」，正德本「吴」作「吾」，誤。萬曆本不誤。

〔二〕「人言百歲壽」，正德本「人言」作「年」。

春日有懷諸友

憑几無聊晝掩扉，芬芬晴氣減春衣。隔簾相應鶯初語，背日連飛雁北歸。莫逆交游千里別，遠來音信兩年稀。追尋舊事成幽夢，觸物心行事事非。

望湖樓晚眺

斜日侵簾上玉鈎，檐花飛動錦文浮。湖光寫出千峰秀，天影融成十里秋。翠鷁翻風窺淺水，片雲隨意入滄洲。留連更待東窗月，注目晴空獨倚樓。

次韵晁以道庚寅年出京

誰能載酒尋元亮，共寄一作把無何作醉鄉？便好收身事農圃，不須驚世露文章。壺中日月春長在，塞上烟塵客自忙。千里同風無遠近，未分秦隴與瀟湘。

和錢濟明游官園常州

虚舟觸物本無意，看花得句慚非才。名園古寺尋春色，不暈勿鄙雙魚鰓。是日與濟明遍游諸平諸院〔一〕，觀雙魚花，抵暮至官園。木奴千頭比封户，秋實付與江風催〔二〕。因思萬點愁人處，何似洞庭金作堆。蘇子美詩：「洞庭柑熟客分金。」

校記

〔一〕「諸平」，各本同。正德本作「太平」。

〔二〕「催」，繩祖本作「摧」。

過吴江

天水相涵翠有餘，玻璃萬頃接方壺。山浮晚照清如洗，風遠飛帆細欲無。漫叟未應甘皂櫪，散人終欲傲江湖。維舟况值鱸魚美，魴疊銀絲飫腹腴。

南歸書事

浪漫人間壓客塵，衡門長憶銷榆枌？忘言擬盡輪人妙，陳迹慵尋史籀文。萬里功名心獨冷，一廛耕鑿力能勤。舊游欲問南歸趣，寂寞吾今過子雲。

寸碧軒

隱隱遥山列畫屏，檐間寸碧與雲平。低回席上遺簪露，彷佛墻東翠黛横。虚景遠涵千里色，晚暉仍借一溪清。春風景物知多少，可稱收身樂此生。

冬早書事

窈冥誰爲宰爐鎚〔一〕，榮謝唯知歲序催。臘日未經梅已綻，春風尚遠凍先開。愁無潤澤歸芳樹，獨有餘寒着死荄。收盡浮雲天愈浄，夜深猶起望三台。

校記

〔一〕「爐鎚」，四庫本「鎚」作「錘」。「錘」、「鎚」異體字。

齒落書懷

身上蕭條事事空，齒牙凋落勝衰翁。渴心尚欠冰淩解，病骨長思藥力攻。文几倦親塵土暗，斷編慵理蠹魚封。南床穩卧陶公宅，枕上悠揚一榻風。

晚泊圍頭〔一〕

水光天影湛清淵，澤岸沙汀斷復聯。江借晚風翻白浪，山銜斜日隔青烟。喧林鳥散穿雲去，架網人閑枕柁眠。獨倚篷窗静無語，微吟擁鼻不成篇。

校記

〔一〕本詩萬曆本未收。今據正德本卷一補入。

楊時集卷四十二

詩五　七言絶句

書　懷少作

敝裘千里北風寒，還憶簞瓢陋巷安。位重金多非所慕，直緣三釜慰親歡。

端午日少作

悠悠南北各天涯，欲望鄉關眼已花。憶得親庭誰共語，應憐游子未還家。

渚宫觀梅寄康侯〔一〕

欲驅殘臘變春風〔二〕，只有寒梅作選鋒。莫把疏英輕鬥雪，好藏清艷明月中。

校　記

〔一〕「渚宫」，繩祖本「渚」作「諸」，誤。「渚宫」在湖北江陵縣城内。

〔二〕「殘臘」，萬曆本「臘」原作「臈」，正德本、四庫本作「臘」。「臘」、「臈」異體字。今改用通行的「臘」字。

勉謝自明

少年力學志須彊，得失由來一夢長。試問邯鄲欹枕客，人間幾度熟黄粱？〔一〕

校　記

〔一〕「黄粱」，萬曆本「粱」原作「梁」，誤。今據正德本、四庫本改。

臘月見桃花

脂臉輕匀作艷妝，未應潔白似梅香。夭紅不見凌霜操，謾向春前取次芳。

過蘭溪三首〔一〕

其一

紛紛朝市競秋毫，江上霜風正怒號。不問揚瀾與彭浪，翩然東下日千艘。

其二

百年生計一輕舠，照水初驚見二毛。但道澄江静如練，那知風雨作波濤。

其三

風帆斜颭漾清漪，驚起沙鷗掠水飛。寄語從今莫相訝，我心隨處自忘機。

校記

〔一〕萬曆本過蘭漢僅一首，正德本卷一有過蘭溪三首。今據正德本補録後二首，並將三首詩以「其一」、「其二」、「其三」分别標出。

夜雨

似聞疏雨打篷聲，枕上悠揚夢半醒。明日覺來渾不記，隔船相語過前汀。

重經烏石鋪〔一〕

夾屋青松翠藹中〔二〕，去年經此亦匆匆。重來烏石岡頭路，依舊松聲帶曉風〔三〕。

校記

〔一〕烏石鋪，在將樂縣水南烏石山下，金溪河邊。

〔二〕「翠藹」，四庫本「藹」作「靄」。「靄」、「藹」通用字。

〔三〕「曉風」，嘉靖延平府志卷二藝文志引作「晚風」。

江上

寒雲冪冪結秋陰〔一〕，月淡霜娥冷不禁。更祝江波休蕩漾，莫令清影碎浮金。

校　記

〔一〕「冪冪」，四庫本作「冪冪」。

淮上獨酌

廉纖晚雨洗輕塵，天淡雲浮夜色新。賴有麯生風味好，不須邀月作三人。

吴國華暗香亭〔一〕

謾愁青女妒新妝〔二〕，已有風傳處處香。試問隱鱗溪上客〔三〕，欲將春色若爲藏？

校　記

〔一〕正德本無「吴國華」三字。按，此詩至以下藏春峽四首，原是本書卷三十八藏春峽六咏中的四咏，可參看藏春峽六咏詩序中的小字注。

〔二〕「青女」，嘉靖延平府志作「秦女」。「新妝」，正德本作「新裝」。

〔三〕「隱鱗」，嘉靖延平府志、四庫本作「隱淪」，誤。按，「隱鱗」指吴國華故居的隱鱗洞。見卷三十八藏春峽老圃亭詩的小字注。

虚心亭

山横鰲背碧巑岏〔一〕，亭對浮�縹緲間。拾遺記：「蓬萊山有浮筠之榦，葉青莖紫〔二〕。」蕭散誰爲三徑侣〔三〕，祗應長共白雲閑。

校記

〔一〕「鰲背」，嘉靖延平府志引作「鰲脊」。

〔二〕「葉青莖紫」，萬曆本「莖」下無「紫」字。今據四庫本補。

〔三〕「蕭散誰爲」，嘉靖延平府志引作「蕭鼓爲誰」。

容照巖

清時投迹在嶔崟，一穴晴光破晚陰〔一〕。刺草未容忘魏闕〔二〕，故應長有子牟心。

校記

〔一〕「晴光」，嘉靖延平府志引作「清光」。

〔二〕「剌草」，萬曆本「剌」作「刺」，誤。四庫本作「剌」，是。按，「剌」，鏟除。荀子富國：「剌中(草)殖穀」古代平民對君主自稱「剌草臣」。儀禮士相見禮：「凡自稱於君，……庶人則曰剌草之臣。」注：「剌猶剗除也。」今據四庫本改。

藏春峽

山銜幽徑碧如環，一壑風烟自往還，不似武陵流出水，殘紅那得到人間？

綠陰亭上吴先生家

沙邊幽鳥傍清漪，瀧下漁船逆浪歸。身在輞川圖畫裏，晴空惟欠雪花飛。

病中作

通衢隔轍斷經過，門巷空無雀可羅。驅去兒童卧虚室，蕭然唯一病維摩。

春波亭上

城頭飛蓋映朝暉，向晚游人興未移。安得魯陽酣戰手，爲留羲馭更遲遲。

安禮以宏詞見勉，因成絶句奉寄〔一〕

萬鍾身外一牛毛，斗禄紛紛漫自勞〔二〕。窮涸寧爲獱獺笑，未容仰首試鳴號。

校記

〔一〕參見本書卷四十一安禮以宏詞見勉奉寄之校記〔一〕。另，弘治本卷十六有安禮以宏詞見勉，因成二篇奉寄，實際該卷只收「吏部文章世所珍」七律一篇，另一篇未見，當即本篇。正德本卷三安禮以宏詞見勉，因成二篇奉寄，其二絶句即本篇，文字與萬曆本悉同。

〔二〕「漫」，正德本作「謾」。

感事〔一〕

桑麻腴地想榛荆，騎士西來劍戟腥。藜藿陋儒心更鄙，但思干羽舞虞廷。

校記

〔一〕弘治本卷十六第十八篇有感事三首，其中第三首即本篇。按，萬曆本卷四十第五篇有感事一首，第十八篇又有感事二首，共亦三首，其中卷四十第五篇感事一首爲弘治本所無。可參看。

藍田溪上

夾籬桃李趁溪斜，淺淺清流映落花。欲問武陵源上路，度雲穿石認胡麻。

白公草堂

爐峰裊裊曉烟輕，雲入屏幃一枕清。高興自應無世累，獨於妾馬未忘情。

久旱

農郊阡陌起黄塵，望斷天涯絶點雲。疏懶無情訟風伯，幽窗時讀退之文。

過七里瀨二首〔一〕

其一

拂雲高雁倚風摶，下視平湖萬里寬。搔首扁舟又東去，錢塘江上看波瀾。

其二

扁舟東下幾時還，一席飛帆插羽翰。回首嚴陵臺上月，清風千古逼人寒。

校記

〔一〕萬曆本此二詩原題作「過七里瀨」，各詩僅另提行。今依全書體例將二詩合併題作「過七里瀨二首」，並以「其一」、「其二」分別標出。

勉懷

紛紛於我未忘情，疏懶多應舍怨憎。便好世間師柳惠，不須巖下問孫登。

梭山候潮 十一日潮起信，是日潮小不到〔一〕

向晚牛羊沙岸歸，落帆烟浦候潮時。誰言江上須忠信？潮到於今自失期〔二〕。

校記

〔一〕梭山在江西金谿縣北三十里。

〔二〕「潮到」，正德本「到」作「信」，涉上文「信」字而致誤。

徐郎廟

古廟靈場枕碧巔，松楸依約鎖風烟。羽毛一去無消息，墮落人間幾百年。

送陳幾叟南歸三首丙戌年〔一〕

其一

連墻東郭倦追尋，高卧毗耶老病侵。自愧屠龍真拙技，謾令吾子費千金。

其二

霾風霪雨濕征裾，隔雨樓臺半有無。南去定逢韓閣老，歸愚當見問夷塗〔二〕。是時幾叟過四明見了翁。

其三

幾年夢想到親闈，身逐行雲萬里飛。苕水未殊沂上樂，春風無負舞雩歸。初授餘杭。

校記

〔一〕萬曆本此三詩原題「送陳幾叟南歸」，題下小字注「三首丙戌年」。今依全書體例將小字注「三首」二字併入正題，即「送陳幾叟南歸三首」，餘不變。各詩原僅另提行，今以「其一」、「其二」、「其三」分別標出。又，弘治本題下無「三首丙戌年」五字。正德本無「三首」二字。

〔二〕「歸愚」，各本同。請參看本卷和陳瑩中了齋自警六絶校記〔三〕。

和陳瑩中了齋自警六絶〔一〕

其一

畫前有易方知易，曆上求玄恐未玄。白首紛如成底事，蠹魚徒自老青編。

其二

八荒同宇混車書，一視那知更有渠？憑軾自應由砥道〔二〕，徑蹊無處問歸愚〔三〕。

其三

行藏須信「執中」難，時措應容道屢遷。一日全牛無肯綮，騞然投刃用方安〔四〕。

其四

造次欲安嗟孰是，參前無物若爲書。蕭條此意人誰問，興廢由來命也歟？

其五

聖門事業學須彊，俚耳從來笑折楊〔五〕。詭遇得禽非我事，但知無有是吾鄉。

其六

盈科日進幾時休，到海方能止衆流。只恐達多狂未歇，坐馳還愛鏡中頭。

附　了翁自警六絶〔六〕

其一

本無一字堯夫易，八十一篇揚子玄。今古是非那復辨，仲尼尤不廢韋編〔七〕。

其二

文章難寫伏羲書，字外成篇始見渠。賜也能分可不可，一瓢居士只如愚。

其三

過時不易始爲難，執處那知是變遷。度盡千山無鳥迹，不勞傳語報平安。

其四

手在何憂弓力彊，巧窮那得必穿楊？太和有味人人飲，誰識醒時是醉鄉？

其五

仲由行行終身誦，師也堂堂帶上書。五柳却能知此意，無弦琴上賦歸歟。

其六

只説爲山不説休，山成日夜水横流。惜哉覆簣成迷復，只欠當初一掉頭〔八〕。

校記

〔一〕萬曆本此六詩及所附陳瓘原唱六首僅各詩另提行，今依全書體例分别以「其一」至「其六」標出。又，正德本題下注有「瑩中詩附」四個小字。按，本詩四、五二絶，與原唱次序互易。瑩中、了齋是陳瓘的字和號。

〔二〕「憑軾」，各本「軾」作「拭」，誤。今依文意改作「軾」。

〔三〕「歸愚」，萬曆本原作「歸歟」。今聞本、繩祖本、四庫本同。但與原唱韵字不合。正德本作「歸愚」，其下小注：「愚，一作『歟』。」可知「愚」誤作「歟」，由來已久。了翁自警其二韵字原作「愚」，且此處如作「歸歟」，又與原唱其五韵字重出，可見此處作「歸愚」是。本卷送陳幾叟南歸三首其二即有「歸愚當見問夷塗」的用例。今據改。按，「歸愚」原是宋人所取書齋名。鄒浩道鄉集卷二十五歸愚庵記云：「河南王琳彦爲泰州判官之明年，即其治舍之左，桃李交植之址，規以爲庵而燕居焉。贛州先生陽孝本行先名之曰『歸愚』。彦珩屬余爲記。余聞愚不及者情也，其於聞見一切懵如也。……方且欺愚以自售，驚愚以自異，環視而笑愚者之不善爲謀也，肯自歸於愚乎？……」

〔四〕「騞然」，萬曆本「騞」原作「駐」，形近之誤。正德本、四庫本作「騞」，與莊子養生主「奏刀騞然」合。今據改。

〔五〕折楊，古俗曲名。莊子天地：「大聲不入於里耳，折楊皇荂則嗑然而笑。」

〔六〕「了翁自警」之下，正德本有小字注「高翁」二字，爲他本所無。

〔七〕「尤不廢」，正德本、繩祖本「尤」作「猶」。

〔八〕「一掉頭」，萬曆本「掉」原作「棹」，誤。今據弘治本、正德本、四庫本改。

閑居書事

輕風拂拂撼孤檉，庭户蕭然一室清。隔葉蟬鳴微欲斷，又聞餘韵續殘聲。

送席二伊川婿〔一〕

摳衣丈席想多聞，高節應能與俗分。不用卑飛入幽谷，定知喬木在青雲。

校記

〔一〕「伊川婿」，萬曆原係大字，與「送席二」連書，誤。今改作小字注。

寄游定夫二首〔一〕在潁昌從明道先生〔二〕

其一

絳帷燕侍每從容，一聽微言萬慮空。却愧猶懸三釜樂，未能終此挹清風。

其二

蕭條清潁一茅廬，魂夢長懷與子俱。五里橋西楊柳路，可能鞭馬復來無？

校記

〔一〕萬曆本此二詩原題作「寄游定夫」，各詩僅另提行。今依文意將二詩合併題作「寄游定夫二首」，並以「其一」、「其二」分別標出。

〔二〕「潁昌」，萬曆本作「穎昌」，誤。今據四庫本改。下「清潁」同。潁昌即今河南許昌。

含雲寺書事六絶句〔一〕

其一

獸駭禽鳴翳蔚中，難將此意問鴻蒙。縈回小徑蒼苔滑，杖屨從今恐不通。

其二

北山山下一漁翁，形解心凝骨已融。支枕睡餘人寂寂，一軒明月滿窗風。

其三

山前咫尺市朝賒，垣屋蕭條似隱家。過客不須携鼓吹，野塘終日有鳴蛙。

其四

夾屋青松長數圍，午風摇影舞僛僛。幽禽葉底鳴相應〔二〕，時引一作「曳」殘聲過別枝。

其五

竹間幽徑草成圍，藜杖穿雲翠滿衣。石上坐忘驚覺晚，山前明月伴人歸。

其六

蝶夢輕揚一室空，夢回誰識此身同？窗前月冷松陰碎，一枕溪聲半夜風。

校記

〔一〕萬曆本此六詩原僅各詩另提行，今依全書體例以「其一」至「其六」分別標出。

〔二〕「葉底」，正德本「葉」作「巢」。

荷花

照眼紅雲門晚霞，重重青蓋半傾斜〔一〕。會須直跨三千仞〔二〕，移取峰頭十丈花。

校記

〔一〕「重重」，正德本作「童童」，誤。

〔二〕「三千仞」，正德本「三」作「二」，誤。按，「三千仞」極言其高。「三」用來表示誇張。

宜春溪上

斜斜疏柳照清漪，藉藉殘紅自滿蹊。刺眼藤梢牽不斷〔一〕，欲尋流水路還迷。

校記

〔一〕「刺眼」，萬曆本「刺」原作「剌」，誤。今據正德本改。

宜春道上

艷杏夭桃日日稀，空餘淑氣尚遲遲。誰人爲作留春計，莫放風花自在飛。

過豐城

清江渺渺緑浮天，博物無人繼昔賢。應有斗間靈氣在，誰能更與斸龍泉？

瀏陽五咏〔一〕

渭　水

洄淵浩蕩白鷗飛，老懶時來坐釣磯。岸幘行人聊自適，不應憔悴似湘纍。

歸鴻閣

簾卷晴空獨倚欄，冥鴻點點有無間。秋風注目無人會，時與白雲相對閑。

相忘。

飛鷃亭

芙蓉凋盡蕙蘭芳〔二〕，杖屨翛然一曼郎〔三〕。鳧鶴短長寧復一作「無足」問，但知鵬鷃兩相忘。

相公臺

柔條疏蔓緑交加，烟鎖雲涵去路賒。綉紱貂纓無處問，空餘鷄犬兩三家。

洞陽孫思邈修真所

聖童去後水雲閑，陳迹難尋草木間〔四〕。獨有微言傳野史〔五〕，洞天寂寂一作「從此」在人寰。

校記

〔一〕萬曆本各篇小標題原在各詩之末，今依全書體例改。

〔二〕「凋盡」，正德本「凋」作「雕」。「雕」、「凋」通用字。

〔三〕「曼郎」，正德本、四庫本作「漫郎」。

〔四〕「草木間」，正德本「木」作「莽」。

〔五〕「野史」，四庫本作「逸史」。

縣齋書事三首〔一〕

其一

簿書投老豈身謀，朱墨紛紛晚即休。平世功名歸稷、禹，一瓢吾欲慕巢、由。

其二

一去人間二十年，空餘飛雪上華顛〔二〕。清時最有求田樂，未愧陳登榻上眠。

其三

身名於我兩悠悠，形影相忘懶贈酬。擬把一竿滄海去，漫然清世一虚舟〔三〕。一作「不應沙上有驚鷗」。

校記

〔一〕萬曆本此三詩原題「縣齋書事」，各詩僅另提行。今依全書體例將三詩合併題作「縣齋書事三首」，並以「其一」、「其二」、「其三」分别標出。又，本書卷四十一第十五篇收有同題七絶一首。正德本情況參見該詩校記〔一〕。

〔二〕「華顛」，繩祖本「顛」作「巔」，誤。此「顛」指頭頂。

〔三〕「漫然」，四庫本作「飄然」。

醴陵丁君洋洋亭

依蒲泳藻兩相忘，宛有江湖氣味長。憑檻翛然真得計，祗應幽興在濠梁。

安西聞捷三首〔一〕吕吉甫持節

其一

鷹揚塞外得非熊，萬里金城一箭通。玉帳投壺隨燕豆〔二〕，坐看飛將縛驍戎。

其二

將軍新擁節旄閑，紫塞雲浮豹尾班〔三〕。白首邊城休悵望，馬蹄未出玉門關。

其三

雅歌不待來天馬，謝質今應閉玉門。早勒勳名上彝鼎，放回春色滿乾坤。

校記

〔一〕萬曆本此三詩原題「安西聞捷」，題下小字注「三首吕吉甫持節」。今依全書體例將小字注「三首」二字併入正題，即「安西聞捷三首」，餘不變。各詩原僅另提行，今以「其一」、「其二」、「其三」分别標出。

〔二〕「玉帳」，萬曆本「帳」原作「悵」，誤。令聞本、繩祖本亦誤。今據正德本、四庫本改。

〔三〕「豹尾班」，正德本「班」作「斑」。「斑」、「班」通用字。

出尉氏

隔林殘雪弄輕風，日射晴光玉縷紅。桃杏渾如梅欲綻，直疑身在故園中。

感　事

權門車馬日紛紛，寂寞多應笑子雲。玄白定知非世尚，解嘲那復彊云云？

過廬山遇雨

江風吹雨逐人來，行過山前首重回。絶頂隔雲看不見，石稜崖角獨崔嵬。

題詩長老壁

維摩病士意超然，邊腹便便但晝眠。共説平時忙底事，烹茶煮藥過殘年。

東林道上閑步三首〔一〕

其一

寂寞蓮塘七百秋，溪雲庭月兩悠悠。我來欲問林間道〔二〕，萬疊松聲自唱酬。

其二

百年陳迹水溶溶，尚憶高人寄此中。晉代衣冠誰復在？虎溪長有白蓮風。

其三

碧眼龐眉老比丘，雲根高卧語難酬。蕭然丈室無人問，一炷爐峰頂上浮。

校記

〔一〕萬曆本各詩原僅另提行，今依全書體例以「其一」、「其二」、「其三」分别標出。又，正德本題爲過東林三首，另有東林道上閑步二首，爲各本所無。見後。

〔二〕「林間道」，正德本「道」作「趣」。

江上夜行赴荆南道

冰壺瀲灩接天浮〔一〕，月色雲光寸寸秋。古别離云：「碧瀾之下，寸寸秋色。」不用乘槎厲東海，一江星漢擁行舟。

校記

〔一〕「瀲灩」，萬曆本「瀲」原作「斂」，誤。今據正德本、四庫本改。

過石首，謁縣官回有作壬午十二月

萬事紛紛醉即休，無功可作酒泉侯。誰能載取千缸去，且向舟中打拍浮。

直舍書事

鱗鱗池面水初生，萍底青蛙自在鳴。誰使幽庭當鼓吹，雨餘時聽作新聲。

登峴首阻雨四首[一]時自荊南入京

其一

羊公風績幾經秋[二]，獨遶龜趺爲少留。欲問荊人尋舊事，一江清泚自東流。

其二

江浮雲影抱層欄，雲外青山一水間。盡日倚闌看不足，杖藜欲去更回還。

其三

江風飛雨上雕欄，庭樹蕭蕭景自閑。向晚微雲遮不盡，好山渾在有無間。

其四

庭前古木已經秋，天外行雲暝不收。倚杖却尋山下路，一川風雨濕征輈。

校記

〔一〕萬曆本此四詩原題作「登峴首阻雨」，且各詩僅另提行。今依全書體例，將四詩合併題作「登峴首阻雨四首」，並以「其一」至「其四」分别標出。

〔二〕「風績」，繩祖本作「功績」。

春早

雲天冪冪漏微光，疏懶惟添睡思長。枕上隔籬聞鳥語，半殘春夢更悠揚。

出郊

雲根修蔓緑成陰，風雨園林懶重尋。春自去來人不問，碧桃朱李付幽禽。

春日五首〔一〕

其一

春深不見鶗鴂聲，百舌時聞自在鳴。獨步移床卧深屋，細看新燕巧經營。

其二

薔薇正好結花棚，擬爲幽軒作錦屏。窮巷寂寥人不到，空藏春色鎖深扃。

其三

一番微雨一番情，淡淡一作「妝點」春容照眼明。庭外幽花自開落，飛揚無處覓殘英。一作「可憐蜂蝶謾多情」。

其四

晴明百鳥囀新聲，摧啄幽花折粉英。冷坐隔簾呼不起，惜春無計若爲情。一作「與忘情」。

其五

雨餘殘日照窗明，風弄一作「收拾」行雲點點輕。坐對庭陰一作「獨倚春風」人闃寂，時聞蛛網掛蟲聲。

校記

〔一〕萬曆本五詩僅各詩另提行。今依全書體例，以「其一」至「其五」分別標出。

春晚二首〔一〕

其一

雲靄浮空一作「雲淡烟輕」半雨晴，茅檐未忍掃殘英。欲尋春物飄零盡，只有黄鸝一兩聲。

其二

浮花浪蕊自紛紛，點綴莓苔作綉茵〔二〕。獨有猗蘭香不歇〔三〕，可紉幽佩繫餘春。

校記

〔一〕「春晚」，萬曆本原作「春曉」。繩祖本同。正德本作「春晚」。從詩的内容看，寫的是晚春景色，故以「春晚」爲是。今據改。又，萬曆本詩題原無「二首」二字，且各詩僅另提行。今依全書體例補「二首」兩字，並以「其一」、「其二」分别標出。

〔二〕「莓苔」，繩祖本作「梅苔」。

〔三〕「不歇」，正德本「不」作「未」。

病中作四首〔一〕南京〔二〕

其一

此身如幻病何傷，白日無人景自長。寄傲南窗容膝地，時時飛夢一作「清夢」到羲皇。

其二

過檐赫日晝如燔，睡轉庭陰始一反。縱有諸人來問疾，毘耶居士已忘言〔三〕。

其三

寄形一榻日蘧然，倚杖支頤髻指天。莫道過門無子祀〔四〕，時來鑑井自跰𨇤。

其四

古椿朝菌已忘年，貧病寧須更問天？石彈不妨隨物化，自求鴞炙自應便。

校記

〔一〕萬曆本此四詩原合併題作「病中作」，各詩僅另提行。今依全書體例改題作「病中作四首」，並以「其一」至「其四」分別標出。

〔二〕南京，今河南商丘。

〔三〕「毘耶居士」，萬曆本「毘耶」作「昆耶」，誤。正德本、四庫本、繩祖本作「毘耶」，是。今據改。

〔四〕「莫道」，各本作「莫逆」，義不可通。光緒本作「莫道」，是。今據改。

病起

竹風帶雨作秋聲，半睡惟聞鳥雀争。老病衰殘惟骨立，白頭看鏡不須驚。

題陳宣事烟波泛宅

忘懷纓紱寄浮居，來泛烟波擬釣徒。我欲他時清洛上，爲君正櫓作艑艄。

偶成二首〔一〕

其一

緑鬢潛驚老境催，更憐衰晚困低回。但知周道平如砥，莫問瞿唐灔澦堆。

其二

悠揚春夢成幽興，冷落溪光醒酒魂〔二〕。天闊雲浮遮不盡，浪平風過杳無痕。右溪上

校記

〔一〕萬曆本詩題原無「二首」字樣，且各詩僅另提行。今依全書體例補「二首」兩字，並以「其一」、「其二」分別標出。

〔二〕「醒酒魂」，四庫本可能因所據令聞本原版殘缺而補作「照酒卮」，但「卮」與「痕」不協韵，故又將第二聯對句的「杳無痕」改作或補作「舞漣漪」，使「卮」字與「漪」字相協韵，從而成爲一首完整而失真的七絶。

登桐君山〔一〕

翠崖千尺峙雲高，樓殿翬飛壓巨濤〔二〕。檻外回峰自連著，一作「潮去潮來山愈静」。祇應潭下有靈鼇〔三〕。

校記

〔一〕本詩萬曆本失收。今據正德本卷一補入。正德本原題登桐君祠堂，與卷四十一七律登桐君祠堂詩題重出，而宋董弅嚴陵集卷六所收本詩稱登桐君山，今從。

〔二〕「翬飛」，正德本「翬」原作「翠」，形近之誤，且平仄亦不合。今據全宋詩卷一一四八所引嚴陵集卷六所收本詩文字改。

〔三〕「應」，嚴陵集作「因」。「靈鼇」，正德本「鼇」原作「鰲」。今據嚴陵集改作「鼇」。「鼇」、「鰲」異體字。

東林道上閑步二首〔一〕

其一

籃輿塵土滿簪纓，步入深雲澗谷清。漱石枕流非我事，謾臨溪側聽泉聲。

其二

懸崖絶磴碧巑岏，杖屨行尋一水間，藉草弄流塵土遠，似聞車馬隔人寰。

校記

〔一〕本詩萬曆本失收。今據正德本卷三補入。

附録一　楊時著作序跋

一、宋本

文靖龜山楊先生文集序　〔宋〕丁應奎

龜山楊文靖與游、謝諸公並學程門，師友淵源，道也，非文也。伊川與門人小簡嘗云：「每勸楊某勿好著書，好著書則多言，多言則害術。」嗚呼！載之空言，不如見之行事，非千古聖賢心法乎？道學之中否，邪説暴行有作，至於不可扶持，然後收名諸老以鎮壓人望。小人之術巧矣，而未知爲君子謀也。

龜山晚而遭遇，致位通顯，所條時事，鑿鑿皆可用，語而卞經術之誤，明謗史之誣，則後世舉不厭易也。嗚呼！使其言獲盡用，則猶可救半，決不至爲無窮之遺憾矣。瀏，其過化之邑，公嘗以催科不偶於當路。邑且然，而況事有大於邑者哉？士君子得時，行道之爲難，何其不然。邑故有公祠，「好是懿德，民之秉彝」者然也。

朱君主學事，既新其祠，復録其文，簿正徐君攝邑，而佐其費。高山景行，皆好仁之心，賢矣哉！君子不用於一時，未嘗不重於後世。天之未喪斯文也，君子可以自信矣。

咸淳己巳二月既望，後學淥江丁應奎書〔一〕。

（見明弘治十五年李熙刻本龜山先生集十六卷卷首，北京圖書館藏）

校記

〔一〕「丁應奎」，各本「應」作「應」，字書無此字。疑是「應」字之誤。今改。

龜山年譜序

〔宋〕黄去疾

龜山先生之書，其文集、經説、論語解、語録已刊於延平郡齋，中庸義已刊於臨汀，獨年譜闆中尚缺。去疾試令先生闕里，亦既建精廬，聚簡册，與學子誦習其間〔一〕，念此書不可無傳，訪故家，得寫本。因訂正其紀年，增補其書文，又取梁溪李丞相諸公祭文、謚議及水心、東澗所作舊宅記而附入之，於是年譜遂爲全書。而先生之嘉言善行，開卷可得其大概矣。然則此書之有功於世教，豈但以記歲月、誌出處、備本末而已哉！

咸淳庚午清明節，昭武黄去疾謹書。

（見明正德十二年沈暉刻本重刊本龜山先生文靖楊公全集第六册，上海復旦大學圖書館藏）

校　記

〔一〕「其間」，正德重刊本「間」原作「门」。今據乾隆三十年修、同治十二年重刊影印本延平府志卷四十藝文所收本文改。

二、弘治本

龜山先生集序　〔明〕程敏政

龜山先生文集三十五卷，不傳於世久矣。館閣有本，闕請閲之。力不足以盡鈔也，鈔其有得於心者，重加匯次，爲十六卷如右，藏於家。

嗚呼！先生之文，豈後學所敢詮擇哉？如群飲於河，各充其量而已。

弘治八年歲次辛丑秋八月二十有二日〔一〕，新安後學程敏政謹識。

（見明弘治十五年李熙刊本龜山先生集十六卷卷首，上海圖書館藏）

校記

〔一〕「辛丑」，弘治八年歲干支爲「乙卯」，作「辛丑」，誤。按，「辛丑」或爲「辛酉」之誤，則「八年」乃爲十四年之誤。

龜山先生集序

〔明〕李　熙

程篁墩學士手録宋儒龜山楊文靖公所著詩文並雜著，凡若干，釐爲一十六卷。篁墩取其所得者録之，而其全集非盡於此也。京師士夫家，間有抄本以傳。

考之龜山，在宋靖康間，晚年被召，致位通顯。其所論諫，一本於道，匡時補弊之策，的然可行。說者謂「能用其言也，須救一半」，特其言不用，而使事功不見於當時。惜哉！

雖然，龜山之道，子程子之道也。程子之道，堯、舜、湯、文、武、周公、孔子、孟軻氏之所傳者。龜山上承伊洛，下倡南閩，一傳而得豫章，再傳而得延平。逮夫考亭朱子，極大盡精，折衷諸家之緒論，而集群儒之大成，俾數千載之道晦而復明者。龜山行道之功不可見，而傳道之功，固不偉哉！

將樂舊有先生書院，在龜山下。熙來尹於兹，獲謁瞻遺像。頃因詣京，嘗疏請欲崇鄉祀，録恤其後。事下未行，因過翰林靳先生，坐間，乃以是編授熙閲之，爰假以歸。

於戲！自龜山没至今五百有餘年，其書之行於世者，語録、年譜之外無傳焉。表勵風教，俾君子之澤，不斬於後世者，正有司事也。矧是編所載，辯異端，闢邪説，崇正道，淑人心，皆龜山精神心術之藴。學之正而道之存乎是，尤所宜傳也。

熙與縣簿金君瓚各捐俸刻梓者三之一，司訓朱君槼出齋夫錢刻十片，庠生熊威、揭豐各刻十有五片，義民李富、李坦、翁璟聞而樂成之，富板四十，坦與璟各三十有五云。

弘治壬戌歲春二月丁巳日，賜進士第、延平府將樂知縣、江東後學李熙謹書。

（見明弘治十五年李熙刻本龜山先生集十六卷本卷末，上海圖書館藏）

龜山先生集跋

〔清〕董增儒

其一

此楊龜山先生集十六卷本，丙寅夏五月，得於滬肆，藏弆篋中，未之讀過。按程跋，謂三十五卷不傳於世，而郘亭目録載有宋刊三十五卷，則此十六卷據程説鈔自館閣，故篇中「匡」字悉易作「正」，「恒」字悉易作「常」，想文淵所貯猶是宋槧，惜其力不盡鈔，僅得於數百年後讀其不全本耳。戊辰冬來并，坐俞大高山流水吟齋，終日無事，取出粗爲點讀一過，籍破岑寂。其十六卷中詩篇已破碎不全，故未讀竟。

己巳新正初二午後，蒓翁漫誌。

其二

考莫郘亭知見傳本書目，龜山集各刻編次不同。宋刊本三十五卷，弘治壬戌李熙刊本十六卷，常州東林書院刊本三十六卷，宜興刊本三十五卷，萬曆辛卯林熙春刻本四十二卷。

洎有清之葉，輾轉重刊，如順治庚寅、康熙丁亥，皆有刊刻。而今世所傳，則四十二卷者。

余於戊辰臘初在金陵國學圖館見丁氏所藏宜興本，以詩篇列於卷首，其行款雖考過，惜今不復記憶，而猶想見其字體、氣味遠在此本之上，所收詩文亦視此本爲多。匆匆一覽，未能記其所遺篇什，其宋諱是否避缺，更未計及。他日南旋，當破費數日功夫，詳爲考竟，以免騖虛之咎。書此自勵。

此本爲十六卷，而無牌子，不知是否李熙刊本。就板迹審之，實爲修配，蓋有有直綫、無直綫之别。就程跋論之，頗有疑竇。蓋弘治確無辛丑之年。考弘治爲明孝宗，在位十八年，始於戊申，終於乙丑。謂爲信跋則不應舛謬[一]，若此謂爲贋跋，亦何至疏忽如斯。如謂非弘治之時，又不顯有剜補痕迹，殊令淺陋之余墜五里霧中而不覺矣。

己巳新正初三，復展此本，又記於俞氏高山流水吟齋。伯蒓董增儒。

其　三

是書舊有藏印五，初不知爲何人，後檢有清進士題名録，知楊名泰亨，浙之慈谿人，同治乙丑科三甲第二名進士，授職檢討。是科狀元爲旗人崇綺。余伯父策三公亦忝二甲，後以散館改授農部。而三甲一名爲桐城吴摯父先生，數十年來，學者尊爲泰山北斗也。

今日閲會稽李蒓客白樺絳樹閣詩，有嶺嶠望雲圖，爲楊理庵檢討泰亨題，在癸編第二頁，注「壬申作」，又同編十九頁有送楊理庵檢討重典試湖南，注「癸酉作」。據李蒓客詩中自注云「君之諸子就試浙江，君將以試事畢回籍省親」，觀之，則理庵固篤親之君子，宜其服膺是書弗失也。

己巳四月二十又二日，蒓再記。

其　四

己巳六月，由并返里，繞道舊都，閑游廠肆。過翰文齋，韓估出舊籍相示，中有此集，亦十六卷本，有璜川吴氏圖記。翻閲一過，書品較此稍小，而完整無闕，爰倩韓估覓人抄補。藏弆數年，搜訪殆倦，一旦無意得補其失，破書之不可輕棄者即此是已。歸裝啓篋，檢置架上。因再記之。增儒。時七月廿七日，天氣凉爽，視昨日揮汗有間。蒓翁董增儒書。

（以上四篇俱見明弘治十五年李熙刊本龜山先生集十六卷卷末，上海圖書館藏）

校　記

〔一〕「不應」，「應」字原無，疑脱，今據文義補。

龜山楊文靖公集三十五卷明宏治宜興刊本　〔清〕丁　丙

宋楊時撰。時字中立，將樂人。熙寧九年進士。歷知瀏陽、餘杭、蕭山三縣，召爲秘書郎。欽宗朝，兼國子祭酒。高宗朝，除工部侍郎，兼侍讀。以龍圖閣直學士提舉洞霄宫。卒謚文靖。宋史入道學傳。時及從明道，没在建炎四年，年八十有七，程門中最爲壽考。

此書一至四卷詩，五卷上書〔一〕，六卷奏狀，七卷表、啓，八卷劄子，九至十五卷書，十六卷記，十七卷序，十八卷經筵講義，十九卷經解，二十卷答問，二十一卷史論，二十二卷策問，二十三卷日録論，二十四卷字説論、雜著，二十五卷題跋，二十六卷哀辭、祭文，二十七卷行狀，二十八卷至三十五卷墓誌銘、墓表、墓碣。此明宏治間工部侍郎宜興沈時暘暉得將樂本三十五卷，謀刊於提學莆田黄公希武，不果。時南陽王公懋學由祭酒任南京户部亞卿，任校正，乃招儒士陸儀、鍾瓚、史元祥，梓於家塾。並以從祀孔庭恩典、宋史本傳、文定胡公墓誌銘、呂本中行狀、黄去疾年譜備録卷首，仍以李丞相諸公祭文並葉水心、湯東澗記附録於後。此本前後所録均闕。

（見錢塘丁丙撰善本書室藏書志卷二十九）

校記

〔一〕「五卷上書」，「五」字原無，與「九至十五卷書」重出。今試補「上」字，存疑待考。見明正德十二年沈暉刻半龜山楊文靖公集卷首。

三、正德本

重刊龜山先生文靖楊公全集序　〔明〕沈　暉

龜山先生，闓産而寓居毗陵十八年之久，詩書道德之澤漸被吾人最多，故郡城有祠，語録亦刻郡庠。

暉自爲諸生時，嘗拜先生祠下，得讀其在常所著諸文，及出仕閩藩，又手鈔得將樂本全集三十五卷，急欲翻刻於將樂及長沙、瀏陽二縣，意雖勤而力不逮。弘治辛酉歲致政還鄉，乃謀諸提學御史莆田黄公希武，將刊於郡庠，與語録並傳，亦不果。

時南陽王公懋學由國子祭酒來任南京户部亞卿，予雅知其崇儒重道，即以是集奉書求校正。王公慨然以爲己任，乃正其舛訛，補其遺缺，且欲刊行於南雍，尋拜吏侍之命還京，仍以原本並新安程學士新刊十六卷見寄，諭以必爲共成此書。予乃招致儒士陸儀、鍾瓚、史元祥於家塾，分卷書寫，塾賓施怡重加對讀無差，然後入梓。仍命長男讓、陳甥思孝朝夕供給餼廪筆劄之需，並取聖朝孝宗詔，從祀孔庭恩典、宋史本傳、文定胡公墓誌銘、吕本中行狀、黄去疾年譜，備録卷首。仍以李丞相諸公祭文並葉水心、湯東澗記附録於後，共爲一書。

既成，衆謂不可無一言以記始末。暉竊惟孔、孟之道自秦、漢以來失其傳，至宋濂洛周程諸子而後續，然但行於西北。龜山師事二程，始傳其道以南。歷傳羅豫章、李延平以授晦庵朱子，遂集諸儒之大成，大行其道於東南。晚召入朝，宏議讜言，雖不能盡用，而其大者則闢王氏經學，排靖康和議，昭雪宣仁太后之謗史，追復元祐以來黨籍諸賢之職名。

史謂紹興初，崇尚元祐學術，而朱熹、張栻之學得程氏之正，皆出龜山。今二程、朱、張之集皆刊行天下已久，惟龜山遺文自宋至元至今無傳，豈斯文之顯晦各自有時，晦於昔必當顯於今，非人力所可爲乎？第愧暉孤陋，識見淺薄，中間遺失尚多，未足以傳四方，謹藏於家塾，以示吾黨同志之士。苟有志於學者，但潛心於龜山，則上溯周、程以達孔、孟，則亦不待他求而得之於此矣。

正德十二年歲次丁丑冬十一月吉日，通議大夫進階資善大夫、南京工部右侍郎、前都察院右副都御史、奉敕巡撫湖廣地方兼贊理軍務致仕宜興沈暉序。

龜山楊文靖公集　又塵

龜山先生集，有宋刻卅五卷。此明正德間宜興沈暉所刻，世所謂宜興本也，卷數與宋刻同，殆重翻宋本者。廠友知余爲宜興人，冒暑送閲，索值較昂。鄉邦文獻所關，自以收得爲快，值之多寡，不與計也。書綿紙初印，亦足珍愛。

甲子中伏，又塵記於天津寓廬之習静齋。

四、萬曆本

龜山先生文集叙 〔明〕耿定力

有宋中葉，篤生真儒。道州一傳而爲河、洛。河、洛之間，從者如雲。先生之歸也，伯子獨目送之曰：「吾道南矣。」自是閩學日起，斯文垂統，後學北面而神明之。伯子之言，斯其驗哉！

先生初謁伯子，即悼異端曲學之弊，拳拳以尊師振教爲言。既得伯子真傳，兢兢步趨正叔，罔敢越軼，其器固能載道而行也。晚近學者守櫝遺珠，指蹄爲兔，斤斤膠常滯器，固不足道。即稱有聞矣，德不足以命世，行不足以淑人，譬之隙光爝火，乍明乍滅，亦何述焉！

百家之學，折衷元晦。然詮述既繁，時所出入，人亦以此置喙。先生論著，引而不發，不欲標揭指示，令不肖者藉爲口實。此所以深於道也。先生晚年一出，與伯子爲條例司同。元晦猶然有疑，毋乃正叔不載條例意與？

欲窺濂、洛真傳，則籍具在。潮陽林子令將樂，求先生全集，得之官司理家藏，因授剞劂，蓋其邦之文獻也。仰止前修，嘉惠後學，知所先矣。

時萬曆十八年歲在庚寅冬日後學楚黄耿定力撰。

龜山先生文集後語

〔明〕李　琯

東南理學，倡之有宋者，龜山楊先生；倡之我朝者，康齋吴先生。二先生之學，大略尚躬行而寡著述，而出處一節，則有就有不就焉。余以二先生皆誦法孔子。龜山先生當徽、欽積弱之時，國勢不振，凡在忠臣義士，孰無尊主庇國之心？苟可以就，當委曲以赴功名之會，此以可而學孔子者也。康齋先生當英廟復辟之初，剛明在御，即石亨寵任方隆，亦逆知城狐社鼠，終無能爲，故堅去以全晚節，此以不可而學孔子者也。易曰：「或出或處」、「二人同心」，此之謂矣。

龜山先生固已從祀孔廟，而康齋先生猶然宫墻外望，誠昭代一缺典也。且白沙、敬齋二先生，俱康齋先生高弟，白沙、敬齋以言官議祀，而康齋先生之祀獨缺焉弗講，豈事固有待與？余嘗謂康齋先生以布衣興起斯文，其精神氣力，當不在孟子下。

龜山先生之集，得林令之刻而全。林令行有臺省之責者，將無意於康齋先生乎？余因跋龜山先生之集而併及康齋先生之出處，以俟夫知言者。

明萬曆十九年，歲在辛卯閏三月朔日，豐城後學李琯撰。

龜山先生全集後叙 〔明〕林熙春

夫有宋來，理學稱東南矣。而要之東南理學，至千萬禩，推爲鼻祖者，夫誰與歸哉？龜山先生産閩巖邑，去洛蓋六千里餘矣，風氣阻絶，與環齊、魯而居如七十者，如三千者，遠邇真天壤。然先生乃度樵川，涉盱江，泛彭蠡，泝江而漢而汝，以逾於洛，數年師事伯子，即嚴寒深雪，跬步不離。比歸，而伯子且目送之曰：「吾道南矣。」自是而豫章氏、延平氏、元晦氏爲東南正宗，孰非始自先生耶？

先生之晚出也，後生少年猥有臆議，此未度於時耳。有宋式微，滿朝和策，誰爲砥柱？先生力持恢復，書至六七上，而無少變其説，倘所稱善學孔子而庶幾不磷不緇，非耶？君子曰：「使當時盡用其言，亦須救得一半。」真知言矣。

先生之學之所自來，有諸名公叙在，不敢贅。第其集僅存什一，即篤生地猶爾，謂續先範後何？余自官司理家得繕本，爲卷四十有二，爲篇七百有九，爲字約二十一萬八千有奇，迺告表章事所部督學使耿公，報可。而鄉之縉紳若楊、若揭、若張、若徐等，各助貲至若干金，遂召剞劂而付諸梏木，蓋始工於庚寅八月，脱板於辛卯二月。書成，上之大中丞趙公。趙公經文緯武餘，復讎校亥若豕焉，以布諸八閩。百世之下，考東南流派，得以溯宗及祖者，則此書實左券也。

雖然，先生特理學爲世真儒耶？自試令而直閣，所至有用，匪屬空譚。今余髮鬖鬖長無聞，猶幸吏先生闕里也。倘吏先生闕里，輒夷鄙闕里之生生息息者，即盡取逸辭隻語裒之，恐亦無當先生矣。

是爲叙。

萬曆十九年，歲在辛卯，三月朔日，後學海陽林熙春撰。

龜山先生集後跋　〔明〕朱　篁

涇陽顧先生以直節里居，主盟理學，四方實士大夫翕然宗之。我朱山陰夷度先生由寧國令調繁長洲，敦尚名教，臭味與顧先生符。每公出，往來晉陵道，則必就小舠訪顧先生於講壇，相與揚榷今古，津津樂道龜山先生不置□。龜山倡道東南，其歷知瀏陽、餘杭、蕭山，而後乍沉乍浮，時晦時顯，歷官至諫垣，其邇英殿直學士至工部侍郎，章奏言言中窾，獨其闢王氏、排和議、論三鎮不可棄，則風裁猶凛，真聖門之忠臣，朝家之貞幹。彭祁表章其學，以風勵多士，而慮簡編散佚，將後學者不免窺半豹而怵全牛，迺購龜山先生全集，捐廉俸，屬許中翰君翻梓，而以校讎之役屬。不佞寓目其間，悦懌神往，至如豕亥魯魚之訛，則中翰君已覈之詳矣。不佞□祁□之門，向往涇陽先生，而又□顧先生之論，尚友龜山先生，形神昕合，時地不隔。睹斯集者，不能不爲之三復云。

後學長洲朱篁謹跋。

（見萬曆十九年林熙春刻本龜山先生集四十二卷卷末，上海圖書館藏）

龜山先生集四十二卷明萬曆刊本

〔清〕丁　丙

龜山先生集四十二卷，明萬曆刊本。

宋楊時撰。時字中立，將樂人，熙寧九年進士。歷知瀏陽、餘杭、蕭山三縣，召爲秘書郎。欽宗朝兼國子祭酒，高宗朝除工部侍郎兼侍讀，以龍圖閣直學士提舉洞霄宫。卒謚文靖。宋史入道學傳。時及從明道，没在建炎四年，年八十有七，程門中最爲壽考。文獻通考、書録解題龜山集皆二十八卷，歲久散佚。明宏治壬戌將樂知縣李熙刊並十六卷，常州東林書院分刊三十六卷，宜興又併爲三十五卷。此萬曆十九年將樂知縣海陽林熙春序而重刊，爲卷四十有二，爲篇七百有九，爲字約二十一萬八千有奇，而督學使楚黄耿定力與豐城李琯又前後序之。四庫著録者即此也。

（見明萬曆刊本龜山先生集四十二卷卷首，南京圖書館藏）

五、令聞本（順治本）

龜山先生文集叙　〔清〕閔度

余奉簡書莅閩試士，如蚊負山，慚不勝任。閩爲天下才藪，握珠抱玉，何俟余贅。溯巡劍津，其山嵯峨，獲瞻朱、楊先生祠宇，高山仰止，去我蓬心。因訓多士，文章須本於理學，學術不正，雖摛藻若春華，無益於殿最也。蘇文膾炙人口，終不及二程之俎豆千秋。載道南來，得程氏正宗者，惟龜山先生。事功論列，千古一人。余爲之辨世系，立嫡派，非其種者，鋤而去之，更命裔孫令聞重梓其集。「穀也，豐下」，知先生之有後。且諄諄諭多士，以先生爲私淑，强立不反；法先生之敬業，知類通達；法先生之立朝，則海濱即鄒、魯，必有角立傑出爲吾門之鸞鳳杞梓者，毋謂是編爲先生之糟粕可。

時順治七年，歲在庚寅秋月，後學苕水閔度書於榕城公署中。

（見清順治七年楊令聞重刊、康熙五年重修本龜山先生集四十二卷卷首，上海圖書館藏）

龜山先祖文集叙

〔清〕楊思聖

考裴氏世譜，居燕者號東眷，居梁者號西眷，居河東者號中眷，九派同根，自古記之。余五世祖龜山公生劍南將樂。六世祖遹公，字昭遠，由進士任軍器監丞，遷尚書，奏請恩澤，寄居常州。三房長子森翁，仍歸將樂。而余乃次房懋公之胤也，遷於鉅鹿。源流既遠，自南而北，相去數萬里，風馬牛不相及，哲人安仰？幸捧絲綸入閩，道經將邑，私喜維桑與梓，必恭敬止。鏞新令，則余門人宋艾石也。重晤款洽，備言此邑兩破兩復，拮据萬狀，下車甫及半朞，而委巷有「來暮」之謡。余爲之輾然色喜：喜入廟思敬，得遂水木之思；又喜入境三善，不負衣鉢之傳也。過其祠，有銅駝荆棘之感；登其墓，有狐兔穴中之悲。幸得宗侄令聞簇簇文學，與其子恒英新主鬯祀，百廢維新，以侵田占墳者白之當道，好德同然，力爲釐飭，焕然改觀，吾門可興矣。倘如曩時，則房、杜門户，幾有覆蕩無餘之懼。

因查縣有先祖全集，近遭兵燹，十無二三。令聞命工剞劂，從庚寅秋至辛卯三月告竣。此集亦吾祖事功議論之一臠，可裨聖明。新天子以沖齡乘乾，英姿天授，重道崇儒。余將抱斯集復命踸獻，知皇度淵涵，喜文獻之足徵也。所以寄門户者，余與侄令聞各自勉焉。

順治八年辛卯孟夏月穀旦，賜進士及第、内翰林弘文院編修裔孫思聖撰。

（見清順治七年楊令聞重刊、康熙五年重修本龜山先生集四十二卷卷首，上海圖書館藏）

楊龜山集序 〔清〕孔興訓〔一〕

余不肖，仕任延郡。於今上甲午中秋前數日，緣將樂邑令吕君取入科場，奉憲檄暫攝其政，獲謁龜山先生祠，得遇賢裔諱令聞暨諸道契，一一接晤焉。繼惠先生文集，屬余序。余不禁爽然自失，曰：噫嘻，余烏得而序之哉！將以序先生之道德耶，先生道德自卓千古；將以序先生之事功與學業耶，先生事功與學業自在天壤。噫嘻，余烏得而序之哉！亦就夫先生之卓千古天壤者强而復贅之，可乎？

因思六籍，後儒者著書垂遠，固在揆道樞、彰學奥，揭日月而行之，爲世範士翼，非第黼繡鞶帨爾也。故文一而已矣，有學士一時之文，有聖賢垂世之文。夫一時之文，學欲其博，詞欲其工，格欲其古，或感事而發，觸景成歌，慷慨淋漓，率皆情至之語，雖其間有至有不至，則言成一家，亦足快炙一時。若乃垂世之文，則有異言不本於聖賢者不以著説，事不原於忠孝者不以教人。崇正黜浮，羽翼經書，繼往聖，開來學，其道脉薪傳，歷千百禩而益光也。此其人自鄒、魯以還，不可數見，惟龜山先生一人而已。

先生氣質純粹，得於天性者深，本於地靈者復厚。生而穎異，長而神明，理固然也。

方其矢志聖修，慨然以斯道爲己任，北學於中國，載道而南，上接洙、泗之傳，下衍濂、洛之脉。一時被其澤，百代宗其業。猗歟休哉！人稱程氏之肖子，予謂聖門之功臣，盛德大功，誠莫與京矣。斯豈一時文士流學成其學，詞成其詞，格成其格，自爲一家言者所得而襲取之哉？雖然，吾猶有志焉：俾讀斯集也，法其誠正節概以立朝，自爲社稷倚賴之重；法其慈和誠求以親民，自爲民人攸寄之隆。抑能法其毅然自命，專心致志，尊師樂道，以礪學自造，明心見性，聖統淵源之極。況閩爲天下才藪，積之學者流自遠，靈源玉華，又極天地孕毓之奇，繼先生而起者，自必有人。吾固爲賢裔勉諸！猶共爲鏞士勉諸！

時順治十一年八月廿一日也，尼山後學孔興訓謹識。

（見清順治七年楊令聞重刊、康熙五年重修本龜山先生集四十二卷卷首，南京圖書館藏）

校記

〔一〕「孔興訓」，「孔」原作「孫」，從文後自署看，當是「孔」之誤。今改。

楊龜山集序　〔清〕王孫蕃

自唐歐陽詹以詩文爲七閩倡，閩之人士聯翩鵲起，霞蔚雲蒸，猗其盛矣！迺聖賢之奥，性命之藴，則若有待焉。

有宋名儒輩出，幾以百數，鼓吹正學，羽翼聖經，上傳洙、泗，下接濂、洛，海濱之士稱鄒、魯焉。然破荒開闢，實自龜山先生始。

先生閩産也，北學於中國。程氏之門，皆西北之士，得先生也晚，西北之學者，未能或之先也。道脉南來，宗師百代，先生之功，卓乎偉矣。歷世以降，末學多歧，家立門徒，人竊皋比，豪傑之士，於是恥之。然儒有真派，學有嫡傳，施顰孟冠，未可襲而取也。先生天資純粹，襟度曠夷，海闊天空，浩然無際，而道必求諸師，行必求諸禮，立朝則以社稷爲重，爲政則以親民爲先。當其安於州縣，不求聞達，力學不倦，守正不阿。及稍進用，則首排和議，專黜安石。至若撤燕兵，振威望，一統帥，罷奄寺，争三鎮，問肅王，卓然正氣，炳人耳目。又先生之舉也，實繇元長，而攻擊其姦，不遺餘力。其造養之深，學問之純，出處之正，經濟之大，此豈世儒所得而襲歟？世之浮慕者竊之，形求者疑之，且謂儒術之末效，彼靖康之痼也。殆如卧者，望之殺然黄，其色若死青之兹，雖公秉淳于，奈之何哉！先生之後，聖學大明。岷海宿海，實維伊祖。原乎巨星垂象，義熙先兆，應朝五百，名賢篤生，豈偶然哉？道再四傳，楊、羅、李、朱，一脉相禪，此猶儒者之大宗也。

予寓延之日久，四先生皆延産也。居其地，而被其遺風，佩其文，而想見其爲人也有日矣。且兒曹一曾曩叨鐸西鏞，與先生裔孫令聞暨諸文學，稱道契焉。兵燹之後，文集殘闕，聞生重付棗梨。余故忘陋，序之如此。

古雄後學王孫蕃撰。

（見清順治七年楊令聞重刊、康熙五年重修本龜山先生集四十二卷本卷首，南京圖書館藏）

龜山先生文集叙　〔清〕陸求可

爲學不入理，無貴乎學也；爲學不知理，學之人亦失所宗也。河圖啓秘，先天之理已洩。帝之精一，王之緝熙，渾然於彝倫攸叙之中，原自有理學。自周轍不西，理學之宗不在上而在下。尼丘素王，集群聖之大成，續微言而明大義。亞聖嗣興，正人心而扶墜緒。

子輿氏没，正學日以分裂。江都純正近理，而流爲灾異之術；荀子非思、孟，而致偏駁之譏；揚子擬聖言，而來僭王之號；昌黎排釋氏，自謂遠紹鄒、魯，然齊孔、墨於一道而列性爲三品，俱未得理學之醇。迨斯文大啓於宋，二程夫子，接洙、泗之傳，設理學之教。

龜山先生北學於明道、伊川二先生。先生信道之篤，立雪尺餘。及歸，送之出門，曰：「吾道其南矣！」先生道德、學問、事功、節概，載之典籍，既明且著。一傳而羅豫章，再傳而李延平，三傳而朱考亭。闡伊、洛之淵源，開海濱之鄒、魯，先生其功首也。自是南方之學，蔚然興起，非先生何以大暢宗風哉！沐道南之化者，不知道南所從來，是讀書而失所宗矣。余向讀史册，忻然傚則乎先生，受簡書入閩，楷模多士，寔望多士人品心術取法先生，共以有成，余亦不愧乎甄陶矣。

巡汀，過將樂，先生之梓里在焉。嫡裔祀生恒英循循以文集進，見藏書如見羹墻也。巡延，虔祭致奠，歲薦孫令聞追隨於前，備談祠事，知先生之有後。事竣旋署，余捐俸修葺省祠，以光廟貌。於時令聞在省，請叙於余。聊附數言，以誌信好之誠云爾。

康熙五年仲春穀旦，後學山陽陸求可撰。

（見清順治七年楊令聞重刊、康熙五年重修本龜山先生集四十二卷卷首，上海圖書館藏）

六、繩祖本(康熙本)

楊龜山先生全集序

〔清〕張伯行

道學、經濟、文章、氣節四者，合而爲一者也。俗儒不講，以道學之人論多迂疏，未必有變通之用，則於經濟非所長；辭尚質樸，未必有華國之才，則於文章非所長；其爲人大抵多簡易平淡，未必有一往不可回之氣，則於氣節又非所長。嗚呼！爲此言者，猶夏蟲不可語於冰，井蛙不可語於海，其無與於道也審矣！

夫自古至今，號稱學人，指不勝屈。顧其間有有本之學，有無本之學。無本之學，縱修飾補苴，無用於世；有本之學，其根沃者其葉茂，其源遠者其流長。本昔聖昔賢所以出治論治者，發而見之事業，是則莫大之經濟也。師友門人相與講明，而論著罔非載道之書，是則莫大之文章也。可死可生，可榮可辱，而浩然之氣塞天地，亘古今而不滅，是則莫大之氣節也。凡此數者，吾於楊龜山先生見之。先生爲程門高弟〔二〕，游、楊、尹、謝四先生中，獨推先生之學最純，先生之信道最篤。其上接濂、洛之傳，下開羅、李、考亭之緒者，天下後世之所共知，無容贅辭。而余獨嘆先生之經濟之宏，先生之氣節、文章之爲不可及也。今夫懷奇抱異之士，散處下僚，久居末秩，未有不以大才小用自傷淪落者，誰能安之若素，始終盡厥職而無忝？先生浮沉於州縣者四十餘年矣，自爲徐州司法，歷知瀏陽、餘杭、蕭山諸縣，政績昭彰，絶無出位求達之心，非所謂進不隱賢必以其道者乎？及其晚節立朝，夫誰不持禄保位優游養交以終餘年者。先生嚴氣正性，章數十上，排和議，收人心，肅軍政，三鎮必不可棄，方田、水役、花石綱必不可行〔二〕，李邦彦、李鄴必不可用。使從其言，豈但救得一半而已哉？當蔡京貴盛之時，先生以一縣令抗之，卒之浚湖瀦水之事格不行，是其氣固已蓋天下也。當王安石邪説盛行之日，新經、字説流毒天下數十年，先生抗疏，黜其王爵，罷其配享。王氏之學息，則聖人之道明，其功固振古爲昭也。讀其詩，發乎情，止乎禮義，三百篇之遺也。讀其文，其言曲而中，其事肆而隱，六經之羽翼也。然則先生之經濟、氣節、文章有何不備哉？或又以爲先生於數者實所兼長，豈知皆本其平日致知窮理之功，主敬存誠之學所流而貫之者乎？夫宋儒之中，沖和恬曠〔三〕，莫先生若也。然其樹立議論，卓卓表見如此，其亦可以知其餘矣。

余膺特簡，巡撫八閩，始入先生之里，惴惴然惟恐下負所學，上負聖天子，且無以對先生也。兹因其裔孫繩祖來請序先生之集，敢忘其固陋，爲論其大凡如此，不知先生以爲何如耶？讀先生之文者以爲何如耶？

康熙四十六年孟冬望後，賜同進士出身、中憲大夫、巡撫福建等處地方提督軍務兼都察院右僉御史、儀封張伯行，題於榕城之正誼堂。

校記

〔一〕「高弟」，繩祖本「弟」原作「第」，誤。今依文意改作「弟」。

〔二〕「花石綱」，繩祖本「綱」作「礀」，誤。今改。

宋龜山楊文靖先生文集序　〔清〕楊篤生

余膺簡命，視學閩邦，經歷延津，見其山高而水清，知爲楊文靖公故里，徘徊瞻眺，肅然興仰止之思。

伏念我皇上尊崇正學，表章先儒，五色天章，輝煌海甸，正思刊布遺文，仰佐聖天子稽古右文之雅化。一日，將樂裔生楊繩祖以重刊先集序文請。竊以稽山脉者必首推夫昆命，溯河源者定問津於星宿，閩固理學名區，而開關啓鑰，實文靖公導之前路也。

蓋嘗綜公平生而論之，巨星垂象，五百應期，公之誕降自天，非偶然矣。受業二程子之門，載道南歸，河、洛心傳，遂以遞承而益盛。其筮仕州邑也，不求顯赫，惟以親民爲先。荆潭、吴越之間，政績覃著。晚歲登朝，侃侃建白，首排和議之紛紜，力黜安石之配饗。任宰臣，專主帥，争三鎮，罷奄寺，其建堅又何偉也！說者謂公之薦舉實由蔡京，遂執是以訾其出處。今觀其條奏所列，排觝老姦，不遺餘力，自非守正不阿，能如是乎？至於經有解，史有論，記序詩歌諸體具備，又何一不足光藝苑而重鷄林哉？夫文章者，經國之大業，不朽之盛事也。彼才人學士，鑽研於記誦詞章，尚思行遠而傳後，矧公本理學爲經濟，抒經濟爲文章，數百年道德功名臚陳於斷簡遺編之内，其流傳勿替，當如日星河嶽，並壽天壤，豈與雕蟲末技争起滅於千秋一日哉？「天開長夜，人坐春風」，晦庵朱子之贊美於前者至矣。今其子孫猶能於兵燹灰燼之餘，捧持而護惜之，趙璧楚弓，弆藏原廟，雖其世守之勤劬，亦公之流風餘澤，足以亘百祀而綿千禩也。刊布流傳，不特爲多士所信從，亦且作休明之鼓吹矣。余故樂獎勵其成，而爲之序其大凡如此。

康熙丁亥孟夏穀旦，賜進士第、陝西道監察御史、奉敕提督八閩學政、天中楊篤生題於三山署。

楊文靖公文集序

〔清〕陳延統

孔、孟之傳，歷千百餘年不晦如日星。大約炳耀昉於鄒、魯，自子游漸被海隅，文教始宣，至有宋而南北同風，昌明絶學，厥惟龜山先生爲紹往開來之首功。余自童年即聞濂、洛、關、閩遠宗孔、孟，大興絶學。今得承乏先生故里，讀先生遺集，知先生之學真大儒之學，真有用之學，功名富貴自少不足勝其心，尊主庇民至老不肯易其守，非虚言也。先生已成名六年，而執贄於潁昌〔一〕，遂致「道南」之嘆〔二〕。後十三年，瓣香於洛水，復將立雪之忱，其視人間一軒冕，不概置膜外乎？由是尊師重道之心，故一傳而得豫章，再傳而得延平，三傳而得紫陽夫子，遂集諸儒大成矣。善乎豫章曰：「不至是，幾虚過一生。」乃先生自與伊川論西銘一書，以其言體而不及用，恐流於兼愛，亦可謂不肯苟同者矣。此余所謂真道學也。乃若先生出處，大略自試令而直閣，所至有濟。其忠直之概，則見諸上殿與執政諸劄子，力陳君臣警戒及制勝之策。夫先生之得覲天子，年已七十餘矣，而力詆和議，謂非中流一砥柱乎？若乃出金溉田，請捐租稅，復辭頒賜銀絹，乞恩惠於八閩山無米、地無祖，遂成永惠。先生之經濟又何如也！自先生以來五百餘年矣，大道之所以不絶於天下者，謂非宋儒之功乎？然由洛水以西，非先生不能傳；自洛水以南，非先生不能啓。余以爲先生真紹往開來之一人也。余幸得瞻拜先生祠宇〔三〕，喟然嘆興。而裔孫繩祖勉力以梓其文集，謂余當贊一辭。余何言？惟高山仰止，以不忘私淑之心已耳。

時康熙戊子窉月上浣，分巡延、建、邵道後學澤州陳延統謹題。

（見康熙四十六年楊繩祖刊楊龜山先生全集卷首，莆田縣圖書館藏）

校記

〔一〕「潁昌」，原作「穎昌」。今據楊龜山先生年譜改。

〔二〕「遂致道南之嘆」，「致」原作「改」。今依文意改。

〔三〕「祠宇」，原作「詞宇」，誤，今依文意改。

重刊龜山楊先生文集序

〔清〕余　滙

程氏門人得力者推龜山先生及和靖處士。伊川之謂和靖曰：「我没而不失其正者，尹氏子也。」於先生歸，目送之曰：「吾道南矣。」夫二公之遭罹世故，屯蹇不達，而卒獲君相之知，守其所學始終一節。而世以爲先生之薦自京，和靖之立朝，自种師道、范沖、張浚也。夫君子而不忍忘世，顧其時可出則出耳。以天下而事一君，君而用我，雖自其宰相之意，而孔子固不以季桓子而不爲，行可之仕也。此其仁矣，而可不可，不一苟同。先生之於京，和靖之於檜，一也。且和靖篤於所信，不失其正而已，教思所被，猶伊、洛之故鄉也。先生倡之自南，起閩、越數千百年所不得與於斯道者，而直與夫曲阜、鄒縣同稱道學之邦，蓋先生之功，於和靖爲偉矣。而匪直此也，和靖之爲文確實，蓋行過其言者。先生天才宏放，所爲文不規範八家，而有其風神矩度。詩閒淡曠遠，能寫其自得之意，所謂言行相顧，而世顧以道德揜其文章，過矣。

余承乏茲土，與祭於先生祠者有年。其後裔生繩祖竭其祭田之所出，刊先生集有成，進而請余序。余考夫文集傳之自篁墩程公，而邑令李公熙、林公熙春先後益廣其傳。二公者，其後皆進爲名臣。余於二公無能爲役。際今文運昌明，天子有真儒之褒，學使者以鴻文弁其首簡，余得編閱其間，俾後之有考者曰：「是集成某令手。」是序付其孫某，則扶持道脉，可告無罪於先生，而於李、林二公，或得與掛名之寵也夫。

知將樂縣事，鏡湖後學余瀍謹序。（見同上，莆田縣圖書館藏）

重刊龜山先生文集序

〔清〕朱任弘

居恒溯八閩理學源流，久心企龜山先生倡始之功，開草昧，啓曈曨。自是醇儒輩出，朱子爰集其成。今天下咸尊朱學矣，亦知朱傳自李，李傳自羅，羅傳自楊，楊則洛之正宗也。楊於程所稱，見而知之，朱則聞而知之，已授受有本，俾一綫聖脉，如日經天。朱之學行，楊之學當與並行而不悖。古來談道學者，拙言經濟，不知此爲貌道學者言也。若學有根柢之儒，以真道學而抒真經濟。今觀先生之學，不諧俗鈞譽，而在朝九十日，闢王氏，排和議，論三鎮，坐而言，實可見諸行。使當日君若相依其說，則中興可期，豈曰南渡偏安哉？是先生經濟，與李忠定競烈，而語言純粹，則大道之傳攸關也。學士家所宜朝夕頂禮，體認力行，奈何習其説者借爲呫嗶之漁獵，章句之訓詁？是曰讀先生之書〔一〕，未窺先生之堂奥也。又有一種天姿穎異，厭薄尋常，寄情老、莊之放誕，耽心釋氏之枯寂，是先生之書在天壤，人且甘暴棄於先生者也。乃尤有足惜者，業稱篤志勵學，緣於見解微殊，失之毫末，差以千里。德性之尊，來乎禪學之攻；良知之致，等於操戈之賊。而先生言善性出於孟氏，格致秉於師門。西銘疑類兼愛，辨論必精；太玄潛擬周易，披駁獨詳。先生别是於非，尤於是中求是，扶正拒邪。先生傳書與紫陽，遺編同爲入聖津梁，進德玉鑰。

兹恭逢聖天子崇儒重道，正學昌明。先儒書院，宸翰喬煌。適先生裔孫繩祖，克紹家學，重刊斯集公世，何啻雷霆之發，開聾瞽之耳目？吾願天下讀書人消躁氣，奮大力，讀先生書，學先生人，庶無揚子岐路之泣已。

康熙彊圉太淵獻歲〔二〕，季夏上澣，延平府將樂縣儒學署教諭、舉人、閩縣後學朱任弘拜書於三華講學堂。

（見同上，莆田縣圖書館藏）

校記

〔一〕「是曰」，繩祖本原作「是日」。今依文意改。

〔二〕「彊圉」，繩祖本「彊」原作「疆」，誤。今依文意改作「彊」。按，太歲紀年「彊圉」於十二辰爲「丁」，「太淵獻」於十二辰爲「亥」。

重刻楊龜山先生文集序

〔清〕章培基

少時慕宋楊文靖之爲人，以爲道學、經濟真能兼而有之，恨不獲見先生全集，窺先生閫奥。今年出守延平，延爲先生桑梓地，謁祠畢，亟索集於其後裔繩祖而讀之。

古人稱人有「三不朽」：德與功與言是也。世之不能以盛德大業著者，動思立言以垂後。夫言，非徒文詞而已。言不本於性命之精微則膚；不達於時務之權宜則迂而鮮當。如使鏤金錯采，滿眼迷離，按之無根，張之無用，雖多，奚以爲？今夫草木鳥獸，榮華之飄風，好音之過耳，存者曾幾何時；而繁星麗天，黄河遶軸，振古如兹！余以知文靖之文，雖歷千百禩而終不可磨滅者，蓋一立言之間而德與功已具焉。

文靖師兩程先生，倡道東南，爲紫陽先河。居官，際國家多事，奏議皆切中利病，内外斬斬。人之以集名者，言焉而已。求其道學、經濟，弸於躬而播於口，未易而得。則是集所以不朽者，言爲之表，而德與功爲之裏也。閩地文詞顯自歐陽詹，理學始文靖。不知詹文今尚存否？而文靖之集，方搜羅重梓。夫孔、孟微言，灰於嬴秦一炬，而汲冢、魯壁不旋踵而爛然。彼其水火兵寇，流離蕩析，必不至若是烈也。乃其言又實足爲鄒、魯代興〔一〕，夫安往而不得其不朽哉？雖然，以揚先烈，以勵後人，楊生重梓之事可嘉也。因其請，遂書以爲序。

時康熙丁亥季夏，知延平府事會稽後學章培基拜題。

（見同上，莆田縣圖書館藏）

校記

〔一〕「鄹、魯」，鄹，春秋魯邑，孔子故鄉。上文孔、孟並提，疑此「鄹、魯」爲「鄒、魯」之訛。鄒，孟子故鄉；魯，孔子故鄉。

重刻楊龜山先生文集序

〔清〕程大任

前學院沈公疏請於今上手書龜山先生祠匾〔一〕，因刻其集，冠於羅、李之書。而其嫡裔繩祖，亦躍然罄己貲梓其集。侍御督學楊公、郡守章公、邑宰余公，各爲序以致其尊崇嘉惠之意。於是大任奉以告於諸生曰：

向者先生集本訛蝕，復爲好事者匿之，不廣傳於世。今一人有道，理學重光，諸名卿執事相與扶持道脉，不没繩祖拮据成事之苦心。吾黨得家有其書，幸相勉爲豪傑之士。探索其心源，率由其典，則若羅、若李、若朱之不必與先生同其姓氏，而直與先生同其淵源也，則吾黨於先生書，庶幾無負。而不然者，雖繩祖刊之，亦繩祖家祠之故紙而已。繩祖其亦勉之！

莆田後學程大任謹撰。

（見同上，莆田縣圖書館藏）

校記

〔一〕「匾」，原作「扁」，誤。今依文意改。

重刻楊龜山先生文集序 〔清〕廖騰煃

今聖天子崇儒重道，特允學臣之請，御賜龜山書院以「程氏正宗」四字，煌煌乎天章璀璨，理學倡明。於是先生裔孫繩祖撿先生遺集而新之。

余曰：先生之承先聖而傳之後者，道也。豈不以文哉？顧文所以載道也。堯、舜、周、孔以道相承，其心之精微不可見，而見之其文。先生生宋之皇祐，没後數百年，文之傳以道，道之傳亦以其文，則文集之刻，於先生固不爲無助。熣幸生先生梓里。向者主祀之訛，熣與諸人士請之當事而正之，故於是集之新，嘉繩祖之無忝厥祖也，而樂爲之序。

邑後學蓮山廖騰熣序。

（見同上，莆田縣圖書館藏）

重刊龜山先生文集序

〔清〕揭翰績

績少隨父謁先生祠，瞻拜遺像。父謂績曰：「是宋大儒龜山楊先生祠也。處異學争鳴之時，倡道於南，闡二程先生之正學，俾先聖統緒不幾於墜者，先生力也。」績於時唯唯。稍長，讀先生集，因想見先生之爲人。

先生集嚮未有傳，始刻於明弘治壬戌，僅十有六卷。蓋邑侯李公熙受於學士靳公貴，靳得之篁墩程公敏政，程從館閣宋本抄録之者也。萬曆壬子，邑侯海陽林公熙春閲之，以爲太簡，欲求全集傳世，而鄉先達官公賢，諸生蕭燦、林鈿，因取常州大中丞沈公暉抄本以進。林公分彙增補，共成四十二卷，鳩邑人士捐資成板，貯之公所，而先生刻集始有全書。

鼎革後，先生嫡裔祠生紹程公無嗣，其胞侄應箕，父子伶仃孑立，頓爲同邑異宗者篡祀，旋竊先生集板，於家私藏焉。邑人憤之。康熙丁巳，督學孫公期昌抵邑，宿柏司。時孝廉許君文兹、廖君椿、廖君騰熢、楊君州鶴，庠士廖君標、林君文英、楊君敏功，同續等三十餘人詣公，請正其祀。公毅然以應箕之子思賢爲嫡裔，襲之衣頂，又搜求先生集板。而彼因前叙源流改换，遂堅匿焉。歷今三十年，先生之集，人罕有存者。

幸今聖天子御極，崇德尚儒，允前督學院沈公涵題請，賜之祠額，而先生之道益光。邑侯余公逋下車，謁先生祠，輒以先生之文集無傳爲憾。而思賢之子繩祖貧，莫能舉其事。續惆悵久之，謂繩祖曰：「是集載汝祖立朝行己德業事功，是羅豫章、李延平、朱考亭諸先生所祖述，而濂、關、伊、洛、太極、西銘、六經傳注之所統貫也。汝力雖不及，顧不當刻苦拮据以圖付梓耶？」續於是量力贊成，俾先生全集復歸之嫡裔以行於世，而可永杜將來冒宗者覬覦之漸焉。故詳述諸名公編輯之由及其後匿板之故，使讀先生集者，知始末云。

邑後學揭翰續謹撰。

（見同上，莆田縣圖書館藏）

重刻楊龜山先生文集序

〔清〕蕭正模

天之下文之大者爲書四、爲經五，而集注、章句定於朱者五，書與春秋定於胡、蔡者二，而旁經皆及焉。蓋五經、四書，唐、虞、三代、周、孔之心法，而傳其書者，必得唐、虞、三代、周、孔之心法之人，故尊其統曰道，顯其道曰文。文之不没，道之在兹也。而朱之出於羅、李，源流不必叙已。胡、蔡之傳，乃禀之楊與朱而得之，而後知五經、四書得數千百年未有之文。而朱氏之詩傳、四書之集注章句，胡、蔡二氏之書傳、春秋傳，又以接五經、四書數千百年未有之文，則夫龜山先生之以其間倡道東南，於洛爲纘緒，於閩爲崛起，其廓清摧陷之功，蓋將比於武事，而其書顧不與五經、四書並傳天地間哉？

今讀其書，蓋皆引而不發，不欲標揭指示，令不肖者藉爲口實。此耿公定力所以謂深於道也。知其深於道，則繼其後者如羅、如李之寥寥不數卷而不爲少，如朱晦翁之詮述千萬言而不爲多。蓋多者其所不容已，其少者則凛凛乎程夫子不欲多著書之旨，而非有二也。

嗚呼，傳先生而但以其文，是後死者之不得與於斯文也，而况於其文不爲久遠計耶？

揭君翰績憫其嫡裔繩祖之不克成其集也，量力贊之。於其成，爲言先生之文之大者，而用以自勗焉。

邑後學蕭正模謹撰。

（見同上，莆田縣圖書館藏）

重刻楊龜山先生文集序 〔清〕丘晟

先生殁後數百年，而其裔孫繩祖重刊先生之集行世。其板鐫盡善，剞劂精工，視昔有加矣。

昔人有言：入道之人，其形影精光不待文而顯，謂文僅道之糟粕，而不足爲有道之所貴重也。夫從來聖哲遞興，雖各有作述，然皆詞簡義該，未嘗務以多文自富。降至漢、唐，諸儒輩出，始專以文詞名天下，而卒未能於道學之真傳有以抉藩籬而窺其閫奥，則所爲文者，亦希世取名耳，其不足爲有道之所貴重也固宜。若先生獨得程氏不傳之秘，力闢王氏邪説之非，至發爲文章，如日月之經天，其形影精光，必不可得而掩，則先生非待文而顯而文自顯也。今成書具在，以文視文，則文焉而已；以道視文，則皆精微之所散寄，而烏得以糟粕棄之？

觀先生之序孟子義也，曰：「君子之道，無所不在。」其肆諸筆舌以傳諸後世者，皆所以明道也。世之學者因言以求其理，則聖人之户庭可漸而進。而其序校正伊川先生易傳也，則曰：「微言奥義，書不能盡傳，間有疑而未達，姑俟之知者，而不敢輒加損。」然則先生之文，皆所以明先聖之道，後之讀其文者，亦必求其理於語言文字之表，而晟之與校先生文集不敢加損，亦猶先生之意云爾。

邑後學丘晟謹撰。

（見同上，莆田縣圖書館藏）

重刻楊龜山先生文集序　〔清〕廖長齡

韓昌黎推尊孟氏爲功不在禹下，以驅除之功等也。余郡四先生，朱集其成，而龜山肇其統。議者以爲光而大之者難，而開創者尤難也，則先生之功不在徽國下矣。論功崇報，謂當與徽國等而方有待也。

顧今文集之新，則豈非繩祖之鼓舞於聖化以有成哉？嘉其有志而樂先生之道之益光，長齡不敢以不文辭矣。

邑後學西灑廖長齡謹撰。

（見同上，莆田縣圖書館藏）

重刻楊龜山先生文集序

〔清〕趙　炳等

炳等生長是邦，世沐先生之教矣。而又春秋兩祀，例從邑大夫執事祠中，瞻其道貌，而益知先生遺澤之長也。先生有文集行世，歷年既久，板多剥蝕，間有家藏，又散亂於兵燹。後生小子，有不得見其善本者，斯亦一憾事也。

際今上崇儒重道，諸大臣以闡揚爲己任，學院沈公求先生集而新之，附以羅、李，名宋南劍州三先生集，爲序弁其首，煌煌乎右文盛舉也。而先生主祀後裔生繩祖重刻先生集，而以序言請之學院楊公，公欣然摻筆，鴻文鉅篇，人士奉爲典型。是固先生之道學久而愈明，而沈、楊二公前後表彰之力，其不可没也。夫登堂拜像，山高水清，慨然想見其爲人。今讀其集，而先生恍然可接，其欣幸又當何如哉！

或謂文以載道。先生之文，深於道者也。吾輩何足知之！善乎韓子之言曰：「鳳凰芝草，賢愚皆以爲美瑞。」先生之文，固在人心目矣。吾邑以先生傳，先生以是集傳。炳等願與先生裔孫長寶是集，則先生之道學文章，將傳諸奕世於無疆也。

邑後學：趙炳、余作霖、吴有智、黄士昌、蕭象章、蕭象護、丘昱、黄延嘉、黄士龍、廖中烜、祝佺、楊潮、熊灝、郭嘉瑞、伍思轍、丘傳祖、張沂、揭淳、廖中勳、廖鶴齡、吴日彩、馮光策、廖九齡、陳念永、伍思軾、余日煇、廖頊齡、黄鉉、徐一甡、張鳳光、丘伋祖、蕭斯溥、何斯淳、廖岡齡、黄鍔、王大勳、陳嘉訓、丘遂祖、鄭家瑞、揭世名、黄墀俊、黄稷、楊廷偉、陳師曾同識。

（見同上，莆田縣圖書館藏）

重刻龜山先生文集序

〔清〕祝　佺

文以明道，道統至二程，直接孔、孟之傳。龜山先生得其正宗者也。其學有體有用，在州縣多惠政，立朝則排和議、斥王氏之僞。今讀其書□理真，談事洽，簡而該，廣而密，蓋修辭以明道者，宜學者百世師之不易也。或以先生受京薦而疑。夫京用先生，而先生不附京。京爲宰相，自當有進賢之道。先生以其道之可進而進，若謂其爲京薦也而遂拒朝命而弗赴，是已甚之，乃先生不爲也。

余於先生之學，茫乎若迷，間竊其遺編，思有以窺其萬一。故於其裔孫繩祖之新是集也而弁之數語，以誌予私淑之誠。

後學祝佺撰。

（見同上，莆田縣圖書館藏）

重刻楊龜山先生文集跋〔清〕楊繩祖

自胞伯祖紹程公去世，無嗣。繩祖之祖若父，以紹程公猶子，視他人之春秋祭我祖龜山公者有年。所得主祀事至於繩祖之身者，賴故孝廉許君文茲、今侍御左通廖公騰煃、孝廉揭君翰績請於學使者，孫公期昌維持道脉，毅然以後裔衣頂還繩祖之父思賢公，今至於繩祖，三十年所矣。

文集之刻，力不到此，而揭君惓惓之意，不忍繩祖之棄其先集而以貽虎視之憂也，乃贊之。拮据以成事，冀後之君子有憫其艱辛，而相與維持於勿替也。

康熙四十六年丁亥孟夏月□日，二十代嫡裔孫承祀祠生繩祖謹跋。

（見同上，莆田縣圖書館藏）

七、正誼堂本

楊龜山集原序　〔清〕張伯行

道南一脉，真派相承，逮今六百餘載矣。莫爲之前，孰啓其後？而理學人文之盛，綿衍不窮，閩人士其可忘所自乎？

龜山楊先生游程氏之門，當時一堂講習者，若游、若吕、若謝，皆同門友，拔出儕輩。而明道夫子獨於龜山之行也，目送之曰：「吾道南矣。」則是開閩學之淵源，接引來者，實自龜山先生一人始，在明道固已早券也。

夫當先生時，士子獵取科第幾數十年。一登進士，率皆奔走仕籍，即求其矯然自好、謹難進之節者，已鮮其儔，安望能虚己從人，成名既六載，猶執弟子禮，以至於强仕之年，且立雪師前，好學勿倦如先生者？宜乎載道而南，一傳而羅豫章，再傳而李延平，三傳而朱紫陽，他若蔡氏西山、九峰，黄氏勉齋，陳氏北溪輩，相繼而興，海濱稱鄒、魯焉。雖然，此非獨閩人士之幸也。自先生官蕭山，道日盛，學日彰，時從游千餘人，講論不輟，四方之士尊重先生也至矣。而波及四方者，能無溯源於閩哉？向使濂、洛而後不有龜山，則豫章、延平烏在爲見知之皋、禹，俾河南周、程之學，得朱子而集其大成歟？

顧嘗謂道之傳也難，而道之行也亦難。先生弱冠登第，年七十猶自縣令權教授事。越明年，乃得召入秘書，陳時政得失。未幾，侍經筵，爲祭酒，復以攻擊姦人，力排邪説，不見容於朝以去。夫區區一秩，碌碌州縣，殆將老矣，而謇諤大廷，雖及兩載，究未有以盡其用，道之難行蓋如此。抑又聞之，遇有污隆，道無顯晦。先生行年八十有三，自始進以迄退處，憂勤惕厲，歷始終如一日。若夫啓佑後人，鼓一時聾聵，用綿河、洛之緒於不墜，道之所以傳，固即道之所以行也。

噫！五星聚奎，應運而出，開中州道脉於前；長星垂象，應期以生，肇八閩道統於後，豈非天哉！讀是集，可以知先生矣。

康熙四十八年己丑孟冬穀旦，儀封後學張伯行題於榕城之正誼堂。

（福州正誼堂院藏版）

八、四庫本

龜山集提要

龜山集四十二卷。浙江鮑士恭家藏本

宋楊時撰。時事迹具宋史道學傳。是集凡書、奏、表、答、講義、經解、史論、啓、記、序、跋各一卷，語録二卷〔一〕，答問二卷，辨二卷，書七卷，雜著一卷，哀辭、祭文一卷，狀述一卷，誌銘八卷，詩五卷。

時受蔡京之薦，雖朱子亦不能無疑。然葉夢得爲蔡京門客，南渡後作避暑録話、石林詩話諸書，尚祖護熙寧、紹聖之局。時於蔡京既敗之後，即力持公論。集中載上欽宗第七疏，詆京與王黼之亂政，而請罷王安石配享，則尚非始終黨附者比。又於靖康被兵之時，首以誠意進言，雖未免少迂，而其他排和議、争三鎮、請一統帥、罷奄寺守城，以及茶務、鹽法、轉般、糴買、坑冶、盜賊、邊防、軍制諸議，皆於時勢安危，言之鑿鑿，亦尚非空談性命、不達世變之論。蓋瑕瑜並見，通蔽互形，過譽過毁，皆講學家門户之私，不足據也。

時受學程子，傳之沙縣羅從彦，再傳延平李侗，三傳而及朱子，開閩中道學之脉。其東林書院存於無錫，又爲明季講授之宗。本不以文章見重，而篤實質樸，要不失爲儒者之言。

舊板散佚。明弘治壬戌將樂知縣李熙重刊，並爲十六卷。後常州東林書院刊本分爲三十六卷，宜興刊本又併爲三十五卷。萬曆辛卯，將樂知縣林熙春重刊，定爲四十二卷。此本爲順治庚寅時裔孫令聞所刊，其卷帙一仍熙春之舊云。

乾隆四十三年五月恭校上。

（見四庫全書總目卷一百五十六集部九）

校記

〔一〕民國福建通志總卷二十五福建藝文志集部龜山集云：「龜山集四十二卷，……而四庫書目首叙各類文只得四十卷，卷數不合，則語録實四卷，誤作二卷也。」

九、道南祠本

補修宋楊文靖公全集序〔一〕

〔清〕張國正

自孔、孟既殁，異端蠭起，漢儒掇拾秦燼，抱守遺經，厥功良偉。由漢迄唐，若董子、韓子，能見其大，未得其精，聖學之接續，不絶如綫。宋河南程氏兩夫子出，得千載不傳之秘於遺經，惟龜山楊先生獨得指歸，故别而歸也，忻然有「道南」之目。一傳爲羅豫章，再傳爲李延平，三傳爲朱考亭，而大集厥成，天下稱「閩中四賢」，皆楊先生倡之也。

先生當高宗時，奏對指陳時務，其忠君愛國，發於至誠。乃忠言不遇，乞歸林泉，似天之無意於先生者，不知南渡之初，運會所趨，靡所底止，天亦不能挽回氣數。時則横渠、明道、伊川諸先生相繼殂謝，國無老成，朱、張、吕、陸繼起，未顯。先生歸然一老，當絶續之交，闡周、程之道，首傳入閩，倡道東南，爲一代風氣之始。雖未竟其用，豈天之無意於先生哉？蓋行道者時也，非先生之所得自主也；傳道者人也，先生所得自主也。南渡以後，大儒接踵，尚有真氏西山爲之後勁，閩學稱極盛焉。程倡於北，朱倡於南，藉非淵源一脉，通南北之郵，接後先之緒，焉能忘先生一人之功哉？國正忝守此邦，景行先哲，訪其遺書，版藏將樂，歲久殘缺〔二〕，因偕夏大令子鎔捐廉，補修完好，俾學者得讀是書，論其世，知其人，慨然於南渡之不復振者，匪儒學之迂疏，實賢者之不用，並曉然於天心之屬意於先生者，爲斯道之絶續計，將以扶天理民彝於不墜，而不徒扶衰救弊之功已也，故論之如此。光緒五年歲次己卯，夏六月〔三〕，賞戴花翎世襲子爵、知延平府事、古燕後學張國正謹題〔四〕。

（見光緒五年己卯、七年辛巳補修道南祠玉華山館藏板楊文靖公全集卷首）

校記

〔一〕「補修」，光緒九年本作「重刻」。

〔二〕「歲久殘缺」之下，光緒九年本尚有以下一段文字：「印刷匪易，爰捐廉俸，重付剞劂，訛者改之，缺者補之，其無可校正者，姑從其舊」，下接「學者得讀是書」，而無「因偕夏大令子鎔捐廉，補修完好，俾」等十四個字。

〔三〕「光緒五年歲次乙卯夏六月」，光緒九年本改作「光緒九年歲次癸未秋七月」。

〔四〕「賞戴花翎世襲子爵」之下，光緒九年本有「調署福州府事」六字。

補修宋楊文靖公全集跋〔一〕　〔清〕夏子鎔

宋大儒楊龜山先生著籍將樂。戊寅春，子鎔權篆是邑，既謁先生祠，訪求遺書。未幾，先生裔孫、邑諸生縉廷以康熙丁亥祠生繩祖刊本來見，歲久刓殘，詢原板，未盡佚，尚可整比。間以聞郡伯古燕張公，公忻然首捐廉俸〔二〕，趣子鎔召手民修治，遂覓完帙，以縉廷任校讎事。凡刊補闕葉九十有六，闕字五千有奇。

按舊序，先生集三十五卷，世久不傳。明新安程學士敏政從館閣本鈔其詩文雜著爲十六卷。弘治壬戌，將樂令江東李公熙，益以論諫刊之，然非足本。萬曆辛卯〔三〕，海陽林公熙春知縣事復偕邑人士求得常州沈中丞暉鈔本，分彙增補，釐爲四十二卷，合傳、誌、行狀、年譜，實四十三卷，先生之集始全。會有同邑異宗攘祠祀者，私改前叙，因匿集板不出。此繩祖重刊本在。既經釐正嫡裔奉祠之後，維時聖治右文，御書祠匾〔四〕。前大中丞儀封張清恪公方以表章儒先、振興理學爲己任，斯集遂復大顯於世。

子鎔又謹按四庫全書總目載，龜山集李本、林本外，尚有常州東林書院本、宜興本、順治庚寅裔孫令聞本以歲月按之，令聞疑即改序匱板者，守祠事細不上聞，使得贅名天禄，亦幸矣。爲丁亥諸序所未徵及，中宜興本三十五卷，與明館閣本合，當祖宋本。惜今邑中惟繩祖是刻塵有存者，餘本悉不可見，無由一校其異同也。

先生以伊、洛正傳，開南宋道統，及其立朝，論議風節，具詳史傳及諸家纂著中，無待覼贅。竊嘗自惟〔五〕，承乏大儒之鄉，不特道學源流未一窺涉，即先生嘗知瀏陽、餘杭、蕭山諸縣事矣，有舉其善政善教策，效法於萬一，能乎否邪？然自南宋至今七百餘歲，龜山清淑之氣，與先生繼往開來之業，相旁薄於無窮。自今以往，安知名世間生，不復有豫章羅氏、延平李氏、新安朱子其人者？泝源閩、洛〔六〕，以上接百王千聖之傳，則先生是集，誠所謂俟百世而不惑者也。

賢裔守先，斯文未墜。子鎔因得藉手繕修，從李、林二公後，竊自附於有舉無廢之義。工既竣，遂謹紀其原委如此。上距繩祖重刊歲月，蓋亦幾二百年矣。

光緒五年己卯冬十月，補用同知仙游縣知縣、署將樂縣知縣、江陰夏子鎔敬跋。

（見光緒五年己卯、七年辛巳補修道南祠玉華山館藏板楊文靖公全集卷末）

校記

〔一〕原文無標題，此標題係點校者據張國正序所擬。

〔二〕「首捐廉俸」，「捐」原作「損」，誤。今改。

〔三〕「萬曆辛卯」，道南祠重補修本「辛卯」原作「壬子」，誤。林熙春龜山先生全集後序文後自署寫於「萬曆十九年歲在辛卯」，豐城李琯龜山先生文集後語文後亦自署「明萬曆十九年歲在辛卯」。是時耿定力在福建任學政，故林熙春得以請他寫序，如作「壬子」，則在萬曆四十年(1612)，時耿定力已卒。故知「壬子」系「辛卯」之誤。今據改。

〔四〕「祠匾」，「匾」原作「扁」，誤。今改。

〔五〕「竊嘗自惟」，「惟」原作「維」，誤。今改。

〔六〕「泝源」，「泝」重刊本原作「沂」(水名)，形近之誤。今依文意改。

重刊宋儒楊文靖公全集書後

〔清〕汪保駒

凡古聖先賢之應運而生者，皆所以覺世牖民，天爲之也。慨自唐、虞三代而後，世衰道微，凌夷以至春秋，天理民彝幾乎熄矣。天於是乎篤生孔子，金聲玉振，集前聖之大成，以接續道統於不墜。而尊孔子者，必推本於周公。遞至宋世徽、欽之時，安石邪説横行，京、卞接踵怙惡，人心陷溺，舉國若狂，彝倫攸斁，否塞晦蒙。天於是乎篤生朱子，著書立説，集諸儒之大成，以維持道脉於弗衰。而尊朱子者，必推本於龜山楊先生。

蓋自宋室中衰，運會一變，黄鐘毁棄，瓦缶雷鳴，王氏新經、字説之學出，天下從風而靡。惟先生得心傳於二程夫子，講明正學，距詖放淫，如魯靈光，巋然獨存，作砥柱於中流，挽狂瀾於既倒，黜王氏之配，排和議之非，主持太學〔一〕，使多士端其趨向。微先生，其孰能任之？且是時，大江以南猶未深明聖學。自先生載道南來，一傳而羅，再傳而李，三傳而至子朱子〔二〕，表章六經，注釋學、庸、論、孟〔三〕，由是聖賢之道博大昌明，如日月之麗乎中天，爲天下古今萬世所共興瞻仰，而閩中遂稱海濱鄒、魯，與伊、洛同風。殆由於先生所藴蓄者宏，故朱子因之，所發皇者大。微先生合天地南北之殊，紹濂、洛、關、閩之緒，即子朱子亦安所得私淑而取法乎？先生誠天下古今萬世繼往開來之一人也，顧不重歟〔四〕？

余於光緒紀元蒙授將邑令〔五〕，適在省垣，綜理鹺務〔六〕。三年春，始履新任〔七〕。入先生之故里，謁先生之祠堂，惕然於中，深恐檮昧庸愚，於仕、學二者一無所能，惶愧汗下〔八〕，慮無以對先生〔九〕，緬想先生必有著述〔一〇〕，而未之見也。詢之此邦人士〔一一〕，而亦不可得。適值縣試〔一二〕，拔梁生緒墀冠童子軍〔一三〕。梁生來謁，以文靖公全集一函見贈〔一四〕。余得之意外，驚喜異常，伏而讀之，竊見先生之道學、經濟、氣節、文章胥在於此〔一五〕，玩味無窮，悚然生敬。蓋是書之傳於世者甚少，梁氏爲將邑詩書舊族，始能收藏〔一六〕。爰訪先生之後裔〔一七〕，得晤其廿六世裔孫庠生縉廷，問其書版，能否摹印。答云：「書版年久未修〔一八〕，其中殘闕漶漫者居多〔一九〕，早思修補，而一介寒儒，力不能辦〔二〇〕。」彼時余亟思爲之修整〔二一〕，乃值二年三年連次洪水爲灾〔二二〕，野有哀鴻，舉辦賑濟，民事孔殷〔二三〕，未遑及此。是年冬〔二四〕，收成豐稔，余又因他事奉調旋省，此志猶未逮也。

七年秋，余捧檄回任，下車伊始，縉廷來見，即以文靖公全集見詒。詢其崖末，始悉前署令夏君政甫於己卯年已同縉廷修補成書。此書一出，四方風動，有不遠數千百里而來購求者，計至此時已摹印數百部。本係百餘年舊版，早經窳朽，勉强補綴，屢加刷磨〔二五〕，其中字之漶漫者又多，不堪再印。縉廷商之於余，請爲重新刊刻。余曰：「此予之素志也，敢不勉旃？」今冬幸時和年豐，訟稀民樂，雨暘咸宜，莎庭人静，爰倡捐版資，囑縉廷召匠鳩工，重付剞劂。前書雖成，而其中字句舛訛尚復不少。余於治事之暇，略加校讎，第愧識陋學疏，未能深悉其藴奥，惟就知識之所及者，考究而更易之。其所不知者，仍闕疑以俟博雅君子。

我國家聖聖相承，緝熙典學，稽古右文，聖道大光，百家屏息〔二六〕，鼓吹休明，直軼乎漢、唐、宋、元、明之上。凡在臣民，生於此際，仰沐聖澤，漸摩涵濡，誠爲厚幸。而追溯道學淵源，其來有自，則先生之文集，豈可不亟爲刊布流傳，俾一世之人，均得家絃而户誦乎？余於是愈睪然高望，穆然遐思，恍然於天人交孚之際，而深嘆夫五星聚奎，五百應期，天之生先生，所以爲覺世牖民者，昭然不爽〔二七〕。

讀先生之文集，所言皆以正人心、辨學術、廑民瘼、培國運爲本，誠足以維繫天下古今萬世之名教綱常於弗替，乃所以覺世牖民之具也。豈偶然哉？豈偶然哉〔二八〕？

光緒七年歲次辛巳十二月運同銜候補同知、延平府將樂縣知縣、後學固陵汪保駒敬跋。

（見光緒七年辛巳重刊本楊文靖公全集卷末）

校記

〔一〕「太學」，光緒七年本原作「大學」，今據光緒九年本改。

〔二〕「一傳而羅，再傳而李，三傳而至子朱子」，光緒九年本作「一傳而李，再傳而羅，三傳而至子朱子」，誤。光緒七年本不誤。

〔三〕「注釋學、庸、論、孟」之下，光緒九年本下有「踵事麟經，作通鑒綱目，昭垂法戒，筆削精嚴」等十七字，爲光緒七年本所無。

〔四〕「顧不重歟」，光緒九年本「顧」作「豈」。

〔五〕「余於光緒紀元蒙授將邑令」，光緒九年本「余」作「保駒」，「將邑」作「將樂」。

〔六〕「適在省垣綜理鹺務」，光緒九年本删去此八字。

〔七〕「始履新任」，光緒九年本無「始」、「新」二字。

〔八〕「惶愧汗下」，光緒九年本無此四字。

〔九〕「慮無以」，光緒九年本「慮」作「愧」。

〔一〇〕「著述」，光緒九年本作「著作」。

〔一一〕「人士」，光緒九年本作「士人」。

〔一二〕「適值」，光緒九年本作「旋值」。

〔一三〕「拔梁生緒墀」，光緒九年本「拔」之下有「西鄉」二字。

〔一四〕「見贈」光緒九年本作「爲贄」。

〔一五〕「伏而讀之，竊見先生之道學、經濟、氣節、文章胥在於此」，光緒九年本改「伏而讀之，竊見先生之」爲「盥薇莊誦，乃知張清恪所謂」，而「胥在於此」下增「者誠確論也」五字。

〔一六〕「玩味無窮，悚然生敬。蓋是書之傳於世者甚少，梁氏爲將邑詩書舊族，始能收藏」，光緒九年本改作：「竊思先生始浮沉於州縣者數十年，而終能卓然樹立，爲有宋一代偉人。高山景行，良深敬慕。」

〔一七〕「爰訪先生之後裔」，光緒九年本「訪」下有「求」字，「先生」下無「之」字。

〔一八〕「書版年久未修」，光緒九年本作「塵封年久」，無「書版」和「未修」四字。

〔一九〕「漶漫」，光緒七年本、九年本「漶」皆作「熿」。字書無「熿」字。下「漶漫」亦誤作「熿漫」。今逕依文意改。

〔二〇〕「早思修補，而一介寒儒，力不能辦」，光緒九年本悉删去。

〔二一〕「彼時余亟思爲之修整」，光緒九年本無「余」字。

〔二二〕「爲灾」，光緒九年本「灾」作「菑」。

〔二三〕「民事孔殷」，光緒九年本「孔」作「方」。

〔二四〕「是年冬」至「我國家聖聖相承」一大段，光緒九年本作了較大修改，文字多所不同。兹抄録如下：「是冬，又奉調赴省，權篆者爲夏令子鎔，屢爲函囑夏君興辦此舉。後經夏君爲之補輯，始克成書。及七年秋，保駒旋任。詢之縉廷，據云本係百年舊版，早經窳朽，勉事補綴，屢經刷印，旋又模糊。保駒於公餘之暇，又爲之稍加校讎，捐資刊補，然亦不過補苴罅漏，未得爲全璧之稱。幸值古燕張笏臣爵憲出守南劍，重道崇儒，以興起斯文爲己任，命保駒集資重刊，以期盡美盡善。太守首先捐廉以爲表率。保駒幸得承乏，官於先賢鄉梓之邦，溯洄教澤，景仰前修，考訂遺書，更不容緩，遂亦捐廉贊助，并函請延屬同寅諸君共襄盛舉，幸流風餘韵，猶有存者。九年春，剞劂告成，奉太守之命而識其原委如此。敬惟我國家聖聖相承。」按，以下二本文字大體相同。

〔二五〕「屢加刷磨」，光緒七年本「刷」作「剐」，誤。字書無「剐」字。今據光緒九年本改。

〔二六〕「屏息」，光緒七年本、九年本「息」皆作「熄」，誤。今依文意改。

〔二七〕「不爽」，光緒九年本作「若揭」。

〔二八〕「豈偶然哉，豈偶然哉」，光緒七年本全文至此結束。光緒九年本無後一「豈偶然哉」四字，而下文尚有如下二十五字：「士君子身逢重熙累洽之際，文教覃敷，數百世之下，必有聞風而興。」然從語意看尚未完篇，因福建省圖書館藏光緒九年本以下缺頁，無從考校。

附録二　傳記　墓誌銘　行狀　年譜

傳記

宋史本傳〔一〕

楊時字中立，南劍將樂人。幼穎異，能屬文，稍長，潛心經史。熙寧九年，中進士第。時河南程顥與弟頤講孔、孟絶學於熙、豐之際，河、洛之士翕然師之。時調官不赴，以師禮見顥於潁昌，相得甚歡。其歸也，顥目送之曰：「吾道南矣。」四年而顥死，時聞之，設位哭寢門，而以書赴告同學者。至是，又見程頤於洛，時蓋年四十矣。一日見頤，頤偶瞑坐，時與游酢侍立不去，頤既覺，則門外雪深一尺矣。關西張載嘗著西銘，二程深推服之，時疑其近於兼愛，與其師頤辨論往復，聞理一分殊之説，始豁然無疑。

杜門不仕者十年。久之，歷知瀏陽、餘杭、蕭山三縣，皆有惠政，民思之不忘。張舜民在諫垣，薦之，得荆州教授。時安於州縣，未嘗求聞達，而德望日重，四方之士不遠千里從之游，號曰龜山先生。

時天下多故，有言於蔡京者，以爲事至此必敗，宜引舊德老成置諸左右，庶幾猶可及，時宰是之。會有使高麗者，國主問「龜山安在」，使回以聞。召爲秘書郎，遷著作郎。及面對，奏曰：

堯、舜曰「允執厥中」，孟子曰「湯執中」，洪範曰「皇建其有極」，歷世聖人由斯道也。熙寧之初，大臣文六藝之言以行其私，祖宗之法紛更殆盡。元祐繼之，盡復祖宗之舊，熙寧之法一切廢革。至紹聖、崇寧抑又甚焉，凡元祐之政事著在令甲，皆焚之以滅其迹。自是分爲二黨，縉紳之禍至今未殄。臣願明詔有司，條具祖宗之法，著爲綱目，有宜於今者舉而行之，當損益者損益之，元祐、熙、豐姑置勿問，一趨於中而已。

朝廷方圖燕、雲，虛内事外，時遂陳時政之弊，且謂：「燕、雲之師宜退守内地，以省轉輸之勞，募邊民爲弓弩手，以殺常勝軍之勢。」又言：「都城居四達之衢，無高山巨浸以爲阻衛，士人懷異心，緩急不可倚仗。」執政不能用。登對，力陳君臣警戒，正在無虞之時，乞爲宣和會計録，以周知天下財物出入之數。徽宗首肯之。

除邇英殿説書。聞金人入攻，謂執政曰：「今日事勢如積薪已然，當自奮勵，以竦動觀聽。若示以怯懦之形，委靡不振，則事去矣。昔汲黯在朝，淮南寢謀。論黯之才，未必能過公孫弘輩也，特其直氣可以鎮壓姦雄之心爾。朝廷威望弗振，使姦雄一以弘輩視之，則無復可爲也。要害之地，當嚴爲守備，比至都城，尚何及哉？近邊州軍宜堅壁清野，勿與之戰，使之自困。若攻戰略地，當遣援兵追襲，使之腹背受敵，則可以制勝矣。」且謂：「今日之事，當以收人心爲先。人心不附，雖有高城深池、堅甲利兵，不足恃也。免夫之役，毒被海内，西城聚斂，東南花石，其害尤甚。前此蓋嘗罷之，詔墨未乾，而花石供奉之舟已銜尾矣。今雖復申前令，而禍根不除，人誰信之？欲致人和，去此三者，正今日之先務也。」

金人圍京城，勤王之兵四集，而莫相統一。時言：「唐九節度之師不立統帥，雖李、郭之善用兵，猶不免敗衄。今諸路烏合之衆，臣謂當立統帥，一號令，示紀律，而後士卒始用命。」又言：「童貫爲三路大帥，敵人侵疆，棄軍而歸，孥戮之有餘罪，朝廷置之不問，故梁方平、何灌皆相繼而遁。當正典刑，以爲臣子不忠之戒。童貫握兵二十餘年，覆軍殺將，馴至今日，比聞防城仍用閹人，覆車之轍，不可復蹈。」疏上，除右諫議大夫兼侍講。

敵兵初退，議者欲割三鎮以講和。時極言其不可，曰：「河朔爲朝廷重地，而三鎮又河朔之要藩也。自周世宗迄太祖、太宗，百戰而後得之，一旦棄之北庭，使敵騎疾驅，貫吾腹心，不數日可至京城。今聞三鎮之民以死拒之，三鎮拒其前，吾以重兵躡其後，尚可爲也。若种師道、劉光世皆一時名將，始至而未用，乞召問方略。」疏上，欽宗詔出師，而議者多持兩端。時抗疏曰：「聞金人駐磁、相，破大名，劫虜驅掠，無有紀極，誓墨未乾，而背不旋踵，吾雖欲專守和議，不可得也。夫越數千里之遠，犯人國都，危道也。彼見勤王之師四面而集，亦懼而歸，非愛我而不攻。朝廷割三鎮二十州之地與之，是欲助寇而自攻也。聞肅王初與之約『及河而返』，今挾之以往，此敗盟之大者。臣竊謂朝廷宜以肅王爲問，責其敗盟，必得肅王而後已。」時太原圍閉數月，而姚古擁兵逗留不進，時上疏乞誅古以肅軍政，拔偏裨之可將者代之。不報。

李綱之罷，太學生伏闕上書，乞留綱與种師道，軍民集者數十萬，朝廷欲防禁之。吴敏乞用時以靖太學。時得召對，言：「諸生伏闕紛紛，忠於朝廷，非有他意，但擇老成有行誼者爲之長貳，則將自定。」欽宗曰：「無逾於卿。」遂以時兼國子祭酒。首言：「三省政事所出，六曹分治，各有攸司。今乃別辟官屬，新進少年，未必賢於六曹長貳。」又言：

蔡京用事二十餘年，蠹國害民，幾危宗社，人所切齒，而論其罪者，莫知其所本也。蓋京以繼述神宗爲名，實挾王安石以圖身利，故推尊安石，加以王爵，配饗孔子廟庭。今日之禍，實安石有以啓之。

謹按安石挾管、商之術，飭六藝以文姦言，變亂祖宗法度。當時司馬光已言其爲害當見於數十年之後，今日之事，若合符契。其著爲邪説以塗學者耳目，而敗壞其心術者，不可縷數，姑即一二事明之：

昔神宗嘗稱美漢文惜百金以罷露臺，安石乃言：「陛下若能以堯、舜之道治天下，雖竭天下以自奉不爲過，守財之言非正理。」曾不知堯、舜茅茨土階，禹曰「克儉于家」，則竭天下以自奉者，必非堯、舜之道。其後王黼以應奉花石之事，竭天下之力，號爲享上，實安石有以倡之也。其釋鳧鷖守成之詩，於末章則謂：「以道守成者，役使群衆，泰而不爲驕，宰制萬物，費而不爲侈，孰弊弊然以愛爲事？」詩之所言，正謂能持盈則神祇祖考安樂之，而無後艱爾。自古釋之者，未有泰而不爲驕、費而不爲侈之説也。安石獨倡爲此説，以啓人主之侈心。後蔡京輩輕費妄用，以侈靡爲事。安石邪説之害如此。

伏望追奪王爵，明詔中外，毁去配享之像，使邪説淫辭不爲學者之惑。

疏上，安石遂降從祀之列。士之習王氏學取科第者，已數十年，不復知其非，忽聞以爲邪説，議論紛然。諫官馮澥力主王氏，上疏詆時。會學宮中有紛争者，有旨學官并罷，時亦罷祭酒。

時又言：「元祐黨籍中，惟司馬光一人獨褒顯，而未及吕公著、韓維、范純仁、吕大防、安燾輩。建中初言官陳瓘已褒贈，而未及鄒浩。」於是元祐諸臣皆次第牽復。

尋四上章乞罷諫省，除給事中，辭，乞致仕，除徽猷閣直學士、提舉嵩山崇福宮。時力辭直學士之命，改除徽猷閣待制、提舉崇福宮。

高宗即位，除工部侍郎。陛對言：「自古聖賢之君，未有不以典學爲務。」除兼侍讀。乞修建炎會計録，乞恤勤王之兵，乞寬假言者。連章丐外，以龍圖閣直學士提舉杭州洞霄宮。已而告老，以本官致仕，優游林泉，以著書講學爲事。卒年八十三，謚文靖。

時在東郡，所交皆天下士，先達陳瓘、鄒浩皆以師禮事時。暨渡江，東南學者推時爲程氏正宗。與胡安國往來講論尤多。時浮沉州縣四十有七年，晚居諫省，僅九十日，凡所論列皆切於世道，而其大者，則闢王氏經學，排靖康和議，使邪説不作。凡紹興初崇尚元祐學術，而朱熹、張栻之學得程氏之正，其源委脉絡皆出於時。

子迪，力學通經，亦嘗師程頤云。

校記

〔一〕宋史本傳收入楊時文集，始見於明正德十二年沈暉刻本重刊龜山先生文靖楊公全集附録。但此書重刊於何時不詳。康熙四十六年楊繩祖刊楊龜山先生全集卷首有一篇題爲「宋史本傳」的文章，其實是後人所寫的楊時傳記。見後。

楊龜山先生傳〔一〕

楊時字中立，將樂人。自少穎異。及長，天資夷曠，不爲崖異夸絶之行，以求世俗名譽。與人交，始終如一。性至孝，幼喪母，哀毁如成人。事繼母尤謹。登熙寧進士，調汀州司户。不赴，往師程顥。及歸，顥目送之，曰：「吾道南矣。」顥卒，時設位，哭之寢門，以訃告同學者。

後又見程頤於洛。時年已四十。一日，頤偶瞑坐，時與游酢侍立不去。頤既覺，門外雪深一尺矣。時嘗疑張載西銘近於兼愛，與二程往覆辨論，卒聞「理一分殊」之説。杜門力學者十年始出。歷知瀏陽、餘杭、蕭山三縣，皆有惠政，民思之不忘。諫官張舜民薦，除荆州教授。浮沉禄仕，不求聞達，而德望日重。公卿大夫皆尊信之。四方之士，不遠千里往從之游，號曰龜山先生。

宣和五年，蔡京因傅國華薦，召赴都堂審察，以足疾辭。六年，再召爲秘書郎。詔旨敦迫。既至，遷著作郎。面對，奏曰：「堯、舜『允執厥中』，成湯『執中』。先朝熙寧、紹聖、崇寧，皆反之。願明詔有司，條具祖宗之法，著爲綱目，有宜於今者舉而行之，當損益者損益之，一趨於中而已。」

朝廷方圖燕、雲。時疏言：「燕、雲之師，宜退守内地，以固根本，募邊民爲弓弩手，以殺常勝軍之勢。」又言〔二〕：「都城無高山巨浸以爲阻衛，人懷異志，一有緩急，禁軍不可倚仗。」執政不能用。時因對，力陳君臣警戒正在無虞之時。又乞爲宣和會計録，以周知天下財物出入之數。徽宗首肯之。除邇英殿説書。

金人入攻，時謂執政曰：「今日事勢，如積薪已然，當自奮勵，以聳動觀聽。漢之汲黯，其才未必能過公孫弘輩也，特其直氣可以鎮壓姦雄之心爾。朝廷威望弗振，使姦雄一以弘輩視之，則無復可爲也。要害之地，并近邊州軍，宜堅壁清野，嚴爲守備〔三〕，比至都城，尚何及哉？若攻戰略地，當遣援兵追襲，使之腹背受敵，可以制勝。」且謂：「今日之事，當以收人心爲先，人心不附，雖有高城深池，堅甲利兵，不足恃也。方田免役，毒被海内，京城聚斂，東南花石，其害尤甚。禍根不除，人誰信之？欲致人和，亟宜去此三者。」又上言：「今勤王兵四集，而不立統帥，雖李、郭以九節度之師，不免敗衄，況諸路烏合之衆哉？至如童貫等，死有餘辜，朝廷置而不問。比聞防城，仍用閹人，覆車之轍，不可復蹈。」疏入，除右諫議大夫兼侍講。

極言三鎮不可割。欽宗立，復抗疏言：「金人駐磁、相，破大名，越數千里，犯人國都，此危道也。彼見勤王之師四集，亦懼而歸，非愛我而不攻，朝廷反割三十州之地與之〔四〕，是助寇自攻也。又聞挾肅王以去，此敗盟之大者，宜以爲問，責其負約。」又姚古救太原，擁兵不進，疏請誅之。皆不報。

會太學生伏闕訟李綱，軍民集者數十萬。吴敏乞用時以靖太學。時得召對，言：「諸生紛紛，忠於朝廷，非有他意，但擇老成有行誼者爲之長貳，則將自定。」上曰：「無逾於卿。」遂以時兼國子祭酒。首言：

蔡京人所切齒，而論京罪者，莫知其所本。蓋京以繼述神宗爲名，實挾王安石以圖身利，故推尊無所不至。今日之禍，安石實啓之。當時司馬光嘗言其害當見於數十年之後，今已大驗。其著爲邪説，敗壞學者心術，以塗其耳目者，不可縷數。姑即一二事明之：

昔神宗稱美漢文罷露臺事。安石乃言：「陛下能行堯、舜之道，雖竭天下以自奉不爲過。」其後遂有應奉花石之事。又鳧鷖詩末章所言，本謂能持盈守成，則祖考安樂之，而無後艱。安石倡爲異説，以啓人主侈心，謂：「以道守成者，役使群衆，泰而不爲驕，宰制萬物，費而不爲侈，孰弊弊然以愛爲事？」其邪説流禍，至於今日。伏望追奪王爵，明詔中外，毁去配享之像。

詔從之。又言今近日褒元祐黨籍，未及吕公著、韓維、范純仁、吕大防、安燾，言官未及鄒浩，皆得次第牽復。

又著三經義辨，請毁三經板。時士子獵取科第已數十年，不復知其非，議論紛然。諫官馮澥上疏力詆。時遂乞罷諫省。除徽猷閣直學士，改待制，提舉崇福宫。

高宗即位，召爲工部侍郎。陛對，言：「自古聖賢之君，未有不以典學爲務。」尋兼侍讀。三疏乞修建炎會計録，并恤勤王之兵，及寬假言者。丐外〔五〕，以龍圖閣直學士提舉洞霄宫致仕。卒年八十三。謚文靖。

時德器早成，淵源有自。其推本孟氏性善之説，發明中庸、大學之道。渡江以來，東南學者推爲「程氏正宗」。晚居諫省，僅九十日，闢王氏，排和議，其功甚大。子五人。迪力學通經，亦嘗師頤，最知名。

（見康熙四十六年楊繩祖刊楊龜山先生全集卷首）

校記

〔一〕「楊龜山先生傳」，本文始見於康熙四十六年楊繩祖刻本卷首和康熙四十八年福州正誼堂刻本正誼堂全書楊龜山集卷首，題爲「宋史本傳」，誤，實爲據宋史本傳改寫者。其後道南祠重補修本卷首、民國乙卯重修宏農楊氏族譜卷一所收亦承其訛。今改稱楊龜山先生傳。

〔二〕「又言」，宏農楊氏族譜「又」作「復」。

〔三〕「守備」，宏農楊氏族譜，作「備守」，誤。

〔四〕「反割二十州之地」，宏農楊氏族譜無「反」字。正誼堂本「二十」作「三十」，誤。繩祖本作「二十」，萬曆本上欽宗皇帝其三亦作「今以三鎮二十州之地與之」，是。今據改。

〔五〕「丐外」，正誼堂本「丐」作「匄」。「匄」、「丐」異體字。

墓誌銘

龜山先生墓誌銘〔一〕

〔宋〕胡安國〔二〕

自孟子没，遺經僅在，而聖學不傳。所謂見而知之與聞而知之者，世無其人，則有西方之傑，窺見間隙，遂入中國〔三〕，舉世傾動，靡然從之。於是人皆失其本心，莫知所止，而天理滅矣。宋嘉祐中，有河南二程先生，得孟子不傳之學於遺經，以倡天下。而升堂睹奧，號稱高弟〔四〕，在南方則廣平游定夫、上蔡謝顯道與公三人是也。

公諱時，字中立，姓楊氏。既没逾年，諸孤以右史呂本中所次行狀來請銘。謹案：楊氏出於弘農，爲望姓。五世祖唐末避地閩中，寓南劍州之將樂縣，因家焉。

公資稟異甚，八歲能屬文。熙寧九年，中進士第。調汀州司户參軍。不赴，杜門績學，渟滀涵浸，人莫能測者幾十年。久之，乃調徐州司法。丁繼母憂。服闋，授虔州司法。公燭理精深，曉習律令，有疑獄衆所不决者，皆立斷。與郡將議事，守正不傾。罷外艱。除喪，遷瀛州防禦推官。知潭州瀏陽縣，安撫使張公舜民以客禮待之。漕使胡師文惡公之與張善也，歲饑，方賑濟，劾以不催積欠，坐衝替。

張公入長諫垣，薦之。除荆南教授。改宣德郎，知杭州餘杭縣。遷南京宗子博士。會省員，知越州蕭山縣，提點均州明道觀、成都府國寧觀。後例罷。差監常州市易務，公年幾七十矣。

是時，天下多故。或説當世貴人，以爲事至此必敗，宜力引舊德老成置諸左右〔五〕，開導上意，庶幾猶可及也。則以秘書郎召。到闕，遷著作郎。及對，陳儆戒之言。除邇英殿説書。公知時勢將變，遂陳論政事。其略曰〔六〕：

近日蠲除租税，而廣濟軍以放税降官，是詔令爲虚文耳。安土之民不被惠澤，而流亡爲盗者獨免租賦，百姓何憚不爲盗？夫信不可去，急於食也，宜從前詔〔七〕。嘉祐通商榷茶之法，公私兩便。今茶租錢如故，而榷法愈急，宜少寬之。諸犯榷貨，不得根究來歷，今茶法獨許根究來歷〔八〕，追呼蔓延，狴犴充斥，宜即革之。東南州縣均敷鹽鈔，迫於殿最，計口而授，人何以堪？宜酌中立額，使州縣易辦；發運司，宜給糴本，以復轉般之舊。如預買，宜損其數，而實支所買之值〔九〕。燕、雲之軍，宜退守内郡，以省運輸之勞。燕、雲之地，宜募邊民爲弓箭手，使習騎射，以殺常勝軍之勢。衛士，天子爪牙，而分爲二三，宜循其舊，不可增損。

凡十餘事，執政不能用。而虜騎已入寇〔一〇〕，則又言：

今日所急者，莫大於收人心。邊事之興，免夫之役，毒被海内，誤國之罪，宜有所歸。西城聚斂，東南花石，其害尤甚。宿姦巨猾，借「應奉」之名，豪奪民財，不可數計。天下積憤，鬱而不得發幾二十年。欲致人和，去此三者。

會淵聖嗣位，公乞對。曰：

君臣一體。上皇痛自引咎，至托以倦勤避位，而宰執叙遷，安受不辭，此何理也？城下之盟，辱亦甚矣。主辱臣死，大臣宜任其責，而皆首爲竄亡自全之計。陛下孤立何賴焉？乞正典刑，爲臣子不忠之戒。童貫爲三路總帥，虜人侵疆，棄軍而歸，置而不問，故梁方平、何灌相繼逃去。大河天險，棄而不守。虜人奄至城下，而朝廷不知。帥臣失職，無甚於此！宜以軍法從事。防城所仍用閹人提舉，授以兵柄，此覆車之轍，不可復蹈。

淵聖大喜，擢右諫議大夫。

虜人厚取金帛，又遂賂以三鎮，遂講和而去。公上疏曰：

河朔朝廷重地，三鎮又河朔要藩，今一旦棄之，虜廷以二十州之地貫我腹中〔一一〕，距京城無藩籬之固，戎馬疾驅，不數日而至。此非經遠之謀。四方勤王之師，逾月而後集〔一二〕，使之無功而去，厚賜之則無名，不與則生怨，不可不慮也。始聞三鎮之民欲以死拒守，今若以兵攝之，使腹背受敵，宜可爲也。朝廷欲專守和議，以契丹百年之好，猶不能保，寧能保此狂虜乎〔一三〕？夫要盟，神不信，宜審處之，無至噬臍。於是淵聖乃詔出師，而議者多持兩端，屢進屢却。公又言：「聞金人駐兵磁、相，劫掠無算。誓書之墨未乾，而叛不旋踵。肅王初約『及河而反』，今挾之以往，此叛盟之大者，吾雖欲專守和議不可得也。今三鎮之民以死拒之於前，吾以重兵擁其後，此萬全之計，望斷自宸衷，無惑浮言。」而議者不一，故終失此機會，於是太原諸郡皆告急矣。

太學生伏闕乞留李綱、种師道，軍民從之者數萬人，執政慮其生亂，引高歡事揭榜於衢，且請以禮起邦彦。公言〔一四〕：「士民伏闕，詬罵大臣，發其隱慝，無所不至，出於一時忠憤，非有作亂之心，無足深罪。李邦彦首畫遁逃之策，捐金割地，質親王以主和議，罷李綱而納誓書；李鄴奉使失辭，惟虜言是聽。此二人者，國人之所同棄也。今敷告中外，乃推平賊和議之功歸此二人，非先王憲天自民之意，宜收還榜示，以慰人心。」

邦彥等既罷，趙野尚存。公復言：「野昔嘗建言，請禁士庶以天王君聖爲名者，上皇後以謂諂諛之論〔一五〕，廢格不行。而野猶泰然，不以爲耻。乞賜罷黜。」上皆從之。或意太學生又將伏闕鼓亂，乃以公兼國子祭酒，遂言：

蔡京以繼述神宗皇帝爲名，實挾王安石以圖身利，故推尊安石，加以王爵，配享孔子廟庭，然致今日之禍者，實安石有以啓之也。謹按安石昔爲邪説，以塗學者耳目，敗壞其心術者，不可縷數。姑即一二事明之：

昔神宗皇帝稱美漢文罷露臺之費〔一六〕，安石乃言：「陛下若能以堯、舜之道治天下，雖竭天下以自奉，不爲過也。」夫堯、舜茅茨土階，其稱禹曰「克儉於家」，則竭天下者，必非堯、舜之道。後王黼以三公領應奉司，號爲享上，實安石自奉之説有以倡之也。其釋鳧鷖之末章，則曰：「以道守成者，役使群衆，泰然而不爲驕；宰制萬物，費而不爲侈。」按此章止謂能持盈，則神祇祖考安樂之〔一七〕，無後艱耳，而安石獨爲此説。後蔡京輩争以奢僭相高，輕費妄用，窮極淫侈，實安石此説有以倡之也。其害豈不甚哉！乞正其學術之謬〔一八〕，追奪王爵，明詔中外，毁去配享之像。

遂降安石從祀之列。諫官馮澥力主王氏，上疏詆公。又會學官紛争，有旨皆罷。即上章乞出〔一九〕。除給事中。章又四上，請去益堅。以徽猷閣直學士，提舉西京崇福宮。又懇辭職名不當得，有旨：「楊某學行醇固，諫諍有聲，請閑除職，累月懇辭，宜從其志，以勵廉退。」改徽猷閣待制。

上即位，除工部侍郎。論自古賢聖之君，未有不以典學爲務者，以君德在是故也。上然之，除兼侍講。二年，以老疾乞出，除龍圖閣直學士，提舉杭州洞霄宮。四年，上章告老，從之。紹興五年四月二十四日，終於正寢，享年八十有三。葬本邑西山之原〔二〇〕。近臣朱震奏公：「嘗排邪説，以正天下學術之謬；辨誣謗〔二一〕，以明宣仁聖烈之功；雪冤抑，以復昭慈聖獻之位。據經論事，不愧古人。所著三經義辨，有益學者，乞下本州抄録，仍優恤其家。」有旨：贈官，賻以金帛。

娶余氏，贈碩人，先卒。

子五人：迪，早卒；迥、遹、適、造，已仕。女四人：長適陳淵，次陸棠，次李郁，次未嫁。

孫男七人，孫女五人，曾孫一人。

公天資夷曠，濟以問學，充養有道，德器早成，積於中者純粹而閎深，見於外者簡易而平淡。閒居和樂，色笑可親，臨事裁處，不動聲氣。與之游者，雖群居終日，嗒然不語，飲人以和，而鄙薄之態，自不形也。推本孟子性善之説，發明中庸、大學之道，有欲知方者，爲指其攸趣，無所隱也。當時公卿大夫之賢者，莫不尊信之。

崇寧初，代余典教渚宮，始獲從公游。三十年間，出處險夷，亦嘗覼之熟矣：視公一飯，雖蔬食脆甘，若皆可於口，未嘗有所嗜也；每加一衣，雖狐貉緼袍，若皆適於體，未嘗有所擇也；平生居處，雖弊廬夏屋，若皆可以托宿[二二]，未嘗有所羨而求安也。故山之田園，皆先世所遺，守其世業，亦無所營增豆區之入也。老之將至，沉伏下僚，厄窮遺佚，若將終身焉。子孫滿前，每食不飽，亦不改其樂也。然則公於斯世，所欲不存，果何求哉？心則遠矣。凡訓釋論辨以闢邪説存於今者，其傳浸廣，故特載宣和末年及靖康之初諸所建白，以表其深切著明。而公之學於河南，小嘗試之[二三]，其用已如此，所謂「援而止之而止」，必有以也，「進不隱賢，必以其道」，豈不信乎？世或以不屑去疑公，蓋淺之爲丈夫也。銘曰：

天不喪道，文其在兹。維天之命，尸者其誰？孰能識車中之狀，意欲施之兄弟，而遽並爲世師。偉兹三賢，闊步共馳。有學術業，顏其餒而。公名最顯，垂範有祠。豈不見庸，孔艱厥時。狂瀾奔潰，底柱不攲[二四]。邪説害正，倚門則揮。嗟彼姦罔，讒言詆欺。我扶有極，人用不迷。奚必來世，判其是非？有援則止，直道何疵！不勉而和，展也可夷。河流在北，伊水之湄。誰其似者？訂此銘詩〔二五〕。

（見明正德十二年沈暉刻本重刊龜山先生文靖楊公全集附録，上海復旦大學圖書館藏）

校記

〔一〕「龜山先生墓誌銘」，繩祖本、道南祠重補修本、光緒九年本所題同。朱熹伊洛淵源録卷十、弘治十八年將樂縣志（抄本，下簡稱弘治將樂縣志）卷十二題作楊文靖公墓志銘。

〔二〕「胡安國撰」，正德本原作「徽猷閣待制提舉萬壽觀兼侍講胡安國撰」，朱熹伊洛淵源録作「胡文定公」。今據乾隆三十年延平府志（下簡稱乾隆延平府志）改。

〔三〕「遂入中國」，乾隆延平府志卷四十藝文、乾隆將樂縣志卷八先憲引無「遂」字，誤。

〔四〕「高弟」，伊洛淵源録、繩祖本「弟」作「第」，誤。

〔五〕「舊德」，正德重刊本原作「耆德」，誤。繩祖本亦誤。乾隆延平府志作「舊德」（指有德望的故老），是。今據改。

〔六〕「其略曰」至「章又四上」，乾隆將樂縣志删去一千零二十一字，下接「請去益堅」。

〔七〕「宜從前詔。嘉祐……」，乾隆延平府志作「宜從嘉祐詔」，「嘉祐」二字屬上。

〔八〕「今茶法獨許根究來歷」，伊洛淵源録無「來歷」二字，誤。

〔九〕「所買之值」，伊洛淵源録「值」作「直」。「直」、「值」通用字。

〔一〇〕「虜騎」，繩祖本改作「金人」。乾隆延平府志「虜騎」改作「敵騎」，下「虜人」改作「金人」，「虜廷」改作「敵人」。

〔一一〕「貫我腹中」，伊洛淵源録、繩祖本「我」作「吾」。

〔一二〕「逾月而後集」，繩祖本「後」作「復」，形近致誤。

〔一三〕「狂虜」，繩祖本改作「狂敵」。

〔一四〕「公言」，正德本「言」原作「曰」。按，「言」有進言、建言之意，用「曰」字誤。今據乾隆延平府志改。

〔一五〕「以謂」，伊洛淵源録作「以爲」。

〔一六〕「稱美」，乾隆延平府志作「稱羨」。

〔一七〕「神祇」，各本「祇」作「祗」，誤。今依文意改。

〔一八〕「謬」，伊洛淵源録作「繆」。「繆」通「謬」。

〔一九〕「即上章」，乾隆延平府志無「即」字。

〔二〇〕「西山之原」，乾隆將樂縣志「西山」作「南山」。

〔二一〕「辨誣謗」，伊洛淵源録「辨」作「辯」。下「辨」字同。

〔二二〕「皆可以」之上，正德本原無「若」字。胡安國楊龜山先生行狀、乾隆延平府志有一「若」字。今據補。

〔二三〕「小」，乾隆延平府志作「亦」。

〔二四〕「底柱」，伊洛淵源録、乾隆延平府志「底」作「砥」。「砥」、「底」通用字。

〔二五〕「訂」，乾隆延平府志作「證」。

行狀

楊龜山先生行狀

〔宋〕胡安國〔一〕

龍圖閣直學士楊公歿，其子迥持杖泣而告曰：「藉不朽之言，以重先人，幸莫大焉。」嗚呼！公今逝矣，斯文寥落，老成殆盡，予忍銘？按狀：

公諱時，字中立，號龜山。其先蜀人，唐初徙於江州之湖口。高祖子江，爲西鏞州司户，家於州，因占籍焉。曾祖勝達，祖明，俱讀書不仕，以道自娱。考埴，贈正議大夫。

公生八九歲時能詩賦，已有成立之志。熙寧間補太學生，尋登進士第，授汀州司户參軍。復授徐州司法。聞河南程明道與弟伊川講孔、孟絶學於河、洛，遂棄仕，與建安游君定夫往潁昌，以師禮從學焉。明道甚喜，每言曰：「楊君最會得容易。」及歸，送之出門，語人曰：「吾道南矣。」明道卒，又師事伊川於洛。一日，伊川偶瞑而坐，公與定夫侍立不去。及覺，謂曰：「賢輩尚在此乎？」出門，雪深三尺矣〔三〕。其信道之篤如此。後伊川見學者多從佛學，獨君與謝君顯道不變，因嘆曰：「學者皆流於夷狄矣，惟有楊、謝二君長進。」時天下方趨王氏新學，公獨斥之爲非，其守正闢邪，確乎不可易。

元祐中，爲虔州司法。公決斷疑獄，無所留滯。尋丁父憂，哀毁逾禮，鄉邦化之。紹聖、崇寧、大觀間，歷知瀏陽、餘杭、蕭山三縣，皆有善政。民感其惠，咸爲之立祠。是時從公學者益衆，雖高麗國王亦問公「安在」焉。宣和中，因丞相京薦，召爲秘書郎。上疏請復祖宗舊制，乞除熙寧以來新法，其論時事甚悉。徽宗首肯之〔三〕，曰：「卿所陳，皆堯、舜之道。」除邇英殿説書。

欽宗即位，公極言童貫敗師之罪，乞罷庵寺防城。欽宗以爲諫議大夫兼侍講。未幾，吴公敏乞用公以靖太學，遂兼國子祭酒。時丞相京擅權，公極論其罪惡，實踵王氏私智以誤國，乞追奪安石王爵及罷享祀。君子以爲（下有脱字）〔四〕。乃罷祭酒，以徽猷閣待制致仕〔五〕。

高宗即位，復以公爲工部右侍郎。公拳拳然以聖賢典學爲勸，除兼侍講。尋以老疾求去，乃授今職致仕焉。

紹興五年四月，公遘疾，勢雖稍增，而起居談論如常。厥明，盥漱就枕，諸子侍側，忽視之，而公已逝矣。享年八十有三。

公天資夷曠，濟以問學〔六〕，充養有道，德器早成，積於中者純粹而閎深，見於外者簡易而平淡。閑居和樂，色笑可親，臨事裁處，不動聲色。與知游者，雖群居終日，嗒然不語，飲人以和〔七〕，而鄙薄之態，自不形也。推本孟子性善之説，發明中庸、大學之道，有欲知方者，爲指其攸趣，無所隱也。當時公卿大夫之賢者，莫不尊信之。

崇寧初，代余典教渚宫〔八〕，始獲從公游。三十年間，出處險夷，亦嘗覵之熟矣〔九〕：視公一飯，雖蔬食脆甘，若皆可於口，未嘗有所嗜也；每加一衣，雖狐貉緼袍，若皆適於體，未嘗有所擇也；平生居處，雖敝廬夏屋，若皆可以托宿，未嘗有所羡而求安也。故山之田園，皆先世所遺，守其世業，亦無所營增豆區之入也。老之將至，沉伏下僚，厄窮遺佚，若將終身焉。子孫滿前，每食不飽，亦不改其樂也。然則公於斯世，所欲不存，果何求哉？心則遠矣。

公所著述，有易、書、禮記、周禮、中庸、論語諸解，孟子、春秋義，三經筵講義，校正伊川易、字説辨〔一〇〕及奏議、詩文若干卷。

夫人余氏，先公卒。子五：長迪，次迥，三遹，四適，五造，俱爲郎官。女二：長適陳淵，次適李郁。孫八：雲已膺鄉薦，航、崧、森今游太學，嶽與次山讀書鄉。

以十月二十二日葬於邑之水南之原。從而銘之曰：

惟德惟純，惟道斯正。孟性孔仁，周誠程敬。載道而南，驅邪翼正。注書立言，〔一一〕大開後進。歷仕外邦，民感善政。黼黻四朝，贊襄允稱。位崇望高，由材匪命。允若其人，端與國竝。南山之原，水土深瑩。于以藏之，百世其定。

右朝靖大夫權發遣福建路提點刑獄公事賜紫金魚袋吕聰問書册

觀文殿大學士左銀青光禄大夫提舉西京嵩山崇福宫李綱篆　蓋

（光緒十年重修蛟湖楊氏族譜卷首行狀，第4—6頁）

校記

〔一〕原文無標題，此篇題及落款是點校者所加。蓋據本文「崇寧初，代余典教渚宮，始獲從公游」這段文字，並參看黄譜的記載。

〔二〕「雪深三尺矣」，宏農楊氏族譜、光緒十年甲申重修蛟湖楊氏族譜（下簡稱蛟湖楊氏族譜）「矣」并作「與」，誤。

〔三〕「徽宗首肯之」，蛟湖楊氏族譜無「之」字。今據宏農楊氏族譜補。

〔四〕「君子以爲」，宏農、蛟湖兩種族譜同。「以爲」下有脱字。

〔五〕「徽猷閣待制致仕」，宏農、蛟湖兩種族譜同。「徽」上脱一「以」字。今依文意補。

〔六〕「濟以問學」，蛟湖楊氏族譜無「濟」字。今據胡安國龜山先生墓誌銘補。「問學」原作「學問」，誤。胡安國龜山先生墓誌銘作「問學」，是。今據改。

〔七〕「飲人以和」，蛟湖楊氏族譜「飲」原作「接」，誤。今據胡安國龜山先生墓誌銘改。

〔八〕「渚宮」，蛟湖楊氏族譜原作「清宮」，誤。今據胡安國龜山先生墓誌銘改。按，渚宮，楚之别宮，在湖北江陵縣城内。

〔九〕「亦嘗覸」，蛟湖楊氏族譜「覸」原作「睹」。今據胡安國龜山先生墓誌銘及宏農楊氏族譜改。

〔一〇〕「字説辨」，蛟湖楊氏族譜原無「辨」字，誤。今據本書卷七辨二王氏字説辨補。

〔一一〕「注書立言」，原本下接「歷仕外邦」，文意不相連貫，而「邦」字上與第二、四句的「正」、「敬」，下與第八、十句的「政」、「稱」又不相叶，打破此銘文兩句一用韻的格局。且末句「大開後進」又游離篇外，無所傍依。今移此四字於「注書立言」之後，則全篇文從字順而韻字也大體相叶。

楊龜山先生行狀

〔宋〕吕本中〔一〕

先生諱時，字中立，姓楊氏，世居南劍將樂縣北之龜山。其先本蜀人，唐初徙居江州湖口，次居河南開封府顧釋縣〔二〕。迨高祖子江公以進士授鏞州司户，因家於州，遂占籍此地焉。曾祖勝達，豪邁不羈，生五子。其三子明，乃先生之祖也。明生埴〔三〕，贈正議大夫。埴，先生父也。

先生八九歲能詩賦，人咸異之。弱冠時游於邵武學，有聲，確然以道學自任。年二十三，膺太學薦，遂登徐鐸榜進士第，授汀州司户參軍。元豐間，授徐州司法。哲宗即位，時天下翕然共趨王氏之學，先生獨斥其不知道，妄以私智曲説眩瞀學者耳目。

元祐間，任虔州司法。有疑獄，衆所不決者，皆立斷。與郡將議事，守正不屈。後歷知瀏陽、餘杭、蕭山三縣，皆有惠政。民思不忘，俱爲祠以祀焉。

先生安於州縣，未嘗求聞達，而德望日重，四方之士，不遠千里從之游，號曰龜山先生。時丞相蔡京客張𧪲，言於京曰：「今天下多故，事至此必敗，宜急引舊德老成置諸左右，庶幾猶可及。」問其人，以先生對。京因薦之。會路君允迪使高麗，國王問：「龜山先生安在？」乃召爲秘書郎。

尋上疏請復祖宗舊法，除熙寧以來新政；又乞燕雲之師守内地，以省轉輸之勞，募邊民爲弓弩手，以殺常勝軍之勢。徽宗首肯之，曰：「卿所言，皆堯、舜之道，正孟子所謂『我非堯、舜之道不敢陳於王前』者也。」即除邇英殿説書。

靖康初，先生乞誅童貫以正典刑，乞罷閹寺防城。欽宗大喜，以爲諫議大夫兼侍講。會太學諸生留李丞相綱，吴公敏乞用先生以靖太學，復以先生兼國子祭酒。時極言蔡京罪慝，附王安石以圖身利，乞追奪王爵，毁去享祀之像。乃罷祭酒，以徽猷閣待制致仕。

先生居諫垣九十日，凡所論列，皆切於世道，而其大者，則闢王氏、排和議、論三鎮不可棄云。

高宗即位，初以先生爲工部侍郎。陛對，言：「聖賢之君，未有不以典學爲務。」上然之，除兼侍講。未幾，以老疾求去。乃以龍圖閣直學士，提舉洞霄宮。

先生在東郡，所交皆天下士。後奉祠致仕，優游林泉，以著書講學爲事。東南學者推先生爲「程氏正宗」。忽一日，以疾終於正寢，時紹興乙卯四月二十四也。距其生皇祐癸巳十一月二十五日，春秋八十有三。以十月二十二日葬於邑之水南。

夫人余氏，有賢德。先生生五子：迪，登進士，任修職郎；迴，登進士，任承奉郎；迺、適，俱任監丞；造，登進士，任宣教郎。女二：長適左迪功郎陳淵；次適右迪功郎李郁。孫八：雲，已膺鄉薦；航、崧、森，今游太學；嶽與山，咸知讀書立志焉。

先生天資仁厚，寬大能容物，人不見涯涘，不爲崖異絶俗之行以求世俗名譽。與人交，始終如一。性至孝，幼喪母，哀毀如成人，事繼母尤謹。

熙寧中，舉進士，得官，聞河南兩程先生之道，即往從之學。初見明道先生於潁昌。比歸，明道曰：「吾道南矣。」

是時，兩先生從學者甚衆。而先生獨歸，閑居累年，沉浸經書，推廣師説，窮探力索，務極旨趣，涵蓄廣大，而不敢自恣也。其中粹然純一，明性以知天，了然無疑，故發於外者，簡易直大而無所不容。同時學者皆出其後，獨謝公良佐、游公酢同時並駕，而推先生爲有餘也。本中嘗聞於前輩長者，以爲明道先生温然純粹，終身無疾言遽色，先生實似之。自二程推明聖學，學者日廣。然傳之久，往往失旨趣，支離泛濫，和或至流，直或至訐。先生推己遇物，爲之折衷，輕重先後，如鑑之照形，度之量物，無毫髮差者。其知之明，習之熟，非外鑠我然也。

有中庸解一卷，論語解十卷，易解若干卷，禮記解若干卷，周禮解若干卷，書解若干卷，經筵講義若干卷，春秋義若干卷，孟子義若干卷，校正伊川易若干卷，三經義辨若干卷，字説辨若干卷，日録辨若干卷〔四〕，奏議若干卷，詩若干卷，雜文若干卷。其餘作述亦衆，遭時擾攘，未盡出也。其言皆有功於聖人，而不負其師學。自崇寧、大觀以後，先生名望益重。陳公瓘、鄒公浩皆以師禮事先生，而胡公安國諸人實傳其學，聖人之道爲不墜也。然先生歉然，未嘗自滿。世之學者有志於善，睹先生所以事師交朋友，可以爲法矣。本中不肖，獲從先生游甚久，虚往實歸非一日也，而材質至下，不能有所發揚。今先生既没，其子屬本中叙次本末，將求世之君子，論其大概，而銘諸墓，義不得辭也。

（見清光緒十年甲申重修蛟湖楊氏族譜卷首行狀，第2—4頁）

校記

〔一〕光緒蛟湖楊氏族譜原題「故工部侍郎、龍圖直學士、左朝請大夫楊龜山先生行狀」，下署「中書舍人兼侍講直學士院史館修撰吕本中撰」。現改今題，以歸一律。

〔二〕「顧釋縣」，不詳。疑有誤。

〔三〕「明生埴」，宏農楊氏族譜同。清佚名編楊龜山先生年譜作「殖」。

〔四〕「字説辨」、「日録辨」，清毛念恃龜山年譜「辨」皆作「論」，今據胡安國楊龜山行狀改。

楊龜山先生行狀略

〔宋〕吕本中〔一〕

虔守楚潛議法平允，而通判楊增多刻深，先生每從潛議，增以先生爲附太守輕己。及潛去，後守林某議不持平，先生力與之争，方知先生能有守也。

知潭州瀏陽縣，安撫使張公舜民雅敬重先生，每見必設拜席與均禮。知杭州餘杭縣，簡易不爲繁苛〔二〕，遠近悦服。蔡京方相，貴盛，母前葬餘杭，用日者之言，欲浚湖潴水爲形勢便利，托言欲以便民。事下餘杭縣。先生詢問父老，人人以爲不便，即條上，其事得不行。知越州蕭山縣。蕭山之民聞先生名〔三〕，不治自化，人人圖畫先生形像，就家祀焉〔四〕。

或説當世貴人以爲事至此必敗，宜力引舊德老成置上左右〔五〕，開導上意，庶幾猶可及也。會路允迪、傅墨卿使高麗，高麗王問兩人：「龜山先生今在何處？」兩人對：「方召赴闕矣。」及還，遂以名聞，因勸政府宜及此時力引先生。政府然之，遂以秘書郎召。及對，陳儆戒之言，上嘉納焉。

太原被圍，朝廷遣姚古救援，古逗留不進。先生上言，乞誅古以肅軍政。又率同列上疏，論蔡京、王黼、童貫等罪惡，或死或貶。乞罷宦者典修京城事，且録五代史傳以進。朝廷置詳議司以議天下利病〔六〕。先生以爲三省政事所出〔七〕，六漕分治，各有攸司，今乃别辟官屬，新進小生，未必賢於六曹長貳也。朝廷從其議。又乞褒復元祐名臣凡在黨籍者，力辨宣仁誣謗〔八〕，乞復元祐皇后位號。凡所論，皆切當時要務。太學諸生伏闕上書〔九〕，議者疑其生事徼亂〔一〇〕。先生即見上，言諸生欲忠於朝廷耳，本無他意，但擇老成有行義者爲之長貳〔一一〕，即自定矣。淵聖喜曰：「此無逾卿者矣。」即命先生兼國子祭酒。

今上即位，本中之先君子初在政府，首爲上言先生之賢，於是除工部侍郎。

先生天資仁厚，寬大能容物，人不見其涯涘〔二〕，不爲崖異絶俗之行以求世俗名譽。與人交，始終如一。性至孝，幼喪母，哀毁如成人。事繼母尤謹。熙寧中，既舉進士，得官，聞河南兩程先生之道，即往從之學。是時從兩先生學者甚衆。而先生獨歸，閑居累年，沉浸經書，推廣師説，窮探力索，務極其趣，涵蓄廣大，而不敢輕自肆也。

本中嘗聞於前輩長者，以爲明道先生温然純粹，終身無疾言遽色，先生實似之。（見朱熹伊洛淵源録卷十，題爲行狀略。）

校記

〔一〕伊洛淵源録原題「行狀略」，今改稱「楊龜山先生行狀略」。「呂本中」，原作「呂舍人」。

〔二〕「繁苛」，伊洛淵源録「繁」作「煩」。今據繩祖本改。

〔三〕「蕭山之民」，伊洛淵源録「民」作「人」，今據繩祖本改。

〔四〕「祀焉」，伊洛淵源録「祀」作「祠」，誤。今依文意改。

〔五〕「舊德」，宋史本傳同。繩祖本原作「耆德」。

〔六〕「以議天下利病」，伊洛淵源録無「以」字。今據繩祖本補。

〔七〕「三省」，伊洛淵源録作「三者」，誤。今據繩祖本改。

〔八〕「力辨」，伊洛淵源録「辨」作「辯」。今據繩祖本改。

〔九〕「伏闕」，伊洛淵源録「伏」作「詣」。今據繩祖本改。

〔一〇〕「儌亂」，宏農楊氏族譜作「激亂」。

〔一一〕「行義」，蛟湖楊氏族譜、宏農楊氏族譜作「行誼」。

〔一二〕「人不見」，伊洛淵源録「人」作「又」，誤。

年譜

楊龜山先生年譜〔一〕

〔清〕佚名

宋仁宗皇祐五年癸巳(1053),十一月二十五日巳時,先生生於南劍西鏞州龍池團〔二〕。

至和元年甲午(1054),先生二歲。改元首年俱書。

嘉祐元年丙申(1056),先生四歲。

五年庚子(1060),先生八歲。善屬文,人稱神童。

英宗治平元年甲辰(1064),先生十二歲。

四年丁未(1067),先生十五歲。潛心經史,游邵武學。

神宗熙寧元年戊申(1068),先生十六歲。

五年壬子(1072),先生二十歲。預鄉薦。

六年癸丑(1073),先生二十一歲。禮部試下第,補太學生。歸,講學於鏞州含雲寺。

七年甲寅(1074),先生二十二歲。仍講學於含雲寺。作禮記解義。

八年乙卯(1075),先生二十三歲。預太學薦。
九年丙辰(1076),先生二十四歲。登徐鐸榜進士。
十年丁巳(1077),先生二十五歲。授汀州司户參軍,以疾不赴任。著列子解。
元豐元年戊午(1078),先生二十六歲。居鄉。
三年庚申(1080),先生二十八歲。赴調。
四年辛酉(1081),先生二十九歲,授徐州司法。以師禮見程明道先生於潁昌。
五年壬戌(1082),先生三十歲。居鄉。二月,長子迪生。
是年,有寄明道先生問春秋書。
六年癸亥(1083),先生三十一歲。赴徐州司法任。八月,校所著莊子解。
是年,有與明道先生子二十三郎書、與明道論春秋書、與林志寧書。
七年甲子(1084),先生三十二歲。官徐州。
八年乙丑(1085),先生三十三歲。官徐州。三月,次子迥生。六月晦,聞明道先生訃,設位哭於寢門。作哀辭。七月,以繼母喪,解官居制。
哲宗元祐元年丙寅(1086),先生三十四歲。在制。

是年，有與吴國華往復書，論王氏學。

二年丁卯（1087），先生三十五歲。十月從吉。

三年戊辰（1088），先生三十六歲。赴調虔州司法。　秋七月，還自京師。作求仁齋記。

四年己巳（1089），先生三十七歲。赴虔州任〔三〕。

五年庚午（1090），先生三十八歲。官虔州。　十月戊子，先生父殖卒，解官居制。

六年辛未（1091），先生三十九歲。在制。作父殖行述。

七年壬申（1092），先生四十歲。在制。

八年癸酉（1093），先生四十一歲。　正月從吉，赴調。　四月至京，遷瀛州防禦推官，復授知潭州瀏陽縣事。　五月，以師禮見程伊川先生於洛。

紹聖元年甲戌（1094），先生四十二歲。赴瀏陽任。

是年，有與游定夫書、與順昌令俞仲寬書、寄仲寬子彦修論學書、上毛憲書、寄翁好德書。

二年乙亥（1095），先生四十三歲。官瀏陽。　有上程漕書、上提舉議差役顧錢書。

三年丙子（1096），先生四十四歲。官瀏陽。　五月，三子遹生。

是歲〔四〕，再與伊川先生書論西銘，又寄所著史論。於縣治作飛鷗亭、歸鴻閣，有石刻圖記。

四年丁丑（1097），先生四十五歲。寓瀏陽。與州牧書，乞米賑饑。

元符元年戊寅（1098），先生四十六歲。歸自瀏陽。正月，長子迪生孫雲。七月，著周易解義。八月，如京師。〔五〕

二年己卯（1099），先生四十七歲。授無爲軍判官。十一月，歸家。

三年庚辰（1100），先生四十八歲。居鄉，講學含雲寺。作勉學歌示諸生。四月，四子適生。

徽宗建中靖國元年辛巳（1101），先生四十九歲。漕檄差權建州建陽縣丞。尋除荆州府學教授。三月，沙陽陳淵投書問學。冬，還自建陽。

是年，有與志完書。

崇寧元年壬午（1102），先生五十歲。赴荆州教授任。

二年癸未（1103），先生五十一歲。官荆州。作書序、孟子序。

時胡文定公爲國學官，先生有答公問學書。

三年甲申(1104)，先生五十二歲。官荆州。　五月，長子迪卒。又答胡文定公問學書。

四年乙酉(1105)，先生五十三歲。官荆州。　七月，如武昌考試。　十一月，磨勘轉宣德郎。

五年丙戌(1106)，先生五十四歲。奉敕差充對讀官。轉授餘杭縣知縣。

大觀元年丁亥(1107)，先生五十五歲。任餘杭縣事。　七月，五子造生。

二年戊子(1108)，先生五十六歲。官餘杭。　差出越州考試。回縣，遷南京敦宗院宗子博士。　三月，以八寶恩轉奉議郎。

三年己丑(1109)，先生五十七歲。赴南京敦宗院任。

四年庚寅(1110)，先生五十八歲。三月，磨勘轉承議郎。　四月，授越州蕭山縣知縣。

政和元年辛卯(1111)，先生五十九歲。

二年壬辰(1112)，先生六十歲。四月，赴蕭山任。　羅豫章先生自延平來學。

三年癸巳(1113)，先生六十一歲。官蕭山。　冬補滿前任。

四年甲午(1114)，先生六十二歲。四月，磨勘轉朝奉郎。　六月，差提點均州明道觀。

十一月，由餘杭縣敕徙居毗陵。在餘杭，著中庸解義〔六〕。在毗陵，作中庸序、校正伊川易傳後序。

是年，又有答邵康節論先天圖、易學等書，問鄒侍郎朝廷時事何如書，題蕭山蕭欲仁大學篇。

五年乙未（1115），先生六十三歲。任明道觀，寓毗陵。三月，孫雲生曾孫禮。

七年丁酉（1117），先生六十五歲。改除成都府國寧觀。

重和元年戊戌（1118），先生六十六歲。任國寧觀，寓毗陵。六月，磨勘轉朝散郎。

宣和元年己亥（1119），先生六十七歲。

四年壬寅（1122），先生七十歲。任國寧觀，寓毗陵。轉婺州，權教授，繼權通判。

五年癸卯（1123），先生七十一歲。還毗陵。四月，磨勘轉朝請郎。會有使高麗者還，言國王問先生，因召赴都堂審察。先生以疾辭。

六年甲辰（1124），先生七十二歲。寓毗陵。冬十月，御筆以秘書郎召先生，仍令上殿。

七年乙巳（1125），先生七十三歲。遷著作郎。三月，與執政劄子。七月十二日，上殿，進劄子三道。尋除邇英殿説書。八月，賜祭器譜牒金盆花。十二月，復與執政劄子。

欽宗靖康元年丙午(1126),先生七十四歲。任著作郎兼侍經筵。正月,上殿進劄子。二月八日,除右諫議大夫兼侍講。先生具疏辭,不允〔七〕。十三日上殿,復進劄子。命先生兼任國子祭酒。先生疏罷王安石配享孔廟,從之。尋改給事中,力辭。除徽猷閣直學士,提舉嵩山崇福宫。又力辭直學士。改徽猷閣待制,提舉崇福宫。先生陛辭。仍上書,乞爲戰守備。

高宗建炎元年丁未(1127),先生七十五歲。請除茶、鹽二法,力陳割地不可。

二年戊申(1128),先生七十六歲。召除工部侍郎,辭。除龍圖閣直學士,提舉杭州洞霄宫,賜對衣金帶、紫金魚袋。冬十一月,還鏞州。

三年己酉(1129),先生七十七歲。還龜山故居。

四年庚戌(1130),先生七十八歲。居鄉。上章告老。准告,轉朝請大夫,仍龍圖閣直學士,賜紫金魚袋致仕。

紹興元年辛亥(1131)〔八〕,先生七十九歲。

二年壬子(1132),先生八十歲。

有答胡給事問政事先後緩急書。

三年癸丑(1133),先生八十一歲。作三經義辨、日録辨、字説辨成〔九〕。尚書廖剛、建安章才邵來問學。

有與胡文定公往復書,論春秋義。

四年甲寅(1134),先生八十二歲。

胡文定公自衡陽寄至伊川語録,先生答書。

五年乙卯(1135),先生八十三歲。作浦城縣學重修文宣王殿記。三月十五日,先生與諸友相地於鏞州之南山。四月二十三日,與忠定公李綱論性善之旨。翼日,先生卒於正寢。冬十月二十三日,葬先生於鏞州水南之原。

是年,贈左太中大夫〔一〇〕,又贈太師太中大夫,謚文靖。

紹興十二年(1142),追封吴國公。

咸淳三年(1267),立龜山書院。御筆書「龜山書院」額,仍詔郡縣撥田優恤後嗣,春秋致祭。

明成化元年(1465),敕建延平道南祠,像祀先生,以羅豫章、李延平配享。
弘治八年(1495),追封將樂伯,從祀孔廟。
皇清康熙四十五年丙戌(1706),允督臣沈涵疏,賜御書祠額曰「程氏正宗」。

(見康熙四十六年楊繩祖刊楊龜山先生全集卷首)

校記

〔一〕「楊龜山先生年譜」,始見於繩祖本卷首。繩祖本、道南祠重補修本、光緒九年本均題作年譜。蛟湖楊氏族譜、宏農楊氏族譜均題作時公年譜。清乾隆三十七年壬辰,姚江黄璋在楊龜山先生年譜考證序裏説:「明程篁墩學士手録先生集十六卷,蓋取館閣中本摘録之,而全集不盡於此也。萬曆壬子將樂令林名熙春謂太簡,取常州大中丞沈公暉鈔本,分彙增補,共成四十二卷。本朝康熙間,裔孫繩祖所重刊即此本也,其編次亦間有複出舛錯,而卷首年譜詮次簡直,不知係何人著。……予校録宋元學案,因爲考證,以質當世之祈嚮先生者。」(楊龜山先生年譜考證收入藜照廬叢書,上海圖書館藏)今改稱楊龜山先生年譜。

〔二〕「宋仁宗皇祐五年癸巳十一月二十五日巳時,先生生」,宋吕本中楊龜山先生行狀、清毛念恃宋儒楊龜山先生年譜、清黄璋楊龜山先生年譜考證、蛟湖楊氏族譜、宏農楊氏族譜同。黄譜云:

「仁宗皇祐五年癸巳，公於是歲十月二十五日生。」（見正德十二年龜山先生文靖楊公集第六册，國家圖書館藏）此云「十月」，不知是文字脱落還是别有所本，無法詳考。按，此「皇祐五年癸巳」之下的公元紀年，是點校者所加。下同。「先生」，蛟湖楊氏族譜、宏農楊氏族譜作「公」。

〔三〕「赴虔州任」，族譜無「任」字。

〔四〕「是歲」，族譜作「是年」。

〔五〕「如京師」，族譜「如」作「至」。

〔六〕「中庸解義」，繩祖本作「中書解義」，誤。今據黄譜改。

〔七〕「先生具疏辭，不允」，族譜作「公具疏辭」，無「不允」二字。

〔八〕「紹興元年辛亥」，各本「辛亥」作「辛卯」，誤。今據文物出版社中國歷史年代簡表的編年改。

〔九〕「字説辨」，繩祖本無「辨」字，誤。今補。

〔一〇〕「贈左太中大夫」，黄譜同。按，族譜「左太中大夫」均作「左大中大夫」，誤。宋文官散階有「中大夫」和「太中大夫」而無「大中大夫」之稱。宋左太中大夫是從四品上官員的散階，屬第八級。下文「又贈太師太中大夫」，各本「太中大夫」亦作「大中大夫」。今據黄譜及廈門大學中文系陳茂同「宋代文官散階簡表」所列官階改。（見陳茂同著歷代職官沿革史，華東師範大學出版社1988年版第386頁）

附録三　像贊　題詞　祭文

像　贊〔一〕

宋先儒楊文靖公畫像贊

儒林儀表，國家棟梁。風雲翰墨，錦綉文章。駕長虹於寥廓，聽鳴鳳於高岡。

——宋尚書李綱

先生鍾兩間正氣，萃五百精英。涵養純正，學貫天人。沉潛至理，咸臻其趣〔二〕。而致中修己，優入聖域。接人應物，隨取逢源。望之則喬嶽泰山，即之則温恭和煦。誠烝民之先覺，迺繼道之真儒。

——宋友人建安胡安國

嗣孟維程，嗣程維公。傳羅傳李〔三〕，爰及元晦，敢證「道南」之語；居閩居常，因占錫邑，復衍椒實之宗。有譜秩秩，有廟崇崇。百爾君子，尚欽乎斯容。

——宋起居郎魏華父

劍水澄泓，龜山屶崱。先生毓秀，金聲玉色。南來道統，日月垂光。令儀令德，山高水長。

——宋尚書邑人馮夢得

五星聚奎，五百期應〔四〕。天不生翁，孰續心印？修齊治平，格致誠正。道統綱維，力爲己任。教倡來兹，功追往聖。

——宋同郡後學李侗

大學失緒，病在人心。昔子輿子，閑衛聖真，推彼厥功，以「亞聖」稱。迨至我翁，繼統而興。理闡「性命」，學悟「執中」。天開長夜，人坐春風。值彼荆國，藉倡新經。詆非先哲，聾瞶蒸民。士趨蹊徑，性散本真。「精一」之旨，眩惑彌深。惟微脉絶，時事孔殷。翁獨毅然，距闢詖淫。力黜其配，理毀其經。人心斯正，吾道日星。功符孟氏，德續先聲。

——宋新安後學朱熹

充養有道，德器早成。諸所建白，深切著明。屹屹龜山，淵源伊、洛。如星之斗，以表後學。

——宋後學浦城真德秀

晚年立雪，早坐春風。天理人欲，蟬蜕冰融。純粹和平，樸實簡易。出處之迹，下惠或似。

——宋丞相梁克家〔五〕

維我先生，天立作傅。七歲能詩，八歲能賦。五星聚奎，鼻祖爲祖。毁棄三經，和議排阻。鄒、魯鴻傳，道南有補。

——宋少保信國公文天祥

立雪春融，天地之中。滿載而歸，流傳不窮。長江爲限，非昔日之異；四海爲家，非今焉始同。道與之貌，有如此翁。

——元後學三山林興祖〔六〕

聖真絶緒，末學多歧。哲哉先生，伊、洛是師。吾道一南，休聲百代。覺我後人，此日不再。

——明尚書莆田陳經邦〔七〕

受學伊、洛，倡道海濱。升堂睹奥，扶世覺民。閩稱鄒、魯，公則鼻祖。遺像儼然，師表千古。

將樂，先生故里也。四知蚤歲竊慕先生，而想見其爲人。及巡閩，疏請復先生祠宇。過將樂，展謁祠下，訪其後裔，得瞻遺像，餘墨剥落，僅存眉目。四知恐久而失傳，千載之下，欲睹先生丰範無繇也。乃令邑令黄仕禎刻石，立之祠中，以垂永遠焉。

——明御史大梁楊四知〔八〕

上豐而下鋭者人耶？時舍而或躍者天耶？不知者以爲混迹同群，而知者以爲主静而求仁。其人而天者耶？直則見荆國之與雒水，危而持靖康之與建炎。此日不再得，門外雪深尺。星夢發祥，間鍾靈之五百；鏞原過化，逾宣尼之一十。吾道南之，海濱鄒、魯。龜、嵩高矣，子孫千億。

——明學道嘉興岳和聲

行爲師表，學爲儒宗。鳶飛魚躍，意會心融。庭階立雪，伊、洛紹源。吾道既南，光啓斯文。行知而峻，節安而崇。闢邪翼正，亞聖同功。上導伊流，下開閩脉。奥學懿文，百世師則。

——明同邑後學蕭恕〔九〕

閩儒鼻祖，伊、洛傳心。載道倡南，丕變維新。

——明同邑後學李富〔一〇〕

右題贊十五章，辛巳年嘉平月立春前三日，知將樂縣事、後學固陵汪保駒敬書〔二〕。（以上見光緒五年己卯、七年辛巳道南祠重補修本楊文靖公全集卷首）

校記

〔一〕此像贊十五篇，始見於光緒五年重刊楊文靖公全集卷首，其「宋先儒楊文靖公畫像贊」題下記云：「光緒己卯將樂令夏子鎔同先生廿六世裔孫庠生縉廷補正。」今收入道南祠重補修本卷首像贊的文字，則爲光緒七年辛巳將樂知縣汪保駒所手書。

〔二〕「咸臻其趣」，光緒二十三年丁酉(1897)重修宏農楊氏族譜「趣」作「極」。

〔三〕「傳羅傳李」，光緒五年刊本「傳」原作「傅」，意爲師傅，無解，當是「傳」之誤。今依文意改。

〔四〕「五百期應」，光緒五年本夏子鎔、楊縉廷補正「期應」作「斯應」，道南祠重補修本作「應期」。「期」與「正、聖」不協韻，誤。光緒宏農楊氏族譜作「期應」，與「正、聖」協韻，是。今據改。

〔五〕本章道南祠重補修本失收，不滿「十五章」之數。光緒宏農楊氏族譜有此章，列在真德秀像贊之後。今補入。

〔六〕「元後學三山林興祖」，光緒五年本作「元南陽知府三山林興祖」，將樂縣志文史資料第三輯引作「元至正四年秋八月後學林興祖百拜具題」，當是另有所本。

〔七〕「明尚書」，光緒宏農楊氏族譜「明」下有「禮部」二字。

〔八〕「明御史大梁楊四知」，光緒九年本作「大梁後學楊四知謹書」，無「明御史」三字。

〔九〕「明同邑後學蕭恕」，光緒宏農楊氏族譜作「明邑人蕭恕，」。

〔一〇〕「明同邑後學李富」，道南祠重補修本原無「明」字。今據明李熙龜山先生集序補。

〔一一〕「右題贊十五章，辛巳年嘉平月立春前三日知將樂縣事、後學汪保駒敬書」，光緒五年本作：「右題贊十五篇，知將樂縣事、後學夏子鎔匯録，第二十六世裔孫生員縉廷敬書。」這是兩種不同的事實，可以並存。

像贊補

贊曰：

孰育國材，錯布萬方。邑仁其邑，鄉仁其鄉。仁義纏結，豐貌超常。昂時千祼，永發其祥。

——明都御史滕昭謹識

（見光緒二十三年丁酉重修宏農楊氏族譜）

題詞

題龜山先生祠圖

五馬山前擁翠華，先生祠宇寄烟霞。斯文上續三千載，吾道南來第一家。鏞水竟流伊川派，龜山映接河山賒〔一〕。生民久矣遺先覺，仰止祠前一浩嗟。

——明祭酒泰和羅璟

（見光緒蛟湖楊氏族譜，又見弘治十八年將樂縣志卷十三）

校記

〔一〕「伊川」，疑爲「伊水」之誤，「河山」疑爲「岱山」或「嵩山」之誤。

祭文

李丞相祭文

〔宋〕李　綱

維紹興五年，歲次乙卯十月庚子朔，越十日己酉，觀文殿大學士、左銀青光禄大夫、提舉西京崇福宫、隴西開國公、食邑三千九百户、食實封一千四百户李綱，謹以清酌庶羞之奠，致祭於致政龍圖侍郎楊公之靈：

於戲！　天未喪道，斯文獲傳，必有先進老成，足以師表一世，而其深造自得，實與古人乎比肩，是能陶冶後學，收功當年。　兹儒者之極致，在立德與立言。　惟公挺質粹温，圭璋曄然，早蜚聲於入雒，極師友之淵源。　顧斯道之未墜，企聖域而高騫。　方世路之孔棘，安窮約而回邅。　偉名流與偉德，或願學而推先。　逮夫逢辰遇合，直道而前。　抗崇議於諫省，持從槖於甘泉。　跌而復起，守則不遷。　全高節於歲晚，知孤操之特堅。　雖佚老於燕閑，曾不廢於簡編。　閔國步之多艱，每憂心於元元。　喪亂以來，耆舊凋落，惟公在焉。　雖年逾八十，不爲不壽，備享五福，不爲不全，然士夫之所以期公者，蓋庶幾衛武之箴儆，尚得憲言行於丘園。何忽去此而不顧，世豈復有如公之賢者乎？

於戲！我之與公，久兹周旋。公想知心，忘德與年。瞻儀形而咏嘆，覺疵吝之皆痊。信有斐之君子，知至善之弗諼。慨三山之前約，卜荔子之初丹。何尺書之未久，遽永隔於終天？日月有期，肅焉新阡。遥馳誠於一奠，悵此意之奚宣？公之死爲不朽矣，惟其憖遺之悲，則有涕泗之漣漣。

尚饗！

張參政祭文　〔宋〕張　守〔一〕

維紹興五年，太歲乙卯，七月壬申朔，初三日甲戌，資政殿大學士、左中大夫，知福州軍州事、充福建路安撫使、馬步軍都總管張守，謹遣使臣羅德誠致祭於故龍圖閣直學士致仕楊公先生之靈：

惟公純德茂行，表的一時，奥學懿文，啓迪多士。蚤擅儒宗之譽，晚登從列之華。諫省對敭，經緯勸講。雖略聞於議論，殆未究於經綸。引年而歸故鄉，獨高全節；訪道而待元老，尚繫輿情。天不憖遺，人將安放？守頃趨函丈，數陪杖屨之游。兹領左符，坐束簡書之畏，瞻風伊邇，箵席無因。未聞拔薤之規，遽奉生芻之奠。舉觴在望，隕涕難勝。

尚饗！

校　記

〔一〕「張守」，宋常州晉陵人，字子固。徽宗崇寧二年進士。擢監察御史。高宗建炎初，上六事，主張恢復中原，反對畫江自守。四年，除參知政事。罷知紹興府，改福州。六年，復參知政事，兼權樞密院事。後歷知婺州、洪州、建康府。卒謚文靖。有毗陵集（中國歷代人名大辭典第 1207 頁）

吕提刑祭文　〔宋〕吕聰問

維紹興五年，歲次乙卯，七月壬申朔，二十八日己亥，右朝請大夫、權發遣福建路提點刑獄公事、賜紫金魚袋吕聰問，謹以清酌庶羞之奠，致祭於故宫使龍學侍郎楊公之靈：

惟公執德不回，前後一節，老以益堅，摧亦不折。學入聖域，行爲人師，其所有者，人孰知之？宣和感悟，意欲改爲，召公遠方，置之經幃。言未及用，事亦太晚，靖康龍飛，用公大諫。公於此時，首陳邪正，力闢邪説，國是遂定。不利者衆，造言百端，公不與辯，奉身以還。建炎還朝，未及大用，求去益堅，如萬鈞重。晚歸閭里，學者從之，如何不吊？天不慭遺。我官於南，數蒙惠音，未獲一見，淵珠永沉。善人益稀，吾道孔懷。薄酒脯脩，惟以薦哀。

尚饗！

館中諸公祭文 〔宋〕張九成等

維紹興五年，歲次乙卯，十月庚子朔，八日丁未，門人左承議郎、秘書省秘書郎張宦，左迪功郎、秘書省正字兼史館校勘王蘋，左承事郎、秘書省正字石公揆，左奉議郎、秘書郎著作佐郎張九成，左宣教郎、秘書省正字兼史館校勘李彌正，左承奉郎、守秘書省正字高閌，左宣教郎、秘書省正字兼史館校勘喻樗，謹以清酌庶羞之奠，敢昭告於故侍郎先生楊公之靈：

於戲！微言久絶，道術浸離，寥寥千年，孰傳孰師？或泳其流，或擷其枝，或飾僞辯，似是而非。河南真儒，聖域是躋。直詣本原，杜彼衆蹊。至於先生，德閎且夷。中道而立，能者從之。弗耀弗隱，弗拒弗追。樂非窮通，仕無磷緇。滔滔末習，餔糟啜醨。嗇於異端，醜正執迷。堂堂斯文，尚或議之。有如日月，終莫蔽虧。天饗其仁，既以壽祺。胡不兒齒〔一〕，天子是毗。百世俟聖，遺言著龜。山頹梁壞，云誰不悲？矧游門墻，親承誨規，執紼負土，筋力莫施。鷄酒遠奠，慟哭寄辭。

尚饗！

校記

〔一〕「胡不兒齒」，國家圖書館藏正德重刊本龜山楊文靖公集附録「胡」字缺一半作「月」。依文意應是「胡」字之缺。今試補作「胡」。

廖尚書祭文　〔宋〕廖剛

維紹興六年，歲次丙辰，四月戊戌朔，初七日甲辰，徽猷閣直學士、左朝散郎、新知漳州事兼管内勸農使、賜紫金魚袋廖剛，謹以清酌庶羞之奠，致祭於故龍圖侍郎先生之靈：

於戲！鄭、衛亂雅，紅紫亂朱。惟先生也審正聲、辯正色，而不顯其聰明者，蓋五六十年兮，頹然其若愚。濁流萬里，會逢澄清。斯文晦蝕，豈終不明？惟先生也既七十餘而老矣，忽驚人而一鳴。瞽者以視，聾者以聽，如久行而還家，如病忘之俄醒。繄先生之起斯人於膏肓兮，豈比功夫倉公之與越人！於戲哀哉！天子憶金華之語，近臣薦龜山之書，使者垂及乎菟裘，而先生已棄簪履，隔泉壤而不之見兮，徒慟絶於諸孤。於戲哀哉！

先生逝矣，六經疇依？四海一老，天胡不遺？矧闕里之末學，辱杖履之追隨兮！嘗發覆乎醯雞，想平生之儀矩兮，微言在耳。訪函丈以何有兮，望新阡而涕洏。於戲哀哉！非先生之門，吾誰適從兮？亦孰知我之悲！

尚饗！

陳幾叟祭文 〔宋〕陳淵

維紹興五年，歲次乙卯，十月庚子朔，十八日丁巳，婿降授右迪功郎陳淵，謹以清酌庶羞之奠，致祭於亡外舅致政龍學楊公先生之靈：

於戲！泰山其頹，梁木其壞，四海所悲，而況骨肉之愛？我於公門，親則子婿，恩已篤矣，又兼乎師資之義，此所以哀慕痛切久而不能自已也。自我識公，建之東楊，從公荆州，轉於浙江。久客念歸，各旋故里，多合鮮離，前後三紀。衣之食之，援而撫之，教之誨之，誘而與之。如工之造器，刻雕琢磨，而冀其用；如農之養苗，灌溉耨耘，而俟其實。曾厚德之未酬，忽莫知其所適，若嬰孺之違其母也，其能不以爲戚耶？

於戲！先生清而不隘，和而不流，澹然無營，心逸日休。其體之於身而安也，亦以是達之朝廷。故退不爲崖異之行，而進不求矯激之名。蓋所謂從容而得「中」，豈智巧果敢之足云乎？公嘗謂孟子所謂「善」，子思所謂「誠」，實同名異，而皆達於孔子之「仁」。仁固無私，誠不自成，故能合内外、通物我，無分於天人也。伊、洛得之，明以授我，我行乎「中」，用惟其可。或畔於此，辯而正之，以俟後來，匪我敢私。公之云亡，士夫所恃。幸聖朝之眷舊，起斯文於將廢。儻邪説之未熄，何異乎存而得志？矧公有子，惟公是侣。遵正途而遄往，庶遺風之可繼。公則無憾，斯人所喟。文以告哀，辭不逮意。

尚饗！

李刪定祭文　〔宋〕李　郁

維紹興五年，歲次乙卯，十月庚子朔，二十一日庚申，婿右迪功郎李郁，謹以清酌家饌，昭祭於故外舅龍學侍郎楊公之靈曰：

天地之性，人則爲貴，而於賢者，乃獨稱知。降才降命，孰謂有偏？一産人傑，必千百年。於戲公乎，道之所在，居屯罹蹇，久而後泰。晚亦聞達，身老心休。一丘一壑，終焉何求？公之存也，人所就正。今其亡矣，是非孰定？身後之蓄，一篋遺書。是其所傳，清白之餘。我初識公，今逾二紀。公謂可教，妻以其子。公之遇我，惟以溫溫。我心所樂，如風之薰。公病之革，我實在側。倏然而往〔一〕，如波之息。有死有生，公既道行。名揚言立，哀以繼榮。何世無賢，而難可必。幾千百年，復有公出。公之所學，誰將得之？青天白日，其何有私！永訣之情，奠詩難寫。傷心有淚，奚翅盈把！

尚饗！

（以上見明正德十二年沈暉刻本龜山楊文靖公集附録，國家圖書館藏）

校記

〔一〕「倏然」，原作「倏然」，誤。今依文意改。

名公祭文多，不盡録。

道南祠祭龜山先生文

嗚呼！道統之傳，有自來矣。在其南者，猶其在北也。九峰之峻，不減乎泰山之岩；劍水之淵，遠承乎洙、泗之脉。

嗚呼！道統之傳，有自來矣。其在北者，猶其在南也。炙鷄絮酒，不若太牢；山笛絃歌，依稀點瑟。

其以羅、李二先生配。尚饗！

（見光緒十年甲申重修蛟湖楊氏族譜）

附録四　敕誥　記　疏

敕　誥

徽宗皇帝贈宗祠匾額誥

奉天承運皇帝詔曰：鍾靈毓秀，雖山川之氣運，亦由先世之賢良，後裔之德操。故子孫之顯榮，原於前代。爾龍圖閣直學士時，剛方立朝，理學秉心，懇請宗祠匾額。朕宜欽奬，特賜「篤鍾理學」四字於堂宇，以昭盛世之隆，庶彰文明之化。欽此欽遵，詔至奉行。

敕　命。

大宋崇寧四年乙酉十月　日之寶。

（清同治九年重修宏農楊氏房譜卷首，明溪縣雪峰農場十里埔楊石安收藏，明溪縣楊時文化研究會提供）

高宗皇帝贈左太中大夫誥〔一〕

翰林學士直史館范沖行詞

奉天承運皇帝制曰：「重道莫大於崇儒，崇儒莫先於優爵。」此皆天理所當然，質之人情而允稱也。故龍圖閣直學士左朝請大夫賜紫金魚袋，食邑三千六百户，實封五百户楊時，言正而行端，德閎而學粹；趨蹌禮法之場，超卓傳注之表；群經獨得其趣，諸子莫遁其情；網羅百家，馳騁千古；辨邪説以正人心，推聖學以明大義。面陳疏議，足以扶國本於當時；注釋經義，足以開來學於後世。顧功德之兼全，宜旌隆之特異，兹乃加贈左太中大夫〔二〕。

於戲！内閣之褒，示楷模於玉署；中臺之爵，增榮寵於泉扃〔三〕。靈爽如存，尚克歆服。

紹興五年六月二十八日。

（見光緒十年甲申重修蛟湖楊氏族譜卷首）

校記

〔一〕乾隆將樂縣志卷八題作「贈龍圖閣直學士楊時左大中大夫」，其中作「左大中大夫」，誤，蛟湖楊氏族譜亦誤。今改作「左太中大夫」。請參看本書附録二楊龜山先生年譜校記〔一〇〕。

〔二〕「兹乃加贈」，蛟湖楊氏族譜原作「乃贈加爲」。今據乾隆將樂縣志改。

〔三〕「榮寵」，蛟湖楊氏族譜「榮」原作「優」。今據乾隆將樂縣志改。

故龍圖閣直學士左朝請大夫致仕楊公行實

右承議郎起居舍人兼侍講朱震奏狀

臣伏睹故龍圖閣直學士左朝請大夫致仕楊時，學有淵源，行無瑕玷，耄期講道，世鮮其倫。栖遲一官，更歷四世，進必以正，老始見知。嘗論邪説之害，以正天下學術之誤；辨誣謗之言，以明宣仁聖烈之功；雪非群之冤，以復昭慈聖獻之位。據經論事，不愧古人，引年辭禄，物議高之。乃者陛對面陳〔一〕，時所著三經義辨，有益學者，伏望聖慈開納，許令本家進入。詔旨方頒，時已淪謝。

臣恐此書遂致散落，誠爲可惜，兼聞時身後蕭然，家徒壁立。夫司馬相如獨以文詞典麗，取重漢世，未必知道，武帝聞其没，乃使人就訪遺書，而况於有道之士乎？伏望聖旨下南劍州〔二〕，差人抄録上件文字，仍乞優加恤典，以彰聖朝尊德樂道之實，爲儒者修身守義之勸。

（見民國乙卯年重修宏農楊氏族譜卷首）

校記

〔一〕「陛對」，原作「階對」，誤。今依文意改。

〔二〕「伏望聖旨」，光緒蛟湖楊氏族譜「聖」作「睿」。

奏請龜山先生謚疏

紹興十二年正月七日右修職郎楊迥進狀〔一〕

臣先父楊時曩以經術取知徽宗皇帝〔二〕，擢在經筵〔三〕，及靖康初，居諫省，最後蒙陛下眷遇，寘之文昌貳卿之列〔四〕，實係三朝論思侍臣。雖未有伯子男之封，然視小國之臣有間矣。既老，得請以龍圖閣直學士歸田里。死之日，蒙朝廷贈恤甚厚。所著三經義辨及中庸論語解，亦皆進入訖。存殁受陛下重恩，無所論報，徒深犬馬之情。

迺者復見徽猷閣待制胡安國，曾任給事中，身亡，朝廷加謚文定。臣先父係龍圖閣直學士，歷任工部侍郎，未蒙朝廷褒顯。欲望聖慈憐恤，特詔太常，依胡安國例，伏候敕旨。

奉聖旨：「依所乞，令禮部、太常寺同共擬定〔五〕。申尚書省。」禮部、太常寺今欲擬謚曰「文靖」〔六〕。謹按謚法曰〔七〕：「勤學好問曰『文』，寛樂令終曰『靖』。」伏乞朝廷詳酌施行〔八〕。

紹興十二年三月二十日。

（見光緒十年甲申重修蛟湖楊氏族譜卷首）

校記

〔一〕「進狀」，乾隆將樂縣志卷八先憲（下用簡稱）「進」作「奏」。

〔二〕「先父」之下，蛟湖楊氏族譜原無「楊時」二字。今據乾隆將樂縣志補。

〔三〕「經筵」，正德十二年沈暉刻本重刊龜山先生文靖楊公全集作「講筵」。

〔四〕「寘」，蛟湖楊氏族譜作「置」。今據正德本改。「貳卿」，乾隆將樂縣志作「二卿」，誤。

〔五〕「同共」，乾隆將樂縣志無「共」字。

〔六〕「今欲擬謚曰文靖」，乾隆將樂縣志無此一語。按，當以有此語爲是。

〔七〕「謹按」，蛟湖楊氏族譜無「謹」字。今據正德本補。

〔八〕「伏乞朝廷詳酌施行」，乾隆將樂縣志無此八字。按，無此八字亦不妥。

高宗皇帝詔贈故工部侍郎兼龍圖閣直學士、左朝請大夫、賜紫金魚袋大夫楊時謚「文靖」敕

守起居舍人秘閣修撰尹焞行詞

皇帝敕中書門下省：「朕聞爲流俗所移者，類無特操；失先儒之傳者，患在自私。夫惟務學有源，發言無玷，迺能深造乎理，獨立於時。昔朕邇臣躬行此道，恤典具存乎眷意，易名豈限於彝常？

故工部侍郎兼龍圖閣直學士、左朝請大夫、賜紫金魚袋、贈左太中大夫楊時，義貫六經，聞該千載，行有前修之操，言爲後進之規，方邪説之肆行，秉誠心而獨立。窮居在野，

循循追善誘之風；正色登朝，蹇蹇厲匪躬之節。獻可每關於治體，傳經不負乎儒宗。秀眉明目若鄭康成，視遠望高如劉元信。擢長七人之列，俾參五學之游，位進貳卿，職居延閣。無復九泉之作，特加一字之褒。庸靖儷文，合謚應法，惟安及沆。從晉迄今，有如夷簡之賢，實相昭陵之久，究觀節惠，尚想忠良載揚稽古之勤。歆此漏泉之渥，可謚曰「文靖」。

奉敕如右，牒到奉行。

紹興十二年三月二十日。

禮部侍郎參知政事同中書門下平章事王次翁押

吏部尚書右僕射同平章事知樞密院事秦檜押

兵部尚書右僕射同平章事開府儀同三司楊沂中押

（見光緒十年甲申年重修蛟湖楊氏族譜卷首）

謚　詔〔一〕

紹興十二年壬戌，詔賜謚文靖。四月二日，敕中書門下省送到禮部、太常狀，准紹興十二年正月七日敕節文尚書省送到右修職郎楊迥進狀：

臣先父楊時曩以經術取知徽宗皇帝，擢在講筵，及靖康初，居諫省，最後蒙陛下眷遇，寘之文昌貳卿之列，實係三朝論思侍臣。雖未有伯子男之封，然視小國之臣有間矣。既老，得請以龍圖閣直學士歸田里。死之日，蒙朝廷贈恤甚厚。所著三經義辯及中庸論語解，亦皆進入訖。存歿受陛下重恩，無所論報，徒深犬馬之情。

迺者伏見徽猷閣待制胡安國，曾任給事中，身亡，朝廷加謚文定。臣先父係龍圖閣直學士，歷任工部侍郎，未蒙朝廷褒顯。欲望聖慈憫恤，特詔太常，依胡安國例，伏候敕旨。

奉聖旨：「依所乞，令禮部、太常寺同共擬定，申尚書省。」禮部、太常寺今欲擬謚曰「文靖」。謹按謚法曰：「勤學好問曰『文』」、「寬樂令終曰『靖』」。伏乞朝廷詳酌施行。申聞事。三月二十五日奉聖旨：「依禮部、太常寺所申，吏部供到：『楊某生前係龍圖閣直學士，左朝請大夫，賜紫金魚袋，贈左太中大夫。』」申聞事。奉敕：

朕聞爲流俗所移者〔二〕，類無特操；失先儒之傳者，患在自私。夫惟務學有源，發言無玷，乃能深造乎理，獨立於時。昔朕邇臣躬行此道，恤典具存乎眷意，易名豈限於彝常？故龍圖閣直學士、左朝請大夫、贈左太中大夫楊時〔三〕，義貫六經，聞該千載，行有前修之操，言爲後進之規，方邪説之肆行，秉誠心而特立。窮居在野，循循追善誘之風；正色登朝，蹇蹇厲匪躬之節。獻可每關於治體，傳經不負於儒宗。秀眉明目若鄭康成，視遠望高如劉元信。擢長七人之列，俾參五學之游〔四〕。位進貳卿，職居延閣，無復九泉之作，特加一字之褒〔五〕。庸靖儷文，合謚應法，惟安及沆。從晉迄今，有如夷簡之賢，實相昭陵之久，窮觀節惠，尚想忠良載揚稽古之勤。歆此漏泉之渥，可謚曰『文靖』。」

奉敕如右，牒到奉行。

（見明正德十二年沈暉刻本重刊龜山先生文靖楊公全集附録，上海復旦大學圖書館藏）

校記

〔一〕「謚詔」，蛟湖楊氏族譜題爲「高宗皇帝詔贈工部侍郎兼龍圖閣直學士、左朝請大夫、賜紫金魚袋大夫楊時謚文靖敕」，題下署「守起居舍人秘閣修撰尹焞行詞」。文自「皇帝敕中書門下省」起，至「奉敕如右，牒到奉行」止。文後署頒敕日期和簽押者姓名：「紹興十二年三月二十日，禮部侍郎參知政事同中書門下平章事王次翁押，吏部尚書右僕射同平章事知樞密院事秦檜押，兵部尚書右僕射同平章事開府儀同三司楊沂中押。」如將這些文字補入，本文即成完璧。

〔二〕「朕聞」，正德本無此二字，今據蛟湖楊氏族譜補。

〔三〕「左朝請大夫」之下，蛟湖楊氏族譜有「賜紫金魚袋」五字。「楊時」，正德本擅改作「楊某」，誤。今據蛟湖楊氏族譜改。

〔四〕「五學」，蛟湖楊氏族譜作「王學」，誤。按，舊稱六藝中的樂、詩、禮、書、春秋爲五學。

〔五〕「特加」，正德本「加」原作「逾」，誤。今據蛟湖楊氏族譜改。

記

修復龜山先生舊宅記〔一〕　〔宋〕葉　適

賢者之世，漸遠而漸微，或微而遂絶，可嘆也已。若夫好賢者不然，雖遠而愈隆也。微子之命曰：「崇德象賢〔二〕。」然則微者可望以復興，絶者可恃以復續，是在後之人矣。臧文仲聞六與蓼滅，曰：「皋陶、庭堅不祀〔三〕，忽諸！德之不建，民之無援，哀哉！」於時相去既千五百年，而其言如此。雖然，以二人之德而使其後不傳，豈惟臧文仲哀之？雖遠而萬世，愈遠而無窮，猶且哀之也。

龜山先生文靖楊公中立，力行二程之道，黜王氏邪説，節高而安，行峻而和，學者所師，當世所尊，可謂宜矣！卒於紹興乙卯，七十餘年而無仕者，微不自業，至賣其宅，去絶幾何，可不悲乎〔四〕？其四世孫汝龍病之，争愬紛然。太守余景瞻曰：「非也〔五〕，有司治此，不過用交易法爾，安能空手以得？吾以義長民者也。子姑聽乎？」自景瞻至郡，有例券百餘萬，謝不取，因贖以歸楊氏。將樂更寇亂，民居皆毀〔六〕，盗敬公之名，故楊氏舊廬獨存〔七〕。然屋老且敗，景瞻又修補其漏缺，特立門巷，黑白絢好矣。顧汝龍尚無所衣食〔八〕，則又職於學宫以廪之。楊公有筆稿史論一編〔九〕，景瞻猶惜之，曰：「是將爲好事者奪去。」則肖公像於霤，並藏其書。歲遣官祭祀〔一〇〕，然後出陳之焉。於戲〔一一〕，其爲楊氏慮悉矣！微者可興也，絶者可續也，斯弗憾矣〔一二〕。

異時，景瞻明鋭果敢，是非賢否立見。其守延平，乃更詳緩曲折，野人有訟，呼案前兒女，語之收斂鋒鍔，以立綱目，晝勤夜思，各就紀序。今夫事之可爲如楊某者衆〔一三〕，而或未之爲也〔一四〕。然則雖其未入於景瞻職業之内，余亦不欲其出於景瞻思慮之外矣〔一五〕。故余之願景瞻，非獨以其能好賢而已也。

嘉定二年四月望日記〔一六〕。

（見明正德十二年沈暉刻本龜山楊文靖公集附録，國家圖書館藏）

校記

〔一〕「修復龜山先生舊宅記」，正德本原題作「水心先生葉適舊宅記」，嘉靖延平府志卷八藝文題作「將樂縣修復龜山舊宅記」。今據蛟湖楊氏族譜改。

〔二〕「象賢」，嘉靖延平府志作「尚賢」。

〔三〕「庭堅」，族譜作「廷堅」。

〔四〕「可不悲乎」，正德本「不」下衍一「可」字。今據嘉靖延平府志删。

〔五〕「非也」，正德本「非」字缺。今據弘治將樂縣志、嘉靖延平府志及蛟湖楊氏族譜補。

〔六〕「民居皆毁」，弘治將樂縣志作「居民皆後起」。

〔七〕「故楊氏」，弘治將樂縣志、蛟湖楊氏族譜無「故」字。

〔八〕「無所衣食」，正德本「衣」字缺。今據嘉靖延平府志、蛟湖楊氏族譜補。

〔九〕「一編」，弘治將樂縣志、蛟湖楊氏族譜「編」作「篇」。

〔一〇〕「祭祀」，正德本「祀」作「祠」，誤。今據弘治將樂縣志改。

〔一二〕「於戲」，弘治將樂縣志、蛟湖楊氏族譜作「嗚呼」。

〔一三〕「斯弗憾矣」，正德本「矣」原作「也」，誤。今據嘉靖延平府志、弘治將樂縣志改。

〔一三〕「今夫事之可爲」，正德本無「夫」字，「之」在「事」字前。今據嘉靖延平府志及蛟湖楊氏族譜補、改。

〔一四〕「而或未之爲也」，正德本「或」在「未」之下。今據嘉靖延平府志改。

〔一五〕「不欲其出於」，蛟湖楊氏族譜無「其」字，誤。

〔一六〕「嘉定二年」，蛟湖楊氏族譜「二年」作「三年」。

重修龜山先生舊宅記〔一〕

〔宋〕湯　漢

漢來延平，郡博士諸生暨道南之學者，咸請誦其所聞。予惡夫空言久矣，逡巡未有以發，適將樂群士書來告曰：「龜山先生之舊宅垂百數十年矣。間者郡守余侯始扶植表章〔二〕，建祠肖像以寄嚮慕之誠〔三〕。中嘗再葺，久復敝漏，無以寧風雨〔四〕。今大夫林君式之拜謁，悸嘆，亟出緡錢，市良材堅甓〔五〕，撤腐敗而新美之，觀瞻改容，感發興起〔六〕。不有記載，將無以示後，俾勿替，願一言以賜之。」

予惟先生之存也，視弊廬廈屋皆可托宿，未嘗有所擇而求安。然自建炎大盜過之不敢犯〔七〕，逮庚寅，盜再過焉，復大書其門曰：「此楊先生之居也，不可燬！」

嗟夫，先生之歿久矣！冠帶佩玉之聲容，不復接於世之耳目，而遺風餘烈，猶足以服强暴，豈學士大夫而不能爲先生保此數畝之宫乎？雖百世可知矣！昔鄭康成以大儒爲世所敬，不惟孔北海能褒大其閭，而黄巾亦爲之斂避。二儒先之事，真所謂曠千載而相感者！若乃先生之學，超出於文字之外，則有非康成之所可擬議，予不敢不爲諸君言也。

子思子曰：「喜怒哀樂之未發謂之中。」中也者，天下之大本也。大道既隱，舉一世倀倀於喜怒哀樂之末而不知其有本〔八〕，雖日用飲食由之，而卒莫識其所從來，故雖有聰明才智閎碩專確之士，而大本之不明，不免於醉生而夢死也。先生之教，使人於燕閑静一之中，體驗夫未發之氣象。豫章、延平更以此相付授〔九〕。而延平之所以語朱子者，猶深切而著明矣。他日論平旦之氣〔一〇〕，湛然虚明，實與未發之旨相爲表裏。蓋先生之學雖有所受，而以此建立宗旨，乃其深造而自得之者，其有功於天下來世，自程門高弟，罕能及之，不但高於漢大儒而已也。學者賴其言以得本心者衆矣，然而曰「體驗」云者，無乃其涉於已發與？是心之靈〔一一〕，非木槁而灰死也，雖其未發，必有事焉。弗求觀省〔一二〕，曷稽「中」德？故曰「求則得之」，又曰「不思則不得」。是思也非意，是求也非爲，而何已發之疑乎？

諸君既祗栗先生之宫墻〔一三〕，蓋亦闖其堂、窺其奥，反躬以驗夫大本者之安在，不至於延平所謂灑然凍釋不止也？抑予所欲告道南與泮水者，亦若此而已矣。

寶祐五年六月丙申，後學番陽湯漢記。

（見明正德十二年沈暉刻本龜山楊文靖公集附録，北京圖書館藏）

校記

〔一〕正德本、嘉靖延平府志題作「東澗先生湯漢重修舊宅記」。今據蛟湖楊氏族譜改。

〔二〕「間者郡守余侯始扶植表章」，正德本無「郡」、「余」、「始」諸字，弘治將樂縣志「間者」作「間有」，無「始」字。今據蛟湖楊氏族譜補。

〔三〕「建祠肖像以寄嚮慕之誠」，正德本「建」作「伉」，「嚮慕」作「奠慕」，皆誤，「肖像」二字缺，又無「之誠」二字。今據弘治將樂縣志及蛟湖楊氏族譜補、改。

〔四〕「久復敝漏，無以寧風雨」，弘治將樂縣志及蛟湖楊氏族譜作「久復漏，無以蔽寧風雨」。

〔五〕「良材」，正德本「材」作「才」。今據蛟湖楊氏族譜改。

〔六〕「感發」，正德本作「克用」。今據弘治將樂縣志及蛟湖楊氏族譜改。

〔七〕「大盜」二字，正德本缺。今據弘治將樂縣志及蛟湖楊氏族譜補。
〔八〕「倀倀」，正德本作「悵悵」。今據弘治將樂縣志及蛟湖楊氏族譜改。
〔九〕「付授」，弘治將樂縣志及蛟湖楊氏族譜作「傳授」。
〔一〇〕「他日」，正德本「日」字缺。今據弘治將樂縣志及蛟湖楊氏族譜補。
〔一一〕「是心之靈」，正德本「心」字缺。今據弘治將樂縣志補。
〔一二〕「觀省」，正德本「觀」字缺。今據弘治將樂縣志補。
〔一三〕「衹栗」，弘治將樂縣志作「外望」。

疏

將樂縣奏立龜山書院疏　〔宋〕馮夢得〔一〕

臣竊見龜山楊文靖公立雪程門，載道而南，一傳而羅豫章，再傳而李延平，又再傳而朱晦庵，理學大明，有功往聖。今延平、晦庵皆有書院，獨我龜山舊宅僅存，精廬未建，委爲百年之闕典。

臣聞黨庠術序，爲周之隆，至漢則稱盈門之盛。國朝以儒立國，而文教大行。後孟子千五百年而道統以續，濂溪闡其端，伊、洛洪其源，至武夷而集諸子之大成。脉胳其間，則延平諸先生在焉。然「道南」一語，獨歸於龜山，是則師表東南，爲斯文倡，實自龜山始，可不尚乎？

咸淳三年八月，欽准御筆：「國朝勳賢之家，澤不能延者，宜録其後，可令侍從臺諫訪問參酌，必灼然可録，人無異詞〔二〕，乃可奏聞。」聖天子追録先哲，而昌其世，以厚風教。蓋我龜山於先朝實左右之，海内稱誦，有光信史。臣後出龜山之鄉七十餘年，雖不獲親炙先生之教，高山仰止，喬木具存，枝葉刊落，蔑可繅藉，而薦之公朝者，實無其人。臣不自揣量，私謂〔三〕尚可對揚聖君賢相褒崇先賢之命，乞創書院於龜山舊宅之右，繼風露夜檠之讀，存江漢秋陽之思，相與講磨，如聆謦欬於龜山。願朝廷嘉惠四方學者，特賜涵育之造，仍請公田，永爲養士之美利，亦我朝崇賢重道之盛事也。惟陛下鑒之。

疏奏，上深嘉納，特奉御筆賜「龜山書院」額，乃詔郡縣撥田養士〔四〕，優其後，而春秋致祭焉〔五〕。時咸淳二年丙寅　月　日作〔六〕。

（1961年上海古籍書店根據寧波天一閣藏明嘉靖刻本影印延平府志卷十九藝文，第66—67頁）

校記

〔一〕「馮夢得」，嘉靖延平府志原作「馮初心」。初心是禮部尚書將樂馮夢得的字。今改稱本名。

〔二〕「人無異詞」，「人」下嘉靖延平府志衍一「畏」字。今删。

〔三〕「私謂」下，嘉靖延平府志無「尚可對揚聖君賢相褒崇先賢之命，乞創書院於」等十九字，今據弘治將樂縣志卷十詞翰宸章補。

〔四〕「撥田養士」，嘉靖延平府志「士」原作「田」。乾隆將樂縣志卷八先憲馮夢得傳云：「嘗奏立龜山書院，請賜田養士，復其後，以主祀事。」今據改。

〔五〕「致祭焉」下，嘉靖延平府志有「時咸淳三年丙寅　月　日作」等十字。今亦據補。

〔六〕「咸淳二年丙寅」，「二年」原作「三年」，誤。今查文物出版社中國歷史年代簡表，知南宋度宗咸淳三年，其干支紀年爲「丁卯」，即公元 1267 年。而「丙寅」爲咸淳三年的干支紀年。今據改。按，「疏奏」以下文字是追述馮疏的結果和時間，是後來補證的。

請以宋儒楊龜山從祀廟庭疏〔一〕

〔明〕何　昇

奏爲崇祀先儒以激勵後學事。

臣竊惟爲治莫先於尚儒術，報功莫重於崇祀典。蓋重祀典以報功，則儒術始重；尚儒術以爲治，則世道斯隆。此崇祀先儒，激勵後學，人君爲治，萬世不易之盛典也。聖朝崇儒重道〔二〕，報功示勸，超越百王，卓冠千古，内而國子監，外而府、州、縣學，既立廟以崇祀先聖先賢，其於歷代名儒學術之正，著述之多，有功於聖門者，皆得從祀廟庭，恩禮之隆，前代所未有也。

竊見臣本縣宋儒楊時，舉熙寧九年進士。調官不赴，以師禮見程顥於潁昌。及歸，顥目送之，有「吾道南矣」之語。顥卒，復師程頤於洛，則有門墻立雪之勤。後乃出知瀏陽、餘杭、蕭山諸縣，所至賑恤艱饑，敦崇教化，去而民咸思之。改荆州教授。適天下多故，用事者以時爲舊德老成，欲引置左右，適有使高麗者，國主問時安在。使回以聞，召爲秘書郎。遷著作郎。面對，陳聖學政事之宜，除邇英殿説書。累疏利病，拜右諫議大夫兼侍講。金兵初退，議者欲割三鎮以講和，時遂極言其不可，命兼國子監祭酒。尋罷，復累上章乞罷諫省，除給事中。辭。已而奉祀。高宗即位，除工部侍郎。言聖賢之君未有不以典學爲務，除兼侍讀，以龍圖閣直學士致仕。宋渡江，東南學者推時爲「程氏正宗」，稱龜山先生。而朱熹、張栻之學，得程氏之正，源委脉絡，皆出楊時。所著有三經義辨〔三〕，及注釋孔、孟之書亦多。元修宋史，載之道學編中，當時蓋有定論也。憲宗皇帝初年〔四〕，敕建道南書院，令有司春秋致祭。其崇尚之典，可謂隆矣。

臣生長其鄉，景仰先哲。竊意宋儒朱熹、張栻，元儒許衡、吴澄，俱以有功聖門，得預從祀廟庭，况朱熹、張栻之學，源委脉絡，皆出楊時。時學術純正〔五〕，著作亦多，較之許衡、吴澄，其功迨未可以伯仲論也，獨不得預四儒從祀之列，臣竊疑之。邇來南京國子監祭酒謝鐸，亦以爲言，可見後學之心，皆有未安。如蒙准言，乞敕廷臣討論故事，將楊時升祀孔子廟庭，詔示天下有司，肖像入廟，春秋預從祀列。庶先儒道學之功，得以傳示於天下後世，則斯文幸甚，天下後學幸甚〔六〕。爲此，具本親賫，謹奏以聞。

弘治七年五月二十日〔七〕。

（見乾隆三十年延平府志卷三十七藝文）

校記

〔一〕「廟庭」，乾隆延平府志「庭」原作「廷」。本文「庭」、「廷」混用，今一律改作「庭」。

〔二〕「聖朝」，乾隆將樂縣志作「我國家」。

〔三〕「三經義辨」，乾隆將樂縣志「辨」作「解」，誤。

〔四〕「憲宗皇帝」之上，乾隆將樂縣志有「我」字。

〔五〕「學術純正」，其前蒙上文刊落一主語「時」字。今補出，則句子完整，句意顯明。

〔六〕「天下後學幸甚」之下十九字，乾隆將樂縣志悉删去，不妥。

〔七〕「弘治」，乾隆延平府志爲避清高宗弘曆名諱改「弘」爲「洪」。今復改作「弘」。

龜山先生楊時從祀孔廟議〔一〕

翰林院爲崇祀典以重道學事〔二〕。

該禮部手本關送國子監博士楊廷用所奏前事〔三〕，要將宋儒龜山楊時定議從祀孔子廟庭。爲此，查得成化元年〔四〕，浙江紹興府知府彭誼亦要將楊時從祀〔五〕，及福建將樂縣歲貢生員何昇亦奏前事〔六〕。内稱宋儒朱熹、張栻，元儒許衡、吴澄，俱以有功聖門得從祀，而楊時獨不得預〔七〕。近年南京國子監祭酒謝鐸，亦以爲言，可見後學之心，皆有未安也〔八〕。經行移翰林院議擬定奪外，合仍照例用手本行請本院查照議擬〔九〕，徑自具奏等因。

謹按〔一〇〕：諸儒從祀於孔門者，非有功於斯道不可，然道非後學所易知也，要必取證於大儒之説，斯可以合人心之公。竊考程氏之遺書及朱子伊洛淵源録所載龜山行狀、墓誌等文〔一一〕，俱稱其造養深遠〔一二〕，踐履純固，温然無疾言遽色〔一三〕，與明道程子相似〔一四〕。方其學成而歸，程子目送之曰：「吾道南矣〔一五〕。」然則是道也，豈易言哉！自兩程子嗣孔、孟不傳之統，及門之士得以道見許者，龜山一人而已。蓋龜山一傳爲豫章羅氏，再傳爲延平李氏〔一六〕，以授朱子，號爲「正宗」〔一七〕。文定胡氏親承指授而春秋之傳作；南軒張氏上泝淵源而太極之義闡，心學所漸，悉本伊、洛，使天下之人曉然知虚寂之非道〔一八〕，訓詁之非學，詞華之非藝〔一九〕，則龜山傳道之功，不可誣矣。

崇、宣之世，京、黼柄國，躋王安石於配享〔二〇〕，位次孟子，而頒其新經以取士。士尊王安石爲聖人〔二一〕，不復知有孔子，誦新經爲聖言〔二二〕，不復知有古訓，僭聖叛經凡數十年。龜山入朝，首請罷其配享，不令厠宣聖之廟庭〔二三〕；廢其新經，不令蠹學者之心術。又請罷綱運，以收人心；斥和議，以張國勢；竄權臣，以正邦憲；培主德，以崇治本。竑議讜言，雖不盡用，然使天下之人，知邪説之當息，詖行之當距，淫詞之當放〔二四〕，則龜山衛道之功，亦不可掩矣〔二五〕。

或有疑其出處之際，而少其著述之功，則亦有可言者：朱子謂龜山之出，惟胡文定公之言最公，曰：「當時若聽用，决須救得一半。」而文定亦曰〔二六〕：「蔡氏焉能浼之？」然則以出處見疑者，未考之過也。龜山值洛學黨禁之餘，指示學者以大本所在，體驗之功，轉相授受。而朱子得聞其指訣，則見於何鎬之書〔二七〕；朱子「理一分殊」之論，稱其「年高德盛〔二八〕，而所見益精」，則見於西銘之跋〔二九〕。要之，無龜山則無朱子。而龜山之道，非知德者殆未可輕議。然則以著述見少者〔三〇〕，亦未考之過也。

又按元史至正二十一年，因杭州路照磨胡瑜建言，已將龜山與延平李氏、文定胡氏、九峰蔡氏、西山真氏〔三一〕，俱加封爵，列於從祀，以世變不及遍行天下。此殆近於禮所謂「有其舉之，莫敢廢」者。然則親講於龜山若文定〔三二〕，私淑於龜山若朱、栻〔三三〕，咸在侑食，而近私淑於朱子若蔡、真〔三四〕，遠私淑於朱子若許、吳，亦在侑食，獨其師有傳道、衛道之功，可以繼往開來，抑邪崇正者〔三五〕，反不預焉〔三六〕？揆之人心，誠爲闕典。考大儒之定論，參前代之故實，伸弟子從師之義〔三七〕，慰後學向道之心，以龜山躋升從祀〔三八〕，列於東廡司馬光之下、胡安國之上，加封伯爵，宜合公言。

謹議。

弘治九年七月〔三九〕。

（見明正德十二年沈暉刻本龜山楊文靖公集卷首，北京圖書館藏）

校記

〔一〕本文收入乾隆延平府志卷三十七藝文，題爲題覆宋儒楊時從祀疏。文後有一段文字爲正德本所無，兹録如下：「大學士徐溥等依議題覆，奉旨：是准追封宋儒楊時爲將樂伯，從祀孔子廟庭，位列宋儒司馬光之下、胡安國之上。弘治九年七月初八日。」其餘文字與正德本略同。

〔二〕「翰林院爲崇祀典」，弘治將樂縣志作「明學士程敏政爲從祀典」。「崇」作「從」，誤。今改。

〔三〕「該禮部手本關送」，弘治將樂縣志無「手本」二字。正德本「關送」原作「開送」。今據弘治、乾隆將樂縣志改作「關送」。「所奏前事」，正德本原無「所」字。今據弘治將樂縣志補。

〔四〕「查得」之上，正德本原無「爲此」二字。今據弘治、乾隆將樂縣志補。

〔五〕「知府彭誼亦要將楊時從祀」，乾隆將樂縣志作「彭誼亦奏前事」。

〔六〕「何昇」，正德本「昇」原作「升」。今據乾隆延平府志、弘治將樂縣志改。

〔七〕「不得預」，乾隆延平府志、乾隆將樂縣志「預」作「與」。下「預」字同。

〔八〕「皆有未安也」，正德本「也」作「已」，屬下句。乾隆延平府志、乾隆將樂縣志「已」作「也」，屬上句，是。今據改。

〔九〕「用手本行請」，乾隆延平府志、乾隆將樂縣志無「用手本」三字。

〔一〇〕「謹按」之上，弘治、乾隆將樂縣志均有「臣」字。

〔一一〕「程氏之遺書及朱子伊洛淵源録」，正德本無「之」字。今據乾隆延平府志、乾隆將樂縣志補。上述府志、縣志無「伊洛」二字。

〔一二〕「深遠」，乾隆延平府志、乾隆將樂縣志作「深邃」。

〔一三〕「踐履純固」之下，乾隆將樂縣志無「温然無疾言遽色」七字。

〔一四〕「明道程子」，乾隆將樂縣志無「程子」二字。

〔一五〕「吾道南矣」之下，乾隆將樂縣志無「然則是道也，豈易言哉」九字。

〔一六〕「一傳爲豫章羅氏，再傳爲延平李氏」，乾隆將樂縣志無「爲豫章」、「爲延平」六字。

〔一七〕「號爲正宗」之下，乾隆將樂縣志無「文定胡氏」與「南軒張氏」兩句。

〔一八〕「使天下之人」，正德本無「之」字。今據乾隆延平府志、乾隆將樂縣志補。

〔一九〕「詞華」，乾隆延平府志、乾隆將樂縣志作「詞章」。

〔二〇〕「於配享」，正德本無「於」字。今據乾隆延平府志補。

〔二一〕「士尊王安石爲聖人」，乾隆延平府志、乾隆將樂縣志無「士」字。從下文「不復知有孔子」、「不復知有古訓」看，當以有「士」字爲是。

〔二二〕「誦」，乾隆延平府志作「頌」。

〔二三〕「不令厠宣聖」，乾隆延平府志「厠」作「側」，誤；「宣聖」作「先聖」。

〔二四〕「淫詞」，乾隆延平府志「詞」作「辭」。

〔二五〕「亦不可掩矣」，正德本句尾無「矣」字。當以有「矣」字爲是。上段結句「不可誣矣」，即用「矣」字，亦可爲證。今據乾隆延平府志補。

〔二六〕「而文定亦曰」，乾隆延平府志「亦曰」作「以」，誤。

〔二七〕「則見於何鎬之書」，正德本「見」字缺。今據弘治將樂縣志補。本句「何鎬」，乾隆延平府志、蛟湖楊氏族譜均作「何鑄」，誤。按，何鎬，何兑子，字叔京，邵武人，少承家學，從朱熹游，講論精密。正德本不誤。

〔二八〕「稱其年高德盛」，正德本「其」字缺。今據弘治將樂縣志補。

〔二九〕「則見於」，乾隆延平府志作「於是爲」。

〔三〇〕「然則以著述見少者」，正德本無「則」字、「者」字。今據乾隆延平府志、乾隆將樂縣志補。

〔三一〕「文定胡氏、九峰蔡氏」，乾隆延平府志、蛟湖楊氏族譜「九峰蔡氏」在「文定胡氏」之上。

〔三二〕「然則親講於龜山若文定」，乾隆將樂縣志無「於龜山」三字。下句亦無「於龜山」三字。

〔三三〕「若朱、栻」，乾隆延平府志、乾隆將樂縣志作「若朱與張」。從下文「蔡、真」看，似當作「朱、張」。

〔三四〕「而近私淑於朱子」至「亦在侑食」，乾隆延平府志、蛟湖楊氏族譜無此三句。乾隆將樂縣志無「遠私淑」一句，而「亦」作「咸」。

〔三五〕「抑邪崇正者」，正德本「崇」作「與」。今據乾隆延平府志、乾隆將樂縣志改。

〔三六〕「反不預焉」，乾隆將樂縣志作「反不得與」。

〔三七〕「從師」，乾隆延平府志、乾隆將樂縣志作「尊師」。

〔三八〕「以龜山躋升從祀」之下，正德本原無「列於東廡」至「加封伯爵」等十八字。但本文既是「從祀孔廟議」，不應没有建議的具體内容，正德本此處文字顯有删削。乾隆延平府志、乾隆將樂縣志、蛟湖楊氏族譜均詳載建議内容。今據補。

〔三九〕「謹議」之下，正德本原無「弘治九年七月」六字。上述延平府志、將樂縣志、蛟湖楊氏族譜均詳載從祀議的具體年月。今據補。

龜山從祀辨

〔明〕熊威

謹按：儒者從祀於廟庭〔一〕，以其德足以潤身，道足以濟世，功足以繼往而開來也。自顔、曾、思、孟配享而下〔二〕，至於宋之周、程、朱八大賢，不可尚已〔三〕，其餘如左丘明、公羊高、穀梁赤、伏勝、高堂生、戴聖、毛萇、孔安國輩〔四〕，不過傳注掇拾聖經而已〔五〕，若劉向、鄭衆、杜子春、馬融、盧植、鄭玄、服虔、何休輩，不過訓詁教授聖經而已，他無足稱也。漢四百年，雖曰一董仲舒矣，然正而未免失之迂。唐三百年，雖曰一韓愈矣，然達而未免失之淺。宋之張、邵，固足稱矣，然張之弘毅〔六〕，未至於純，邵之高明，未即其實，亦不能無議者。故君子之論道當嚴，而於取人當恕焉。

將樂龜山楊先生，宋大儒也。我太宗文皇帝御製理性大全書，憲宗皇帝御製續通鑑綱目書，具載先生之道德行事詳矣。愚請條理而辨之：按武夷胡氏曰：「河南二程，得孟子不傳之學於遺經，以倡天下，而升堂睹奥，則游定夫、謝顯道、楊中立三人也。」觀游之清重，其學與楊同一靈利也，而先生之涵養，實有以過之；謝之誠實〔七〕，其學與楊同一長進也，而先生之聰悟，實有以過之。是力量見識，比之張、邵雖不及，而其學則非漢、唐儒可及矣。胡安國稱其「天資夷曠，濟以問學。充養有道〔八〕，德器早成。積於中者，純粹而宏深；見於外者，簡易而平淡。」吕本中稱其「寬大能容〔九〕，不見涯涘，不爲崖絶，明道先生温然純粹，終身無疾言遽色，先生實似之。」如此謂之德不足以潤身不可也。且胡氏嘗薦先生，有曰：「延置經筵，朝夕咨訪，補裨必多，至於裁決危疑，經理世務，若燭照數計而龜卜。」是其才雖有不如程子之經世濟物〔一〇〕，亦非漢、唐儒可企矣。按綱目〔一一〕，先生歷知瀏陽、餘杭、蕭山三縣〔一二〕，皆有惠政，民思之不忘。時安於州縣，未嘗求聞達，而德望日重，四方之士不遠千里從之游。及召爲秘書郎，條陳十有數事，又乞收人心，誅童貫，罷奄人防城，知無不言。居諫垣九十日，凡所論列，皆切於世道，而其大者，則闢王氏，排和議，論三鎮不可棄」云〔一三〕。如此謂之道不足以濟世不可也。又曰：「時在東郡，所交皆天下士，先達陳瓘、鄒浩皆以師禮事時。既渡江，東南學者推時爲『程氏正宗』。」考之當時，若羅從彦嘗徒步從學。朱子謂「龜山倡道東南，士之游其門者甚衆。然潛思力行，任重詣極，豫章一人而已。」延平李侗，又從豫章學，朱子謂「居處制行，真得龜山法門」。考亭朱子，又從延平學，果齋李氏謂「集大成以定萬世之法，是上承二程之緒，下啓三賢之傳，皆先生也。」謂之功不足以繼往開來可乎？况張栻又謂先生「推本論奏王氏學術之謬，追奪王爵，罷配享，使大統中興，論議一正，至於今學者知荆舒禍本而有不屑焉，則其息邪説、距詖行、放淫辭以承孟氏者〔一四〕，其功顧不大哉？」由是觀之，則先生之功，亦豈注釋、訓詁而已耶？

嘗觀其語羅仲素書曰：「某嘗有數句教學者讀書之法云，以身體之，以心驗之，從容默會於幽閑静一之中，超然自得於書言象意之表。此蓋某所自爲者如此。」噫，斯言也，漢、唐諸儒曾有是乎〔一五〕？大抵取人物於三代之下，當折衷於朱子。或以中庸或問論先生引莊周「出怒不怒」，老子「死而不亡」之語，雜於佛、老；以「飲食作息無非道」，流於佛氏之作用；以「人爲道則遠道，道非禮不止，禮非道不行」數言，流於老氏之虚無：以此而致議者。愚以中庸乃傳道之書也，或問正論道之言也，朱子恐人泥其言而學之差，論之不得不嚴。故雖純正如程子，以養福修復爲修道之教，以執持不行解「執其兩端」，亦斥其非，况其下者乎？至於他日，或問游、楊中庸説之疏略，朱子乃曰：「游、楊才高博洽，雖其説有疏略，然皆通明，不似兼山輩立論可駭也。」吁！此朱子取人之恕也。不然，則古今無全人矣，何以爲朱子？

或以先生問程子西銘之書「言體不及用，恐其流於兼愛」，及聞「理一分殊」之説，答程子書有「釋然無惑」之語，程子讀之曰：「楊時也未釋然〔一六〕。」又以此而致論者。愚以先生之問西銘，正審問、明辨之事〔一七〕，學者之務實當如此也〔一八〕。觀其答程子有「稱物平施」之言，朱子謂其「言不盡而理有餘，誠有未釋然者，而龜山所見，蓋不終于此〔一九〕。龜山語録曰：『知其理一，所以爲仁〔二〇〕；知其分殊，所以爲義。』此論分別異同，各有歸趣，大非答書之比，豈其年高德盛而所見益精歟〔二一〕？」噫！此朱子與人爲善之公也，論者烏可觀其始而不究其終哉？

或謂程子稱游之穎悟温厚，而謂楊不及游，殊不知此乃伊川之言也。伊川最愛定夫，明道最愛中立，蓋各以其氣象之相似〔二二〕，未可以是爲優劣也。

或謂先生晚年之出，未免禄仕苟就，殊不知苟可以少行其道則出，先生之志也。故朱子曰：「胡文定以柳下惠援而止之而止，比之極好，可見矣。」或謂朱子言「將樂人性急粗率，龜山却寬平，終有土風在」。殊不知亞聖如孟子，猶不免於戰國之習，夫豈可以是而病先生哉？先生之前，如賈逵、范寧、杜預、王肅，或語焉不詳，或釋焉不精，亦得從祀矣，而先生則未焉。先生之後，如吕祖謙、張栻、蔡沈、真德秀，或雄博穎悟，或傳衍經義，亦已受封矣，而先生亦未焉。夫以性惡禮僞之荀況，宜得罪於聖門也，而反受蘭陵之封，以老、莊空寂之王弼，蓋非聖人徒也，而反膺偃、師之爵，較之先生之德、之才、之功，果何如耶？世之維持道統者，或建言黜況以進先生可也，或進先生以黜弼亦可也。

愚也叨先生之鄉，相去凡三百年〔二三〕，今讀其書，即其事，宛然如在目〔二四〕。倘以愚言不棄，采而聞之於上，增一籩、一豆於金聲玉振之門墻，以張斯文之氣，則匪直先生之幸，實斯文之幸。將見受者得以享祀於無窮，而舉者名亦與之相爲無窮矣，三薰三沐，不足以爲維持道統者謝。

（見弘治十八年將樂縣志卷十二詞翰紀述）

校記

〔一〕「廟庭」，弘治將樂縣志「庭」原作「廷」。今據乾隆將樂縣志改。

〔二〕「配享」，乾隆將樂縣志「享」作「饗」。下「享」字同。當以「享」字爲是。

〔三〕「尚已」，弘治將樂縣志原作「尚以」，今據乾隆將樂縣志改。

〔四〕「左丘明」，乾隆將樂縣志「丘」作「邱」。

〔五〕「掇拾聖經而已」之下，弘治將樂縣志有「若劉向、鄭衆、杜子春、馬融、盧植、鄭玄、服虔、何休輩，不過訓詁教授聖經而已」等二十九字，乾隆將樂縣志脱。

〔六〕「弘毅」，乾隆將樂縣志「弘」作「宏」。

〔七〕「謝之誠實」，弘治將樂縣志「謝」作「蔡」，誤。今據乾隆將樂縣志改。

〔八〕「充養」，弘治將樂縣志作「克養」，誤。今據乾隆將樂縣志改。

〔九〕「吕本中」，弘治將樂縣志無「本」字，今據乾隆將樂縣志補。

〔一〇〕「程子」之上，弘治將樂縣志無「不如」二字，「經世」之下脱「濟物」二字。今據乾隆將樂縣志補。

〔一一〕「目」之上，弘治將樂縣志無「按綱」二字。今據乾隆將樂縣志補。

〔一二〕「知」之上，弘治將樂縣志無「歷」字。今據乾隆將樂縣志補。

〔一三〕「不可棄云」，乾隆將樂縣志「云」作「去」，誤。

〔一四〕「孟氏」，乾隆將樂縣志作「孟子」。

〔一五〕「漢、唐諸儒」，乾隆將樂縣志「諸」作「之」。

〔一六〕「楊時也未釋然」，乾隆將樂縣志「也」作「思」，誤。

〔一七〕「審問明辨」，乾隆將樂縣志「審」作「番」，誤。

〔一八〕「學者之務實當如此也」，乾隆將樂縣志「者」下無「之」字，乾隆延平府志「此」作「是」。

〔一九〕「終于此」，弘治本將樂縣志「于」作「予」，誤。今據乾隆將樂縣志改。

〔二〇〕「所以爲仁」之上，弘治將樂縣志有「而」字，本書卷十一語録三京師所聞原文無「而」字，乾隆將樂縣志引亦無「而」字。今據删。

〔二一〕「益精敷」，乾隆將樂縣志「敷」作「與」。

〔二二〕「各以」，乾隆將樂縣志「以」作「因」。

〔二三〕「凡三百年」，乾隆將樂縣志作「凡二百年」，誤。乾隆延平府志「凡」作「幾」。

〔二四〕「如在目」，弘治將樂縣志「目」作「日」。乾隆延平府志、乾隆將樂縣志作「目」，義較長。今據改。

請崇祀龜山恤後疏　〔明〕李　熙

福建等處承宣布政使司延平府將樂縣知縣臣李熙奏爲祀先賢、世禄其後以崇道學事〔一〕。

臣竊見宋儒龜山楊時，學傳東洛，道倡南閩，闢邪翼正，繼往開來，誠有功於吾道者也。曩歲祭酒謝鐸、歲貢生何昇建言，欲將楊時從祀孔子廟庭。仰蒙皇上稽古右文〔二〕，即敕禮部定議，封楊時爲將樂伯，行令天下學校春秋從祀，列位次温國公司馬光下，斯文增慶，士類騰歡。况楊時將樂人，今其書院、冢墓、陋屋尚存〔三〕，荒墟尚在，子孫貧寒，無以爲度。臣叨尹兹邑，景行先哲，仰副陛下崇儒重道之意，有未能也。

嘗考本縣祀典所載，自國初有隋汀州刺史穆公、閩將軍劉公、宋將樂令陳公，是雖忠臣良尹，禮宜血食，然皆一時寓賢，非有大功德於民者，悉蒙朝廷歲令有司春秋各具牲帛，特祭於廟。今楊時爲本地道學宗師，有功於前聖，有功於後學，不得蒙一牲帛之祭，止同於他縣從祀之列，於義誠有未安也。

臣查得宋臣趙抃原籍衢州府人，近歲知府沈傑謹奏爲祀先賢以勵風俗事，欲將趙抃春秋致祭，蒙皇上表勵臣節，特賜準行。然抃清節雅望〔四〕，垂休今古，鄉社歲祭，於理爲宜，豈有若楊時傳道之功，繼往開來者哉？

臣伏睹陛下御極以來，賢智奮庸，固已盛矣，工匠技藝，間亦荷禄，庸夫儒子，咸與出身。今先賢子孫，貧賤湮微，而不蒙聖世斗禄之及，於心誠所不忍也〔五〕。臣又見宋儒朱熹原籍婺源，而所生之地，實寓尤溪。蓋考亭之學出於延平，延平之學出於龜山，國家以朱子著述有功吾道，故世禄其子孫〔六〕，溯流而源，則道南一脉，實自龜山始，其功豈朱子下哉〔七〕？

伏望陛下乞敕該部定議，行令有司，於每歲春秋從祀外，乞照趙清獻公事例，另具牲醴祀帛，就於書院祭之。其十三代孫楊爵，見充本縣儒學增廣生員，性質樸實〔八〕，乞照徽國公子孫事例，量與一職，就於本縣月支應得俸糧，以存先賢之後，使天下萬世知楊時爲將樂人，陛下崇尚道學，令有司優恤其後者如此，豈非一代之盛典哉〔九〕！

臣具本親赴通政司賫進以聞〔一〇〕，伏候敕旨。

奉聖旨：着落翰林院查例。

（乾隆三十年將樂縣志卷八先憲第11—12頁）

校記

〔一〕「奏爲」，乾隆將樂縣志「奏」原作「奉」，誤。今據乾隆延平府志卷三十七藝文改。
〔二〕「仰蒙」，乾隆將樂縣志「仰」原作「肆」，誤。今據乾隆延平府志改。
〔三〕「尚存」，乾隆延平府志「尚」作「幸」。
〔四〕「清節雅望」，乾隆將樂縣志「清節」原作「清高」。今據乾隆延平府志改。
〔五〕「於心誠所不忍也」，乾隆延平府志「也」作「者」。
〔六〕「故世禄其子孫」，乾隆將樂縣志「世」原作「也」，誤。今據乾隆延平府志改。
〔七〕「其功」，乾隆延平府志「其」作「厥」。
〔八〕「性質」，乾隆延平府志「質」作「資」。
〔九〕「豈非一代之盛哉」，乾隆延平府志「哉」作「歟」。
〔一〇〕「賚」，乾隆延平府志作「賫」。「賫」、「賚」異體字。

附録五　朱熹四書集注所引楊時著作摘鈔

中庸集注

「天命之謂性，率性之謂道，修道之謂教。」

朱熹集注：右第一章，子思述所傳之意以立言，首明道之本原出於天而不可易，其實體備於己而不可離；次言存養省察之要；終言聖神功化之極。蓋欲學者於此，反求諸身而自得之，以去夫外誘之私，而充其本然之善。楊氏所謂『一篇之體要』是也。其下十章，蓋子思引夫子之言，以終此章之義。

（中庸章句第一章，世界書局銅版本四書五經第2頁）

「詩曰：『衣錦尚絅。』惡其文之著也。故君子之道，闇然而日章，小人之道，的然而日亡。」

朱熹集注：右第三十三章，子思因前章極致之言，反求其本，復自下學爲己謹獨之事，推而言之，以馴致乎篤恭而天下平之盛，又贊其妙，至於無聲無臭而後已焉。蓋舉一篇之要而約言之，其反復丁寧示人之意，至深切矣。學者其可不盡心乎？

（中庸第三十三章，同上第17頁）

論語集注

學而第一

子曰：「道千乘之國，敬事而信，節用而愛人，使民以時。」

朱熹集注：楊氏曰：「上不敬則下慢，不信則下疑。下慢而疑，事不立矣。敬事而信，以身先之也。易曰：『節以制度，不傷財、不害民。』蓋侈用則傷財，傷財必至於害民，故愛民必先於節用。然使之不以其時，則力本者不獲自盡，雖有愛人之心，而人不被其澤矣。然此特論其所存而已，未及爲政也。苟無是心，則雖有政不行焉。」

（論語集注卷一，世界書局銅版本四書五經第2頁）

八佾第三

一

林放問禮之本。子曰：「大哉問。禮，與其奢也，寧儉；喪，與其易也，寧戚。」

朱熹集注：楊氏曰：「禮始諸飲食，故污尊而抔飲，爲之簠、簋、籩、豆、罍、爵之飾，所以文之也，則其本儉而已。喪不可以徑情而直行，爲之衰麻哭踊之數，所以節之也，則其本戚而已。周衰，世方以文滅質，而林放獨能問禮之本，故夫子大之而告之以此。」

（論語集注卷二，同上第9頁）

二

子夏問曰：「……」子曰：「繪事後素。」曰：「禮後乎？」子曰：「起予者商也，始可與言詩已矣。」

朱熹集注：楊氏曰：「甘受和，白受采。忠信之人，可以學禮。苟無其質，禮不虛行。

此繪事後素之説也。孔子曰「繪事後素」，而子夏曰「禮後乎」，可謂能繼其志矣。非得之言意之表者能之乎？商賜可與言詩者以此。若夫玩心於章句之末，則其爲詩也固而已矣。所謂「起予」，則亦相長之義也』。」

（論語集注卷二，同上第10頁）

三

子曰：「射不主皮，爲力不同科也，古之道也。」

朱熹集注：楊氏曰：「中可以學而能，力不可以强而至。聖人言古之道，所以正今之失。」

（論語集注卷二，同上第11頁）

四

子貢欲去告朔之餼羊。子曰：「賜也，爾愛其羊，我愛其禮。」

朱熹集注：楊氏曰：「告朔，諸侯所以禀命於君親，禮之大者。魯不視朔矣。然羊存則告朔之名未泯，而其實因可舉。此夫子所以惜之也。」

（論語集注卷二，同上第11頁）

五

子曰：「管仲之器小哉！」或曰：「管仲儉乎？」曰：「管氏有三歸，官事不攝，焉得儉？……」

朱熹集注：楊氏曰：「夫子大管仲之功，而小其器，蓋非王佐之才，雖能合諸侯，正天下，其器不足稱也。道學不明，而王霸之略，混爲一途，故聞管仲之器小，則疑其爲儉，以不儉告之，則又疑其知禮。蓋世方以詭遇爲功，而不知爲之範，則不悟其小宜矣。」

（論語集注卷二，同上第12頁）

里仁第四

一

子曰：「苟志於仁矣，無惡也。」

朱熹集注：楊氏曰：「苟志於仁，未必無過舉也，然而爲惡則無矣。」（論語集注卷二，同上第14頁）

二

子曰：「君子喻於義，小人喻於利。」

朱熹集注：楊氏曰：「君子有舍生而取義者，以利言之，則人之所欲無甚於生，所惡無甚於死，孰肯舍生而取義哉？其所喻者義而已，不知利之爲利故也。小人反是。」（論語集注卷二，同上第15頁）

雍也第六

一

子游爲武城宰。子曰：「女得人焉爾乎？」曰：「有澹臺滅明者，行不由徑，非公事，未嘗至於偃之室也。」

朱熹集注：楊氏曰：「爲政以人才爲先，故孔子以得人爲問。如滅明者，觀其二事之小，而其正大之情可見矣。後世有不由徑者，人必以爲迂；不至其室，人必以爲簡。非孔氏之徒，其孰能知而取之？愚謂持身以滅明者爲法，則無苟賤之羞。取人以子游爲法，則無邪媚之惑。」

（論語集注卷三，同上第24頁）

二

子曰：「質勝文則野，文勝質則史。文質彬彬，然後君子。」朱熹集注：楊氏曰：「文質不可以相勝，然質之勝文，猶之甘可以受和，白可以受采也。文勝而至於滅質，則其本亡矣。雖有文，將安施乎？然則與其史也寧野。」

（論語集注卷三，同上第24頁）

述而第七

一

子之燕居，申申如也，夭夭如也。

朱熹集注：楊氏曰：「申申，其容舒也。夭夭，其色愉也。」（論語集注卷四，同上第27頁）

二

子曰：「富而可求也，雖執鞭之士，吾亦爲之；如不可求，從吾所好。」

朱熹集注：楊氏曰：「君子非惡富貴而不求，以其在天，無可求之道也。」（論語集注卷四，同上第28頁）

泰伯第八

一

子曰：「三年學，不至於穀，不易得也。」

朱熹集注：楊氏曰：「雖子張之賢，猶以干禄爲問，況其下乎？然則三年學而不至於穀，宜不易得也。」（論語集注卷四，同上第34頁）

二

子曰：「禹，吾無間然矣。菲飲食而致孝乎鬼神，惡衣服而致美於黻冕，卑宮室而盡力乎溝洫。禹，無間然矣。」

朱熹集注：楊氏曰：「薄於自奉而所勤者民之事，所致飾者宗廟朝廷之禮，所謂有天下而不與也，夫何間然之有？」

（論語集注卷四，同上第 35 頁）

子罕第九

一

子絶四：毋意，毋必，毋固，毋我。

朱熹集注：楊氏曰：「非知足以知聖人，詳視而默識之，不足以記此。」

（論語集注卷五，同上第 36 頁）

二

顏淵喟然嘆曰：「仰之彌高，鑽之彌堅，瞻之在前，忽焉在後。夫子循循然善誘人，博我以文，約我以禮，欲罷不能。既竭吾才，如有所立卓爾，雖欲從之，末由也已。」

朱熹集注：楊氏曰：「自可欲之謂善，充而至於大，力行之積也。大而化之，則非力行所及矣。此顏子所以未達一間也。」

（論語集注卷五，同上第37頁）

三

子曰：「法語之言，能無從乎？改之爲貴。巽與之言，能無説乎？繹之爲貴。説而不繹，從而不改，吾末如之何也已矣。」

朱熹集注：楊氏曰：「法言若孟子論行王政之類是也，巽言若其論好貨好色之類是也。語之而未達，拒之而不受，猶之可也。其或喻焉，則尚庶幾其能改繹矣。從且説矣，而不改繹焉，則是終不改繹也已。雖聖人，其如之何哉！」

（論語集注卷五，同上第39頁）

四

子曰：「可與共學，未可與適道；可與適道，未可與立；可與立，未可與權。」

朱熹集注：楊氏曰：「知爲己，則可與共學矣。學足以明善，然後可與適道。信道篤，然後可與立。知時措之宜，然後可與權。」

（論語集注卷五，同上第 40 頁）

鄉　黨第十

一

鄉黨第十章

朱熹集注：楊氏曰：「聖人之所謂道者，不離乎日用之間也。故夫子之平日，一動一静，門人皆審視而詳記之。」

（論語集注卷五，同上第 40 頁）

二

齊必有明衣布。齊必變食，居必遷坐。

朱熹集注：變食謂不飲酒，不茹葷；遷坐，易常處也。此一節，記孔子謹齊之事。楊氏曰：「齊所以交神，故致潔變常以盡敬。」

（論語集注卷五，同上第41—42頁）

三

食不語，寢不言。

朱熹集注：答述曰語，自言曰言。范氏曰：「聖人存心不他，當食而食，當寢而寢，言語非是時也。」楊氏曰：「肺爲氣主而聲出焉，寢食則氣窒而不通，語言恐傷之也。」亦通。

（論語集注卷五，同上第42頁）

四

康子饋藥，拜而受之，曰：「丘未達，不敢嘗。」

朱熹集注：楊氏曰：「大夫有賜，拜而受之，禮也；未達不敢嘗，謹疾也。必告之，直也。」（論語集注卷五，同上第 42 頁）

先進第十

一

柴也愚，參也魯，師也辟，由也喭。

朱熹集注：楊氏曰：「四者性之偏，語之，使知自勵也。」（論語集注卷六，同上第 46 頁）

顔淵第十二

一

子張問明。子曰：「浸潤之譖，膚受之愬，不行焉，可謂明也已矣。浸潤之譖，膚受之愬，不行焉，可謂遠也已矣。」

朱熹集注：楊氏曰：「驟而語之，與利害不切於身者，不行焉，有不待明者能之也。故浸潤之譖、膚受之愬不行，然後謂之明，而又謂之遠，遠則明之至也。書曰：『視遠惟明。』」（論語集注卷六，同上第50頁）

二

哀公問於有若曰：「年饑，用不足，如之何？」有若對曰：「盍徹乎？」曰：「二，吾猶不足，如之何其徹也？」對曰：「百姓足，君孰與不足？百姓不足，君孰與足？」

朱熹集注：楊氏曰：「仁政必自經界始。經界正，而後井地均，穀禄平，而軍國之需，皆量是以爲出焉。故一徹而百度舉矣，上下寧憂不足乎？以二猶不足而教之徹，疑若迂矣。然什一，天下之中正，多則桀，寡則貉，不可改也。後世不究其本而惟末之圖，故徵斂無藝，費出無經，而上下困矣。又惡知盍徹之當務而不爲迂乎？」

（論語集注卷六，同上第51頁）

三

子張問崇德辨惑。子曰：「主忠信，徙義，崇德也。愛之欲其生，惡之欲其死。既欲其生，又欲其死，是惑也。誠不以富，亦祇以異。」

朱熹集注：楊氏曰：「堂堂乎張也，難與並爲仁矣，則非誠善補過不蔽於私者，故告之如此。」

（論語集注卷六，同上第51頁）

四

齊景公問政於孔子。孔子對曰：「君君，臣臣，父父，子子。」公曰：「善哉，信如君不君，臣不臣，父不父，子不子，雖有粟，吾得而食諸？」

朱熹集注：楊氏曰：「君之所以君，臣之所以臣，父之所以父，子之所以子，是必有道矣。景公知善夫子之言，而不知反求其所以然，善悦而不繹者，齊之所以卒於亂也。」（論語集注卷六，同上第51—52頁）

五

子曰：「聽訟，吾猶人也，必也使無訟乎！」

朱熹集注：楊氏曰：「子路片言可以折獄，而不知以禮遜爲國，則未能使民無訟者也。故又記孔子之言，以見聖人不以聽訟爲難，而以使民無訟爲貴。」（論語集注卷六，同上第52頁）

子路第十三

一

名不正則言不順，言不順則事不成。

朱熹集注：楊氏曰：「名不當其實，則言不順，言不順，則無以考實而事不成。」

（論語集注卷七，同上第 54 頁）

二

樊遲請學稼。子曰：「吾不如老農。」請學爲圃。曰：「吾不如老圃。」樊遲出，子曰：「小人哉，樊須也。……」

朱熹集注：楊氏曰：「樊須游聖人之門，而問稼圃，志則陋矣，辭而闢之可也。待其出而後言其非，何也？蓋於其問也，自謂農圃之不如，則拒之者至矣。須之學疑不及此，而不能問，不能以三隅反矣，故不復。及其既出，則懼其終不喻也。求老農老圃而學焉，則其失愈遠矣，故復言之，使知前所言者意有在也。」

（論語集注卷七，同上第 55 頁）

三

子謂衛公子荆，善居室。始有曰苟合矣，少有曰苟完矣，富有曰苟美矣。

朱熹集注：楊氏曰：「務爲全美，則累物而驕吝之心生，公子荆皆曰『苟』而已，則不以外物爲心，其欲易足故也。」（論語集注卷七，同上第55頁）

四

子曰：「南人有言曰：『人而無恒，不可以作巫醫。』善夫！『不恒其德，或承之羞。』」子曰：「不占而已矣。」

朱熹集注：「復加『子曰』，以別易文也。其義未詳。」楊氏曰：「君子於易，苟玩其占，則知無常之取羞矣。其爲無常也，蓋亦『不占而已矣』，意亦略通。」（論語集注卷七，同上第57頁）

五

子曰：「剛毅木訥近於仁。」

朱熹集注：程子曰：「木者質樸，訥者遲頓，四者質之近乎仁者也。」楊氏曰：「剛毅則不屈於物欲，木訥則不至於外馳，故近仁。」

（論語集注卷七，同上第58頁）

憲問第十四

一

子曰：「臧武仲以防求爲後於魯，雖曰不要君，吾不信也。」

朱熹集注：楊氏曰：「武仲卑辭請後，其迹非要君者，而意實要之。夫子之言，亦春秋誅意之法也。」

（論語集注卷七，同上第60頁）

二

子曰：「不逆詐，不億不信，抑亦先覺者，是賢乎？」

朱熹集注：楊氏曰：「君子一於誠而已。然未有誠而不明者，故雖不逆詐，不億不信，

而常先覺也。若夫不逆不億而卒爲小人所罔焉，斯亦不足觀也已。」（論語集注卷七，同上第62頁）

衛靈公第十五

一

子曰：「直哉史魚！邦有道如矢，邦無道如矢！君子哉蘧伯玉，邦有道則仕，邦無道則可卷而懷之。」

朱熹集注：楊氏曰：「史魚之直，未盡君子之道，若蘧伯玉然後可免於亂世。若史魚之如矢，則雖欲卷而懷之，有不可得也。」（論語集注卷八，同上第66頁）

二

子曰：「君子求諸己，小人求諸人。」

朱熹集注：楊氏曰：「君子雖不病人之不己知，然亦疾没世而名不稱也。雖疾没世而名不稱，然所以求者，亦反諸己而已。小人求諸人，故違道於譽，無所不至。三者文不相蒙，而義實相足，亦記言者之意。」

（論語集注卷八，同上第67頁）

三

子曰：「吾猶及史之闕文也。有馬者借人乘之，今亡矣夫！」

朱熹集注：楊氏曰：「史闕文，馬借人，此二事，孔子猶及見之，今亡矣夫。悼時之益偷也。愚謂此必有爲而言。蓋雖細故，而時變之大者可知矣。」

（論語集注卷八，同上第68頁）

四

子曰：「衆惡之，必察焉；衆好之，必察焉。」

朱熹集注：楊氏曰：「惟仁者能好惡人。衆好惡之而不察，則或蔽於私矣。」

（論語集注卷八，同上第68頁）

季氏第十六

一

孔子曰：「生而知之者上也，學而知之者次也，困而學之又其次也。困而不學，民斯爲下矣。」朱熹集注：楊氏曰：「生知、學知以至困學，雖其質不同，然及其知之一也。故君子惟學之爲貴。困而不學，然後爲下。」（論語集注卷八，同上第71頁）

陽貨第十七

一

陽貨欲見孔子，孔子不見，歸孔子豚。孔子時其亡也而往拜之，遇諸塗。

朱熹集注：楊氏曰：「揚雄謂孔子於陽貨也，敬所不敬，爲詘身以信道，非知孔子者。蓋道外無身，身外無道。身詘矣而可以信道，吾未之信也。」

（論語集注卷九，同上第73頁）

二

子貢曰：「君子亦有惡乎？」子曰：「有惡：惡稱人之惡者，惡居下流而訕上者，惡勇而無禮者，惡果敢而窒者。」曰：「賜也亦有惡乎？惡徼以爲知者，惡不遜以爲勇者，惡訐以爲直者。」

朱熹集注：楊氏曰：「仁者無不愛，則君子疑若無惡矣。子貢之有是心也，故問焉以質其是非。」

（論語集注卷九，同上第77頁）

微子第十八

一

微子去之，箕子爲之奴，比干諫而死。孔子曰：「殷有三仁焉。」

朱熹集注：三人之行不同，而同出於至誠惻怛之意，故不咈乎愛之理，而有以全其心之德也。楊氏曰：「此三人者，各得其本心，故同謂之仁。」

（論語集注卷九，同上第77頁）

子張第十九

一

子夏曰：「雖小道，必有可觀者焉。致遠恐泥，是以君子不爲也。」

朱熹集注：「小道，如農圃醫卜之屬。泥，不通也。」楊氏曰：「百家衆技，猶耳目鼻口，

皆有所明而不能相通，非無可觀也。致遠則泥矣，故君子不爲也。」（論語集注卷十，同上第80頁）

二

子游曰：「喪致乎哀而止。」

朱熹集注：致極其哀，不尚文飾也。楊氏曰：「『喪與其易也寧戚』，不若禮不足而哀有餘之意。」愚按：「而止」二字，亦微有過於高遠而簡略細微之弊。學者詳之。（論語集注卷十，同上第81頁）

堯曰第二十

一

堯曰：「咨爾舜，天之曆數在汝躬，允執其中，四海困窮，天禄永終。」舜亦以命禹，曰：「……」（下略）

朱熹集注：楊氏曰：「論語之書，皆聖人微言，而其徒傳守之，以明斯道者也。故於終篇，具載堯、舜咨命之言，湯、武誓師之意，與夫施諸政事者，以明聖學之所傳者，一於是而已，所以著明二十篇之大旨也。孟子於終篇，亦歷叙堯、舜、湯、文、孔子相承之次，皆此意也。」

（論語集注卷十，同上第83頁）

孟子集注

孟子序説（略）

朱熹集注：楊氏曰：「孟子一書，只是要正人心，教人存心養性，收其放心。至論仁義禮智，則以惻隱、羞惡、辭讓、是非之心爲之端。論邪説之害，則曰『生於其心害於其政』，論事君，則曰『格君心之非，一正君而國定』，千變萬化，只説從心上來。人能正心，則事無足爲者矣。大學之修身、齊家、治國、平天下，其本只是正心、誠意而已。心得其正，然後知性之善。故孟子遇人便道性善。歐陽永叔却言聖人之教人，性非所先，可謂誤矣。人性上不可添一物。堯、舜所以爲萬世法，亦是率性而已。所謂率性，循天理是也。外邊用計用數，假饒立得功業，只是人欲之私，與聖賢作處天地懸隔。」

（孟子集注卷首，世界書局銅版本四書五經卷首第2頁）

梁惠王上

一

「五畝之宅，樹之以桑」段。

朱熹集注：楊氏曰：「爲天下者，舉斯心加諸彼而已。然雖有仁心仁聞，而民不被其澤者，不行先王之道故也。故以制民之産告之。」

（孟子集注卷一，同上正文第8頁）

梁惠王下

一

「莊暴見孟子」章。

朱熹集注：楊氏曰：「樂以和爲主，使人聞鐘鼓管弦之音而疾首蹙頞，則雖奏以咸、英、韶、濩，無補於治也。故孟子告齊王以此。姑正其本而已。」

（孟子集注卷二，同上第10頁）

二

「齊宣王見孟子於雪宫」章「王曰寡人有疾，寡人好色」段。

朱熹集注：楊氏曰：「孟子與人君言，皆所以擴充其善心而格其非心，不止就事論事。若使爲人臣者論事每如此，豈不堯、舜其君乎？」

（孟子集注卷二，同上第13頁）

三

「滕文公問曰滕小國也」章章末。

朱熹集注：楊氏曰：「孟子之於文公，始告之以效死而已，禮之正也。至其甚恐，則以大王之事告之，非得已也。然無大王之德而去，而民或不從而遂至於亡，則又不若效死之爲愈，故又請擇於斯二者。」又曰：「孟子所論，自世俗觀之，則可謂無謀矣。然理之可爲者，不過如此。舍此則必爲儀、秦之爲矣。凡事求可，功求成，取必於智謀之末而不循天理之正者，非聖賢之道也。」

（孟子集注卷二，同上第17頁）

公孫丑上

一

「公孫丑問曰夫子當路於齊，管仲、晏子之功可復許乎」章「或問乎曾西曰」段。

朱熹集注：楊氏曰：「孔子言子路之才，曰：『千乘之國，可使治其賦也。』使其見於施爲，如是而已。其於九合諸侯，一匡天下，固有所不逮也。然則曾西推尊子路如此，而羞比管仲者何哉？譬之御者，子路則範我馳驅而不獲者也。管仲之功，詭遇而獲禽耳。曾西，仲尼之徒也，故不道管仲之事。」（孟子集注卷三，同上第18頁）

公孫丑下

一

「沈同以其私問曰燕可伐與」章章末。

朱熹集注：楊氏曰：「燕固可伐矣，故孟子曰可。使齊王能誅其君，吊其民，何不可之有？乃殺其父兄，虜其子弟，而後燕人畔之。乃以是歸咎孟子之言，則誤矣。」（孟子集注卷四，第30頁）

二

「孟子去齊。尹士語人曰」章「王如用予，則豈徒齊民安，天下之民舉安。王庶幾改之，予日望之」段。

朱熹集注：「楊氏曰：齊王天資樸實，如好勇、好貨、好色，好世俗之樂，皆以直告而不隱於孟子，故足以爲善。若乃其心不然，而謬爲大言以欺人，是人終不可與入堯舜之道矣，何善之能爲？」

（孟子集注卷四，同上第32頁）

滕文公下

一

「陳代曰不見諸侯宜若小然」章末段：「且子過矣，枉己者未有能直人者也。」

朱熹集注：或曰：「居今之世，出處去就，不必一一中節，欲其一一中節，則道不得行矣。」楊氏曰：「何其不自重也！枉己其能直人乎？古之人寧道之不行，而不輕其去就。是以孔、孟雖在春秋、戰國之時，而進必以正，以至終不得行而死也。使不恤其去就而可以行道，孔、孟當先爲之矣，孔、孟豈不欲道之行哉？」

（孟子集注卷六，同上第43頁）

離婁上

一

「孟子曰居下位而不獲於上民不得而治也」章末段：「至誠而不動者，未之有也；不誠未有能動者也。」

朱熹集注：至，極也。楊氏曰：「動便是驗處。若獲乎上、信乎友、悦於親之類是也。」

（孟子集注卷七，同上第55頁）

離婁下

一

「孟子告齊宣王曰君之視臣如手足」章章末。

朱熹集注：楊氏曰：「君臣以義合者也。故孟子爲齊王深言報施之道，使知爲君者不可不以禮遇其臣耳。若君子之自處，則豈處其薄乎？孟子曰：『王庶幾改之，予日望之。』君子之言蓋如此。」

（孟子集注卷八，同上第61頁）

二

「孟子曰仲尼不爲已甚者」章。

朱熹集注：已，猶太也。楊氏曰：「言聖人所爲，本分之外，不加毫末，非孟子真知孔子，不能以是稱之。」

（孟子集注卷八，同上第61頁）

三

孟子曰：「君子之澤，五世而斬；小人之澤，五世而斬。」

朱熹集注：澤，猶言流風餘韵也。父子相繼爲一世，三十年亦爲一世。斬，絶也。大約君子小人之澤，五世而絶也。楊氏曰：「四世而緦，服之窮也。五世袒免，殺同姓也。六世親屬竭矣。服窮則遺澤寖微，故五世而斬。」

（孟子集注卷八，同上第63頁）

四

「公都子曰匡章通國皆稱不孝焉」章章末。

朱熹集注：此章之旨，於衆所惡而必察焉，可以見聖賢至公至仁之心矣。楊氏曰：「章子之行，孟子非取之也，特哀其志而不與之絶耳。」

（孟子集注卷八，同上第66頁）

萬章上

一

萬章問曰：「人有言：至於禹而德衰，不傳於賢而傳於子。有諸？」孟子曰：「否，不然也。天與賢則與賢，天與子則與子。」

朱熹集注：楊氏曰：「此語孟子必有所受，然不可考矣。但云天與賢則與賢，天與子則與子，可以見堯、舜、禹之心，皆無一毫私意也。」

（孟子集注卷九，同上第72頁）

萬章下

一

「孟子曰伯夷目不視惡色耳不聽惡聲」章「孔子之去齊，接淅而行；去魯，曰：『遲遲吾行也』」段。

朱熹集注：……或曰：「孔子去魯，不税冕而行，豈得爲遲？」楊氏曰：「孔子欲去之意久矣，不欲苟去，故遲遲其行也。膰肉不至，則得以微罪行矣，故不税冕而行，非速也。」

（孟子集注卷十，同上第76頁）

告子下

一

「曹交問曰人皆可以爲堯、舜，有諸」章第二段：「徐行後長者謂之弟，疾行先長者謂之不弟。」

朱熹集注：楊氏曰：「堯、舜之道大矣。而所以爲之，乃在夫行止疾徐之間，非有甚高難行之事也。百姓蓋日用而不知耳。」

（孟子集注卷十二，同上第94頁）

二

「淳于髡曰：先名實者爲人也，後名實者自爲也」章末段：「孟子曰：『居下位不以賢事不肖者，伯夷也。五就湯五就桀者，伊尹也。不惡污君，不辭小官者，柳下惠也。三子者不同道，其趨一也。一者何也？曰仁也。君子亦仁而已矣，何必同！』」

朱熹集注：仁者，無私心而合天理之謂。楊氏曰：「伊尹之就湯，以三聘之勤也。其就桀也，湯進之也。湯豈有伐桀之意哉？其進伊尹以事之也，欲其悔過遷善而已。伊尹既就湯，則以湯之心爲心矣，及其終也，人歸之，天命之，不得已而伐之耳。若湯初求伊尹即有伐桀之心，而伊尹遂相之以伐桀，是以取天下爲心也。以取天下爲心，豈聖人之心哉？」

（孟子集注卷十二，同上第95—96頁）

盡心上

一

「孟子曰：霸者之民驩虞如也，王者之民皞皞如也」章章末。

朱熹集注：楊氏曰：「所以致人驩虞，必有違道干譽之事。若王者則如天，亦不令人喜，亦不令人怒。」

（孟子集注卷十三，同上第102—103頁）

二

「孟子曰：鷄鳴而起孳孳爲善者，舜之徒也；鷄鳴而起孳孳爲利者，蹠之徒也」章章末。

朱熹集注：楊氏曰：「舜、蹠之相去遠矣，而其分，乃在利害之間而已。是豈可以不謹？然講之不熟，見之不明，未有不以利爲義者，又學者所當深察也。或問鷄鳴而起，若

未接物，如何爲善？程子曰：『只主於敬，便是爲善。』」（孟子集注卷十三，同上第 105 頁）

三

「孟子曰：形色，天性也。惟聖人然後可以踐形」章章末。

朱熹集注：楊氏曰：「『天生烝民，有物有則。』物者形色也，則者性也。各盡其則，則可以踐形矣。」（孟子集注卷十三，同上第 108 頁）

四

孟子曰：「君子之於物也，愛之而弗仁；於民也，仁之而弗親。親親而仁民，仁民而愛物。」

朱熹集注：物，謂禽獸草木；愛，謂取之有時，用之有節。程子曰：「仁，推己及人。如老吾老以及人之老，於民則可，於物則不可。統而言之，則皆仁；分而言之，則有序。」楊氏曰：「其分不同，故所施不能無差等，所謂理一而分殊者也。」尹氏曰：「何以有是差等？一本故也，無僞也。」

（孟子集注卷十三，同上第109頁）

盡心下

一

「孟子曰：說大人則藐之」章章末。

朱熹集注：楊氏曰：「孟子此章，以己之長，方人之短，猶有此等氣象，在孔子則無此矣。」

（孟子集注卷十四，同上第115頁）

附録六　歷代名人論楊時

〔宋〕程顥、程頤

游酢、楊時是學得靈利高才也。楊時於新學極精，今日一有所問，能盡知其短而持之。介父之學，大抵支離。伯淳嘗與楊時讀了數篇，其後盡能推類以通之。

（二程集卷二上：元豐己未吕與叔東見二先生語，中華書局1986年版，第28頁）

游酢、楊時先知學禪，已知向裏没安泊處，故來此，却恐不變也。

（同上，第38頁）

建州游酢，非昔日之游酢也，固是穎然資質温厚。南劍州楊時雖不逮酢，然煞穎悟。新進游、楊輩數人入太學，不惟議論多異，且動作亦必有異，故爲學中以異類待之，又皆學春秋，愈駭俗矣。

（同上，第45頁）

觀太學諸生數千人，今日之學，要之亦無有自信若。如游酢、楊時等二三人游其間，諸人遂爲之警動，敬而遠之。

（同上卷十大全集拾遺，第 406 頁）

明道在潁昌，先生尋醫，調官京師，因往潁昌從學。明道甚喜，每言曰：「楊君最會得容易。」及歸，送之出門，謂坐客曰：「吾道南矣。」先是，建安林志寧，出入潞公門下求教。潞公云：「某此中無相益。有二程先生者，可往從之。」因使人送明道處。志寧乃語定夫及先生，先生謂不可不一見也，於是同行。時謝顯道亦在。謝爲人誠實，但聰悟不及先生，故明道每言楊君聰明，謝君如水投石，然亦未嘗不稱其善。——見龜山語録。

（同上卷十二傳聞雜記，第 428—429 頁）

先生曰：「楊中立答伊川論西銘書云云，尾説渠判然無疑。伊川曰：『楊時也未判然。』」——祁寬所記尹和靖語。

（同上，第 437 頁）

伊川自涪歸，見學者凋落，多從佛學，獨先生與上蔡不變，因嘆曰：「學者皆流於夷狄矣，惟有楊、謝長進。」

（宋元學案卷二十五文靖楊龜山先生時，中華書局1986年版，第955頁）

〔宋〕胡安國

胡文定曰：「吾於謝、游、楊三公，義兼師友，實尊信之。若論其傳授，却自有來歷。據龜山所見在中庸，自明道先生所授。吾所聞在春秋，自伊川先生所發。」

又與宰相書曰：楊公時造養深遠，燭理甚明，混迹同塵，知之者鮮。知之者，知其文學而已。不知者，以爲蔡氏所引。此公無求於人，蔡氏焉能浼之！文定自注。行年八十，志氣未衰，精力少年殆不能及。上方嚮意儒學，日新聖德，延禮此老，置之經席，朝夕咨訪，裨補必多。至裁決危疑，經理庶務，若燭照數計而龜卜，又可助相府之忠謀也。

又答胡應仲書曰：楊先生世事殊不屑意，雖袒裼裸裎，不以爲浼。

文定作先生墓誌，載先生奏安石爲邪説之事。五峰問文定：「此章直似迂闊，何以載之？」文定曰：「此是取王氏心肝底劊子手段，何可不書？書之則王氏心肝懸在肉案上，人人見得，而詖淫邪遁之辭皆破矣。」

朱子又曰：龜山之出，人多議之，惟文定之言曰：「當時若能聽用，須救得一半。」語最當。文定云：「先生誌銘備載所論當時政事十餘條，當時宰執中若能聽用，委直院輩畫一條具，因南郊赦文行下，必須救得一半，不至如後來大段狼狽也。」蓋龜山當此時雖負重名，亦無殺活手段。若謂其懷蔡氏汲引之恩，力庇其子，至有「慎勿攻居安」之語，則誣矣。幸而此言出於孫覿，人亦不信。

（宋元學案卷二十五文靖楊龜山先生時附録，中華書局1986年版第956—957頁）

〔宋〕羅從彦

羅從彦字仲素，南劍人。以累舉恩爲惠州博羅縣主簿。聞同郡楊時得河南程氏學，慨然慕之。及時爲蕭山令，遂徒步往學焉。時熟察之，乃喜曰：「惟從彦可與言道。」於是日益以親。時弟子千餘人，無及從彦者。從彦初見時三日，即驚汗浹背，曰：「不至是，幾虛過一生矣。」嘗與時講易，至乾九四爻，云：「伊川説甚善。」從彦即鬻田走洛，見頤問之，頤反覆以告，從彦謝曰：「聞之龜山具是矣。」乃歸卒業。

（宋史羅從彦本傳，見列傳第一百八十七道學傳二）

羅從彦，字仲素，南劍人。延平有吴儀，字國華，以窮經爲學，先生師之。崇寧初，見龜山于將樂〔一〕，驚汗浹背曰：「不至是，幾枉過一生矣。」嘗與龜山講易，至乾九四爻，云：「伊川説甚善。」先生即鬻田裹糧，往洛見伊川，歸而從龜山者久之。建炎四年，特科授博羅主簿。官滿，入羅浮山静坐。紹興五年卒，年六十四。學者稱豫章先生。先生嚴毅清苦，在楊門爲獨得其傳。龜山初以饑渴害心令其思索，先生從此悟入，故於世之嗜好泊如也。著有遵堯録，言宋自一世祖開基，三宗紹之，若舜禹遵堯，相守一道。熙寧間，王安石用事，管心鞅法，甲倡乙和，卒稔裔夷之禍，未嘗不爲之痛心疾首也。又有春秋、毛詩、語、孟解，中庸説，議論要語，台衡録，春秋指歸。淳祐七年，賜謚文質。

（文質羅豫章先生從彦，見宋元學案卷三十九，第1270頁）

校記

〔一〕宋史本傳叙羅從彦始見楊龜山時間多與事實不符。黄宗羲著有豫章年譜訂正，爲本書叙事所本。「百家謹案：豫章年譜謂政和二年壬辰（1112年），先生四十一歲，龜山爲蕭山令，先生始從受學。宋史亦云：龜山爲蕭山令時，先生徒步往學焉，龜山熟察之，喜曰『惟從彦可與言道』，弟子千餘人，無及先生者。謹考龜山全集，丁亥（徽宗大觀元年，1107年）知餘杭，壬辰（1112年）知蕭山，相去六年。而餘杭所聞已有豫章之問答，則其從學非始于蕭山明矣。豫章之見伊川，在見龜山之後。伊川卒于丁亥（1107年）。若見龜山始于壬辰，則伊川之卒已六年矣，又何從見之乎？先君子别有豫章年譜訂正。」（宋元學案卷三十九豫章學案，第1127頁）權案：羅從彦初見楊時的時間，本書卷十二語録三餘杭所聞第一條校記〔一〕亦有引證説明，可參看。

〔宋〕陳淵

七年，詔舉直言，召對，賜進士出身。除監察御史、右正言。面論程、王學術同異，高宗曰：「楊時三經義辯甚當理則。」對曰：「楊時始宗安石，後得程頤師之，乃悟其非。」……先生爲龜山之婿，卒能傳龜山之學。

（宋元學案卷三十八默堂學案御史陳默堂先生淵，中華書局1986年版，第1264—1265頁）

〔宋〕朱熹

上蔡説：「窮理只尋個是處，以恕爲本。」窮理自是我不曉這道理，所以要窮，如何説得

「恕」字？……龜山説「反身而誠」，却大段好。須是反身，乃見得道理分明。如孝如弟，須見得孝弟，我元有在這裏。若能反身，争多少事。他却又説：「萬物皆備於我，不須外面求。」此却錯了。「身親格之」，説得「親」字急迫，自是自家格，不成倩人格！——賜。

（朱子語類卷十八大學五或問下傳五章近世大儒有爲格物致知之説，中華書局1981年版，第417頁）

道夫曰：「龜山『反身而誠』之説，只是摸空説了。」曰：「都無一個着實處。」……又問：「他既如此説，其下工夫時亦須有個窒礙。」曰：「也無做處。如龜山於天下事極明得，如言治道與官府政事，至纖至細處，亦曉得。到這裏却恁説，次第他把來做兩截看了！」——道夫。

（同上，第418頁）

先生問：「大學看得如何？」曰：「大綱只是明明德，而着力在格物上。」曰：「着力處大段在這裏，更熟看，要見血脉相貫穿。程子格物幾處，更子細玩味，説更不可易。某當初亦未曉得。如吕、如謝、如尹、楊諸公説，都見好。後來都段段録出，排在那裏，句句將來比對，逐字稱停過，方見得程子説顛撲不破，諸公説，挨着便成粉碎了！」……——寓。

（同上，第421頁）

問：「論語浩博，須作年歲間讀，然中間切要處先理會，如何？」曰：「某近來作論語略解，以精義太詳，說得没緊要處，多似空費工夫，故作此書。而今看得，若不看精義，只看略解，終是不浹洽。」因舉五峰舊見龜山，問爲學之方。龜山曰：「且看論語。」五峰問：「論語中何者爲要？」龜山不對，久之，曰：「熟讀。」先生因曰：「如今且只得挨將去。」——榦。

（同上卷十九論語一語孟綱領，第439頁）

先生問：「尋常精義，自二程外，孰得？」曰：「自二程外，諸說恐不相上下。」又問蜚卿。答曰：「自二程外，惟龜山勝。」曰：「龜山好引證，未說本意，且將別說折過。人若看他本說未分明，併連所引失之。此亦是一病。」……——榦。

（同上，第442頁）

問：「謝氏說多過，不如楊氏說最實。」曰：「尹氏語言最實，亦多是處。但看文字，亦不可如此先懷權斷於胸中。……」

（同上，第443頁）

問：「『鮮矣仁』章，諸先生說都似迂曲，不知何說爲正？」曰：「便是這一章都生受。

惟楊氏説近之，然不似程説好，更子細玩味。」——榦。

（同上論語二學而篇上，第 480 頁）

問「道千乘之國」章。曰：「龜山説此處，極好看。今若治國不本此五者，則君臣上下漠然無干涉，何以爲國！」又問：「須是先有此五者，方可議及禮樂刑政。」曰：「且要就此五者，反覆推尋，看古人治國之勢要。此五者極好看。若每章翻來覆去，看得分明，若看十章，敢道便有長進！」——南升。

（同上論語三學而篇中，第 494—495 頁）

文振説「道千乘之國」，曰：「龜山最説得好。須看此五者是要緊。古聖王所以必如此者，蓋有是五者，而後上之意接於下，下之情高始得親於上。上下相關，方可以爲治。若無此五者，則君抗然於上，而民蓋不知所向。有此五者，方始得上下交接。——賀孫。

（同上，第 495 頁）

問：「『色難』有數説，不知孰是？」曰：「從楊氏『愉色婉容』較好。如以爲承順顔色，則就本文上又添得字來多了。然而楊氏説文學處，又説遠了。如此章本文説處，也不道是文太多，但是誠敬不足耳。孔門之所謂文學，又非今日文章之比。……榦。

（同上卷二十三論語五爲政篇上，第564頁）

「呂氏曰：『果則有斷，達則不滯，藝則善裁，皆可使從政也。』右第七章，凡六説，今從呂説。……楊氏論果、藝、達三德，不如呂氏謹嚴。」……榦。

（同上卷三十一論語十三雍也篇二，第792—793頁）

問：「『女爲君子儒，無爲小人儒。』君子於學，只欲得於己；小人於學，只欲見知於人。」曰：「……第十二章凡五説，今從謝氏之説。伊川、尹氏以爲爲人爲己，范氏以爲舉内徇外，治本務末，楊氏以義利爲君子小人之别，其説皆通。而於深淺之間，似不可不别。竊謂小人之得名有三，而爲人，爲利，徇外務末，其過亦有淺深。……」——榦。

（同上卷三十二論語十四雍也篇三，第805—806頁）

問：「楊氏曰：『爲政以人才爲先。』如子游爲武城宰，縱得人，將焉用之！』似説不通。」曰：「古者士人爲吏，恁地説，也説得通。更爲政而得人講論，此亦爲政之助。恁地説，也説得通。」——節。（同上，第806頁）

問：「呂氏曰：『出而不能不由户，則何行而非達道也哉！』楊氏曰：『道無適而非也，孰不由斯乎？猶之出必由户也，百姓日用而不知耳。』尹氏曰：『道不可離，可離非道，猶出入必由户也。』第十六章凡六説，今從呂、楊、尹之説。伊川、范氏、謝氏皆正。但伊川『事必由其道』一句未粹，范、謝稍寬。」曰：「此言人不能出不由户，何故却行不由道？怪而嘆之之辭也。伊川雖不如此説，然『事必由其道』一句，不見其失，不可輕議，更宜思之。」——榦。（同上，第810頁）

問：「楊氏曰：『「樂則行之，憂則違之」，孔、顔之所同；「天下文明」，則孔子而已矣。』其義如何？」曰：「龜山解經，常有個纏底病。如解『苗而不秀』章云：『「必有事焉，而勿正，勿忘，勿助長」，則苗斯秀，秀斯實矣。』初亦不曉其説，徐觀之，乃是『苗』字牽引上『揠苗』，又纏上『勿忘、勿助』耳。此章取易來如此比並，固亦可通。然於本旨無所發明，却外去生此議論。」——必大。集義。

（同上卷三十四論語十六述而篇，第877頁）

問：「『康子饋藥，拜而受之。』看此一事，見聖人應接之間，義理發見，極其周密。」曰：「這般所在，却是龜山看得子細，云：『大夫有賜，拜而受之，禮也；未達不敢嘗，所以慎疾；必告之，直也。直而有禮，故其直不絞。』龜山爲人粘泥，故説之較密。」——賀孫。

（同上卷三十八論語二十鄉黨篇，第1005—1006頁）

問：「楊氏謂：『欲民之不爲盜，在不欲而已。』横渠謂：『欲生於不足，則民盜。能使無欲，則民自不爲盜。假設以子不欲之物，賞子使竊，子必不竊。故爲政在乎足民，使無所欲而已。』如横渠説，則是孔子當面以季康子比盜矣。孔子於季康子雖不純於爲臣，要之孔子必不面斥之如此。聖人氣象，恐不若是。如楊氏之説，只是責季康子之貪，然氣象和

平，不如此之峻厲。今欲且從楊説，如何？」曰：「善。」——謨。（同上卷四十二論語二十四顔淵篇，第1089頁）

龜山答人問赤子入井，令求所以然一段，好。——方。（同上卷五十三孟子三公孫丑上，第1298頁）

理不外物，若以物便爲道，則不可。如龜山云：「寒衣飢食，出作入息，無非道。『伊尹耕於有莘之野，以樂堯、舜之道。』夫堯、舜之道，豈有物可玩哉？即『耕於有莘之野』是已。」恁地説，却有病。物只是物，所以爲物之理，乃道也。——閎祖。（同上卷五十八孟子八萬章上，第1363頁）

龜山以飢食渴飲便是道，是言器而遺道，言物而遺則也。——燾。（同上，第1363頁）

問：「龜山言：『高明則中庸也。高明者，中庸之體；中庸者，高明之用。』不知將體用對説如何？」曰：「只就『中庸』字上説，自分曉，不須如此説亦可。」又舉荆公「高明處己，中庸處人」之語爲非是。因言：「龜山有功於學者。然就他説，據他自有做工夫處。高明，釋氏誠有之，只緣其無『道中庸』一截。又一般人宗族稱其孝，鄉黨稱其弟，做十項事其八九可稱。若一向拘攣，又做得甚事！要知中庸、高明二者皆不可廢。」——寓。

（同上卷六十二中庸一綱領，第1483頁）

李先生説：「陳幾叟輩皆以楊氏中庸不如呂氏。」先生曰：「呂氏飽滿充實。」——方。

（同上，第1485頁）

龜山門人自言龜山中庸枯燥，不如與叔浹洽。先生曰：「與叔却似行到，他人如登高望遠。」——方。

（同上，第1485頁）

游、楊、呂、侯諸先生解中庸，只説他所見一面道理，却不將聖人言語折衷，所以多失。

游、楊諸公解中庸，引書語皆失本意。——方。

（同上，第1845頁）

問中庸「始言一理，中散爲萬事，末復合爲一理」云云。曰：「如何説曉得一理了，萬事都在裏面？天下萬事萬物都要你逐一理會過，方得。所謂『中散爲萬事』，便是中庸。近世如龜山之論，便是如此，以爲『反身而誠』，則天下萬物之理皆備於我。萬物之理，須你逐一去看，理會過方可。如何會反身而誠了，天下萬物之理便自然備於我？成個甚麼？」——僩。

（同上章句，第1489頁）

問「修道之謂教」。曰：「游、楊説好，謂修者只是品節之也。明道之説自各有意。」——去僞。

（同上第一章，第1495頁）

楊通老問：「中庸或問引楊氏所謂『無適非道』之云，則善矣，然其言似有未盡。衣食作息，視聽舉履，皆物也，其所以如此之義理準則，乃道也。」曰：「衣食動作只是物，物之理乃道也。將物便喚做道，則不可。且如這個椅子有四隻脚，可以坐，此椅之理矣。……『形而上爲道，形而下爲器。』説這形而下之器之中，便有那形而上之道，若便將形而下之器作形而上之道，則不可。……天地中間，上是天，下是地，中間有許多日月星辰，山川草木，人物禽獸，此皆形而下之器也。然這形而下之器之中，便各自有個道理，此便是形而上之道。所謂格物，便是要就這形而下之器，窮得那形而上之道理而已，如何便將形而下之器作形而上之道理得！飢而食，渴而飲，『日出而作，日入而息』，其所以飲食作息者，皆道之所在也。若便謂飲食作息是道，則不可，與龐居士『神通妙用，運水搬柴』之頌一般，亦是此病。如『徐行後長』與『疾行先長』，都一般是行。只是徐行後長方是道，若疾行先長便不是道，豈可說只認行底便是道！『神通妙用，運水搬柴』，須是運得水，搬得柴是，方是神通妙用。若運得不是，搬得不是，如何是神通妙用！佛家所謂『作用是性』，便是如此。他都不理會是和非，只認得那衣食作息，視聽舉履，便是道。說我這個會說話底，會作用底，叫着便應底，便是神通妙用，更不問道理如何。儒家則須就這上尋討個道理方是道。……」又曰：「天地中間，物物上有這個道理，雖至没緊要底物事，也有這道理。蓋『天命之謂性』，這道理却無形，無安頓處。只那日用事物上，道理便在上面。這兩個元不相離，凡有一物，便有一理，所以君子貴『博學於文』。看來博學似個没緊要物事，然那許多道理便都在這上，都從那源頭上來。所以無精粗小大，都一齊用理會過，蓋非外物也。都一齊理會，方無所不盡，方周遍無疏缺處。」又曰：「『道不可須臾離，可離非道也。』所謂不可離者，謂道也。若便以日用之間舉止動作便是道，則無所適而非道，無時而非道，然則君子何用恐懼戒慎？何用更學道爲？爲其不可離，所以須是依道而行。如人説話，不成便以説話者爲道，須是有箇仁義禮智始得。若便以舉止動作爲道，何用更説不可離得？」又曰：「大學所以説格物，却不説窮理。蓋説窮理，則似懸空無捉摸處。只説格物，則只就那形而下之器上，便尋那形而上之道，便見得這個元不相離，所以只説『格物』。「天生烝民，有物有則。」所謂道者是如此，何嘗説物便是則！龜山便指那物做則，只是就這物上分精粗爲物則。如云目是物也，目之視乃則也，耳物也，耳之聽乃則也。殊不知目視耳聽，依舊是物；其視之明，聽之聰，方是則也。龜山又云：『伊尹之耕於莘野，此農夫田父之所日用者，而樂在是。』如此，則世間伊尹多矣！龜山説話，大概有此病。」——僴。

（同上，第1496—1498頁）

因問：「龜山言：『飢食渴飲，手持足行，便是道。』竊謂手持足履未是道。『手容恭，足容重』，乃是道也；目視耳聽未是道，視明聽聰乃道也。或謂不然，其説云：『手之不可履，猶足之不可持，此是天職。「率性之謂道」，只循此自然之理耳。』不審如何？」曰：「不然。桀、紂亦會手持足履，目視耳聽，如何便唤做道！若便以爲道，是認欲爲理也。伊川云：『夏葛冬裘，飢食渴飲，若著些私吝心，便是廢天職。』須看『著些私吝心』字。」——銖。

（同上，第 1498 頁）

問：「楊氏以極高明而不道中庸，爲賢知之過；道中庸而不極高明，爲愚不肖之不及。」曰：「賢者過之與知者過之，自是兩般。愚者之不及與不肖者之不及，又自是兩般。且先理會此四項，令有着落。又與極高明、道中庸之義全不相關。况道中庸最難，若能道中庸，即非不及也。」——必大。

（同上卷六十三中庸二第四章，第 1523—1524 頁）

問：「楊氏説：『極高明而不知中庸之爲至，則道不行，此「知者過之」也；尊德性而不知道問學，則道不明，此「賢者過之」也。』恐説得不相似否？」曰：「極高明是就行處説，言不爲私欲所累耳。楊氏將作知説，不是。大率楊氏愛將此等處作知説去。」「尊德性、致廣大、極高明、温故、敦厚」，皆是説行處；「道問學、盡精微、道中庸、知新、崇禮」，皆是説知處。——銖。

（同上卷六十四中庸三第二十七章，第 1586 頁）

問：「『高明、中庸』，龜山每譏王氏心迹之判。」曰：「王氏處己處人之説固不是，然高明、中庸亦須有個分别。」——德明。

（同上，第 1587 頁）

龜山過黄亭詹季魯家。季魯問易。龜山取一張紙畫個圈子，用墨涂其半，云：「這便是易。」此説極好。易只是一陰一陽，做出許多般樣。」——淵。

（同上卷六十五易一綱領上之上，第 1606 頁）

用龜山易參看易傳數段，見其大小得失。——方。

（同上卷六十七易三綱領下，第 1654 頁）

「包承」，龜山以「包承小人」爲一句，言否之世，當包承那小人，如此却不成句。龜山之意，蓋欲解洗他從蔡京父子之失也。——淵。

（同上卷七十易六否，第1762頁）

讀詩便長人一格。如今人讀詩，何緣會長一格？詩之興，最不緊要。然興起人意處，正在興。會得詩人之興，便有一格長。「豐水有芑，武王豈不仕！」蓋曰，豐水且有芑，武王豈有不事乎！此亦興之一體，不必更注解。如龜山説關雎處意亦好，然終是説死了，如此便詩眼不活。——必大。

（同上卷八十詩一論讀詩，第2084頁）

「看來人全是資質。韓退之云：『孔子之道大而能博，門弟子不能徧觀而盡識也，故學焉而皆得其性之所近。』此説甚好。看來資質定了，其爲學也只就他資質所尚處，添得些小好而已。所以學貴公聽並觀，求一個是當處，不貴徒執己自用。今觀孔子諸弟子，只除了曾、顔之外，其他説話便皆有病。程子諸門人，上蔡有上蔡之病，龜山有龜山之病，和靖有和靖之病，無有無病者。」或問：「也是後來做工夫不到，故如此。」曰：「也是合下見得不周徧，差了。」……——僩。

（同上卷九十三孔孟周程張子，第 2355—2356 頁）

同上卷九十八張子之書：

西銘大綱是理一而分自爾殊。然有二説：自天地言之，其中固自有分別；自萬殊觀之，其中亦自有分別。不可認是一理了，只滚做一看，這裏各自有等級差別。且如人之一家，自有等級之別。所以乾則稱父，坤則稱母，不可棄了自家父母，却把乾坤做自家父母看。且如「民吾同胞」，與自家兄弟同胞，又自別。龜山疑其兼愛，想亦未深曉西銘之意。西銘一篇，正在「天地之塞吾其體，天地之師吾其性」兩句上。——敬仲。

（同上卷九十八張子之書，第 2524 頁）

用之問：「西銘所以『理一分殊』，如民物則分『同胞』、『吾與』，大君家相，長幼殘疾，皆自有等差。又如所以事天，所以長長幼幼，皆是推事親從兄之心以及之，此皆是分殊處否？」曰：「也是如此。但這有兩種看：這是一直看下，更須横截看。若只恁地看，怕淺了。『民吾同胞』，同胞裏面便有理一分殊底意；『物吾與也』，吾與裏面便有理一分殊底意。『乾稱父，坤稱母』，道是父母，固是天氣而地質；然與自家父母，自是有個親疏；從這裏便『理一分殊』了。看見伊川説這意較多。龜山便正是疑『同胞』、『吾與』爲近於墨氏，不知他『同胞』、『吾與』裏面，便自分『理一分殊』了。如公所説恁地分別分殊，『殊』得也不大段。這處若不子細分別，直是與墨氏兼愛一般！」——賀孫。卓録云：「劉用之問：『西銘「理一分殊」，若大君宗子，大臣家相，與夫民、物等，皆是「理一分殊」否？』曰：『如此看，亦是。但未深，當截看。……等而下之，以至爲大君，爲宗子，爲大家相，若理則一，其分未嘗不殊。民吾同胞，物吾黨與，皆是如此。龜山正疑此一着，便以民吾同胞，物吾黨與，近於墨氏之兼愛。不知他同胞、同與裏面，便有個「理一分殊」。……』」

（同上，第 2524—2525 頁）

問：「西銘句句是『理一分殊』，亦只就事天、事親處分否？」曰：「是。『乾稱父，坤稱母』，只下『稱』字，便別。這個有直説底意思，有横説底意思。『理一分殊』，龜山説得又別。他只以『民吾同胞，物吾與』及『長長幼幼』爲理一分殊。」曰：「龜山是直説底意思否？」曰：「是，然龜山只説得頭一小截；伊川意則闊大，統一篇言之。」曰：「何謂横説底意思？」曰：「『乾稱父，坤稱母』是也。這不是即那事親底，便是事天底？」曰：「横渠只是借那事親來形容事天做個樣子否？」曰：「是。」——淳。

（同上，第 2524—2525 頁）

「龜山有論西銘二書，皆非，終不識『理一』。至於『稱物平施』，亦説不着。易傳説是。大抵西銘前三句便是綱要，了得，即句句上自有『理一分殊』。」後來已有一篇説了。方云：「指其各者分之殊，推其同者理之一。」——方。

（同上，第2526頁）

林子武問：「龜山語録曰：『西銘「理一而分殊」。知其理一，所以爲仁；知其分殊，所以爲義。』」先生曰：「仁，只是流出來底便是仁，各自成一個物事底便是義。仁只是那流行處，義是合當做處。仁只是發出來底；及至發出來有截然不可亂處，便是義。且如愛其親，愛兄弟，愛親戚，愛鄉里，愛宗族，推而大之，以至於天下國家，只是一個愛流出來；而愛之中便有許多差等。且如敬，只是一個敬；便有許多合當敬底，如敬長、敬賢，便有許多分別。」……義剛。

（同上，第2527頁）

伊川之門，謝上蔡自禪門來，其説亦有着。張思叔最後進，然深惜其早世，使天予之

年，殆不可量。其他門人多出仕宦四方，研磨亦少。楊龜山最老，其所得亦深。——謙。（同上卷一百一程子門人，第2555頁）

問：「龜山立朝，却有許多議論。」曰：「龜山雜博，是讀多少文字。」——德明。（同上，第2556頁）

看道理不可不子細。程門高弟如謝上蔡、游定夫、楊龜山輩，下梢皆入禪學去。必是程先生當初説得高了，他們只睥見一截，少下面著實工夫，故流弊至此。——義剛。（同上，第2556頁）

游、楊、謝三君子初皆學禪。後來餘習猶在，故學之者多流於禪。游先生大是禪學。——德明。（同上，第2556頁）

一日，論伊川門人，云：「多流入於釋氏。」文蔚曰：「只是游定夫如此，恐龜山輩不如此。」曰：「只論語序，便可見。」——文蔚。（同上，第2556頁）

龜山少年未見伊川時，先去看莊、列等文字。後來雖然見伊川，然而此念熟了，不覺時發出來。游定夫尤甚。羅仲素時復亦有此意。——洛。

（同上，第2556頁）

問：「程門諸公親見二先生，往往多差互。如游定夫之説，多入於釋氏。龜山亦有分數。」曰：「定夫極不濟事。以某觀之，二先生衣鉢似無傳之者。」……——可學。

（同上，第2556—2557頁）

游、楊、謝諸公當時已與其師不相似，却似别立一家。謝氏發明得較精彩，然多不穩貼。和靖語却實，然意短，不似謝氏發越。龜山語録與自作文又不相似，其文大故照管不到，前面説如此，後面又都反了。緣他只依傍語句去，皆是不透。龜山年高。與叔年四十七，他文字大綱立得脚來健，有多處説得好，又切。若有壽，必煞進。……龜山那時亦不應出。……」……——淳。

（同上，第2557—2558頁）

「程門諸子在當時親見二程，至於釋氏，却多看不破，是不可曉。觀中庸説可見。如龜山云：『吾儒與釋氏，其差只在杪忽之間。』某謂何止杪忽？直是從源頭便不同！」……——淳。

（同上，第2558頁）

問：「游、楊諸公早見程子，後來語、孟、中庸説，先生猶或以爲疏略，何也？」曰：「游、楊諸公皆才高，又博洽，略去二程處參較所疑及病敗處，各能自去求。雖其説有疏略處，然皆通明，不似兼山輩立論可駭也。」——德明。

（同上，第2560頁）

因論上蔡語録中數處，如云「見此消息，不下工夫」之類，乃是謂佛儒本同，而所以不同，但是下截耳。龜山亦如此。……湖州刻伊川易傳，後有謝跋，云非全書。伊川嘗約門人相聚共改，未及而没。使當初若經他改，豈不錯了！龜山又有一書，亦改删伊川易。

（同上，第2563—2564頁）

龜山天資高，樸實簡易；然所見一定，更不須窮究。某嘗謂這般人，皆是天資出人，非假學力。如龜山極是簡易，衣服也只據見定。終日坐在門限上，人犯之亦不較。其簡率皆如此云。道夫。榦嘗聞先生云：「坐在門外石坐子上。」今云門限，記之誤也。方録云：「龜山有時坐門限上。李先生云：『某即斷不敢。』」

龜山文字著述，無綱要。——方。

龜山文字議論，如手捉一物正緊，忽墜地，此由其氣弱。「龜山詩文説道理之類，才説得有意思，便無收殺。」楊曰：「是道理不透否？」曰：「雖然，亦是氣質弱，然公平無病。五峰説得却緊，然却有病。程先生少年文字便好，如養魚記、顔子論之類。」——楊。

龜山言：「『天命之謂性』，人欲非性也。」天命之善，本是無人欲，不必如此立説。知言云：「天理人欲，同體而異用，同行而異情。」自是它全錯看了！——德明。

「龜山與范濟美言：『學者須當以求仁爲要，求仁，則「剛、毅、木、訥近仁」一言爲要。』」先生曰：「今之學者，亦不消專以求仁爲念；相將只去看説仁處，他處盡遺了。須要將一部論語，粗粗細細，一齊理會去，自然有貫通處，却會得仁，方好。又，今人説曾子只是以魯得之，蓋曾子是資質省力易學。設使如今人之魯，也不濟事。范濟美博學高才，俊甚，故龜山只引『剛、毅、木、訥』告之，非定理也。」

問「龜山言：『道非禮，則蕩而無止；禮非道，則梏於器數儀章之末。』則道乃是一虚無恍惚無所準則之物，何故如此説『道』字？」曰：「不可曉。此類甚多。」因問：「如此説，則似禪矣。」曰：「固是。其徒如蕭子莊、李西山、陳默堂皆說禪。龜山没，西山嘗有佛經疏追薦之。唯羅先生却是著實子細去理會。某舊見李先生時，說得無限道理，也曾去學禪。李先生云：『汝恁地懸空理會得許多，而面前事却又理會不得！道亦無玄妙，只在日用間著實做工夫處理會，便自見得。』後來方曉得他說，故今日不至無理會耳。」——銖。

「龜山彈蔡京，亦是，只不迅速。」擇之曰：「龜山晚出一節，亦不是。」曰：「也不干晚出事。若出來做得事，也無妨。他性慢，看道理也如此。平常處看得好，緊要處却放緩了！做事都渙散無倫理。將樂人性急，粗率。龜山却恁寬平，此是間氣。然其粗率處，依舊有土風在。」——義剛。

或問：「龜山晚年出處不可曉，其召也以蔡京，然在朝亦無大建明。」曰：「以今觀之，則可以追咎當時無大建明。若自家處之，不知當時所以當建明者何事？」或云：「不過擇將相爲急。」曰：「也只好說擇將相固是急，然不知當時有甚人可做。當時將只說种師道，相只說李伯紀，然固皆嘗用之矣。又況自家言之，彼亦未便見聽。據當時事勢亦無可爲者，不知有大聖賢之才如何爾。」——僩。

問：「龜山晚年出得是否？」曰：「出如何不是？只看出得如何。當初若能有所建明而出，則勝於不出。」曰：「渠用蔡攸薦，蔡老令攸薦之。亦未是。」曰：「亦不妨。當時事急，且要速得一好人出來救之，只是出得來不濟事耳。觀渠爲諫官，將去猶惓惓於一對，已而不得對。及觀其所言，第一，正心、誠意，意欲上推誠待宰執；第二，理會東南綱運。當時宰執皆庸繆之流，待亦不可，不行亦不可。不告以窮理，而告以正心、誠意。賊在城外，道塗正梗，縱有東南綱運，安能達？所謂『雖有粟，安得而食諸』！當危急之時，人所屬望，而著數乃如此！所以使世上一等人笑儒者以爲不足用，正坐此耳。」可學。

草堂先生及識元城、龜山。龜山之出，時已七十歲，却是從蔡攸薦出。他那時覺得這邊扶持不得，事勢也極，故要附此邊人，所以薦龜山。初緣蔡攸與蔡子應説，令其薦舉人才，答云：「太師用人甚廣，又要討甚么人？」曰：「緣都是勢利之徒，恐緩急不可用。有山林之人，可見告。」他說：「某只知鄉人鼓山下張觷，字柔直，其人甚好。」蔡攸曰：「家間子姪未有人教，可屈他來否？」此人即以告張，張即從之。及教其子弟，儼然正師弟子之分，異於前人。得一日，忽開諭其子弟以奔走之事，其子弟駭愕，即告之曰：「若有賊來，先及汝等，汝等能走乎？」子弟益驚駭，謂先生失心，以告老蔡。老蔡因悟曰：「不然，他說得是。」蓋京父子此時要喚許多好人出，已知事變必至，即請張公叩之。張言：

「天下事勢至此，已不可救，只得且收舉幾個賢人出，以爲緩急倚仗耳。」即令張公薦人，張公於是薦許多人，龜山在一人之數。今龜山墓誌云：「會有告大臣以天下將變，宜急舉賢以存國，於是公出。」正謂此。張後爲某州縣丞。到任，即知虜人入寇，必有自海道至者，於是買木爲造船之備。逾時果然。虜自海入寇，科州縣造舟，倉卒擾擾，油灰木材莫不踊貴。獨張公素備，不勞而辦。以此見知於帥憲，知南劍。會葉鐵入寇，民大恐。他即告諭安存之，率城中諸富家，令出錢米，沽酒，買肉，爲蒸糊之類。遂分民兵作三替，逐替燕犒酒食，授以兵器。先一替出城與賊接戰，即犒第二替出；先替未倦，而後替即得助之。民大喜，遂射殺賊首。富民中有識葉鐵者，即厚勞之，勿令執兵；只令執長槍，上懸白旗，令見葉鐵，即以白旗指向之。衆上了弩，即其所指而發，遂中之。後都統任某欲争功，亦讓與之。其餘諸盜，却得都統之力，放賊之叔父以成反間。——賀孫。儒用録别出。

問龜山出處之詳。曰：「蔡京晚歲漸覺事勢狼狽，亦有隱憂。其從子應之文蔚録云：『君謨之孫，與他叙譜。』自興化來，因訪問近日有甚人才。應之愕然曰：『今天下人才，盡在太師陶鑄中，某何人，敢當此問！』京曰：『不然。覺得目前盡是面諛脱取官職去底人，恐山林間有人才，欲得知。』應之曰：『太師之問及此，則某不敢不對。福州有張觷，字柔直者，抱負不苟。』觷平日與應之相好，時適赴吏部，應之因舉其人以告。遂賓致之爲塾客，然亦未暇與之相接。柔直以師道自尊，待諸生嚴厲，異於他客，諸生已不能堪。一日，呼之來前，曰：『汝曹曾學走乎？』諸生曰：『某尋常聞先生長者之教，但令緩行。』柔直曰：『天下被汝翁作壞了。早晚賊發火起，首先到汝家。若學得走，緩急可以逃死。』諸子大驚，走告其父，曰『先生忽心恙』云云。京聞之，矍然曰：『此非汝所知也！』即入書院，與柔直傾倒，因訪策焉。柔直曰：『今日救時，已是遲了。只有收拾人才是第一義。』京因叩其所知，遂以龜山爲對。龜山自是始有召命。今龜山墓誌中有『是時天下多故，或説當世貴人，以爲事至此，必敗。宜引耆德老成置諸左右，開道上意』云者，蓋爲是也。柔直後守南劍，設方略以拒范汝爲，全活一城，甚得百姓心。其去行在所也，買冠梳雜碎之物，不可勝數，從者莫測其所以。後過南劍，老稚迎拜者相屬於道。柔直一一拊勞之，且以所置物分遺。至今廟食郡中。」陳德本云：「柔直與李丞相極厚善。其卒也，丞相以詩哭之云：『中原未恢復，天乃喪斯人！』」儒用按：鄉先生羅秘丞日録：「柔直嘗知鼎州。秘丞罷舒州士曹，避地於鄉之石牛寨，與之素昧平生。時方道梗，柔直在湖南，乃宛轉寄詩存問云：『曾聞避世門金馬，何事投身寨石牛！千里重湖方鼎沸，可能同上岳陽樓？』則其汲汲人物之意，亦可見矣。」是詩，夷堅誌亦載，但以爲袁司諫作，非也。又按玉溪文集云「柔直嘗知贛州，招降盜賊」云。

蔡京在政府，問人材於其族子蔡子應，端明之孫。以張柔直對。張時在部注擬，京令子應招之，授以門館。張至，以師禮自尊，京之弟子怪之。一日，張教京家弟子習走。其子弟云：「從來先生教某們慢行。今令習走，何也？」張云：「乃公作相久，敗壞天下。相次盜起，先殺汝家人，惟善走者可脱，何得不習！」家人以爲心風，白京。京愀然曰：「此人非病風。」召與語，問所以扶救今日之道及人材可用者。張公遂言龜山楊公諸人姓名，自是京父子始知有楊先生。——德明。

問：「龜山當時何意出來？」曰：「龜山做人也苟且，是時未免禄仕，故胡亂就之。苟可以少行其道，龜山之志也。然來得已不是；及至，又無可爲者，只是説得那没緊要底事。當此之時，苟有大力量，咄嗟間真能轉移天下之事，來得也不枉。既不能然，又只是隨衆鶻突。及欽宗即位，爲諫議大夫，因争配享事，爲孫仲益所攻。孫言，楊某曩常與蔡京諸子游，今衆議攻京，而楊某曰，慎毋攻居安云云。龜山遂罷。」又曰：「蔡京當國時，其所收拾招引，非止一種，諸般名色皆有。及淵聖即位，在朝諸人盡攻蔡京，且未暇顧國家利害。朝廷若索性貶蔡京過嶺，也得一事了。今日去幾官，分司西京；明日去幾官，又移某州；後日又移某州，至潭州而京病死。自此一年間，只理會得個蔡京。這後面光景迫促了，虜人之來，已不可遏矣！京有四子：攸、絛、翛、絛。絛尚主。絛曾以書諫其父，徽宗怒，令京行遣，一家弄得不成模樣，更不堪説。攸、翛後被斬。是時王黼、童貫、梁師成輩皆斬，此數人嘗欲廢立，欽宗平日不平之故也。及高宗初立時，猶未知辨别元祐、熙豐之黨，故用汪、黄，不成人才。汪、黄又小人中之最下、最無能者。及趙丞相居位，方稍能辨别；亦緣孟后居中，力與高宗説得透了；高宗又喜看蘇、黄輩文字，故一旦覺悟而自惡之，而君子小人之黨始明。」——僴。

「龜山裂裳裹足，自是事之變，在家亦無可爲。雖用『治蠱』之説，然文定云：『若從其言，亦救得一半。』」先生云：「若用其言，則議論正；議論正，則小人不得用。然龜山亦言天下事。當時排正論者，耿南仲、馮澥二人之力爲多，二人竟敗國！南仲上言：『或者以王氏學不可用。陛下觀祖宗時道德之學，人才兵力財用，能如熙、豐時乎？陛下安可輕信一人之言以變之？』批答云：『頃以言者如何如何，今聞師傅之臣言之如此，若不爾，幾誤也！前日指揮，更不施行。』」——方。

問：「龜山晚歲一出，爲士子詬駡，果有之否？」曰：「他當時一出，追奪荆公王爵，罷配享夫子，且欲毁劈三經板。士子不樂，遂相與聚問三經有何不可，輒欲毁之？當時龜山亦謹避之。」問：「或者疑龜山此出爲無補於事，徒爾紛紛。或以爲大賢出處不可以此議，如何？」曰：「龜山此行固是有病，但只後人又何曾夢到他地位在！惟胡文定以柳下惠『援而止之而止』比之，極好。」——道夫。

龜山之出，人多議之。惟胡文定之言曰：「當時若能聽用，決須救得一半。」此語最公。蓋龜山當此時雖負重名，亦無殺活手段。若謂其懷蔡氏汲引之恩，力庇其子，至有「謹勿擊居安」之語，則誣矣。幸而此言出於孫覿，人自不信。——儒用。

坐客問龜山立朝事。曰：「胡文定論得好：『朝廷若委吴元忠輩推行其説，決須救得一半，不至如後來狼狽。』然當時國勢已如此，虜初退後，便須急急理會，如救焚拯溺。諸公今日論蔡京，明日論王黼，當時姦黨各已行遣了，只管理會不休，擔閣了日子。如吴元忠、李伯紀向來亦是蔡京引用，免不得略遮庇，只管喫人議論。龜山亦被孫覿輩窘擾。」——德明。

問：「龜山云：『消息盈虚，天且不能暴爲之，去小人亦不可驟。』如何？」曰：「只看時如何，不可執。天亦有迅雷風烈之時。」——德明。

伯夷微似老子。胡文定作龜山墓誌，主張龜山似柳下惠，看來是如此。——僴。

「孫覿見龜山撰曾内翰行狀，曰：『楊中立却會做文字。』」先生曰：「龜山曾理會文字來。」

李先生嘗云：「人見龜山似不管事，然甚曉事也。」——方。

李先生言：「龜山對劉器之言，爲貧。文定代云竿木云云，不若龜山之遜避也。」汪書延李，初至，見便問之。未竟，李疾作。——方。

龜山張皇佛氏之勢，說橫渠不能屈之爲城下之盟。亦如李鄴張皇金虜也。龜山嘗稱李奉使還云：「金人上馬如龍，步行如虎，度水如獺，登城如猿。」時人目爲「四如給事」——方。

問：「橫浦語録載張子韶戒殺，不食蟹。高抑崇相對，故食之。龜山云：『子韶不殺，抑崇故殺，不可。』抑崇退，龜山問子韶：『周公何如人？』對曰：『仁人。』曰：『周公驅猛獸，兼夷狄，滅國者五十，何嘗不殺？亦去不仁以行其仁耳。』」先生曰：「此特見其非不殺耳，猶有未盡。須知上古聖人制爲罔罟佃漁，食禽獸之肉。但『君子遠庖厨』，不暴殄天物。須如此說，方切事情。」——德明。

龜山銘誌不載高麗事。他引歐公作梅聖俞墓誌不載希文詩事，辨得甚好。「孰能識車中之狀，意欲施之事？」見韓詩外傳。——道夫。

龜山墓誌，首尾却是一篇文字。後來不曾用。——方。

（同上，第 2567—2574 頁）

龜山與廖尚書説義利事。廖云：「義利即是天理人欲。」龜山曰：「只怕賢錯認，以利爲義也。」後來被召主和議，果如龜山説。……因言廖用中議和事，云：「廖用中固非詭隨者，但見道理不曾分曉。當時龜山已嘗有語云『恐子以利爲義』者，政爲是也。」——壽昌。

（同上卷一百二楊氏門人，第 2598 頁）

同上卷一〇三羅氏門人李愿中：

李先生居處有常，不作費力事。……亦嘗爲任希純教授延入學作職事，居常無甚異同，頹如也。真得龜山法門。亦嘗議龜山之失。——方。

（同上卷一百三羅氏門人，第 2601 頁）

凡看文字，諸家説異同處最可觀。某舊日看文字，專看異同處。如謝上蔡之説如彼，楊龜山之説如此，何者爲得？何者爲失？所以爲得者是如何？所以爲失者是如何？——學蒙。

（同上卷一百四朱子一自論爲學工夫，第2615頁）

問：「龜山之學云：『以身體之，以心驗之，從容自得於燕閑静一之中。』李先生學於龜山，其源流是如此。」曰：「龜山只是要閑散，然却讀書。尹和靖便不讀書。」——德明。

（同上卷一百一十三朱子十訓門人一，第2741頁）

又問：「讀書宜以何爲法？」曰：「須少看。凡讀書須子細研究講究，不可放過。……昔五峰於京師問龜山讀書法，龜山云：『先讀論語。』五峰問：『論語二十篇，以何爲緊要？』龜山曰：『事事緊要。』看此可見。」

（同上卷一百一十八朱子十五訓門人六，第2840頁）

儒者以理爲不生不滅，釋氏以神識爲不生不滅。龜山云：「儒、釋之辨，其差眇忽。」以某觀之，真似冰炭！——方子。

（同上卷一百二十六釋氏，第3016頁）

……龜山集中有政日録數段，却好。蓋龜山長於攻王氏。然三經義辨中亦有不必辨者，却有當辨而不曾辨者。——𣡚。

（同上卷一百三十本朝四自熙寧至靖康用人，第3099頁）

鄒道鄉奏議不見於世〔一〕。德久嘗刊行家集〔二〕。龜山以公所彈擊之人猶在要路，故今集中無奏議。後來汪聖錫在三山刊龜山集，求奏議於其家，安止移書令勿刊。可惜！不知龜山猶以出處一事爲疑，故奏議不可不行於世。——德明。

（同上，第3125頁）

龜山作周憲之誌銘，再三稱其劾童貫之疏，但尚書當時亦少索性。——若海。

（同上，第3126頁）

校記

〔一〕「鄒道鄉」，「鄉」原作「卿」，誤。今改。

〔二〕「德久」，即「鄒德久」，「久」原作「父」，誤。今改。本書卷二十一有與鄒德久，可參看。

因説吕居仁作汪民表墓誌不好，曰：「作龜山底尤不好，故文定全不用，盡做過了。」——振。

（同上卷一百三十二本朝六中興至今人物下，第3172頁）

每論著述文章，皆要有綱領。文定文字有綱領，龜山無綱領，如字説三經辨之類。——方。

（同上卷一百三十九論文上，第3320頁）

天地之間，理一而已。然乾道成男，坤道成女，二氣交感，化生萬物，則其大小之分，親疏之等，至於十百千萬而不能齊也，不有聖賢者出，孰能合其異而反其同哉！西銘之作，意蓋如此，程子以爲「明理一而分殊」，可謂一言以蔽之矣。

蓋以乾爲父，以坤爲母，有生之類，無物不然，所謂理一也。而人物之生，血脉之屬，各親其親，各子其子，則其分亦安得而不殊哉！一統而萬殊，則雖天下一家，中國一人，而不流於兼愛之弊；萬殊而一貫，則雖親疏異情，貴賤異等，而不牿於爲我之私。此西銘之大指也。

觀其推親親之厚以大無我之公，用事親之誠以明事天之道，蓋無適而非所謂分殊而推理一也。夫豈專以民吾同胞，長長幼幼爲理一，而必默識於言意之表，然後知其分之殊哉！

且所謂「稱物平施」者，正謂稱物之宜以平吾之施云爾，若無稱物之義，則亦何以知夫所施之平哉！龜山第二書，蓋欲發明此意，然言不盡而理有餘也，故愚得因其説而遂言之如此，同志之士幸相與折衷焉。

熹既爲此解，後得尹氏書，云楊中立答伊川先生論西銘書有「釋然無惑」之語。先生讀之，曰「楊時也未釋然」。乃知此論所疑第二書之説，先生蓋亦未之許也。然龜山語録有曰：「西銘理一而分殊，知其理一，所以爲仁；知其分殊，所以爲義。所謂分殊，猶孟子言『親親而仁民，仁民而愛物』，其分不同，故所施不能無差等耳。」或曰：『如是則體用果離而爲二矣。』曰：『用未嘗離體也。以人觀之，四肢百骸具於一身者體也，至其用處，則首不可以加履，足不可納冠。蓋即體而言，而分已在其中矣。』」此論分別異同，各有歸趣，大非答書之比，豈其年高德盛而所見始益精與？因復表而出之，以明答書之説誠有未釋然者，而龜山所見蓋不終於此而已也。

乾道壬辰孟冬朔旦，熹謹言。（西銘解，見張載集附録，中華書局1978年版，第410—411頁）

〔宋〕張栻

龜山宣和一出，在某之隘，終未能無少疑。恐自處太高。磨不磷，涅不緇，在聖人乃可言。高弟如閔子，蓋有汶上之言矣。至於以世俗利心觀之者，則不知龜山者也，何足辯哉！補。

（答胡廣仲書，見宋元學案卷二十五文靖楊龜山先生時附録，中華書局1986年版，第

二册，第957頁）

〔明〕吴與弼

看言行録，龜山論東坡云：「君子之所養，要令暴慢邪僻之氣不設於身體。」大有所省。然志不能帥氣，工夫間斷。甚矣，聖賢之難能也。」（吴康齋先生語，見黄宗羲明儒學案卷一聘君吴康齋先生與弼，中華書局1985年版，第26頁）

〔明〕聶豹

龜山一派，每言「静中體認」，又言「平日涵養」，只此四字，便見吾儒真下手處。考亭之悔，以誤認此心作已發，尤明白直指。（困辨録，見黄宗羲明儒學案卷十七貞襄聶雙江先生豹，中華書局1985年版，第381頁）

〔明〕蔣道林

明道語游、楊二子曰：「且静坐」三字，極有斟酌。蓋謂初學之心，平日未嘗收拾，譬如震盪之水，未有寧時，不教他默坐，何緣認得此心。元來清净湛一，能爲萬化根本，認出來時，自家已信得了，方好教他就動處調習，非是教人屏日用離事物做工夫，乃是爲初學開方便法門也。

（桃岡日録，見黄宗羲明儒學案卷二十八僉憲蔣道林先生信，中華書局1985年版，第630頁）

〔明〕徐問

蘇季明問「喜怒哀樂未發前求中」。程子曰：「不可求，求即是思，思即已發，不可謂之中也。」又問：「吕學士言當求之於喜怒哀樂之前，何如？」曰：「不可。既有知覺，却是動也，怎生言静？」後來羅豫章師龜山，李延平師豫章，皆以静坐觀喜怒哀樂未發前氣象爲何如，而求所謂中者。想其觀字，亦如言聖人之能反觀，非費思求索之謂，必有默會自得處。……

（讀書劄記，見黄宗羲明儒學案卷五十二莊裕徐養齋先生問，中華書局1985年版，第1245頁）

〔明〕耿定向

昔龜山先生出，或議其無所表建，此世俗眼孔也。考龜山一出，疏罷安石配享，著三經義辨，斥王氏新學，致令伊、洛之學光顯到今。惟我昭代學士大夫胥尊崇之，二百餘年，乂安寧平，伊誰力也？今世日用未察耳，賢試詳考而深思之。是龜山一出，功在百世下，未可與淺淺者道也。

（耿天臺先生文集卷四與劉調甫其四，臺灣文海出版社民國1970年據明萬曆二十六年刊本複印，第431—432頁）

孔、孟相傳學脉，歸於求仁，千載之下，惟周、程獨臻此理。兩程之門，英杰瑰瑋，如雲如林，顧實識仁能領宗脉者止三人：楊龜山、謝上蔡、尹和靖，而楊更爲最當時。程子云「吾道已南」，非虚語也。即今考謝、尹之門，未見數數。龜山以後，羅、李相承，以至晦庵，益大光顯，歷元至我國朝，施及夷貊，咸知尊信。其羽翼皇序，參贊化育，世蓋由之而不知者衆矣。人恒言濂、洛、關、閩。由此言之，閩學之光顯，視它更甚盛也。

竊詳閩學所以光顯若斯者，當時統承諸儒，如楊、如羅、如李，安貧茹苦，勵節堅貞，不似世儒敗闒；世務國體，通達精練，不似世儒迂疏。又樸實篤修，不事表暴，中有隤然如田夫野老者。積之厚，故其發之遠；蘊之久，故其衍之大也如此。可取諸儒文集、語録關學脉者一輯理之，以省有志斯學者，如何？

（同上卷五與管延平，第591—592頁）

正叔曰：「餓死事小，失節事大。夫人，死生之際亦大矣。」正叔持論如此，不已迂耶？乃楊中立則極稱曰：「先生見道分明，不爲流俗語。」使中立而於道無聞也亡論，中立承傳伊、洛之道而南衍之，昭代甚盛者，而極稱是語爲「見道」，所見何道也？

（同上卷七馮道論，第731頁）

竊聞諸縉紳學士譚學者，僉曰「閩海濱鄒、魯」云。……迺閩故南徼之裔疆也，周職方列諸荒服，而兹得與鄒、魯齒，何昉也？粤自楊中立氏北學洛下，與聞孔、孟之道，載之以南，嗣是仲素、愿中承傳，以及考亭，益闡而恢張之。於是建溪、鐔、浦之間，述孔業者雲蒸響臻，宛然斷斷之遺風矣。……惟我明興，稽古定制，一以經術掄士，罷詘百家言，學、庸、語、孟、易、詩，顓主朱氏説，尚書主蔡氏説，春秋主胡氏説，著爲功令，敷天之下，治博士業者，不得異學。列聖相承，迪之爲憲。即上黼座之前，儒臣之所陳啓，下寓縣之内，章縫之所呫嗶，壹閩産儒先所述也。由斯以譚，閩學之盛，第之鄒、魯，不虚哉！……

夫孔、孟之道，具在六籍，其要旨歸於求仁。仁者，人之所以人，而天下民物所爲同體者也。漢、唐以降，臻兹理者蓋尠。洛下倡明斯旨，惟中立獨契其微。

（同上卷十一福建鄉試録序，第1163－1168頁）

昔富鄭公之出，堯夫亦勸之；楊龜山之起，張觷實趣之。天下後世，不聞以是議富、楊，亦不聞以是咎邵、張者。

（同上卷十二祭胡廬山，第1281頁）

〔明〕李贄

嗚呼！受人家國之托者，慎無刻舟求劍，托名爲儒，求治而反以亂，而使世之真才實學，大賢上聖，皆終身空室蓬户已也。則儒者之不可以治天下國家，信矣。若康節先生、明道先生、龜山楊先生，皆儒也，雖曰古之大臣，又誰曰不宜？又誰敢嗤之？作列傳。

（藏書世紀列傳總目後論，中華書局 1959 年版，卷首第 61 頁）

朱熹曰：「龜山天資高，樸實簡易。然所見一定，更不須窮究。衣服也只據見定。終日坐門限上，人犯之亦不較。其簡易率皆如此。」李生曰：「此豈所以稱時乎？大才卓識，有用之道學也。」

（同上卷三十二儒臣傳德業儒臣楊時，第 535—536 頁）

李侗，字愿中，南劍人。幼而穎悟。少長，聞郡人羅從彥得河洛之學於楊時，遂往學焉。……受春秋、中庸、語、孟，從容潛玩，有會於心。……建安朱松與侗爲同門友，嘗與沙縣鄧迪語及侗。鄧曰：「愿中如冰壺秋月，瑩徹無瑕，非吾曹所及。」其後松子熹從侗游。……

（同上卷三十一儒臣傳德業儒臣李侗，第 537 頁）

周濂溪非但希夷正派，且從壽涯禪師來，分明宗祖不同，故其無極、太極、通書等說超然出群，明道承之，龜山衍之。横浦、豫章傳之龜山，延平復得豫章親旨，故一派亦自可觀，然攙和儒氣，終成巢穴。……

（續焚書卷一與焦漪園太史，中華書局 1975 年版第 28 頁）

〔明〕沈德符

董思白太史嘗云：「程、蘇之學，角立於元祐，而蘇不能勝。至我明姚江出，以良知之説，變動宇内，士人靡然從之。其説非出於蘇，而血脉則蘇也。程、朱之學，幾於不振。」紫柏老人每言：「晦翁精神止可五百年。」真知言哉！董蓋習聞其説，而心服之。然姚江身後，其高足王龍溪輩傳羅近溪、李見羅，是爲江西一派；傳唐一庵、許敬庵，是爲浙江一派。最後楊復所自粤東起，則又用陳白沙緒餘，而演羅近溪近脉，與許敬庵同爲南京卿貳，分曹講學，各立門户，以致並入彈章。而楚中耿天臺、叔臺伯仲，又以别派行南中。最後李卓吾出，又獨創獨解，一掃而空之。

今錫山諸公又祖楊龜山，特於朱、陸異同，辨析精核，則二程淵源，又將顯著於中天矣。

（萬曆野獲編卷二十七釋道紫柏評晦庵，中華書局 1997 年版，第 589—590 頁）

〔明〕高攀龍

先生之學，一本程、朱，故以格物爲要。但程、朱之格物，以心主乎一身，理散在萬物，存心窮理，相須並進。先生謂「纔知反求諸身，是真能格物者也」，頗與楊中立所説「反身而誠，則天下之物無不在我」爲相近，是與程、朱之旨異矣。……

（黄宗羲明儒學案卷五十八東林學案一，中華書局 1985 年版第 1402 頁）

龜山門下相傳「静坐中觀喜怒哀樂未發前作何氣象」，是静中見性之法。要之，觀者即是未發者也，觀不是思，思則發矣。此爲初學者引而致之之善誘也。

（同上，第 1406 頁）

〔明〕劉宗周

昔周元公著太極圖説，實本之中庸，至「主静立人極」一語，尤爲「慎獨」二字傳神。其後龜山門下一派，羅、李二先生相傳口訣，專教人看喜怒哀樂未發時作何氣象。朱子親授業於延平，固嘗聞此。而程子則以静字稍偏，不若專主於敬，又以敬字未盡，益之以窮理之説，又曰：「涵養須用敬，進學在致知。」朱子從而信之，所學爲之少變。……

（同上卷六十二忠端劉念臺先生宗周，中華書局1985年版第1581頁）

〔清〕黄宗羲、黄百家、全祖望

祖望謹案：洛學之魁，皆推上蔡，晦翁謂其英特過於楊、游，蓋上蔡之才高也。然其墮入葱嶺處，決裂亦過於楊、游。

（同上卷二十四上蔡學案，中華書局1986年版，第916頁）

宗羲案：程門高弟，予竊以上蔡爲第一，語録嘗累手録之。語者謂「道南」一派，三傳而出朱子，集諸儒之大成，當等龜山於上蔡之上。不知一堂功力，豈因後人爲軒輊！且朱子之言曰：「某少時妄志於學，頗藉先生之言以發其趣。」則上蔡固朱子之先河也。

祖望謹案：謝、楊二公，謝得氣剛，楊得氣柔，故謝之言多踔厲風發，楊之言多優柔平緩，朱子已嘗言之。……黎洲先生天資最近於此，故尤心折於謝。

（同上，第 917 頁）

祖望謹案：明道喜龜山，伊川喜上蔡，蓋其氣象相似也。龜山獨邀耆壽，遂爲南渡洛學大宗，晦翁、南軒、東萊皆其所自出。然龜山之夾雜異學，亦不下於上蔡。

（同上卷二十五龜山學案，第 944 頁）

百家謹案：二程得孟子不傳之秘於遺經，以倡天下。而升堂睹奥號稱高弟者，游、楊、尹、謝、呂其最也。顧諸子各有所傳，而獨龜山之後，三傳而有朱子，使此道大光，衣被天下，則大程「道南」目送之語，不可謂非前識也。

（同上，第 947 頁）

祖望謹案：慈溪黄氏曰：「龜山氣象和平，議論醇正，説經旨極切，論人物極嚴，可以垂訓萬世，使不間流於異端，豈不誠醇儒哉！乃不料其晚年竟溺於佛氏。如云：『總老言經中説十識，第八庵摩羅識，唐言白浄無垢；第九阿賴邪識，唐言善惡種子。白浄無垢，即孟子之言性善。』又云：『龐居士謂「神通并妙用，運水與搬柴」，此即堯、舜之道在行止疾徐間。』又云：『圓覺經言作止任滅是四病，作即所謂助長，止即所謂不耘苗，任、滅即是無事。』又云：『謂形色爲天性，亦猶所謂「色即是空」。』又云：『維摩經云「真心是道場」，儒佛至此，實無二理。』又云：『莊子逍遥游所謂「無入不自得」，養生主所謂「行其所無事」。』如此數則，可駭可嘆！」黄氏之言，真龜山之諍臣也，故附於此。

（同上，第951頁）

宗羲案：朱子言：「龜山晚年之出，未免禄仕，苟且就之。然來得已不是，及至，又無可爲者，只是説没緊要底事。所以使世上一等人笑儒者，以爲不足用，正坐此耳。」此定論也。蓋龜山學問從莊、列入手，視世事多不經意，走熟「援而止之而止」一路。若使伊川，於此等去處，便毅然斬斷葛藤矣。故上蔡云：「伯淳最愛中立，正叔最愛定夫，二人氣質相似也。」龜山雖似明道，明道却有殺活手段，决不至徒爾勞擾一番。爲伊川易，爲明道難，龜山固兩失之矣。雖然，後人何曾夢到龜山地位，又何容輕議也！

黄東發日鈔曰：横渠思索高深，往往杜後學之所宜先，似不若龜山之平直，動可人意。然其精到之語，必前此聖賢之所未發，斥絶異端，一語不流。高明者多自立，渾厚者易遷變，此任道之有貴於剛大哉！——補。

（同上，第957—958頁）

謝山跋宋史楊文靖傳後云：楊文靖公之子安止，本傳言其「力學通經，亦嘗師事程子」〔一〕，然于其出處大節則不書，不知其何意也。……初，汪聖錫在三山刊文靖集，安止令姑弗入奏議於其中，蓋以當時尚多嫌諱，亦文靖所定道鄉先生集中之例也。朱子謂文靖晚年出山一節，世多疑之，奏議尤不可不行於世。安止聞之，遽梓於延平。

（同上，第960—961頁）

校記

〔一〕安止（「止」字一作「旨」），名造，楊時第五子。生於徽宗大觀元年七月（見本書附録二龜山先生年譜）。據明溪縣同治九年宏農楊氏房譜世系傳記載：「時公五子造，字安旨，乳名堂。台州（屬浙江）敦崇院丞。生子：次山。」（參民國二十八年福建通志總卷三四列傳卷七宋四）按，宋元學案卷二十五龜山學案有判院楊先生安止，可參看。

祖望謹案：慈溪黄氏極尊先生，謂其能守師門之説而不變也。……朱子之論龜山，與黄氏之論先生大略相同。夫欽宗何嘗能用龜山！若能用之，則龜山便能用李忠定、种忠憲，而於攘復何難之有！惟其用之不固，而但欲置之朝列，希太平之自致，是則可爲太息者也。

（同上卷二十七和靖學案，第1008—1009頁）

附録七　雜録

答楊時慰書

〔宋〕程　頤

頤泣啓。頤罪惡不弟，感招禍變，不自死滅，兄長喪亡，哀苦怨痛，肝心摧裂。日月迅速，忽將三月，追思痛切，不可堪處。遠承慰問，及寄示祭文哀辭，足見歲寒之意。家兄道學行義，足以澤世垂後，不幸至此，天乎奈何！頤悲苦之餘，僅存氣息，筋骸支離，尤倦執筆，况哀誠非書所能盡。所幸老父經此煩惱，飲食起居如常，不煩深慮。伏紙摧咽，言不倫次。頤泣啓楊君法曹。九月十二日。

十月二十四日葬，韓持國爲誌，行狀頤自作，徐當寄去。

（程顥、程頤著二程集卷九，中華書局1981年版第二册第603—604頁）

答楊時書　〔宋〕程頤

頤啓：相别多年，常深渴想。前日自伊川歸，得十一月十五日南康發來書，知赴新任，體况安佳，甚慰遠懷。頤如常，自去冬來，多在伊川。見謀居伊，力薄未能遽成耳。朝廷設教官，蓋欲教人修身齊家治國平天下之道。苟能修職，則「不素餐兮」，孰大於是？赴省試令子，不知其名，中第可喻及也。名迪者好學質美，當成遠器，應未有北來期。兩小子大者項城尉，小者鄢陵尉。承問，故及之。此獨與諸孫處，歲計稔則自餘，無足道。春暄，惟進學自愛，不宣。頤啓楊君教授。三月六日。

（同上，第615—616頁）

寄墨代書贈楊時　楊字中立，彭城僚友也，爲南康刑獄掾。庚午十二月金陵偶便，因以詩墨寄之　〔宋〕賀鑄

徂來雪壓蒼松顛，淪膏根柢蟠蜿蜒。樵斤剪析石火熱，曲突百步凝梢煙。蒲萄秋顆

纍纍懸，海膠九煉堪續絃。力擣萬忤臼欲穿，劑成圭璧隨方圓。點漆比色石比堅，坐令李韋羞居前。陳臺潘穀老且賢，授唯識者不計錢。是翁解化如蜕蟬，後可繼此無聞焉。付君一圭款識全，保護謹密何千年。君家清風宜世傳，不特談玄須草玄。

（全宋詩卷一一〇二賀鑄一，見全宋詩第十九册第12502頁）

待制王竹西先生居正

……先生自少攻新經，及見龜山楊文靖公於陽羡，出所著三經義辯示之曰：「吾舉其端，子成吾志。」先生益感厲，首尾十年，爲毛詩辯學二十卷，尚書辯學十三卷，周禮辯學五卷，三經辯學外集一卷。其在兵部時，因入對，上偶及安石新學爲士大夫心術之害，先生進曰：「臣側聞陛下深惡安石之學久矣，不識聖心灼見其弊安在？」上曰：「安石之學，雜以霸道，取商鞅富國强兵之説。今日之禍，人徒知蔡京、王黼之罪，而不知天下之亂生於安石。」……於是請以辯學進呈，先生即序上語於書首。

（見宋元學案卷二十五龜山學案，中華書局1986年版第二册第964—966頁）

上龜山先生楊博士〔一〕

〔宋〕鄧　肅〔二〕

鄉侄鄧肅謹裁書上提宫博士先生閣下：

嗟乎，世人學者急於爵禄之奉，綴緝腐語以追時好，凡不可以取青紫者無復給視，窮年兀兀老死章句，識者悲之。至於卓犖瓌奇之士，未始數數於此者，則必箕踞高吟，游心景物，收拾天地精英，以實錦囊，直鄙時輩爲嘈嘈蠅蚋，若不可與之言者，殆不知畫餅象龍，均於無用，又烏可以五十步笑百步哉！

幸而有知讀聖人之書而求其所以言者，不得於經，則必求於世儒之説，即世儒之説而求之，其親見異聞往往出人意表，恍惚變化，不可捕捉。凡所言者，皆人之所不可言，凡所行者，皆人之所不可行，悉心竭力，莫知所歸，則又將去而之佛、老矣。嗚呼，道之不明，真學者之不幸也。

肅於衆人不幸之中〔三〕，若天與之幸者，得游於令婿知默之門。雖駑鈍之質，不能窺測其涯涘，然竊嘗聞之，知默之言得於先生。先生之學，非有瓌偉俶詭之論，喬詰卓鷙之節，以聳世俗之觀聽，獨於行止疾徐，而知堯、舜之道於不爲已甚，而得孔子之心。其所言者，人皆可言也；其所行者，人皆可行也。肅之心於是知所嚮，肅之力於是知可勉矣。蓋亦嘗因其所可言者以思其所未能言，因其所可行者以思其所未能行。時見先生卓然不可企及，嚮風之勤，願識之志，往往參前倚衡如或見之。今先生去而家於毗陵，徘徊鄉郡，肅適在此，幸可以瞻拜履舄。此肅所以輒布區區之誠，仰於將命，初不知其才之可進與否也。昔儀封人將見孔子，曰：「君子之至於斯也，吾未嘗不得見也。」古之人其樂見君子也如此。然儀封人之賢否雖不可知，而其姓字且不見於論語，則亦必無大過人者。肅雖不肖，不足以望君子之塵，至其樂見君子之心，於儀封人若無甚愧，不識先生肯與之一見否？

干冒威嚴，皇懼之至！

（鄧肅栟櫚文集卷十四，道光癸未年鐫，萬竹園藏版，第1—2頁）

校記

〔一〕乾隆延平府志題作上龜山先生書。

〔二〕鄧肅（1091—1132），宋南建州沙縣人，字志宏。徽宗時入太學。時貢花石綱，肅賦詩言守令搜求擾民，被摒出學。欽宗立，授鴻臚寺簿。金兵攻宋，受命詣金營，留五十日而還。後擢右正言，不三月，連上二十疏，言皆切當，多見採納。李綱罷相，上疏争之，觸怒執政，罷歸。有栟櫚集。（中國歷代人名大辭典第 328 頁）

〔三〕「肅」，栟櫚文集原作「某」，今據延平府志改。下同。

瀏陽石刻〔一〕

〔宋〕章才邵〔二〕

初謁先生于龜山之故居。先生年八十一矣，著帽衣袍而出，神清氣和，望之固知其爲仁厚君子也。才邵因投贄求教，且請納拜講師弟子禮，先生辭，力請方允。既而叩之曰：「才邵晚進小生，久仰大名。今此爲道而來，敢問孔、孟之所傳，學者之所當學？」先生誨以熟讀論語。請益，曰：「將論仁處子細玩味，如非禮勿視、勿聽、勿言、勿動，出門如見大賓，使民如承大祭之類，皆須躬行之。」邵又曰：「斯即謂之仁乎？」先生曰：「此乃求仁之方，仁則未易言也。」邵退而憇龜山僧舍，見窗壁間多題卦名，及訓釋爻象。詢之，僧云：「先生與其婿陳公幾叟寓此講易時所題也。」留三宿，凡四見而歸。臨别，先生謂才邵曰：「僕老矣，待盡山林，子方青春，南北靡定，恐不復見，願力學自愛。」才邵愀然，爲之心動，對曰：「荷先生至誠發藥，罔敢棄墜。」既歸，再越月馳書，候先生安否，且問先生云：「『子在齊聞韶，三月不知肉味。』而河南先生謂恐是『音』字訛而『三月』。又小人之中庸脱一「反」字。不知果可增改否？」先生書答曰：「承質所疑，蓋河南之意，以爲聖人胸中無留物，不應忘味至於三月，故『音』字之訛。古今文書訛舛非一，如韓文舊本曰『日我其間』，今本曰『吟哦』。尚書監本曰『敢對揚天子休命』，今本曰『之休命』。但於理無礙皆可，不必拘泥也。」

（見清毛念恃宋儒龜山楊先生年譜）

校記

〔一〕本文收入清毛譜，前有小引，後有記述。小引云：「高宗紹興三年癸丑冬十月，建安章才邵來問學。」記述云：「章公紹興中爲瀏陽縣令，距先生時六十六年矣。縣遭兵火，遺跡靡存。先生昔所作歸鴻閣，亦已頹喪，惟石刻仍尚在。章公就廢址復創小閣，繪先生之像於其上。因取胡文定公所作墓志銘，撮其事之大者刻於石，并其昔日所聞於先生者附焉。」

〔二〕章才邵，字希古，崇安人，以父蔭補官。歷典瀏陽縣及賀、辰二州，改荆湖北路參議官。少時謁楊時，楊教以熟讀論語及詳體論「仁」諸訓。才邵克遵所聞，世目爲篤實君子。（明嘉靖建寧府志卷十八人物，清同治瀏陽縣志卷十五職官一）

書楊龜山先生帖跋　〔宋〕朱熹

楊、程二公論易有不同者。楊公之詞平緩如此。夫二公之間，豈有所嫌疑畏避而然哉？亦其德盛仁熟而自無鄙倍耳。楊公於先天之學有所未講，則闕而不論，其不自欺又如此，尤後學之所宜取法者也。淳熙戊申六月十六日，新安朱熹書。

（見乾隆三十年將樂縣志卷八）

書龜山先生帖　〔宋〕黄榦

此靖康元年書也，公年七十有四矣。虜退圍解，痛苦流涕，以防後患，諫大夫責也。言不見聽，則浩然以歸，亦足以明事勢之誠可憂也。上下偷安，方以和爲可恃，獨何歟！爲之三復三太息云。

（見明弘治十八年將樂縣志詞翰紀述）

書龜山先生家書　〔宋〕黄　榦

龜山先生晚年家書也，其精明詳審如此，非道學之力歟？榦蚤從晦庵先生游，因得講聞先生之道。中年游官，學業遂廢。歲月蹉跎，老及之矣！引疾來歸，願畢此志，師亡友散，獨抱遺編。先生之孫浚擕書來訪，三復起敬，竊書其後，以致慨慕之意云。

（見明弘治十八年將樂縣志詞翰紀述）

歸鴻閣龜山先生畫像記〔一〕　〔宋〕張　栻

宋興百有餘年，四方無虞，風俗敦厚，民不識干戈。有儒生出於江南，高談詩書，自擬伊、傅〔二〕，而實竊佛、老之似以濟非、鞅之術〔三〕。舉世風動，雖巨德故老，有莫能燭其姦。其説一行，而天下始紛紛多事。反理之評，詭道之論，日以益熾。邪慝相乘，卒兆裔夷之禍〔四〕。考其所致，有自來矣。

靖康初，龜山楊公任諫議大夫、國子監祭酒，始推本論奏其學術之謬，請追奪王爵，罷去配享。雖當時餘黨猶夥，公之説未得盡施，然大統中興，論議一正，到於今學者知荆舒禍本而有不屑焉，則公之息邪説、距詖行、放淫辭〔五〕，以承孟氏者，其功顧不大哉！是宜列之學宫，使韋布之士，知所尊仰。而況公舊所臨，流風善俗之及，祀事其可缺乎？瀏陽實潭之屬邑。紹聖初，公嘗辱爲之宰，歲饑，發廩以賑民，而部使者以催科不給罪公。公之德及邑民也深矣。後六十有六年，建安章才邵來爲政，慨然念風烈，咨故老，葺公舊所爲飛鴻閣，繪像於其上〔六〕，以示後學，以慰邑人之去思而不忘也。又六年，貽書俾栻記之〔七〕。栻生晚識陋，何足以窺公之藴？惟公師事河南二程先生，得中庸「鳶飛魚躍」之傳於言意之表，踐履純固，卓然爲一世儒宗，故見於行事深切著明如此，敢表而出之，庶幾慕用之萬一云爾。

（1961年12月上海古籍書店據寧波天一閣藏明嘉靖刻本景印延平府志卷十九藝文第13—14頁）

校記

〔一〕「歸鴻閣龜山先生畫像記」，「歸鴻閣」延平府志藝文原作「將樂」，誤。同治二年瀏陽縣志卷二十二藝文所收張栻本文題爲歸鴻閣記，亦不妥帖。今將「將樂」改爲「歸鴻閣」，指明畫像所在的地點，則較嘉靖延平府志原題更明確。

〔二〕「伊、傳」，嘉靖延平府志「傳」原作「傳」，形近致誤。今據乾隆延平府志改。

〔三〕瀏陽縣志本無「之似」而有「以」字，今據補。

〔四〕「卒兆」，弘治將樂縣志「兆」作「召」。

〔五〕「放淫辭」，弘治將樂縣志「辭」作「詞」。

〔六〕「繪像於其上」，嘉靖延平府志無「繪」字，今據弘治將樂縣志補。

〔七〕「貽書」，弘治將樂縣志「貽」作「遺」。

跋了翁責沈

〔宋〕張　栻

責沈者，贈諫議大夫忠肅陳公之所作也。公壯歲未聞前輩先覺之名，迄終身以爲歉，至引葉公之事自責。葉公，實沈諸梁，故名其文曰「責沈」。龜山楊先生嘗爲之跋，既足以發明公之盛德矣。反復而讀之，又以見公進學之心，尤嚴於既老之際，徙義之勇，不忽於卑者之言。其虚中克己，皆可以爲後世師法。建康留守劉公得其蹟而刻之，以墨本來寄。某謂斯文之傳，誠有補於世教，獨恐遠方之士艱於得見，乃復刻於桂林學宫云。

劉公，名珙。

淳熙四年六月戊子，廣漢張某謹志。

（見張栻南軒文集卷三十五題跋）

與陳同甫書（節録） 〔宋〕吕祖謙

前日因回便上狀，計已呈徹。洊辱教況，曁易傳、楊氏中庸，不勝感刻。秋暑未艾，伏惟尊候萬福。

陳亮集卷十四序説引伊洛正源書序附，中華書局 1974 年版上册，第 162—163 頁

楊龜山先生中庸解序 〔宋〕陳 亮

世所傳有伊川先生易傳，楊龜山中庸義，謝上蔡論語解，尹和靖孟子説，胡文定春秋傳。謝氏之書，學者知誦習之矣。尹氏之書簡淡，不足以入世好。至於三書，則非習見是經以志乎舉選者，蓋未之讀也。世之儒者，揭易傳以與學者共之，於是靡然始知所嚮。然予以謂不繇大學、論語及孟子、中庸以達乎春秋之用，宜乎易未有用心之地也。

今語、孟精義既出，而謝氏、尹氏之書具在。楊氏中庸及胡氏春秋，世尚多有之，而終病其未廣，别刊爲小本，以與易傳並行，觀者宜有取焉。

（陳亮集卷十四序説引，中華書局 1974 年版上册，第 164 頁）

形影身心詩 〔宋〕周　密

其後楊龜山有讀東坡和陶影答形詩云：「君如烟上火，火盡君乃别；我如鏡中像，鏡壞我不滅。」蓋言影因形而有無，是生滅相。故佛云：「一切有爲法，如夢幻泡影。」正言其非實有也。何謂不滅？此則又隨虚無之論矣。

（宋周密齊東野語卷九，中華書局 1983 年版第 154—155 頁）

附録八　楊時佚詩佚文

佚詩

登歸宗巖

歸宗巖在建甌城西北三十里。宋淳熙間有曹道人卓庵居此。上有聽泉閣、振衣堂、洗心亭。

瑶華侵階古刹幽，曹劉風格幾經秋。至今洞口泉聲嘎，猶望當年啓迪猷。（康熙甌寧縣志卷十藝文題詠七古）

題清芬閣

雄飛古君子，隱德不隱身。高行聳流俗，詩名逸古人。堂深雲鎖檻，木古歲藏春。凜凜嚴光列，英華日轉新。

（影印詩淵第四册第3038頁）

初夏侍長上郊行，分韻得偕字

講習豈無樂，鑽磨未有崖。書非貴口誦，學必到心齋。酒可陶吾性，詩堪述所懷。誰言曾點志，吾得與之偕。原注：此詩乃先生少時筆也，其敏學自幼已然。

（清張伯行濂洛風雅卷四）

送行，和楊廷秀韻

學粗知方始爲人，敢崇文貌獨其誠。意雖阿世非忘世，志不謀身豈誤身。逐遇寬恩猶得禄，歸衝臘雪自生春。君詩正似秋風快，及我征帆故起蘋。

（同上書卷六）

（以上三首轉引自全宋詩卷1148，見全宋詩第一九册第12959頁）

佚文

楊氏家譜叙

家之有譜，猶國之有史，故古來世族名家，莫不有譜以傳於後，所系亦綦重矣。第莫爲之前，雖美弗彰；莫爲之後，雖盛弗傳。此文獻失而夏、殷之禮無徵，方策存而文、武之政可舉也。

我家自開基以來，世遠年湮，譜牒不無缺略，支分派遠，真僞難以稽查。余因修譜爲急，而思引爲己任，乃有志未遂。旋登甲榜，匏繫於徐州司法，歷知瀏陽、餘杭、蕭山諸縣，案牘勞形，徒抱莫逮之憂。今幸挂冠回梓，爰竭力搜求，細心考核世系〔一〕，辨昭穆。繁者删之，缺者補之，不以微而弗録，不因貴而或攀。務使展卷了然，自一世以及百世，各知所自出，不至紊雜而無統紀耳。

余嘗見夫世之愚民，無論祖若父之生卒年齒，茫然不知，即問其本身之庚月時日，亦往往不能記憶，則安得不立譜以紀之。兹譜之成也，猶有合於國史懲勸之道，而近之足慰未醇之願望，遠之可堅將來之信從，其於祖武宗功，或堪小補，其無視爲故紙陳言，是則余之所厚望也乎！

五代孫時中立氏謹識。

校記

〔一〕「爰竭力搜求，細心考核世系」，楊氏族譜原作「爰竭力求細搜心考核世系」，「搜」當在「求」前，詞序顛倒。今依文意乙正。

（見民國四年歲次乙卯端陽月上浣楊氏族譜卷首諸序第8—9頁，原題楊氏家譜舊敘。楊時集初版本卷二十五序，第606頁。）

珠公像贊

公遜諸吕，隱跡西山。爲漢相國，十里城環。正色立朝，直道如矢。長佩湘蘭與澧藏，不數子房、赤松子。

龜山楊時拜題（印章）。

（見明溪縣文史資料第二輯第98頁，1983年出版。楊時集初版卷二十七雜著，第648頁）

跋蔡襄自書帖

端明蔡公詩稿，云此一篇極有古人風格者，歐陽文忠公所題也。二公齊名一時，其文章皆足以垂世傳後。端明又以翰墨擅天下，片言寸簡落筆，人争藏之以爲寶玩，況盈軸之多，而兼有二公之手澤乎？覽之彌日，不能釋手，因書於其後。

（見蔡襄書法史料集第 122 頁）

政和丙申夏四月癸未，延平楊時書。

（宋蔡忠惠公自書詩真蹟，民國影印本。又見經訓堂法書卷三，秋碧堂法帖，蔡襄書法史料集第 122 頁）

跋張元幹集先祖手澤

仲宗諸父，皆特進公繼室林夫人之子，俱非劉氏出也。其子孫聲容蓋未嘗相接。觀公付委陳氏之意，所以望其子孫，其責亦輕矣。仲宗得其手澤，乃訪尋於丘荒蓁莽之間，割牲灑酒以致其誠意，又爲文刻石以表識之，其于尊祖追遠之義盡矣。吾將見其流風所被，使鄉邦民德歸厚，必自茲始也。

宣和甲辰四月辛亥，龜山楊時書。

（盧川歸來集附録）

沈夫人墓誌銘宣和二年二月

夫人沈氏，其先嘗仕吴越。父充，將作監主簿，母費氏。夫人生有淑質，及笄，明慧絶人。時鄒公隨父官歷陽，遂以歸之。

公歷官維揚、襄、潁間，士有不遠千里鼓篋而至者，踏門問道無虚席。公闢館居之，膳饈之事，取具於家。夫人區處之不少懈，病則躬爲之粥藥，故士得悉意於肄業，而忘其旅瑣者，夫人之力也。公以長育人才爲己任，而夫人相之如此，非夫婦一德，能如是乎？

元符中，以言事謫嶺南，夫人侍其姑安康歸毗陵，左右順事之，無一不適其意者。迨建中初，公召還，登禁從。復以前事竄零陵，夫人欲留侍，安康謂曰：「前者兒遠謫，汝不行，吾身則安矣，而心未嘗寧也。今汝行，則吾無憂，是乃所以安吾心也。」至零陵，席未及温，而公徙昭平，以夫人與兩兒留零陵而去。遠寄異土，門廷肅如也。夫人兩經患難，其留也使其夫無將母之念，其行也安其姑無南顧之憂，非躬盡婦道，疇克爾哉！

公之亡，鄉人賻之甚厚。其子柄欲歸之，謂無以累先德。夫人曰：「非汝所知也。爾諸父皆貧空，受而推與之，使闔門無號寒啼飢之聲聞於安康，不亦善乎？且賻賵，禮也，而吾無與焉，庸何傷？」故其子柄卒從之。昔司徒旅歸四布，孔子可之而未善也。子碩既葬其母，欲以賻布之餘具祭器，子柳曰：「吾聞之也，君子不家於喪，請頒諸兄弟之貧者。」著在禮經，以爲萬世法。夫人之是舉也，其合矣乎，非遠識，庸有是哉！

宣和元年七月二十五日以疾卒，享年五十有九。庚子年二月二十五日祔於公之墓右。始以公恩封崇德縣君，再封蓬萊縣君。男二人，曰柄、曰栩。柄以布衣召對，除承務郎、樞密院編脩，栩未仕，皆以學行世其家。銘曰：

幼施於内，維婦之常。中外有聞，婦道之光。作配君子，一德靡悔。銘無溢辭，其永不墜。

（思賢録卷三）

（以上三篇轉引自全宋文卷二七〇二楊時二八）

練彦默墓誌銘〔一〕

練逢，宋建州浦城人〔二〕，字彦默。元祐三年進士。授撫州司户，擢知劍浦縣。轉本州軍事推官。部使者交薦，以疾卒於官。楊時銘其墓。銘曰：

孝尊於親，學傳於人，政得於民。吁嗟乎君，大造未聞〔三〕，而終於幕賓！百世而下，有焕斯文。

校記

〔一〕本文引自清嘉慶新修浦城縣志卷二十二人物傳，而以明嘉靖建寧府志爲參校本。原文已佚，今試恢復其誌銘原式。標題係點校者所擬。

〔二〕「宋建州浦城人」，嘉慶浦城縣志原文無此六字。今依人物傳文例補。

〔三〕「吁嗟乎君，大造未聞」，清嘉慶新修浦城縣志原作「吁嗟乎大君未聞」。而明嘉靖建寧府志卷十五選舉上練逢小傳引此二句，其中並無「大」字，疑嘉慶新修浦城縣志「大君」二字順序顛倒而「大」後有脱文。本銘文以每句四字爲主。依嘉靖建寧府志的詞序在「吁嗟乎君」後斷句，則

「君」是入韻字，極是，上與「親、人、民」相叶，下與「聞、賓、文」相叶，是平水韻上平聲十一真韻與十二文韻通押。今依文意在「大」後補一脱文「造」字，並重新標點如上，就恢復爲一篇短小精悍、極具特色的墓誌銘。